"この本を
　私のすべての読者に捧げる。
　あなた方のおかげで
　私は自分の夢を追いながら
　生きることができたのだから"

ジェラール・クロンバック

ジェラール・クロンバック自伝
ジャビーズ・コラム 最終章

Gérard Crombac 著　柴田久仁夫 訳

	ジェラール・クロンバック自伝
	ジャビーズ・コラム最終章
初版発行	2009年3月31日
著者	ジェラール・クロンバック
発行者	黒須雪子
発行所	株式会社 二玄社
	東京都千代田区神田神保町 2-2 〒101-8419
	営業部:東京都文京区本駒込 6-2-1 〒113-0021
	電話 (03) 5395-0511
装丁	小田有希(及川真咲デザイン事務所)
印刷所	図書印刷株式会社

ISBN978-4-544-40034-2
Printed in Japan

JCLS (株)日本著作出版権管理システム委託出版物
本書の無断複写は著作権法上の例外を除き禁じられています。
複写を希望される場合は、そのつど事前に(株)日本著作出版権管理システム
(電話 03-3817-5670、FAX 03-3815-8199)の許諾を得てください。

Originally published in French by Éditions Anthèse
Publishing under the title
Gérard "Jabby" Crombac MES 578 GRAND-PRIX

© 2005, Gérard Crombac pour les textes et les illustrations
© 2007, Éditions Anthèse pour l'édition originale

l'èdition de cet ouvrage a ètè entreprise en accord avec les Editions Anthèse

Published in Japan by Nigensha Publishing Co.,Ltd. 2009
Japanese edition published by arrangement through The Sakai Agency.
Translation by Kunio SHIBATA

Introduction
ジャビーを偲んで

よき友、よき理解者、そして情熱の人よ

　1960年代初頭、私がフォーミュラ・ジュニアでレースデビューしたばかりのころ、マネジャーを務めてくれたのがジャビーであった。ところが、本書の中で、ジャビーは私のことを"有望な新人"とは扱ってくれていない。それも無理からぬことだ。実際、私には大した才能もなかったし、なによりジャビーにマネジャー料を払ったことなど、一度もなかったのだから。

　ジャビーはそんなことで腹を立てるような、度量の小さな男ではなかった。もっとも、私が、恩返しができるようになるのを秘かに待っていたのかもしれないが。

　1961年に、ジャビーがジャン・リュカとともに『スポール・オート』を創刊すると、すぐに試乗記を書けといってきた。もちろん、当初は無償奉仕であった。こうして、その後30年にわたるジャビーとの共同作業が始まったのである。

　相棒として、ジャビーほど理想的な人間もいなかった。F1に関してあらゆる情報に通じていただけでなく、レースそのものへの造詣も実に深かった。辛辣なユーモアセンス、どす黒い悪意を斜めに笑い飛ばせる術も持ち合わせていた。コーリン・チャプマンの崇拝者にして、ジム・クラークの終生の友、そしてチーム・ロータスの無条件の支援者。イギリス人、イギリス的なるものへの深い愛情は、ジャビーという人間にいっそうの彩りを添えた。そしてエンツォ・フェラーリを始めとするアンチ・イギリス派にとっては、これほど目障りな男もいなかったであろう。

　しかしジャビーはなによりも、一生をモータースポーツに捧げた情熱の人であった。そして、フランスのチームやフランス人ドライバーを助けるためなら、どんな努力も厭わなかった。こうしてフォード若手ドライバー育成制度やヴォラン・シェルの発足に尽力し、ペスカローロ、ジョッソー、セヴェール、ドゥパイエ、アルヌーといった才能の発掘に貢献した。さらにマートラやアルピーヌ、ルノー、ラルースなどが国際舞台に打って出る際には、ジャビーの能力と世界的な人脈がどれほど役立ったことか。同時にジャビーがこの世界の重要人物たちの信頼を勝ち得たのは、有能だっただけでなく、つねに控えめな態度を忘れなかったからにほかならない。

　戦後の沈滞したフランスのレース界を覚醒させたあとも、ジャビーはほぼ30年間にわたって大きな役割を果たし続けた。『スポール・オート』で健筆を振るい、あるいはピット背後での交渉に立ち会い、権力の舞台裏をつぶさに目撃してきた。

　そして人生のラストラップに臨んだジャビーは、誰も知らなかった事実や、愉快なエピソードのちりばめられた本書を遺した。行間から溢れるみずみずしい情感や深い考察は、若い頃のままである。しかし、執筆を終えたときには、もはや写真にキャプションを加える体力は残っていなかった。その最後の重要な頼みを、ジャビーは私に託してくれた。それに対する感謝の念を、私は永遠に忘れないであろう。

ジョゼ・ロジンスキー

Table des matières

Introduction ジャビーを偲んで
よき友、よき理解者、そして情熱の人よ ──ジョゼ・ロジンスキー ……… 5
ジャビーよ、永遠に ──ジャッキー・スチュワート ……… 10
あなたは紛れもなくF1発展の立役者だ ──バーニー・エクレストン ……… 12

序章 この本を書くにあたって ──ジェラール・クロンバック ……… 15

1章 1.5リッター・フォーミュラの時代 ……… 18

マイク・コスティン ……… 24	ジャック・ブラバム ……… 42
1962年、流れはフェラーリからイギリス勢へ ……… 24	1962年シーズン──追うクラーク、逃げるヒル ……… 43
まともに走れなかったロータス ……… 25	1963年シーズン──クラーク、護送さる ……… 45
トニー・ラッド ……… 27	ジョン・サーティーズ ……… 45
グレアム・ヒル ……… 27	1964年シーズン──
ブルース・マクラーレン ……… 30	最終戦で決まったチャンピオン ……… 46
ジム・クラーク ……… 32	ヨッヘン・リント ……… 48
そのころのグランプリレース模様 ……… 37	60年代F1チームの台所事情 ……… 49
ダン・ガーニー ……… 40	チャプマンにとんだ狂言詐欺疑惑 ……… 51

2章 3リッター・フォーミュラの時代 ……… 52

なぜ3ℓに決まったのか ……… 53	マートラ・フォード、雨中の快走 ……… 78
1966年に参戦した新チーム ……… 54	ジョー・シフェール ……… 78
ギ・リジエ ……… 58	悲しみを乗り越えて得たチャンピオン ……… 79
1966年──フェラーリを去ったサーティーズ ……… 59	1969年──マートラの葛藤 ……… 79
コスワースDFVの誕生 ……… 61	DFVのパワーを使い切るには ……… 80
キース・ダックワース ……… 61	1970年──マートラの活動に参加 ……… 82
コスワースDFVはF1の救世主 ……… 62	マックス・モズレイ ……… 84
ドライバーの安全に寄与したルイス・スタンレイ ……… 63	フランソワ・セヴェール ……… 88
1967年──49を得て暴れまくったロータス ……… 64	クリス・エイモン ……… 92
1968年──マートラが育てたドライバーたち ……… 66	エマーソン・フィッティパルディ ……… 92
アンリ・ペスカロロ ……… 67	フランク・ウィリアムズ ……… 94
ジャン・ピエール・ベルトワーズ ……… 67	1971年──レース主催者も一目置く「計時の職人」 ……… 95
マートラとケン・ティレルのよき関係 ……… 69	1972年──クリス・エイモンが勝てなかったワケ ……… 98
ジャッキー・スチュワート ……… 70	1973年──セヴェールの死が決断させた
ジャッキー・イクス ……… 71	スチュワートの引退 ……… 99
エルフの果たした役割 ……… 72	1974年──フェラーリvsマクラーレンの時代へ ……… 102
ケン・ティレルの決断とダンロップの参入 ……… 72	ゴードン・マーレイ ……… 103
ジョニー・セルヴォズ-ギャバン ……… 73	ジャン・ピエール・ジャリエ ……… 104
初めて登場したウィングとスポンサー ……… 73	1975年──
衝撃的だったジム・クラークの死 ……… 74	陰りはじめたロータスとティレルの革命 ……… 106
1968年モナコGP ……… 76	1976年──勢いづくリジエともがくチャプマン ……… 109
1968年フランスGP ……… 77	ジャック・ラフィット ……… 110

3章　ターボの時代 — 114

- 1977年——目白押しの新技術 … 115
- ジャン - ピエール・ジャブイーユ … 117
- ジェラール・ラルース … 119
- ピーター・ウォア … 121
- パトリック・ヘッド … 122
- ジョディ・シェクター … 123
- 1978年——不運なドライバー、ロニー … 124
- 1978年のレース … 126
- ティコ・マルティーニ … 127
- ルネ・アルヌー … 128
- 1979年——グラウンド・エフェクトの傑作79を追う者たち … 130
- 1980年——マンセルのデビューはひっそりと … 134
- ディディエ・ピローニ … 134
- タルボF1をめぐる陰謀 … 135
- 1981年——革命的マシーンの合法性は？ … 137
- 頭角を現わしたフランス人ドライバー … 140
- 1982年——フェラーリを襲った悪夢 … 141
- 各チームに巣くう、あつれき … 142
- グラウンド・エフェクトとチャプマンの死 … 143
- 1983年——ターボF1全盛に向けて … 146
- 1984年——セナ、衝撃のデビュー … 148
- 1985年——ラウダに再び大金攻勢？ … 149
- アイルトン・セナ … 150
- 1986年——燃費のよさが勝利のカギ … 152
- 1987年——ロータス＋セナにホンダが加わった … 153
- 1988年——セナvsプロストの始まり … 154
- 1989年——エスカレートする確執 … 156
- アラン・プロスト … 156

4章　自然吸気エンジンへの回帰 — 158

- 3.5ℓ F1 … 159
- 1990年——彗星、ジャン・アレージのデビュー … 162
- ジャン・アレージ … 162
- 1991年——もしもアレージがウィリアムズに行っていたら … 163
- 1992年——マンセル＋ウィリアムズ、頂点に立つ … 166
- 1993年——ルノー・エンジンを手にした者、できなかった者 … 167
- 「フェラーリ救出作戦」ふたたび … 168
- 1994年——法の網を縫って … 170
- セナの死がもたらしたもの … 172

5章　サーキット点描 — 176

- ポー … 177
- ランス、ルーアン … 179
- クレルモンフェラン、ポール・リカール、ディジョン … 180
- ルマン、マニクール、スパ・フランコルシャン … 181
- ゾルダー、ニヴェル、シルバーストーン、ブランズハッチ … 182
- エイントリー、ドニントン、ニュルブルクリング、ホッケンハイム、モンツァ … 183
- バルセロナ、ハラマ、ヘレス、ツェルトヴェク … 184
- ザントフールト、ハンガロリング、エストリル … 185
- アンデルストープ、ブレムガルテン、ワトキンスグレン … 186
- ロングビーチ、ラスヴェガス … 187
- フェニックス、デトロイト、ダラス … 188
- モスポート、モントリオール、メキシコ … 189
- インテルラゴス、ジャカレパグア、ブエノスアイレス … 190
- キャラミ、カサブランカ、メルボルン … 191

6章　天職を掴むまで — 192

- 私の生い立ち … 193
- 初めて見たレース … 193
- 復活したモータースポーツ … 195
- パリで見たクルマ … 196
- タツィオ・ヌヴォラーリ … 196
- 私の人生を方向づけた2冊の雑誌 … 197
- レイモンド・メイズとBRM … 199
- ジョージ・アベカシスとジョン・ヒース … 200
- モーリス・トランティニヤン … 202
- フアン・マヌエル・ファンジオ … 203
- 1948年ランスACFグランプリの顛末 … 205

Table des matières

7章　レースメカニック見習い時代の出会い ····· 206

パトリック・ガーランド ····· 208	スターリング・モス ····· 212
1948年シルバーストーン・グランプリ ····· 208	レイモン・ソメール ····· 214
グレガー・グラント ····· 210	ハリー・シェル ····· 218
ルイ・シロン ····· 211	

8章　もっと真面目な仕事？ ····· 220

レース資金を稼ぐ ····· 221	コヴェントリー・クライマックス ····· 235
1950年のボルドールにバイクで出場 ····· 222	ウォリー・ハッサン ····· 236
オートスポーツ創刊 ····· 224	ロブ・ウォーカー ····· 237
ジョン・ワイア ····· 225	セルジュ・ポッゾーリ ····· 239
ランス・マクリン ····· 227	ジョン・ボルスター ····· 240
アルフ・フランシス──モスと歩んだ名メカニック ····· 228	ヴァンウォール時代のハリー・シェル ····· 245
ハンス・タナー ····· 228	トニー・ヴァンダーヴェル ····· 246
イギリス人ドライバーはパリが前線基地 ····· 231	クーパー父子 ····· 247
マイク・ホーソーン ····· 232	

9章　マネジャーとして：アンテル・オート・クルスの時代 ····· 250

ジャン・リュカ ····· 251	ジョー・シュレッサー ····· 258
ケン・ティレル ····· 253	ボブ・ウォレク ····· 260
ジャン・ベーラ ····· 255	ロン・デニス ····· 260
トニー・ブルックス ····· 256	

10章　レース主催者 ····· 262

ランス ····· 264	スターティングマネーとFOCAの創設 ····· 268
レイモン・ロッシュ ····· 264	

11章　スポール・オート誌を創刊する ····· 270

創刊の経緯 ····· 271	ピークは16万7000部 ····· 281
アメデ・ゴルディーニ ····· 273	CAR GRAPHIC ····· 283
ジム・ラッセル・フランス校と新人発掘 ····· 277	テレビ放映で大きく変わったF1の雰囲気 ····· 284
フォード・フランス、そしてシュレッサー ····· 277	ベルナール・カイエ ····· 286
若手ドライバー育成 ····· 279	

12章　ルマン ····· 288

シャルル・ファルー ····· 289	アルピーヌ ····· 294
ロン・フロックハート ····· 290	マートラ・ドライバー ····· 297
ルマンとロータスの顛末 ····· 290	1972年──マートラのルマン ····· 299

1973年——マートラ、ルマンを連覇 301
1974年——ルマンの危機 303
ルノーのルマン挑戦 304

13章 バレストル、F1と政治 306

モータースポーツを組織する団体 307
ジャン-マリー・バレストル 308
シルエット・フォーミュラ 314
バーニー・エクレストン 316
F1CAの会合 316
ブラバム・ファンカー事件の顛末 319
バレストルへの権力集中 321
ホモロゲーションの怪 323
バレストル対エクレストンの熾烈な戦い 324
サイドスカート廃止案の波紋 326
コンコルド協定 328
テレビ放映権問題 329
ロータス88事件 329
バレストル体制の継続 330
グループCカーレース誕生の経緯 331
スーパーライセンス発行の波紋 332
バレストルの容赦ない復讐 333
ターボ時代とその終焉 335
私がプエルトリコ代表臨時代理に！ 336
セナ失格事件とバレストルの思惑 336
モズレイ体制が始まる 338

14章 日本との関係 340

第1回日本グランプリを取り持つ 341
ホンダF1 343

15章 アメリカ 346

1963年、ロータスがインディに初参戦 347
1964年のインディ 351
1965年、ロータスがインディ初優勝 352
1966年、真っ赤なロータス 355
1967年、グラナテリのタービンカーに翻弄 356
1968年、ロータスもタービンカーで参戦 358
1969年、新投入のロータス64が不調に 358
広告の必要がないレース 359
デイトナ・コネクション 360
ビル・フランスとデイトナのレース 361
ミッキー・トンプソン 364
速度記録に立ち会う 366
アメリカでのリジエ 367

16章 ラリー、そしてラリー・レイド 368

モンテカルロ・ラリー 369
ロンドン・シドニー・ラリー 370
パリ・ダカール・ラリー 373

17章 映画 374

スティーヴ・マックイーン 376
「グラン・プリ」 376
栄光のルマン 377

訳者後書きに代えて 「グランプリのすべてを、生きた人」柴田久仁夫 380

著者紹介／クレジット 382

Foreword

I don't know whether Jabby would have been flattered should I suggest that he was a genuine eccentric. I know he would be flattered if I also said that he conducted himself in the manner of an "English gentleman"; however proud he may have been to be Swiss.

There can be few people that had a more intimate knowledge of motorsport, its drivers, entrants, constructors, organisers and promoters. Jabby was one of the true characters in the world that I lived in from half way through 1964 until the time he died.

Jabby Crombac helped many people in the world of motor racing. Many of them who probably did not return gratitude in the manner that one might have expected. He was a man with an incredible ability to create contacts and influence to assist people at all levels of the sport. He also had a remarkable record of attending more than 500 Grands Prix races.

My earliest recognition of Jabby was when I was driving Formula Three for Ken Tyrrell in races around France such as Le Chatre, Rouen, Reims, Montlhery, Magny Cours, and also in Monaco for my first major Formula Three Grand Prix in 1964.

Later I was to share much more time with Jabby in Paris, where he spent an immense amount of time with Jim Clark, when he was living in Paris, and while I was driving for Matra and Elf; which meant that I had to be in Paris quite a bit.

I was fortunate enough to speak to him by telephone several times before he passed away. He was courageous in facing what he had recognised as the final phase of his life and he carried it with great dignity.

Jabby was a great friend; an excellent writer and a genuine character. A great many people will sadly miss this unique man.

Jackie Stewart

préface / foreword

ジャビーよ、永遠に

　ジャビーは"天才的な変人"であった。そんな物言いを本人が誉め言葉と受け取ってくれるかどうか、私には自信はない。しかし、その振る舞いは英国紳士そのものだったといえば、必ず喜んだことだろう。その一方で彼は最後まで、スイス人であることに誇りを持ち続けていた。

　モータースポーツ全般に対する深い知識、ドライバー、チーム関係者、主催者との交友において、私はジャビー以上の人を知らない。私が1964年から関わるようになったこの世界で、彼はその死に至るまで、真の人格者であり続けた。

　ジャビー・クロンバックは、モータースポーツの世界で多くの人に援助の手を差し伸べた。ただし、残念ながらその全員が彼の尽力にふさわしい感謝の念を表わしたとは、私には思えない。
　ジャビーは人脈作りに素晴らしい才能を発揮し、このスポーツに携わるあらゆる人々の役に立つために、甚大な影響力を発揮した。そしてその傍ら、生涯500戦以上のグランプリを取材したのである。

　私が初めてジャビーに出会ったのは、ケン・ティレルのチームでF3レースに出場した時のことだ。私は、フランス国内のラ・シャートル、ルーアン、ランス、モンレリー、あるいはマニクールといったサーキットを転戦し、1964年のモナコF3グランプリで初優勝を遂げた。

　その後、ジャビーの親友であるジム・クラークがパリに住むようになったころ、私はマートラ・エルフ・チームに所属することになり、頻繁にパリに行くようになった。そして、滞在中は必ずジャビーと過ごしたものである。

　ジャビーが亡くなる直前、電話で何度か話ができたことは本当に幸運だった。人生の最終章に彼は勇気を持って直面し、そして最期まで尊厳を失わなかった。

　ジャビーは偉大な友であり、実に優秀な書き手、そして素晴らしい人格の持ち主だった。この類いまれな人物の死を、今も多くの者が悼み続けている。

ジャッキー・スチュワート

Bernie Ecclestone

Foreword

When I first met with Jabby Crombac in 1958, I could'nt realise how much he would become quickly such a dear member of the whole Formula One family. Journalists and writers have always played an important role in motor racing, not only to make it better known by the public and bring to life some of its more memorable moments off the track. But Jabby did much more than that, he became really part of our life.

At the time, none of us could imagine the future of the most dramatic expression of motorsport. Forty years ago or so, Formula One was indeed a very small tribe sharing his joy, hopes, disputes, deceptions and sadness in a constant and rather modern errance around the world. We were the "truck and jet" society ahead of time. Our life was spinning at a pace which was unthinkable to most of men on earth. But, in such a sophisticated yet primitive tribe, each member had to be someone special to become a genuine part of it and remain so. Jabby was a very special person. He knew everyone among officials, team managers, drivers and mechanics, becoming a much familiar face like a famous character from a Belgian comic album, Michel Vaillant, representing the perfect example of The Reporter, wearing his iconic tweed cap, pipe and glasses like a true english gentleman. Quietly, gently, he was able more than anyone else to enter smoothly in the most closed circles, listen and feel what was going on. Our cars and drivers were fast but his mind was even faster.

He was never reluctant to give, very modestly, his precious advices and facilitate contacts between influential people. His advice were precious but less than his friendship. Jabby was able to share with us the good and bad times, always finding the right word which would help. Our cars and drivers were fast but his mind was even faster. His presence was always feeled like a precious gift (a blessing ?) for each one of us while we were running and struggling to survive in an already highly competitive world. I remember our conversations when we could spare some time between two Grand Prix. Jabby was not only a fine writer but a day-to-day historian and, being so, a remarkable observer of the evolution of F1. Most of all, my friend, you were a true connoisseur of human soul and we miss you.

Bernie Ecclestone

préface / foreword

あなたは紛れもなくF1発展の立役者だ

　1958年に初めてジャビー・クロンバックと会った時、私は、彼がこれほど早くF1という大家族にとって不可欠な一員になるなど、想像もできなかった。ジャーナリストやライターと呼ばれる人々は、これまでもレースの世界で大きな役割を果たしてきた。一般大衆に向けて、このスポーツをより広めるだけでなく、サーキット外で起こるさまざまな事象をも記録するためである。ところがジャビーは、それらの役割をはるかに超えた存在だった。私たちの人生の完全な一部になっていたのである。

　あの当時、モータースポーツの頂点に位置するF1が、ここまで繁栄するなどと誰が想像しただろうか。今から40年以上も前のF1は、ほんの小さな集団でしかなかった。志を同じくするわずかな人間たちが世界中をさまよいながら、喜びや希望、いさかいや悲しみを共有したのである。いわば私たちは「トラック＆ジェット」族の先駆けでもあった。地球上の大多数の人々にとって、私たちの生活リズムは信じられないほどのハイペースだったと思う。とはいえ、この洗練され、同時にまだ原初の形を保っていたF1という大家族にあって、その構成メンバーはすべて素晴らしい個性の持ち主であった。
　その中でもジャビーは抜きん出ていた。彼はサーキット関係者、チーム首脳、ドライバーからメカニックにいたるまで、あらゆる人間と知り合いだった。そうして、ベルギーの人気コミック「ミシェル・ヴァイヤン」シリーズの登場人物にまでなったのである。
　ジャビーは漫画の中でも実際でも、ツイードの鳥打ち帽、パイプに眼鏡という、いつもながらの英国紳士のいで立ちであった。慎重かつ上品なやり方で、彼はこの最も閉鎖的なクラブにすんなりと入り込んできた。そしてここで起きたことを聴き取り、感じ取ってきた。私たちのマシーンとドライバーは実に速いが、ジャビーの精神はそれらをしのぐ速さを備えていた。
　ジャビーは決して控えめであることを忘れたことはなかったが、それでも必要とあらば、私たちに意見やアドバイスを述べることに躊躇しなかった。そして影響力のある人々が直接話し合えるよう、その橋渡しとなる準備がいつもできていた。しかし、私にとってのジャビーとは、そのアドバイス以上に、貴重な友情そのものであった。好調な時期も苦しい時代も、彼はいつもわれわれといっしょだった。この容赦のない世界で生き残ろうと戦う私たちを表現するのに、これ以上はない的確な言葉を用いる男でもあった。ジャビーの存在は、私には一種の贈り物とさえ思われたものだ。レースの合間に見つけたわずかな静寂な時間に、ジャビーと交した会話の数々を、私は終生忘れることはないであろう。
　彼は類いまれな文筆家であっただけでなく、F1の発展を後世に書き残す歴史家でもあった。そして何よりも、私の友人であった。ジャビー、あなたは人間の魂の何たるかを知っていた。あなたがいなくなったことを、私は心より悲しんでいる。

バーニー・エクレストン

avant-propos

序章

この本を書くにあたって

　私はつくづく、幸せな人間だと思う。

　なにしろ、人生の大部分をフリーランスとして過ごしてきたのだから、朝起きたときに「くそ、今日も会社に行くのか」と毒づくことはなかったし、週末ともなれば、私の職場は世界中へと広がっていた。これまでヨーロッパ外へ旅行したときの航空券はすべて保管してあるが、旅した距離は地球40周以上ということになる。心残りがあるとすれば、ミッレミリアに参加しなかったことと、豪華客船で大西洋を渡らなかったことぐらいだ。

　私はグランプリに人生を捧げてきた。そのために失ったものも多い。家族との団欒がその最たるものだろう。私にとって自動車レースは単なるスポーツではなく、宗教とさえいうべきもので、私の生活はまさにF1漬けだった。

　そんな私だから、他のことにはいっさい興味がない。スティーヴ・マックイーンが私に会うためにパリに来たときも、私は彼のことはまったく知らなかった。スターリング・モスからの紹介でなかったら、無視していたことだろう。

　また、ジャッキー・スチュワート主催の夕食会で、ある男と楽しく歓談したことがあった。あまりにレースに詳しく、的確な判断を述べるので、「どの雑誌に記事を書いているのですか？」と訊ねた。すると彼は、「私はジャーナリストじゃありません。ミュージシャンのフィル・コリンズですよ」と

Avant-propos

返された。もちろん、私は彼の名を聞いたこともなく、しかもその晩は彼のことをずっと、「ジョージ」と呼んでいたらしい。ある日、ジャッキーが大笑いして、こう話してくれた。

「あの夕食会以来、フィルが私に電話してくるときは、決まって『もしもし、ジョージですが』と言うのだよ」

　私がグランプリの取材を始めたのは、今から57年前のことである。そこから現在まで、ずっとグランプリに立ち会えたことは、私の秘かな自負となっている。その間にF1は大きく変わっていった。いくつか例を挙げよう。

　たとえば30年前、テレビで生中継されるレースはモナコGPだけだった。ファンジオが引退したあと、最高のF1ドライバーと評されていたスターリング・モスは、自分の給料について「腕のいい外科医程度」と語っていたものだ。今はいくら優秀な外科医でも、ミハエル・シューマッハーのように年間30億円も稼いではいないだろう。チーム予算はといえば、1960年代のティレルが20万ドル程度だったが、現在のフェラーリやマクラーレンは5億ドルを費やすといわれている。

　だが、誤解しないでもらいたい。「だから昔はよかった」などと言うつもりはない。確かに失ったものも少なくないが、代わりに得たものもある。重要なことは、F1が依然としてモータースポーツの頂点にあるということだ。

　「今のF1は肥大化し過ぎた」という批判もある。これは正しい。しかし、F1史上に照らせば大所帯は過去にもあった。1954〜55年にメルセデスが圧勝した際、彼らはレース現場に200人もの大部隊を送っていた。2位のフェラーリでさえ、50人しかいなかった頃の話だ。だが、フェラーリを始めとして、誰もそのことに文句を言わなかった。メルセデスのカムバックによってF1に対する世間の注目度が上がり、この業界が活性化したことを認めていたからだ。

　美的見地からすれば、昔のマシーンの方がはるかに美しかった。特にフロント・エンジン時代のF1は、フロントグリルがクルマの顔を形作っていた。そうは言っても、ミドシップに移行してからも、美しいマシーンはいくらでもある。ロータス25／33、イーグル、ロータス79などは、特に私が好きなクルマだ。

　私はF1マシーン以上にこの世界の人々に魅かれた。ドライバー、エンジニア、チーム代表。肉体的な危険、そして成績次第では明日にでも職を失う危険と隣り合わせの彼らは、ほかでは見られないユニークさを持ち合わせていた。

　そんな環境のなかで、私はひとりのジャーナリストにとどまらず、実に多くの仕事を体験することができた。メカニック、計測（計時）担当、ドライバーのマネジャー、マネージング・ディレクター、

レース主催者などだ。FOCA（F1製造者連盟）、GPDA（グランプリドライバー連盟）のミーティングにも出席したし、FIA（国際自動車連盟）の技術委員にも選ばれた。

　人生のたそがれに達した今、私はそんな稀有な体験を読者と分かち合いたいと願って、この本を書くことにした。ただし、1年ごとに記述する編年体ではない。編集者が、「とにかくすぐにジム・クラークの話が聞きたい！」とわめいたからである。だが、ジムのすべてを語ろうとしたら、1000ページあっても足りなかっただろう。この本はまた、モータースポーツの歴史を述べた本でもない。単に私の生きた時代を記しただけである。
　私が抱いたのと同じ感情が、あなた方の中にも生まれることを切に祈りつつ、私の歩んできた道をご紹介することにしよう。

ジェラール・クロンバック

chapitre 1

La Formule 1,5 litre

1.5リッター・フォーミュラの時代

私がレースに情熱を注いだこの半世紀を振り返って、もっとも影響を受けた男を
挙げるとすれば、それはコーリン・チャプマンである。
彼は間違いなく最も独創的、かつ豊饒な創造者であり、
現代のF1の枠組みを作った男といってもいいだろう。
私が初めてコーリン・チャプマンに出会ったのは、1953年。
それは、彼が製作したレーシングカーを買いに行った時のことだ。

　この当時のイギリスでは、すでにチャプマンが創設した「ロータス」というブランドは有名になりつつあった。その評判を聞きつけ、私はフランス在住のイギリス人の友人とドーバー海峡を渡り、ロータスを買いに行こうと決めたのだった。

　チャプマンとはロンドンで会ったが、すぐに意気投合し、めでたく450ポンドでマーク6を購入した。これはチャプマン自身がステアリングを握り、1953年に大成功を収めたクルマそのものだった。フォーミュラ1172、そしてスポーツカー1100cc部門でも無敵で、クリスタルパレスのレースでは、ボブ・サイードの駆るDOHCエンジンを搭載したオスカにも負けなかった。そのため『モーター』誌で、「不条理なくらい速いマシーン」と評されたほどである。

　コーリンは、このクルマがフランスに渡ることを非常に喜んだ。そして私は、その理由をのちに知ることになる。というのも、彼はカムシャフトに関する規約を、実に巧みにねじ曲げて解釈していたのである。そして、少しでも長く秘密にしておきたかったから、マシーンそのものがイギリスを離れてしまうのは願ってもないことだったのである。

　私のもとにマーク6が届いたのは、古色蒼然たるパナールでロンドン・ブライトン・ランに参加した直後だった。このラリーは実に特殊であった。日が昇る頃にロンドンを出発し、ブライトンにその日のうちに到着するというのがルールだが、参加資格は1904年以前に生産されたクルマでなければならなかった。とはいえ、このラリーは、当時、世界で最も多くの観客

La Formule 1,5 litre

を集めたモータースポーツ・イベントのひとつだった。沿道では実に100万人以上もの人々が観戦したのである。

コーリン・チャプマン

この時、チャプマンはまだ25歳だったが、すでにこの分野で自分が何をすべきかを完全に把握していた。未亡人となったヘイゼルものちに語っていたが、チャプマンに会った人は誰もが、「この男はそのうち大きなことを成し遂げるだろう」と思ったものだ。

チャプマンはまず、あらゆる固定観念を否定することから出発した。既成の事実を受け入れる場合でも、必ず自分で確かめてから行動し、既存の方法がだめだと判断を下したら、新しいアイデアを実現することに全力を尽くした。

チャプマンの家族は自動車とはまったく縁がなかった。父スタンレイは、サリー州リッチモンドでパブを経営していた。息子が大きくなってからはパブを売り払って、ロンドン北部ホーンジーに「レイルウェイ・カフェ」を開いた。

コーリンはロンドン大学で工学を学び、自動車を小遣い稼ぎの手段として考えた。ポンコツ車をただ同然で手に入れ、修理して転売し、少なからぬ儲けを得たのだ。しかし1947年に政府がガソリン購入補助措置を打ち切ったため、彼の商売はパタリと止まってしまった。在庫をただ同然で売り払うと、廃車寸前のオースティン・セヴンだけが残った。そこでコーリンはボディを下ろしてスポーツカーに作り替え、自分の足に使うことにした。

ある時、イギリスで大人気のモータースポーツであるトライアルを観戦に行ったチャプマンは、すっかり

右ページ左：最初のロータスである1948年のマーク1は、当時の英国で最もポピュラーな中古車であるオースティン・セヴンをベースにしたトライアルマシーンだった。

右ページ右：マーク1を進化型で、クラブマンレース用に製作されたマーク2。

右ページ中：マーク3もオースティン・セヴンから派生したモデルだったが、完全なサーキット仕様として製作され、ライバルたちを圧倒した。

この競技の虜になってしまった。翌48年から自分のオースティン・スペシャルで参戦、またたく間に勝ち始める。これに気を良くしたチャプマンは、シーズン終了後には"チャンピオンマシーン"を売り払い、新しいマシーンの製作に取りかかった。

このころチャプマンは大学を卒業し、ブリティッシュ・アルミニウム社にエンジニアとして就職した。クルマ造りをやめるつもりは毛頭なく、会社から帰ると作業場にこもってマシーン製作に没頭、マーク2が完成すると、トライアルではなくサーキットでのクラブレースへの参戦を開始した。サーキットレース向きのマーク2は早々に売り、マーク3の製作に取りかかった。

ザ・モーター誌に「不条理なほど速い」と評されたマーク6を駆ったチャプマンは、1953年のレースで無敵な存在だった。

ショールームの前で、ジャビー・クロンパックが構えるローライ・フレックスに向かってポーズを取るノビー・クラーク（左）。中にはエリートが展示されている。ノビーはロータスにとって最初の従業員であった。

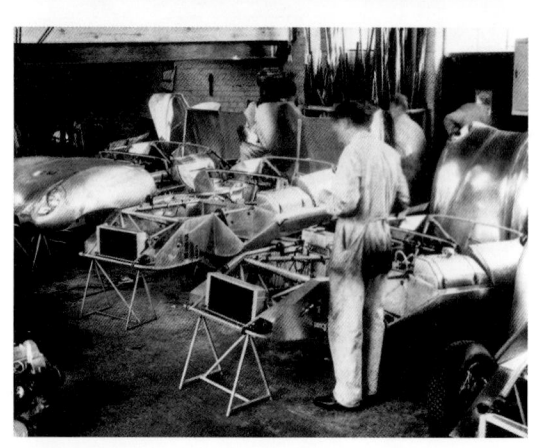
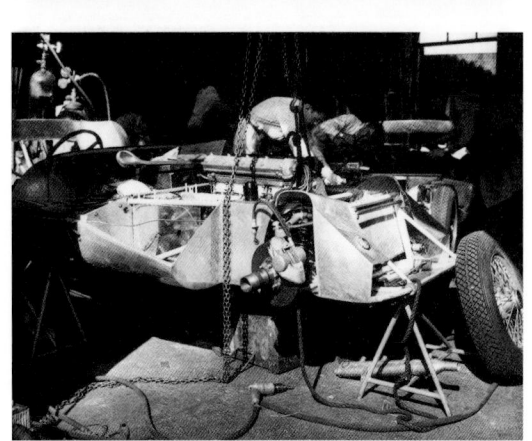

英国市場向けは、税金がかからないキットとして販売された。一方、チーム・ロータス用と輸出用は、新しいホーンジィの工場で生産された。

　マーク3は古くさいオースティン・セヴンがベース車両とは思えないほど、高い戦闘力を発揮した。チャップマンはより設備の整ったガレージに引っ越し、協力者である歯科医のナイジェル・アレンとともにマーク4を製作した。ところがレースで大事故に遭い、マシーンは全損、アレンともケンカ別れしてしまう。だが、この不幸にもチャップマンはめげず、父親が経営するカフェの納屋に本拠地を移した。ここから生み出されたのが、最初期のロータスである。

　チャップマンはロータス・エンジニアリングの財務状況を良くするために、車をキットで売ることを思いついた。キットなら25％の購買税が節約できたのだ。新しいマーク6には、軽量スペースフレームが採用されており、エンジンやギアボックスなどのコンポーネンツは、フォードの下位モデルから移植し、コストパフォーマンスとロードホールディングは群を抜くできばえだった。

　チャップマンは毎夕、ブリティッシュ・アルミニウム社から帰るとガレージにこもってマーク6の生産に没頭した。当初はスポーツカーレースへの参戦を念頭に

La Formule 1,5 litre

左側の鳥打ち帽を被っている人物は、空力エンジニアであるフランク・コスティンとは兄弟のマイク・コスティン。車体構造に才能を発揮した。1958年のグランプリでチャンピオンマシーンとなったヴァンウォールを設計した。チャプマンの最初の右腕として活躍したのち、キース・ダックワースとともにコスワースを創設する。

開発を続けたが、その頂点であるルマン24時間レースのレギュレーションはあまりに頻繁に変わっていた。そこでチャプマンはフォーミュラレースに方向転換し、まずはF2に狙いを定める。

この時期にチャプマンの右腕として活躍するのが、マイク・コスティンであった。

マイク・コスティン

航空機製造のハヴィランド社が経営する技術学校の学生だったマイク・コスティンは、1952年に同級生からの紹介でチャプマンに初めて会った。当時のマイクは飛行機の設計を夢見ていて、後年になって「（チャプマンに会ったときには）レースのことも、レーシングカーのことも、何も知らなかった」と語っている。チャプマンからの熱烈な誘いを受け、まずはマーク6を1台造るのに手を貸すことになった。私たちが買ったマーク6（シャシーナンバー9）がこれだ。コーリンはマイクの才能に惚れ込み、マーク8プロトタイプの開発を託した。この当時、マイクはすでに結婚していたが、ロータスからの給料は微々たるもので、労働時間だけは気が遠くなるほど長かった。「労働時間は8時から5時。ただし午前8時から、翌朝の5時までだね」と、マイクはよく冗談を言っていたものだ。ある時、マイクは服を着たままで上体をベッドに、両足を床につけたまま寝ていた。それを見たマイクの妻は、「今、帰ってきたところなの？　それともこれから出かけるの？」と真顔で訊ねたそうだ。

1962年、流れはフェラーリからイギリス勢へ

私の今までの人生で、最も無我夢中で働いた時期はおそらく1960年代だっただろう。友人のジャン・リュカと『スポール・オート』誌を創刊したのが1962年1月だからだ。

この創刊のタイミングは結果的には理想的なものだった。なぜなら、前年の1961年はフェラーリが圧倒的に強く、唯一、スターリング・モスだけが50馬力も非力なロータスで2勝したに過ぎなかったが、1962年にはイギリス勢が大反撃を開始し、私の友人たちが次々と表彰台に上がったからだ。

1962年の英国勢の躍進は、常勝のフェラーリが自滅したことにも助けられていた。エンツォ・フェラーリの妻ラウラが、サーキットに現れてはしばしば感情的な指示を出しており、それがエンジニアの悩みの種だった。エンジニアたちは何とかしてほしいとエン

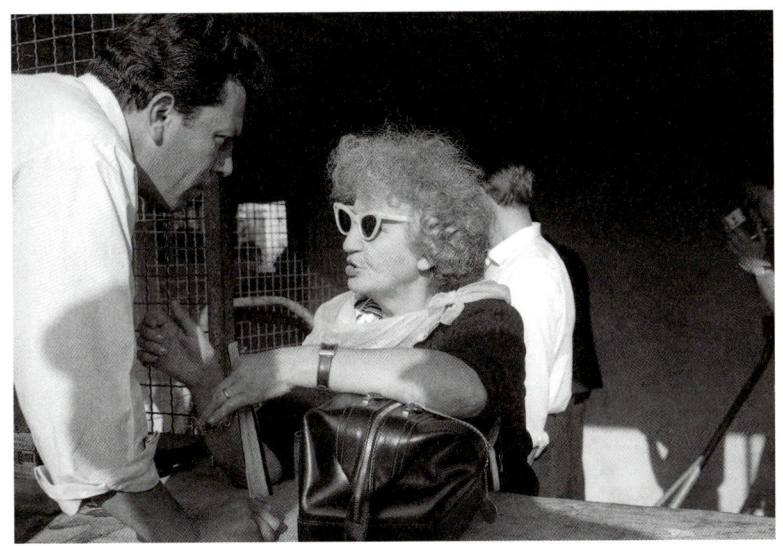

高慢なラウラ・フェラーリは、サーキットでは夫の目の代わりを務めていたが、それがチーム主要スタッフたちの反乱の原因となった。コマンダトーレは1961年から62年の冬、反乱分子を解雇することで事態収拾を図る。イギリス・チームは、その混乱に乗じて1962〜63年シーズンを勝ちまくった。

ツォに訴えたが、逆にエンツォはエンジニアたちを解雇してしまい、62年以降のフェラーリは戦闘力を大いに落とし、立て直しに2シーズン以上を費やした。

なぜラウラはグランプリに来ていたのか。答えは簡単。夫のエンツォが行こうとしなかったからだ。ではなぜ彼は行かなかったのか。これについてフェラーリ崇拝者の多くは、「自分の愛するドライバーたちが事故死するのを見たくなかったから」という理由を挙げたものだ。

「ところが事実は、まったく違う」と、ジャン・リュカが私に語ってくれた。当時の彼はフェラーリをフランスに輸出する仕事も請け負っていた。

「ある日、マラネロに行ったとき、ダブルベッドをトランスポーターに積み込もうとしているところに出くわしてね。『いったい、これをどうするんだ』と従業員に聞くと、『コマンダトーレは、自分のベッドでないと絶対に眠れない。そして今夜から、別荘に行くというわけさ』と笑って答えてくれたよ」

まともに走れなかったロータス

1958年にグランプリ・デビューしたロータスは、大きな困難に直面する。前年、チャプマンはコヴェントリー・クライマックス製の1.5ℓ12気筒エンジンを搭載した"葉巻型フロントエンジン"のF2マシーンを造っていた。その後、ロブ・ウォーカーからの助言を受けて、クライマックスは排気量を2ℓに拡大した。規定の2.5ℓには足りないが、これならF1に打って出られそうだった。

クライマックス・エンジンを搭載したF2マシーンに乗るドライバーたちは、誰もがF1へのステップアップを夢見ていた。そして、チャプマンは彼らに背中を押されるように、1958年のモナコGPにロータス12をデビューさせた。しかし、排気量を増したクライマックスを搭載するには、ロータスは軽くて脆弱だった。これに対してクーパーは頑丈だった。12の後継モデルとなった16でも改善は充分ではなく、ようやくちゃんとされたのは、1960年シーズン用のミドシップ型となったロータス18からだ。チャプマンはF1、F2、そしてFJの3種類の18を製作、ここからロータスのシングルシーターの華々しい活躍が始まったのである。

しかし、それ以前の"大不振"をかこった2シーズンの間に、ロータスはグレアム・ヒルとクリフ・アリソンに去られていた。彼らはBRMとフェラーリに移籍してしまい、ロータスは新たにイネス・アイルランドとアラン・ステイシーを抜擢した。だが、ステイシーは1960年のスパで鳥に衝突され、命を落としてしまう。

イネスは古い世代に属するドライバーで、遠慮とか自制心とはまったく無縁な男だった。マイク・ホーソーンも同じ性格だったが、そのためか、二人は実に仲が良かった。イネスはF1に足を踏み入れる前の1958年には、ロータス11で大活躍していた。フランス中部のオーヴェルニュ3時間耐久レースでは、1100ccしかないロータス11を駆り、3ℓエンジンのフェラーリを相手に優勝したことがあった。

La Formule 1,5 litre

チャプマンにとって、最初の
フロント・エンジンF1マシーン
となったロータス12。
クリフ・アリソンと
グレアム・ヒルのドライブで
モナコGPにデビューした
ものの、成功はしなかった。
F2マシーンを流用した構造は、
クライマックスの2ℓエンジンを
積むには、脆弱すぎたのだった。

チャプマンと話し込む
トニー・ラッド（右）。
ロールス・ロイス社の
航空機エンジン部門で
鍛えられたトニーは、
1960年代初めにはBRMの
テクニカル・ディレクターを
務め、1969年に
チーム・ロータスに入った。

トニー・ラッド

　当時、ロンドンにはタイ王室の裕福な皇子であるプリンス・チュラが住んでいた。彼はモータースポーツに情熱を傾け、レースに出ていた従兄弟のプリンス・ビラに資金援助もしていた。トニー・ラッドの叔母は、チュラ夫人の実家の家政婦であった。そんな関係で、トニーはプリンス・ビラのレースをガレージから観戦することを許された。その経験が彼をこのスポーツの虜にしてしまうのである。

　学業を終えたトニーは、すぐにロールス・ロイスに見習い工として入社した。イギリスにおける見習い制度は、フランスよりはるかによくできていて、昼は工場でさまざまな部署を経験しつつ、夜は学校に通って技術者の資格を取ることができた。トニーもその恩恵に浴し、戦時中は工場内で、英国空軍の航空機に搭載されるあらゆるエンジンを作る仕事に従事した。しかし終戦間近になると、ロールス・ロイスが得意としていたピストンエンジンは、次第にタービンエンジンに取って代わられていった。そしてトニーは、自身の将来のことを考えるようになる。

　その頃ロールス・ロイスは、BRMからスーパーチャージャーの設計と製造を依頼されていた。しかし、このパーツに頻繁に問題が起こることに対し、上層部はBRMが勝手に変更を加えているのではないかと疑った。そこで彼らは、研修という形でトニーをBRMに送り込んだ。ところが、トニーはBRMにいる間に、忘れかけていたモータースポーツへの情熱が再び燃え上がり、ロールス・ロイスを辞めてBRMに入ってしまった。

　その後は技術者としてみるみる頭角を現わし、アルフレッド・オーウェン卿がBRMを買い取った際には、テクニカル・ディレクターに抜擢された。そして1962年のタイトル獲得に大きく貢献するのである。

　新設計のV8エンジンは1961年末に投入され、グレアム・ヒルは1962年のザントフールトを制する。私は個人的には、終盤まで独走態勢だったジム・クラークが、ギアボックス・トラブルでリタイアしたことに大いに落胆した。しかし、もう一人の友人であるヒルが勝ったことで、少しは慰められたといえる。なによりここでデビューしたロータス25の戦闘力が群を抜いていたことは、疑いようのない事実であった。

グレアム・ヒル

　1962年、イギリス勢の活躍はザントフールトでのオランダGPにおいて、BRMのヒルが優勝したことから始まった。

　私がグレアム・ヒルと最初に出会ったのは1954年のモンレリーで、彼は当時、ロータス・マーク9でレースに出ていたディック・スティードのメカニックをしていた。壊れたステアリング系のスペアパーツが

届くまでの数日間、パリで待つグレアムは、毎晩、私といっしょに出かけ、私たちはすっかり仲よくなった。

　ヒルはとにかくユニークな男だった。彼の一族でレースに興味を持っている人間は一人もおらず、両親は自家用車さえ持っていなかった。グレアムが親から110ポンド借りて初めてクルマを買ったのは24歳の時だった。もちろん自動車学校になど通っていなかっ

La Formule 1,5 litre

たから、その車のステアリングを握ったのが、生まれて初めての運転体験だった。

計器類の大手製造会社、スミス社でメカニック見習いをしていたヒルは、1周5シリング払えばブランズハッチのコースを500ccエンジン搭載のクーパーで体験走行できるという、レーシングスクールの広告に目を留める。

当時のグレアムは車より飛行機のほうが好きだったが、安かったので申し込んでみることにした。そして20周を走り終えた時には、すっかり自動車の虜となってしまい、すぐにスクールの経営者にメカニックとして雇ってもらうよう頼み込んだ。だが、雇われて間もなくスクールは倒産し、所有者が変わってからは無給で働く代わりに、スクールマシーンでレースに出ることが許された。

スクールの仕事が忙しくなったことから、スミス社を退職し、やがて失業保険も途切れてしまうと、まったくの一文無しになった。ある時、ブランズハッチのレースを終えてロンドンに帰ろうとしたが、ポケットの中にはバスのチケット代もなくなっていた。途方に暮れるヒルの前を通りかかったのがチャプマンだった。こうしてロータスは腕利きのメカニックを安く雇

うことになった。しばらくの間、ヒルの日給は1ポンドだったという。

その後、グレアムはロータスで知り合ったディック・スティードのメカニックになる。無給で働く代わり、寝る場所と食事は心配なかった。だが、いつまで経ってもスティードのマシーンを運転させてもらえず、ダニー・マーギュリースのメカニックへと職替えをした。マーギュリースは、シチリアのメッシーナやモロッコ・アガディールを舞台とした「エキゾティック・レース」

初めてグレアム・ヒルに会ったのは、1954年のモンレリーで、その時、彼はまだロータスのメカニックだった。この写真は、マーク9の修理のために、パリから交換パーツが届くのを待っているところだ。ヒルがフルタイムのレーシングドライバーになるのは、1957年中盤からであった。

上と右：ヒル宅に英国モータースポーツの錚々たる顔ぶれが集まり、大宴会が始まった。チャプマンと談笑するのは、チームオーナーのジョン・クームズ。クームズはその後、ヒルをジャガー・マーク2とEタイプに乗せてレースに参加させることになる。右の写真は、チャプマンが好敵手であるジョン・クーパーにキスしようとしているところ。クーパーはむしろ噛みつかれるのを恐れている。

下：イギリス・グランプリの折りに開かれる社交クリケット大会。イギリス的としかいいようのない催しだ。ドライバーたちのチームと上流階級チームが覇を競った。ジョン・サーティーズの顔が見える……。

に、ジャガーCタイプで出場していた。今度はグレアムも、交代でステアリングを握らせてもらえた。

しかし、ベティと結婚することになって、そんな不安定な暮らしを続けていられなくなり、ロータスに戻った。それからのグレアムは、知人らから借りたマシーンでレース経験を重ねていく。私のロータスを提供したこともある。当然のように家計は"火の車"で、ベティの稼ぎがグレアム夫婦の生活を支えていた。

1957年当時、ロータスのレギュラードライバーは、ハーバート・マッケイ・フレーザー、通称「マック」だった。彼はブラジルの大富豪の御曹司だったが、息子がレースをしていると知って激怒した母親から送金を断たれてしまい、ヒル家の小さなアパートに居候していた。しかし、マックは57年にランスで行なわれたACFグランプリのF2レースでクラッシュし、命を落としてしまった。チャプマンはマックの代わりにグレアムをドライバーに指名した。

それから1960年までの3シーズン半、グレアムはロータスで過ごした。だが、前述したように、ロータスの信頼性の低さに幻滅してBRMに移籍していく。ヒルはレーシングカーを運転することにかけて、特別な才能に恵まれていたわけではない。その運転ぶりは、しばしば乱暴ですらあった。しかしそんな欠点を補っていたのが勝利への強い執念で、勝つためならどんな努力も惜しまなかった。

運転の代わりに超一流だったのがスピーチのうまさだ。イギリスではGPシーズンが終わると、さまざまなクラブがパーティを催し、各種の賞の授与式を行なった。できるだけ多くのメンバーに来てもらうよう、パーティの主催者は有名人を招待して一席ぶってもらうのが常だった。グレアムは、そのカリスマ性と類い稀なユーモアによって、こうした催しに引っ張りだこだった。

私が中でもよく覚えているのは1964年のパーティだ。この年のグレアムはメキシコGPでバンディーニにぶつけられたことで、2度目のタイトルを逸していた。クラブの会長に、「それではバンディーニとの事故について、ふた言ほど語ってもらいましょう」と促されて登壇したグレアムは、「クソ。あの野郎」とふた言しゃべると、さっさと席に着いた。出席者が大爆笑したのはいうまでもない。

一流のグランプリドライバーになってからのグレアム・ヒルは、毎年のイギリスGPに盛大な晩餐会を開いた。そこにはモータースポーツ界のあらゆる人はも

グレアム・ヒルと
ヨッヘン・リントとともに、
チャールズ皇太子がじっと
ゲームの行方を見守っている。

ちろん、映画スター、そして皇族まで参加した。イギリスGPがシルバーストーンで開催される年は、高速道路M1近くの自宅を会場とし、そしてブランズハッチで行なわれる年には、エリザベス女王と縁戚関係にあるブラボーン卿のパビリオンを借りることを常としていた。

ここでの晩餐会では、それに先立って敷地内で、ブラボーン卿チームとGPドライバーチームとの間でクリケットの親善試合が行なわれた。皇族側には、まだ独身だったチャールズ皇太子も加わっていた。こうした催しを通じて、グレアムは英国のもっとも高貴な人々との交流を深め、そのことに彼自身も心地よさを感じていた。もし1975年11月に飛行機事故で他界しなかったら、間違いなくモスやブラバムのように、サーの称号を授けられていたはずである。

ブルース・マクラーレン

ニュージーランド人のブルース・マクラーレンは、隣国オーストラリアの英雄であるジャック・ブラバムの弟子ともいうべき存在だった。実際、ブラバムの尽力がなかったら、彼のF1デビューはなかっただろう。

ブルースの父親はオークランドに修理工場を持ち、戦前は二輪、そして戦後は四輪でアマチュアレースに出ていた。ブルースのデビューは父親といっしょに参戦した耐久レースだった。最初は戦前のオースティン・セヴン、その後はオースティン・ヒーレーのステアリングを握った。

その頃のブラバムは、欧州でのシーズンが終わると、

オセアニアに戻ってタスマニア選手権に参戦していた。そしてシーズン終了後に、マシーンを売る商才にも長けていた。私がマクラーレン一家と知り合ったのも、F2クーパーを売ったのがきっかけだ。ブルースはこのクーパーF2で素晴らしい才能を披露し、同国の「国際GP連盟」のスカラシップを獲得する。こうして彼は、勉学のかたわら1958年のF2選手権を戦うべく、ヨーロッパに渡ったのだった。

しかしブルースは渡欧してすぐに、パース症候群という難病にかかり、3年間もの入院生活を送ることになった。治療中、両足は石膏で固められ、車椅子の生活を余儀なくされた。彼の両肩や二の腕が筋肉で素晴らしく盛り上がっていたのは、まさにそれゆえであった。回復後は大学に戻って工学士の学位を取得した。

まったくブルースの逞しい体つきは、彼の同胞にたくさんいる水泳選手のようだ。いつもニコニコと微笑んでいるが、レースではとびきりの速さを見せた。当時としては若くしてF1に登り詰め、ブラバムとともにクーパーのレギュラードライバーに抜擢された。

1959年のアメリカGPでは、最終周までトップを走っていたブラバムがガス欠でリタイアしたあと、ブルースが22歳の若さでグランプリ初勝利を遂げた。

当時の私は、ヨーロッパ大陸における唯一のロータスの顧客だった。そのため、ロータスのヨーロッパ代表みたいなことにもなっていた。チャプマンは、「文明はドーヴァー海峡よりこちら側にしか存在しない」と信じているほどの筋金入りのイギリス人だったから、フランス人の私がここまで受け入れられていたのは奇跡というほかはない。

GPレースでもいつもチームと行動をともにしていた。ベルギーGPでは、いつもコース脇のスタブロにある「アンブレーブの谷」ホテルに泊まった。ちなみにここの客扱いは40年経った今でも絶品だ。ホテルでは、ジム・クラークとトレヴァー・テイラーと同室だった。この時代のドライバーたちは、今ほど稼いでいなかったから、部屋代を割り勘にするのは大歓迎だ

ブルース・マクラーレンは、ジャック・ブラバムのチームメイトとして、クーパーのワークス・チームからF1デビューを果たした。そして1959年のUSグランプリでT45を駆り、初勝利を飾る。わずか22歳であった。

La Formule 1,5 litre

ジム・クラークとロータス。彼ら以上に優雅で、かつ素晴らしい速さを誇った組み合わせは、二度と現われないだろう。

ったのだ。

ジム・クラーク

　私がジム・クラークに初めて会ったのは1959年のルマンだった。私たちはすぐに気心を通じあえるようになった。私が以前からロン・フロックハートというスコットランド人の友人と親しくしていて、この国の気質をある程度わかっていたことが幸いしたのではないかと思う。なにしろ、クラークほどスコットランド人らしい男もいなかったからだ。

　ジミーは16歳で学業を終えていた。いくつかの大きな農場を所有していた父親が、学校よりも農場で学ぶことの方が多いと信じていたからだ。17歳で自動車免許を取得したが、もちろんそれよりはるか以前からクルマを運転していた。だからといってクラーク家が、4女1男の唯一の息子であるジミーがレースをすることに、寛大だったわけではない。父親がローバーの新車を購入し、それまで乗っていた古いサンビーム・タルボットをジミーに与えたのも、単なる移動手段としてだ。ジミーはサンビームで地元のラリーに参加したりしたが、この辺りが特別モータースポーツの盛んな土地柄であったわけではなく、ラリーは若い農民たちの気晴らしであり、社交の場に過ぎなかった。

　そんなジミーの運命を変えたのが、隣人の農場主イアン・スコット-ワトソンだった。彼は熱狂的なアマチュアドライバーで、DKWゾンダークラッセで週末にはよくレースに出場していた。1957年6月、アバディーン近くのクライモンドで行なわれたレースに、イアンはジミーをアシスタントとして連れて行った。練習走行の際にジミーに何周か走らせたところ、ジミーはオーナーのイアンよりも1周3秒も速いタイムを出して見せた。

　それ以来、二人の立場は逆転し、イアンはジミーのかけがえのない理解者となった。クラーク家は依然としてジミーがレースにうつつを抜かすことに反対していたし、なによりジミー自身が、自分の才能をまったく信じていなかった。唯一イアンだけが、この友人の中に不世出の才能を見ていたのである。

　イアンからクルマを貸し与えられたジミーは、次々とレースに勝っていった。そしてDKWからポルシェ1600に乗り換え、ロータス・エリートと出会うことになる。

　その当時イアンは「ボーダーズ・リバーズ」という地元レーシングチームに属していた。彼らは1958年にジャガーDタイプを購入する。少し古かったとはいえ、ジャガーがルマン制覇を目指して開発した、

イギリス人ドライバー、パトリック・リンゼイのERAをルーアン・レ・ゼソールで試乗するジム・クラーク。このように、初めてのクルマにいきなり乗ってもすぐにトップレベルの速さを披露して見せた。

最高速度が300km/hを超えるモンスターであったから、ドライバーにはもちろんジミーが抜擢された。「だめだ、こんなクルマは運転できない」と尻込みするジミーに対し、イアンは「大丈夫、君なら必ず速く走れる」と説得し、まさにその通りになった。

ジム・クラークという男の、初めて乗ったマシーンの限界をつかみ取る速さは、誰にもまねできない能力だった。

リジッド・アクスルのDタイプ・ジャガーは、バンピーな路面での操縦性に大きな問題を抱えていた。それにもかかわらず、イアンは悪路の見本のようなスパ・フランコルシャンでのレース出場を決断、これがジミーにとって初の欧州大陸でのレースとなった。

スパでは、午前中のGTレースでポルシェをドライブし、午後はジャガーに乗るというスケジュールだった。このレースで、ジミーは同朋のアーチー・スコット-ブラウンを事故で失い、さらに2年後にはチームメイトのアラン・ステイシーも亡くなっている。この不幸によって、ジミーにとってスパはもっとも嫌悪すべきサーキットとなった。だが、この大嫌いなスパで彼は最高の輝きを見せ、1962年から連続4年間にわたってベルギーGPで優勝した。

ここでジミーのGPデビューについて少し触れよう。1960年、アストン・マーティンがグランプリに打って出ようとしていた（訳注：アストン・マーティンのGP初参戦は1959年で、この年だけで撤退した）。同社のスポーティング・ディレクターのレグ・パーネルは、親友のジョク・マクベインの助言を聞き入れて、新人ジム・クラークの抜擢を決めた。

一方、チャプマンは1960年シーズン用にミッドシップのロータス18を発表。ドライバーは前年同様、アイルランドとステイシーに決めていた。ただしこのシーズンは3台体制で行く計画を立てており、チャプマンはGPモーターサイクル・レースのチャンピオンであったジョン・サーティーズと契約を結び、サーティーズは二輪GPと重ならないときにロータスに乗った。ジミーはロータスのジュニアチームからの出走となったが、目覚ましい活躍を見せ、1960年の第4戦オランダGPでついにF1デビューを果たした。そして2週間後のベルギーGPで早くもポイントを獲得（このレースでアラン・ステイシーが事故死）。真夏のポルトガルGPでは3位に入った。この年は10戦中6戦しか出場しなかったが、8ポイントを得て選手権8位という成績を残した。

レーシングドライバーとしてのジミーの才能は群を抜いていた。私が力説したいのは、ジミー自身が自分

La Formule 1,5 litre

の速さをまったく説明できなかったことだ。あるグランプリで圧倒的な速さで勝った時、「今日のあいつらは、いったいどうしちまったんだろう。みんな、信じられないほど遅いんだ」と、彼は私にこう言ったほどだ。

そして負けず嫌いの気質も人並み外れていた。私と卓球に興じていて、万一私が勝とうものなら大変なことになった。ジミーは自分が勝つまで絶対にやめようとしなかったのだ。

理想的な走行ラインを見極める能力も、天才的としかいいようがなかった。ある時、大金持ちのフェラーリ・コレクターで知られるピエール・バルディノンが、自分が所有するサーキットで好きなだけクルマを走らせないかと、私とジミーを誘ってくれたことがあった。ジミーはフェラーリP3/P4をケイトに運転させて数ラップしたあと、今度は自分で何周か走らせた。助手席の私にはケイトが運転していたときと同じくらいの

ノンビリしたペースに感じられたので、「ジム、全然怖くないから、もっと飛ばして大丈夫だ」と怒鳴った。だが、ジミーは、ずっとそのペースで走り続け、ガレージに戻った。するとバルディノン氏が、「コースレコードを樹立したぞ」と興奮して駆け寄ってきた。その記録はその後何年も破られなかった。

ジミーはまた女性に大いに"モテ"た。レースの終わった夕方など、ロータスのトラックの前に何人もが待ちかまえていたものだ。

彼は見た目よりもずっと陰影に富んだ人間である。だから私とジミーの友情に最後までひびが入らずに済んだのは、私が細心の注意を払ったからに違いない。彼に金を借りたことは一度もなかったし、ましてや年俸を訊くような愚かなこともしなかった。「いくら稼

いでるか」「それを何に使っているか」などとジミーに質問をして、二度と口を利いてくれなくなった人間を、私は何度も見てきた。

ジミーは機械には、いっさい興味を持っていなかった。それでも毎シーズン、マシーンを理想的な状態にセットアップできた理由はひとつしかない。コーリン・チャプマンとの関係が、文字どおり"以心伝心"だったからだ。コースからピットに戻ってくると、ジミーはごく簡単な言葉でマシーンの挙動を説明する。するとチャプマンは言いたいことを即座に理解して、足回りの調整にとりかかるという具合だった。

レース中のジミーは決断力の点でも他の追随を許さなかった。ところがレーシングカーから降りるや、そんなものはどこかに消えてなくなってしまうのである。その種のエピソードには事欠かない。たとえば運転中に三叉路に差しかかったとしよう。右に行くべきか、左に行くべきか、さんざん迷いまくったジミーは、そのまままっすぐ行ってしまったのだ。

あるいはレストランに入っても食べたいものがまったく決められず、隣の客と同じものを注文するなど日常茶飯事だった。そんな男だから、いつも噛んでいる爪は血が滲んでいた。

チャプマンはクラークの才能を早くから見抜き、それが花開くことだけを望んでいた。しかしワトキンス

これだけの才能に恵まれているにもかかわらず、ジムはマシーンそのものにはいっさい興味を示さなかった。しかし、チャプマンと深くつながることで、彼がジムの触媒となり、競争力のあるマシーンに仕上げていったのである。

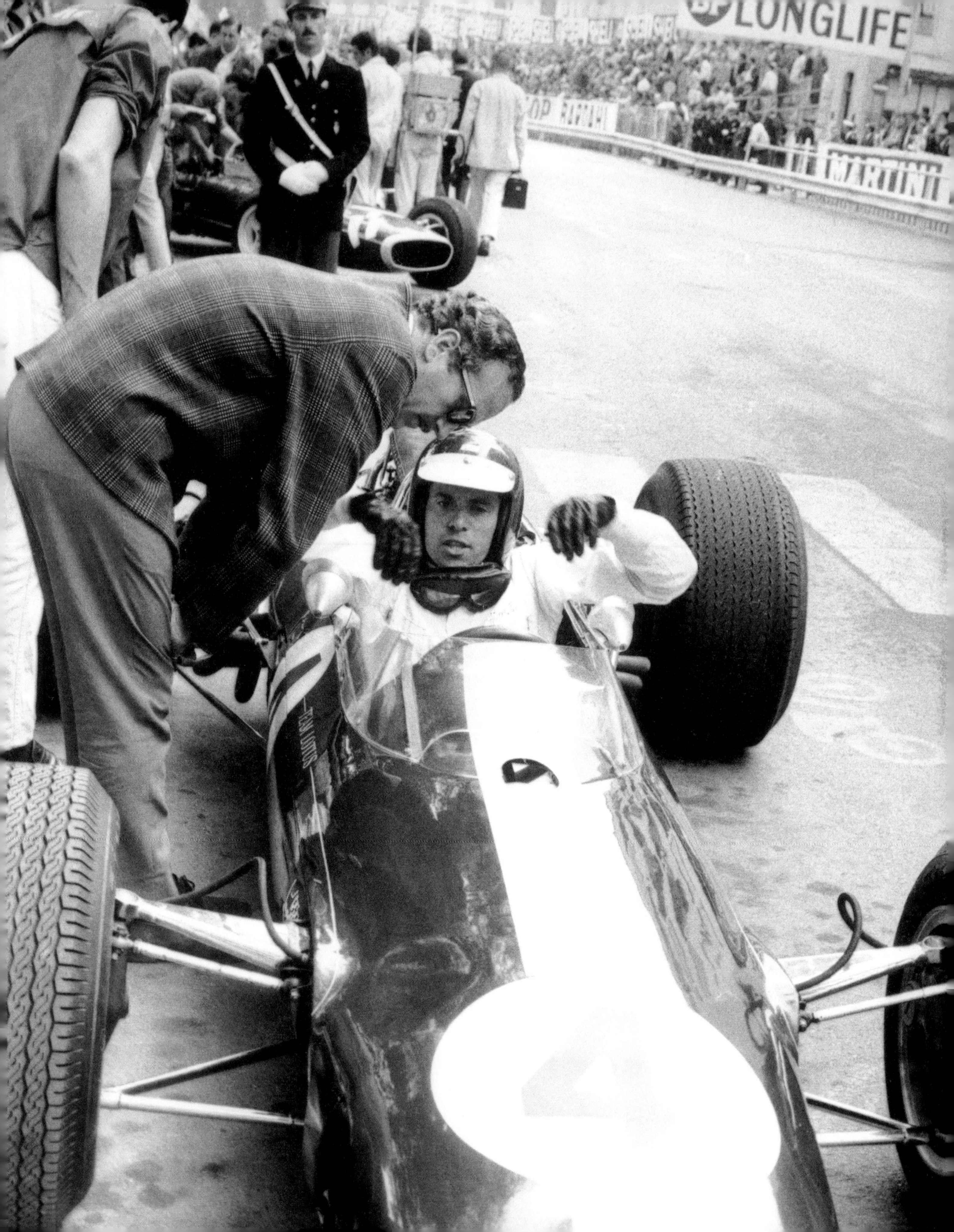
BP LONGLIFE
MARTINI

La Formule 1,5 litre

左：スターリング・モスが
1960年のモナコGPで、
ロータスをF1初勝利に導いた。
ただし、彼が所属していたのは、
ワークス・チームではなく
ロブ・ウォーカーの
プライベティアだった。

グレンで、ロータスにチャプマンが待ち望んでいた初勝利をもたらしたのは、チームメイトのアイルランドだった。それまでもモスがロータスのマシーンで何度か勝っていたが、それを走らせるチームはプライベティアのロブ・ウォーカーだった。

ジミーとアイルランドの間には冷えきった空気が流れた。アイルランドも同じスコットランド人であり、それだけにジミーはチームメイトが取る態度にショックを受けていた。あそこまで尊大に振る舞っては、母国のイメージを損なってしまうと。

アイルランドの乱行で最もひどかったのは、シュトゥットガルトで行なわれたF2レースの後の事件だった。優勝したアイルランドは、泥酔した彼に酒を振る舞うことを拒否したホテルの主人を地下のワインセラーに閉じこめ、夜にはホテルの屋根によじ登って空に向かって猟銃をぶっ放したのだ。

チャプマンが下した決断は非常に勇気のあるものだった。実力ではジミーより上と周囲から見られていたアイルランドを解雇し、若きジミーにすべての希望を託したのだ。チームメイトにはジミーと同じジュニアチーム出身のトレヴァー・テイラーを抜擢した。テイラーの才能はジミーとは比べるべくもなく、何度もクラッシュを繰り返し、「コーリンが僕を雇ったのは、ジミーの代わりに事故に遭わせるつもりだったに違いない」と嘆いていた。二人は非常に仲がよく、チームの雰囲気は家族そのものだった。

ザントフールトのオランダGPから、モノコック構造のロータス25が投入されると、ライバルたちのマシーンは一気に時代遅れなものとなった。それほどこのマシーンは斬新だったのだ。

今日、ロータスの従業員だった何人かが、チャプマンにそのアイデアを話したのは自分だと主張している。しかし、チャプマン自身が私にしてくれた誕生秘話はまったく違う。その革新的なアイデアは、ある日のレストランで突然湧き起こり、紙ナプキンに急いでスケッチしたという。

従来のチューブラーフレーム構造に比べて、モノコ

ジム・エンドルウィートは、
のちにロータスの
チーフメカニックとなる。

1962年から65年にかけて、クラークとチャップマンのふたつの天賦の才が、文字どおり炸裂した。ロータスで戦った39のグランプリのうち19勝を挙げた。そして、ドライバーとコンストラクターの両選手権を二度ずつ制した。

ック構造が決定的に有利だった点は、同じ重量ならはるかに頑丈なことだ。シャシー剛性が高い分、サスペンションを柔らかくできる。つまりタイヤのグリップもそれだけ向上するわけだ。それは特に加速の際に顕著だった。ドライバーは寝そべるようにコクピットに坐るため、前面投影面積も小さくなった。

しかし、ノンタイトル戦のブリュッセルGPに出場したのはロータス24だった。クライマックス製V8を搭載した、有り体にいえば1962年型の中古ロータスである。スターリング・モスの父親と、モスのマネジャーであるケン・グレゴリーが所有するチームUDTレイストールは、このマシーンを2台購入。イネス・アイルランドとマスティン・グレゴリーに走らせていたが、アイルランドを乗せることはチャップマンの強い希望だったという。

一方、ロブ・ウォーカーもスターリング・モスのために1台購入した。1962年序盤の事故でモスが引退したため、そのあとはモーリス・トランティニヤンがステアリングを握っていた。これら24の購入者たちは、25が登場した時には失望落胆し、怒ったグレゴリーが、「ニューマシーンが出たらすぐに回してくれると約束したじゃないか。どうして売らないんだ」と詰問すると、チャップマンはすまして、「これは来年型マシーンのプロトタイプだ」と答えた。

1962年から65年にかけて、チーム・ロータスは25から33までを実戦投入した。これらは、ほぼ前年マシーンの発展型だったが、ホイール径は13から15インチに拡大されていた。一方で、クライマックス・エンジンも絶え間ない進化を遂げていた。ストロークは短くなり、4バルブ、燃料噴射システムも搭載された。こうしてクラークは39戦中で19勝を挙げた。

そのころのグランプリレース模様

初期の25はさまざまなトラブルに悩まされた。特に問題となったのは、ZF製のトランスミッションである。スパでは、チャップマンが自らメカニックのつなぎを着て、夜を徹してクラークのマシーン用シフトゲートを作り上げたりした。このエピソードでもおわかりのように、当時のF1は今とは大違いであった。なにしろ2台のレースカー、1台のスペアカー（Tカー）を週末に走らせるチームには、メカニックは一人のチーフの下に4人の部下と、合計5人しかいなかったのだ。

しかも、彼らはヨーロッパ内の移動なら飛行機には乗らなかった。マシーンを積んだトラックに乗って陸路いっしょに移動したのである。トラックの内部は5人が寝泊まりできる工夫がされてあり、サーキットに着けば、ここがドライバーたちの着替え所になり、エンジニアを交えてのミーティングルームにもなった。

モーターホームなど当時は望むべくもない。温かいお茶が飲めればそれで充分で、食事はサーキットの外で摂った。昼食も外に行ったが、ドライバーもそれが

コーリン・チャプマンの
ふたつの情熱。それはモーター
スポーツと航空機であった。
上：グランプリ前日、
自らシフトノブに調整を
加えるチャプマン。
下：愛機パイパー・コマンチで
飛び立つところ。

普通だと思っていた。午前と午後の練習走行の間には2時間から3時間の間隔しかなかったので、メカニックたちはほとんどいつもメシ抜きで作業を強いられていた。

当時のスポーティング・ディレクターはアンドリュー・ファーガソンだった。それまではコーリンの父であるスタンレイ・チャプマンが務めていたのだが、1961年に引退し、ファーガソンに代わったのだ。ファーガソンはアラードで仕事を覚え、その後クーパーの経営するレーシングスクールを経て、アメリカ人ラッキー・カスナーが率いるチーム・カモラディの監督に就任した。そこで出会ったのが、スタンレイ・チャプマンである。

スポーティング・ディレクターとはいえ、ファーガソンは滅多にレースには来なかった。その代わりTVの生中継を一瞬も見逃さず、交換パーツが必要な事態になった時には、すぐに送り出す手配を整えた。チャプマンは自家用機のパイパー・コマンチを所有しており、しばしばセッションの合間にイギリスまで戻って、エンジンや、時には前夜のうちにファクトリーで改良

を加えたパーツを取りに行ったりした。サーキットにマシーンとメカニックを運んで行くトラックには、現在のトランスポーターのように工作機械など装備していなかったから、ちょっと手を加えるのもファクトリーで行なったのだ。

今では信じられないだろうが、その日のセッションが終わると、チームはマシーンとパーツいっさいをトラックに積み込み、一番近い町の修理工場まで急いだものだ。スパでは、マシーンはトラックに牽引されてガレージからサーキットに戻ったが、そのマシーンのコクピットには私が座らされた。レース中はジム・クラークの座るところだ。

その何年か前には、ヴァンウォールのボスであるトニー・ヴァンダーヴェルも、同じスパのガレージからサーキットまで、マイク・ホーソーンのマシーンに乗って行くと部下たちに宣言した。しかも牽引ではなく、自分で運転するというのだ。ところがヴァンダーヴェルはひどい渋滞に巻き込まれ、クラッチを酷使するはめになった。そしてスパの直後、ホーソーンはヴァンウォールから去って行った。

スパのエピソードをもうひとつ。ある年のこと、次のセッションまでにマシーン整備が間に合わなかったことがあった。そのためジム・クラークはTカーでコースを走り始めた。ようやく整備の終わったレースカーは、メカニックのジム・エンドルウィートが修理工場から公道を疾走して、サーキットに向かった。係員がゲートを開け、エンドルウィートはコース脇でマシーンを停めてジミーが周回して来るのを待ち、コース上で二人はマシーンを交換したのだ。

コース上でそんなことが行なわれるくらいだから、パドックの野放図さは天国のようだった。各チームのトラックは勝手な方向に駐車し、誰がどこに出入りしようがとがめる者など誰もいない。文字どおり、和気あいあいの雰囲気だったのだ。

もちろんレースは戦いだから、勝つためなら手段は選ばない。しかし、ライバルに足りないパーツがあったら、迷わず自分のチームのものを分け与えた。そして決勝日の夜の授賞式には、いつも全員が出席した。当時、トロフィーの授与は、表彰台ではなく授賞式で行なうのが普通だった。それにスターティングマネーやいろいろな賞金も現金で手渡された。だからこの会を欠席する人間など、いなかったのである。

1962年のスパで、クラークは練習走行中にエンジントラブルに見舞われた。エンジンはすぐに、英国のコヴェントリー・クライマックスの工場に送り返された。しかし予選の最終セッションまでに修理は間に合わなかったので、クラークは5列目からのスタートとなった。

ところが、日曜日のレースでクラークは、ラ・スルスのヘアピン以外は、すべて全開で駆け抜けて行った。確かに、当時の1.5ℓエンジンは200馬力にも満たず、現代の入門フォーミュラのほうがもっとパワフルかもしれない。しかしタイヤはずっと細く、溝付きで、マシーン技術も原始的といってよかった。それでもクラークが最速タイムを出した周の平均時速は216km/hを超えていたのである。

クラークは8周目にトップを奪うと、2番手以下をどんどん離して行った。後方では、チームメイトのトレヴァー・テイラーとフェラーリのウィリー・メレスが、激しい戦いを繰り広げていた。クラークはいささかもペースを緩めず、私とチャプマンは彼が事故に遭うことだけを恐れた。しかしクラークは快走を続け、ゴールまで7周の時点で、2番手のグレアム・ヒルはほぼ優勝圏外へ去ったといってよかった。そしてその時、遠くで煙の巻き上がるのが見えた。テイラーとメレスが衝突事故を起こしたのだ。テイラーは幸い無事だったが、ウィリーは顔に大ケガを負った。私はその

1960年代初めのグランプリは、素晴らしくリラックスした雰囲気であった。

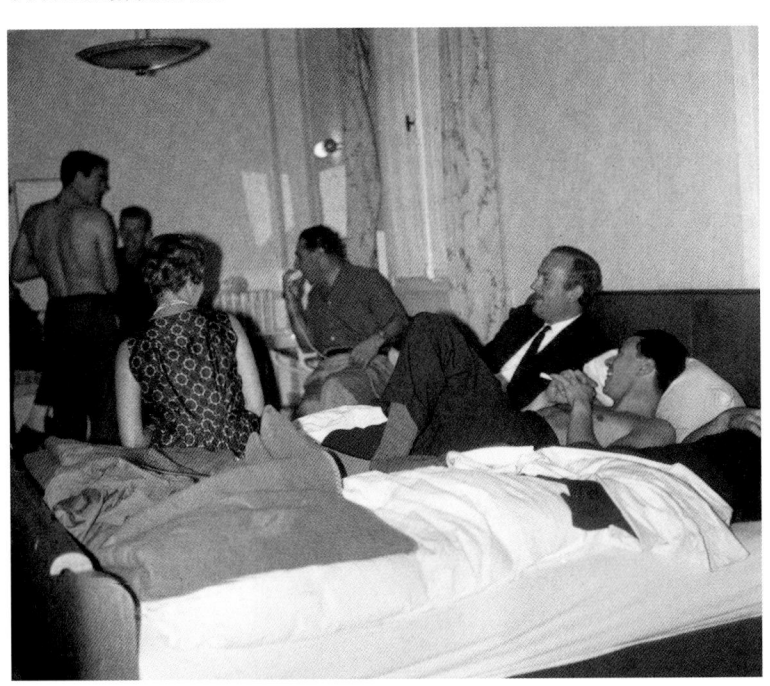

La Formule 1,5 litre

晩すぐにマルメディの病院に見舞いに行ったが、控えめに言っても美男子とはほど遠いものになっていた。

1962年のフランスGPはルーアンで開催され、ポルシェはここから復帰した。この年、ポルシェ804は、ザントフールトとモナコで期待外れの結果しか残せず、グランプリから一時撤退していたのだ。フェリー・ポルシェはチームに「もし復帰したければ、ニュルブルクリングのレース距離を問題なく走りきり、しかも充分に速くなければならない」と厳命していた。

フォン・ハインシュタイン男爵の指揮下、こうしてポルシェはニュルブルクリングでテスト走行し、ダン・ガーニーは、8分44秒4という信じられないタイムを叩き出した。私が「信じられない」という形容詞を使ったのは、グランプリ本番の時ですら、ガーニーは8分47秒2が精いっぱいだったからである。フェリー・ポルシェの不安を鎮めるために、フォン・ハインシュタイン男爵が綿密な計測を行なわなかったというのが、おそらく事の真相だったのだろう。

しかしそんな詮索は野暮というものだ。重要なのはポルシェがグランプリ復帰を果たし、ガーニーがルーアンで見事優勝したという、その事実である。たとえ実態は、優勝候補のイギリス勢が次々とリタイアした末のタナボタ勝利だったにしてもだ。

ダン・ガーニー

もともとニューヨークにあったガーニー家は、ダンの祖父の死後、カリフォルニアに移住した。オペラ歌手だった父はその仕事を辞め、さらに家業のボールベ

ダン・ガーニーは、アメリカのチャンピオンレーサーの典型だ。美男で鍛え上げた肉体。笑顔を絶やさず、人懐っこい。しかしそのイメージの裏には、ずっと複雑な性格が隠されていた。

アリング製造工場も売却。そして新天地で一家はアボカドの栽培に乗り出した。

若いダンにとって、カリフォルニアは天国そのものだった。なにしろここはホットロッドの本場だからだ。古くなった乗用車に大排気量エンジンを無理やり押し込み、仲間たちでとてつもない加速性能を競ったのだ。彼らは夜ともなれば、地元警察をあざ笑うかのように一般道をぶっ飛ばした。

そんな行為に夢中だったダンは、すぐにグループ内のリーダー格になった。だが、ダンの本当の夢はヨーロッパ製レーシングカーでちゃんとしたレースをすることで、そのために彼はまず中古のトライアンフTR2を、そして次にポルシェを購入した。

そんなダンに注目したのが、スポーツカーのレースチームを所有していたフランク・アルシエロだった。フランクが4.9ℓのフェラーリを運転させる機会を与えると、ダンは当時の一流ドライバー、たとえばキャロル・シェルビーに伍する速さを発揮した。すると今度はフェラーリのインポーターであるルイジ・キネッティが、テスタ・ロッサでルマン24時間レースに出ないかというオファーを出してきた。

ダンにとって初めてのルマンは、チームメイトのブルース・ケスラーがコースアウトして、あっけなく終わってしまった。しかし、ダンのドライビングはキネッティに好印象を与え、当時、アンテルオート・コルスというチームのマネジャーをしていた私に、「面白いドライバーがいる」と連絡をしてきた。そこで私は試しに、1958年のランス12時間耐久レースに出場させることにした。そしてダンは、事前テストでフィル・ヒルをも凌ぐ最速タイムを叩き出したのだ。

そのまま行けば、ダンはヒルのチームメイトとしてフェラーリ入りが確実視されていた。しかし、当時の彼はカリフォルニアに家族を残しており、フェラーリの給料では家族を養うことができなかったようだ。そのためBRMに入るが、レース中にコースから飛び出して観客の一人を死亡させてしまう。原因はブレーキトラブルだったが、この事故でチームの信頼を失い、ポルシェへの移籍を余儀なくされた。

ダン・ガーニーはアメリカのレースファンにとって理想的な男だった。背が高く、見るからにスポーツマンで、いつも笑顔を絶やさない。好かれる要素をすべて備えた「ナイス・ガイ」だったのだ。しかし、いったんコクピットに坐れば完全に人格が変わった。そのあまりに攻撃的な性格ゆえに、落としたレースも二つや三つではない。完璧主義者でもあったため、決勝当日の朝にセッティングを変えることも珍しいことではなく、そのためテストなしのぶっつけ本番でレースに臨むことになった。

ダンはその激しい性格ゆえに、私が知るだけでも二度、完全に我を忘れている。いずれもブラバム時代のスパ・フランコルシャンでの出来事だ。最初は1964年、ダンは首位を快走していた。しかし、そのうちにエンジンがミスファイアを始めた。燃料がなくなりかけていたのだ。ダンは急いで給油のためにピットへ戻った。しかし、当時のレギュレーションではピットに燃料を置くことができなかったから、メカニックは慌ててトラックに燃料缶を取りに行った。すると、怒り狂ったダンはメカニックを待ちきれず、そのままコースに出て行ってしまったのだ。もちろんすぐに、彼のマシーンは燃料切れでストップしてしまった。

その翌年、今度はレース中に雨が降り出した。ダン

La Formule 1,5 litre

はピットに戻ってくると、リアサスペンションを雨用のセッティングに変更してくれと要求した。しかし、これは非常に時間のかかる繊細な作業で、レース中にできるはずがない。チーフメカニックは当然のように何もせずに彼をコースに送り出した。すると、ダンは次の周にまたピットに戻ってきた。このチーフメカニックに悪態をつくだけのためにだ。

話は前後するが、1962年末、ポルシェはF1から撤退し、得意分野のスポーツカーレースに専念することになった。そのためにダンは不本意ながらブラバムに行ったのだが、ポルシェ時代に何も収穫がなかったわけではなく、フォン・ハインシュタインの秘書だった美しいエヴィをめとっていった。ちなみに彼女は、現メルセデス・ベンツのスポーティング・ディレクターを務めるノルベルト・ハウグの義理の姉である。

ジャック・ブラバム

料理人でロンドンっ子だったジャックの祖父は、1885年にオーストラリアに移住している。この時代には、多くのイギリス人が一獲千金を狙って金鉱掘りとして彼の地に渡っていた。

ジャックの父は、シドニー郊外のハーツビルで、野菜果物の仲買と乾物屋を営んでいた。機械いじりが大好きだったジャック少年は、15歳で学業を終えると修理工場に見習工として就職、第2次大戦中には、オーストラリア空軍で整備工の腕を磨いた。ジャックはエンジニアではなかったが、レーシングカーに関する技術的な造詣の深さは技術者顔負けであった。

ジャックがレースの世界に入ったのは、まったくの偶然からだった。友人の誘いでミジェットカーの草レースに引き込まれ、たちまち夢中になってしまったのだ。とはいえ、ジャックの役目は友人たちのマシーン製作であったが、だが、1947年のある日、メカニックから引退してドライバーに転身を図った。そして、ニューサウス・ウェールズ州の選手権を初年度から制したのだった。

その時期に知り合ったのがロン・トーラナックだ。トーラナック兄弟のロンとオースティンは、RALTという名のレーシングカーを製作していた。ちなみにRALTという名は、ロン、オースティン、ルイス、トーラナックの頭文字をつなげたものだった。

荒れ地で行なわれるミジェットカー・レースは危険極まりなかったから、まもなくサーキットに舞台を移し、1952年には添加剤メーカーのレデックスの援助を受けてクーパー1100ccのシングルシーターを購入した。ブラバムの名が知られるようになったのは、クーパー・ブリストルのマシーンでF2にステップアップして次々に勝利を重ねるようになってからで、タスマニア・シリーズに出場するようになると、イギリスから来たレース関係者から、本場ヨーロッパでのレース参戦を強く勧められた。

その頃、英国に渡ったブラバムは、クーパー・アル

ジャックと、パートナーのロン・トーラナックは、MRD (Motor Racing Developments) という名前を考えていた。しかしこの頭文字は、フランス語では「えい、クソ野郎」となる。私はそう言って彼らを説得し、単にブラバムと呼ばせることにした。

タを購入するという大きな判断ミスを犯した。アルタのエンジンは全開にすると5周も持たないという代物で、すぐにブリストル・エンジンに戻すはめになるが、これがきっかけとなり、ジョン・クーパーと親しくなったブラバムは、毎日のようにクーパーの工場に入り浸るようになる。そして、クーパーはブラバムがF1マシーンを自作する便宜を図ったばかりか、必要なパーツまで供給した。ベースマシーンは、ミドシップのクーパー・スポーツ1100ccで、これにブラバムがブリストル・エンジンを搭載し、1955年のイギリスGPに参戦した。だが、ジャックのデビュー戦は、予選を通過できずに終わった。

　今思えば、このブラバム製クーパー・スペシャルこそが、F1史上初のミドシップマシーンなのであった。レースにこそ出場できなかったが、戦闘力が光っていた。

　F1デビューの出鼻を挫かれたブラバムは、BRMチームが走らせていた中古のマセラティ250Fを購入するという二度目の大きなミスをやらかした。マシーンの状態は非常に悪く、完全オーバーホールのためにエンジンをモデナに送らなければならなかった。修理費用は予想よりはるかに高く、支払ったあとはイギリスに帰るためのガソリン代しか残らなかった。

　当時のブラバムは、家族といっしょにキャンピングカーで欧州各地を転戦していた。ドーヴァー海峡のフェリーボート乗り場に着いた時には、食べ物は2切れのパンとスープだけだったという。おまけに出港したフェリーが濃霧の中で貨物船と衝突するという、さんざんな旅だった。もちろん、マセラティをすぐに売り払ったことは言うまでもない。

　その後6年間、ブラバムはクーパーの専属ドライバーとして活躍した。彼はレースに出場するだけでなく、マシーンの戦闘力を上げるための作業も厭わなかった。1959年と60年のタイトル獲得は、ジャック・ブラバムなしには決して成し遂げられなかっただろう。

　ジャックは、自分自身の名を冠したマシーンを作ることが夢だった。夢を実現すべく、トーラナックと契約を結んで設計を担当させ、まずフォーミュラ・ジュニアの製作から手がけることにした。その販売で得た利益を、本命のF1開発に注ぎ込もうと目論んだのだ。

　完成したFJマシーンは、1962年1月のロンドン・レーシングカー・ショーでデビューした。私も、以前から目をかけていたドライバーでFJへの参戦を望んでいたジョー・シュレッサーを伴ってショーに行った。展示されたシングルシーターを見て回っていたジョーは、ブラバムの前に来ると、「オレの欲しかったのは、これだ！」と叫び出した。ジョーの個人スポンサーであったジャン・モアンシュもその意見に賛同した。

　後日、ロンドン郊外の小さなブラバムの工場に行くと、メカニックが一人でマシーンを組み立てていた。これがデニス・ハルムだった。やがてF1世界チャンピオンになる男だが、この当時はまだ一介のメカニックだったのだ。

　われわれは2台の購入を申し入れ、ブラバムにとって最初の顧客となった。しかし、ひとつ困った問題があった。彼のマシーンは当時、MRD（モーター・レーシング・デベロップメント）という名称だったが、この頭文字をフランス語読みすると、かなり下品な表現が想起されてしまうのだ（訳注：「え、い、クソ野郎」とほぼ同じ発音）。そこで私は「2台まとめて買う代わりに、今後このマシーンは『ブラバム』と呼んでほしい」とジャックに強く申し入れた。彼は承諾したものの、共同経営者のトーラナックは、その後ずっと私を恨んでいたようである。

　真っ黒な体毛、ごわごわの濃いヒゲ。だからジャックは「ブラック・ジャック」と呼ばれていた。おまけに無口で、ジャーナリストのインタビューに応じることなど滅多になかった。だが、私だけは以前からの関係ゆえに問題はなかった。

　彼のドライビング・スタイルは、実に独特なスライド走行だった。ダートレースをしていた名残だが、観客にとって見ごたえ充分な走りであっただけでなく、当時のクーパーのマシーン特性にもぴったり合っていた。ただし、ダート時代から持ち込んでいた習慣は、肯定できるものばかりではなかった。たとえば後ろからライバルが迫ってきたら、自分からわざとコースをはみ出し、土や砂利を相手に浴びせかけたのだ。

1962年シーズン——
追うクラーク、逃げるヒル

　この年は、ジム・クラークとグレアム・ヒルの一騎打ちとなった。クラークがエンジン不調であるにもかかわらずエイントリーで勝つと、ヒルはニュルブルクリングとモンツァで勝つという展開であった。

　モンツァでは、ロータスの面々は完全にパニックに

1962年の南アフリカGP。ジミーはこのレースを終始リードし、初のタイトル獲得が決まったかに思われた。ところが、エンジン・エンジニアの単純ミスで、リタイアを余儀なくされた。しかしその1年後には、見事に雪辱を果たすことができた。彼はチームの全スタッフや友人たちと、ロータス主催のディナーで美酒に酔ったのだった。

陥っていた。クラークはポールポジションを獲得したが、トランスミッションにトラブルを抱えていたのだ。チャプマンはその原因が新しいオイル添加剤のせいだと睨み、スタート直前になって、2台ともギアボックスを交換しろと命じた。これでメカニックの忙しさは極限に達し、なんとクラークのマシーンへのガソリン給油は私がやらされることになった。もし搭載量を間違えたらどうしようと、緊張のあまり震えながら補給したことを覚えている。だが、スタート早々に電気系のトラブルでリタイアしてしまった。

しかし次のワトキンスグレンでのUSGPでは、クラークは鮮やかに巻き返して見せた。残念ながら私は、この素晴らしいレースを"生"で見ていない。『スポール・オート』誌はまだ充分に儲かっておらず、ヨー

二輪出身の多くのドライバーの例に漏れず、ジョン・サーティーズも大の機械好きであった。その情熱が、のちのチーム創設を後押しすることになる。

ロッパ外で開かれるグランプリを取材に行けなかったのだ。この時点でヒルはまだクラークに9点差で選手権トップに立っており、クラークが逆転するには最終戦の南アフリカGPを勝ち、なおかつヒルがノーポイントでなければならなかった。レースはダーバン近郊のイースト・ロンドンで開催されたが、私は資金難で現地に飛ぶことはできなかった。

クラークは首位を独走していたが、あと20周という時にコヴェントリー・クライマックス製エンジンが白煙を上げてリタイアを喫し、グレアム・ヒルにとって初のタイトル獲得が決まった。クラークのリタイアの原因は、1本のボルトの締め付け忘れだった。

1963年シーズン──クラーク、護送さる

1本のボルトによってチャンピオンを棒に振った翌年、クラークは第5戦のモンツァを勝ったことで、シーズン終了まで3戦を残しながら、初めてのチャンピオンになった。だが、ゴール直後の出来事が彼の快挙を台無しにした。イタリアの官憲がコクピットから下りてきたクラークを警察に連れて行ったのだ。理由は2年前に起こした事故についての事情聴取で、この件でクラークが無罪放免になるのは、ずっと後のことになる。

1963年シーズンは、モナコで強いグレアム・ヒルが最初にモナコで勝った年でもある。65年まで3連勝し、通算でも5勝を挙げた。また63年は、ジョン・サーティーズが初優勝を記録した。ローラからフェラーリに移籍したサーティーズはニュルブルクリングで勝ったのだ。

ジョン・サーティーズ

ジョン・サーティーズは、二輪と四輪の両方で世界チャンピオンになった唯一の男だ。

サーティーズが四輪への転向を決意したのは1960年のことだった。デビュー戦は、イースターの休日にグッドウッドで行なわれたフォーミュラ・ジュニア選手権のレースで、発足したばかりのティレル・レーシングから参戦、ジム・クラークに次ぐ2位に入っている。チャプマンはジョンに、ロータスからF1に出ることを勧めた。すでに二人のドライバーは決まっていたが、チャプマンにとっては、3台目を走らせることで支給されるスターティングマネーが魅力だったのだ。

私がジョンと初めて会ったのは、彼がF1デビューを果たしたモナコだった。練習走行の日、私はチームの連中といっしょにエズ村のホテルにいた。そこへジョンがひょっこりと姿を現わした。イネス・アイルランドが先輩風を吹かして、「少しはコースを知ってるのか」と訊いた。するとジョンは、「ああ。たった今、歩いて1周してきたところさ」とすまして答えた。イネスはあわてて自分の車に乗り込み、モナコへと駆け降りて行った。

1960年にF1デビューを果たしたとはいえ、ジョンはまだ二輪から足を洗ってはおらず、タイトル獲得まであと一歩だったので、むしろ二輪を優先していた。チャプマンはジム・クラークで勝負を賭けたがっていることは明らかだったから、サーティーズは自分から身を引き、1962年シーズンはレグ・パーネル率いるチーム・ヨーマン・クレジットのローラで参戦した。しかし、この年にジョンがパフォーマンスを示したのは、ザントフールトでのポールポジションだけだった。どうもそれは計時係のミスであったようだ。

当時のサーティーズは、ローラのボスであるエリック・ブロードレーと非常に親しく、二人は何年間も、マシーンを共同で開発するほどの関係だった。多くのライダー出身者がそうだったように、ジョンも機械いじりが大好きだったから、ローラからフェラーリに移ったあとも積極的にマシーン開発に関わった。一時低迷していたフェラーリがこの時期に復活を果たすが、それはジョンの献身的な協力と無関係ではなかった

1964年のベルギーGP。ダン・ガーニーとジム・クラークが、まったく同じ場所でガス欠によって止まってしまった。とはいえ、ジミーは勝者と宣言される。

と、私は見ている。たとえば、ジョンは古くさい上に戦闘力の劣るワイアホイールの装着をフェラーリに止めさせている。ジョンの献身的な貢献にフェラーリは深く感謝し、イタリアでのジョンは「イル・グランデ・ジョン（偉大なるジョン）」と呼ばれていた。ただし、ジョンとチーム・マネジャーとの仲は最悪だった。

実際、ジョンはなかなか複雑な性格で、われわれの仲間内でもあまり評判が良くなかった。ある時、私がイギリスに出張した際、レースで大ケガを負ったジョンを病院に見舞ったことがあった。入院したのはその何週間も前だったので、私は彼に「遅くなってすまなかった」と詫びた。するとジョンは、にやっと笑って、「あんたが最初の見舞客だよ」と言ったのは驚きだった。その数年後、ジョンはその時の礼のつもりだったのか、私の頼みを快く聞いて、まだ無名だったルネ・アルヌーを見習いとして抜擢してくれた。私はそのことを今でも感謝している。

1964年シーズン――
最終戦で決まったチャンピオン

1964年のF1シーズンが始まっても、クラークは苦しいレースを続けていた。この年のクラークのチームメイトはピーター・アランデルだったが、ランスで行なわれたF2フランス・トロフィーで大ケガを負い、途中からマイク・スペンスに代わった。

スパ・フランコルシャンで行なわれた第3戦ベルギーGPは、波乱が多かったことで忘れられぬレースとなった。クラークのマシーンはタイヤのグリップに深刻な問題を抱え、予選では3列目グリッドが精いっぱいで、レースが始まっても中盤までは5番手を走行していた。ところがトップを走っていたフェラーリのサーティーズがエンジントラブルで戦列を離れたのを皮切りに、ブラバムのダン・ガーニーがガス欠でストッ

1960年代を通じて、各グランプリのパドックは、そこで作業する者たちにとっては決して居心地のいいものではなかった。

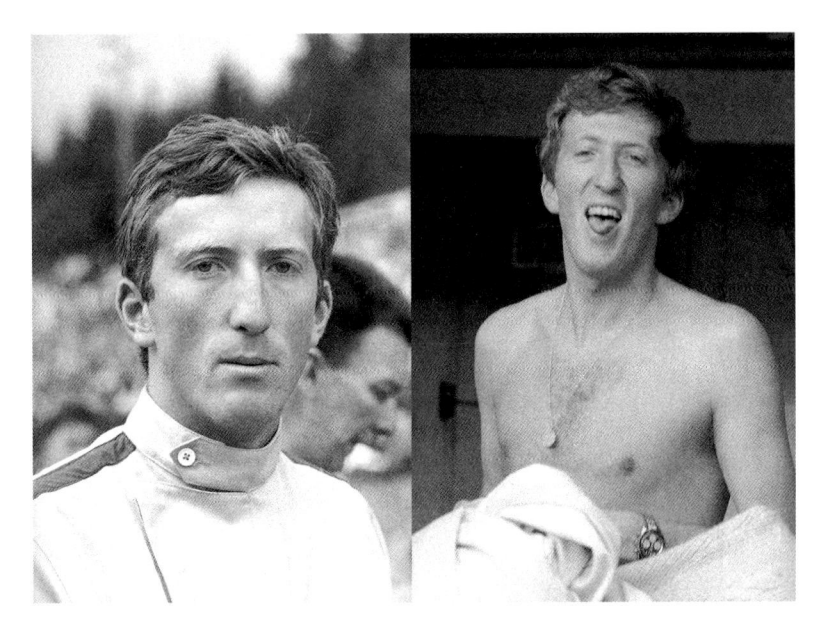

ヨッヘン・リントは1964年にフェラーリ250LMでルマン24時間レースに勝ち、主要レースでの初勝利を飾る。ノース・アメリカン・レーシングチームからのエントリーを勧めたのは私たちだ。

プ、続いてBRMのグレアム・ヒルが燃料ポンプを壊した。その時点でトップだったクーパーのブルース・マクラーレンもエンジンが止まり、惰性でチェッカーを受けるという展開となった。マクラーレンの後方を走っていたクラークもガス欠となり、ゴールを越えた後でガーニーと同じ場所で止まってしまった。クラークとガーニーが二人で不運を慰め合っているところへ、オフィシャルのクルマがクラークを迎えにきた。クラークは気づいていなかったが、ゴール直前でマクラーレンを抜いていたのだ。

このシーズンで記念すべきことは、第6戦ドイツGPに日本のホンダが初出場したことだった。しかしながら

ら、私はこの記念すべき歴史的瞬間に立ち会っていない。ニュルブルクリンクに行く途中に事故に遭い、フランス北部ヴェルダンの病院に担ぎ込まれたからだ。

1964年の最終戦はメキシコGPだった。この時点でチャンピオン候補は、クラーク、ヒル、サーティーズと3人も残っていた。クラークはスタートから首位を譲らず、2番手以下をどんどん引き離していった。

このままなら快走を続けるクラークが二度目のタイトルを獲得すると思っていた終盤、クラークはコース上にオイルの帯を見つけた。スピンを避けるために彼は違うラインを取った。ところが1周して戻ってくると、その新しいライン上に2本目のオイルの帯があるのを見つけた。オイル漏れを起こしていたのはクラークだったのだ。彼のエンジンは最終周に息絶えた。記録上は完走扱いになったものの、チャンピオンになるにはポイントが足りない。そうなると2番手を走っていたヒルにタイトルが転がり込む可能性が高くなった。しかし、ヒルのBRMはバンディーニのフェラーリに追突され、緊急ピットインを余儀なくされた。二人のライバルが消えたことで、サーティーズは2位に入ればよかった。首位を走るのはダン・ガーニー。2番手にはサーティーズのチームメイトであるバンディーニが着けている。彼がメインストレートに差しかかると、ピットに陣取った面々が「減速してサーティーズに譲れ」と、狂ったように合図しているのが見えた。バンディーニは他にどうしようもなかった。ホーソーンが1958年にチャンピオンになった際にも、フェ

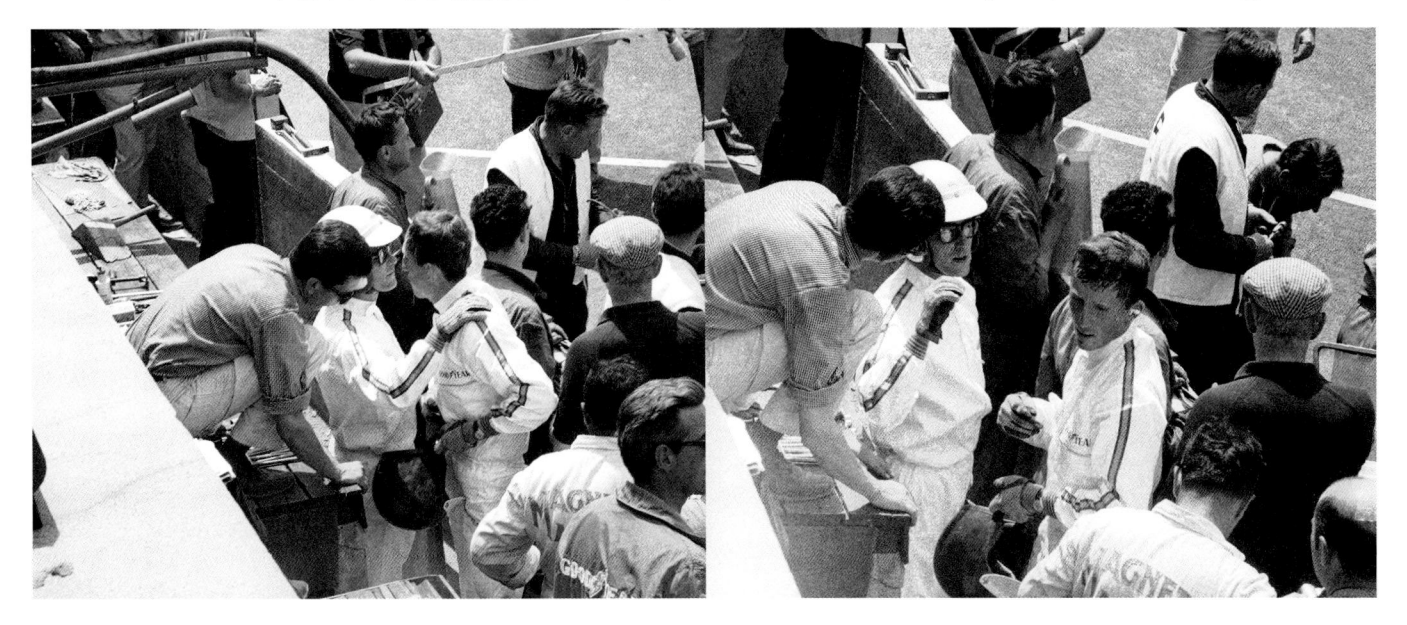

La Formule 1,5 litre

ラーリはモスに続いて2番手を走っていたフィル・ヒルに譲らせたことがある。

ヨッヘン・リント

　1965年、ヨッヘン・リントがチーム・クーパーの一員になった。リントがF1にデビューしたのは1964年のオーストリアGPだ。すでに彼はジョー・シフェールとともにFJレースではスタードライバーだったが、さらに上に行くことを狙い、ロブ・ウォーカーからブラバムを借りて、祖国で行なわれるグランプリに出場したのだ。

　リントといえばこんな思い出がある。リントの存在を私に教えてくれたのは、私の親友で、オーストリアのロータス・ディーラーを営むロルフ・マークルだ。私がリントの名を知ったその日は、1964年ルマン24時間レースの1週間前だったので、話題はルマンのことになった。ルマンといえば、毎年ルマンに数台のフェラーリを参戦させているルイジ・キネッティに話題がおよぶのが常だった。アメリカでフェラーリ・ディーラーを営むキネッティは、富豪のアメリカ人顧客の出場をアテンドし、足りないドライバーはヨーロッパに来てから調達していた。そのキネッティのアドバイザーを務めているジャン・リュカは私のパートナーであり、キネッティはリュカの言うことなら何でも聞いた。そこで私はロルフ・マークルに、「すぐにヨッヘンを呼べ。ルイジのクルマに乗せよう」と提案した。翌週の火曜にルマン駅に着いたヨッヘンをルイジに引き合わせると、すぐにフェラーリLMに乗せることが決まった。ヨッヘンのドライビング・スタイルはルイジに強い印象を与えたようだ。ヨッヘンは翌1965年のルマンにも招待され、マスティン・グレゴリーと組んでフェラーリLMを走らせて優勝を果たした。

　1965年シーズンのF1レースでは、クラークが前半6戦で5勝を挙げていた。クラークはインディ500のために渡米したのでモナコGPは欠場したから、彼は参戦したレースでは全勝したことになる。ちなみに、クラークがいないモナコで勝ったのはグレアム・ヒルで、インディではクラークが優勝を果たしている。

　ザントフールトのオランダGPでは、チャプマンが原因でロータス・チームはさんざんな目に遭った。当時、F1関係者は腕章を巻いてサーキットに出入りしていたのだが、その週末はひどく暑かったので、チャプマンは腕章をベルトに付けていた。ボランティアで警備に当たっていた警官はそれに気づかず、彼を乱暴に追い払おうとした。するとチャプマンは反射的に警官に一発お見舞いしてしまった。

　レースはクラークの優勝で終わったが、終了後、警官隊が優勝に沸くロータスのガレージに押し寄せ、チャプマンは逮捕されてしまった。BRMのオーナーであるルイス・スタンレイが割って入ったが、留置場で一晩過ごすことは避けられそうもなかった。チャプマンは逮捕直前に、代わりに私が受賞パーティに出て、優勝トロフィーを受け取り、席上で逮捕の不当性を訴えてくれと言った。

　混乱を避けたかった主催者は急遽、受賞パーティを中止してしまったが、イギリス人ジャーナリストたちはこの決定に怒り、主催者を紙面で激しく非難、翌朝のザントフールトではイギリスの新聞が販売禁止になった。私は宿泊していたホテル・ブーウェスに臨時のプレスルームを立ち上げ、彼らに使ってもらった。最後はオランダ駐在のイギリス大使が本国から弁護士を派遣する騒ぎになったが、おかげでチャプマンは無事釈放された。

　この弁護士は、信じられないほど高額な請求書をチャプマンに送り付けた。もちろん彼が支払うはずがない。そこで弁護士はイギリスに戻ったら会ってくれとチャプマンに泣き付いてきた。ところが約束の時間になっても弁護士はファクトリーに現れず、不審に思ったチャプマンが宿泊先に電話すると何とその前夜、心

1965年のオランダGPで、警官たちと小競り合いになったチャプマンが、腕の青あざを見ている。

ドイツGPで5連勝を果たしたクラークは、残り3戦を待たずに1965年度のタイトル獲得を決めた。

臓マヒで急死していた。

次戦ドイツGPでクラークのタイトル獲得が確定した。目的を達してしまったあとにはよくあることだが、クラークもそれ以降は表彰台に一度も上がれないままシーズンを終えた。ドイツGP後の2戦はBRMが制し、最終戦メキシコGPはホンダのリッチー・ギンサーが勝った。ギンサーには最初で最後のグランプリ勝利であり、ホンダとグッドイヤーにとっては歴史的な初優勝だった。

グッドイヤーの勝利には大きな意味があった。1957年にピレリが撤退して以来、F1はダンロップのワンメイク状態が続いていた。そこへグッドイヤーが1964年から参戦し、66年にはファイアストンも加わった。アメリカの2大タイヤメーカーの参加は、F1に非常に大きなインパクトを与えたのだ。

60年代F1チームの台所事情

アメリカの2大タイヤメーカーは技術的な遅れを自覚しており、それを取り戻すためなら何でもしようという気持ちだった。そこで各チームに多額の資金を提供し、集中的なテストプログラムを実施した。当時はまだスポンサーシップは禁じられており、石油メーカーが一手に支えていたが、そんな状態が続くはずがない。そこへ大手タイヤメーカーが2社も参入して豊富な資金を注入したのだから、チームオーナーたちには文字どおり救いの神であった。

彼らのF1参入を説明するには、1962年まで遡る必要がある。当時、フォードの社長だったリー・アイアコッカは、マスタングを市場に投入しようとしていた。フォードの顧客はどちらかといえば年齢層が高く、

La Formule 1,5 litre

1965年の最終戦メキシコGP。それは1500cc F1エンジン最後のレースでもあり、そしてホンダとグッドイヤーが初勝利を遂げたレースでもあった。

そして、アメリカ人のリッチー・ギンサーにとっては、これが最初で最後の勝利となった。

　新車の成功には若い世代へのアピールが不可欠というのがアイアコッカの考えだった。イタリア系の彼が好んで使う言葉pizzazz（活力）のイメージを、フォードに持たせようと思ったのだ。そのために彼は、「トータル・パフォーマンス」と名づけたキャンペーンを大々的に実施した。すでにヘンリー・フォードは、1957年に全米の自動車メーカーが結んでいた「反自動車レース協定」を破棄していた。
　この決断は必然的に世界中のモータースポーツに大きな反響を呼んだ。そのひとつが、タイヤメーカーのレースへの参入だった。「フォードは必ずルマンで勝つ。そのマシーンのタイヤは、絶対にわが社の製品でなければならない」と彼らは考えたのだ。
　1960年代のF1では、興行収入の分配は「フランクフルト合意」と呼ばれる方式に基づいていた。その額はきわめて少なく、1チームあたり1550ポンドに過ぎなかった。しかもそれはあくまで平均額で、成績によって変動した。たとえばBRMは、1962年にザ

ジョン・クーパーの父ジョンと、コーリン・チャプマンの父スタンレイ。二人のパパが、1962年のロンドン・ショーで揃ってエランに初乗りした。

ントフールトで初勝利を挙げるまで、1台目600ポンド、2台目500ポンドしか得ていなかったのだ。これではチームを運営できるわけがない。チームが生き残るために採った手段は、あらゆるカテゴリーのレースに出場して、スターティングマネーや賞金を稼ぐことだった。

ロータスのアンドリュー・ファーガソンが、1965年の収支表を見せてくれたことがある。まずF1。そしてインディアナポリスとスポーツカーレース。ツーリングカーレースにはロータス・コーティナで、ヨーロッパとアメリカ双方の選手権に出場した。総予算は200万フランで、その約4分の1が移動費に消えた。ロータスはF2とF3にも出ていたが、こちらは下請け制だった。

この時代には、「1チームは自前のシャシーを作ることを義務づけられてはいなかった。したがって1年落ちのマシーンを、ライバルチームに売ることは決して無視できない収入源だったのだ。クーパーは各カテゴリーのシングルシーターのほかスポーツカーも売っていた。

チャプマンにとんだ狂言詐欺疑惑

ザントフールトの警官殴打事件に続き、今度はモンツァで新たな問題が勃発した。ミラノ・リナーテ空港の税関とのもめごとだった。

ランボルギーニのジャンパオロ・ダラーラはコーリン・チャプマンに心酔しており、是非ともランボルギーニの工場を訪問してくれと頼んできた。そこでチャプマンはモンツァのレース翌日の月曜日、自家用飛行機でボローニャまで飛ぶことを決めていて、彼と私、そしてクラークがリナーテに集まった。ところが、その場になってチャプマンの飛行免許が失効していることがわかったのだ。彼はもちろん更新手続きを取っていたが、新しいライセンスはまだ手元に届いていなかったのだ。

これでは飛べるわけがない。それで管制塔から待合室に戻ったところ、偶然ジャック・ブラバムに出くわした。彼も飛行免許を持っている。コーリンはすぐに「私の代わりに操縦してくれないか」と持ちかけた。ジャックは快諾してその前に電話を1本掛けた。ところが電話ボックスの前に鞄を置きっぱなしにし、当然すぐに盗まれてしまった。その中には彼のチームのス

ターティングマネーがすべて入っていたのだ。ジャックはすぐに被害届を出し、税関は念のためにとコーリンのパイパー機の中を捜索した。

そこで彼らは盗まれたのとまったく同額のお金を発見した。税関吏たちは保険金目当ての狂言犯罪を疑い、すぐにわれわれは密輸犯罪者を拘置する小部屋に閉じこめられた。その日は小部屋で過ごし、ミラノ自動車クラブがブラバムとロータス両チームに同額を支払ったと証言してくれたおかげで、日が暮れる頃になって釈放された。

しかし新たな災難が降りかかった。イタリアの法律では、50万リラ以上は国外に持ち出せないと税関吏が言い出したのである。幸いなことに、コーリンは事前にボローニャまでの飛行計画を提出していた。彼はそれを見せながら「私はこれからランボルギーニでレース用のエンジンを購入する。つまりこの金はすべてイタリアに置いていくのだ」と、でまかせを言った。

そのあと聞いたところでは、リナーテ空港では全員とも徹底的に身体検査され、最低でも2時間留め置かれたそうだ。BEA（イギリス国営航空）の機長はこの措置に対し、「彼らが釈放されない限り、絶対に離陸しない」と怒ったという。

一方、われわれは、チャプマンの免許を英国飛行機クラブが保証したことで翌日に飛ぶことができた。途中、チャプマンは私とクラークをニースで降ろした。かなり強い横風の中、機体を派手に滑らせながら着陸するコーリンの操縦に、私は気絶寸前であった。

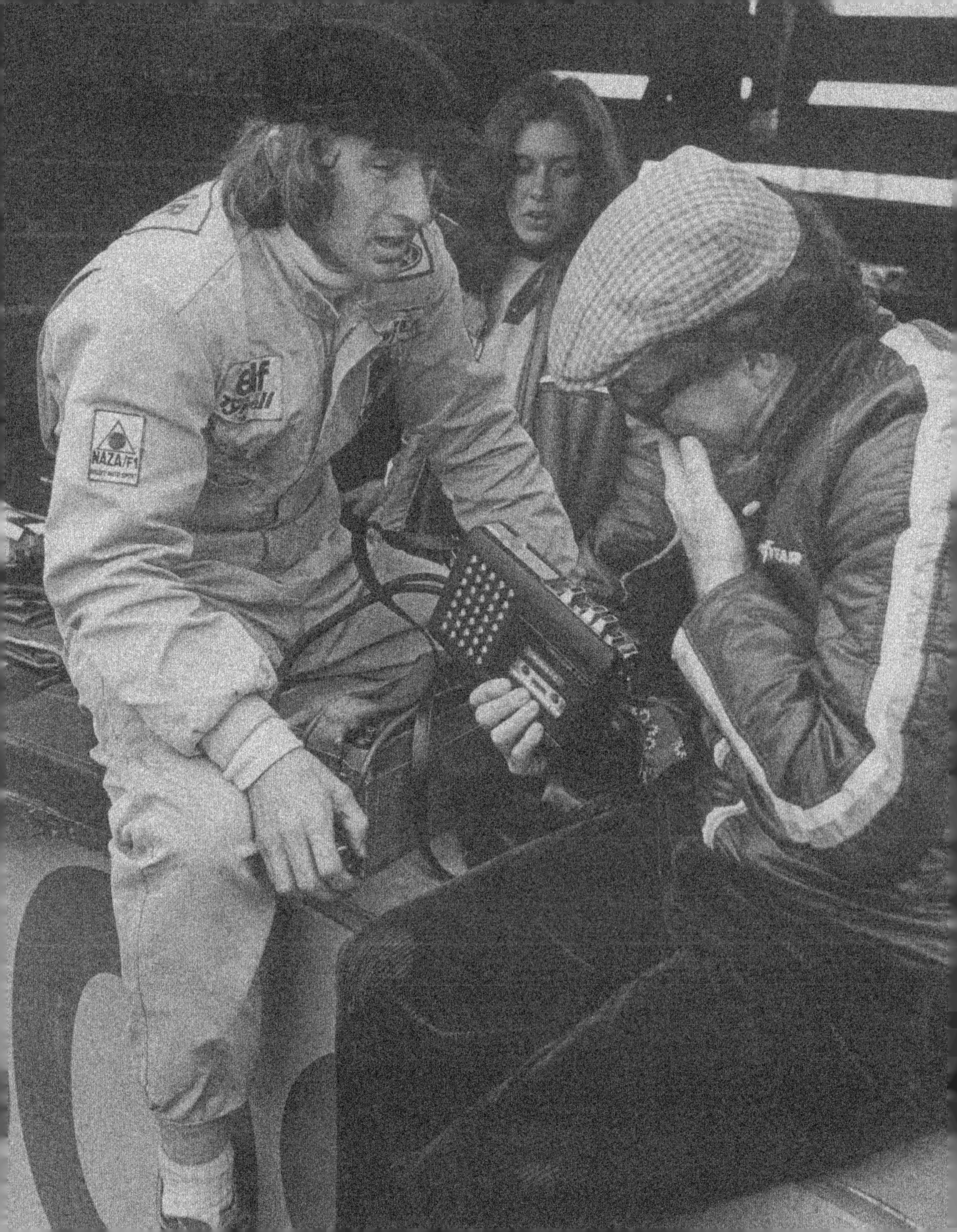
elf
NAZA/F1

chapitre 2

La Formule 3 litres
3リッター・フォーミュラの時代

1.5ℓフォーミュラは、数々の優美なマシーンを生み出した。しかしあまりに非力なエンジンゆえに、一般大衆を熱狂させるような魅力を持っていなかったことも確かである。一方で大排気量マシーンが活躍するスポーツカーレースは、F1以上の人気を博していた。関係者はその状況を憂慮していたが、CSI（国際スポーツ委員会＝FIAの中の一組織）の危機意識は薄く、結果的に会長が更迭される事態となった。

なぜ3ℓに決まったのか

1961年にCSIの新会長となったのは、スイス人の実業家モーリス・バウムガルトナーだった。前任のフランス人オーギュスタン・プルーズが、1958年に1.5ℓフォーミュラを発表した時には、非難の大合唱が巻き起こったことを覚えているバウムガルトナーは、1966年から適用される新しいフォーミュラを決める際には、関係者の意見を充分に聞いたのちに決断を下すつもりだった。

そこで、彼は1964年にすべてのチーム代表を招集し、どんなフォーミュラを望むかを訊いた。F1製造者連盟はこの会議を予想して事前にミーティングを開き、全会一致で、1954年から60年まで適用されていたフォーミュラ、すなわち2.5ℓエンジンへの回帰を希望した。

だが、彼らはバウムガルトナーのことを少しも信用していなかったから、自分たちの要望など黙殺されるのではないか危惧した。するとメンバーの一人が「2.5ℓを要求したら、2ℓに下げるに決まっている。だったら最初に3ℓと言ってみたらどうだろう。そうすれば妥協案として、2.5ℓに落ち着くだろうから」。そんな素晴らしいアイデアを思いついた。

会議が始まり、バウムガルトナーがおもむろに訊ねた。「どのようなフォーミュラを諸君は望むのか」。メンバーは「3ℓ」と答えた。すると会長は「了解した」とひと言。こうして3ℓフォーミュラが、あっけなく決まってしまったのだった。

この決定にチーム代表たちは完全に取り乱してしまった。2.5ℓならともかく、3ℓもの大排気量エンジ

ティレル―スチュワート―マートラの3者連合の形成に、ジャビーは決定的な役割を果たした。

La Formule 3 litres

ンなど、どこから調達すればいいのだろう。当時、それだけの排気量のエンジンを作っていたのはフェラーリだけ。それもスポーツカー用のV型12気筒だった。1.5ℓ当時には強い味方だったコヴェントリー・クライマックスはジャガーに買収されたばかりで、ジャガーはF1にまったく興味はなかった。

BRMは思い切った解決策を考え出した。同社の1500ccV8エンジンを2基繋いだかのような、H型3ℓ16気筒エンジンを作ることにしたのだ。だが、1966年シーズンの開幕には間に合いそうもなく、BRMのH型16気筒エンジンを使うつもりだったロータスはクライマックスに助けを求めた。

それに対し、ジャック・ブラバムは素晴らしい現実主義を発揮した。レギュレーションが大きく変わった最初の年は信頼性がカギを握ることを熟知していたブラバムは、パワーよりも頑丈さを求め、8気筒が理想だと確信していた。探し回った末、GM製の8気筒エンジンにたどり着いた。ビュイックとオールズモビル用に製造された軽合金ブロックのV型エンジンだった。

ブラバムはさっそく何基かを買い、排気量を3ℓに縮小させた。その作業を託されたのは、レプコで働いていた同じオーストラリア人のフィル・アーヴィングであった。GMエンジンはOHV形式で、これでは高回転は期待できない。ブラバムはシングルカムシャフトでもいいからオーバーヘッドカムシャフトへの改造を望んだ。

ブラバムはサンプルとして、コスワース社が1964年にF2に製造していた、SCAと呼ばれる1ℓエンジンをアーヴィングの元に送った。アーヴィングはそのヘッド機構をなんとかGMのV8ブロックに組み込み、レプコ・レーシング・エンジンが完成した。最高出力は7250rpmで315psに過ぎなかったが、素晴らしいトルク特性を持っていた。

この当時のクーパーは、イギリスの有名なスーパーマーケット、マークス&スペンサーの末裔であるジョナサン・シーフが所有していた。シーフはマセラティの輸入元でもあったから、彼は10年前の2.5ℓフォーミュラ用に開発されたV12エンジンを、3ℓに拡大して使うことにした。だが結果は散々であった。エンジンも車体も重過ぎ、総重量は620kgにも達したのだ。シーフはこれをジョー・ボニエやロブ・ウォーカー、ギ・リジエらに売って一儲けしようと目論んでいたのだが、買わされる方こそいい迷惑であった。

1966年に参戦した新チーム

1966年シーズンには、ドライバーが創設したふたつの新チームが参戦してきた。そのひとつはダン・ガーニーのイーグルだった。ガーニーはロータス25の戦闘力に感銘を受け、チャップマンに「ぜひこのマシーンをもとにインディ500仕様を作るべきだ」と熱心に説いていた。

そんな折り、ガーニーはロータスのチーフエンジニアであるレン・テリーと知り合った。以前からチャップマンと折り合いの悪かったテリーは、カリフォルニアでロータス・ベースのマシーンを開発し、F1とインディ500で走らせないかというガーニーの誘いに乗り、渡米を決断。こうして誕生したのが、「オール・アメリカン・レーサーズ（AAR）」である。共同創設者はキャロル・シェルビーで、グッドイヤーが資本援助をした。レン・テリーが設計したマシーンは、この時代

上：ジョン・クーパーと筆者。クーパーは実に愉快な男であった。しかし、マセラティ製のあまりに重い3ℓV12エンジンを選んだことで、彼のF1チームは一気に戦闘力を失ってしまった。

左：それに対して、ジャック・ブラバムは、V8レプコという賢明な選択をした。写真は初期型のシングル・カムシャフト仕様。

右ページ上：真っ黒な雲に覆われた1966年のスパ・フランコルシャン。各車が今まさに、グリッドに向かおうとしている。しかし、スタート直後に嵐に見舞われ、7台を巻き込む大事故が発生した。その際に大ケガを負ったジャッキー・スチュワートは、サーキットの安全性向上に力を注ぐようになる。

右ページ下：レース前のGPDAミーティングの様子。左から右に、ジョン・サーティーズ、フィル・ヒル、リッチー・ギンサー、グレアム・ヒル、ジャッキー・スチュワート、そしてジャーナリストのピーター・ガルニエ、マイク・スペンス（後ろ姿）、ヨアヒム・ボニエ、ジョー・シフェール。

2

55

La Formule 3 litres

1966年、ブルース・マクラーレンは先輩のジャック・ブラバムに倣って、自らのチームを立ち上げた。写真は、最初のマシーンであるM2Bがデビューしたモナコ GP で、フェラーリのバンディーニの前を走るブルース。

最も美しいもののひとつだった。彼らが使っていたエンジンは、古式蒼然たるクライマックスFPFの4気筒だったが、これはハリー・ウェスレイクが開発中のV12エンジンが完成するまでの暫定措置だった。

ハリー・ウェスレイクは実に個性的な人物だった。私は、海岸沿いのライという町にあるファクトリーに彼を訪ねた時のことを今でもよく覚えている。ハリーはいわゆる田舎紳士で、田園風景の中で過ごすことをこよなく愛していた。ファクトリーの中庭をよく羊の群れが通り過ぎていた。彼をよく知る人からは、「ハリーに会いに行く時は、ウズラが近くを飛ぶ日は避けるんだな」と言われたものだ。

もうひとつの新チームはマクラーレンだった。ブラバムがクーパーを去ったことで、ブルース・マクラーレンはチームのナンバー1ドライバーになった。しかし以前とは、チームの雰囲気はすっかり変わっていた。ジョン・クーパーは自らミニのプロトタイプをテストドライブしている時に事故にあって大ケガを負ったが、その傷はなかなか癒えず、ケチな父親を抑えきれなくなっていたのだ。ジョンの父、チャーリー・クーパーは開発への資本投下をできるだけ削り、このためにチームの戦闘力はみるみる低下していった。

マクラーレンは、1964年の冬にはタスマン・シリーズへの参戦を希望した。しかしチャーリーは専用マシーンの開発を拒否。これが直接の転機となってブルースは自らのチームの創設を決断したのだった。チーム名は「ブルース・マクラーレン・モーターレーシング・リミテッド」。若いスタッフたちが、クーパーをベースにしたタスマン用マシーンを2台作り上げた。ナンバー2ドライバーは、才能あふれるアメリカ人青年のティム・メイヤーだったが、彼はロングフォードで事故死してしまう。

タスマニア・シリーズを制したブルースは、チームの基礎を固めるため、ティムの兄であるテディ・メイヤーに運営を任せた。チーム・マクラーレンは、まずはスポーツカーレースの参戦から出発。フォードからはルマン24時間レースを見据えたテスト契約のオファーが寄せられ、これをきっかけにファイアストンとの蜜月が始まるのである。ちなみにブルースは1966年にルマンに勝つことになる。

3ℓフォーミュラの導入を機にマクラーレンはクー

M2Bは木とアルミのサンドイッチ構造という、非常にユニークなシャシーであった。エンジンはインディ用のフォードV8を3ℓに縮小したもの。

2

57

La Formule 3 litres

パーと完全に袂を分かち、自製マシーンを製作することになった。ブルースが雇ったロビン・ハードは、木とアルミニウムのサンドイッチ構造のマシーンをデザインした。問題はエンジンだった。マクラーレンとフォードとの関係を考えれば、フォード製エンジンが当然だが、当時のフォードにまだF1エンジンのノウハウはなかった。そこでインディ用V8エンジンをエンジンチューナーのタルコ社に送り、3ℓF1エンジンに改造させたのである。しかし完成したものは、重いうえに非力で、よく壊れるという、およそ使い物にならないものだった。その後、イタリアのセレニッシマ、BRMのV型12気筒と、エンジンに恵まれない時代が続く。ようやく日の目を見たのは、1968年にフォード・コスワースを搭載してからであった。

ギ・リジエ

1966年シーズン、私はロータスではなくギ・リジエのチームと行動を共にした。ロータスではチャプマン自身が全レースに帯同して陣頭指揮を執ったから、私の出番はなかったのだ。

ジョー・シュレッサーと大の親友だったリジエは、その関係でスポール・オートの編集部にも入り浸るようになった。

私が初めてリジエに出会ったのは、1960年のロンドン・レーシングカー・ショーの会場だった。その時、リジエは私の友人でエルヴァの代表だったフランク・ニコルズと、FJマシーンの購入交渉をしている最中だった。

リジエはフランス語しか話せず、フランクは英語しか理解しない。そこで私が通訳として駆り出されたのだ。二輪ライダー出身のリジエは、2ストロークのDKWエンジンにこだわっていた。その時がリジエと初対面だった私が、友人のフランクの目の前で「このクルマは無価値も同然だ。すぐにロータスに行って、コスワース・エンジン搭載の18を買いたまえ」などといえるはずはなく、リジエはエルヴァを買ったが、案の定まともに走ってはくれなかった。

二度目にリジエに会ったのは、それから数年後のことだ。当時の彼は公共工事で一儲けしたところだった。彼はBPの資金援助を取り付けて、1966年シーズン

3ℓフォーミュラの緒戦となったモナコGPは、同時にギ・リジエがクーパー・マセラティで、F1デビューを果たしたレースでもあった。

を戦うためのF1マシーンを購入しようとロンドンに向かった。ロンドンにはスポーツ紙『エキップ』の自動車担当記者でエドゥアール・シードラーが同行し、リジエにクーパー・マセラーティを勧めていた。もっとも、市販されているF1はこれが唯一だったのだが。

　私はF1に駒を進めたリジエのチームを手伝うことになった。彼のチームのスタッフは私のほかに、計時担当の美女マリ・アニック・デュフルニエ、そしてリジエ社のメカニックだったロジェ・ヌブーの二人だけという、小さな所帯だった。それでも緒戦のモナコでは5位完走を果たした。もっとも、足回り交換のために長いピットインを余儀なくされ、1位のサーティーズに25周遅れだったのだが（むろんポイントは獲得できなかった）。

　高速サーキットのスパでは、フェラーリのサーティーズが優勝を飾った。レースはスタート早々から、予想外の嵐に見舞われた。出場ドライバーのうち7人がリタイアし、ジャッキー・スチュワートは負傷してしまう。その彼を救う際のお粗末な救急体制は、とても世界選手権の名に値するものではなかった。そしてこの事故をきっかけに、ジャッキーはF1における安全向上キャンペーンを精力的に行なうようになった。

1966年──
フェラーリを去ったサーティーズ

　フェラーリのスポーティングディレクターであるウージェニオ・ドラゴーニは、1964年にサーティーズがタイトルを獲得したことに満足していた。だが、それがイタリア人ドライバーによって成し遂げられたものでないことが物足りなかった。そこでドラゴーニはあからさまにサーティーズを無視し、イタリア人のバンディーニを手厚く遇した。そんな扱いにサーティーズが耐えられるはずもない。そしてルマン24時間の予選のときフェラーリを去る決心をした。

　ルマンの金曜日に主催者のACOによる報道関係者との昼食会があった。早めに到着した私は、自分のロータスの運転席にそのまま坐って待っていた。するとサーティーズが現れて窓をコツコツと叩いた。助手席に誘うと、「もうたくさんだ。俺はフェラーリから出て行く」と言い出すではないか。「あいつらは、ジェームス・ボンドの映画でしかお目にかかれないような卑劣な手を使った！」

　そしてサーティーズは、私に昼食の席で記者連中に、自分がフェラーリから出て行くことを発表してほしいと頼んだ。彼はフェラーリとこんな形で別れることを、何よりも悲しんでいた。数年後にサーティーズが明かしてくれたところでは、その頃、彼はフェラーリと共同で事業を興す計画を進めていたという。当時のイタリアではまだ技術レベルの低かったFRPの工場をイギリスに建て、市販車やレーシングカーのボディを生産しようという計画だったという。だが、サーティーズを追い出したことで、その計画は水泡に帰した。

　クーパーと契約したサーティーズに代わって、英国人のマイク・パークスがドライバーに抜擢された。パークスはもともとエンジニアで、フェラーリでも当初は開発エンジニア兼耐久レースのドライバーという役割だったが、サーティーズが離脱したことでF1参戦のチャンスが巡ってきたのだ。その後パークスはフィリピネッティに移ってフェラーリ512の開発に携わり、ランチアに移ってからはストラトスを手がけた。しかし、ストラトスを運転中に事故死した。パークスは真の紳士であった。

　この年、勝ちまくっていたブラバムが、ニュルブルクリングでも勝利を収めた。このレースでギ・リジエは膝を骨折する大けがを負い、デビュー年を不本意な形で終えた。

　次戦イタリアGPは超高速コースのモンツァが舞台だった。当然、パワーで群を抜くフェラーリが大本命

機械工学を学び、フェラーリで耐久レースのドライバーを務めたマイク・パークスは、サーティーズとチームとの諍いを利用して、フランスGPからF1のレースドライバーに昇格した。

La Formule 3 litres

で、予想どおりグリッド最前列はパークスとスカルフィオッティが占め、レースもフェラーリの1-2フィニッシュだったが、二人の順位は予選と入れ替わっていた。ゴール後、人々は「パークスがわざと譲ったのではないか」と噂した。二人は非常に仲が良く、しかも復活を遂げつつあるフェラーリがイタリア人ドライバーの手で優勝したとなれば、さらに人気が出る。そこまで考えての行為だったに違いないと噂したのだ。だが実際にはずっと単純な理由だった。スカルフィオッティはジョヴァンニ・アニエッリの甥だったのだ。

このレースからジム・クラークは念願のBRM製H16エンジンを手に入れた。しかし、ギアボックストラブルでリタイアに終わった。雪辱を期した次戦のワトキンスグレンでは、ライバルたちが次々に消えていくという幸運にも助けられ、通算20勝目を挙げた。そしてこれが、F1史上唯一のH16エンジンの勝利となった。というのも、次の最終戦メキシコGPではまたもギアボックスが壊れ、翌年からBRMはV12に仕様変更したからである。

1966年から67年にかけての冬は、私の人生に大きな転機の訪れた時期だった。タスマニア選手権に参戦していたジム・クラークが、オーストラリアから一通の手紙を送ってきた。彼はその頃、税金対策でバミューダ諸島への移住を考えていたのだ。そこからグランプリに転戦するなど非現実的過ぎると、私が返事を送ると、「じゃあ、パリのアパルトマンを君と分けて暮らすのはどうだ？」と言ってきたのだ。

その後間もなく、ジミーは自家用機でパリまでやってきた。私たちは結局、セーヴル通りにあるアパルトマンを借りた。そしてその翌日には、ロータスのメカニックたちがイギリスからジミーの自家用車を運んできた。日常の足は黄色のロータス・エランSE、もちろん左ハンドル仕様だ。そしてもう1台は巨大なフォード・ギャラクシーで、インディアナポリスでフォードからもらったものだった。

実は、フォードはジミーにマスタングもプレゼントしていた。ところが港からの陸揚げ中、クレーンから落下して全損してしまったのだ。ジミーはこれに限らず乗り物に関してツキがなかった。アメリカで購入した最初の自家用機は、パイロットを雇ってイギリスまで運んでもらう手はずになっていたが、グリーンランド上空で行方不明になってしまった。仕方なくジミーは、チャプマンの使っていた中古のパイパー・コマンチを譲り受けた。

ジミーがパリに来た頃、ヨッヘン・リントもパリに住み始めていた。彼は新婚で、お相手はフィンランド人ドライバーのクルト・リンカーンの娘でファッショ

F1関係者の間では、自家用機の取得がブームになっていた。そしてジム・クラークは、コーリン・チャプマンから中古のパイパー・コマンチを購入した。

トゥシュー・ル・ノーブル飛行場にて。スタンプ機で曲芸飛行に挑もうとする、(左から) フランソワ・マゼ (ヴォラン・シェル優勝ドライバー)、パイロットのマックス・デロム、そして筆者。

ンモデルのニーナだった。二人の借りたアパルトマンはラトゥール通りにあり、われわれは誘い合ってよくいっしょに出かけたものだ。そんな時、ジミーはいつも違う女の子を連れてきていた。相手がいなくて困るようなことは、ついぞなかったようである。

　ジミーは毎朝、アパルトマンの中を綺麗にしてくれた。掃除機を掛けることも喜んでやっていた。そして昼には、当時は凱旋門の西、ブニュエル通りにあったスポール・オートの編集部にやってくる。創刊以来のバックナンバーが保存してある小部屋にこもって、ひたすら記事を読むのである。ジミーは記事の正確性にことさら厳しかった。自身に関するあいまいな、あるいは誤った記述を見つけるや、かわいそうにその記者のことをボロクソにけなしたものだ。

　編集部の近くには、元レーシングドライバーのミシェル・ファンケルが経営するレース用アクセサリーの店があった。ハリー・シェルの未亡人のセニクが切り盛りする「スポール・オート倶楽部」で昼食を食べると、この店を冷やかしに行く。それから日が暮れると、みんなで夜のパリに繰り出すというのが、この頃の日課だった。

　ジミーがパリに住み始めたというニュースは瞬く間に広がり、食事やイベントへの誘いがひっきりなしにあった。ある晩、彼はスコットランド・パブの開店セレモニーに招待された。そこではバグパイプの演奏者たちもスコットランドから来ており、ジミーは当然のように彼らと話を始めた。そして、熱を帯びてくるとお国なまりが出てくるが、こうなると私には一語も理解できなかった。それ以外にも彼は時々、スコットランド人の実業家たちと1〜2日、突然留守にしたりした。そういう金絡みのことには、私はあえて立ち入らないようにしていた。

　私は、ジミーがパリに住むようになっても、彼が特に変わったとは感じていない。しかし、イギリス人の友人たちは、彼が社交界で派手に遊び回るようになったと思っていたようだ。

コスワースDFVの誕生

　1967年はフォードのトータル・パフォーマンス・プログラムに関連して、ロータスの根幹にかかわる変化が訪れた年であった。以前からチャプマンは、F1用3ℓエンジンを製造してくれるメーカーを探していた。だが、あらゆる伝手を頼っても徒労に終わっていた。そして最後に行き着いたのが英国フォードの広報部長ウォルター・ヘイズであった。

　二人は以前からの知り合いで、ヘイズが日刊紙の編集局長だった頃にはチャプマンにコラムの執筆を頼んだりする仲だったのだ。ヘイズはフォードに対して、ロータス・エランやコーティナ・ロータスに搭載されたエンジンブロックのロータスへの供給を後押ししたこともあったし、インディ500でもロータスはフォードと実り多い契約を結んでいた。

　もともとチャプマンは、コスワースのキース・ダックワースにF1エンジンの設計をさせるつもりだった。これもまたヘイズ抜きでは実現できない話といえた。というのも、当時のFJやF3、F2を席巻していたコスワース・エンジンは、フォード・エンジンが基になっていたからである。

モナコで笑顔を見せる、キース・ダックワース（中央）とコーリン・チャプマン。レース当日には、ライバルたちをあっと言わせることになる。

キース・ダックワース

　強いヨークシャー訛りで話すキース・ダックワースは、妥協を知らない、実に個性的な男だった。会えばいつも警句を吐く。その中でも特に本人が気に入っていたのは「黙っていてバカと思われる方が、口を開いてそれを証明するよりずっといい！」だった。キースは相手の主張を木っ端みじんに粉砕することに喜びを見出した。たとえ、向こうの言い分が正しかったとしてもである。

　私が会った時はまだ25歳で、ずいぶん前に父親を亡くしていた。機械いじりが好きだったキースは大学では機械工学を修めたが、将来の夢はレーシングドラ

La Formule 3 litres

イバーになることで、それがどんな職業か知るはずのない母親を説得し、ロータス・マーク6をキットの状態で購入。自宅で組み立て始めた。

　ロータスをキットで購入するということは、数え切れないほどファクトリーに通うことを意味する。買った時から、すでに足りないパーツが山ほどあったからだ。こうしてキースはロータスの常連になり、夏季休暇の折りにはギアボックス部門の研修生にもなった。当時、ここはグレアム・ヒルが責任者だった。

　私が1954年にキースに初めて会った時には、すでにマーク6の組み立ては終わっていた。しかしブランズハッチへと向かう道で、彼は車のコントロールを失い、土手にぶつかって大破させてしまった。こうしてキースは私同様、自分にレーシングドライバーの才能がないことを認めざるを得なくなった。

　卒業後、職を探していたキースが一番魅力を感じたのが、チャプマンからの提案だった。マッケイ・フレーザーが亡くなったことで、グレアム・ヒルがワークスドライバーになろうとしていたので、ギアボックスの組み立て責任者がいなくなるというわけだ。当時のロータスは、最初のシングルシーターであるロータス12を生産しようとしていた頃で、このマシーンには特殊なシーケンシャル・ギアボックスが搭載されていた。チャプマンはこの開発エンジニアとして、年俸600ポンドでキースを雇ったのだ。

　まもなくキースは、このコンセプト自体に問題があることに気づき、まったくゼロからやり直すことにした。チャプマンはキースが手がけることを望んだが、自身の経験不足を自覚していた彼は辞退した。そこで登場するのがマイク・コスティンだ。ロータスのエンジニアであるマイクの力量をキースは以前から高く買っており、二人は共同でコスワース・エンジニアリングを設立する。とはいえマイクはすでに家族持ちであったから、すぐにロータスを退職するわけにはいかず、彼が完全にコスワース専従になったのは、彼らの製品が引っ張りだこになった1963年になってからだった。

コスワースDFVはF1の救世主

　コスワース社が設立された経緯について記したので、話をコスワースDFVまで進めておこう。

　3ℓF1エンジンを開発することになった時、ダックワースはF1エンジンの設計と生産には10万ポンドもあれば充分だと主張した。しかもこの金額には、1966年から発足した4気筒1600ccの新型F2エンジンの開発費まで含まれていたのだ。大企業のフォードにしてみれば、10万ポンドなど"はした金"に等しい金額だったから、ヘイズに異論のあるはずはなく、すぐに取締役会に予算を承認させた。ヘイズ本人にその自覚はなかっただろうが、後年になってヘイズはその実績によってF1の天才たちの集う殿堂入りを果たした。なぜならこの時期、もしフォードDFVという救世主が現れなかったら、F1は消滅していたかもしれないからだ。

　戦闘力に優れた3000ccのF1エンジンを手に入れることは、充分な資力を持たないチームには不可能に等しかった。それが今やコスワース・エンジンを購

1960年代初頭の、最初のコスワース工場の入り口。お世辞にも洒落た外観ではなかった。

ドライバーの安全に心を砕いた、BRMのボス、ルイス・スタンレー（左）。隣は英国、『オートスポーツ』誌のグレガー・グラント。筆者はこの雑誌のおかげで、ジャーナリストの仕事を始めることになる。

入するだけでいいのだ。しかもダックワースの賢明だったところは、彼らの窮状を見透かして値段を吊り上げたりしなかったことだ。1968年の時点で、DFVの価格は1基わずか7500ポンドだった。

コスワースは、すべてのチームにまったく同じ仕様、同じパワーのエンジンを供給した。チームもそれがよくわかっていたから、ライバルたちに差をつけるには、自社製シャシーを優れたものにするしかなかった。イギリス・チームの車体性能が今にいたるまでずっと優秀なのは、おそらくそういう理由からであろう。

チャプマンはコスワースDFVエンジンを搭載するロータス49の設計を、レン・テリーに代わってチーフエンジニアに就任したモーリス・フィリップに任せた。「新型エンジンだけに、初期トラブルが予想される。ならば車体はオーソドックスな手堅い設計がいいだろう」と、チャプマンはその意図を語っている。

とはいえ、コスワースDFVの搭載を念頭に最初から設計されたこのマシーンには、ロータスらしい先進性があった。シャシー自体はコクピットのすぐ後ろで終わり、エンジンがモノコックにボルトで直付けされ、足回りはギアボックスから伸びていた。ロータス49が投入されたのは第3戦オランダGPからだった。

ドライバーの安全に寄与した
ルイス・スタンレイ

モナコGPでは、フェラーリのバンディーニがシケインでコースから飛び出す事故が発生した。炎上したマシーンからドライバーが助け出されるまでにはかなりの時間がかかり、大火傷を負ったバンディーニはその週のうちに亡くなった。

当時BRMを率いていたのが、オーナーだったアルフレッド・オーウェンの義理の弟、ルイス・スタンレイである。巨大な体躯ゆえ「ビッグ・ルー」と呼ばれたスタンレイは元フォト・ジャーナリストで、ゴルフの権威でもあった。一方で、仰々しく尊大な性格が人々に嫌われてもいた。夫人とともに全グランプリに帯同したが、その際にはロールス・ロイスかメルセデスのリムジン以外は絶対に乗らなかった。そんなところも皆から敬遠されたのだろう。

ところが実際の「ビッグ・ルー」は夫人同様、大きな徳の持ち主であった。誰かが困っていれば、それがどんな人間であろうとも必ず救いの手を差し伸べた。どれだけの数の負傷したドライバーが、彼が差し向けた飛行機で病院に運ばれたことか。フランス・ルーアンでジョー・シュレッサーが事故死した際、私と妻はその晩、ジョーの愛娘シャンタルを部屋に迎え、スタンレイ夫人は未亡人とともに自室で明け方まで過ごした。未亡人となったアニーが自殺しないかと、心配していたのだ。

スタンレイはドライバーの安全性向上に精力を注ぎ、GPDA（グランプリ・ドライバー連盟）の総書記を務めた。彼はサーキットの医療設備が貧弱過ぎるとして、メディカルトラックを仕立て上げて各グランプリを転戦させた。この内部にはかなり高度な手術も

フォード・コスワースの3ℓV8エンジン"DFV"を搭載したロータス49。ジム・クラークとこのマシーンのコンビは、まさに無敵だった。

La Formule 3 litres

可能な設備を整えていた。
　モナコGPのときもこのメディカルトラックはピットの裏側に停められていたが、バンディーニは事故現場から直接ヘリコプターで病院へと搬送された。すぐ近くにあったこの医療設備を素通りしたことにスタンレイは怒り狂い、レース当日の深夜、彼はオテル・ド・パリの自室スイートルームに主催者たちを呼びつけた。私が通訳を命じられたが、そこにはモナコ自動車クラブのお偉方が全員招集されていただけでなく、1929年にモナコGPを創設したアントニー・ノゲスまでいたのには心底驚いた。この歴史上の人物が存命だったことを私は知らなかったのだ。
　スタンレイの演説は容赦のないもので、主催者たちを人殺し呼ばわりしたのだ。通訳をさせられている私は彼の激越した感情に参ってしまい、勝手に無難な言葉に直した。そうでもしないと、彼らはスタンレイと私を窓から放り出しそうだったのだ。

　ようやくその演説が終わり、彼はフランコ・リーニに話すよう促した。フランコは私と同様にグランプリジャーナリストだったが、その年だけはフェラーリのチーム監督を務めていた。レース後の彼は、モナコGPの救急体制のお粗末さを批判し、自分のドライバーはその犠牲になったと言い続けていたから、スタンレイは自分と同じ調子で主催者たちを攻撃してくれることを期待したのだ。ところが、フランコは週末のレースは完璧に運営されたと彼らを褒め称えるではないか。その後フランコは同クラブの特別会員に任命され、すべてのグランプリに招待されるようになった。

1967年——
49を得て暴れまくったロータス

　モナコの次のオランダGPに、私はジム・クラークがドライブする黄色のロータス・エランに同乗して出かけた。彼はずいぶんイライラしているように見えた。税務当局がジミーのイギリス入国を禁じてしまったからである。そのため49のテストもできず、代わってフォードの後押しでロータス入りを果たしたグレアム・ヒルがいっさいのテストを担当した。ヘイズとしては、投資に見合った結果を出してもらうために、一流ドライバーを二人揃えたかったのだ。そうすれば、もし一人に何かあってももう一人の活躍が見込めるからだ。
　ロータス49は申し分のないマシーンだった。その戦闘力は5年前に同じザントフールトでデビューした25を思い起こさせた。オランダではジミーは予選でトラブルに見舞われ、ヒルがポールポジションを奪取

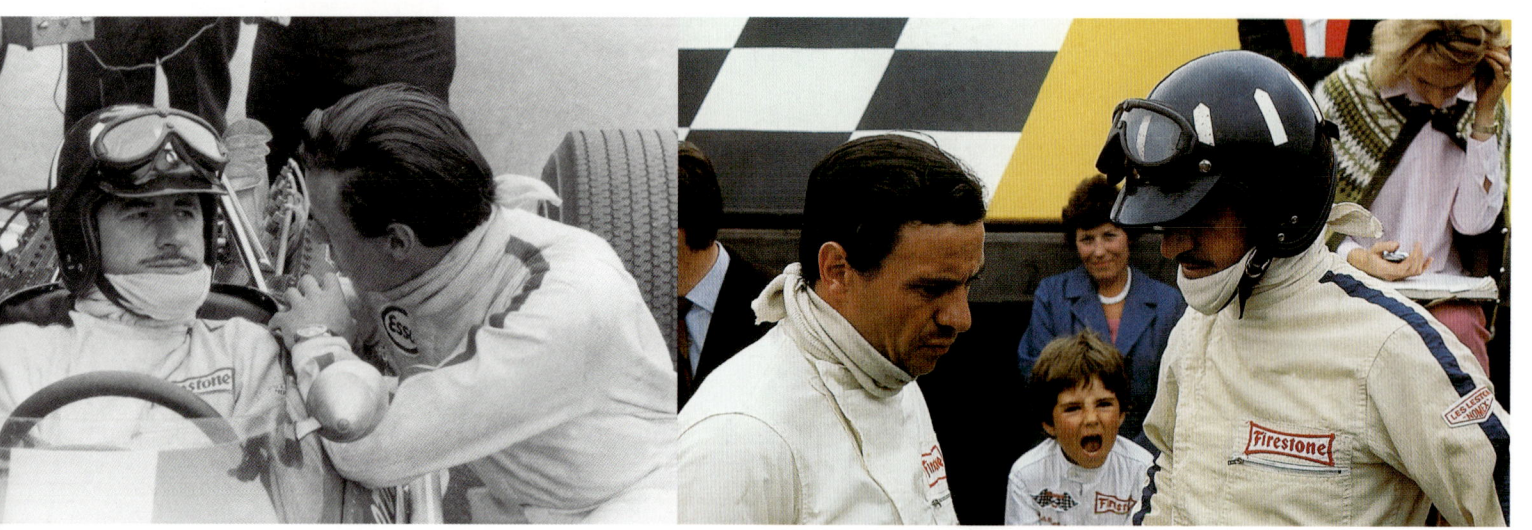

デビュー戦のザントフールトから、チーム・ロータスは主導権を握った。

モンツァで開催された
イタリアGPで、ジャビーは
友人であるジム・クラークの
目覚ましい追い上げを
間近で目撃した。

した。フロントロウにはイーグルを駆るガーニーが並んだ。レースは独走していたグレアムがディストリビューターの歯車破損でリタイアし、ジミーが優勝。2位はブラバムだった。

続くスパはジミーの独壇場だった。最初のフリー走行の時点で、すでにライバルたちより9秒も速いラップタイムで周回した。レースでもスチュワートのBRM H16を従えてトップを走っていたが、点火プラグ交換でピットインを余儀なくされ、最終的にはガーニーがスチュワートを抑えて優勝。これがイーグルにとって唯一のグランプリでの勝利となった。

ギ・リジエはニュルブルクリンクでの負傷がほぼ癒え、レース復帰にあたって新型のクーパーを購入した。マシーンはスパに搬入され、走り出してすぐに旧型より遅いことが明らかになった。マシーン選択のミスに気づいた彼は、すぐにブラバムを買うことにした。前年、デニス・ハルムがドライブし、彼がモナコGPで勝ったマシーンが売りに出ていたのだ。

リジエは私に交渉に立ち会ってくれと言ってきた。ブラバムはもっと実績のあるドライバーに自分のマシーンを売りたかったから、この交渉は難航した。だが、最終的にはリジエのある提案によって交渉がまとまった。提案とは、週末のパリを案内するというもので、無類の女好きだったブラバムのまさに急所を突いた提案だった。

月曜の朝、私は「パリの週末」を過ごしたばかりのジャックをホテルまで迎えに行った。ロータスの助手席に乗せて空港に向かう途中、彼は、「ああ、もしトーラナックも、あんな素敵な娘と仲良くしていたら、もっと違う男になっていただろうに」と、ため息をついた。

その時まで、私はこの二人の共同パートナーが仲たがいしていることを知らなかった。彼らはビジネスについて話し合う時でさえ、グッドイヤーのレース責任者であるレオ・メールを通して会話するほどだったのだ。リジエはこのブラバムでシルバーストーンに出場し、結果は4周遅れの10位完走だった。

イタリアGPは素晴らしいレースだった。ポールからスタートしたジミーは、いつものようにあっという間に独走態勢を築いた。しかし16周目にタイヤがパンクして緊急ピットインし、トップから1周遅れでコースに復帰する。ここからジミーの快進撃が始まる。ゴールまで残り7周という時には首位に返り咲いていたのだ。このままチェッカーを受ければ、間違いなくジミーのベストレースになっていただろう。ところが最終周にガス欠状態となり、最終コーナーは惰性で立ち上がる有様だった。

ジミーが脱落したあとはブラバムとサーティーズの間で激しく優勝が争われ、サーティーズが相手のわずかなミスを突き、僅差で勝負を制した。これがホンダにとって通算2勝目となった。

レース後、誰もが「勝てなかったとはいえ、ジミーの最高のレースだった」と称賛した。しかし本人は、結果は4位ながら、スタートでエンジンストールしたあと猛然とライバルたちを抜き続けた1962年のニュルブルクリンクがベストレースだと主張した。

私のスポール・オート誌もこの頃には順調に売り上げを伸ばし、販売部数が10万部を超え、ワトキンスグレンへの出張もできるようになった。私は、現地ではチーム・ロータスに帯同していた。ある晩のこと、ウォルター・ヘイズが二人のドライバーとチャップマンを集めて、こう言った。

「このレースで、君たちが1-2フィニッシュを決めてくれることを私は確信している。フォード社の近く

La Formule 3 litres

で開催されるグランプリであり、最高の結果を出さなければならない。だから万一、二人が競い合ってぶつかってしまうようなことだけは避けたい。これから"くじを引いて"、勝つ方を決めるんだ」。

くじ引きの結果、ヒルが勝つことになった。しかし、実際のレースはそんな思惑とは関係なく、波乱の展開となった。まず、首位を走っていたヒルがクラッチトラブルでペースを落とした。背後からガーニーに追われていたジミーはヒルを抜くべきか迷い、ピット前を通過した際に「?」のサインをチームに送った。次の周、「抜いていい」という指示を確認したジミーは一気にトップに立つと、後続との差をみるみる広げた。その戦略は終盤になって功を奏することになる。というのも、ゴールまで4周というところでリアサスペンションのボルトが外れ、車輪が内側を向いた状態になってしまったのだ。大きくスローダウンしたが、2位のブラバムに7秒差でチェッカーを受けることができた。

私の友人で、ストックカーレースの主催者であるビル・フランスが、ワトキンスグレンに来ていた。彼はジミーをぜひレースに出したいので紹介してくれと言い、私たちは夕食に招待された。その後、ジミーはビル・フランスの求めでロッキンガムのレースと、リバーサイドのインディ選手権も戦った。ジミーはリバーサイドで完走することができず、レースマネーの受け取りを辞退してチーム側を驚かせた。「マシーン性能を100％引き出せなかった」というのが、辞退の理由だった。

ワトキンスグレンが終わると、ジミーはバミューダ諸島のアパートへと向かった。ジャッキーとヘレンのスチュワート夫妻、それにニーナとヨッヘンのリント夫妻もいっしょだった。ジミーが一人であるはずがなく、美しいモデルのサリー・ストークス嬢を連れていた。サリーはジミーと結婚したくてしょうがなかったが、彼は「結婚」という言葉さえ聞くのもいやな男で、二人は早々に破局を迎えた。

ジミーのパリでの華麗な女性遍歴の中に、ケイトという女性がいた。貴族出身の美貌のイギリス人女性で、ジミーはケイトに一時夢中になっていた。ケイトはジミーを取り巻くファンの女の子たちとは根本的に違っていた。相手が世界チャンピオンであれ、それだけの理由で礼賛することはなかった。ジミーはタバコを吸わず、ケイトも彼といっしょの時には吸うのを我慢し

ていた。その代わりいつも口にタバコをくわえ、ジミーが捨ててくれと頼むと、わざと火を点けたりした。

ジミーはメキシコでも勝ったが、チャンピオンタイトルを争っていたハルムがブラバムに次ぐ3位に入り、ハルムが世界チャンピオンとなった。ブラバムが大喜びしたのもつかの間、デニスは同じニュージーランド人のチームであるマクラーレンへの移籍を発表してしまう。スターティングマネーは、前年の成績に沿って支払われるから、ハルムが去ることはブラバムにとって財政的にも大きな痛手となった。さらにガレージの責任者のフィル・カーまでいっしょにマクラーレンに行ってしまうと聞き、ブラバムは怒り心頭に発したのだった。

1968年——
マートラが育てたドライバーたち

私はシーズン開幕戦の南アフリカに行けなかった。今も残念なことは、ジャッキー・スチュワートがステアリングを握るマートラ・フォードF1の素晴らしい速さを目の当たりにできなかったことだ。マートラはマルセル・シャサニィによって創設され、その後、破産寸前だったところを大金持ちのシルヴァン・フロアラによって助けられている。二人はこの会社の舵取りを、のちにマートラ・グループの総帥としてフランスを代表する実業家となる、若きジャン-リュック・ラ

「正直で裏表のないペスカローロの態度は、多くのレーシングドライバーに欠けているものだった」

「ベルトワーズの反体制的な言動は、レース主催者たちの不興を買い、数年後には手痛いしっぺ返しを食らうことになる」

ガルデールに託した。マートラは非常に洗練された軍事部品を生産していた。しかし、ラガルデールとしては、「大砲商人」のマイナスイメージを何とかして払拭したかった。そんな折り、1964年に、彼はルネ・ボネが財政難に陥ったことを知った。ルネ・ボネはマートラの所有する工場で、同社のスポーツカーのためにFRP製ボディを生産していた。そこでマートラは、ルネ・ボネの負債を肩代わりすることで同社を完全買収する。こうしてラガルデールは、スポーツカー製造会社のトップに就任した。

ラガルデールはすぐにモータースポーツへの参入を決断。1965年にはF3シャシーの生産に取りかかった。このF3は大成功を収めたが、その特徴はシャシー構造にあった。宇宙工学並みの最先端技術が採り入れられ、シャシー両側に取り付けられたガソリンタンクも金属製という徹底ぶりだった。こうしてライバルたちにはとうてい真似のできない、高い剛性を持つシャシーが生まれたのだ。マートラF3のロードホールディング性能は、群を抜いて素晴らしかったのだ。

マートラに最初に採用されたドライバーは、元二輪ライダーのエリック・オッフェンスタットだ。彼は、ラ・シャトルで行なわれたF3レースで、ジャッキー・スチュワートを打ち破って優勝している。もう一人は、シェル石油のベストルーキーに選ばれたジャン・ピエール・ジョッソー。そして3人目が当時医学生だったアンリ・ペスカローロだ。

アンリ・ペスカローロ

両親が医者だったペスカローロは、自分も同じ道を進むのが嫌でしょうがなかった。一方で、父は大のクルマ好きで、彼もまたそうだった。アンリは9歳の時には、隠れて実家の広大な庭で自動車を運転していたといい、さらに曲芸飛行にも魅せられ、自動車免許取得年齢に達する前に小型飛行機を操っていたという。

ペスカローロの四輪レースデビューは、父のコ・ドライバーとして参戦したラリーだった。さらに腕を磨こうと、ペスカローロ医師は息子とともに、パリ郊外モンレリーにあったドライビングスクールに入学。そこの教官たちによってアンリの才能が見出された。ちょうどその頃、フォードがこのスクールにロータス・セヴンを寄贈したことで、スクールチームが南仏プロヴァンス・カップに参戦することになり、ドライバーにはアンリが選ばれた。彼はこのレースでチャンピオンとなったことでマートラ関係者の目に止まり、マートラF3のリザーブドライバーの座を射止めたのだった。

1966年からはフル参戦し、翌67年にはモナコF3に勝ったほか、F3チャンピオンにもなった。ペスカローロは耐久レースやF2、そしてF2マシーンでのF1参戦も果たしている。

その間、オッフェンスタットとジョッソーがクビになり、1967年にマートラ・ドライバーになったロビー・ウェバーがルマンの予選中に事故死し、ペスカローロが正式にベルトワーズに次ぐナンバー2ドライバーになった。1968年には、雨中のルマンをワイパーなしで走り続けたことが高く称賛され、チーム内での彼の地位は確固たるものとなった。

ペスカローロは精神的に非常にタフな男で、どんな困難な状況でも決して冷静さを失わなかった。正直で裏表のない態度も、多くのレーシングドライバーにない特質だった。ペスカローロは生涯で4度ルマンを制し、デイトナでも1勝している。F1のようなスプリントよりも、むしろ耐久レースで記憶に残るドライバーといえるが、彼自身はもっとF1で活躍したかったはずだ。しかし、結果的に勝てる力のあるマシーンに恵まれず、たった一度表彰台に上がっただけだった。

ジャン・ピエール・ベルトワーズ

F1では不遇だったペスカローロとは対照的に、ジャン・ピエール・ベルトワーズはF1で主なキャリア

La Formule 3 litres

を積んだ。ラガルデールがこの若者を採用したのは、オッフェンスタットと元ルネ・ボネのドライバー、ジェラール・ロローのアドバイスを聞いたからだった。しかし、ベルトワーズの抜擢は大きなリスクもはらんでいた。前年に命に関わるほどの事故を起こし、そのケガから完全に回復していなかったからである。

　二輪ライダーとしてフランスの国内選手権を総なめにしていたベルトワーズは、四輪レースに出ることが夢だった。そこへルネ・ボネからドライバーのオファーが来た。結果的にそれを、幸運と呼ぶべきだったのかどうか。というのも、ルネ・ボネはとてつもなく危険なレーシングカーだったのだ。1964年のランス12時間レースに出場したベルトワーズは、身をもってそれを知ることになる。高速コーナーでコントロール不能となってクラッシュし、重傷を負った。その後遺症で彼の左ひじは固定されたままとなり、彼の大きなハンディキャップとなった。この時期はレーシングカーにダウンフォースの概念が取り入れられ始めたころで、幅の広いスリックタイヤの採用と相まって、ステアリングはどんどん重くなっていった。そして当時はまだ、パワーアシストは存在しなかった。ベルトワーズのF1唯一の勝利が大雨のモナコGPだったのは、その意味で決して偶然ではあるまい。

　1965年、ベルトワーズはマートラのナンバー1ドライバーに抜擢され、ランスのF3レースに優勝すると、フランス国内が熱狂した。その熱狂ぶりは、12年前、同じサーキットでゴルディーニを駆るジャン・ベーラが勝ったときを彷彿とさせるもので、ベルトワーズは一夜にしてフランスの若者たちのアイドルになった。彼の行くところ、いつもジャーナリストの一団

1964年7月にランスで開かれたF3レースの最終コーナー。この直後、首位でチェッカーを受けたベルトワーズは、瞬く間にフランスの若者たちのアイドルとなった。

グッドウッドで行なわれたマートラF2およびF3の秘密テスト。ジャーナリストの中で唯一立ち会いを許されたジャビーが、これらの写真を撮影した。

が取り巻いた。しかしベルトワーズの反体制的な言動は、レース主催者たちの不興を買い、数年後には手痛いしっぺ返しを食らうことになる。

マートラとケン・ティレルのよき関係

ベルトワーズの勝利はラガルデールの計画を加速させた。すでにフランスF2グランプリが発足しており、F1進出を目論む彼は、このカテゴリーで是非とも成功を収めたかったのだ。しかし問題がひとつあった。興業主たちは、この選手権を「F1より安いコストのマシーンを、一流ドライバーたちが運転する」と捉えていたのだ。だが、ラガルデールから見たベルトワーズは、まだクラークやスチュワート、リントのレベルには達していなかったし、チーム自体にも経験不足から来る欠点が目立った。

そこでラガルデールは、一流ドライバーをすでに擁

La Formule 3 litres

しているチームに自社製シャシーを提供するというアイデアを思いついた。相談を受けた私はティレルの名前を挙げた。ドライバーはジム・クラークの愛弟子というべきジャッキー・スチュワートで、ティレルは1960年以来、フォーミュラ・ジュニアやF3、F2、ツーリングカー選手権などでワークスのクーパーを走らせていた。しかしすでにクーパーは下り坂で、F1では2年前から1勝もできずにいた。ブラバムもクーパーと別れて自らチームを立ち上げていたし、はっきり言えば、もはやまったく戦闘力のないマシーンだったのだ。そしてティレルもクーパーから離れようとしていたが、代わりのシャシーを買うところがなかった。

私はケン・ティレルにラガルデールを引き合わせようと、F2グランプリのシーズン終了後、授賞式のパーティ会場であるBPビルディングで会見の場をセッティングした。ケンはあまり乗り気ではなかったが、オルリー空港で出発を待つ間、夕食を食べながら詳しい話をしようということになった。ラガルデールはケンに自社工場のあるヴェリジイにBRMのF2エンジンを送ってくれれば、マートラに搭載すると提案した。そしてそれをスチュワートが試走して、もしよい感触を得たら、1965年シーズンの契約を結ぶ。そうでなければ、あなたには何の義務も生じないと。

ティレルにしてみれば悪い条件ではなく、イギリスに帰った彼はスチュワートにその話をした。ジャッキーはその時、「フランスのカエル野郎たちに、すっかりいいようにされたね」と茶化したらしいが、それでも2週間後には実走テストのためにグッドウッドのサーキットに姿を現わした。マートラF2はその前日、ラガルデールがふだん競走馬の空輸に使っているブリストル・フリーター機に乗せられてイギリスに到着していた。

すべてが凍りつくような寒さの中、ジャーナリストとして立ち会っているのは私一人だった。ティレルとラガルデールの橋渡し役をした褒美だったわけだ。ジャッキーはコースを何周か周回して戻ってくると「エンジンパワーがこんなに素直に路面に伝わるマシーンを今まで一度も運転したことがない！」と叫んだ。

翌日にはケン・ティレルはパリに来ていた。そして瞬く間にラガルデールとの契約が結ばれた。ティレルは2台のマシーンを走らせる。1台はスチュワート、もう1台はケンが見出した若きベルギー人、ジャッキー・イクスであった。

ジャッキー・スチュワート

スコットランド人のジャッキー・スチュワートは、ヨーロッパでも屈指のクレイ射撃手だった。ところが1960年のオリンピック予選で8回続けて的を外してしまう。なぜそんなことが起きたのか彼自身にも理解できなかった。すっかり意気消沈して射撃からの引退を決めた彼は、もともとスチュワート一族の家業とも言うべき、自動車の世界に身を投じることにした。

父はスコットランドのダンバートンでジャガーのディーラーを営んでおり、ジャッキーはそこで給油係として働き始めた。ジャッキーは店を訪れた顧客の紹介で、マーコスでレースに出場する機会を得た。その後、さらにパワフルなマシーンで勝ちまくり、クラブマンレースでは誰もかなう者がいなくなっていた。

この活躍がグッドウッドの責任者の目に留まり、ケン・ティレルに伝わった。当時のティレルは冬のオーストラリアで子飼いのドライバーであるティム・メイヤーを失ったばかりで、その代わりを探していたのだ。早速、スチュワートはグッドウッドでティレルのテストを受けることになった。マシーンはクーパーだった。

偶然、そこにはクーパーのナンバー1ドライバーであるブルース・マクラーレンが、クルマの調子を見るために来ていた。さらに偶然は重なり、コース脇でジョン・クーパー自身もテストの模様を見守っていた。

育ちがよく、思慮深く、明晰な頭脳を持ったジャッキー・イクスは、同世代のドライバーの中でも、最も魅力的な青年だった。

まずブルースが何周か走った。するとジャッキーが、すぐにそれをしのぐタイムを出して見せた。ブルースは負けじとさらに速いタイムで走る。それをジャッキーが再びひっくり返す。ケン・ティレルが私にその顛末をこう語ってくれた。

「コースの向こう側にいたジョン・クーパーが走ってピットの反対側まで戻ってくると、両手を口に当てて、大声で『すぐに、彼と契約しろ！』って叫んだんだ」。クーパーに言われるまでもなく、ケンはジャッキーを自らのチームに迎え入れた。

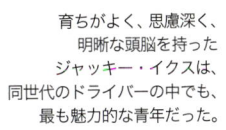

エルフ・フランスのレース活動を統括したギテールは、フランスのモータースポーツ界で最重要の人物となっていった。

ところで、スチュワートという人間をより理解するために格好のエピソードがある。ティレルは契約の際、彼にふたつの選択肢を提示した。ひとつが契約金として１万ポンドを出すが、その代わり５年間にわたって彼が稼いだ賞金の10％を徴収する。もうひとつは、チームの得るスターティングマネーと賞金の半分を与えるというもの。当時、週休２２ポンドしかもらっていなかったジャッキーにしてみれば、これは気の遠くなるような大金である。熟考の末、彼は二つ目を選択した。こうして、彼が秀でているのはクルマの運転だけではないことを証明したのである。

1964年のスチュワートは、二つのレースを除いて全勝を果たし、クレルモンフェランのF2レースではロータス・ワークスのマシーンで2位に入って見せた。今やスチュワートは期待の星であり、F1チームすべての監督たちが彼の獲得を画策した。ジャッキー自身はロータス入りを望んだものの、友人でもあるクラークに次ぐナンバー2扱いなのが気に入らなかった。こうして彼はBRMからのオファーを受け入れ、F2ではマートラ・マシーンのティレルから出場することになった。

ジャッキー・イクス

スチュワートのチームメイトであるジャッキー・イクスも、彼同様に頭のいいドライバーだった。父のジャック・イクスは、ベルギーを代表するモータージャーナリストで、『自動車は、かく誕生せり』という忘れがたい著作がある。

ジャッキーはトライアル・バイクのベルギー国内選手権を何度も制して、その類いまれなバランス感覚を証明して見せた。その後、父親の勧めで四輪に転向する。この業界のオピニオンリーダーだったジャックの影響力は、レーシングドライバーとして出発する息子にとって、大きな助けとなったようだ。フォードがコーティナ・ロータスに彼を乗せると、すぐにその性能を引き出す走りをして見せた。ティレルはそれに注目してF2チームに抜擢した。その時、ジャッキーはまだ20歳にもなっていなかった。育ちがよく、思慮深く、明晰な頭脳を持った彼は同世代のドライバーの中でも最も魅力的な青年だった。F1での成績は必ずしも彼の才能に見合ったものではなかったが、ルマンでは圧倒的な強さを発揮した。

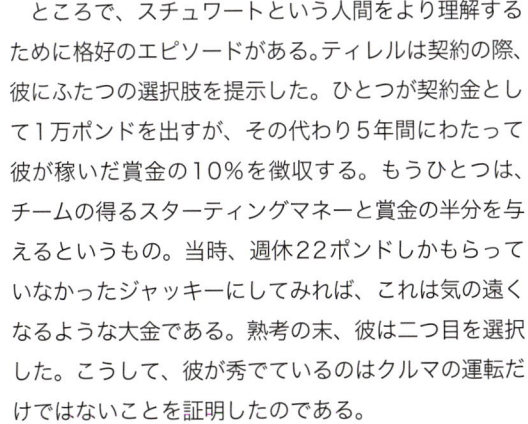

La Formule 3 litres

エルフの果たした役割

　マートラは自らもF2チームを組織して参戦することを決め、ドライバーはベルトワーズとシュレッサーに白羽の矢を立て、彼ら二人はフランス選手権で1、2位を獲得する。元ドライバーでイギリスのレースチームオーナーだったジョン・クームズは、その活躍を見てマシーンを購入し、グレアム・ヒルに与えている。

　マートラは優れたF2マシーンを作ったが、彼らにとって不運だったのは、ホンダ・エンジンを得たブラバムが11連勝して、1966年シーズンを完全に支配したことだ。

　1967年モンテカルロ・ラリーの際にマートラの記者会見があった。フランス産業省が同社に600万フランを融資して、マートラはその資金でV12エンジンを開発。完成後はルマンとF1に打って出るという内容だった。さらに、新たに発足したばかりの国営石油会社UGDがマートラを支援することも合わせて発表された。UGDはその後、間もなくエルフの名前で商品を市場に投入する。しかし、まったく無名だったその商標を一般に浸透させるには、大規模なキャンペーンを打つ必要があったのだ。

　エルフのキャンペーンの責任者に任命されたフランソワ・ギテールは、最初はモータースポーツにはまったく関心がなかった。ギテールはフランス情報部に在籍したことがあり、1968年の5月革命の際には、中国製自動小銃を携えてドゴール大統領の警備も務めた。

　ギテールの新たな任務は、エルフという新ブランドに若々しく躍動感にあふれ、最先端技術の申し子であるというイメージを確立させることだった。そして、彼はすぐに自動車レースへの参入がその目的に最も合致しているとの結論を得た。こうしてギテールは、フランスのモータースポーツ界で最重要の人物となっていく。彼がいなければフランスのF1チームも生まれなかっただろうし、数々の一流フランス人F1ドライバーも見出されなかったはずだ。マートラに始まって、リジエ、ルノー。そして多くのドライバーたちを、ギテールは長年にわたって支援し続けた。

ケン・ティレルの決断とダンロップの参入

　オランダGPでジム・クラークの勝利を目の当たりにしたティレルは、このエンジンの搭載がグランプリで勝つための絶対条件だと確信する。こうして彼の元には、コスワース、ダンロップ、そしてジャッキー・スチュワートの3要素がそろった。

　そしてシャシーに関しては、フォードV8用を作ってほしいとラガルデールに申し入れた。ラガルデールには、その要望を受け入れる賢明さがあった。コスワース・エンジンには充分な実績がある。これに対してマートラが新たに開発するV12エンジンには問題が多発するだろう。ラガルデールは、安定した結果を得るためにティレルという保険をかけたのだった。

　あとは資金集めだった。スチュワートのフェラーリ入りを阻止するために、ティレルは2万ポンドを用立てる必要があった。その額のオファーがすでにマラネロから来ていたのだ。そこに救いの手を差し伸べたのがダンロップだった。このイギリスを代表するタイヤメーカーは、当時、レースの世界では、ファイアストンとグッドイヤーのアメリカ勢にやられっ放しだったのだ。しかしダンロップが作るタイヤは非常に幅広いレンジを持っており、その強みを最大限に生かすべく思いついたアイデアが、現在のF1にも受け継がれている集中タイヤテストであった。

　南アフリカのキャラミでの開幕戦後、マートラ・フォードはキャラミに残り、2週間にわたるプライベートテストを敢行した。十数種類のタイヤが試され、総走行距離は2000kmを超えた。この時に確立された開発手法、データ収集のノウハウが、その後のスチュワートとティレルの成功に大きく寄与したことは、間違いないだろう。

　事前に予想されたとおり、1968年シーズンのマ

セルヴォズ・ギャバンには、レースの才能だけでなく、女性を引き付ける魅力があったことも確かである。生涯、彼女たちに尽くされた彼は、自叙伝に「女性たちよ、ありがとう！」という題名を望んだほどであった。この写真は、1968年のメキシコGPで、マートラMS10に乗るセルヴォズ・ギャバン。

マートラは1966年からジョニーを起用した。チームメイトはジョッソーとペスカローロだが、この年、ジョッソーに先んじてフランス選手権を制したことで、翌年のF2へのステップアップを決める。1968年、マートラはジョニーにプロトタイプの運転を任せた。最初はフォードの4.7ℓ、続いてマートラ製V12エンジンを搭載したマシーンだった。

初めて登場したウィングとスポンサー

クラークは1968年のF1開幕戦の南アフリカGPに勝つと、その後の1月から3月中旬まではオセアニアに飛び、ロータス49でタスマニア選手権の8戦を戦った。その間、リバーサイドでのレースでダウンフォースの問題を熟考する。すでにインディカーにはスポイラーの装着が始まっており、それをF1でも採用できないかと考えたのだ。

ニュージーランドにマシーンが到着した際、クラー

ジム・クラークがタスマニア選手権参戦で留守のあいだ、ジャビーはパリから送られてくるジムの私信を受ける郵便箱の役目も引き受けていた。

ートラは、スチュワートのティレルV8の方がベルトワーズのマートラV12よりも大きな成功を収めた。しかしスチュワートは手首を骨折して全レースに出場できなかったことで、タイトルを失ってしまう。モナコGPでは、ティレル・チームはスチュワートの代役として、マートラ所属のジョニー・セルヴォズ-ギャバンを抜擢した。

ジョニー・セルヴォズ-ギャバン

グルノーブル出身のセルヴォズ-ギャバンは、最初はラリー志望だった。その後、マニクールでドライビングスクールが行なわれていることを知ると、ここに通うことになる。資金を出してくれたのは女友達のひとりだった。ジョニーには女性たちを惹き付ける魅力があったことは確かで、彼は生涯ずっと女性たちに尽くされた。『私のスピード人生』という自叙伝を出版した際にも、当初は『女性たちよ、ありがとう！』という題名にしたがったくらいなのだ。

ジョニーの才能を見出した地元ドーフィネ県の自動車クラブは、ロータス・セヴンでレースに出場させる。しかしここでは結果を残せずに終わった。その後ジョニーは、ウィンフィールド・レーシングスクールが新たにベルギーのゾルダーに開設したドライビングスクールを受講する。しかし、最優秀ドライバーには選ばれず、彼の将来はなくなったかに思われた。ところがこの地で大金持ちの若い女性と知り合い、彼女から贈られたブラバムF3で頭角を現わしていくのである。

ジミーから贈られたエラン。そしてチャプマンから贈られたエクラ。2人の友情と感謝を象徴するこの2台を、ジャビーは最晩年まで、決して手放さなかった。

クはジム・エンドルウィートに一種のウィングの装着を頼んだ。このパーツは事故に遭ったヘリコプターの羽根の一部であった。しかしチャプマンはその知らせを聞いて激怒し、すぐにウィングを外させた。彼自身もその種の改良を考えていたのだが、自分のいないところで実行に移されるなど、もっての外だったのだ。

こうしてクラークはウィング装着マシーンで走った最初のドライバーという栄誉は逃した。しかしその代わり、スポンサーロゴの付いたマシーンに乗った点では、彼がパイオニアの一人となった。1968年になってようやくCSIはマシーン上に企業名などを出すことを許可したのである。

この決定は、石油企業がF1をコントロールし切れなくなったと判断したことから来ていた。タイヤメー

La Formule 3 litres

カーに主役の座を追われた彼らはF1の表舞台から姿を消す。しかし問題は、メーカーから財政支援を受けているのが一握りのチームだけということだった。チャップマンはアンドリュー・ファーガソンにスポンサー探しを命じた。そしてまったくの偶然からタバコ会社のジョン・プレイヤー社が広告媒体を探していることを知る。その偶然というのは、JP社の広告代理店に勤める秘書がロータスのメカニックの恋人だったのだ。

両者はすぐに合意に達し、急遽、JP煙草のステッカーなどがニュージーランドに送られた。それ以前、1968年1月2日の南アフリカGPでは、ブラバムに同じタバコ会社のガンストンのロゴが貼られ、ジョン・ラヴとサム・ティングルがステアリングを握っている。

衝撃的だったジム・クラークの死

オーストラリアのレースを終えると、クラークはインディアナポリスに飛んでタービンエンジンのロータスをテストし、やっとパリに戻ってきた。アラン・マンがパリのアパルトマンにクラークを訪ね、ブランズハッチ500マイルレースへの出場を打診してきた。マシーンはコスワース・エンジンを搭載したフォードP68である。クラークは乗り気ではなかったが、マンの背後にウォルター・ヘイズがいることはわかって

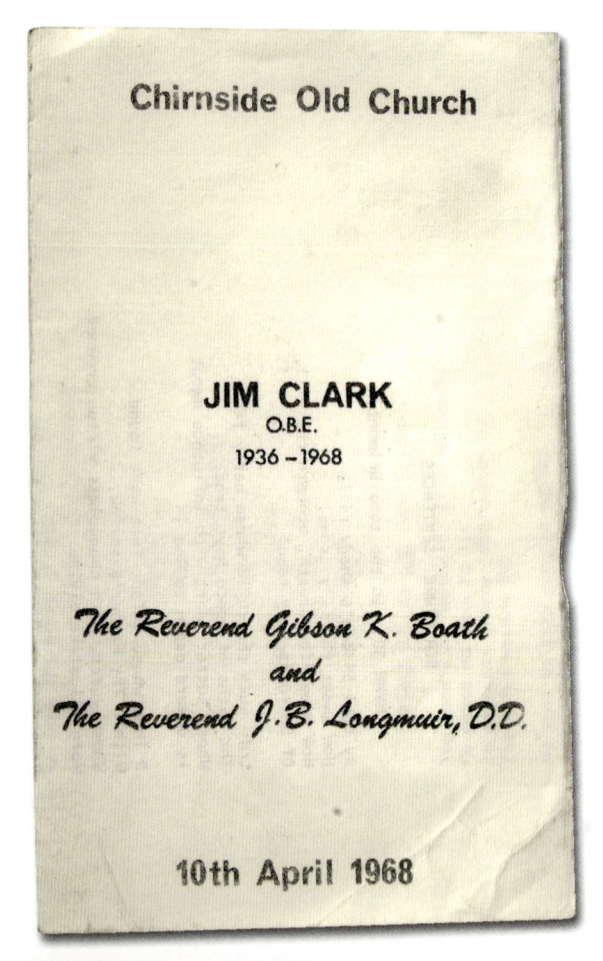

1968年4月を以て、ジム・クラーク時代は終焉した。フォード・コスワースDFVに最初の勝利をもたらした彼は、他にも多くの歴史を刻んだドライバーだった。

そして翌69年、F1にスポンサー時代が始まる。ロータス49Bがタバコ会社のカラーリングをまとって登場したのである。写真はモナコGPの勝利へとひた走るグレアム・ヒル。

いたので、彼を落胆させたくなかったクラークはこの提案を受け入れた。

マンはこれで話は一件落着したものと思ったようだが、クラークはそう考えてはいなかった。なによりもけじめを大事にするクラークは、文書に調印するまでは正式決定ではないと見なし、ホッケンハイムで行なわれるノンタイトル戦のF2レースに出ることを決めた。開催日はブランズハッチとまったく同じなので、それをどうやり繰りするかを考えた。

クラークの計画では、まず自家用機でホッケンハイムに飛び、レースが終わったら直ちにイギリスに向かうというものだった。すでにその前にクラークに対する入国禁止令は解かれていたのだ。彼はその機会に両親にケイトを紹介するつもりだった。

その頃、私が乗っていたロータス・エランS2にはヤレが目立つようになってきた。ジミーには、チームから新しいエラン・プラス2が届くことになっていたので、彼が乗っているエランS3は私が譲り受ける約束になっていた。その時点でプラス2は届いていなかったが、ジミーは「この次、パリに戻るのは数週間後で、その時には届いているはずだ。だから今からS3に乗っていいよ」と言ってくれた。

私はトゥシュ・ル・ノーブルの飛行場までジミーを送っていった。彼は荷物をパイパー機に積み込むとエランS3のキーを私に手渡し、「今からは、君のクルマだ」と言ってくれた。今も私のガレージにそのクルマは置かれている。

ブランズハッチの耐久レースはコンストラクターズ選手権のかかったレースだったので、私はホッケンハイムではなく、ブランズハッチに向かった。休暇中のチャプマンに代わり、ファーガソンがチームを率いていた。

私がガレージの方に歩いていくと、ファーガソンは顔をゆがめてこう言った。「ホッケンハイムにいるエンドルウィートから連絡があった。ジミーが死んだよ」

私は頭上の空が崩れ落ちてくるのを感じた。大急ぎでヒースロー空港に取って返し、フランクフルト行きの一番早い便に乗り込んだ。そこでレンタカーを借りたものの、私はそれまでホッケンハイムには一度も行ったことがなかった。もちろんチーム・ロータスの宿泊先も知らない。サーキットの周辺を必死に探し回り、ようやくあるホテルの前で、ジョン・プレイヤーのロゴが入ったトラックを発見した。すでに深夜だったが同僚のデイヴィッド・フィップスだけは起きていた。タイプライターの音で妻が眠れないため、余った部屋を借りて原稿を打っていたのだ。私もそこに泊めてもらい、凄まじいタイプ音とともに夜明けを待った。

翌朝、ジミーの仕事仲間だった実業家から電話がかかってきた。私にすぐにパリのアパルトマンに戻れという。彼の死が広まってアパルトマンに空き巣が入ることを恐れたのだ。マートラ・チームも同じホテルだったので、チームマネジャーのクロード・ラグゼック

75

La Formule 3 litres

の車に同乗させてもらい、パリに戻った。

　ジミーの死は世界中を悲しみに包んだ。カリフォルニアのあるラジオ局のDJが、その朝、「ジム・クラークの死を悼むため、ヘッドライトを点けませんか」と出勤途中の人々に呼びかけたところ、ロサンゼルスのすべての高速道路が光の洪水になったという。

　ジミーの葬儀は生前の彼が望んだようなごく簡素なもので、スコットランドの故郷に埋葬された。親友のダン・ガーニーがアメリカから駆けつけ、フランス自動車連盟の代表として、ジャン・マリー・バレストルも参列した。

　その時には事故原因は不明だった。そしてこの種の事故の場合いつもそうなのだが、まったく取るに足らない推測がいくつも出された。一方、コーリンは事故車を、実験用飛行機開発のチーフエンジニアだったピーター・ジョーウィットに託していた。ピーターは軍用機の事故分析が専門で、タイヤのパンクが悲劇を起こした可能性が高いという結論に達した。

1968年モナコGP

　1968年F1の第2戦はスペインのハラマだった。チャプマンはチームに帯同する元気がなく、新車の49Bもトラックから出すなと命じた。初めてサーキットを走るところを自分の目で見たかったからである。ロータス車はグレアム・ヒルがドライブする1台のみで、全体でも13台しかスターティング・グリッドに並ばなかった。フェラーリのクリス・エイモンがポールポジションを取り、レースはエイモンと、ケガで欠場したスチュワートに代わったベルトワーズ、そしてBRMのペドロ・ロドリゲスの3人による戦いとなった。だが、3台ともトラブルに見舞われて脱落、その後はマクラーレンのハルムとヒルとが首位を争い、ヒルの優勝で終わった。

　2週間後のモナコもヒルが勝った。モナコにはチャプマンも来ており、ヒルはようやく49Bのステアリングを握ることができた。49BはF1では初めてフロントにウィングの付いたマシーンで、リアのエンジンカバーも空力パーツとしてデザインされていた。2台目のマシーンはジャッキー・オリヴァーが運転した。

　1968年5月のフランスは国中がマヒ状態だった

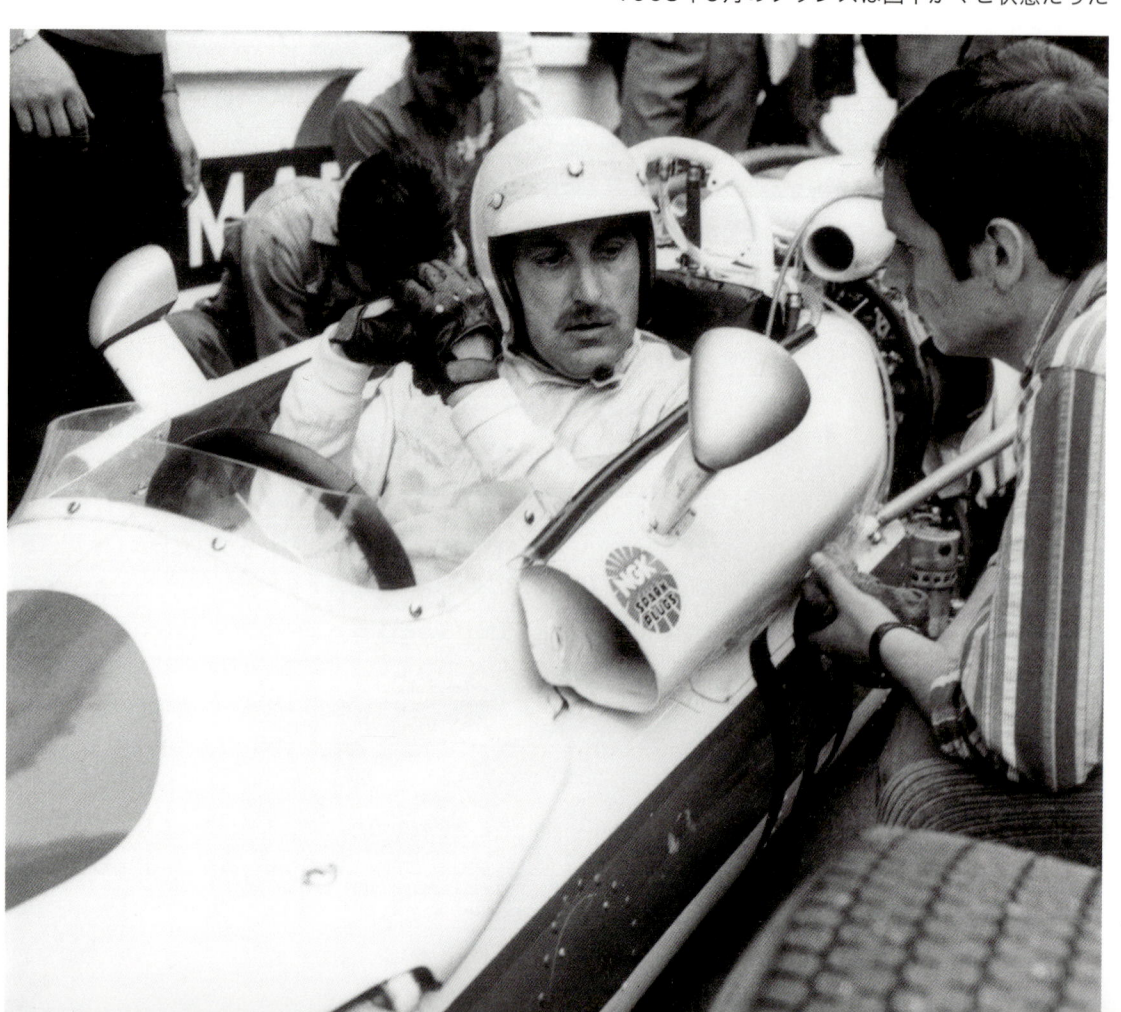

1968年ほど悲惨なシーズンもなかった。親友ジム・クラークを失ったわずか3カ月後に、今度はこれまた友であったジョー・シュレッサーがルーアンでのフランスGPで事故死した。「ジョーの夢はF1に出ることだった。それを叶えさせるため、ホンダのシートを勧めたのは私だったのである」

が、そこをほとんど縦断しようというモナコへの旅は困難を極めた。われわれは2台で移動することにした。前を行くアルファ・ロメオにジョゼ・ロジンスキー夫妻が乗り、私とカトリーヌはロータスでついて行くのだ。ガソリンスタンドでは一度に10ℓ、多くても20ℓしか売ってくれないから、開いているスタンドが見つかればすぐに立ち寄った。こんなことではとてもモナコまでたどり着けないと、マルセイユで一夜を過ごすことにした。ロジンスキーの友人で、彼と同じようにラリードライバーでもある男がここで修理工場を営んでいた。のちにプジョーのラリー部門を率いるジャン‑ピエール・ニコラの父親だが、ここで気前よくガソリンをわけてくれ、われわれはようやくモナコに到着できたのだった。

このモナコでジョニー・セルヴォズ‑ギャバンがF1デビューを果たした。ベルトワーズがここで初めてV12エンジン搭載のMS11を走らせたが、スチュワートは怪我から完全に回復していなかったので、代役としてジョニーが指名され、予選ではフロントロウを獲得して見せた。だが、レース前にケン・ティレルやスチュワートが彼に一生懸命にアドバイスを与え、それを私が逐一通訳して伝えたにもかかわらず、彼はスタート直後から一気に攻めようとした。そしてトップに立ったものの、4周目にガードレールに近づき過ぎてリアサスペンションを破損させた。勝ったのは49Bに乗るグレアム・ヒルで、彼にとってはモナコで挙げた4度目の勝利だった。

1968年フランスGP

5月革命の騒乱の中、スパやザントフォールトに行くことなど問題外だった。私がF1に戻ったのは、その後のフランスGPからになった。ルーアンで開催されたこのGPには、フランスF2トロフィーがサポート

「ジョー・シフェールは才能に恵まれていただけでなく、素晴らしい勇気と、勝利への強い意志を備えたドライバーだった」スポーツカーレースでは、ポルシェで目覚ましい活躍をしたものの、F1ではわずか1勝しか挙げられなかった。ロブ・ウォーカーのロータス49Bに乗って得た1968年ブランズハッチでの勝利がそれだ。

La Formule 3 litres

レースとして組み込まれていた。私はこのF2レースの責任者のようなことを務めていたので、主催者のジャン・サヴァルとは自然に親しくなった。ある日彼が電話をかけてきて、ホンダ・フランスがメインレースのF1に1台エントリーさせることになり、ドライバーはフランス人を望んでいるという。

サヴァルの頭には、ジャン-ピエール・ジョッソーがあった。そしてホンダ・フランスのボス、ジャン-ピエール・バイルビは、ホンダのディーラーでもあるエリック・オッフェンスタットを望んでいた。意見を訊かれた私はどちらも適任ではないと進言した。あれほどのハイパワーマシーンを操るだけの充分な経験が彼らには不足しているからだ。だが、ベルトワーズやセルヴォズ-ギャバンは空いていなかった。唯一推薦できそうなフランス人ドライバーとして、私はジョー・シュレッサーの名前を挙げた。彼は大排気量のフォード・マークIIをフォード・フランスから走らせたことがあった。サヴァルはこの提案に賛成してくれた。

しかし、シュレッサーはレースで事故を起こして死んでしまう。ジミーが亡くなってから、ちょうど3ヵ月目のことだった。

マートラ・フォード、雨中の快走

マートラにとっての1968年シーズンのハイライトは、オランダ、そしてドイツGPだった。ともに激しい雨の中で戦われたレースである。マートラに独占的にタイヤを供給していたダンロップは、高性能のレインタイヤを開発していた。ザントフールトでは、ベルトワーズだけがコンディションに最も合ったタイヤを選択して優勝は確実と思われた。しかしほんの一瞬、精神集中を乱してコースアウト、ターザンコーナーでサンドトラップに捕まってしまう。何とかコースに復帰したものの、緊急ピットインを余儀なくされて戦線離脱する。勝ったのは浅溝のレインタイヤを履いたマートラ・フォードのスチュワート。これがマートラにとって記念すべき初優勝となった。

ニュルブルクリングのレースも激戦が繰り広げられた。スチュワートは豪雨の中、2位以下に実に4分もの差をつけてチェッカーを受けた。彼の生涯で文句なしに最高の勝利だっただろう。

ジョー・シフェール

それに先立つブランズハッチでのイギリスGPでは、ロブ・ウォーカーのロータス49Bに乗る人気者のジョー・シフェールが優勝した。二輪での成功後に四輪へ転向したジョーを、私は注意深く見守ってきた。1960年には、ランスでのスタンゲリーニ・フォーミュラ・ジュニアのレースに出場させたりもした。そして翌年にはロータスのドライバーに昇格してヨッヘン・リントと人気を二分するまでになった。

シチリア島エンナのレースでは、ミモ・デイが抜擢したロレンツォ・バンディーニを打ち破って優勝してもいる。怒ったデイは、競技委員にジョーのマシーンの再車検を要求した。しかしその結果はまったく問題ないものだった。

数週間後、両者はモンレリーで再びぶつかり合った。私はこのレースで技術委員を務めていた。デイは主催者のジュリオ・カンランをつかまえると、予選後に重量検査しろと言ってきた。それを聞いた私は、「一緒にバンディーニのマシーンも重量を量りましょう」と提案した。

2台のマシーンが秤に載せると、ジョーの車はレギュレーションどおりだったが、バンディーニの車は軽過ぎるという結果が出た。バンディーニの予選タイムは取り消され、最後尾グリッドに着くことを命じられた。そしてレースのスタート直前、私はもう一度バンディーニの車の再車検を命じた。今度は、マセラーティの古い燃料ポンプをバラストに使っていることが判明した。しかもチューブラーフレームとエンジンの間

1969年のマートラは、ティレル、フォード、エルフ、そしてダンロップと強力な陣容を敷いた。そうして出来上がったMS80を駆ったスチュワートは、ライバルたちを寄せ付けなかった。

の奥まったところに挟んでいた。デイは出走許可を得るために悪戦苦闘を強いられたのだった。

シフェールの活躍は、同じスイス人のジョルジュ・フィリピネッティから注目されていた。彼は自らの名を冠したレースチームを発足させたばかりだった。当然のごとくシフェールを抜擢したものの、二人の折り合いはすぐに悪化してしまう。公証人立ち会いの下での契約破棄交渉は、心痛むものであった。シフェールはロータス24を買い取らされた。その後は、ロブ・ウォーカーで長くグランプリを戦い、前述した1968年のイギリスGPで唯一の勝利を挙げた。さらにポルシェからの財政援助を受けたマーチにワークスドライバーとして移籍している。これはポルシェが、スポーツカーレースでの宿敵であるフェラーリへのシフェール移籍を防ごうとした措置だった。シフェールは、ポルシェ・スポーツカーに乗り、チームメイトのペドロ・ロドリゲスとともに乗り数え切れないほどの勝利を記録する。だが、ルマン24時間での総合優勝だけはついに果たせなかった。F1でのキャリアはBRMが最後で、1971年10月ブランズハッチでのF1ノンタイトル戦でレース中に事故を起こして死去した。

シフェールは才能に恵まれていただけでなく、素晴らしい勇気と、勝利への強い意志を備えたドライバーだった。それは彼の貧しかった少年時代とあるいは関係があるのかもしれない。ジョー少年は小遣いを稼ぐために、フリブールの田舎を自転車で走り回っては、農場からボロ布を集めていたのだ。彼は同国の芸術家ジャン・タンゲリととても親しくしていたが、タンゲリは友人の死後、ジョーを偲ぶ噴水のスケッチを私に送ってきてくれた。

悲しみを乗り越えて得たチャンピオン

この年のタイトルは、最終戦のメキシコでヒル、ハルム、そしてスチュワートの3人が決着をつけることになった。しかし、スチュワートは燃料系のトラブルに見舞われ、ハルムはサスペンションを破損し、ヒルが2度目のタイトルを手に入れた。この成功が何にも増して意義深いのは、ホッケンハイムの悲劇を乗り越え、彼がチームの力を自分の元に結集させ得たことであった。

ヒルがチェッカーを受けると、ファイアストンの広報担当者が「今夜は生涯忘れられない祝賀パーティを開きますよ」と言ってきた。そして新チャンピオンに自社の帽子を手渡そうと表彰台へ向かったが、しばらくすると悄然として帰ってきた。「ものすごい数の群衆に巻き込まれ、そのうちズボンのポケットから財布が抜き取られようとしているのを感じたんです。しかし1ミリも動けず、なすすべもなかったのですよ」

1969年──マートラの葛藤

1969年、マートラのワークスチームはF1活動を一時休止し、その間にV12エンジンの根本的な改良に専念した。一方、ティレルは革新的なMS80を投入し、ベルトワーズとスチュワートは序盤から敵なしの強さを見せた。そしてスチュワートはこの年、自身初となる世界タイトルを獲得する。

ところが、マートラはフランスの自動車メーカーであるシムカと協定を結び、市販車の分野に進出することになった。このためチーム名もマートラ・シムカに変わった。こうなると、シムカのライバルであるフォードからエンジンを買っているティレルに、シャシーを供給することは不可能となる。そのためスチュワートがマートラV12を試したが、コスワースの方がいいという意見だった。こうしてマートラとティレルの協力関係に終止符が打たれた。だが、ケンとエルフとの関係には変わりはなかった。

マートラ創設者の息子で広報担当を務めていたフィリップ・シャサニに話を聞きに行った時のことだ。廊下で待っているとジャン−リュック・ラガルデールが通りかかった。「ちょうどよかった。電話しようと思っていたところだ。あとで来てくれないか」

インタビューを済ませてから彼のオフィスに行ってみると、スタッフのほぼ全員がオフィスに詰めかけていた。その頃、マートラではチーム監督のクロード・ラグゼックと、それ以外のメンバーが反目し合っており、修復不能なところまで来ていた。そして彼らはラガルデールに、「自分たちか、ラグゼックを取るか」と詰め寄っていたのだ。結果は、ラグゼックの更迭という形で決着した。こうして彼の仕事は、メンバーたちが分担することになったが、誰も英語がしゃべれないことがネックで、グランプリ主催者との交渉も中断したままになっていたのだ。そこで私に、パートタイムで通訳をやってくれないかというのだ。それから私は週に1、2回、ヴェリジーに通うことになった。

La Formule 3 litres

　レース部門の責任者であるジョルジュ・マルタンは、実に人間味にあふれた好漢だった。同僚たちからも尊敬されていた彼は、シムカに出向してエンジンテストのチーフエンジニアになる。すでにマートラ時代に緻密で妥協を許さないテスト方法を確立しており、シムカのレース部門を少しずつ育てていった。のちにマートラがレースから手を引いたあとも、彼の教えを受けた者たちが、他社で「マルタニズム」とでも言うべき思想を伝え続けた。プジョーやルノーのレーシングエンジンが、F1やルマン、ラリーで大きな成功を収めたのはこのことと無縁ではあるまい。

　ところが、マルタンはV12エンジンの設計を手がけるまで、レース用エンジンの経験は皆無だった。彼はラガルデールに対して、時間を大きく短縮するためには外部のスタディを積極的に活用すべきだと強く進言した。こうしてBRMの協力に基づいて最初のエンジンが完成した。つまり、マートラV12の基礎はイギリス製エンジンだったのである。しかし、この極秘協力はアルフレッド卿がある晩餐会で招待客たちについ吹聴してしまい、一気に終焉を迎えた。

　マルタンはドライバーたちとも非常にいい関係を築いていたが、唯一の例外がクリス・エイモンだった。エイモンはマートラに在籍中、常にエンジンへの不満を漏らし続けた。欲求不満から来る苛立ちだったのだろう。自分は世界で最も速い男の一人のはずなのに、いまだに1勝もできないのはお前たちのせいだと決めつけていた。

　マートラには他にも個性的なスタッフが数多くいた。広報担当のジャン・エベールもその一人だった。自動車雑誌にはしばしば開発中のプロトタイプの走行写真が掲載されるが、スポール・オート誌もマートラ530を始め、デビュー前の数々の新車をスクープした。エベールはこうした極秘写真を撮る時にも便宜を図ってくれ、時にはスクープ写真を撮ろうとコース脇に陣取る私に椅子まで用意してくれたこともある。そして無事に「極秘」写真を撮り終わると、私はチームのところに出かけてエンジニアたちと昼食を共にした。これは、私がマートラの仕事をするようになる前の話である。

　一方、車体部門を代表する人物がベルナール・ボワイエである。彼はエンジニアではなかったが天才的な「創造者」だった。彼がアイデアを生み出し、それに俊英ジャン-ルイ・コサンが科学的な検証を加えて図面に起こした。この二人の共同作業は、戦後フランスで最良のF1シャシーと評価されるMS80を生んだ。MS80とフォード・コスワースDFVの組み合わせが、1969年の世界選手権を制覇する。しかし翌年のMS120はそれほどの成功をもたらさなかったのは、ひとえにエンジンの違いだろう。

　スポーツカーレースの世界でも、ボワイエとコサンのコンビはMS670という最強マシーンを作り出した。F1のMS80同様、MS670はこのカテゴリーで最も成功したマシーンとなる。

　マートラには、二人のチーフエンジニアがいた。F1がブリュノー・モラン、スポーツカー部門がジェラール・デュカルージュ。モランはエンジニア出身、デュカルージュは航空機開発の上級技師だった。デュカルージュはモランのような理論武装はしていなかったが、その代わりスタッフを奮い立たせるカリスマ性があった。同じマートラでも両部門の成績に違いが出てくるのは、そんな要因があったのかもしれない。

DFVのパワーを使い切るには

　1969年にはグレアム・ヒルのチームメイトとして、ヨッヘン・リントがロータス入りした。つまり私の最も親しい二人が、同じチームに属したわけである。

　この年の私は、キャラミで行なわれる南アフリカGPの開幕戦に立ち会うことができた。リントは燃料系のトラブルで完走できなかった。予選でもブラバムに先を越されたことで機嫌が悪かった。リントはそれまでブラバムに所属していたが、DOHC化されたレプコの新エンジンがまったく気に入らず、コスワースを積むロータスに移ったのだ。ところがジャックはこの年から自分のマシーンにもコスワースを搭載し、去年までのチームメイトより速く走って見せたのである。

　バルセロナでのスペインGPは劇的な展開となった。前年のモナコでロータスが控えめに投入したウィングが、ここ「モンジュイックの丘」では大流行したのだ。先鞭をつけたチャプマンは、ウィングの両端をさらに伸ばして大型化した。その結果、メインストレートのバンプに乗っただけで、マシーンは離陸してしまった。グレアムはそのままガードレールに激突したが、幸い無傷でコクピットから出てきた。彼はすぐにピットに戻って危険を伝えた。しかしわずかに遅く、

リントはグレアムとまったく同じ場所でコントロールを失ってコースを飛び出し、頚椎骨折のケガを負ってしまう。

　回復は順調だったものの、入院中のヨッヘンは事故について思いを巡らせた。そしてウィングを外す決断を下す。そのことをヨッヘンは公開書簡の形で報道陣に知らせた。当然ながらチャプマンはドライバーの独断専行に怒り、両者の関係は一気に悪化してしまう。もはや二人は直接口を利くこともなくなり、ヨッヘンはマネジャーのバーニー・エクレストンを通し、コーリンは私を介して返事をしていた。

　翌週のポーでウィングの問題はさらに深刻化した。ブラバムF2のウィングが外れて宙を舞い、ボームガートナーの足下に落下したのだ。彼はすぐさまCSI会長にウィングの危険性を訴えた。会長は技術委員会を緊急招集し、木曜の午後には使用禁止の通達を出した。しかしボームガートナーは、同じ週に開催されるモナコGPがすでに木曜日から始まっていることを忘れていた。マシーンはその朝、すべてウィング付きで走行を終えている。そこで、グリッド順の決まる最終走行はウィングなしで行なわれ、スチュワートがポールを獲得した。しかしレースではユニバーサルジョイントを破損する。ティレルは、その原因が充分な準備なしにウィング禁止に踏み切ったからだと非難した。

　この年のモナコもヒルが勝ち、通算5勝目を飾った。ロータスにとってうれしいことに、シフェールも3位、療養中のリントに代わったアトウッドも4位に入った。

　CSIは再び会議を開き、ザントフールトからのウィ

マートラとの関係を解消したティレルとスチュワートは、新興のコンストラクターであるマーチの車体を採用した。しかし戦闘力は低く、1970年にわずか1勝を挙げただけだった。

La Formule 3 litres

ング復活を決めた。ただし寸法が制限され、さらに車体本体でない場所、たとえばハブへの取り付けは禁止された。

クレルモンフェランではジョン・マイルズが、4輪駆動の鈍重なロータス63をドライブした。

コスワースDFVが登場した時、各チームはそのパワーをタイヤが路面に伝え切れないのではないかと心配した。そのためロータスやマートラ、マクラーレンといったF1チームだけでなく、コスワース自身も4WDシステムの開発に着手した。しかし、これはタイヤメーカーの努力を無視した行為だった。タイヤの性能が急激に向上した結果、重量増やハンドリングの低下を招く4WDは、その存在意義を失ったのだ。

だがロータス63に続き、シルバーストーンではマートラMS84とマクラーレンM9Aが登場。しかしいずれの4WDマシーンも失敗に終わった。リントはクレルモンフェランで復帰していたが、曲がりくねったコースを走るうちに不調を訴えてレースを終えた。

ここまでにすでに5勝を挙げていたスチュワートは、モンツァで初タイトルを決めようとしていた。レース最終周はスリップストリームを使い合う伝統のスプリントバトルとなり、スチュワートがその戦いを制した。2位リントとの差はわずか100分の8秒だった。リントはワトキンスグレンでついに初優勝を果たす。F1参戦6年目にしてようやく得た勝利だった。

ワトキンスグレンではグレアム・ヒルが大ケガを負った。レース中にスピンを喫したヒルは、マシーンから降りてエンジンを押しがけし、そのままコクピットに飛び込んで走り始めた。だが、ハーネスはメカニックの助けなしには締められない、彼はピットインでのタイムロスを恐れてそのままメインストレートを通過した。その直後にパンクしたタイヤが外れてマシーンは制御不能状態に陥り、コクピットから放り出されたヒルは両足を骨折したのだった。

エルフはスチュワートの初戴冠を盛大に祝おうと考えた。そしてフランスのモータースポーツジャーナリストたちを、チャーター機で最終戦の舞台メキシコまで招待してくれたのだ。それでもまだ席が余ったため、今度はわれわれの妻に格安料金でチケットを売ってくれた。観光気分のようなものだったから、皆が膨大な土産物を買って機内に持ち込んできた。中でもベルトワーズは、有名なモデロ市場で売っているものを残らず買いあさったのではないかと思うほどたくさんの荷物を積み込んだから、メキシコからの帰途、乗客たちは飛行機が無事離陸できるか心配したほどだった。

1970年——マートラの活動に参加

私が1969年末からマートラの仕事を始めた時、すでに深刻な問題がひとつ生じていた。それは開幕戦となる南アフリカGPの主催者、アレックス・ブリニョーに関わることだった。前年、まだラグゼックが在任していた頃、マートラがキャラミ9時間耐久レースに参戦し、ドライバーの一人には同国人のバジル・ファン・ルーイェンを抜擢するとブリニョーに安請け合いしていたのだ。それについてマートラ側に確認してきたのだが、ラガルデールは「世界選手権にしか出場しない」とニベもなかった。怒ったブリニョーは南アフリカGPでのマートラ出走を拒否してしまった。

私は何時間もかけて電話での説得を試みた。ラガルデールからはなんとか妥協点を見つけろと、強く言い渡されていた。なにしろ南アフリカはマートラの有力な得意先のひとつだったから、そこで不名誉な評判を広められてはたまらない。かろうじて到達した妥協点は、レースで得た賞金をすべて南アフリカの日刊紙『ランド・デイリーメール』にチャリティ目的で寄付するというものだった。

開幕戦には1台のMS120しか間に合わず、それに乗ったベルトワーズは4位で完走を果たした。しかしブリニョーには申し訳ないことをしたが、当時の賞金は3位までしか授与されなかったのである。

この時代、スターティングマネーの額は、FICAとヨーロッパの興業主たちの間で取り決められた、通称「フランクフルト協定」に基づいていた。これは大西洋を渡ったアメリカ大陸でのレースには適用されず、さらに移動費が高く付くことも問題だった。1962年にメキシコGPが発足した時、主催者のロモロ・オファリルはワトキンスグレンと協定を交わした。

アメリカGPが終わった翌日に、マシーンと機材はメキシコまで空輸され、さらにトラックで会場まで運ばれる。そしてヨーロッパに戻る際には再び飛行機に載せる。その輸送費用はアメリカとメキシコ両GPの主催者が分担することで同意した。一方、スターティングマネーについては、ワトキンスグレンの方はいっさい払わない代わりに、賞金を一気に引き上げた。ア

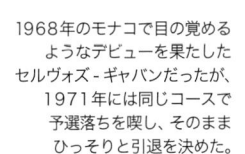

1968年のモナコで目の覚めるようなデビューを果たしたセルヴォズ-ギャバンだったが、1971年には同じコースで予選落ちを喫し、そのままひっそりと引退を決めた。

マーチ創設メンバーのマックス・モズレー（左）とロビン・ハード。自らレースにも出ていたモズレーは、その後、FIA（国際自動車連盟）会長となる。才能あふれるエンジニアだったハードは、マーチをローラに並ぶ世界最大のレーシングカー・メーカーのひとつに育て上げた。

メリカ国民に、それだけ大規模なスポーツイベントなのだとアピールするためである。そして一方のメキシコは、開催のたびにもめていた。

1970年の南アフリカGPの折りには、オファリルの義弟でエンジニアのヴェラスケスが主催者となった。しかし、彼の提示した金額は、FICAから「不充分だ」という批判を受ける。アメリカGP終了後、チームオーナーたちはヴェラスケスをワトキンスグレンまで呼び出して交渉を行なうことになった。彼は時間どおりに会場に姿を見せ、殊勝な顔で席に着いた。そしてしばらくしてトイレに立った。他のメンバーたちはヴェラスケスが戻ってくるのを待った。ところがいつまでたっても帰ってこない。もしや、と彼らはトイレに急ぎ、個室の扉を蹴破ると、中はもぬけの殻で、外部に通じる窓が大きく開け放たれていた。すでに機材をメキシコへと空輸する時間が迫っており、チームオーナーたちはほんのわずかな賞金のためのレースへと向かうことになったのだ。

ちなみに、レース賞金はFICAが一括して主催者から受け取り、あとで各チームに分配するのではない。レース後にすべて山分けされ、多くの場合、現金で支払われた。メキシコもその方式で、私はレース後すぐにサーキット内のコントロールタワー1階にあったオフィスへと向かった。

コースに面した窓の向こうには、数え切れないほどの群衆がガラスに顔を押し付けている。オフィスの中で、自分たちが見たこともないドルの札束がやり取りされるのを凝視しているのだ。私はマルタンに頼んで、できるだけ屈強なメカニックを二人、護衛に付けてもらったものである。

もらった賞金のうちの数千ドルはアメリカの通関業者に支払う分だった。メキシコからパリに戻るエール・フランス便はニューヨークのケネディ空港を経由したので、ケネディ空港内の待合室でその業者と会うことにした。飛行機が着き、彼が待っているのを認めた私は、ポケットから札束を出して直接手渡そうとした。すると彼は顔面蒼白になって「あんた、気でも狂ったのか。ここは世界で最も犯罪発生率の高い都市なんだぜ。こんな大金を手に入れたのを見られたら、待合室から出た瞬間にナイフで刺されてしまう」と言った。彼が死体となることは、幸いなかったようである。

それと同じ時だったかどうか記憶にないのだが、マートラのエンジン1基が同じケネディ空港で盗まれた事件があった。盗難品は何人もの手を経たため、最後に購入した人間はその出所など知る由もなかったはずだ。そして彼は、ある日マートラにそのエンジン用のピストン一式を注文してきたのである。もちろんそのピストンは永遠に配達されず、エンジン本体も警察に押収されてしまった。

La Formule 3 litres

金がらみの傑作な事件といえばこんなこともあった。モナコGP終了後、私はいつものように賞金を受け取りにモナコ自動車クラブまで出かけて行った。ところが出納係が遅刻したために、現金を受け取った時には、すでにパリ行きの飛行機の出発時間が迫っていた。私は背広やズボンのあらゆるポケットに札束を詰め込むと、ニース空港まで大慌てで向かい、何とか飛行機に間に合うことができた。席に座ってようやくポケットが札束でパンパンに膨らんでいることに気づいた。そこで私はそれをすべて取り出し、同じ額の札束に揃えてからアタッシェケースにしまうことを繰り返した。私の隣人は、その作業を実に興味深く、いやむしろ物欲しげな目で見ていたといった方がよい。彼は私が誰なのか知らないようだ。しかし、隣人の顔を見直した私はひっくり返りそうになった。物欲しげどころかこの金は彼のものだ。マートラ・オーナーの一人、シルヴァン・フロアラだったからである。

1970年の私は、マートラのレース部門で働くようになっていたため、いつものようにチーム・ロータスに帯同するわけには行かなくなっていた。

南アフリカGPからグレアム・ヒルがレース復帰を果たした。しかし骨折した両足は、まだかなり痛みが残っているようだった。この年から彼はロブ・ウォーカーに移籍した。チャップマンはかなり良心的な値段でロータス49を譲る代わりに、ドライバーも同時に雇うことという条件を付けたのだ。

南アフリカではロータス72がデビューした。現在のF1につながるサイドラジエター方式を初めて採用した革命的なマシーンであった。私はこのマシーンの姿を最初に見たジャーナリストだ。私の部下であるクロード・サヴォアのために、ロータス・セヴン・シリーズ4を引き取りにファクトリーに行った時に目撃したのだ。付属のテストコースでサヴォアが周回を始めると、そこに組み立てが終わったばかりの72がコースに引き出されてきたのだ。アンドリュー・ファーガソンに代わってチーム・マネジャーを務めていたピーター・ウォアは、私が秘密を漏らすような人間ではないことをよくわかっていたからだが、当時のF1関係者はそんな信頼関係で結ばれていたのだ。

この年、新たなチームが誕生した。マーチである。MARCHの名前は共同創立者たちのイニシャルから取られた。すなわちマックス・モズレイ、アラン・リース、ロビン・ハード、グレアム・コーカーたちである。

マックス・モズレイ

学業優秀だったマックス・モズレイは、イギリス、ドイツ、そしてフランスで学生生活を送った。明晰な頭脳は父親から受け継いだのだろう。マックスはモータースポーツの虜になり、短いキャリアの中でF2までステップアップを果たしている。私が彼と知り合ったのは、1968年のポーGPへの出場を打診してきた時だった。マックスは私を電話攻めにしたのだが、ポーの出場枠は16台しかなく、ドライバーとして充分な実績のないマックスは選考から漏れてしまった。これをきっかけに彼は潔く現役を引退してチーム運営に転身し、仲間とともにマーチを創設する。

マックスが希望を託したのは若きロニー・ペターソンであった。だが、マーチから出場したモンレリーのF3レースで重傷を負ってしまう。アラン・リースは私に入院の世話などを頼んできたが、その機会にマックスをより深く知ることになった。彼の一族はギネスビールの経営に関わっており、マックスは金の心配など一度もしたことがない。私がリースとともにマックスを病院まで送って行った時のこと、車のラジオをつけてくれないかとマックスに頼まれた。ロンシャン競馬場で開催中の凱旋門賞レースで、彼の叔母であるデボンシャー伯爵夫人の馬が勝ったかどうか知りたかっ

1970年、コーリン・クラップはマーチ701を購入し、自ら経営するアンティーク・オートモビル社のカラーリングに塗った。期待の星、ロニー・ペターソンにF1参戦のチャンスを与えるためであった。

ティレル001をデザインしたデレック・ガードナー（右端）は、4WDトランスミッションを専門とするエンジニアだった。マートラMS84の開発にも加わっており、彼が最初に手がけたマシーンの腹が左右に突き出ているのは、マートラの経験があったからであろう。

たのだ。

　見舞いの帰途、われわれはオルリー空港近くまで足を伸ばし、ベルトワーズの兄弟が経営しているレストランで夕食をとった。そこにはもう一人、ラリーのコ・ドライバーを務めている友人のジャン・トッドも加わった。その後フェラーリのチーム監督となる彼は、その席で驚くべき数学的才能を披露した。誰かが6桁か7桁の数字を挙げ、同じ桁数の数字でのかけ算や割り算をジャンに解かせると、ジャンは瞬く間に答えを言ってみせるのだった。

　参戦直後のマーチはまもなく財政難に陥った。すぐにギネスビールが援助に乗り出して危機は脱したものの、モズレイ自身はチーム運営に嫌気が差してしまい、自分の持ち株をさっさとロビン・ハードに売り渡すと、FOCAの活動に軸足を移していった。

　マーチは自らのチーム運営の資金を稼ぎ出すため

La Formule 3 litres

に、1台でも多くのマシーンを売りたかった。その最初の顧客の一人が、マトラとの関係を解消したケン・ティレルだった。ケンは少しでも戦闘力のあるマシーンを手に入れたがったが、ライバルたちはスチュワートの実力を恐れるあまり誰も売りたがらなかったのだ。そこでティレルはマーチの購入を決めた。

1970年はマーチの他にもデ・トマゾとサーティーズの2チームが誕生した。「ビッグ・ジョン」は現役時代からずっと自らのマシーン製作を熱望してきた。そしてそのチャンスは、ハリウッド俳優のジェームズ・ガーナーからもたらされた。ジョン・フランケンハイマー監督作品「グラン・プリ」の主演を務めたガーナーは、アメリカ国内選手権を戦う自分のレーシングチームのために、サーティーズにF5000の製作を依頼してきたのだ。すでにレン・テリーが設計したものだが、完成したマシーンはまったく戦闘力のないシロモノだった。そこでサーティーズはこの計画を引き取って、F1マシーンに改造することにした。サーティーズは1970年シーズンをまずマクラーレンで始め、ブランズハッチからチーム・サーティーズが発足した。その後、デレック・ベルがチームに合流し、この年合計3ポイントを獲得する。生まれたばかりのチームとしては悪くないスタートであった。

スチュワートは開幕戦の南アフリカでポールポジションを獲得し、続くスペインGPで優勝を飾った。しかし、彼はマーチ701ではタイトル防衛は無理だとわかっており、チームはすでに開幕戦前から自力でマシーンを開発していた。

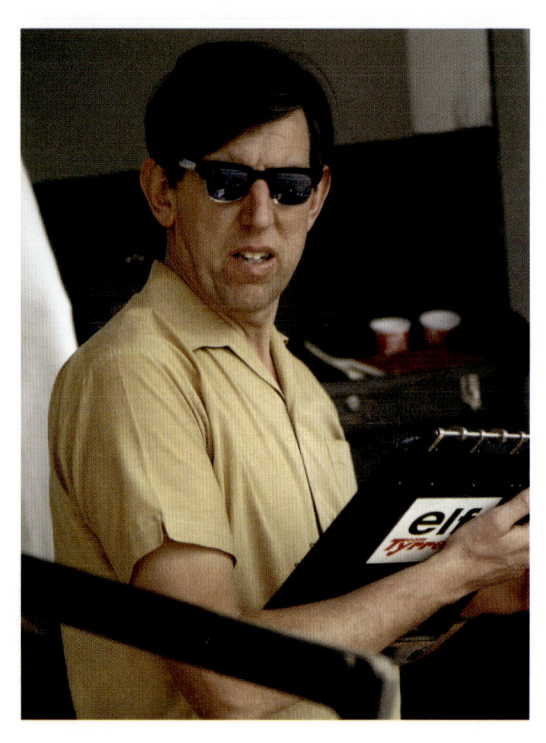

ケンは、まず優秀なエンジニアであるデレック・ガードナーを獲得した。ガードナーはファーガソン社でトランスミッションの開発に携わっており、MS84開発の際にはコンサルタントを務めていた。彼の仕事ぶりをティレルは高く評価していたのだ。そんな経歴からすれば、デレックの設計したF1マシーンがマトラMS80と似通っているのもそう驚くことでもない。

ティレルはマシーン開発に際して、隠密行動を貫くことをスタッフに厳命した。スケールモデルはガードナーが所有する小さなガレージで製作され、実際のマシーンの組み立てはケンの兄弟が所有する古い木工場で行なったほどだ。

秘密はほぼ最後まで貫き通され、ティレル001は

1972年のフランスGPに登場したティレル005は、角張ったデザインを採用し、1回目予選で最速タイムを叩き出した。ドライバーのフランソワ・セヴェールは、前年オランダGPからセルヴォズ・ギャバンに代わった、フランス期待の星であった。

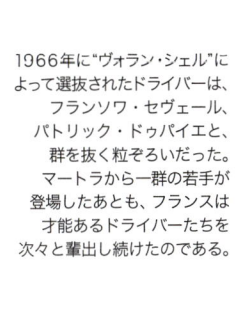

1966年に"ヴォラン・シェル"によって選抜されたドライバーは、フランソワ・セヴェール、パトリック・ドゥパイエと、群を抜く粒ぞろいだった。マートラから一群の若手が登場したあとも、フランスは才能あるドライバーたちを次々と輩出し続けたのである。

オーストリアGPの翌日にロンドンで発表されることになった。その朝、マートラのメンバーがウィーン空港の待合室で一杯やっていると、フランソワ・セヴェールが「ケンが今、新車発表会をやってるらしいよ」と言ってきた。だが、私たちは前日のうちに、ブラバムからそのニュースを聞かされていた。

この年はこんなこともあった。モナコGPでのことである。予選を戦うためにピットに向かおうと、全マシーンはグレイス王女大通りにある地下駐車場で静かに待機していた。しかしその中で1台だけ、マートラがV12のエグゾーストノートを響かせた。マックス・モズレイがすぐに駆け寄ってきて、エンジンを切ってくれと言う。ガレージ内は再び静かになった。マックスは私に感謝すると同時に、じろりとマシーンを見渡してからこう言った。「ところでこのマシーンの可動ウィングはラジエターの後ろに隠れているアンチロールバーに取り付けられています。ボワイエに言って外させた方がいいでしょう」と。彼の指摘はまったく正しく、われわれは危うくレギュレーション違反に問われるところであった。

ロータス72は熟成が進まず、リントは49の最終バージョンである49Cで戦わざるをえなかった。そんな状態だからリントの走りにも切れがない。予選は4列目グリッドが精いっぱいで、しかもレース序盤にさらに順位をひとつ落としてしまった。レースでは、トップに立っていたスチュワートがエンジントラブルで脱落したあと、ブラバムをエイモンが追う展開になった。その間、リントは49Cへの信頼を次第に回復させ、何よりも持ち前の闘争心が戻ってきたようで、徐々に順位を上げていき、エイモンのマーチがサスペンション破損でリタイアすると、2番手に上がった。だが、首位のブラバムは1.5秒も先行していた。

残り20周。リントは見違えるようなアグレッシブな走りを続ける。しかしこのタイム差では、逆転はむずかしいかに思われた。タバコーナーを立ち上がったブラバムの前方に、周回遅れのピアス・カレッジが見えた。ブラバムはヘヤピンの手前でカレッジを抜くことに決め、カレッジも文句のないラインの譲り方を

2

87

La Formule 3 litres

した。ところがブラバムは一瞬集中を乱し、ブレーキングでタイヤをロックさせ、そのままヘヤピンを直進してしまった。この間にリントがトップに立ち、初のモナコを制した。私はハーバーに停泊していたヨットまで祝杯を挙げに行った。リントがバーニー・エクレストンと共同で借りていた船である。

次のスパでは、ペドロ・ロドリゲスが生涯で二度目、そして最後の勝利をあげた。私はスポール・オート誌に、「やはりBRM製V12エンジンの強大なパワーの恩恵を受けたのだろう」などと、能天気な記事を書いた。しかしそれから何年かして、チーム関係者から重大な秘密を聞かされた。なんと、あの時のロドリゲスのエンジンは、若干とはいえ排気量が大きくなっていたというのだ。BRMの中枢にいた一人は「スポンサーの期待に応えないといけなかったからね」とまで言った。しかしだからと言って、ロドリゲスの勝利の価値が薄まるわけではない。マートラのスタッフが直線脇で観察していると、ロドリゲスのBRMはバンプで大きく挙動を乱していたという。それほど乗りにくいマシーンでスパを制覇したのだから。

この年には、スティーヴ・マックイーンが「栄光のルマン」を撮影していた。私はこの映画の技術コンサルタントを頼まれたので、何度かグランプリを欠席しなければならなかった。カレッジが事故死したザントフールトや、リントが勝ったシルバーストーンなどである。

このイギリスGPは、首位を独走していたブラバムがガス欠で勝利を逃すという珍しいレースだった。原因はメカニックのミスなのだが、その張本人はロン・デニスだという説が流布している。本人の名誉のためにそれは間違いだとここに書いておこう。また、リントの勝利にも疑問符がつけられた。ウィングの高さが規定を外れている疑いを持たれたのだ。潔白が証明されるまでずいぶん時間がかかったが、その間にリントはフランスでも優勝した。そしてザントフールトのレースから、ティレルはモナコで引退したギャバンに代わってフランソワ・セヴェールを起用した。

フランソワ・セヴェール

この世代のフランス人ドライバーのほとんどがそう

1968年のフランスF3選手権で、激しいバトルを繰り広げるフランソワ・セヴェールとジャン-ピエール・ジャブイーユ。セヴェールはすでにこの頃から、将来の世界チャンピオン候補の期待がかかっていた。

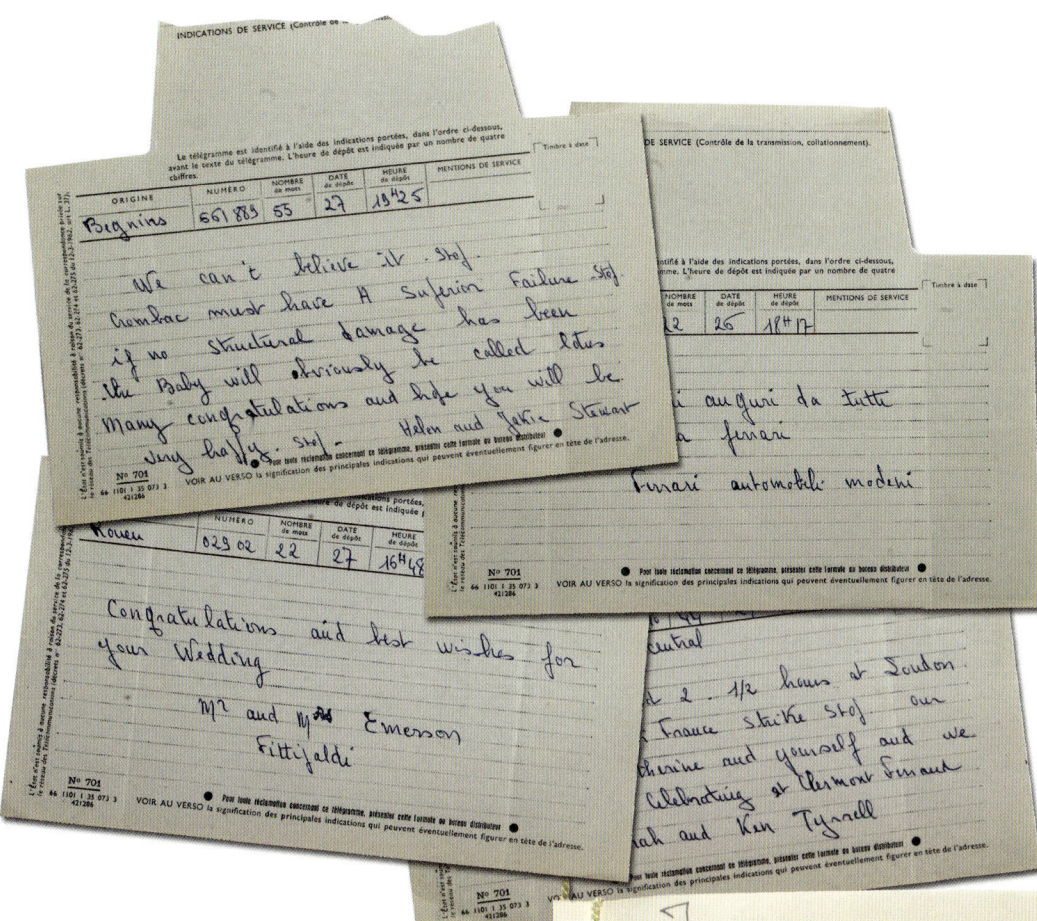

ジャビーとカトリーヌの
結婚式に立会人を買って出た
グレアム・ヒルと
ヨッヘン・リント。
彼らのほかにも、
あらゆるF1関係者から
お祝いの言葉が届いた。

La Formule 3 litres

だったように、フランソワ・セヴェールもスポール・オート誌による「純粋培養」ドライバーだった。われわれの企画したフォードやシェルの若手育成プログラムで見出され、世に出たのだ。

宝石商の息子として生まれたフランソワだが、父親と同じ姓を名乗っていない。彼が誕生した頃、父親はずっとドイツ軍の追求から逃れていたからだという。戦後、なに不自由のない環境で育った彼は、すぐにモータースポーツに夢中になった。しかし父親の猛反対に遭い、様々な職業を転々としながら車購入の資金を貯めたという。その後、ある若い女性から、レーシングスクールの受講資金を援助してもらう。そしてフォードに認められ、アンリ・ペスカローロとともにロータス・セヴンでレースデビューするところまでこぎ着けた。ところが、なんと主催団体のAGACIのモーリス・メスチヴィエ会長はフランソワの父の友人であった。そのためこの話は御破算になった。

今度はマニクールのウィンフィールドに入校し、1966年にシェル最優秀賞を受賞する。この時のライバルは、ベルトワーズが推すパトリック・ドゥパイエで、レースではフランソワが勝ったにもかかわらず、1967年F3選手権への出場権はドゥパイエが獲得。フランソワには1年落ちのアルピーヌがあてがわれるはめになった。その理由は、審査委員長でアルピーヌ会長のジャン・レデレが、ベルトワーズのいいなりだったからだ。しかし、フランソワの美貌の姉であるジャクリーヌがベルトワーズと結婚したことで、セヴェールとベルトワーズの関係は急速に好転した。

1年落ちのアルピーヌでは、まともなレースができるはずもない。リタイアを繰り返すことで、予算もどんどん削られ、フランソワはアルピーヌの販売員で生活資金を稼ぐありさまだった。だが、彼が優秀なセールスマンだったかどうかは疑問だ。なにしろその間に売ったのはBMW700カブリオレを1台きりで、買い手はこの私だったのだから。

フランソワは翌1968年にテクノに移った。スポンサーには、彼の幼なじみの父親が経営する消火器メーカーのシクリも付いた。ある日、テクノからマシーンの準備ができたという通知が来た。しかしその時のフランソワには、ファクトリーまでマシーンを取りに行く旅費もなかったので、私のスポール・オート誌が資金を負担し、その代わりに雑誌のロゴが付いた。

テクノに乗ったフランソワは、その年のフランスF3チャンピオンになった。戦いは最終戦のアルビまで決着がつかなかったが、ライバルだったジャブイーユは実にフェアな態度を見せた。点火プラグのトラブル修復のためにレース開始を遅らせてくれという私の要望を、彼はそのまま受け入れてくれたのである。翌年フランソワはテクノのままF2に進み、ランスでのフランス・トロフィを制した。もはや彼が、同時代で最も期待できるフランス人ドライバーであることは間違いなかった。そして名伯楽のケン・ティレルがフランソワの活躍を見逃すはずもなかった。

ランスでのF2レースの折り、私はカトリーヌとの

「真の才能は、何年も待つ必要はない」。1971年、マートラV12のF1復帰に際して、ジャビーは、ラガルデールに「クリス・エイモンこそが成功の鍵だ」と力説した。F1デビューを果たした時、彼はまだ二十歳にもなっていなかった（左頁左端がエイモン）。

1972年、ヨッヘン・リントの跡を継いでロータス入りしたエマーソン・フィッティパルディは、25歳でF1史上最年少のチャンピオンとなる。

結婚式を挙げた。練習走行は木曜と金曜に行なわれ、土曜日は何もイベントがなかったから、暇をもてあましたドライバーたちが大挙して私たちの結婚式にやってきた。式の証人はグレアム・ヒルとヨッヘン・リントが務めてくれた。スティーヴ・マックイーンも出席することになっていたが、ルマンが悪天候に見舞われてヘリコプターが飛ぶことができなかった。一番ガッカリしたのは、彼のサインほしさに集まったファンだったろう。

この年のコスワースは信頼性に問題があった。超高速のモンツァを控え、フェラーリに対抗するため、チャップマンとリントは散々考えた末にリアウィングを取り外すことにした。それによってハンドリングは悪化するが、モンツァのレイアウトなら致命的ではないし、それよりも長いストレートで最高速を稼げることの方が大きかった。

そしてイタリアGPの週末は思惑どおりにことが運んだ。しかし土曜日の予選の際、パラボリカコーナーに進入しようとしたリントのロータスはインボードブレーキのトルクロッドが破損。制御不能になったロータスは外側のガードレールに激突した。リントは股間に装着するハーネスを以前から嫌っており、この事故の時も付けていなかったため、彼の体は激しい衝撃でコクピット前方に潜り込むような形となり、運転席下部の金属製パーツに喉を切り裂かれてしまった。

リントはすぐにグランプリ・メディカルユニットに搬送されたが、もはや手の施しようもなく、そのままニグアルダ病院に運ばれ、私はニーナ・リントとチャプマン夫妻を乗せて病院へと急いだ。しかし到着した私たちにルイス・スタンレイはリントの死を告げた。2年前のジミーに続く惨め過ぎる別れだった。

リントはその少し前から引退を考えていた。ポールリカール完成を祝うF2レースがベンドール島で行なわれた際も、彼は私に「すべて投げ出したい」と言っている。しかしチャンピオンの最有力候補だったリントが途中でF1を去るわけにはいかなかった。ウィーンでは「ヨッヘン・リント・ショー」が開かれ、それまで市販車やレーシングカーを展示する催しのなかったオーストリアで大成功を収めてもいた。そこで得た資金などを元手に、引退したら流行服のブティックを開きたいと願っていたリントの夢も、すべて水泡に帰してしまった。チームは追悼の意を表して、レースをせずにモンツァから引き上げた。

マートラではラガルデールがドライバー選考に悩んでいた。1968年のルマンで英雄的な走りを見せたペスカローロが順当に考えれば第一候補だった。MS640のテスト中にあわやという大事故に遭わせた負い目もあった。しかし、ラガルデールは頂点をきわめるためには超一流のドライバーが必要だと考えていた。そして私に1971年シーズンに向けての人選を依頼してきた。

もともとラガルデールはリントを考えていた。マー

La Formule 3 litres

トラがエンジンを供給し、ロビン・ハードがシャシーをデザインし、バーニー・エクレストンがスポンサーを見つけてくるという構想だ。しかしリントがロータス残留を望んだことで計画は頓挫した。

リントはジャッキー・スチュワートと非常に仲が良く、そしてコース上では最大のライバルでもあった。そんな二人に私は「君たちが最も警戒するドライバーは？」と訊いたことがある。すると一致して「クリス・エイモン」と答えた。そのやり取りを思い出した私は、ラガルデールに進言し、さっそくエイモン獲得交渉が始まった。

そしてリントが命を落としたモンツァの週末に、エイモンのマートラ入りが決まった。

クリス・エイモン

ニュージーランドの大きな酪農家に生まれたクリスは、かなり早いうちからレースの世界に魅せられていた。17歳のときには、アルコール燃料仕様のオースティンA40エンジンを搭載したミジェットカーでレースに出ていた。しかし、もっと戦闘力のあるマシーンが欲しかったクリスは、父親から農地を借り受け、そこで収穫したジャガイモで2000ポンドの利益を上げて、旧式のクーパーF2を購入した。さらにその次には正真正銘のF1マシーンであるマセラーティ250Fを1700ポンドで手に入れた。250Fは今なら数百万ポンドの価値があるはずだ。

冬季シリーズに参戦していたクリスは、F1のヨーマンクレジット・チームを率いるレグ・パーネルに注目され、すぐにヨーロッパに呼び寄せられると、1963年シーズンをローラ・クライマックスF1で戦った。このとき彼はまだ19歳だった。その後レグが亡くなってチームは息子が引き継ぎ、1964年のオランダGPではロータス25・BRMで初入賞を果たして2ポイントを獲得する。しかし65年は同胞のブルース・マクラーレンのチームに移ったものの、自製F1マシーンがまだ完成していなかったから、数戦に参加しただけで終わる。その代わりマクラーレン・オールズモビルでファイアストンのタイヤテストに専念した。速いだけでなく、抜群の開発能力を有するという彼の評判はこの頃からのものであろう。

1966年、エイモンはマクラーレンとともに、フォード・マークIIでルマン24時間レースに勝ち、翌67年にはフェラーリに抜擢され3年間在籍するが、27戦を戦って一度も勝てずに終わる。何度か優勝目前まで行ったものの、燃料ポンプのヒューズ不良やガス欠などで勝利を逃している。

クリス・エイモンが真のライバルと認めているのは、リントとスチュワートだけだった。1970年にマーチに移籍したのは、彼らと同じコスワース・エンジンを搭載したマシーンで一騎打ちしてみたかったからである。しかしマシーンの戦闘力はまったくの期待外れだった。クリスが私の誘いに乗ってマートラ入りを決めた背景には、そんな事情もあったのだろう。だが、その後の2年間も当て外れは続く。不振の原因は不運だけでは説明できまい。クリス自身、レースでも私生活でも混乱しやすい性格であった。

ティレルのニューマシーン001は、ノンタイトル戦のオウルトンパークでデビューし、グランプリのデビューはイクスの勝ったカナダGPだった。その時点でも、依然として故リントが選手権首位にいたが、イクスが終盤2戦のワトキンスグレンとメキシコで勝てば逆転することができた。そこでチャプマンは故リントをワールドチャンピオンにしようと、ワトキンスグレンへの参戦を決め、エマーソン・フィッティパルディとレイネ・ウィゼールをドライバーに任じた。

2列目からスタートしたエマーソンが見事優勝を飾り、ウィゼールもロドリゲスに次いで3位に入った。こうしてリントの故人としてのタイトル獲得が確定した。イクスは最終戦のメキシコに勝ったが、彼はレース後「リントのタイトルを奪わない形になって、本当によかった」と語っている。

エマーソン・フィッティパルディ

スポーツジャーナリストでラジオのコメンテーターも務めていたウィルソン・フィッティパルディは、ブラジルでは有名人だった。バイクレースにも出ていたが、大ケガを負って引退していた。息子はウィルソンJr.とエマーソンの二人で、父親が辿った軌跡からすれば、息子たちがレースの世界に入っていっても驚くことではない。ウィルソンはカートレースに出場し、エマーソンがメカニックを務めた。彼のセットアップ能力は卓越しており、ウィルソンのカート仲間たちからもクルマ作りの依頼が殺到、これをきっかけに兄弟はカート製作を始め、フォーミュラVeeまで手がけた。

一方でエマーソンはレースにも参戦した。カートで出発してすぐに四輪へステップアップし、1968年にはフォルクスワーゲンの改造車で1000kmレースを制している。この成功がきっかけとなって、エマーソンはヨーロッパへの進出を決める。すべてを売り払って資金を工面したものの、イギリスに着いた時にはフォーミュラ・フォード1台の購入資金と、かなり切り詰めたとしても、せいぜい3カ月分の生活費しかなかった。

幸いにして2戦目で早々に勝利を挙げたことで、フォーミュラ・フォード・メルリンのワークスドライバーに抜擢された。F3にステップアップすると、ジム・ラッセルが支援するロータスのセミワークスチームから出走する。そしてF3でも勝ちまくった。

イギリス国外での初勝利はモンレリーで行なわれたサロン・カップだった。ロニー・ペーターソンがマーチで負傷したレースである。自社製のマシーンで大活躍を続ける若者をコーリン・チャプマンが見逃すはずはない。すぐにF1テストをオファーし、その好結果を受けてブランズハッチでの実戦デビューが決まった。

実は同じ時期、エマーソンはフランク・ウィリアムズからもピアス・カレッジのチームメイトとして、デ・トマゾに乗らないかとの誘いを受けていた。カレッジが事故死すると、ウィリアムズは再びエマーソンに声をかけたが、彼自身は自分の将来はロータスにしかないと信じていた。

ブランズハッチのデビュー戦は8位に終わったが、ワトキンスグレンで初優勝を果たし、リントのタイトル獲得に貢献したことは前述したとおりである。頭が良く、何でも器用にこなせるだけでなく、エマーソンは24歳にしては非常に成熟したドライバーだった。

マートラがクリス・エイモンを抜擢し、その代わりに更迭されたペスカロロのために、私はラガルデールからの依頼を受けて、シート探しを手伝うことになった。一度はロン・トーラナックに打診したのだが、ちょうどジャック・ブラバムが完全引退を決めた時期で、チーム内は大きな組織変更の最中だった。先方からの返事は遅れに遅れ、ようやく「会いたい」と言ってきた時には、ペスカロロはすでにウィリアムズとの契約を決めていた。この行き違いはペスカロロにとって大きな不幸だった。

ドライバーを引退したあと、フランク・ウィリアムズはチームマネジャーに転身する。そしてピアス・カレッジにすべての期待をかけた。カレッジは1969年のモナコGPでは、ブラバムで2位入賞を果たす。しかし翌年にはデ・トマゾに移籍してしまい、ウィリアムズはそこから長い低迷期を迎えることになる。

フランク・ウィリアムズ

　フランク・ウィリアムズに初めて会ったのは、私がランスGPの運営を手伝っていた時だ。当時はまだF3ドライバーだったが、コースを飛び出してばかりで非常に完走率が低かった。それでも私は、彼が来てくれるのは大変うれしかった。フランクはレース費用を捻出するために、交換パーツをバンに満載して現れ、それを会場で売りさばいていた。そのパーツ目当てにサーキットに来る客も決して少なくなかったのだ。

　フランクの父は戦時中、英国空軍の爆撃機のパイロットだった。教師だった母親は息子を厳しく育てたものの、モータースポーツへの興味を摘み取ることはできなかった。フランクはヒッチハイクでイギリス中を移動し、できるだけ多くのレースを観戦して回った。また、数え切れないほどの職業も経験した。メカニック、運転手、キャンベルスープの売り子などだが、その収入のすべてはオースティンA35やA40など、レーシングカーの購入費に消えた。

　フランクには自分よりずっと裕福なドライバー仲間がいた。ピアス・カレッジ、ジョナサン・ウィリアムズ、チャールズ・ルーカス、"バブルズ"・ホースレイなどで、彼らはアパートで共同生活していて、たいていフランクが仲間たちのメカニックを務めていた。

　フランクがシングルシーターでデビューしたのは、パリのタクシー運転手ガブリエル・オーモンのおかげだった。彼が自分のフォーミュラ・フォードを快く貸してくれたのである。

　最初は交換パーツを売ってレース費用を捻出していたが、そのうち完成車もさばくようになり、少しずつ資金を貯めていった。そしてフランクはドライバー引退を決め、チーム運営者として歩み始めた。ピアス・カレッジと共同でブラバムF2を購入、1979年には念願のF1に進出すると、早くもモナコとワトキンスグレンでカレッジが2位入賞を果たした。もはや苦難の時期は完全に過ぎ去ったと、この時のフランクは思ったことだろう。

　しかし翌1970年にデ・トマゾと契約を結んだが、これは致命的なミスといえた。デ・トマゾ製の"ウィリアムズF1"に乗ったカレッジがこの年のザントフールトで事故死し、デ・トマゾもF1から撤退してしまった。71年にはマーチF1を購入してペスカローロを乗せ、さらにマーチF2も2台揃え、ペスカローロとデレック・ベルという布陣で選手権に参戦した。ペスカローロにはモチュールの個人スポンサーも付いた。

　F2緒戦のボゴタでは私も技術委員として現地に飛んだ。私が投宿したホテルはフランクたちと同じで、部屋の窓からは巨大な広告が見えた。フランクは私と

　クリス・エイモンが自分の縄張りに入ってきたことに加え、ライセンスを剥奪されたことで、ベルトワーズは完全に打ちひしがれていた。ライセンス剥奪の理由は、ブエノスアイレス1000kmでのイグナツィオ・ギュンティの死亡事故が、彼の責任とされたからである。日頃から連盟批判を繰り返してきたことが、この厳しすぎる裁定につながったことは間違いない。

同じ風景を眺めていたが、彼は電話でその企業の社長に連絡を取り、すぐにスポンサー契約を結ぶ手腕を見せた。

しかし、この初期型マーチにはシャシー剛性が圧倒的に低いという重大な欠陥があった。レースが終わった晩、メカニックたちがマシーンを解体し、フランクは2台のモノコックを携えてイギリスに戻り、翌週のレースには補強を加えたシャシーを持ち込んだ。

フランク・ウィリアムズが再び自分の名を冠したマシーンを走らせるようになったのは、1973年のことだ。ミニチュアカーで知られる模型会社から援助を受けたポリトイズ・ウィリアムズだったが、マシーンの出来はひどいものだった。同じ年マシーンは、イソ・マルボロと名称変更され、ジョン・クラークの手で別のマシーンもデザインされたが、これまた駄作と呼ぶべきものだった。悪戦苦闘するペスカローロはコースアウトを繰り返し、やがてチームから去っていった。フランクはその後、何度も「F1でのアンリの経歴を私は目茶苦茶にしてしまった」と嘆いていた。

もはやフランクは完全に破産状態だった。メカニックへの給料がまったく払えなくなったある日、フランクは彼らを自宅に呼んだ。そして衣装箪笥を開け放つと、「申し訳ないが、この中の洋服を好きなだけ持って行ってくれ」と言った。また料金滞納のため電話が使えなくなると、彼は向かいの公衆電話にこもり、そこからビジネス相手との商談をこなしたりもした。

1971年——
レース主催者も一目置く「計時の職人」

マートラに移ったクリス・エイモンは、ベルトワーズと組むことになった。そしてノンタイトル戦のアルゼンチンでいきなり勝利をあげた。しかし、この年のマートラMS120には、MS80ほどの卓越したロードホールディング性能はなかった。なによりマシーンが重過ぎ、燃費の悪さがそれに輪をかけた。当時はまだ電子式燃料噴射が実用化されておらず、ルーカスの機械式インジェクションと高回転V12エンジンの組み合わせは、必然的に燃費を悪化させたのである。さらにエンジン自体も潤滑系に問題を抱えていた。Gが大きくかかると、クランクに潤滑油が押し寄せ、大きな抵抗となってしまうのだ。

この年、ベルトワーズに大きな試練が見舞った。ブエノスアイレス1000kmのレース中、彼のマシーンがガス欠で止まった。そしてピットまで押して戻ろうとしているところに、イグナツィオ・ギュンティのフェラーリが追突し、ギュンティが死亡してしまったのである。

この事故の原因のひとつは、マートラ・ドライバーたちを運んでいたアルゼンチン航空が予定より1日遅れて到着したことにあった。そのためマートラ・チームは、事前に正確な燃費計算ができないまま出走せざるをえなかったのだ。さらにマーシャルたちは、コース上でマシーンを押すという危険な行為に対し、黄旗を振るだけで黙認していた。レース委員長を務めたフアン・マヌエル・ファンジオはその点を正確に認識し、ベルトワーズに非がないことを明言している。しかしアルゼンチン司法当局はドライバーを非難し、もっと悪いことにフランス自動車連盟（FFSA）とFIAはベルトワーズのライセンスを剥奪してしまった。

ちなみに、FFSAによるライセンス剥奪措置は、FIAがそれ以上重いペナルティを課さないようにという思惑から来ていた。事故直後から、フェラーリのフランコ・リーニがアウトスプリント誌上で、大々的な非難キャンペーンを張っていて、FIAはすっかり浮き足立っていたのである。しかし、FFSAの期待もむなしく、FIAは剥奪期間を延長する。そうしなければ、

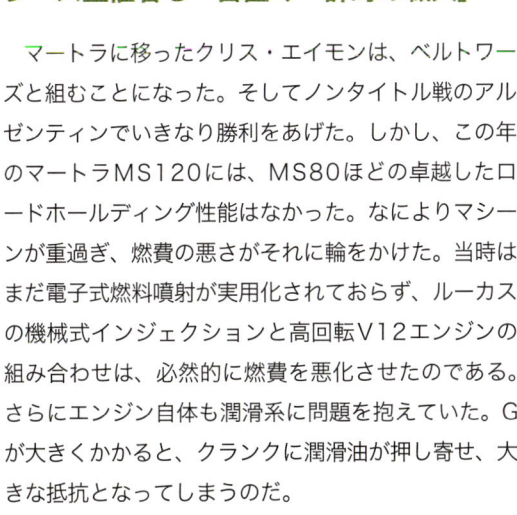

1971年、大雨に見舞われたオランダGPで、デビューまもないデイヴ・ウォーカーがミスを犯してさえいなければ、ガスタービン・エンジン搭載の4WDマシーン、ロータス56Bの優勝は間違いなかった。

La Formule 3 litres

モーリス・トランティニヤンがモナコで勝って以来、フランス人によるグランプリ制覇は、16年後のフランソワ・セヴェールまで待たなければならなかった。そしてセヴェールは、2年後に、同じワトキンスグレンで命を落とすことになる。

イタリアGPに出場できてしまう。それはベルトワーズ自身、望むことではないだろうというのがFIAの言い分だった。

こうしてベルトワーズは何戦かのレースに出場できなくなった。しかしことF1に限れば、その痛手はさほど大きいものではなかった。MS120の戦闘力が依然としてライバルたちより大きく劣っていたからである。チームもただ手をこまねいていたわけではなく、オーストリアGPを欠場して改良に集中し、モンツァには軽量版のMS120を投入した。これが功を奏し、エイモンはポールポジションを獲得する。ところが、正式計時ではフェラーリのイクスが最速という結果だった。規約によれば、計時に関する抗議は受け付けられない。しかし主催者は特別にマートラ側の言い分を聞くことに同意し、チームの計時係であるミシェル・デュボスを呼んで、リーキットの計時データの比較対照を行なった。

余談だが、ミシェルの計時係としての評判は群を抜いていた。それから数年後、ロングビーチで自動計時が導入された時のことだ。ピットのライン上に受信機を設置し忘れていたため、まったくタイムが計測できないトラブルが発生した。その際にグリッド順確定の基になったのは、ミシェルとフェラーリの計時係のジャン・カンピッシュのタイムであった。

実力の持ち主だけに、1杯のお茶と長時間の協議の末、サーキットの計時係たちはついに自らのミスを認めた。しかしすでに時計の針は午後7時を回っており、ジャーナリストたちは仕事を終えている。その夜のラジオや翌朝の日刊紙は、フェラーリのポールポジション獲得を大々的に伝えていた。そのために、少なくとも数千人は観客の入りが多かったということである。

レースではエイモンが首位を独走し、ついに悲願のF1初優勝なるかと思われた。ところが彼は誤って、ヘルメットに付いたバイザーを取ってしまう。モンツァのような超高速コースを、むき出しの顔のまま全開で走ることはできない。6位でチェッカーを受けたエイモンは目を真っ赤に腫らしていた。

6月上旬の深夜、私はピーター・ウォアからの電話で叩き起こされた。エマーソン・フィッティパルディがディジョンに向かう途中で大事故に遭ったので、彼が運ばれた病院に行って、面倒を見てくれという。私は病院の開く時間にディジョンに着くよう、朝6時に自宅を出た。病室ではエマーソンと奥さんのマリア・エレナが膨れ上がった顔で私を迎えた。エマーソンはあばらを折り、外傷も負っていた。乗っていたフォード・カプリのステアリングに激しくぶつかったのだった。

フィッティパルディ夫妻は、スイス・ローザンヌ近くのロネイに住むことを決め、ロンドンから引っ越し先に向かっていた。そして高速道路を降りてディジョンに向かう途中、目の前で急に向きを変えたクルマに追突したのだった。夫妻は私に、事故車から荷物を引き上げて空港まで運んでくれるよう頼んだ、これはジャッキー・スチュワートの有能な秘書ルートが、すべてを引き受けてくれた。空港で待ち受けていた私は、荷物とともに交通警察が残骸から回収したマリア・エレナの歯も受け取ったが、彼女はその歯をまた元の場所に戻したそうである。

この事故でフィッティパルディはオランダGPを欠場した。このレースは、あわやF1史上初のタービンエンジン搭載車が勝つグランプリになるところだった。そのマシーンとは、インディカーに改良を加えたロータス56Bで、ステアリングを握ったのはモナコF3で勝ったばかりのデイヴ・ウォーカーだった。レース当日は大雨に見舞われ、ウォーカーは9列目からのスタートだった。ところが56Bは四輪駆動のうえに非常に重く、しかも履いていたファイアストン・タイヤは、大雨では群を抜く性能を発揮したので、ウォーカーはスタートして4周で早くも9台を抜いた。これを見てロータスのピットは、このまま行けば優勝は間違いないと色めき立った。だが、6周目にターザン・コーナーで飛び出し、グランプリ優勝のチャンスを逃してしまった。優勝は同じファイアストンを履いたフェラーリのイクスだった。グッドイヤー勢は見るも無残な結果に終わり、同社のレース責任者グレッド・ギャンブルは、チームから猛烈な文句が出る前にサーキットから姿を消してしまった。

この年のフェラーリは好調だったが、エルフ・チーム・ティレルはそれ以上で、ジャッキーは8月の第8戦オーストリアGPで早々にタイトル獲得を決めた。それ以前のフランスGPでは、フランソワ・セヴェールとともに1-2フィニッシュも果たし、敵なしの強さであった。

ティレル・マシーンは、マートラが発案した特徴的な吸気口を備え、より多くのパワーの発生に成功して

La Formule 3 litres

いた。そして、もともとパワフルだったコスワース・エンジンも、彼らのマシーンだけは違うエグゾーストノートを発していた。そのためライバルたちは、「エルフが不法な潤滑油を供給しているからだ」と文句をいい、FFSAのジャック・ブランシェは技術委員だった私に「正式な抗議はないが、一応抜き取り検査をした方がいいだろう」と言ってきた。

それから何年も経ってから、私はジャックにティレルから抜き取ったオイル検査結果を聞いたことがあった。すると彼は、「いいかね。ああいう検査は、ひどく高くつく。あのサンプルはそのまま、オフィスの戸棚の中に放り込んでおいたよ」と白状した。

シーズン終盤、ワトキンスグレンではティレルに乗るフランソワ・セヴェールが初優勝を遂げた。私はこの勝利が嬉しくてたまらなかった。なぜなら、彼は私の友人であるし、フランス人によるグランプリ優勝は、1955年のモーリス・トランティニヤン以来だったからだ。

1972年──
クリス・エイモンが勝てなかったワケ

1971年のロータスはティレルの後塵を拝し、1960年以来となる無勝利のシーズンに終わったが、翌72年は雪辱を果たすべく立て直しが進んでいた。この年から「ジョン・プレイヤー・スペシャル」がタイトルスポンサーに付き、マシーンは黒地に金のロゴで飾られた美しいカラーリングに変身した。ドライバーは前年に続きエマーソン・フィッティパルディとデイヴ・ウォーカー。マシーンも前年のモナコでデビューした72Dだが、すべてに渡って見直され、変更が施されていた。

エマーソンの活躍はライバルの体調不良にも助けられた。ジャッキー・スチュワートが胃潰瘍を患い、ベルギーGPを休場することになったのだ。

エマーソンはハラマで勝ったものの、どしゃ降りのモナコはイクスとベルトワーズの一騎打ちとなり、最後に制したのはベルトワーズだった。マートラはこのシーズン、ドライバーをクリス・エイモン一人に絞ったことでベルトワーズはBRMに移ったが、移籍先で唯一のF1勝利を挙げた。これはマルボロにとっても記念すべき初勝利だった。

ニヴェールで開催されたベルギーGPではエマーソンが快勝した。その晩、彼らはいつものどんちゃん騒ぎをし、翌朝ホリディ・インの支配人はマネジャーのピーター・ウォアに対し、異常に高額の請求書を手渡した。それにはプールの水を抜き、中に投げ込まれたものすべてを処分する費用が含まれていたのである。

マートラがルマンを制した3週間後、クレルモンフェランでフランスGPが開かれた。ルマンのために完成が遅れていた120Dがようやく投入されることもあって、チーム内にはエイモン優勝への期待が、これまでになく高まっていた。

コースは舗装がやり直され、まずいことにエスケープゾーンには砂利が敷き詰められていた。その結果、練習走行の時から数え切れないほどのパンクが発生した。さらにレースでは、飛んできた砂利がヘルムート・マルコのバイザーを突き破り、片目失明の重傷を負わせた。

一方、マートラは絶好調で、勢いに乗ったエイモンはポールポジションを獲得した。しかしマルタンはレース直前に彼を呼び、私にこう通訳させた。「タイムをロスしてもかまわないから、場合によっては最適なラインをトレースしなくてもいい。とにかく砂利の上を走ることだけは絶対に避けるんだ」と。クリスはその意図を完璧に理解し、言われたとおりにすると約束した。

ところがいったんレースが始まると、彼はすべてを忘れてしまい、コース幅を目一杯使った走りに徹し始めた。その結果、2位以下を大きく引き離したものの、

若き貴族で富豪のヘスケス卿は、マーチF1を購入してレース界に撃って出た。ドライバーとして抜擢したのは、「壊し屋」の異名のあったジェームズ・ハントであった。

恐れていたパンクに見舞われてしまう。緊急ピットインの間に悠々と首位を奪ったのは、タイムロスを承知でコース中央部分を慎重に走り続けたジャッキー・スチュワートだった。私は長い間、エイモンがついにGPで1勝もできなかった理由を語る際、いつもこのエピソードを引き合いに出してきた。

　しかし後年、グッドイヤーのフレッド・ギャンブルにこんな裏話を打ち明けられた。「あのレースで、私たちはティレルにだけ、通常より1枚余分にキャンバス補強したタイヤを供給したのだよ。できるだけ、パンクしにくくなるようにね」

　マートラはルマンにこそ勝ったものの、それ以降は振るわなかった。120Dはついに最後まで、圧倒的な強さを発揮することはなかった。私は、その根本的な原因がシャシーの捩り剛性が弱いことにあると思った。ラガルデールはこのシーズンの結果に落胆し、F1からの撤退を決意。それからはスポーツカー耐久レースに専念することになる。

1973年——セヴェールの死が決断させたスチュワートの引退

　この年、チャプマンはロニー・ペーターソンを獲得した。エマーソン・フィッティパルディが、遠からずチームを去ることを予感していたのかもしれない。73年シーズンに、JPSチーム・ロータスは計5勝を挙げたが、フィッティパルディ3勝、ペーターソン2勝と完全に星をわけ、結果的にロータス・ドライバーのタイトル獲得を妨げてしまう。

　サンパウロでのブラジルGP前夜、エマーソンは私たちを夕食に招待してくれた。彼の自宅は市内ムルンビ地区の高級住宅街にある。その晩、チャプマンがピーター・ウォアに言っていたことを、私は昨日のことのように思い出す。「エマーソンは本当に賢いドライバーだな。筋肉が硬くならないよう、レース前には決してプールに入らないんだから」。その横ではペーターソンが盛んに水しぶきを上げていたのである。

　ロニーの速さは比類ないものだったが、セットアップの能力はかなり劣っていた。そのため、多くの場合はエマーソンが決めたセットアップを拝借して、レースに臨んだ。もちろん、エマーソンがそのことを面白く思っていたはずはない。そして決定的だったのがイタリアGPである。ペーターソンは、100分の8秒差でフィッティパルディを抑えて優勝してしまったのである。もしここで勝っていれば、彼にもタイトル獲得のチャンスは残されていたから、エマーソンはチャプマンに対し、なぜ自分を先行させなかったのかと非難した。するとコーリンは、「ロニーに譲ってもらって手に入れたタイトルなど、どれほどの価値があると思うのかね？」と答えたのだ。

　モナコGPには、ジェームズ・ハントという無名の青年が、これまた聞いたこともないヘスケス・レーシングというチームとともに登場した。これには、たいていのできごとに醒めた反応しか見せないF1界の人々も、少なからず驚いたようだった。

　このチーム名は、オーナーのアレクサンダー卿の一族に由来する。彼はシルバーストーン近くのトースターの城主で、普段の足はロールス・ロイスかポルシェ、あるいはヘリコプター。肥満体を純白の仕立てのいいスーツで包み、胸にカーネーションを刺して散歩する、そんな優雅な人種であった。マシーンはアレクサンダー卿の所有する競走馬のチームカラーに塗られていた。当初は友人である"バブルス"・ホースレイをドライバーに擁してチームを発足させた。

　ホースレイはフランク・ウィリアムズとともに、ドライバーとして長い下積み生活を過ごしたことがあった。その後ブータンに渡り、イギリスに戻ってからは再び中古車販売とモータースポーツの世界に身を投じた。ヘスケスは「ホースレイこそ、世界を狙える男だ」と友人を高く評価し、必要な道具は何でも与えると約束した。

　しかし、ホースレイにはコクピットの中に自分の将来はないと、冷静に判断できる賢さがあった。そこでアレクサンダー卿に対し、ジェームズ・ハントを前面に立て、自分はチーム運営に徹すると宣言したのだった。デビュー当初こそ好成績を上げたハントだったが、その後は苦難の道を歩むことになる。あまりの事故の多さに、「ハント・ザ・シャント」（壊し屋ハント）という不名誉な名を奉られたりもした。1971年のモナコGP終了後に、ハントはマックス・モズレイによってマーチF2ワークスドライバーの座を追われていた。その後、二流チームのダッスルに在籍後、再びマーチのステアリングを握る。1973年にはヘスケスがリーティーノF2を購入するが、期待したような戦闘力は発揮されなかった。そこでチームはF1のマー

La Formule 3 litres

私が初めてニコルズと出会ったのはデイトナの会場だった。ちょうどNASCAR支部を日本に設立し、富士山のすそ野に建設を予定しているサーキットの設計を建築家に打診している最中だった。彼はアメリカ諜報機関の一員であるとの噂が根強くあったが、誰にも本当のところはわからない。ニコルズはその後カリフォルニアに戻り、エンジニアのトレーヴァー・ハリスとともに、AVS（Advanced Vehicle Systems）というR&Dセンターを創設した。最初の作品は1970年、シャドウと名付けられたカンナム・マシーンだった。異様に直径の小さい前輪が特徴だったが、これは失敗に終わり、次はレースメカニック出身のピーター・ブライアントに設計を依頼する。同時に無鉛ガソリン精製大手のUOPからの資金援助にも成功する。私自身は、このチームにジャッキー・オリヴァーが加入する手伝いをした。その経緯は以下のようなものであった。

ある日、デイトナのボス、ビル・フランスから電話があった。彼はインディアナポリスでのレースに、フォイトやアンドレッティを参加させたがっていた。しかしアメリカのレース統括団体であるACCUSは、この二人を参戦させるには、他に少なくとも一人、CSI認定の有名ドライバーを加えるべしと定めていたのだ。そこで私に、そのドライバーを推薦してくれと依頼してきたわけである。しかし「有名ドライバー」の定義は非常にあいまいで、CSIにはF1と耐久レース両方の「有名ドライバー」リストがあった。

当時のジャッキー・オリヴァーはルマン24時間レースを制し、もちろんこのリストにも載っていた。そして、私は彼がF1のシートを失ったばかりであることも知っていた。ジャッキーに連絡すると、彼はすぐにアメリカへと飛んだ。そしてシャドウから第2のドライバー人生を再出発させるのである。その後、オリヴァーはアロウズというF1チームのオーナーに出世し、トム・ウォーキンショーにそれを売却して大金持ちにもなった。私はジャッキーに会うたび、チーム売却の取り分を要求したものだ。しかしいまだに1ポンドも払ってもらっていない。

モナコGPは、ジャーナリストにとって、ふだん縁のない上流階級の人士とお近づきになれるよい機会でもあった。

チ731を買い、ハントはこの年のモナコからグランプリレースに駒を進めたのである。

F1デビュー戦のモナコはエンジントラブルで完走できなかったが、その走りは人々に強い印象を残した。そしてワトキンスグレンで2位、ザントフールトで3位と好成績を続ける。ちなみにマーチ731の設計者は、ヘスケスの雇ったハーヴェイ・ポスルズウェイトであった。彼はシーズン中もマシーンに改良を加えてハントを大いに助けた。そんなマーチ731の好調にもかかわらず、ヘスケスは自らのマシーン製作を決意する。これについては後述したい。

1973年には、UOPシャドウという新チームも登場した。オーナーのアメリカ人ドン・ニコルズは、ノルマンディ上陸作戦にも参加したパラシュート部隊員だった。戦後は国防省に入ったが、同時にモータースポーツに魅せられ、自分でも何度かレースに出場した。その後、朝鮮戦争勃発時に日本に向かい、そこで日本語を習得。軍人生活を終えたのちも東京にとどより、日米のレース界の掛け橋のような役割を務めた。

1972年、オリヴァーのチームメイトはアメリカ人のジョージ・フォルマーだった。フォルマーは開幕戦キャラミで1ポイントを獲得し、バルセロナでも4ポイントを取得。オリヴァーもモスポートで3位に入った。そしてこの2台のワークスマシーン以外に3台目のシャドウも参戦していた。ドライバーは私の旧友のグレアム・ヒルである。ヒルは自らのチーム創設を決断し、エンバシー・タバコから8万ポンドもの資金援助を受けられることになっていた。

　ヒルは戦闘力のあるマシーンを手に入れようと駆けずり回ったものの、唯一購入できたのがシャドウだった。1973年のスペインGPからようやくデビューを果たすが、壊れるか、最下位完走かという成績が続く。この年のヒルは選手権9位が精いっぱいだった。

　対照的なのは、ジャッキー・スチュワートだった。胃潰瘍から完全に回復したスチュワートは、この年5勝を挙げ3度目のタイトルを獲得する。しかし、彼はチーム内で独裁者のように振舞っていたわけではない。たとえばニュルブルクリングで、フランソワ・セヴェールを従えて優勝した時のことだ。彼はケン・ティレルに、「フランソワは僕より速かった。いつだって抜きたい時に抜けばよかったのに」と言っている。しかし当のセヴェールにしてみれば、ジャッキーを差し置いて勝つなど問題外だった。それほど二人は親密な関係だったのである。スチュワートが師匠でセヴェールはその弟子だった。そしてジャッキーは彼にいっさいの隠し事をせず、すべてをさらけ出した。唯一フランソワの知らなかったのは、ジャッキーがこのシーズン後の引退を決めていたことだった。彼はティレルにだけ意思を告げ、妻のヘレンにも内緒だった。彼女が知れば、「引退まで、あと3戦、あと2戦……」と指折り数えるだろうことがわかっていたからだ。

　私はセヴェールと非常に親しかった。フランスの報道関係者は、ほとんどベルトワーズの方を向いていたが、フランソワは別に気にする風でもなかった。ベルトワーズ夫人となった姉ジャクリーヌを愛していたせいもある。とはいえ、本音ではもう少しマスコミの注目を集めたいと願ってもいた。

　カナダのレースは、悪天候と無能なマーシャルたちによって台無しになってしまった。このグランプリから新しいレギュレーションが適用され、事故の際も赤旗でレースは中断されず、セイフティカー先導による周回を続けることになった。もちろんその間、追い抜きは禁止である。モスポートでのレースは雨の中で始まったが、そのうち路面が乾き始め、ドライバーたちはスリックタイヤに履き替えるため次々とピットに入ってきた。

　ここでティレルのピットに混乱が生じた。スチュワートが戻ってくると、3台目のドライバーとして参戦していたクリス・エイモンがすでにピットにいたのである。ほぼ同時に、コース上ではセヴェールとマクラーレンのジョディ・シェクターが衝突事故を起こした。2台はすぐに排除されたが、マーシャルたちはセヴェールがシェクターに殴りかかろうとするのを必死で抑えなければならなかった。

　セイフティカーが導入されたが、多くのマシーンが同時にピットに入ったことで計時係はすっかり混乱してしまう。彼らが無線を通じてセイフティカーに与えた指示も完全に誤ったものだった。こうしてピーター・レヴソンが、実際には首位であるはずのエマーソン・フィッティパルディの前に行き、レースにも勝ってしまったのだった。

　セヴェールは足首を捻挫したが、2週間後のワトキンスグレンには何とか出場した。そして土曜日の最初の予選中に悲劇が起きた。セッションはほとんど終わろうとしており、ペターソンが暫定ポールポジション、スチュワートは2番手だった。

　4番手のフランソワが順位を上げようとコースに飛び出して行く。その時のことを私は今も鮮明に記憶している。あらゆるマシーンから咆哮が消え、突然サーキットを静寂が支配した。リントの事故の時もまったく同じであった。散乱した破片をよけながら、減速したマシーンが次々にピットへと戻ってくる。コース上に止まってしまったマシーンさえあった。私たちはすぐに、重大な事故が起きたことを悟った。レース・ディレクターに会いに行くと「青いマシーンだ」という。ティレルに違いない。エイモンが戻り、次にスチュワートの姿も見えた。私はエイモンに近づき、「ひどいのか」と訊いた。彼の顔を見ただけで、もはや希望が失われたことを理解し、私はたまらずにサーキットから逃げ去った。

　悲惨な事故だった。マシーンはガードレールに激突し、その反動でコースの反対側に向かって宙を飛び、再びガードレールに叩き付けられたのである。ドライ

La Formule 3 litres

バーが生き残るチャンスは皆無だった。その午後に事故車は詳しく調べられ、機械的な故障は確認されなかった。原因はドライバーの運転ミスと断定された。しかし私にはその結論はどうしても納得できなかった。

ミスだとすれば、なぜフランソワはそんなことをしたのだろう。ある人の語った仮説に私は最も強い説得力を感じた。スチュワートはこのワトキンスグレンでの最終戦を最後に引退することになっていたので、ティレルは代わりのドライバーとしてシェクターと合意に達した。ケンはすべてを秘密裏に進めていたが、フランソワはそれを何かの拍子に知ってしまったのではないか。二人はカナダのレース以来、犬猿の仲になっている。そのジョディと来季から組まなければならない。誰がこのチームのナンバー１かを思い知らせるため、終盤間際に無理な攻めに出て行ったのではなかったか……。

フランソワはマートラ所属のドライバーであり、私がすべての後始末を引き受けたことに、ケンは心底ホッとしているようだった。一番辛かったのは彼のスーツケースに遺品を詰める時だったが、ノラ・ティレルが泣きながら手伝ってくれた。

ワトキンスグレンの主催者であるマル・カリーの本業は葬儀屋であった。彼は隣町のエル・ミラに私を連れて行き、「棺桶を選べ」と言われたが、どれもハリウッドのギャング映画に出てくるようなものばかりで閉口させられた。ようやく選んだが、フランソワの故郷であるアンジの墓地に掘った穴には大き過ぎた。

当時は遺体をアメリカから運ぶことは簡単ではなかった。そこで私はフランソワ・ギテールに、その世話を頼むことにした。フランス情報部にいたギテールは世界中にネットワークを持つが、彼は「ニューヨークの友人」に電話をかけ、翌日すぐにエル・ミラに飛んでもらった。そして彼はまたたく間にフランスまでの輸送手続きを整えてしまった。

ティレルはワトキンスグレンの欠場を決めた。ジャッキーは生涯100戦目となる最後のレースを戦わずしてF1から去ることになった。スタート前、彼はグリッドに並ぶマシーンに近づき、一人一人のドライバーに握手して回った。

セヴェールの死はフランス人にとって青天の霹靂だった。2年前の初優勝以来、彼は自国のアイドルになっていた。しかし、私はフランソワが伝説のドライバーになったのは、この死がきっかけだったと思う。それまでの彼は人気者であったと同時に嫉妬の対象でもあった。美男に生まれ、財産と才能にあふれ、ブリジット・バルドーさえ自分のものにした。むしろ初優勝までに苦難の道を歩んだベルトワーズの方に、フランス人は共感を覚えていたのである。しかし殉教者のような死とともに、セヴェールは彼らの心を永遠に掴んだのだった。

1974年——
フェラーリvsマクラーレンの時代へ

ティレルはシェクターのチームメイトに誰を抜擢するのか。エルフとの関係を考えればフランス人ドライバーしかありえないので、最有力だったのがパトリック・ドゥパイエである。実際、彼はワトキンスグレンで3台目のマシーンを運転することになっていたが、直前にバイク事故で足を骨折して出場できなかったのである。そして選考結果は予想どおりとなり、ドゥパイエは、まだやっと歩けるような状態でティレルのファクトリーにシート合わせに来た。

1973年のスチュワートとセヴェールのコンビは、ティレル006の性能を十全に引き出していた。ホイールベースが短いために挙動がナーバスで、制御のむずかしいクルマだったが、二人は最高の結果をあげたのだ。一方でシェクターが結果を出し始めたのは、より運転しやすい新車の007が投入されたシーズン後半からだった。彼はこの年、スウェーデンとイギリスで勝ち、選手権3位につけた。一方でもしセヴェールが走り続けていたら、扱いづらい006でも上位入賞を果たしていただろう。つまり、もし彼が生きていたら1974年に世界チャンピオンになった可能性はきわめて高かったのだ。

フィッティパルディはロータスを去り、マクラーレンに移った。マクラーレンは1966年の創設からずいぶん様変わりしていた。その最大の変化は1970年にブルース・マクラーレン自身を失ったことである。彼はグッドウッドでCan-Amマシーンをテスト中に事故死したのだった。ブルースはブラバムやガーニー同様、自らのマシーンで優勝するという稀な経験を1968年のスパで成し遂げている。しかし、チーム・マクラーレンでの彼自身の優勝は一度さりで、その時点までの7勝はデニス・ハルムとピーター・レヴソン

によるものだった。

　ブルースの死後、共同経営者のテディ・メイヤーがチームの指揮を執ることになった。彼はアメリカの富裕な一族の出身で、大学で法律を修め、叔父はペンシルバニア州知事を務めていた。新生マクラーレンではブルースの幼なじみだったフィル・カーがメイヤーの右腕となり、メイヤーがチーム運営を担当し、フィルがマシーン開発の責任者となった。ハルムは名実ともにこのチームの要であった。

　当時は、F1へのスポンサーがようやく一般化してきた頃で、たとえばマルボロはシフェールに比較的小額の援助をしていた。これはフィリップ・モリスの本社がスイスのローザンヌにあったことと無関係ではない。その後、マルボロはBRMに移って大規模な展開を行なった。しかしマーケティング担当のパット・ダフラーは、BRM側がひっきりなしに予算増額を要求してくることに辟易し、一時はティレルに変更することが決まりかけていたが、結局はマクラーレンに落ちついた。フィッティパルディがハルムのチームメイトになったことで、マルボロは二人の世界チャンピオンを擁したことになる。しかもそのうちの一人は、ライバル会社のJPSから引き抜いたのだ。

　1974年はまた、フェラーリ復活の年として記憶されるだろう。1961年に頂点に立って以来、スクデリアは長く低迷を続けてきた。そこでエンツォ・フェラーリは、不振挽回の切り札として若きルカ・ディ・モンテゼーモロをチーム監督に据え、さらにニキ・ラウダを抜擢した。イタリア財界を牛耳るフィアットのアニエッリ一族に近いモンテゼーモロは、このむずかしい仕事をよくこなし、なによりラウダの言葉に耳を傾ける賢さを持っていた。ラウダは、今までのように2種類のカテゴリーを並行してやっていたのでは早期復活はありえないとして、スポーツカー選手権からの撤退を主張したのだ。とはいえ、F1で低迷するフェラーリにとって、スポーツカーレースは唯一、彼らのメンツを救うものだった。モンテゼーモロは英断を下し、さらにイタリア人エンジニアのマウロ・フォルギエーリをチームに呼び戻した。

　こうしてF1は"ロータスvsティレル"の時代から"フェラーリvsマクラーレン"時代へと大きく舵を切ろうとしていた。この渦中で、ブラバムはしばしば「第3の勢力」としての存在感を発揮した。その多くは、1971年に同チームを買収したバーニー・エクレストンが開発責任者に据えたゴードン・マーレイの才能のおかげであった。

ゴードン・マーレイ

　南アフリカ出身のゴードン・マーレイは、コーリン・チャプマンに匹敵する創造性を備えたF1デザイナーであった。マーレイはチャプマンを目標にモータースポーツの世界にやってきたし、当初は自分が走るためにレーシングカーを設計していたところもチャプマンと同じだ。しかし、すぐに南アフリカでは将来が開けないと考えて渡英。真っ先にロータスを訪れた。ところが空いているポストがなかったため、ロン・トーラナックがブラバムに引き取る。その後、ブラバムを買収したバーニー・エクレストンが、マーレイをチーフ

コーリン・チャプマンを崇拝するゴードン・マーレイは、ロータスで働くことを望んだ。しかしポストに空きがなく、やむなくバーニー・エクレストンに雇われる。そしてバーニーの買収したブラバムで、この南アフリカ出身のエンジニアの才能は、大きく開花するのである。

| La Formule 3 litres

エンジニアに大抜擢したことで、彼の人生は急展開していく。

当時のことをバーニーはこう語っている。「私がブラバムに来た時、ゴードンは幌の下に隠れているような状態だった。私がやったことはその幌を取り除いてやっただけだ。ゴードンの発明は数多いが、中でもレースフォーマットは、今でもF1で使われる卓抜したアイデアだ。レース中、タイヤ交換のためにピットインすることで、より柔らかいコンパウンドでタイムを稼げるようになった」。

この年はヘスケス308もデビューした。第2戦ブラジルGPの翌週にリオで開催されたノンタイトル戦に現われたのだ。貴族であるアレクサンダー卿は、他チームのようにスポンサーに資金を仰ぐことを潔しとせず、すべてを自分の資産から賄った。そして1974年の収支もすべて公にしてくれた。それによれば、彼はチームに6万8000ポンドを注ぎ込んだが、3万8000ポンドのスターティングマネーを得たので、実質経費は3万ポンドで済んだということであった。

アレクサンダー卿の努力は、翌年のザントフールトにおけるジェームズ・ハントの優勝で報われる。マネジャーの"バブルス"ホースレイが素晴らしいタイヤ戦略を実行したことが、決定的な勝因だった。これに満足したのか、アレクサンダー卿はこのシーズン終了とともにF1から撤退。マシーンはプライベティアの手でレースを続けた。一方、ヘスケスの名はイーストン・ネストン城で製作されたバイクに残ることになる。

このシーズンは、フランス人ドライバーのジャン・ピエール・ジャリエがF1に登場した年でもあった。

ジャン・ピエール・ジャリエ

ジャリエは、間違いなく私がF1で知り合った人間の中で、最も魅力ある一人だった。しかし結局1勝もできずにグランプリから去って行った。彼ほどの才能のある人間がどうしてそんなことになったのか、引退後の本人と何度もそんな話をしたことがある。私はむかし、ジャリエにスポール・オート誌で働かないかと提案したことがある。それを断るという正しい判断をしなかったら、彼はF1に来ることができなかったに違いない。

ジャリエの父方の祖父はリュクサンブールで馬の飼育に携わっていた。彼が9歳の時に父が戦死すると、母と祖母の手で育てられた。モペッド、次いでBSA350ccでレースに出始めるが、二輪で事故でも起こされてはたまらないと、母は自家用車のプジョーをR8ゴルディーニに買い替えて彼に与えた。

資金も機材も充分でなかったジャリエはなかなか好結果を残せなかったが、彼のアクロバティックな運転は少なからぬ関係者の注目を集めた。その一人が、マートラでF1デビューを果たしたばかりのジャン・ピエール・ベルトワーズだった。ベルトワーズは、ルネ・ボネの元エンジニアであるジャック・ユベールが設計したフォーミュラ・フランスにジャリエを乗せ、レースをさせるが、これまた資金不足のため挑戦は失敗に終わる。

だが、ジャリエの反射神経と適応能力、そして学習の速さには人並み外れたところがあった。初めて軽飛行機に乗った時も、1時間半後には単独操縦をやって見せたほどだ。15歳の時には、ボーリングのフランス代表メンバーに選ばれてもいる。その才能を惜しんだベルトワーズは、今度は実業家のスポンサーを探し出してきて、テクノからF3へ、さらにマーチでF2にも参戦させる。

1972年には、シェル石油とドイツ人ドライバーのヒューベルト・ハーネの支援も受けられるようになった。ところがハーネは約束を守らず、ベルトワーズは三度目の救いの手を差し伸べ、ルイジ・キネッティのチームにジャリエを押し込んだ。ここで彼は、ルマンとワトキンスグレンのGTレースに優勝する。メインイベントのCan-Amレースが翌日に開催されることになっていた。マシーンは大排気量のフェラーリ712Fだったが、ドライバーに決まっていたサム・ポージーが怖がって出場を辞退。キネッティから代役を打診されたジャリエは、ポージーのセッティングのまま出場し、パンクに見舞われるまでは3位を快走した。そしてヨーロッパに戻り、マーチF3のワークスドライバーに抜擢されるのである。

F1デビューは1971年のイタリアGPで、マシーンはハーネから借りた中古のマーチ701であった。レース後、スターティングマネーを受け取りに行くと、すでにマックス・モズレーに支払ったと言われてしまう。マーチで走ったのだから、自分がもらって当然とマックスは主張したそうだ。

1973年にはマーチF2のワークスドライバーとし

ジャン・ピエール・ジャリエと筆者。136戦に出場して無勝利という記録は、ジャリエ自身忘れ去りたいものであろう。しかしその突出した才能は誰もが認めるところであり、もし1974年にフェラーリからの誘いを受けていれば、何勝も挙げていたに違いない。

て7勝を挙げ、文句なくチャンピオンとなる。この活躍はエンツォ・フェラーリの知るところとなり、ジャリエはフィオラノに招かれ、1974年からのフェラーリ入りを提示された。問題は彼がモズレーとの契約に縛られていたことである。モズレーは当然のごとく、ジャリエを手放す代わりに莫大な違約金をフェラーリに要求してきた。マーチの敏腕弁護士がフェラーリとの交渉を一手に引き受けたが、最後はフェラーリ側が「ジャリエはぜひ欲しいが、あの弁護士の顔はもう見たくもない」と獲得を断念した。フェラーリにはラウダが入り、ジャリエはシャドウへ入った。マシーンは決して速くなかったが彼は幸せだった。そしてモナコでは3位入賞を果たしている。

この年、グレアム・ヒルはマシーンをローラに変更した。このメーカーがF1に戻ってくるのは実に12年ぶりのことだった。ヒルは2台をエントリーし、チームメイトにはガイ・エドワーズを抜擢。ガイはコース上の速さよりも、スポンサー獲得に手腕を発揮するドライバーで、ヒルとしてもそれを期待しての起用だろう。しかし成果は上がらず、F5000で負傷したガイはピーター・ゲシンに交代。まもなく彼もロルフ・シュトメレンに代えられた。ローラ自体は前年のシャドウほど壊れなかったが、戦闘力に優れるとはいいがたかった。それでもヒルはスウェーデンでなんとか1ポイントを獲得した。

ロータスに残ったロニー・ペーターソンにジャッキー・イクスが合流した。イクスはまだ29歳だったが、すでにグランプリ10年目のベテランだった。生涯でグランプリに8勝し、それ以上の成功をスポーツカーレースで収めていた。しかし、この時点でのイクスは、

2

105

La Formule 3 litres

F1に対するモチベーションを完全に失っていた。偉大なレーシングドライバーとはそういうものである。素晴らしい能力を発揮し続けるのは、速いマシーンに乗っている時に限られるのである。この年のイクスは雨のブランズハッチで最高の走りを披露した。しかし残念ながら、このレースはノンタイトル戦であった。

チャプマンはエンジニアのラルフ・ベラミーに命じて、「72より50kg軽い」ことを目指して、新しい76の開発を急がせていた。見た目は旧型とそっくりだが、電子制御クラッチを搭載したマシーンで、足下には4つのペダルがあった。一番左がクラッチでスタートの時だけ使用する。さらにブレーキペダルが2個あるが、ドライバーはこれを両足で操ることで最適なマシーンバランスを探るという構想だった。ペーターソンはこのシステムを非常に気に入っていたが、信頼性の問題が解決できずに結局放棄された。そんなこともあり、彼はコーリンに「もう、たくさんだ。72に戻してくれ」と要求した。もはや時代遅れと思われた72だが、モナコとディジョンで勝ってしまう。これは予想外の大活躍だった。

この年限りでシムカはマートラへの支援を打ち切り、ラガルデールはF1撤退を決めた。ジョルジュ・マルタンはインディアナポリス用のターボエンジンを開発しており、それは1975年に2回にわたってジャリエのシャドウに搭載されたが、充分な戦闘力を発揮することなくレースを終えている。

1975年──
陰りはじめたロータスとティレルの革命

1975年のロータスは不振をきわめた。76のプロジェクトは放棄され、これまで20勝と3回のコンストラクターズ選手権タイトルを獲得した72で、6年目のシーズンを戦うことになった。一方、グッドイヤーはミシュランと同様にこの年からラジアルタイヤを投入していた。しかしインボードブレーキという特異な形式を採用する72は、より柔らかいコンパウンドでないとタイヤがまったく温まらない欠点を抱えていた。

ペーターソンはすっかり戦意喪失し、ロータスはシャドウとの間でドライバーの交換交渉を始めざるをえなくなった。ペーターソンがシャドウに移り、代わりにトム・プライスが来ることがほぼ決まったが、寸前でこの話は白紙に戻る。その間に今度はイクスがさじを投げた。フランスGPを最後にチームから去り、ジム・クロウフォード、ジョン・ワトソン、ブライアン・ヘントンが次々に代役を務めた。そしてこの年のロータスは1勝もできずに終わった。

多忙をきわめていたチャプマンは、さらに厄介な仕事を背負い込んだ。市販車の生産工場横に造船所まで造ってしまったのだ。彼に言わせれば、造船工程はいまだに石器時代のままだから、その分野に革命を起こすと宣言したのだ。一方、本業の市販車部門について

70年代前半、ロータス・グループは大きく発展し、ノリッチの新工場も稼働を始めた。新工場の周囲にはテストコースも設けられていた。チャプマンが走り初めをしたクルマは、ジャビー所有のイスパノ・スイザであった。しかしその後、グループは散り散りとなり、チーム・ロータスも存亡の危機に立たされた。その時チャプマンは、トニー・ラッドの指揮の下、新しい技術部門を立ち上げ、グラウンド・エフェクトの実用化に成功するのである。

もラインナップを拡充させるつもりだった。最初に市販車製造に乗り出した時、コーリンは自分の運転したいクルマだけを造っていた。しかしライフスタイルが変わり、彼はメルセデスを乗り回すことを好むようになった。そこでエランより豪華な乗用車の生産を決めた。しかし、そのためには専用エンジンを開発する必要がある。

当時のロータスはノリッチに広大な工場を建設し、1969年にBRMとケンカ別れしたトニー・ラッドを迎えていた。その後ラッドはテクニカル・ディレクターに任命されるものの、ロータス自体は必ずしも好調ではなかった。主な原因は石油ショックの影響をもろに被ったことで、チャプマンと財政担当のフレッド・バッシェルは、この時期にずいぶん白髪が増えたはずである。彼らは、ロータスが立ち直るには、なによりもF1での巻き返しが絶対条件であることもわかっていた。

そのためチャプマンは1975年の夏、バカンス先のイビサ島にこもってチームの抱える問題点を熟考した。そしてその結果を27ページの報告書にまとめ、トニー・ラッドに提示した。この文書はまさに近代F1の出生証明書というべきものであった。ラッドはすぐに、ラルフ・ベラミーやピーター・ライトとともに作業委員会を設立した。ライトはラッドがBRM在籍時に面倒を見ていた直属の部下であった。

チャプマンの計画は、ボディカウルの形状をダウンフォース発生に利用するというものだった。従来のウィングでは、ダウンフォースと同時にドラッグ（空気抵抗）も増大する。しかしこの方法ならダウンフォースだけを追求できた。ライトはすでにBRMでこのアイデアを得ていたが、1969年にBRMチームに移ってきたサーティーズは、長期的な作業はすべて中止して直近の結果が得られるものだけに専念するよう要求した。これがラッドとライトがBRMを去った直接の理由だった。ロータスに移った二人は思う存分開発に専念し、その努力はまもなく結実することになる。

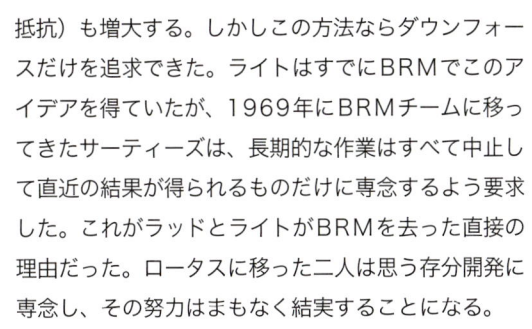

一方、ピーター・ウォア率いる別の開発チームは77を完成させ、75年10月に新車を披露した。しかしこの頃のチャプマンは完全に混乱していた。77の諸元表を見ても、重量配分が果たして正しいのかどうか、彼には確信が持てずにいた。そのため私に、ライバルマシーンのホイールベースを調べてくれと頼みさえした。本当に自分を見失っていたのだと思う。それもあって、77は容易にホイールベースやトレッドを調節できる機構が盛り込まれた。そしてラッドはその結果を次作78に使おうとしていたのだ。

斬新なF1マシーンを生み出そうとしていたのは、ロータスだけではなかった。ティレルのデレック・ガードナーは、ケン・ティレルからようやく6輪車マシーン開発のゴーサインを得ていた。「F1からアンダーステアを一掃させたい。そのせいで、多くの犠牲が出てきたのだから」と、デレックは熱く語っていた。P34と名付けられたこのマシーンは、1975年9月に記者発表された。実物を目の当たりにした記者たちは、しばらく声も出なかった。

その中で私だけは具体的な開発内容を把握していた。マートラのF1撤退後、私はルノーのレース部門の仕事をしていた。P34の青いカラーリングに黄色のラインが入っているのは、ルノー・スポールのボスであるジャン・テラモルシが、ティレルに対して開発中のターボエンジンを搭載するようにオファーしたからだった。

P34の実戦投入はテストの結果を見てからになった。シェクターの反応は今ひとつだったが、ドゥパイエはすぐにこのマシーンに夢中になった。これならチームメイトに勝てるかもしれないという期待を抱いたのだ。シェクターは自分より速いが、マシーンの煮詰めではドゥパイエに一日の長があったからだ。ティレルを支援するエルフにしても6輪車は話題性に富んでいて喜んでいた。「あの『プラウダ』にさえ、写真が

La Formule 3 litres

　載った」とギテールは大満足だった。
　一方、フェラーリのフォルギエーリは重心をできるだけマシーン中心に寄せることに腐心していた。こうして横置きギアボックスが搭載された新車312Tは、タイトル奪取の道を歩み出すことになる。
　さて、1975年シーズンはジャリエの活躍で始まった。緒戦、アルゼンティンGPでジャリエがポールポジションを獲得、しかし不運にもグリッドに向かう途中にギアが壊れ、スタートすらできなかった。2週間後のブラジルでもポールポジションを取得し、レースでも5周目に首位に立つと、そのまま2位との差を広げていったが、33周目に燃料噴射ポンプが咳き込み出した。スタッフが冷却用の空気取り入れ口をカウルに取り付けるのを忘れていたのが原因だった。
　シーズンが進むにつれて、シャドウはライバルたちに追い付かれていった。南米での圧倒的な速さは、この新しいエアインテークのおかげだった。ヨーロッパに戻ると他チームもこれを採用し、ジャリエは7列目スタートが精いっぱいになる。この年のジャリエはスペインの4位が最高の成績だった。
　この年、グレアム・ヒルはロルフ・シュトメレンを抜擢、スペインGPでは自分のマシーンをフランソワ・ミゴーに譲った。ローラT371は、これ以降ヒル

GH1、GH2という名称で呼ばれることになる。スペインでのロルフは素晴らしいスタートを決め、先行車が次々にリタイアしたのにも助けられて17周目にはトップに立つが、26周目にメインストレートを通過した直後にウィングが脱落するトラブルに見舞われる。これでマシーンは制御不能となってアウト側のガードレールに激突。その衝撃でイン側のマーシャル詰め所に突っ込んでいった。この事故でシュトメレン自身が大怪我を負っただけでなく、カメラマン、マーシャル、そして立ち入り禁止場所にいた3人の観客が犠牲になった。レースは中止され、その時点でトップにいたマクラーレンのヨッヘン・マスが優勝した。ただしレース距離の3分の1に達していなかったため、獲得ポイントは半分だけだった。イタリア人のレラ・ロンバルディが6位に入って0.5ポイントを獲得し、F1史上初の女性入賞者となった。
　スペインGPはスタート前から呪われていたのかも

1975年、V8のコスワース・エンジンを搭載したマシーンは、フェラーリV12の前になすすべもなかった。そのため過激なアイデアで、対抗するチームも出てきた。翌76年にはティレルが6輪車のP34を投入する。

この年のバルセロナは、大混乱に陥った。ガードレールがしっかりネジ止めされていないことに気づいたドライバーたちは、予選走行を拒絶。すると主催者側はマシーンを差し押さえると脅した。チームはやすなく、彼らにコースに復帰するよう強いたのだった。

しれない。ドライバーたちはサーキットに着いてすぐ、ガードレールがしっかりネジ留めされていないことに気づき、工事が実施されない限り走行は拒否すると通告した。こうして金曜日の最初のセッションは中止され、工事が始まった。しかし午後の練習走行までに作業は終わらなかったが、コースは閉鎖されていなかったので、GPDAに加わっていないジャッキー・イクスだけがロータスを走らせた。

翌土曜日になってもネジ留め工事は依然として終わっていなかった。業を煮やしたチームはメカニックたちも作業に加わらせた。そしてGPDAは態度を硬化させたままだった。そんなドタバタのなか、主催者は強硬手段に出た。

「あなた方はこのレースに参加すると契約書で確約している。もしそれが尊重されないのなら、裁判に訴えるしかない。そして判決が出るまでマシーンは差し押さえられることになる」とチームに通告したのだ。

古いオリンピックスタジアムを使ったパドックには出入り口は１カ所しかなく、大勢の警官が見張っていたから強硬脱出など不可能であった。チームとすれば、ドライバーたちを説得してレースに出場させる以外に方法はなかった。そこでフィッティパルディはゆっくりと走って予選落ちし、GPDA会長としての面目を保った。

グレアム・ヒルはモナコでレースに復帰していた。もっとも、ヒルは過去５勝を挙げていたこのコースで予選落ちの屈辱を受けてしまったが、一方で、後継者と見込んだトニー・ブライズは、その後のレースで尻上がりに調子を上げていたから、グレアムはシルバーストーンで現役引退を表明した。

そのシーズンが終わってまもなく悲惨なニュースが飛び込んできた。１１月２９日、ブライズやスタッフを乗せたヒルの自家用機が墜落して全員死亡したのだ。彼らは南仏ポールリカールでのテストを終え、メカニック主催のダンスパーティ出席のためにイギリスに戻る途中だった。着陸予定地のエルストリーは悪天候に見舞われ、地上８００ｍまで雲が垂れ込めていた。降下を開始したヒルの飛行機はアークリー・ゴルフ場のクラブハウスに墜落した。ヒルの自宅から数百メートルしか離れておらず、妻のベティにもその音は聞こえたという。調査の結果、高度計が故障していたか、調整不良だったことが判明した。

グレアム・ヒルはBRDC（英国レーシングドライバー倶楽部）のグレアム・ホワイトヘッドと親しかったことで、私をBRDCの名誉会員に推薦してくれた。私のような英国好きのレースファンにとって、これ以上の名誉はなかった。

1976年──
勢いづくリジエともがくチャプマン

フランスのタバコ国営公社であるSEITAは、１９７４年にマートラをスポンサーしたときの反響の大きさが忘れられずにいた。そのマートラがＦ１から去ったあと、この莫大なスポンサー料を獲得したのはギ・リジエであった。リジエとSEITAはともにＦ１進出を夢見ており、彼らは７６年からの参戦を見据えて、ともに歩むことになった。実はそれ以前に、SEITAはアンリ・ペスカローロと組む可能性も模索していた。マートラがペスカローロにV12エンジンを供給し、サーティーズ・マシーンに搭載することまで決まっていた。だが、リジエとの交渉が妥結したことで計画は日の目を見ずに終わった。

技術的に見て、リジエJS5はマートラの直系の子孫といえた。エンジンもマートラ製V12であり、テクニカル・ディレクターのジェラール・デュカルージュほか、スタッフのほぼ全員がマートラから来ていたのだ。JS5はディジョンとポールリカールでかなり長期にわたるテストを行なったのち、ブラジルGPに

La Formule 3 litres

デビューした。それだけの長いテストを繰り返した理由のひとつは、ドライバーを決めるためでもあった。当初は、リジエからスポーツカーレースに参戦しているし、SEITAブランドのジタンの支援も受けていたジャン・ピエール・ベルトワーズの起用が考えられた。だが、リジエとデュカルージュの頭には、もう一人のドライバーの存在があった。新鋭ジャック・ラフィットである。

ジャック・ラフィット

ジャックは何かひとつのことを主張したかと思えば、その直後にまったく反対の論陣を張ったりする。しかもそのどちらも固く信じているふうを装う。そして相手がそれに戸惑うさまを見て、楽しむ、そんな頭のよさを持つ男だった。

ジャックの父は公共工事を請け負う会社の代表を務め、5人の兄弟姉妹とともに何不自由ない幼少年時代を送った。しかし成長してからは、自分の道を切り開けずに悶々とすることが多かったという。そんな時、スケート場でジャン・ピエール・ジャブイーユと知り合い、二人はすっかり意気投合する。ジャブイーユが1966年のゴルディーニ・カップに出場した際には、ジャックがメカニックを務めた。翌年にジャブイーユはブラバムを購入し、プライベティアとしてF3に参戦。さらに1968年には、創設されたばかりのチーム・クリオのワークスドライバーとしてマートラF3を駆る。チームからジャックもメカニックとしていっしょに雇うといわれたが、自由気ままに生きたかったラフィットはその申し出を断った。その後、チーム・クリオが解散すると、ジャブイーユとラフィットは再びコンビを組むことになる。

二人が活動拠点としていたパリ郊外の修理工場には、ジローという実業家が出入りしていた。彼はジャックたちとスキーに行き、その抜群の運動神経に魅せられる。そしてレーシングスクールのウィンフィールドに入校する便宜を図ってやった。新人の登竜門となるシェル・トロフィーは獲得できなかったものの、今度は講師の一人だったチコ・マルタンがジャックの才能に惚れ込んだ。そして同校の経営者であるナイト兄弟に掛け合って、特別にウィンフィールド賞を彼に授与させた。1969年にはそこからF3に参戦するものの、結果は思わしくなかった。そこでカテゴリーを下げて、フォーミュラ・ルノーで2年間戦い続けた。

当時、BP石油は自前のフォーミュラ・ルノー・チームを創設しようとしており、そこにジャックが抜擢された。彼は見事1972年の国内選手権を制し、翌年には同じBPのサポートでF3に復帰。次はF2へのステップアップを待つばかりだったが、そこへ石油ショックが襲来し、BPの支援が危うくなってしまう。そしてマシーン製作を委託されていたマルティーニは、この事態を見て独断で開発を中止した。最終的にはBPは予定どおりF2進出を遂行するのだが、マルティーニにしてみれば今さら作業を再開することはできず、彼らはマーチを購入するのだが、これはひどいアンダーステアのマシーンであった。

そこへ救いの手を伸べたのが、ポールリカール・サーキットの責任者であるジャン・ピエール・パオリだった。マートラはレースの世界から撤退したばかりだったが、エンジニアたちはその魅力を忘れられずにいた。そのうちの一人、空力専門家のジニアーニを説得して新しいスポイラーを設計させた。こうしてマシーン前部のダウンフォースが劇的に改善され、ジャックはヨーロッパ選手権で3位の成績を収めることができた。

1975年には新チームが発足する。ラフィットが駆るのはマルティーニが結局完成させたF2マシーン。そしてマネージング・ディレクターはユー・ド・ショーナックだった。

前年からウィリアムズでF1に出場していたラフィットは、この年のニュルブルクリンクで初ポイントを獲得するが、ウィリアムズがフランス人ドライバーを欲したのは、おそらくスポンサー絡みの理由だったのだろう。最初はジャブイーユと接触したがあまり気に入らなかった。そしてF2レースの折りに、「いいフランス人ドライバーがいたら紹介してくれ」と、私に声をかけてきた。私はラフィットの名前を告げた。

私はリジエのドライバー選考会に出席しなかった。しかし彼らが皆、なんとしてもラフィットを選ぼうとしているのは明らかだった。それに怒ったベルトワーズは、SEITAを相手取って契約不履行の訴訟すら起こした。そして一審は勝ったものの最終的には敗訴してしまう。

こうしてリジエのドライバーになったラフィットだが、開幕戦ブラジルGPは順調とはいかなかった。初日の練習走行でアタック中だったラフィットは、ピッ

1974年、ジャビーの進言でウィリアムズからF1デビューを果たしたラフィットは、翌75年のドイツGPで初の表彰台を獲得する。優勝ロイテマン、2位ラフィット、3位ラウダという顔ぶれだった。

トに戻れというサインボードの指示を無視。その結果ガス欠でコース上に止まってしまい、セッションの貴重な15分をフイにする。そしてこれ以降、デュカルージュとの関係もおかしくなっていく。野生児のようなラフィットには、マートラ式の規律で縛るやり方も我慢できなかった。

第2戦の南アフリカGPではエンジン・トラブルでリタイア。次戦のロングビーチで4位入賞を果たす。しかし続くスペインGPでは、エンジン出力を制限する目的でCSIが大型エアインテークを禁止する措置を打ち出した。特徴的な吸気口を持つJS5には大きな痛手となった。それでもラフィットはツェルトヴェクで2位、ゾルダーで3位、スウェーデンで4位と上位入賞を続け、通算20ポイントで選手権7位の成績を残した。

最終戦の日本GPでは、タイヤ交換を適切なタイミングで行ない、レース中に最速タイムを叩き出した。ところが、富士スピードウェイの計時係のミスで、最速は長谷見昌彦と認定された。リジエのベテラン計時係ミシェル・デュボスは自分の測定に絶対的な自信を持っているので、CSIの技術委員会に属していた私は、

最初のリジエF1が走ったのは、1976年だった。マートラ・エンジンを搭載し、フランス革命時代の帽子のような、そそり立つ巨大なエアインテークが特徴だった。しかし、まもなくこれはCSIによって禁止される。

La Formule 3 litres

レオンにこの話を持っていった。レオンはすぐにJAFに手紙を書いてくれ、最終的にJAFはミスを認めた。しかし新たな結果が公になることはなかった。レース後には基本的なデータの訂正はできないことになっていたのである。

ロータスは開幕戦で2台の77を走らせた。ドライバーはロニー・ペーターソンとマリオ・アンドレッティ。ただし、マリオはスポット参戦に過ぎなかった。二人は多重事故に巻き込まれ、ともにリタイアを喫してしまう。

この頃、ロニーとチャップマンの関係は非常に悪化していた。それを察知したマーチは5万ポンドの年俸を提示して、ロニーの引き抜きにかかった。その大金はF1の庇護者を任じていたグッジ・ザノン公爵が気前よく出してくれた。

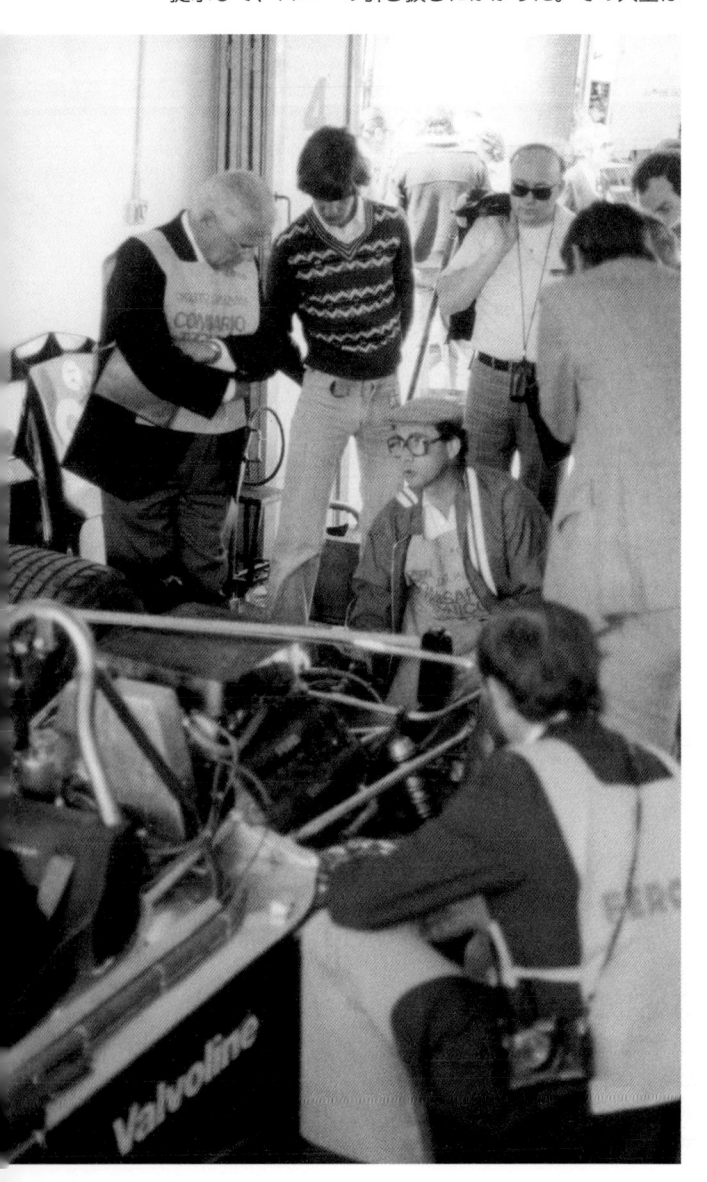

ロビン・ハードは飽くことなくロニーの説得を試みた。ある日、彼がロニーの宿泊先で話していたところ、ドアをノックする音が聞こえた。訪問者はチャップマンだった。彼は部屋に入るなり、ツインベッドのひとつに横になった。ロニーはもうひとつのベッドに寝そべっており、ハードはその下で息を潜めていたのである。もちろん二人の会話はハードに筒抜けで、チャップマンがロニーに対し「マーチは文無しの詐欺師集団だ。お前に1ポンドも払うつもりはない」などと言っているのが聞こえた。

ロニーは次戦の南アフリカGPからマーチに移籍する。そのためロータスは急遽、ボブ・エヴァンスとグンナー・ニルソンを走らせた。ともにペーターソンとは比べるべくもないドライバーであり、ロングビーチでのエヴァンスは予選通過すらできなかった。

しかし窮地に陥ったチャップマンは素晴らしいアイデアを思いつく。アメリカでのレースに不満を持っていたアンドレッティに、ロータスで本格的に走らないかと持ちかけたのだ。ただし、彼ほどのドライバーに充分な年俸を払えるような資金的な余裕は、当時のロータスにはなかった。そこで基本給をできるだけ低く抑え、獲得ポイント数による出来高払いを提案したのだ。マリオはその条件を受け入れ、第5戦ベルギーGPからロータス77で出場した。そしてハラマ、ツェルトヴェク、ザントフールト、モスポートで3位に入る活躍を見せた。さらに、ポールポジションからスタートした日本では、見事、初優勝を飾る。ロータスにとっても、1974年イタリアGP以来の2年ぶりの勝利であった。

一方で、ラッドの率いる開発チームは、史上初のグラウンド・エフェクトカーとなる78をついに完成させた。試走したアンドレッティは、「まるで地面に吸い付いているみたいだ」と、すぐにでもレースで走りたがった。しかしチャップマンは、あえてシーズン終盤からの投入を取りやめる決断を下す。翌年の開幕までにライバルたちに真似されてしまうことを恐れたのである。

ヘスケスが撤退したあと、ジェームズ・ハントは再びマクラーレンに戻った。代わりにエマーソン・フィッティパルディは、兄が創設したブラジル・チームに

1976年のスペインGPの際、CSIの技術委員を務めていたジャビーは、優勝したジェームズ・ハントのマクラーレンの車検を担当した。そしてリアトレッドが、規定より16mm長いことを発見する。

移籍する。76年シーズンは、ハントとニキ・ラウダの一騎打ちとなった。そして私はこの戦いにおいて、心ならずも重要な役割を演じることになる。

この年、スペインではマドリッドとバルセロナの2カ所で、ふたつのグランプリが開催された。しかし当時のスペインには経験豊富な技術委員はほとんどいなかった。そこで、私がこの両グランプリに技術委員として招集されたのである。この頃は何台かのマシーンに非合法の疑いがかかっており、われわれはスペインGPで大掛かりな抜き打ち車検を行なうことになった。優勝したハントのマシーンも例外ではなかった。新しいレギュレーションでは、車幅は最大215cmと定められている。ところが、主催者は技術委員に2m以上の巻き尺を用意してくれなかった。これでは正確な計測は不可能である。あきらめようとしたところ、英国自動車クラブのピーター・ジョーウィットが私に250cmのメジャーを手渡したのだ。あとでピーターは自分の行為を後悔することになる。私がマクラーレンのマシーンを計ったところ、わずかに18mm長過ぎたのだ。こうしてハントの優勝は取り消された。ただし、これはグッドイヤーの単純ミスが原因であり、チームの控訴を受けて行なわれた審理でマクラーレン側の言い分が全面的に認められた。こうしてハントは世界チャンピオンになった。

ただし、彼のタイトル獲得はライバルだったニキ・ラウダに助けられた面もあった。ラウダはニュルブルクリングの事故で大火傷を負う。その晩には臨終の宣告を受けるほどの重傷だったが、奇跡的に回復し、9週間後のイタリアGPから復帰を果たす。そして富士スピードウェイで行なわれた最終戦の日本GPまで、タイトルの行方はわからなかったのである。しかし決勝当日は台風が荒れ狂い、中止になってもおかしくないほどのコンディションだった。予定より大幅に遅れて始まった大雨のレースでは、特にラウダが大きな不利を蒙った。彼は事故後、顔面の整形手術を受けていたが、まぶたの形成はまだ終わっていなかった。そのためバイザー越しに襲ってくる雨で、視界がまったく利かなかったのだ。こうして3位に入ったハントが世界チャンピオンとなった。しかし、ピットに戻った時点ではハントは諦めており、テディ・メイヤーに食ってかかった。それに懲りたからか、マクラーレンは翌年からミシェル・デュボスを計時係として採用した。

パリのレ・アール界隈に、書籍やミニカーなどを売る「Automoto（オートモト）」ショップがオープン。ジャビーの妻カトリーヌが、ロータス・セヴンにシャンパンを浴びせて祝福。

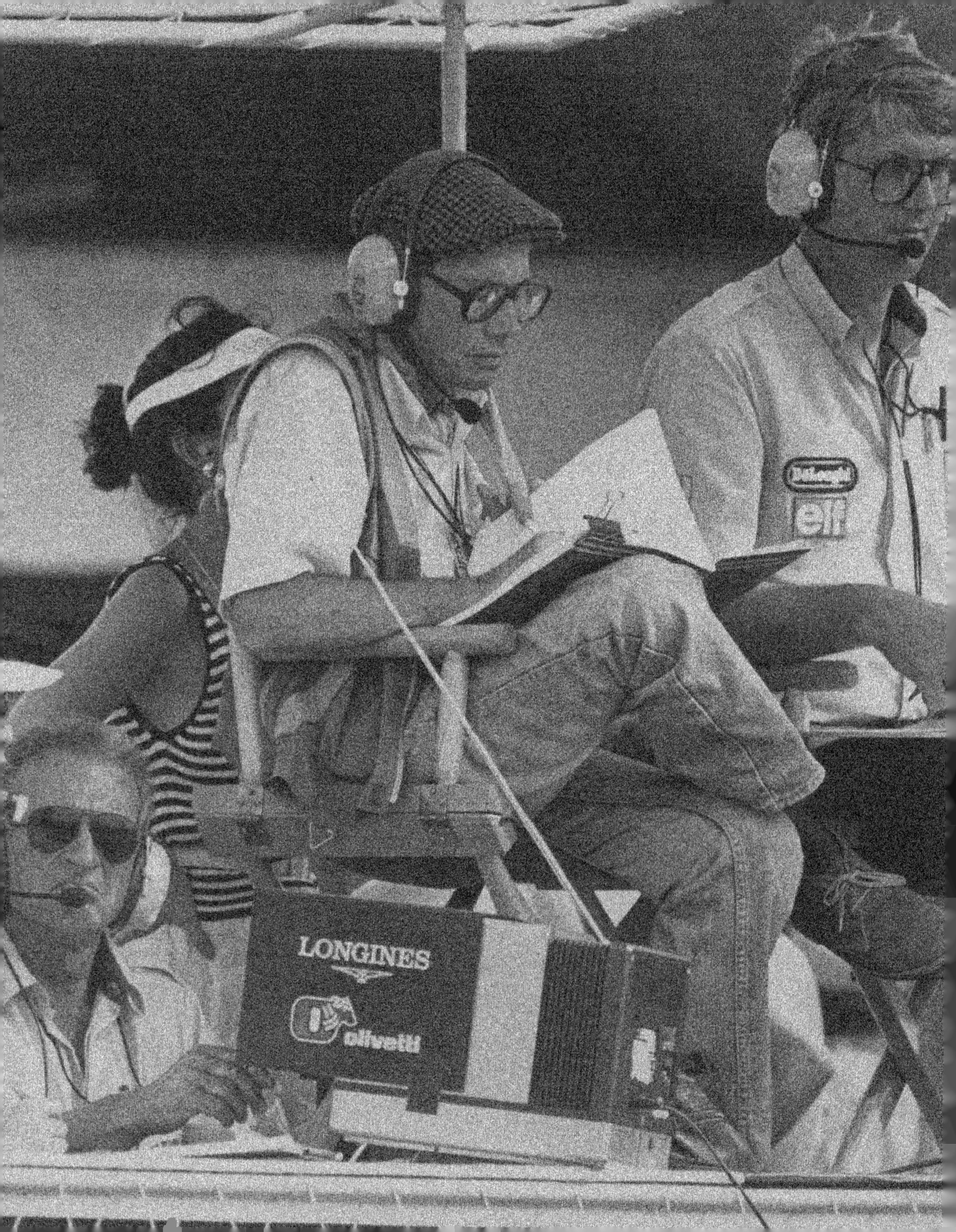
LONGINES
olivetti
elf

chapitre 3

L'ère du turbo
ターボの時代

1977年シーズンには、その後のF1に革命を起こすことになる
3つの新しい技術が登場した。その新技術とは、空力の概念を一変させた
ロータス78のグラウンド・エフェクト、運転補助装置の先駆けとなった
ロータスのアクティブ・サスペンション、ターボチャージャー付きエンジンであった。
また同時に、グランプリレースが没落しかけるほどの深刻な争議も勃発した。

1977年──目白押しの新技術

　1974年、報道関係者を招いての昼食会において、ルノーはV型6気筒レーシングエンジンを公開した。ルノー・スポールの総帥であるジャン・テラモルシは、その昼食会の少し前、私にルノー・スポールの技術コンサルタントを務めてくれと言ってきた。もちろん本来のスポール・オート誌の仕事は続けてくれてかまわないという。マートラのF1撤退後、私はこうして再び二足のわらじを履くことになった。

　テラモルシ、通称"テラ"は古い知り合いだった。フォードからルノーに移った彼は、宣伝広報部のエースとしてルノーの象徴のような存在だった。誰ともすぐに仲よくなり、情熱的で、度量が大きく、大企業ならすぐ引き抜きたくなるような、魅力的な人材だった。

　テラはレースが好きで、フォード・ヴェデットでモンレリーを走っている彼に出くわしたこともある。その後、ルノーのモータースポーツ部門の責任者となった彼と私は、頻繁にサーキットに同行するようになった。

　1970年末、エルフは心ならずもマートラとの関係を解消した。その原因は、1968年のルマン24時間レースに遡る。マートラはV12気筒搭載の630を出走させ、ここであの有名な「ワイパー事件」が起きる。レースは大雨に見舞われてマートラはワイパーが作動しなくなった。セルヴォズ-ギャバンは周回をあきらめて、さっさとピットに戻ってしまう。ところがチームメイトのペスカローロはリタイアの呼びかけに耳を貸さず、一晩中ワイパーなしで激走を続けたのだ。

　それを知った人々の熱狂はルマンの枠をはるかに超えた。マートラのボス、シルヴァン・フロワラは、ラジオ局ユーロップ1のオーナーでもあったから、ペスカローロの活躍は一晩中この局から生中継された。2番手まで順位を上げたペスカローロは、タイヤバーストでリタイアを喫したが、翌日のフランス国内はいた

"しかめっ面"のジェラール・デュカルージュ（左下）と、レース現場を率いるピーター・ウォア（右端）に挟まれ、ジャビーはロータスのピットウォールで計時に専念していた。

L'ère du turbo

完成までに大きな物議を醸したルノー・エルフRS01。ルノーのジャン・テラモルシ、そしてエルフのフランソワ・ギテール、この2人の執念が前人未到の、ターボチャージャー付きグランプリカーという計画を実現させたのだった。

るところで彼とマートラの名前が連呼された。

一方、アルピーヌ・ルノーも、アメデ・ゴルディーニの開発したV8 3ℓを搭載したマシーンでルマンに参戦していた。しかし、彼らはマートラほどの活躍を見せず、反響もずっと少なかった。もっと具合の悪いことに、エルフに招待されてルマンのVIPルームでレースを観ていたルノー幹部は、エルフ関係者がマートラにしか眼中にないことに激怒した。そして同じ国営企業であるルノーを支援するために、マートラとの関係を断ち切れと要求してきたのだ。

事態は相当にもつれ、最後は当時のジョルジュ・ポンピドゥー首相が仲裁に入る騒ぎとなり、首相の執務室でルノーの言い分を認める決定が下された。エルフが去ったマートラにはシェルが支援の手を差し伸べることになった。

一方、エルフのフランソワ・ギテールはルノーに対して、レース部門をいっそう充実させるよう申し入れた。当時のルノーは、子会社化したアルピーヌがラリーで活躍していただけで、サーキットレースの分野では、ゴルディーニV8が失敗して以降、まともなレース用エンジンは開発されずにいた。

エルフの市場調査によれば、広報的な価値はラリーよりサーキットレースの方がはるかに高い。するとルノーは「レーシングエンジンがほしいのなら、費用を負担してくれ」といい、ギテールはエルフのジャン・プラダ社長に、V6 2ℓの開発生産をゴルディーニに委託させるよう掛け合った。テラモルシがルノー・スポールのトップに任命されたのは、ちょうどそんな時だった。そして彼は、その後長きにわたってエルフの最も忠実な同盟者となったのである。

ルノーV6エンジンはアルピーヌ製バルケッタに搭

載され、1973年の2ℓヨーロッパ選手権でデビューし、翌年にはこのカテゴリーを制した。その勢いを駆って欧州F2にも勝つと、ルノーは、V6エンジンのターボエンジン搭載車でのルマン進出を決断した。

当時、テラモルシの上司はベルナール・アノンだった。のちにルノー総裁となるアノンはF1進出の重要性を理解し、参戦計画にゴーサインを出すつもりだった。ただしF1を戦う方法として、ふたつの意見が対立していた。ひとつはゴルディーニの元エンジニアのフランソワ・カスタンが主張する、2ℓV6エンジンにもう1バンク3気筒を加えて3ℓW型9気筒にする案。もうひとつは、アルピーヌのエンジン・エンジニアでギャレット社に留学したベルナール・デュドによる、排気量を1.5ℓに落としてターボ過給するというアイデアだった。

マートラがエルフとのコンビを解消した一方で、エルフとティレルとの関係は非常にうまくいき、1971年と73年にスチュワートが選手権を制するという頂点に達していた。ギテールの話には、何かにつけてケン・ティレルが出てくるほど二人は親密だった。そして、ルノーのF1エンジンについての裁定をティレルに頼んだのだ。パリに呼ばれて両陣営の言い分を聴いたケンは、こう断を下した。

「自然吸気エンジンではコスワース以上のものはできまい。一方、ターボを採用して万一失敗したとしても開拓者の名誉は残る」

こうしてターボチャージド・エンジンの開発が正式に決まった。資金を出したのはエルフだった。V6 2ℓの時は30万フランで済んだが、今度は50万フランまで予算が膨らんだ。しかもそれだけ莫大な投資をしても成功が保証されるわけではないのだ。FIA（国際自動車連盟）は自然吸気とターボの混走に際し、スポーツカー選手権では「2.2ℓエンジン＋ターボ過給器」と定めていたが、F1では排気量1.5ℓ以下でなければターボ搭載が認められなかった。これがネックとなり、ターボ技術についてのノウハウが豊富なポルシェでさえ、ターボエンジンでのF1参入は勝ち目がないと断定していたのだ。いずれにしても、テラモルシは話題性の点だけでも、ターボの採用は正解だったと思っていたようである。そしてルノーが抜擢したのが、ジャン‐ピエール・ジャブイーユだった。

ジャン‐ピエール・ジャブイーユ

すでにジャック・ラフィットの稿でジャブイーユについては簡単に触れた。彼は1966年モンドールの山岳レースにアルピーヌでデビューしたのち、すぐにゴルディーニ・トロフィーへと移った。マシーンの整備はジャブイーユ自身がラフィットの助けを借りて行なっていた。

そして翌1967年にはブラバムF3を購入。このマ

エルフ2を駆るジャン‐ピエール・ジャブイーユ。このマシーンに搭載された自然吸気2ℓV6エンジンが、F1用1500ccターボの原型となった。

L'ère du turbo

シーンで戦ったモナコが高く評価され、チーム・クリオで走ることになる。ジャブイーユはフランス・トロフィー開幕戦のランスをマートラで走り、見事に優勝してみせた。しかしクリオの社長が交代し、後任者はレースの世界からの撤退を決めてしまう。ジャブイーユは自分が乗っていたマートラを購入して、プライベティアとして走ることになる。そして、68年シーズンは大活躍するものの、僅差でフランソワ・セヴェールに国内タイトルをさらわれてしまう。しかし前述したように、その時に彼の取ったフェアな態度は、充分称賛に値するものであった。

チャンピオンにこそなれなかったが、ジャブイーユはアルピーヌ・ルノーのスポーティングディレクター、ジャック・シェニスに抜擢され、ワークスドライバーとしてフランスF3を戦うことになった。チームメイトはパトリック・ドゥパイエである。しかしこの年のアルピーヌは戦闘力に欠け、1勝もできなかった。まさにその時期に、マートラとエルフは関係を解消した。そしてエルフは、今度はルノーの開発の後押しをすることになる。こうしてジャブイーユは、それまでとは見違えるほど強力なマシーンを駆って、レースを戦えるようになった。

私は毎週ルノーのファクトリーに通ったが、そのたびにエルフのギテールに出くわした。そして彼はテラモルシのオフィスを出るや、決まって「もっと開発のペースを上げないと。プッシュだよ、プッシュ！」と大声を上げたものだ。"テラ"にしてみれば、ギテールに言われるまでもなかった。しかし、国営公団ルノーの内部は組織的なややこしい問題があった。なにしろ、ドレヒュス総裁はF1参入に反対していた。あくまで秘密裏に計画を進めなければならなかったのだ。

テラモルシはディエップの研究所に対し、実験用車両A500の製作を許可していた。1976年に完成したこのマシーンは、公式にはF2用ということになっていた。しかし実際には、ターボエンジンの搭載も可能だったのだ。ターボ自体はそれ以前に、A442スポーツに積んで、ジャブイーユが実走テストを行なっている。

ところでこのA500は公式発表される前に、『エキップ』紙がスクープ記事で暴露してしまう。そして同紙の語るスクープの経緯は、実に不可解なものであった。ある日記者の一人が研究所を訪れると、壁際にハシゴが立て掛けてある。それによじ登って窓の中をのぞくと、A500があったというのである。もちろん

「次は、F1だ！」ルノーのサテライトチームというべき、エルフ・スイッツァランドとマルティーニが、1976年の欧州F2選手権を圧倒した（ドライバーは、ジャブイーユ、ルクレール、アルヌー、タンベイ）。これはF1進出を疑問視していたルノー首脳陣の不安を払拭するに充分な出来事であった。

ジェラール・ラルースは
ドライバーとしても、
サーキット・レースと
ラリーの双方で、輝かしい
成功を収めた。そして今度は、
エルフ・スイッツァランドを
率いて、チーム運営に秀でて
いることも証明して見せた。
次なるステップとして、
あらゆる人材を結集して、
ルノー・エルフのF1、
ルマン両プロジェクトの
総責任者となったのだった。

誰もそんな言い分を信じはしない。

この記者はラリー専門で、そのためアルピーヌの関係者とは非常に仲が良かった。ずっとラリーをやってきた彼らにすれば、F1参入計画などつぶれてしまったほうがいい。ラリー活動が大幅に縮小するのは、目に見えていたからである。そこでわざとマスコミにリークしたというのが、どうやら真相のようだった。しかしドレヒュスが総裁を退任したこともあって、F1計画は正式に承認される。「ラリー派」のクーデターは、完全に失敗してしまったのだった。

しかしその頃、テラモルシは重病に冒されていた。すでに数年前に心臓発作を起こしていたのだが、医師の言いつけなどいっさい守らずに、激務を続けてきたのだ。そのため上司のアノンは、76年には彼を第一線から外した。

では、誰に後を託したらよいのか。選択肢はふたつしかなかった。アルピーヌのボスであるシェニス。そしてジェラール・ラルースだった。彼はルノー・ドライバーを経て、自チームの運営経験もあった。アノンはラルースをF1計画の責任者に据えた。着任後の彼は、すぐにスイス・エルフ時代の部下だったジャン・サージュを呼び寄せる。さらに私に対しても、今までどおり働いてほしいと言ってくれた。

後任が決まるのを待っていたかのように、テラモルシは余命数カ月という診断を下された。

ジェラール・ラルース

絹織物業者を父に持つラルースは、学生時代からレースの世界にもどっぷり浸っていた。レーシングドライバーとしては、F1の運転経験はほとんどないものの、スポーツカーレースではルマンを二度制している。ラリーでも才能を発揮したが、デビュー戦は母親の自家用車での参戦だった。一方で、ラルースは早くからチーム運営にも手を染めてきた。これらの経歴を見るにつけ、このむずかしい局面を切り抜けるのに、ラルース以上の適任者はいなかったのだ。

ルノーは1978年にルマン24時間レースに勝ったことで、以降はF1活動に専念できるようになった。ラルース自身が、ルマンで優勝するまではF1を始めないと言明していたのだ。ジャン・サージュは彼の右腕として、まずスタッフの待遇改善から着手した。F1チームのメカニックたちの食事といえば、それま

ではサンドイッチが食べられれば御の字だった。唯一、フェラーリだけは食堂付きのモーターホームをサーキットに持ち込んでいたが、サージュはルノーにもそれを導入したのだ。シェフのベルナール・カノニエが作る料理は、言うまでもなく皆の士気を高めた。われわれジャーナリストたちも、喜んでご相伴に与った。そしてまたたく間に、他のチームもモーターホームを用意するようになったのだった。

ルノーのF1活動は、激烈と呼ぶにふさわしいものだった。1977年のシルバーストーンでデビューしたRS01は、レース中にものすごい白煙を吹き上げて息絶えた。そのためイギリス人たちは、「黄色いティーポット」と揶揄したものである。そしてチームはリタイアを残念がるどころか、ホッとしていた。そのまま周回を続けていたら、ガス欠で止まってしまうことが目に見えていたからである。当時のF1には、まだ給油装置はなかったのだ。

参戦1年目は、苦戦の連続だった。フランソワ・カスタンはのちに、その頃を回想して私にこう語ったことがある。「とても完走できないとわかっていても、参戦を続けざるをえなかった。早く新しい技術が出てくれないかと、気が狂いそうになっていたよ」

駄目なのはクルマばかりでなく、タイヤも同様だった。ルノーはミシュランに、ともにF1に参入することを呼びかけた。そして彼らは新技術のラジアルタイヤで、旧来のバイアス方式に固執するグッドイヤーに挑戦状を叩き付けたのだ。ところがミシュラン・タイヤは、冷えた路面ではまったくグリップしないのである。そのためカナダでのジャブイーユは、予選落ちを喫してしまう。そしてレースでは、はるかに予算の少ない下位チームと争うような屈辱を味わった。

ラルースの行動は速かった。その翌日、秘かにグッ

ドイヤーのテストを行なったのだ。しかし幸いなことに、ミシュランは翌年から反撃に出た。この年はフェラーリもミシュランを採用。ロイテマンが開幕第2戦目を早々に制したのだった。

　ロータスは2台の78をエントリーし、マリオ・アンドレッティとグンナー・ニルソンに託した。順当に行けば、この年はアンドレッティがチャンピオンになれるはずだった。ところが予想外の、そして今にいたるまで説明不可能なエンジントラブルが頻発する。アンドレッティは通算4勝を挙げたものの、それ以外のレースでは主にエンジンにかかわる信頼性の問題に悩まされた。チャップマンは車体の優位だけでは飽き足らず、革新的なエンジンも迷わずレースに投入していた。それが結果的に命取りになったのかもしれない。

　スウェーデン・アンデルストープのレースでは、燃料噴射の調整に不具合が生じ、混合気が最高に濃い状態のままになってしまった。マリオは終盤、何とか正常なレベルに戻したものの、その間にリジエ・マートラJS7が先行。ジャック・ラフィットはそのままチェッカーを受け、F1初勝利を挙げた。これはまた、フランス製エンジンが初めてグランプリを制した瞬間でもあった。私自身はレースに立ち会っていなかったが、ラフィットは練習走行中ずっとマシーンの出来に不満を漏らしていただけに、意外な優勝といえた。ギ・リジエなどは、本来ならアンドレッティに回すべきタイヤを、グッドイヤーが間違えて自分たちに渡していると思い込んでいたほどである。いずれにしても、経済効率最優先で開発されたJS7は、一流のマシーンとは言いかねた。シーズン序盤には、エンジンのピストンもほぼ毎レース壊れていた。その原因は何と、回転数の誤表示だったのである。

　ジェームズ・ハントはこの年、新型ウルフで3勝を挙げた。私はそのすべての勝利を間近で見ている。チームの計時係になったからである。一方ロータスは、ピーター・ウォアが中枢から去り、アメリカに行っていたアンドリュー・ファーガソンが戻ってきた。そしてウォルター・ウルフはウォアに対し、ゼロからチームを立ち上げる手助けを要請したのだった。

ルノー・ターボの参戦序盤は苦闘と落胆の連続であった。白煙を上げることが何度も続き、すぐに「黄色いティーポット」というあだ名を進呈された。ライバルたちは冷笑こそすれ、警戒心を抱くことはまったくなかった。

ピーター・ウォア

　ピーターは銀行家の父がイランに滞在中、かの地で生まれた。本人は軍人志望だったが、訓練中の事故で除隊させられる。父はイギリスに戻ると、ブランズハッチの近くに一軒家を購入した。そこで過ごしたピーターは、自然とモータースポーツの世界に足を踏み入れることになる。ある日彼は、当時まだチェスハントにあったロータスを訪れた。入り口に立っていると、誰かに「おい、お前。ボーッとしてないで手伝わないか」と怒鳴られた。そして翌日から、販売部門の見習いとして働くことになる。

　その後ロータス・セヴンやレーシングカーの販売責任者に出世し、自身もレースに出場するようになる。1963年には、日本GPで優勝を飾っている。その後ロータスがノリッチに移転すると、ロンドンから離れたくなかったピーターは退職。スロット・レーシングの店を開く。しかし流行がすたれると、すぐに潰れてしまった。一時はロールスやベントレーなど高級車のディーラーをしていたが、ファーガソンがチャプマンと衝突して出て行った1969年、チームマネジャーとしてロータスに復帰した。

　そして1976年、ウルフの誘いで、再びロータスを離れるのである。ピーターは完璧主義者で、部下たちにも完璧な仕事を要求した。尊大で、誰にでも好かれる性格ではなかった。しかし彼は他人に対し、好意より尊敬を求めたのである。

　フランク・ウィリアムズの財政難は、依然として続いていた。しかしマールボロの支援を得て、一息ついたところだった。フランクはスポンサーの意向で、できるだけ多くの国籍のドライバーを採用する。その中ではジャック・ラフィットがピカイチで、1975年のドイツGPでは2位に入る活躍を見せた。そのレースでグッドイヤーは、戦闘力に優れるソフトタイヤを投入した。しかし充分な数がなく、使えるのはトップチームだけだった。もちろんウィリアムズはその中に入っていない。ところが、コースは細かい砂利に覆われ、高性能タイヤは次々にパンクしていった。一方で、ラフィットの履く固いタイヤはまったく問題なく、ロイテマンのブラバムに次ぐ2位入賞を果たしたのだった。

　この年の初め、フランクはチームの窮状を、友人でランボルギーニのエンジニアのジャンパオロ・ダラーラに訴えた。すると彼はフランクに、「得意客の一人に、レース参入を希望している人間がいる」と教えてくれた。それがウォルター・ウルフだった。石油採掘機材の売買で財を成したこのオーストリア人に、フランクはさっそくコンタクトを取った。レースに招待されたウルフは、すぐにこのスポーツの虜になってしまう。そしてフランクへの融資を快く引き受ける。

　しかしシーズン終了時、ウルフは自チームを所有する夢に取りつかれていた。そこで14万ポンドもの負債を肩代わりする代わりに、チームの株を60％取得したいとフランクに申し出た。だがフランクに拒絶されたため、F1から撤退したヘスケスの機材一式を買い取ることにした。そして45万ポンドを支払ったところで、なぜかフランクが心変わりし、ウルフの申し出を受け入れた。こうしてヘスケス308Cは、ウルフ・ウィリアムズFW05へと生まれ変わった。

　チームはジャッキー・イクスとミシェル・ルクレールを擁してレースを戦うが、ウルフの期待したような結果は出なかった。ヘスケス308Cがあまりに非力で、ハーヴェイ・ポスルズウェイトの懸命な改良努力にもかかわらず、いっこうに速くならなかった。そこでウルフはピーター・ウォアを実質的なチーム代表に据え、大がかりな組織改革に乗り出した。哀れなフランクは窓際に追いやられ、主な仕事はスポンサー開拓だけになった。もちろん、サーキットにも来られない。ウィリアムズの評伝を書いたダグ・ナイによれば、「ウ

ウォルター・ウルフ（写真右）は、オーストリア出身のカナダ人実業家であった。彼はチーム・ヘスケスの施設を買い取ると、フランク・ウィリアムズと組み、完全なコンストラクターとしてF1進出を果たす。ジェームズ・ハントとジョディ・シェクターは、ともにこのチームで勝利を挙げた。

L'ère du turbo

ォルターはそれ以外にも個人的な仕事を私に託した。たとえばファーストクラスでフランクフルトに飛び、メルセデス6.9をジュネーヴまで運び、そこでランボルギーニを受け取ってパリまで乗って行くとか……」。

フランクがそんな仕事をいっさい投げ出すまでに、そう長い時間はかからなかった。彼は新たなチームを立ち上げる決断を下す。そのためにベルギー人ドライバーのパトリック・ネーヴと契約し、ネーヴの個人スポンサーであるビールメーカー「ベル・ヴュ」の支援を得ることに成功した。そして14000ポンドでマーチ761を購入すると、ディドコットに小さな工場を開いた。ウルフ・ウィリアムズからは、二人のエンジニアがフランクについて行った。パトリック・ヘッドとロス・ブラウンである。さらに二人の技手、ニール・オートレイとフランク・ダーニーも、ほどなく彼らに加わった。

パトリック・ヘッド

かつて、J.マイケル・ヘッド大佐という軍人が、グッドウッドで白のジャガーCタイプを走らせていた。彼はその当時、北欧の国、確かフィンランドだったと思うが、かの地の英国大使館の駐在武官という肩書きだった。しかしその大佐に、パトリックという息子がいることまでは、私は知る由もなかった。

パトリックは早くからレースの世界に魅せられ、エンジニアの道に進むことを決意する。ところが、機械工学の学位取得にずいぶん手間取り、何度も試験を受け直したという。そして1970年、ようやくローラに入社した。エリック・ブロードレー率いるローラは、英国で最も重要なレーシングカー製造会社であった。確かにF1では、大した実績を残していない。しかし、それ以外のほとんどあらゆるカテゴリーで、ローラは頂点を極めている。さらにいえば、のちにF1で名を成す一流エンジニアもここで成長した。それがパトリック・ヘッドであり、ロス・ブラウン、そしてジョン・バーナードであった。

ヘッドはまもなく、独立のためにローラを退社。スコットというF2マシーンをデザインしたりした。そして1975年、豪華なカールトン・タワーで行なわれた面接を経て、フランク・ウィリアムズに雇われることになる。

「フランクは私に、『週に7日間、1日12時間働き続ける用意はできているか』と訊ねるんだ」と、ヘッドはダグ・ナイに語っている。「そこで私はこう答えた。『もちろん無理です。それだけ働く必要があるということは、仕事の段取りがなってないわけですからね』」。しかし、チーフエンジニアとして雇われたヘッドは、すぐに1日12時間、週7間の激務をこなした。

その2週間後、ウィリアムズはウォルター・ウルフによって買収された。その際にチーフエンジニアの肩書きは、ハーヴェイ・ポスルズウェイトに取られてしまう。ヘッドはそれを受け入れ、働き続けた。そこへフランクから、「ここを出て行く。いっしょについて来てくれ」と言われ、行動を共にする。その後のパトリックの貢献は実に多大で、フランクは彼を共同経営者に引き上げたほどである。

ヘッドは間違いなく、ゴードン・マーレイやロス・ブラウンに並ぶ、偉大なF1エンジニアと言っていいだろう。ただしそのスタイルは、何よりも独創性を重んじるコーリン・チャップマンとは違うものだ。ヘッドは完璧主義者であり、そのデッサンは芸術家の域に達していた。こうして再出発したウィリアムズだが、ハラマでF1デビューしたネーヴは、さしたる活躍もせずにこのシーズンを終える。しかしその話の前に、ウルフについてもう少し頁を割くことにしよう。

フランク・ウィリアムズの盟友として、パトリック・ヘッドは長年チーム・ウィリアムズの開発の要であった。チャプマンほどの独創性には欠けるものの、完璧主義者という点で優る者はいない。その意味でも偉大なエンジニアというべきであろう。

ハーヴェイ・ポスルズウェイトは非常にシンプルなWR1を設計し、ジョディ・シェクターはブエノスアイレスでの第1戦からこのマシーンで戦った。そしてこの年のウルフは、類い稀なる幸運に恵まれたと言うべきである。ドライバーの年俸も含めて総額53万ポンドを支払っただけで、チームは3勝を挙げたのである。そしてジョディはドライバー選手権で2位につけた。

ジョディ・シェクター

チリチリ髪でふくれっ面、南アなまりの英語を話し、いつも不機嫌そうなシェクターは、決して初対面で好印象を抱くタイプではない。レーシングドライバーとしても、デビュー当時から凄い才能を発揮したとは言いかねた。1973年のシルバーストーンでは、1周目でいきなりコースアウトを喫し、おまけに僚友何台かも道連れにしている。他にもエマーソン・フィッティパルディ、フランソワ・セヴェールを巻き込んだ多重事故の当事者でもあった。当時のジョディはマクラーレンから参戦していたが、ケン・ティレルはジャッキー・スチュワートの後釜に彼を据えたのだった。しかしティレル時代のジョディは、決して幸せには見えなかった。彼は特に、6輪車のP34を嫌っていた。それでウルフからの誘いに、二つ返事で乗ったのである。

それにしてもこの男は、ちゃんと付き合ってみると、それまで持っていた印象がすべて覆されたものだ。彼は控え目で、そして抜群の頭の良さと潔さを持ってい

るのだ。1979年にフェラーリでタイトルを取ると、翌年にはさっさと引退してしまう。そしてアメリカに渡り、警官を対象とした射撃訓練場を経営する。数年後にそれを売却して巨万の富を手にするが、従業員の誰一人として、彼がF1の世界チャンピオンであることは知らなかったそうだ。

フェラーリはこの年も好調で、ニキ・ラウダが二度目のタイトル獲得に成功する。しかしもはや、エンツォ・フェラーリとの亀裂は修復不可能になっていた。前年の富士スピードウェイでラウダがリタイアしたことを、彼は許せなかったのである。タイトルが確定するや、ラウダはチーム離脱を表明。カナダGPからは、ジル・ヴィルヌーヴがフェラーリ・ドライバーに抜擢された。

一方、シェクターの去ったティレルは後任にロニー・ペターソンを据えた。ケンとロニーはともに、この移籍に大きな期待を抱いていた。しかしP34は重すぎる上に、信頼性も高くなかった。そして何よりこのマシーンの戦闘力は、タイヤ性能に多くを頼っていた。しかし単一供給メーカーだったグッドイヤーは、通常の13インチタイヤの開発を優先した。絶望したガードナーは辞表を出し、後任のモーリス・フィリップは、よりコンベンショナルな008の開発にとりかかった。

第3戦南アGPは、シャドウにとって劇的なレースとなってしまった。ATSに移籍したジャリエに代わって出場したイタリア人のレンゾ・ゾルジが、エンジ

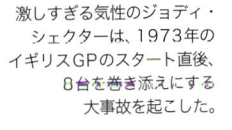

激しすぎる気性のジョディ・シェクターは、1973年のイギリスGPのスタート直後、8台を巻き添えにする大事故を起こした。

L'ère du turbo

ン故障でピット前ストレートの脇にマシーンを止めた。エンジンからは火が出始めていたので、マーシャルの一人が消火器を持ってコースを横切ろうとした。しかし最終コーナーを立ち上がってきたシャドウのトム・プライスには、彼の姿が直前まで見えなかった。そして避けきれず、跳ね飛ばしてしまうのである。

あの凄惨な情景を忘れることはないだろう。マーシャルの身体は陸橋の高さまで跳ね上がり、そしてコース上に叩きつけられた。持っていた消火器はむろん手から離れている。その重い物体はコクピットを直撃し、プライスの首をはねたのである。首を失った肉体は坐ったまま、アクセルを踏み続けている。マシーンはそのままクローソーン・コーナーへと疾走して行った。そこへラフィットのリジエが追いついた。彼はシャドウのマシーン前部が損傷していることには気づいたが、それほどの大事故とまでは思わなかった。ラフィットはシャドウを抜くつもりでコーナー手前で横に並び、ステアリングを切った。その横腹へシャドウがそのまま突っ込んできた。ラフィットはすぐに病院に運ばれた。彼を見舞いに行ったジョルジュ・マルタンは、首のない死体が運ばれてきたのを見て、ラフィットかと震えたそうだ。誰もが忘れたい、忌まわしい思い出である。

1978年──不運なドライバー、ロニー

チャプマンは78に大改造を加え、79を完成させた。「ブラック・ビューティ」と呼ばれ、F1史上最も美しいこのマシーンは、78年シーズンで圧倒的な強さを発揮した。車体は剛性を増しただけでなく、空力的にもいっそう洗練された。この年からレギュレーションが変わり、燃料タンクはコクピット両サイドに置く必要はなくなった。その変更を活かし、サーキット特性に合わせて、タンクを取り外し可能にしたのである。さらに最新型のギアボックスは、クラッチペダルを不要にしていた。そのおかげで左足ブレーキが可能になった。

79のデビューは、第6戦ゾルダーのベルギーGPだった。したがって前戦のモナコでは、まだ78を走らせた。そしてここではパーク・パレスという不動産会社が、1戦だけのスポンサーとして付いた。オーナーのスイス人、ピノ・カンペリオはそれを祝ってモナコ市内で晩餐会を催し、ロータス関係者や知人を招いた。その一人、石油会社を営むデイヴィッド・シームは、この晩チャプマンとすっかり意気投合し、まるで10年来の友人のようになってしまう。シームはロータスのスポンサーとなり、「エセックス」のロゴがマシーンに付けられることになった。

その後タイトルスポンサーへと発展するこの活動の責任者に、シームはフランソワ・マゼを据えた。マゼは長い間、ギリシャの海運王オナシスに仕え、世界中の財界、社交界にパイプを持っていた。まさにこの仕事にうってつけの男であった。シームは彼に、2階建て、広いテラスを持つモーターホームを造らせ、グランプリ・パドックに持ち込んだ。そして大事な顧客たちを招待し、特等席からレースを観戦させたのである。

ニルソンはロータスから、新興チームのアロウズに移っていた。しかしガンに冒され、もはや走ることはできなくなってしまった。

一方、ロニー・ペーターソンはザノン伯爵の勧めでロータスへ復帰した。しかし、給料を支払っていたのはロータスではなく、大実業家のグッジだった。彼はF1ドライバーのタニマチのような存在として、ペーターソンをはじめとして複数のドライバーの個人スポンサーになっていたのだ。

グッジは少年時代からの、レーシングドライバーになる夢を捨てきれず、金に飽かせてF1マシーンを次々と買いあさった。そして年に数回はポールリカール・サーキットを借り切り、それらのマシーンの走行会を開いていた。しかし数年前に導入されたスリックタイヤは、アマチュアレーサーがF1を楽しむことをむずかしくしてしまった。相当なスピードで走らないと、タイヤが適正温度まで上がらず、グリップしないからである。そこで走行会にはペーターソンを呼び、まず

1979年のイタリアGPで、コスワースV8搭載のロータス79を駆るカルロス・ロイテマン。

1981年のモナコGPでナイジェル・マンセルがドライブしたロータス81は、新しいスポンサーである、「エセックス」のカラーリングに塗られていた。

チャプマンはすぐに、エセックスを率いるデイヴィッド・シームが心底レース好きな男であると見て取った。エセックスは80年代初頭、ロータスのメイン・スポンサーとなった。

彼に数周走らせて、タイヤが充分に温まったところで自分が交代するという、なんとも贅沢な遊びに興じていたのである。

チャプマンはペターソンを自チームで走らせることに同意する代わりに、ひとつ条件を出した。選手権争いで、決してアンドレッティの邪魔をするなというのである。そしてロニーは、この言いつけを実に紳士的に守った。シーズン中、アンドレッティは通算6勝を挙げた。対するロニーは2勝のみ。それはいずれもチームメイトが完走できなかったレースで挙げたものだった。

終盤第14戦イタリアGPで、アンドレッティがチャンピオンになることは、ほぼ確実となった。これでロニーはようやく思う存分戦うことができる。しかし、モンツァは悲劇の舞台となってしまう。

ロニーは練習走行中に事故に遭い、79は修理不能なダメージを受けた。そのため彼は、Tカーとして用意された78でレースに出場することになった。ダミーグリッドに着いたリカルド・パトレーゼは、スタートに失敗して他車に大きく遅れてしまう。必死に追い付こうと、彼はフォーメーションラップを猛スピードで疾走した。そして、最終コーナーのパラボリカを全開で立ち上がった時点で、グリッドに着いて完全に静止していたのは上位のマシーン数台だけだった。ところがレース・ディレクターは、スタートの合図をしてしまったのである。

これは致命的なミスであった。パトレーゼはものすごい勢いでスラローム走行をしながら、中団のマシーンを次々に追い抜いていく。そしてあっという間に、ハントのマクラーレンまで追い付いた。この年のハントは完全に自分を見失い、麻薬を常用するようになっていた。そうやってレースを戦う恐怖から、少しでも逃れようとしていたのである。猛然と迫ってきたパトレーゼが自分のすぐ横に並んだのを見て、ハントは反射的に必要以上の車間を開けた。そしてペターソンのライン上に立ちはだかる形になった。接触を避けようとしてコントロールを失ったペターソンは、1コーナーを飛び出して行く。そして両足に重傷を負った。他

L'ère du turbo

にも数台を巻き込む多重事故となり、ヴィットリオ・ブランビラも負傷した。

コースは赤旗中断となり、再開後の2周目、今度はシェクターが飛び出して、ガードレールが壊れた。ドライバーたちは、完全に修理が終わるまで走らないと主催者に通告。長い間待たされた観客たちから激しいヤジが飛んだ。

この二度目のスタートの際、アンドレッティはポールにいた。ところが隣に並んだフェラーリのヴィルヌーヴは、明らかにフライングを犯そうとしていた。「違反するのがフェラーリなら、マーシャルたちも騒がないはず」そう思ったアンドレッティは、自分もジルに付いて行った。そしてトップでチェッカーを受けた。ところがレース後、彼だけがペナルティを受け、ブラバム・アルファのラウダが優勝となった。とはいえ、アンドレッティは無事にタイトルを獲得する。

この時点ではわれわれはまだ、ロニーのケガは大したことはないと思っていた。しかし折れた大腿骨から出た骨髄が重大な血栓を引き起こし、容体が急変。あっけなく、亡くなってしまった。怒り狂ったグッジは、外科医の責任を糾弾した。しかし、F1ドライバーの安全性向上に尽力していたワトキンス博士は私に、医者のせいではないと言明したのだった。

もう一人、この事故に不満を抱いたのがチャプマンである。79の製造が遅れたために、ピーターソンは剛性に劣る78で走らざるをえなかった。「あの共産主義者の職人たちどもめ」と工員たちを非難したため、ファクトリー内の雰囲気は一気に悪化した。

ハントの行動は、確かに非難されて然るべきだった。しかし私はそれ以上に、彼がGPDAでの地位を利用して、パトレーゼを激しく糾弾したのを残念に思う。ハントは、もしパトレーゼがこのまま走り続けるのなら、次戦カナダGPをボイコットするようドライバーたちを焚きつけることまでした。一方で、モンツァ地裁は事故調査を開始した。しかし、判決が下ったのは何年もあとのことだった。パトレーゼの責任は問われず、原因はハントに依るというものであった。そして問題のレース・ディレクターは、いっさい不問に付された。ただしあの事故以来、彼がレースに来ることはなくなっていた。そしてCSIは遅まきながら、フォーメーションラップ中はメインストレートをゆっくり走らなくてはいけないと、規約を変更したのだった。

1978年のレース

ラウダはブラバムのBT46Bを駆り、スウェーデンで勝った。搭載されたファンがマシーン下部の空気

チャプマンには、過ぎ去ったことは完全に興味を失ってしまうという欠点があった。彼は将来しか見ていなかった。そして1980年、あまりに先へと行き過ぎることになる。

を吸うことで、より多くのグラウンド・エフェクトを発生させるようになっていた。しかし、このマシーンはすぐに出場禁止となってしまう。一方、パトリック・ヘッドは新型のFW06を投入した。新興チームであるウィリアムズの力量を考え、できる限りシンプルな設計になっていた。ドライバーはネーヴからアラン・ジョーンズに代わった結果、ビール会社ベル・ヴュの支援は失った。幸い、入れ替わるようにサウディアがスポンサー料を大幅に増やしてくれ、チーム名もサウディア・ウィリアムズとなった。

パリでフランスのマスコミ向けに行なわれた発表会は、非常にきらびやかなものだった。ジョルジュⅤ大通りにあるサウディアのショールーム前で、ウィリアムズFW06が披露されたのである。私はパトリック・ヘッドによる優雅なデザインに、すっかり魅せられてしまった。マシーンの美しさ、そしてアラン・ジョーンズの人間的な魅力は、他のサウジ系スポンサーも呼び込むことになった。こうしてF1に参入したのが、TAGを率いるオジェ家であり、公共事業のビン・ラディン家であった。これらのスポンサーの世話役として、フランクは旧友のチャーリー・クライトン‐スチュアートの助けを借りた。その名が示すようにスチュアート女王の末裔であるチャーリーは、サウジ王家の人々に対しても、ある種のオーラを放っていた。この年のジョーンズは、ワトキンスグレンの2位が最高位だった。

この78年はまた、これまで見たことのないような内紛の起きた年でもあった。シャドウの幹部だったジャッキー・オリヴァー、アラン・リース、トニー・サウスゲートが、ボスのドン・ニコルスに反旗を翻したのだ。彼らはドンが、チームの得た収入のほとんどを、アメリカの自分の事業に注ぎ込んでいると非難した。そして揃ってシャドウを去って、アロウズというチームを立ち上げた。

開幕戦のアルゼンティンに、シャドウはサウスゲートの設計した2台のマシーンを出走させた。ところが次のレースからデビューしたアロウズ・マシーンは、これとまったく同じものであった。シャドウの完全なコピーだったのである。ニコルスはすぐに裁判を起こし、アロウズは新たなマシーンを作らない限り、レースに出られないことになった。しかしオリヴァーたちは最初からその事態を想定し、かなり早い時点から自前のマシーン製作に取りかかっていた。こうしてほとんどブランクなしに、8月のオーストリアGPにはニューマシーンを投入したのだった。

この年にはもうひとつのチーム、マルティーニ・レーシングもデビューした。ティコ・マルティーニはフォーミュラ・フランスから発展したフォーミュラ・ルノーの車体を、ほぼ独占的に製造していた。その後F2に進出すると、すぐにフランス選手権のタイトルを取ってしまう。こうしてマルティーニはユー・ド・ショーナックの協力を得て、F1進出を決断する。エンジンはコスワース、トランスミッションはヒューランドという組み合わせだった。

ティコ・マルティーニ

ティコ・マルティーニはフランスのレース界において、非常に重要な役割を果たしてきた。彼の裏表のない性格、高い道徳心、そして技術者としての優れた才能は、世代を超えてドライバーたちに慕われた。

ティコはイタリア・リビエラ海岸のボルディゲラ地方に生まれたが、戦後の経済難のため一家でジャージー島に移住した。英仏住民の混在するこの島で、父はホテルマンの仕事についた。ティコはサンレモのサーキットでアルファ・ロメオの活躍を目の当たりにして以来、将来はレースメカニックになる夢を抱いていた。しかし当時のイタリア移民は、ホテル業でしか労働許可証が取得できなかった。そのため彼は父同様、ホテルで働き始める。ただし、給料はすべてカートに注ぎ込んだ。そして次には「スペシャル」と名づけた、トライアンフの650ccエンジンを積んだカートを、自ら製作した。ティコはこのマシーンで、島内で行なわれるあらゆるレースで記録を更新し、勝ちまくった。

彼の最大のライバルは、大金持ちの実業家ビル・ナイトであった。ナイトはその後、ティコの最大の支援者となり、経営していたカート場のマシーンのメインテナンスも任せた。ナイトはジム・ラッセルの共同経営者として、マニクール・サーキットにフランス校を開設していた。その後、校長のヘンリー・モローがアメリカに発った機会に、息子のマイクとティコが運営を担うことになった。当時、フランス校の経営は思わしくなく、二人はその原因が機材にあると見抜いた。ロータスとマーリンの中古を使っていたのだが、サーキット初心者に運転させるにはあまりに脆弱なマシー

L'ère du turbo

ンだった。その問題を解決するために、彼らは独自のマシーンを開発。それがこのスクールを成功へと導いた。さらに二人は、マシーンをプライベティアたちに販売し、その後長い間、フォーミュラ・ルノーはマルティーニでなければ勝てないというまでになった。F2でも、ラフィットはマルティーニで76年にタイトルを制し、翌年はアルヌーが続いた。

　1972年秋、私はいつものようにマニクール・サーキットでのルーキー選抜試験「ボラン・シェル」の審査員を務めていた。スポール・オート誌の呼びかけで始まった催しだったからである。私はジャン-ピエール・ジャリエといっしょに、最終コーナーで候補者たちの走りを見ていた。そのうちの一人が、鋭い突っ込みから一瞬挙動を乱したが、見事に立て直した。それがルネ・アルヌーだった。私とジャリエは、「決まりだな」というふうに目配せを交した。そして、そのとおりの結果になった。アルヌーは73年のフォーミュラ・ルノーを、マルティーニのワークスドライバーとしてフル参戦できることになった。そして見事、チャンピオンになったのだった。

ルネ・アルヌー

　アルヌーがカートを始めたのは、まったくの偶然からだった。両親とイタリアでバカンス中、近所にカート場を見つけて、みんなで楽しんだ。するとフランスに戻ってから、父親が空き地にサーキットを作り、さらにルネのためにカートまで自製してしまったのだ。その後はとんとん拍子に、国際格式のレースに出場するまでになる。

　メカニック養成の専門学校を出たアルヌーは、自動車工場に就職。そこでは、ラリーマシーンのチューニングも行なっていた。兵役後はトリノに向かい、有名なチューナーであるヴィルジレ・コンレロの下で働いた。ある日彼はモナコGPを観戦に行き、ジャン-ピエール・ベルトワーズに会って、アドバイスを請うた。「レーシングスクールに行ってみろ。自分に才能があるかどうか、すぐにわかるはずだ。そしたらすぐにやめればいい」

　アルヌーは当時、最良という評判だった、マニクールのウィンフィールドに入校する。授業のある週末には、父とともに朝の4時に自家用車でパリを出て、夕方には戻った。ホテルでの宿泊代を浮かすためだった。そして上述のように「ボラン・シェル」に選ばれ、フォーミュラ・ルノーのチャンピオンとなる。

　翌74年も、アルヌーはシェルの援助を期待していた。ところがキプール紛争が勃発し、石油不足の事態が起きる。そのためシェルは、モータースポーツへの支援を打ち切る決定を下してしまった。これにはウィンフィールド、スポール・オート誌の全員が憤った。そこで私とマイク・ナイトが、シェルのフランス支社に談判に出かけた。面会した幹部の一人は非常に同情的で、「残念ながら支社では何もできないが、イギリスの取締役会に諮ってみよう」と言ってくれた。そしてこれが功を奏し、シェルの支援が復活したルネはイギリスのF5000に参戦することになった。しかし、彼は英語が話せない。そこで私は友人のジョン・サーティーズに電話し、彼のファクトリーで見習いとして雇ってくれと頼んだ。ジョンは快諾し、ルネを高く評価した。「あの青年には、尋常ならざる決意が感じられる。目を見て、すぐにわかったよ」　それよりはるか昔、アメデ・ゴルディーニが私に、ファンジオと初めて出会った時の印象として、まったく同じ話を語ってくれたものだ。

　イギリスに発つ朝、ルネはシトロエンで私を迎えにきてくれた。ビギン・ヒルの飛行場近くのサーティーズのファクトリーまで、二人で向かうのである。ルネは当時、看護婦のネリーと暮らし、その稼ぎで生計を立てていたが、まもなく彼女もルネに合流した。

　当時のサーティーズはF2も走らせていたが、メインスポンサーの音響メーカー「バング&オルフセン」は、ベルギー人インポーターの息子をドライバーにしろと言ってきた。しぶしぶ従ったものの、まったく使い物にならない。大げんかの末、サーティーズはこのスポンサーを失ってしまった。

　シーズンが開幕し、ルネはキチナーというチームから参戦することになっていた。ところがこの男は、シェルのお金を手に入れると、さっさと姿をくらましてしまった。イギリス・シェルの担当者とグルだったのである。ルネは一転して、レースに出られなくなってしまった。しかしフランスに帰そうにも、シートがない。若手ドライバー養成は、もはやエルフしか行なっていなかったのである。エルフのフランソワ・ギテールは、当然ながらボラン・シェルのドライバーを引き受けることに難色を示した。一方、エルフの一押しは、

ルネ・アルヌーがドライバーとして頭角を現わし始めた頃、その最大の支援者はジャビーであった。あまりの熱心さに同僚たちはアルヌーを指して、「クロンバックの実の息子」と揶揄したものである。

パトリック・タンベイであった。美男子で育ちがよく、マイクを向けられても物おじせず話ができる。パトリックはスポンサーにとって、格好のドライバーだった。

それに比べてルネは、これほどマスコミ向きでない性格も珍しい。人見知りが激しく、グルノーブル訛りもひどい。ジャーナリストのほうには近寄りもしなかった。そこで私は同僚たちに、ルネの良さを必死で喧伝した。だから彼らには、よくこんな冗談を言われたものだ。「アルヌーはまるで、クロンバックとミシェル・デュボス（有名なベテラン計時係）の実の息子のようだ」　実際、私の味方として頼りになるのは、ミシェルしかいなかったのである。

私は当然ながら、ルネのことをロータスに話した。ちょうどチームは、ピーター・ウォアが将来に向けての改革に着手しようという時だった。若手ドライバーも積極的に抜擢する計画で、最終的にクロウフォードとアルヌーが選ばれた。そしてそのまま行けば、二人はF1テストに参加できるはずだった。しかし、1974年から76年にかけてのロータスは困難な時期のまっただ中にあって、結局この計画は流れてしまう。それどころか、エルフからの支援まで打ち切られそう

になった。なにしろ、ルネは元シェル・ドライバーであり、今度はティレルの直接のライバルであるロータスと契約を結んだのだから。ティレルのパートナーであるエルフが、これに怒らないはずはない。私はギテールとケン・ティレルに、ルネがいかに得がたい才能であるかをアピールした。ギテールは何とか理解してくれ、F2レースに2戦出してもらえることになった。そしてそこで好印象を与えることに成功し、75年にはエルフからフル参戦の運びとなる。ルネは再びマルティーニに所属し、フォーミュラ・ルノー・ヨーロッパを見事に制する。そして76年からは同じマルティーニでF2へ。この年は1ポイント差でタイトルを逃したものの、翌77年はチャンピオンに輝いた。こうしてティコ・マルティーニとショーナックはF1進出を決意する。ドライバーは言うまでもなく、ルネ・アルヌーである。

ところが事態は、期待したようには進まなかった。マシーンは開幕戦から問題を抱え、シーズン後半第12戦のオーストリアGPを終えた時点で、チームは早々に撤退してしまった。ルネはマシーンに対し、いつも不平を言っていた。「コーナリングの際、ステア

L'ère du turbo

リングがものすごく重いんだ」と。それに対してエンジニアたちは、「F1はそういうもんだ。もっと筋肉を鍛えないと」と言うばかりだった。しかし、マシーンをファクトリーに戻し、ティコが念のためにねじり剛性の試験をしてみたところ、コーナリング中のダウンフォースで車体がねじれて、ステアリングラックが動かなくなってしまうことがわかった。

ルネは再びシートを失った。そこに救いの手を差し伸べたのは、ジョン・サーティーズだった。彼は自チームドライバーのルパート・キーガンと険悪な関係になっており、ワトキンスグレンとモスポートの2戦を走らないかと言ってくれたのだ。これは実にありがたいオファーだった。というのも私は、ルノーが翌79年から2台体制になることを知っていたからだ。そしてフランス人のルネは、もちろん候補ドライバーの一人だった。この終盤戦でいい走りを見せれば、抜擢の可能性は高くなる。

ワトキンスグレンでは途中まですべてがうまく行っていたが、最後に点火プラグのトラブルが出てしまった。そしてモントリオールではエンジンが壊れた。私は再び、根回しに走り回った。グッドイヤーはミシュランに対抗しようと、より高性能なタイヤを投入していた。しかし数は充分になく、サーティーズはその恩恵にあずかれなかった。一方、ウルフは新型タイヤを供給され、新人のボビー・レイホールがいい走りをする恐れがあった。私としては絶対に、ルネにベストルーキーの評価を取らせたかった。そこでサーティーズに、グッドイヤーと交渉してくれと頼み込んだ。しかし彼は、同社のスポーティングディレクターとは、口も利かない仲だった。それで仕方なく私が出て行ったのだが、最終的に新型タイヤを獲得できた時の、あの誇らしい気持ちをどう表現したらいいだろう！

この2戦にはルネも含め、7人のフランス人ドライバーがいた。ジャン-ピエール・ジャリエは個人スポンサーのおかげもあって、2台目のロータス79を運転できた。ペーターソンの事故で、空いていたマシーンである。しかしワトキンスグレンではアンドレッティがウォームアップで自分のクルマを壊してしまい、ジャリエ車に乗り換えた。そしてレースではエンジントラブルでリタイアするが、一方Tカーに乗ったジャリエは、タイヤ交換でいったんは下位に沈んだものの、そこから素晴らしい追い上げを見せた。しかし2位にまで上り詰めたところでガス欠で止まってしまう。続くモントリオールはポールからスタートして、2番手に30秒もの大差をつけて独走する。しかし最後は、ブレーキトラブルで戦列を離れたのだった。

ルノーは依然として苦しい戦いを続けていたが、この年ようやく信頼性確保の大きな一歩を踏み出した。インタークーラーの採用で、排ガス温度を下げることに成功したのである。

1979年──グラウンド・エフェクトの傑作79を追う者たち

コーリン・チャップマンの弱点は、過ぎ去ったことにはまったく興味がないことだった。コーリンはいつも前だけを向いていた。前年の79で大成功を収めると、それをさらに洗練させようとは思わず、さらにはるか

フォーミュラ・ルノー時代のアルヌー一家。この頃はまだ、家族でキャンピングカーに寝泊まりする、のどかな時代だった。

サーティーズに抜擢され、1978年の北米ラウンド2戦に出場したアルヌーは、メカニカル・トラブルで満足な結果を出せなかった。しかしその走りは、観る者に強い印象を与えた。

モンツァでのピーターソンの事故後、ジャン・ピエール・ジャリエはロータスに抜擢された。1978年の北米2戦での彼は、不運の英雄と呼ぶほかなかった。だが、ようやく、その才能にふさわしいマシーンにめぐり会えたのであった。

先を行こうとした。こうして生み出したのが、80であった。コーリンは空気抵抗を発生するウィングを、完全になくすことを考えた。そしてダウンフォースは、すべて床面のグラウンド・エフェクトで稼ぐという構想であった。そのためマシーン下部は、フロントからエンジン部分まで、スライディングスカートで覆われた。しかし、実際にコースを走ってみると悲惨な結果となった。マシーンの加減速時に波動的なピッチングが起こり、挙動がまったく安定しないのだ。

この年、カルロス・ロイテマンはフェラーリからロータスに移籍し、アンドレッティのチームメイトになっていた。この移籍に関しては、ミシュラン・ユーザーだったロイテマンからそのノウハウを吸収するために、グッドイヤーが年俸を負担したという噂もあったほどだ。80は、ブリティッシュ・レーシンググリーンに彩色されていた。ジョン・プレイヤーがF1から撤退したからだが、サイドポンツーンの「エセックス」のロゴはそのままだった。

80は実戦でもまともに走れなかった。運転したのはアンドレッティだけで、ロイテマンはさっさと79に乗り換えていた。わずか3戦に出場し、1勝もしないまま、80はフランスGP後に、完全にグランプリから姿を消した。そして代わりに現役復帰した79は、完全に時代遅れのマシーンとなっていた。

パトリック・ヘッドの設計したウィリアムズFW07も、他のほとんどすべてのマシーン同様、グラウンド・エフェクトを採用していた。そしてこれはまさに、79が示した道筋であった。この年のウィリアムズは、2台のマシーンをエントリーさせていた。そして新たに加入したクレイ・レガッツォーニが、シルバーストーンで記念すべき初勝利をチームにプレゼントした。アラン・ジョーンズも負けじと、オーストリア、オランダ、そしてカナダで優勝する。こと車体性能に関する限り、この年のベストはFW07であった。新型ウルフのデザインをハーヴェイ・ポスルズウェイトに託したピーター・ウォアは、このマシーンがまったく機能しないことを嘆きつつ、私にこう語ったものだ。「完全に間違っていたよ。手元に引き止めておくべきは、パトリック・ヘッドだったんだね」

とはいえ、シーズン序盤に最高のマシーンと評価されていたのは、リジエのJS11であった。デュカルージュは、ヘッド同様ロータス79を入念に研究し、グラウンド・エフェクトの強大なダウンフォースにも耐えられるような、非常に剛性の高い車体を作り上げ

L'ère du turbo

た。とはいえ、ポールリカール・サーキットで行なわれた最初の実走テストは、散々な結果だった。そこでデュカルージュは急遽、サイドポンツーン上部に、数枚のスリットを付け加えた。「デュカルージュの鉄板」と揶揄された見栄えの悪いものであったが、これで戦闘力は飛躍的に向上したのだった。

ちなみにJS11に関して、この当時誰も話題にしなかったことがある。最初のテストで、マシーンはピッチング症状を起こすことがわかった。ロータス80同様の、不安定な挙動変化である。そこでチームはラジエター背後の見えない部分に、一種の弁を取り付けた。過大な負圧がかかった場合、ここからそれを逃そうとしたわけだ。効果は充分にあったが、これは「可動空力部品」と見なされ、あきらかに規定違反であった。F1イラストレーターのジョルジュ・ピオラだけはそれを見つけ、写真まで撮っている。

エルフの協力もあって、リジエも2台をエントリーすることができた。ラフィットのチームメイトとして新たに加入したのは、ドゥパイエだった。彼はティレルで6シーズンも戦ったベテランであり、フランスでの下馬評は「とてもラフィットはかなわないだろう」というものが多かった。しかしこれは、あまりにラフィットを知らなさすぎる評価と言うべきだった。実際、開幕戦のアルゼンティンで、彼はいきなりポールポジションを獲り、そのまま優勝をさらってしまう。ドゥパイエもその後ろに長く付けていたが、最後はエンジントラブルで脱落した。

続くブラジルも、リジエがフロントロウを独占した。そして再び、ラフィットが勝った。この時2位に入ったドゥパイエは、第5戦スペインでようやく雪辱を果たす。ラフィットはエンジンを回しすぎて、壊してしまったのだ（これは言うなれば、彼の「お家芸」だった）。次戦ベルギーGPで、二人は苛烈なバトルを繰り広げる。その結果ドゥパイエはコースを飛び出し、ラフィットもこの戦いでタイヤを使い果たし、2位が精いっぱいだった。

ドゥパイエはF1参戦のかたわら、趣味のハングライダーをどうしても止めることができなかった。そしてある日、両足骨折の重傷を負い、第8戦フランスGP以降を棒に振ってしまう。代役にはジャッキー・イクスが抜擢されたが、もはや彼はF1に情熱を抱けなくなっていた。そしてラフィットに、残酷なほどの差をつけられるのだった。しかしそのラフィット自身にも、序盤のような勢いは、もうなかった。JS11が突然戦闘力を失っていたのである。いったい何が起こったのだろう。その当時は誰にも真相はわからなかったが、何年かたってからスタッフの一人がこんな打ち明け話をしてくれた。

ギ・リジエが、サイドポンツーンに改良を加えろと、デュカルージュに強硬にねじ込んだのである。しかしデュカルージュは、それを突っぱねた。するとリジエは、伝説的ともいえる癇癪を大爆発させ、ファクトリーにあったサイドポンツーンすべてを踏みつぶしてしまったという。そしてデュカルージュに、こう吼えた。「さあ、こうなったら、新しく作り替えるしかないだろう！」こうして彼の意向どおり作られたパーツは、まったく使い物にならなかった……。

この年のルノーはようやく、長年の努力が報われつつあった。ミシェル・テチュの設計したRS10は、言うまでもなくグラウンド・エフェクトカーであった。そしてモナコGPからは、小型ターボ2基を搭載するようにした。その結果、このシステムの致命的欠陥だった、加速の際のターボラグが飛躍的に少なくなったのである。

ルノーは、ついにF1初勝利を挙げる。これは同時に、史上初のターボエンジン搭載マシーンによる勝利でもあった。舞台となったディジョンは標高が高く、これもターボに有利となった。ジャン-ピエール・ジャブイーユは独走の末、あっけなく優勝してしまう。そして彼の歴史的な勝利は、その背後で繰り広げられたジル・ヴィルヌーヴとルネ・アルヌーの激烈な2位争いのために、すっかり霞んでしまったのである。

マクラーレンはジェームズ・ハントの代わりに、ジョン・ワトソンを抜擢していた。ハントはウルフに移籍したものの、薬物中毒はいっそうひどくなり、スタートやレース序盤の事故を繰り返した。そしてモナコGPのレース後、引退を決意。彼のシートには、ケケ・ロズベルグが座った。

一方、マウロ・フォルギエーリの設計したフェラーリT4は、ジル・ヴィルヌーヴとジョディ・シェクターが運転した。ティフォシとエンツォ・フェラーリは、ジルの曲芸のようなドライビングに熱狂した。しかし、着実にポイントを重ねたのは老練なシェクターの方で、ついにこの年のタイトルを獲得する。その後のフ

1979年にディジョンで行なわれたフランスGPは、二つの理由から歴史に残るレースであった。まずジャブイーユによるルノーの優勝が、ターボチャージャー付きエンジンによるF1初勝利だったこと。そしてアルヌーとヴィルヌーヴによる激しい2位争いが、ルノーの初優勝を霞ませるほど熾烈だったことである。

L'ère du turbo

ェラーリ・ドライバーの戴冠は、約20年後のミハエル・シューマッハーまで待たなければならない。

1980年──
マンセルのデビューはひっそりと

　この年のロータス81は、メタリックブルーと赤の見事なカラーリングであった。しかし、市販車部門は深刻な経営難に陥り、チャプマンは自分の趣味ともいうべきF1に、自由な時間すら割けずにいた。そのせいか、エセックス・ロータス81はパッとしないマシーンだった。

　この年のドライバーはマリオ・アンドレッティと、エリオ・デ・アンジェリス。この青年はいかにも、かつてのフランソワ・セヴェールを彷彿とさせた。美しく、裕福で、育ちもいい。ピアノの腕も一流なら、ドライバーとしての才能も素晴らしい。チームのみんなが彼のことを愛していた。

　一方、勝てるマシーンに恵まれず、しばらく優勝から遠ざかっていたアンドレッティは、大西洋間をひっきりなしに往復する暮らしが、もはや耐えられなくなっていた。何しろ彼は、コンコルドの最多利用客と認定されたほどだったのである。チャプマンは後任を決めるため、この年の秋にポールリカールで選考会を催した。呼ばれたのは二人の若手ドライバー、ステファン・サウスとナイジェル・マンセルであった。ここには私も立ち会ったが、チャプマンは最終的にサウスと契約を交した。しかし彼はその後、カナダで事故に遭い、片足を失ってしまう。こうしてマンセルが代役として、ひっそりとこの世界へのデビューを果たすのである。

　この選考会が終わった時、チャプマンは私をモーターホームに呼んだ。中に入ると、もう一人、テクニカル・ディレクターのピーター・ライトも同席していた。彼らはCSIの技術委員でもある私に、開発中のロータス88の合法性を、それとなく打診しようとしたのだ。詳しい内容は明かされなかったものの、それがいわゆるツインシャシーを用いた車体であることは理解できた。私は正直に、規約を字義どおりに解釈すれば合法であろう、しかしその精神には反する。したがって、ライバルチームから激しい反対に遭うはずだと進言した。残念ながらチャプマンはそのまま開発を進め、事態は私の予言したとおりになるのだった。

　リジエはJS15を投入した。しかしそれは、財政的な理由から、前年使い続けたJS11のシャシーを流用したものだった。この年からピローニが加入。ドゥパイエはアルファ・ロメオに移籍するが、ホッケンハイムのプライベートテストで事故死してしまう。ピローニはベルギーで、そしてラフィットはドイツでそれぞれ優勝するが、もはやリジエに前年序盤に見せた勢いはなかった。

ディディエ・ピローニ

　ディディエは、裕福なイタリア移民の子として育った。20歳でエルフ・ドライバーに抜擢された際には、すでに自家用飛行機を所有していたほどである。ふっくらとした顔立ちとは対照的に、体つきはがっしりしていた。向こう見ずな性格に見られがちだが、1974年にフォーミュラ・ルノーに参戦した時には、自分のチームを運営する周到さも持っていた。

　この年にチャンピオンを取ったピローニは、欧州F・ルノーにステップアップする。ちなみに、これはルノーがF3に対抗して発足させた選手権だったが、その目的は達成できずに終わる。ピローニはモナコでは勝ったものの、アルヌーとのタイトル争いには敗れた。しかし翌年には、チャンピオンになっている。そんな活躍の結果、彼はマルティーニからF2を戦うことになった。と同時にモナコF3への出場も決める。当時のこのレースは、F1への登竜門のような存在だったのである。これを制したピローニは、思惑どおりティ

「え、俺が勝ったんじゃないのかい？」
アルヌーとの歴史に残るバトルを制したヴィルヌーヴは、表彰台の真ん中にジャブイーユが立つのが、不思議でならないようだった。

傍目にはそうは見えなかったものの、ピローニはティレルに移籍したことが不満でならなかった。確かにこの当時、ティレル・チームは低迷期にあったのだ。1979年には二つめのルノーのシートを狙うが、その願いはかなわず、翌年リジエに移った。

レルのシートを射止める。パトリック・ドゥパイエのチームメイトとして、78年シーズンからのF1デビューが決まったのだ。77年にティレルに在籍したロニー・ピーターソンは、6輪車のP34を嫌って、古巣のロータスへと戻っていたからだ。

しかしこの年のディディエが、ティレルに満足していたとは私には思えない。彼は2台体制になったルノーで、ジャブイーユと組みたいと思っていたからである。ラルースもそれを望んでいた。しかしエルフのギテールは、ティレルを悲しませたくなかった。ディディエは、エルフとティレルの関係が切れるのをもう1年待ち、80年からはリジエに移籍する。そしてゾルダーでF1初優勝を挙げた。

タルボF1をめぐる陰謀

1980年シーズンの終わり、ピローニは翌年からのフェラーリ入りを明らかにした。そして空いたシートには、ルノーのジャブイーユが入る形になった。義理の弟で親友でもあるラフィットとチームを組みたいという気持ちのほかに、アルヌーとの仲も険悪になっていた。しかし、ジャブイーユはカナダで大ケガを負い、彼のF1キャリアは実質的に終わってしまう。

一方ルノーでは、上層部に内紛が起きていた。テクニカル・ディレクターのカスタンが、これだけ技術的に複雑な組織を率いるには、ラルースよりもエンジニアである自分の方がふさわしいと、反旗を翻したのだ。しかしアノンが仲裁に入り、ラルースの続投を決める。敗れたカスタンは、当時はまだルノーの子会社だったアメリカン・モータースへと出向して行った。

RE20はこの年、3勝を挙げた。アルヌーがブラジルと南ア、ジャブイーユはオーストリアで勝った。それに対しブラバムを駆るネルソン・ピケは、ロングビーチ、ザントフールト、そしてモンツァを制していた。

しかし前年のチャンピオン、フェラーリはまったく精彩がなかった。彼らの採用した水平対向エンジンでは、グラウンド・エフェクトの効果が出せないのだった。

この年は、5勝したアラン・ジョーンズがチャンピオンになった。ウィリアムズの直接のライバルは、リジエとルノーというフランス勢。さらに、同じフランス人のジャン‐マリー・バレストルも、非常に手強い敵であった。このFISA会長はイギリス系チームに対し、ことあるごとに異を唱えていたのである。

そして驚いたことに、フランス人のジャーナリストたちは、ウィリアムズのモーターホームには出入り禁止状態になっていたのである。その数年前、ペスカローロがこのチームに所属していた頃には、フランス人だけが彼から話を聞けると、イギリスのマスコミから重宝がられていた。それを思えば、奇妙とさえいえるほどの変化だった。

そのことを私は、引退したばかりのジョーンズに質したことがある。そしてわかったのは、これがチームを束ねるチャーリー・クライトン‐スチュアートによる、心理的な駆け引きだったということだ。「たとえば、ポールリカールの駐車場に彼を乗せて行ったとする。係員が誘導すると、チャーリーはわざと違うところに止めろと、僕に指示するんだ。当然、怒った係員が僕のところにやってくる。それで僕も応戦して、「この汚いフランス野郎!」とか、罵り合いになる。そうやってフランス人憎しのアドレナリンを僕に出させて、レースで馬鹿力を出させようという、チャーリーの目論見だったわけだよ」

この年の初め、パリ市内の豪華ホテルでの朝食会に、シムカがフランスのマスコミを招いたことがあった。クライスラー傘下にあった同社は経営難に陥り、プジョーが買収したところだった。そしてプジョーは社名を、シムカからタルボに変えることを決めていた。

ピローニがフランスのチームにいたのは、わずか1年だった。この年、チームメイトのラフィットからわずか2ポイント差の選手権5位という活躍を見せ、すぐにフェラーリから誘いがかかるのである。

1980年の世界チャンピオン、アラン・ジョーンズのドライブするポルシェ956に、ジャビーがルマンで同乗することになった。そして彼は、ユノディエールの直線でパイプに火をつけられるかどうか、ジョーンズと賭けをした!

1950年代初頭、高級車やスポーツカーに冠せられていたブランドである。この名前を復活させるにあたって、フランソワ・ペラン-ペルチエ社長はF1進出を決断した。その発表を、この朝食会の場で行なったのである。

チーム監督には、ドイツ人の元レーシングドライバー、ヨッヘン・ニーアパッシュが抜擢され、ユー・ド・ショーナックが補佐役に任命された。当初はジャン・トッドの名前も挙がったのだが、F1経験がないということで見送られた。いずれにせよトッド自身、友人のニーアパッシュを推したという。当時の彼は自分の計画が頓挫し、BMWのモータースポーツ部門の責任者の座を去ったばかりだった。その計画とは、BMWエンジンを搭載したマクラーレンに、ニキ・ラウダを乗せるというものだった。エンジンはすでにパウル・ロシェによって、4気筒ターボが開発済みだった。しかし、ラウダの引退ですべてが白紙に戻ってしまったのだ。

ニーアパッシュはタルボに対し、このエンジンの購入を提案する。マートラとの交渉が決裂したばかりの彼らにしてみれば、渡りに船だった。しかし、ニーアパッシュに代わったジャーナリスト出身のディーター・スタッパートは、BMWエンジンの流出を拒絶した。ところがニーアパッシュとBMWがこの件で交渉している最中に、彼はバーニー・エクレストンに話を持ちかけたのである。イギリスのチームもこの頃には、ターボエンジンがコスワースをしのぐ戦闘力を発揮していることに気づき始めていた。一方でコスワースは、ターボの開発を拒否している。ならばBMWからの申し出は、将来への布石になる。

バーニーはBMWエンジン獲得に際し、タルボに取引を持ちかけた。自分たちのマシーンにタルボの名前を付けて参戦しないかというものだった。彼らは、フランス人ドライバーを乗せることを条件にこの提案を受け入れた。こうして抜擢されたのが、アラン・プロストであった。しかしペラン-ペルチエ社長は、バーニー立ち会いの契約調印の場で、すべてを断ってしまう。そしてリジエとの協力に切り替えたのだった。このどんでん返しの真相は、プジョーのジャン-ポール・パレール会長と、マートラのラガルデールの友情が絡んでいたと、私は見ている。というのも、マートラはこの当時リジエに対し、新開発のV6ターボ搭載を持ちかけていたからである。ただし、完成は1982年まで待たねばならず、81年シーズンはとりあえず既成のV12エンジンを改良したものを使うことになった。

この年、バーニー・エクレストンとジャン-マリー・バレストルとの、熾烈な権力争いが勃発した。その結果、多くの有力チームがスペインGPをボイコットし、このレース自体が選手権から除外された。

その頃のマールボロ・マクラーレンは、完全に袋小路に入っていた。開発責任者のフィル・カーがニュージーランドに戻り、チームを統率するテディ・メイヤーは彼なしでもやれると思い込んだ。そこでエンジニアのゴードン・コパックの進言を基に、できる限り多くのダウンフォースを得ることを目的に、マシーン下部の面積を最大限広くとるデザインにゴーサインを出した。こうして1979年のM28は、最も容積の大きいマシーンとなった。そして、最も重かった。結果が悲惨だったことは、言うまでもない。1980年のM29はそれよりもマシだったが、マクラーレンの最良の時期は遠い彼方に去っていた。

もはやマールボロの忍耐も限界に達していた。そして同社のパット・ホーガンは、友人でもあるロン・デニスの計画を承認する。ジョン・バーナードの手で、カーボン・モノコックのF1マシーンを製造するというものであった。そして81年からは、チームの指揮もデニスが執ることになった。メイヤーは1982年まで現職にとどまったものの、デニスがマールボロの援助で彼の持ち株を買い取り、メイヤーはインディカーを戦うペンスキーの元へと去って行った。

1981年——革命的マシーンの合法性は？

FISAとFOCAの争いはシーズン終了後の冬の間も続いたが、最終的に開幕戦はロングビーチで行なわれることになった。ところが、チームがカリフォルニアに着いた途端、再び議論が蒸し返された。今度は、ニューマシーンの合法性が問題になった。特にブラバムのBT49と、例のツインシャシーを採用したロータス88が、俎上に上った。

このマシーンの基本は、以下のようなものだった。最適なグラウンド・エフェクトを得ようとしたら、サイドポンツーンの上下動はできるだけ少ない方がいい。しかし、そのためにサスペンションを固くすると

L'ère du turbo

ドライバーの乗り心地は最悪になり、マシーンの信頼性にも問題が出てくる。そこで88では、サイドポンツーンを含むアッパーカウルをシャシー本体から分離し、本来のモノコックとは非常に固いスプリングを介して、フローティングマウントにしたのだ。

アンドレッティはロータスを去って、アルファ・ロメオに加入。デ・アンジェリスのチームメイトには、マンセルが抜擢された。とはいえ彼はすでに前年、3台目のマシーンのドライバーとして、2戦に出場していた。デイヴィッド・シームはロングビーチに来なかったが、ホテル代はすでに払ってくれていた。宿泊先は最高級のクイーン・メリーである。フランソワ・マゼは"エリザベス女王スイート"に泊まり、私は"フィリップ皇太子スイート"をあてがわれた……。

サーキットでは、88が車検に姿を見せた瞬間から、ほぼ全チームがレースからの除外を要求した。技術委員は、マシーンは合法であると承認したが、残念ながら競技委員が彼らの異議申し立てを認めてしまった。夜になると、何人もの競技委員がロータスのモーターホームを訪れた。そしてチャプマンに対し、いかにも申し訳なさそうに、「他にどうしようもなかった」と釈明するのだった。

チャプマンは傍目にもすっかり打ちのめされ、一時は一般法廷への決定取り消しの提訴も考えた。そこで彼は主催者のクリス・プークに、いい弁護士を紹介してくれと頼みにいった。その裁判の被告は、プーク自身になるのであるが、いずれにしてもこの一件が、チャプマンに過重な心労をかけ、結果的にその命を縮めたことは間違いない。

結局、このレースでは2台の81を走らせたが、ともにコースアウトに終わった。控訴裁判所の判決後、ロータスはイモラをボイコットする。そしてモナコGP以降は、88のパーツを流用した87で、デ・アンジェリスとマンセルは出走したのだった。

ロータスの場合は、厳密には合法だが、その精神に照らせば問題があるという、微妙なものだった。しかしブラバムの油圧による車高調整システムは、いずれにも反する明らかな違反マシーンであった。装着されたサイドスカートは、低いポジションの時には路面に触れていたのである。その調整機能が外されたことで、ブラバムはレース出場が認められた。そしてレースは、ウィリアムズのジョーンズが勝った。

ロータスは競技委員の決定を不服として、アメリカのスポーツ裁判所であるACCUSのスポーツ裁判所に提訴した。そしてここでは、車両は合法であるという判断を得る。しかし次戦ブラジルGPでも、同じことが起こった。技術委員は車検を通したが、競技委員は複数のチームから出された異議申し立てを認めたのだ。そして2週間後のアルゼンティンでも、88は出走できなかった。ただし今回は、技術委員そのものが認めなかったのである。しかしその理由は、非常に漠然としたものだった。

ヨーロッパに戻ってきた私たちは、デイヴィッド・シームがスイスで収監されたというニュースに接する。訴えたのは取引先の銀行だった。この事件は収拾が長引いたが、最終的にはデイヴィッドの無実が認められた。銀行側はデイヴィッドの横領を主張したのだが、実際には単純な投機の失敗だったのである。しかしこの収監騒ぎでデイヴィッドの顧客はすべて離れてしまい、エセックスは消滅。ロータスは重要なスポンサーを失ってしまう。だが幸いなことに、かつてのパートナー、ジョン・プレイヤーが、子会社のカレッジ・ビールの名前で戻ってきてくれることになった。

ロータスの名前で英国王立自動車クラブから出された訴えは、FIAの控訴審で審議されることになった。アメリカでの提訴の際に担当した弁護士のボブ・ハイナーフェルドが、このためにわざわざ英国まで来てくれた。彼の仕事ぶりは素晴らしいの一語で、私はその影響で息子のコーリンに、法律の道に行くよう強く勧めたほどである。

ボブは審議の内容を吟味し、「パリでの裁判だから、資料をフランス語訳した方がいい」とチャプマンにアドバイスした。彼はすぐさま、私に電話してきた。「1時間後にブルジェ空港に行くんだ。私の飛行機が君を待ってるから」機内には思いがけなく、もう一人の客がいた。ハイナーフェルドを補佐する弁護士だったのだが、何とバーニーの腹心の一人だったのである。

すでにこの時、それまで犬猿の仲だったバーニーとジャン-マリー・バレストルは、手打ちを終えている。私はこの弁護士とともにイギリスに向かいながら、バレストルは最初からロータス88を破滅させるつもりなのではないか、そのことをチャプマンはわかっているのだろうかと、暗澹たる気持ちにならざるをえなかった。なぜなら、ロータスが戦闘力を失うことで一番

「ロータス88事件」は、コーリン・チャプマンを打ちのめした。イギリスGPにBバージョンとして登場したいわゆる"ダブルシャシー"は、それまでのロングビーチ、ブラジル、ブエノスアイレス同様に、技術委員によって規定違反と判断された（写真左）。これ以降は87を走らせる。その後長い法廷闘争が続いたが、規定違反の決定を覆すことはできなかった。

喜ぶのは、バレストルの「友人」であるバーニーだったからだ。彼を含む大部分のチームオーナーたちは、ロータスのコピーマシーンを作り続けることにウンザリしていたのである。

ハイナーフェルドの作成した文書は膨大で、私はチャプマンの豪邸の台所のテーブルに資料を広げ、夜を徹して翻訳を続けた。隣では一晩中、カナリヤがさえずっていた。それをうるさく感じるよりも、同伴者がいてくれることにむしろホッとする思いだった。

審議が2日間続く中、ハイナーフェルドはロングビーチでロータス88の車検を通した技術委員、ジョン・ティマナスを証人として呼んだ。彼はブラジルGPでの技術委員クロヴィス・メンドンサの宣誓供述書を読み上げた。それによれば、ブラジル自動車連盟の会長は、ロータス88を非合法と判定することを条件に、彼にフルタイムの働き口を用意してくれたという。しかし、そのような証言が何の足しにもならないことは明らかだった。法廷は、車体と車台は本来一体でなければならないという規約を持ち出した。F1という特殊なカテゴリーでは、そこまで厳密に解釈するべきでないことは、明白だったにもかかわらずである。

評決が出たのは深夜だった。すでにFIAの通訳は帰ってしまっており、私がその条文をコーリン・チャプマンとボブ・ハイナーフェルド、そしてピーター・ライトに翻訳した。最初の段落を読み上げた時、すべてを察したコーリンは、さっさと法廷を去ったのだった。

王立自動車クラブのモータースポーツ部長ベイシル・タイは、このロータス88でバレストルに一泡吹かせようと考えた。そして控訴審の書類を、1945年のニュールンベルグ裁判で判事を務め、その当時は大法院判事だったショークロス卿に持ち込んだ。そしてショークロス卿は、88は合法であると高らかに宣言した。それを受けてRACは、シルバーストーンでのイギリスGPへの88の出走を認める発表を行なった。

同GPの車検で、予定どおり技術委員は3台のロータス88を承認した。タイはバレストルの妨害を排除するために、「FIAはこの問題に介入すべからず」という大法院勧告を従えていた。しかしそれにもかかわらず、FIAはロータス88の出走を禁じた。シルバーストーンの競技委員は、FIA側に付くことを選んだのである。RACはバレストル会長が貴賓室に入ることを禁じることでしか、鬱憤を晴らせなかった。

開幕戦のジョーンズに続いて、ロイテマンがジャカレパグアに勝利した。そしてこれは、かなり特殊な状況下のものだった。というのも、この年のウィリアムズはジョーンズ優先の体制を敷いていた。ロイテマンはそれを堂々と破って、勝ってしまったのである。第3戦のアルゼンティンは、ブラバムのネルソン・ピケが制した。ところが、チームメイトのレバックはコース上に止まってしまい、マシーンをそこに放置した。車高調整装置は機能せず、サイドスカートは路面に接

L'ère du turbo

触したままである。ウィリアムズはここぞとばかり、規定違反だと抗議した。しかし、バレストルはこれを却下する。新たな友人であるバーニーに不利な裁定など、彼が下すはずはなかった。

頭角を現わしたフランス人ドライバー

　ヴィルヌーヴとピローニという陣容で臨んだこの年のフェラーリは、ターボV6エンジンの126CKを投入した。ヴィルヌーヴがモナコとハラマで勝ったことを見ても、時代の主役がターボに移ったことは明らかだった。そのパイオニアであるルノーは、ジャブイーユに代わってアラン・プロストを抜擢した。ラルースがマクラーレンから引き抜いたのである。

　シーズン序盤は苦しい戦いが続いた。FISAはサイドスカートを禁止したが、ルノーはライバルたちのような有効な代替策を見出せないでいた。状況が変わったのは、中盤第8戦のフランスGPからである。固定式のサイドスカートが認められ、車高調整システムも許可された。そしてプロストは、ここで初勝利を挙げる。この年の彼はザントフールトとモンツァでも勝った。一方、チームメイトのアルヌーは1勝もできなかった。彼がルノーに来た時には、先輩のジャブイーユの調子を狂わせ、結果的に打ち負かした。それが今度はプロストから、まったく同じ目に遭わされたことになる。

　ゾルダーでは、アルヌーの怒りの矛先はマーシャルに向けられた。パドックから自家用車で出ようとしたところを制止された彼は、かまわずアクセルを踏んでマーシャルを撥ね上げた。かわいそうなこの男はボンネットの上に着地し、アルヌーは宿泊先のホテルまで彼を乗せたまま走って行ったのである。この一件でアルヌーは逮捕され、レース終了後まで釈放されなかった。しかしそのことで、彼が多くを失ったとは思えない。それほどこのベルギーGPはひどいレースであった。まず練習走行で、ロイテマンがオゼッラのメカニックを撥ね飛ばし、死亡させてしまった。路面舗装がひどく、ドライバーたちは次々にコースを飛び出して行く。特にあるコーナーではコースアウトが続出し、文字どおり「マシーンの墓場」となった。レースのスタートすら、ひどい状況で行なわれた。パトレーゼのエンジンを掛けようとしていたアロウズのメカニックが轢かれ、重傷を負ったのである。

　この年からタルボ・リジエとなったリジエからは、デュカルージュとボージョンの手になるJS17が登場した。エンジンはマートラ製のV型12気筒。同社のターボを搭載したJS19が完成するまでの、つなぎの措置だった。しかし、ジャブイーユは自分が完全に復調していないことをすぐに悟り、ジャリエ、そしてタンベイへとドライバーは交代した。一方でデュカルージュとギ・リジエの関係は、ますます険悪になっていた。リジエの粗暴なまでの振る舞いに、デュカルージュが完全に疲れていた面もある。一方で彼は、タルボが入ってきたことで事態は急激に良くなり、より自由に開発に専念できるようになるはずと思っていた。しかし、その観測は楽観的すぎた。イギリスGP終了後、彼はリジエから罷免されてしまう。幸いデュカルージュはすぐに、アルファ・ロメオに雇われた。アルファはブラバムが同社製エンジンを使用しなくなったため、自社製マシーンで参戦していた。

　ツェルトヴェクに続き、ラフィットはカナダGPも制した。ミシュラン・タイヤが、雨の中で圧倒的な優位を見せたのだった。

　最終戦は、ラスベガスのシーザース・パレス内の駐車場で行なわれた。この時点になっても、ロイテマン、ピケ、そしてラフィットがタイトル争いに生き残っていた。レース自体は、これを最後に引退を決意していたジョーンズが圧勝する。ピケは5位が精いっぱいだったが、ここで獲得した2ポイントによってチャンピオンが確定した。ラフィットは6位で、わずか1ポイ

1981年、フェラーリもターボへと移行し、ルノーに倣って1.5ℓのV6を採用した。ヴィルヌーヴはこのエンジンでモナコとハラマを制したが、ともにターボエンジンの特性からすれば、走りにくいはずのコースである。しかし、ジルはそんなことなどまるで気にせず、手のつけられない速さを発揮した。

ント足りなかった。そしてロイテマンは、まったく存在感のないままで8位完走に終わった。

1982年——フェラーリを襲った悪夢

　1982年シーズンは、唖然とするようなニュースで始まった。ロン・デニスが、引退したはずのニキ・ラウダを獲得したのだ。ニキはすでに1977年、シーズン終了を待たずにフェラーリを離脱。すぐにブラバム・アルファ・ロメオに移籍している。そしてその2年後、やはりシーズン途中のカナダGP練習走行後に、ブラバムを去ってしまった。バーニー・エクレストンがアルファのV12からコスワースに載せ換えたことが不満だったのか、あるいはいきなり速さを見せた若きチームメイト、ネルソン・ピケを前にして自信をなくしたのか。

　しかし私は単に、ニキはレースを戦うことに疲れただけだと思っている。彼はその頃、航空機事業に夢中になっていた。すでに自前の航空会社ラウダ・エアーの設立途中で、身も心もそちらに行ってしまっていたのである。そしてデニスの莫大な額のオファーを受けたのも、それが自分の会社の利益になると踏んだからではなかったか。マクラーレンもコスワース・ユーザーだったが、復帰後のニキはわずか3戦目で優勝を遂げている。さらにブランズハッチでも勝ち、一方チームメイトのジョン・ワトソンも、この年2勝を挙げた。

　この年はフォークランド紛争勃発のあおりを食って、アルゼンティンGPは開催されなかった。さらに開幕戦のキャラミも、のちに述べるようなドライバーのストライキで、あわや中止になるところだった。

　第2戦ブラジルGPはネルソン・ピケが優勝、ケケ・ロズベルグが2位だった。この年、コスワースを使うチームは、ターボ勢のルノー、フェラーリに対し、いかに戦闘力を向上させるかに腐心していた。そして彼らの多くは、マシーンをできるだけ軽くする方法を選択したのである。たとえばピケ用のTカーは、実際には超軽量化された予選用マシーンだった。そしてブラジルGPでは、まさにその点が問題になった。優勝したブラバムと2位のウィリアムズに対し、ルノーとフェラーリが異議申し立てを行なったのだ。

　というのも、この2台にはブレーキ冷却用と称して、水タンクが搭載されていた。もちろんそれは建て前で、レースは空でスタートする。そして終了後の車検直前に、タンクを水で満たすのである。そうすれば、580kgの最低重量規制に引っかからない。バレストルはこれらの仕組みをまったく知らず、私がルノーなどから申し立てが出る前に教えてあげた。地元ブラジルの競技委員は、ピケを失格にするはずがない。そこで舞台は、FIAの控訴裁判所に移った。そして4月19日、2台の失格と、ルノーのプロストの繰り上げ優勝が決まったのである。

　この事件はFOCA加盟のチームを苛立たせ、第4戦サンマリノGPのボイコット騒動に発展する。しかしこれは、彼らの見込み違いだったというべきだろう。イタリアのファンは、フェラーリのピローニとヴィル

1982年序盤に起こった二つの事件。第1は、引退していたラウダが、マクラーレンからレース復帰を果たしたこと(カーナンバー8)。第2は、ドライバーたちがストライキを決行してホテルに立てこもったこと。後者は、FISAとFOCAが契約調印を強要したことに異議を申し立てたのである。左からネルソン・ピケ、リカルド・パトレーゼ、アラン・プロスト、パトリック・タンベイ、ルネ・アルヌー。

L'ère du turbo

ヌーヴさえ走れば、リーキットに詰めかけるのである。ちなみに、FOCAのメンバーでイモラに行ったのは、ケン・ティレルだけであった。メインスポンサーのキャンディがイタリアの企業だったからである。

このサンマリノGPでは、フェラーリの二人をめぐる事件が起きた。首位を走っていたヴィルヌーヴは、チームがピローニを前に出させないはずと信じていた。一方ピローニは、2位に甘んじるつもりはまったくなかったのだ。結局レースは、ピローニの優勝で幕を閉じる。チーム監督のマルコ・ピッチニーニは、ピローニを弁護した。単に誤解があったのだと。しかし、チーム内の雰囲気はどうしようもなく冷たくなってしまった。

続く第5戦、ゾルダーのベルギーGPでは、ピローニが第2予選で最速タイムを出した。するとヴィルヌーヴは、すでに予選用タイヤがほとんど使い物にならなくなっていたにもかかわらず、もう1周アタックに出て行ったのだ。前方にスロー走行中のヨッヘン・マスを認めたジルは、アウト側から抜こうとする。しかしほぼ同時に、マスもラインを譲ろうと同じ方向に寄ってしまった。マーチの右後輪に乗り上げたフェラーリは宙を飛び、路面に激突。マシーンから放り出されたジルは即死した。

そしてさらなる悲劇がドイツGPで起こった。大雨の予選中、ピローニがプロストのルノーに乗り上げ、ジルと同様の事故となり、両足骨折の重傷を負ったのだ。もはや自動車の運転ができなくなったディディエは、それ以降ジェットボート競技に移る。そして5年後、レース中に命を落とすのだった。

この時点で選手権トップだったピローニは、これでタイトル争いから脱落。終盤のスイスGPでF1初勝利を挙げたケケ・ロズベルグが、代わってトップに立ち、結果的にこの1勝だけでチャンピオンになった。フェラーリは、コンストラクターズ選手権だけを獲ることになった。

シーズン終了後、ディディエを病院に見舞った時のことだ。その日にエンツォ・フェラーリから受け取ったばかりという包みを開けてくれと、彼に頼まれた。中から出てきたのは、ブロンズ製の跳ね馬だった。そしてその台座には、「真の1982年チャンピオンへ」と刻まれていた。

各チームに巣くう、あつれき

ようやく完成したBMWエンジンを搭載するブラバムを駆って、ピケはモントリオールを制する。そしてその3週間後のブランズハッチで、奇才ゴードン・マーレイがF1に革命を起こすシステムを投入した。マーレイは以前から、予選タイヤが持つ高い性能をレースにも活用できないかと考えていた。そこでオウルトンパークのサーキットを貸し切り、極秘裏にピケに可能性をテストさせたのが、レース中のピットインである。タイヤ交換と給油によるタイムロスを加えても、周回ペースの速さがそれをしのぐはず。そしてテストでは、そのとおりの結果が出た。この戦略はブラバムに続いて、ウィリアムズもすぐに採用することになる。

一方、ルノーがこれを採用したのは大幅に遅れて翌シーズンになってからだった。労働組合がメカニックの安全性を危惧して反対していたのだ。しかし、この年のルノーが結果を出せなかったのは、これが原因ではない。マシーン自体は速く、たった1勝しか挙げられなかったロズベルグをしのいで、プロストがチャンピオンになる可能性は充分にあったのである。

彼らに致命傷を与えたのは、わずか数フランの市販の電気モーターだった。クーゲルフィッシャー製の機械式燃料噴射装置の、混合気を調節するモーターである。これがF1マシーンの過酷な走行環境に耐えられず、何度も壊れてしまったのだ。本来ならこのパーツには「航空機品質」が求められ、実際チームはそれに見合ったモーターをずいぶん前に発注していた。ところが届いたのは、シーズンが終わってからであった。

ルノーでは、このトラブル以外に二人のドライバーの確執も起こった。第11戦、ポールリカールでのフランスGPでのことだ。チームは首位を走るアルヌーに、「プロストに譲れ」というサインを送る。この時点では、彼にもまだタイトル獲得の可能性があったからである。しかし、プロストのマシーンは縁石に乗り上げた際にサイドスカートをひどく損傷し、レース中盤ですでに20秒以上の遅れを取っていた。

チームは繰り返し、アルヌーにサインボードを提示した。しかし、彼はそのままチェッカーを受け、レース後にこう言い放った。「フィニッシュラインの前で、20秒も止まっているわけにはいかない」。

この事件はフランス国内で大きな論争を巻き起こし

た。しかし、非難されたのはアルヌーではなく、「ふがいない」プロストであった。スポール・オート誌にも、読者からその種の手紙が山ほど来たものだ。そのためプロストはイタリアGPの際、ボディガードを連れて行ったほどである。一方のアルヌーは、翌年からさっさとフェラーリに移籍してしまった。

リジエの状況は悪化の一途だった。マートラが開発していたV6ターボエンジンは、テストベンチでは素晴らしい性能を発揮していた。しかし、それが実戦デビューできるかどうかは、まったくの未知数だったのである。というのも、マートラはあくまで開発を委託されているだけとみなし、その費用はすべてリジエと契約を結んでいたプジョー・タルボに請求したのである。そしてその額は、プジョーには莫大なものに思えた。

一方、タルボ・エンジンを搭載したマートラの市販車は、まったく売れずにいた。このことも、両者の関係を悪化させた一因だった。マートラは他方で、ルノーに「エスパス」開発計画を提案し、合意にこぎ着ける。マートラにとってはもはや、同じV6ターボでルノーにF1で対抗するなど、問題外の状況となったわけである。こうしてターボエンジン開発は中止され、ファクトリーも閉鎖された。

ただし、リジエへのV12エンジン供給は暫定的に続けられた。本来V6ターボ用に開発されたJS19を、V12が搭載できるように改造したのだった。その指揮を執ったのが、新たにテクニカル・ディレクターに任命されたジャン-ピエール・ジャブイーユだった。

しかし、彼はフランス中部ヴィシーのファクトリー近くに引っ越すことを嫌い、週に一度パリから通って指示を出していた。これではスタッフと充分な意思の疎通ができるはずはない。案の定、JS19は充分な戦闘力を発揮できないばかりか、その空力コンセプトは技術委員の承認すら得られなかった。エディ・チーヴァーはラスベガスで3位表彰台に上ったものの、選手権は12位に終わる。ラフィットにいたっては17位という惨状で、ウィリアムズへの復帰を決めたのだった。

一方、ピーター・ウォアも、ウルフからロータスに戻っていた。ウルフは1980年にフィッティパルディが買収したが、その後ポスルズウェイトはフェラーリに移り、エマーソン自身も現役を引退した。そのため、ウォアも去ったのである。当時、このチームのエンジニアだったエイドリアン・ニューウィーが、現在のF1との比較をしてくれたことがある。「フィッティパルディでの1年目、エンジニアは全部で7人しかいなかった。それがマクラーレンでは、MP4/19の設計開発に100人以上が携わったんだ」

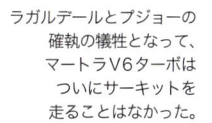

そのマクラーレン自体も大きく変貌した。古株のニール・オートレイはこう言っている。「1968年のM7開発の際には、86枚のデッサンを描いた。それが2004年のMP4/19は、3900枚だったよ」

グラウンド・エフェクトとチャプマンの死

ロータスのマーティン・オジルヴィーはこの年、実に美しい91をデザインした。カラーリングも、かつ

ラガルデールとプジョーの確執の犠牲となって、マートラV6ターボはついにサーキットを走ることはなかった。

L'ère du turbo

てのジョン・プレイヤーに戻っていた。基本的には87の発展型だが、より軽く、より高剛性のマシーンだった。そして終盤のオーストリアGPでは、デ・アンジェリスが優勝した。2位のロズベルグとは、わずか1000分の125秒差だった。

　この勝利は、まさに望むべき時に来たものであった。というのも、コーリンはルノーから、翌年からのターボエンジン供給を打診されていたのである。1983年からは、2チームへのエンジン供給が可能になるのだ。この交渉にはもちろん私が秘かに関わり、ジェラール・ラルースと密に連絡を取り合っていた。一方でリジエは前述したように、マートラ・エンジンの供給を打ち切られることが決まっていた。そしてギ・リジエはフランソワ・ミッテラン大統領に非常に近く、ミッテランが国営企業のルノーに圧力をかけて、リジエへのエンジン供給を強いるだろうことも、目に見えていた。そしてルノーとリジエは、憎悪に近い感情を抱き合っている。そこでルノーは先手を打って、リジエ以外のチームと契約してしまおうと考えたのだ。こうしてラルースはまず、非ターボ系チームでは最強のウィリアムズに声をかけた。しかし、フランク・ウィリアムズはこれを拒否する。エスパス計画が具体化する前のマートラから、V6ターボ供給の打診を受けていたのである。そこでラルースは交渉相手をロータスに代え、スイスGPの開催されたディジョンで正式調印を果たした。デ・アンジェリスが勝ったツェルトヴェクのレースから2週間後のことだった。

　1982年シーズンも大詰めのある日、FISAが驚くべき発表を行なった。「1983年から、マシーン底部は平らな形状でなければならない」という、いわゆる「フラットボトム」通告だった。グラウンド・エフェクトカーの事実上の禁止である。すでにほとんどの来季型マシーンは設計を終え、早いところは組み立てに入っている。それをすべて捨て、ゼロからやり直さなければならなくなったのだ。

　私はすぐにイギリスに飛び、チャプマンへのインタビューを敢行した。場所はロータスの本部、ケタリンガム城である。オフィスで会ったコーリンは予想したように怒り狂っていたが、アタッシェ・ケースから小さな飛行機の模型を出してきた時だけは表情が緩んだ。アメリカのバート・ルータンに特別に依頼したものであった。

　コーリンはずいぶん前から、市販車生産に伴う障害の多さに辟易していた。安全性や公害対策に費やす時間は、自動車本体のコンセプト開発と同じくらいかかるようになっていたのだ。そこでコーリンは市販車部門をマイク・キンバリーに任せ、自らはケタリンガム・ホールにこもってF1に専念することにした。しかし前年の88事件以来、F1への興味も急速に薄れてしまう。そしてコーリンの情熱は、自然と航空機分野に向かったのだ。

　大戦中は英国空軍のパイロットだったこともあって、財を成してからのコーリンの移動手段は、もっぱら飛行機かヘリコプターだった。飛行場も2カ所所有していた。ひとつはかつて爆撃機の基地だったファクトリーのテストコース。そしてもうひとつは自宅敷地内にあった。コーリンは特にULP（超軽量飛行機）に興味を抱き、家族を乗せて楽しんだりしていた。そしてやがて自ら開発することを決断する。彼はこんなふうに野望を語っていたものだ。「航空機産業に革命を起こしたい。そのために、平均時速160kmで二人を運べるULPを生産する。燃費は1時間、わずか4.5ℓに過ぎない」

　コーリンのアイデアは、彼のF1マシーンの多くがそうであったように、規則を巧みにかいくぐることだった。もし翼面積に対する重量が既存の飛行機よりはるかに軽ければ、飛行機製造にかかわる無数の制限から解放される。その決め手が、F1マシーン生産で培われた複合材料のノウハウだった。その技術をもってすれば、主翼の大きさはそのままに、飛躍的に軽い飛

チーム・ロータスの本拠地となったケタリンガム城。これほど優雅な建物を使うF1チームなど、世界中で彼らだけだった。

Season's Greetings from Team Lotus International

コーリン・チャップマンとの最後のインタビュー。矛盾だらけの規定違反騒ぎに心底疲れた風であった。そして彼の興味は、自動車から航空機へ、より正確にはULP（ウルトラ・ライト・プレーン、超軽量動力機）へと移り始めていたのである。

一方でチャップマンは重大な脱税事件にも巻き込まれ、さらに心労が重なっていた。最後のインタビューからわずか1週間後、パリへの慌ただしい旅行から戻った直後に、コーリン・チャップマンは心臓マヒで急死した。

行機ができるはずとチャップマンは考えた。そうすれば、ULPとしてホモロゲーションを受けられるだろう。そこで彼は上述のルータンに機体開発を依頼し、ロータスのテクニカル・ディレクター、トニー・ラッドにエンジン設計を頼んでいた。私が最後にコーリンに会った時、誇らしげに見せられたのが、その模型だったのである。

その1週間後の12月16日、コーリン・チャプマンは突然この世を去った。

私はそれからしばらくして、彼の最後の1日を再構築してみた。コーリンはその日、FISAのミーティングのためにパリに来ていた。その後、側近のジェリー・ジューハンと、デローリアンの一件について長い間話し込んだ。そしてその合間に、ブルジェ空港で彼を待つ自家用機のパイロットに電話をしている。その日、ファクトリー周辺は天候不順で、そこへの着陸はむずかしいと管制塔から通告されていたのだ。チャプマンはそのことにひどく怒っていた。そして財務部長のフレッド・バシェルと空港に赴き、結局離陸してしまう。とはいえ、問題は解決したわけではなく、彼は相変わらず煮えたぎっていた。しかし最終的に天候は回復し、なんとか着陸許可が出た。この時、副操縦士席に座っていたコーリンは、ものすごい横風の中、自ら操縦桿を握って着陸操作をやってのけたという。もとより真偽のほどは明らかではない。そして自宅に戻り、その夜、心臓発作を起こしたのだった。

そして彼の死は、ロータスを生き残らせることになった。

石油危機勃発以来、ロータスのスポーツカーはます ます売れにくくなっていた。そのためコーリンの急逝前には、いつ倒産してもおかしくない状態だった。アメリカンエキスプレスから借りていた多額の運転資金を、早急に返せと言われていたのだ。さらにそこに、デローリアン事件も重なっていた。

ゼネラル・モータースの副社長だったジョン・デローリアンは自らの自動車会社を興し、将来のディーラーたちにスポーツカーの試作車を披露した。しかしこれが、まったくの架空の話だったのだ。一方で彼はロータスに、このクルマの製作を持ちかけた。すでに北アイルランドに工場を建設するための援助を、英国政府から受けてもいた。そしてその補助金の一部が、チャプマンの口座にも流れていたのである。それが明らかになったことで、ロータスの将来にもかかわる大問題になっていたのだ。

チャプマンの死から2年後、遺族は私に評伝を書いてくれと依頼してきた。彼の亡くなる以前から話していたことでもあり、私はもちろん快諾した。しかしその中で、私はデローリアン事件についてほとんど触れていない。そしてそのことは、今でも正しかったと信じている。それを避けた理由のひとつは、少なくとも

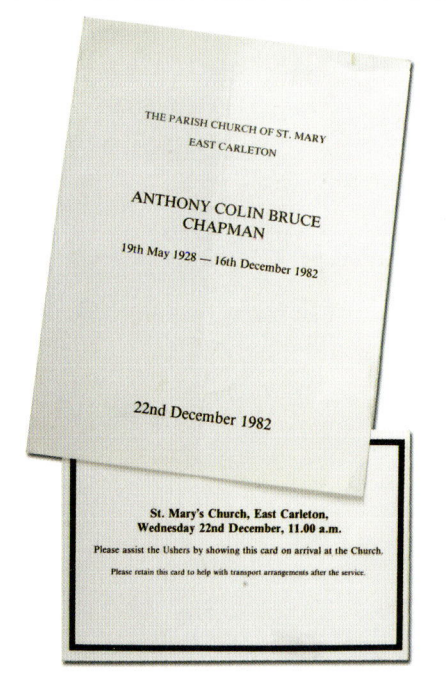

4社がコーリン・チャプマン伝を出版しようとしており、そのいずれもがデローリアン事件を正面から扱うことを知らされていたからである。しかし、私も遺族も将来の読者に対し、コーリンを20世紀で最も偉大

L'ère du turbo

な自動車エンジニアの一人として記憶してもらいたいという気持ちが強かった。自らの興した会社を救うために、クルマに関係のない部分は書く必要はないと思ったのだ。そして私たちの「公式評伝」の出版が予告されると、他の計画はすべて立ち消えとなった。

アメリカンエキスプレスはロータスに対し、再建に必要な時間的余裕を与えてくれた。そして、まずマーガレット・サッチャーに近い実業家デイヴィッド・ウィッケンスの手に渡り、その後ゼネラル・モータースが買収。さらにイタリアのアルティオーリを経て、1996年、マレーシアのプロトン傘下に入った。

一方、チャプマン家の所有するチーム・ロータスは、フレッド・バシェルを長に、ピーター・ウォアが実際の運営を担うことになった。

1983年――ターボF1全盛に向けて

マーティン・オジルヴィーは91の設計であれほどの腕を振るったのとは対照的に、93の出来栄えは悲惨といってよかった。F1どころではなくなっていたチャプマンが、かつてのように間近で進行状況を把握していなかったことも大きかった。一方でルノー・エンジンも、開幕戦には2台に搭載できないことが判明し、別モデルを急遽製作しなければならなくなった。こうしてできたのが、91の発展型、92である。これにはコスワース・エンジンの最新仕様が積まれた。そして何よりもこのマシーンには、ピーター・ライトによるアクティブ・サスペンションのプロトタイプが採用されていた。FIAによって禁止されたツインシャシーの代替案というべきアイデアであった。

こうして93T（Tはターボを表わす）にはデ・アンジェリス、92はマンセルという布陣で、チームは開幕戦のリオへと向かった。しかし93Tは大きく、重く、そしてロードホールディングも悪かった。92もアクティブ・サスが熟成にはほど遠い状態だったため、重いだけのマシーンになっていた。それに加えて、彼らの履くピレリ・タイヤは、ライバルたちの性能に遠く及ばなかった。シーズン序盤は破滅的な状態で、これにはルノーとジョン・プレイヤーが特に危機感を抱いた。

ところが、きわめて政治的な動きが、このピンチを救うことになる。ジェラール・デュカルージュが、アルファ・ロメオから放逐されたのだ。きっかけは、アルファ車内の消火器が空になっているのを、技術委員

ポルシェが開発を担当した、V型6気筒の"TAG"を搭載したマクラーレンMP4/1を駆る、1983年オランダGPでのニキ・ラウダ。

ピーター・ウォアが抜擢したジェラール・デュカルージュは、ロータスの開発陣を鼓舞して、生涯最高のマシーンを造り上げた。わずか5週間で、コスワース搭載用の91から、ルノー・ターボを搭載する94Tを完成させてしまったのだ。

が突き止めたことだった。車重を軽くする目的だったのは、いうまでもない。そこでイタリア人たちは、喜んでその責任をデュカルージュに押し付け、追い出してしまったのだ。ロータスとルノーの誰もが、これこそ天の配剤と思った。そして私が、彼を口説くことになったのだ。デュカルージュはパリ市内のモト・ピケ界隈にある、「ゴロワーズ」というレストランがお気に入りだった。そこはリジエの社員食堂のようなものだったが、私はかまわず彼を招待した。話はしごく順調に進み、イモラGPの際にボローニャ市内でロータス関係者と会うことになった。私は極秘裏に、デュカルージュをフレッド・バシェルに引き合わせた。そしてベルギーGPの翌日には、彼はすでにファクトリーで仕事を始めていた。

デュカルージュは、ロータスの弱点を充分に把握していた。ところが、彼がまず最初に要求したのは、タイヤをグッドイヤーに戻すことだった。この役目も私が引き受けることになった。同社のチャック・ピリオットがモナコGPを訪れていた。案内役は、広報担当でもあったカメラマンのベルナール・カイエである。そのカイエに仲介を頼み、私はピリオットをロータスのガレージまで連れて行った。そして84年からのタイヤ供給を約束させることに成功したのである。

デュカルージュはファクトリー内の資材いっさいを精査し、すぐにすべてをお払い箱にすると宣言した。次に取りかかったのは、91を改造してルノー・エンジンを搭載できるようにすることだった。そして結果的に、これがデュカルージュの最高傑作となった。彼はエンジニアとして優れていただけでなく、スタッフを鼓舞し、彼らの能力を引き出すことにも長けていた。こうしてわずか5週間で、91から2台の94Tを作り上げたのである。エリオ・デ・アンジェリスはこれを駆って、イギリスGPの初日予選でトップタイムを叩き出した。レースでも、2列目からスタートしたが、残念ながらエンジントラブルでリタイアを喫した。一方のマンセルは、初めてのマシーンで予選こそてこずったものの、レースは4位完走を果たした。

こうしてロータスは久々にグランプリの第一線に躍り出た。しかし、ライバルたちも決してその間休んでいたわけではなかった。ロン・デニスはウィリアムズから、有力スポンサーのTAGを奪い取った。その後TAGオーナーのオジェ一族はプロジェクト・フォーと組んで、さまざまな計画を実行に移していく。そのひとつが、スイスの時計メーカー、ホイヤーの買収であった。しかし何よりマクラーレンの開発部門は、TAGのおかげで大いに潤った。ジョン・バーナードはそれを利用して、自らの設計したシャシーに最適と思われるV6バンク角80度のエンジンを、ポルシェに特注した。その開発資金はすべて、TAGが賄ったのである。バーナードはこのエンジンをMP4/1の改良型に搭載し、シーズン後半、ザントフールトのレースから投入した。すでにコスワース・エンジンはまったく戦闘力を失っており、ドライバーたちはこのマシーンを待ち焦がれていた。なにしろ5月のモナコGPでは、ニキ・ラウダ、ジョン・ワトソンともに、予選落ちを喫していたのである。

一方、TAGに見捨てられたウィリアムズは、その将来を日本メーカーに託した。ホンダからターボエンジンの供給を受けることになったのだ。1968年を最後にF1から撤退していた同社は、復帰のタイミングを計っていた。1980年には2ℓV6エンジンを開

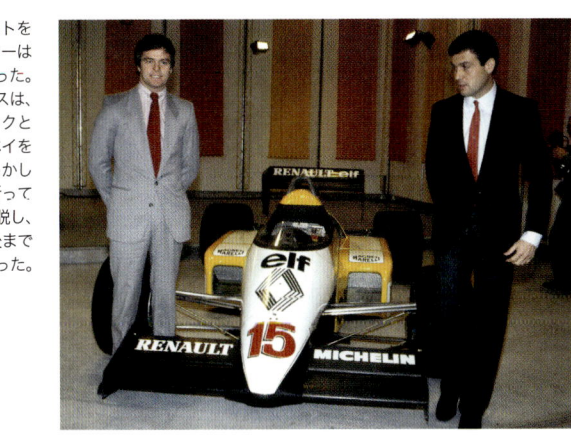

1983年末にプロストを解雇し、チーヴァーはアルファ・ロメオへと去った。そこでラルースは、デレック・ウォリックとパトリック・タンベイを新たに雇い入れた。しかしタンベイは足を折って早々に戦線離脱し、ウォリックは最後までルノーに馴染めずに終わった。

L'ère du turbo

発し、これを搭載したラルトはヨーロッパF2を制している。翌年には、スピリットがラルトに加わった。このチームはマーチF2のチーム監督だったジョン・ウィッカムと、元マクラーレンのエンジニア、ゴードン・コパックが設立、F1進出を狙っていた。そこでホンダが彼らに出資し、F2マシーン・ベースのF1マシーンを作ることにしたのだ。一方で、すでにこの時点でホンダは、ウィリアムズへのエンジン供給を決めていた。しかしウィリアムズ側は、自分たちがF1用エンジンの実験台になるつもりはなかった。そこでスピリット・マシーンで何戦かグランプリを戦う間に、パトリック・ヘッドはFW09の開発を進め、最終戦のキャラミからウィリアムズ・ホンダとしてデビューさせたのである。

この年はブラバムBMWのネルソン・ピケと、ルノーRE40のアラン・プロストが、最後まで激しく戦った。シーズン中盤まではプロスト優位の展開だったのだが、BMWはBASFから新開発の潤滑油を提供される。これでBMWエンジンのパワーは一気に増大した。それに対してルノーは、他にも不利な点があった。KKK社製のターボコンプレッサーを使っているのはBMWと同じだったのだが、直列4気筒のドイツ製エンジンは1基のターボでよかった。しかも同社の量産モデルが、そのまま使えた。ところが、ルノーのV6にはより小型で特殊なサイズのターボが2基必要なのだが、KKK社はその開発を拒否したのだ。

タイトル争いは、最終戦の南アGPまでもつれた。そして標高の高いキャラミで、ルノーはBMWの敵ではなかった。プロストはターボトラブルで完走すらできなかった。前年のフランスGPでタイトルを失った時、プロストは戦犯扱いされた。しかし今回は、それよりもひどい状況だった。

ルノーは初タイトル獲得を予想して、フランスのあらゆるマスコミを南アに招待していた。彼らはレース後のプロストの言い訳に憤慨しながら帰途についた。そして南ア航空が給油のためニース空港に立ち寄った際、ラルースは一通の至急便を投函する。ラルースが上司のマックス・マンジュノと機内で作成した、プロスト更迭の文書であった。ルノー公団総裁に昇進していたベルナール・アノンはこの進言を受け入れ、すぐに記者発表された。しかし、話はそれだけでは済まなかった。

最終戦のレース終了後、FIAはBMWの使用燃料を分析し、規格外であると判定する。オクタン価が高すぎたのである。通常なら、すぐにバレストル会長が介入するところだ。しかし彼は1981年に、ルノーに裏切られたことを決して忘れていなかった。そこでこの解析結果を、引き出しの奥にしまい込んでしまうのである。

FIAが動かない限り、ルノー自身が異議申し立てをして、結果をひっくり返すしかない。この抗議が認められれば、タイトルはピケではなくプロストが獲得できる。しかし、ルノーはそれをしなかった。主要自動車メーカーのひとつであるBMWと、法廷の場で争いたくなかったという理由がひとつ。そして何より、ブラバムのオーナー、バーニー・エクレストンはバレストルと結託し、F1全体に強大な影響力を持つ男になっていた。そのバーニーと面倒を起こしたくなかったのである。

1984年──セナ、衝撃のデビュー

プロストは、マクラーレンに移籍した。前年からアルヌーに代わっていたチーヴァーも、アルファ・ロメオへと去った。そこでルノーは、新たなドライバー・ラインナップを発表した。パトリック・タンベイと、デレック・ウォリックであった。しかし二人とも、まったく目立つことなくシーズンを終える。タンベイは不運に見舞われ、足を骨折した。一方のウォリックはシーズン序盤からコースアウトを繰り返し、モナコGPではチームメイトを巻き込む多重事故の原因となった。これで彼は、完全に戦意を喪失したようだった。

デ・アンジェリスがロータスの皆に愛されていた一方、マンセルとロータスのスタッフとの関係はぎくしゃくしていた。

何より彼は、チームの中にまったく溶け込めずにいた。いつまで経ってもひとこともフランス語を話そうとせず、そのためイギリス人エンジニアのジョン・ジェントリーをわざわざ雇わなければならなかった。

ロータスはこの年からグッドイヤーを得て、ジェラール・デュカルージュは95Tの設計に存分に腕を振るった。しかしこのタイヤはミシュランより劣り、ルノー・エンジンはきわめて燃費が悪かった。そのためドライバーはレース中、いつも燃料タンクの残量を気にしながら走らなければならなかった。モナコでのマンセルはロケットのように飛び出し、あっという間にプロストを抜き去った。しかしその5周後、ガードレールにぶつかって自滅する。ピーター・ウォアは以前からマンセルと折り合いが悪かったが、この事故以来、口も利かなくなった。デ・アンジェリスがチームの誰からも愛される存在だったのに対し、マンセルはピーター以外のメンバーにもよく思われていなかったのだ。

ポルシェ・エンジンを載せたマクラーレンMP4/2は、開幕戦から圧倒的な強さを発揮した。ラウダとプロストは激しくしのぎを削り、ほぼ全戦で勝利を分け合ったほどだ。そして迎えた最終戦のポルトガルGP。このレースに勝ったのはプロストだったが、2位のラウダが0.5ポイント差で3度目のタイトルを獲得した。

この年、一人のブラジル人青年が、トールマンからデビューした。アイルトン・セナである。彼が一躍脚光を浴びたのは、大雨のモナコGPだった。首位を走るプロストは、ブレーキトラブルを抱えていた。その背後にセナと、ティレルのステファン・ベロフが迫る。レース・ディレクターのジャッキー・イクスは、悪天候の下このままレースを続けるのは危険と判断し、レースを止めた。しかしイクスは赤旗ではなく、チェッカードフラッグを振った。もし赤旗なら、雨が止み次第レースが再開される。しかしチェッカードフラッグの場合、それでレースは終了となる。こうしてプロストは勝者となり、そのまま行けば確実に彼を抜いたであろうセナは、大きな落胆を味わうことになった。その後のセナとプロストの確執は、この時に始まったといえるだろう。そしてイクスは、激しい批判にさらされた。しかし冷静に振り返れば、彼を責めるのは的外れだったのではないだろうか。なぜならあの日の午後、雨はそのまま降り続けたからである。

プロストはすぐにマクラーレンに加入し、チームメイトのラウダと1984年のタイトルを最後まで激しく争った。しかし、お互いを尊重し合う関係は最後まで変わらず、圧倒的な差でコンストラクターズ選手権も制覇した。

1985年──ラウダに再び大金攻勢？

ルノー・スポールは83年最終戦キャラミでのトラウマから、依然として立ち直れずにいた。そこでラルースは、荒療治に出ることを決断する。世界チャンピオンのニキ・ラウダを獲得すべく、交渉を始めたのだ。ニキは84年限りでの引退を表明していたが、ラルースにはそれを覆せる自信があった。それというのも、

L'ère du turbo

ニキに対し、2000万フランの契約金を用意したからだ。今日でははした金に思われるかもしれないが、当時は目もくらむような莫大な額だった。

交渉はルノー・スポールの上層部が行なったものの、すぐに労組の知るところとなる。当時のルノーは業績不振に苦しみ、従業員の解雇や工場閉鎖が相次いでいた。アノン総裁の地位も、安泰とはいえなかった。そこへ2000万フランの交渉である。もはやF1は続けられないと判断したアノンは、活動休止を決断する。

風向きの変わったことを察知した開発責任者のミシェル・テチュは、古巣のリジエへ移籍した。そしてラルースの後任には、ジェラール・トートという男が抜擢された。これは実に奇妙な人事だったといわざるをえない。もともとモータースポーツについてほとんど知らなかったばかりか、1年間チームを率いたあとでも、何も学んでいないように見えたからだ。当然この年のルノーは、前年以上のひどい不振に沈んだ。一方のロータスは、同じエンジンを使いながら、はるかに好成績を残した。こうしてルノーは、エンジン供給に特化することを決めたのだった。

マンセルはこの年限りでロータスを去った。FIA主催のパーティの際、ピーター・ウォアが私のところにやって来た。「ナイジェルの代わりに誰を雇ったらいいと思うかね？」 私の答えは、決まっていた。「セナか、あるいはセナ。それが無理なら、セナだ」 彼は笑い出し、こう言った。「実はもうすでに、アイルトンとの契約は済んでるんだよ」

トールマンのアレックス・ホークリッジはこの電撃移籍に怒り、イタリアGPではセナを出場させなかった。しかし、トールマンはこの年限りでF1を去り、チームをベネトンに売り払ったのだから、セナはなおさらロータス入りを喜んだのである。

アイルトン・セナ

母国ブラジルでカートチャンピオンとなったアイルトン・セナは、先輩たちに倣ってヨーロッパへと渡った。そして1981年、英国のフォーミュラ・フォードで四輪最初のタイトルを獲得する。だが、ここで彼のキャリアはあやうく終わるところだった。セナ自身が英国暮らしにうまく適応できなかったのに加え、結婚したばかりの新妻がどんよりと暗い天候を嫌った。二人はブラジルに帰り、離婚する。そして翌1982年、セナだけが再びイギリスに戻り、FF2000を制する。F3にステップアップしてからは、ディック・ベネッツ率いるウェストサリー・レーシングに加入。マシーンはラルト・トヨタだった。デビュー戦では、エディ・ジョーダンのチームに所属し、まったく同じマシーンを駆るマーティン・ブランドルと激しいバトルを展開し、優勝を遂げる。そして83年には年間12勝を挙げてタイトルを獲得しただけでなく、マカオGPも制した。

その活躍はF1関係者の注目するところとなり、マクラーレン、ウィリアムズ、ブラバムのテストを次々に受けた。この中ではブラバムだけが翌84年のために、パトレーゼが抜けたあとの後任ドライバーを探し

授賞式会場でのジャビーとアイルトン・セナ。お互いに敬意を抱いていることが、両者の眼差しに見て取れた。

1985年ポルトガルGPで、セナは初優勝を果たした。レースは大雨の中で行なわれた。周回ごとの順位を記録したジャビーのふやけ切ったノートが、その悪天候ぶりを物語っている。

ていた。しかし、ネルソン・ピケは同国人のセナの速さを警戒し、チームメイトにすることに反対した。他に空いているシートはトールマンしかなかった。勝てるチームでないことは明らかだったが、セナに選択の余地はない。しかし1年目のモナコの活躍によって、F1での将来は約束されたも同然だった。

デュカルージュが設計した97Tには、特徴的な仕掛けが施されていた。前輪とモノコックの間に、ディフレクターを装着したのだ。これはまたたく間に、全チームがマネをした。正式にはバージボードと呼ばれるこの空力パーツは、今日のF1マシーンにも採用されている。彼はこのアイデアを、インディ500用のマシーンを開発中に思いついたらしい。セナはこのマシーンで最初から素晴らしい速さを発揮し、第2戦ポルトガルGPで自身初のポールポジションを獲得。そしてどしゃ降りとなったレースで、初勝利を挙げた。この時私はいつものように、ピーターといっしょにピットウォールに陣取り、周回ごとのレースチャートを書きつけていた。しかし大雨のために、ノートはボロ切れのようにぐしゃぐしゃになってしまった（今でもこれは、私の宝物である）。

レース後、凍えながらモーターホームに戻った私を、スチュアートとダイアナはコニャックのボトルを手に、親身に介抱してくれた。おかげでその後、原稿を書こうとタイプライターに向かっても、キーがまったく打てなくなっていた！ まあ、いい。ホテルに戻って夕食を済ませ、仕事はそれからだ。ところが、エストリル市内のホテル・パラシオの食堂に行くと、ロータスのボス、フレッド・バシェルが私を待ち受けていたのである。私は再び、祝杯を挙げることになった。

ロータスでアイルトンの計時係を担当したこの時代、彼と親しく接するほどに、私はすっかり彼の魅力に取り憑かれてしまった。運転技術が卓越しているだけでなく、F1に集中する姿勢も尋常ではなかった。イタリアGPでのこと。アイルトンはレースに備えて、タイヤを選んでいた。チームのトランスポーターの前に、練習走行や予選で走ったタイヤをずらりと並べると、ひとつひとつ点検し始めた。「これは土曜の朝に履いたセット。右リヤはすごくよかったから、レースで使おう。左リヤには、金曜の2セット目がいいだろう」

サーキットにいる間、アイルトンの集中を乱すような行為は禁物だった。しかしひとたびそこを出れば、話は別である。あの週末、リストランテ・アンチコ・フォサッティで、われわれは実に愉快な晩を過ごした。

続く第3戦サンマリノGPでは、今度はデ・アンジェリスが勝った。プロストが最初にチェッカーを受けたが、最低重量違反で失格したのだ。とはいえこの年、プロストは通算5勝を挙げ、フェラーリのアルボレートを抑えてチャンピオンとなった。

当時のミケーレ・アルボレートはグッジ・ザノンが「庇護者」であった。そして彼はフェラーリの戦闘力に大いに落胆していた。ベルギーGPの際、ベルナール・カイエはザノンを私たちのホテルに招き、私も夕食をともにした。その席上、ザノンは「誰か、いいエンジニアはいないだろうか」と言ってきた。私はすぐに、それがデュカルージュを指しているとピンと来た。実際彼は秘密裏にデュカルージュをモデナに招き、エンツォに引き合わせたりしていたのである。ロータスを守るため、私はかく乱戦術に出ることにした。

「マクラーレンのジョン・バーナードはどうです？」
「彼をロン・デニスから引き離すのは無理だろう」
「そうかもしれません。でも、あまり仲は良くない

L'ère du turbo

ようですよ。今年初めのロンの結婚式にも、ジョンは出席しなかったぐらいです」

翌朝、ザノンはさっそくスポーティング・ディレクターのマルコ・ピッチニーニに会い、バーナードと接触を持つよう頼んだ。マルコはチーム外の人間がそんなことを言ってくることに嫌悪感を覚え、いったんは拒絶する。しかし最終的には、しぶしぶながらバーナードに連絡を取った。すると交渉はとんとん拍子に進み、マクラーレンからフェラーリへの移籍が決まってしまったのだった。

1986年──燃費のよさが勝利のカギ

冬のオフテストでは、悲惨な事件が相次いだ。セナの加入ですっかり自信を失ったデ・アンジェリスは、ブラバムに去った。そしてポールリカールでのテスト中、不幸な事故に見舞われ、命を落とした。フランク・ウィリアムズも、そのポールリカールからわずか数kmの山道をレンタカーで走行中に横転し、脊髄損傷の重傷を負う。一命はとりとめたものの、フランクは両手両足の自由を失った。誰もが彼のキャリアは終わったものと思ったが、彼はその後も持てる力すべてをチーム運営に注いだ。そして、健常者であった時以上の大成功を収めるのである。

デ・アンジェリスの代わりは、ジョニー・ダンフリーズが務めた。ピーター・ウォアは当初、ルノーの撤退でシートを失ったデレック・ウォリックの起用を考えていた。しかし、ロータスには2台のマシーンを同じように速く走らせる力はないと考えたセナは、ウォリック抜擢に反対した。これにはジョン・プレイヤーが怒り、イギリスのマスコミにセナを悪者に仕立てるような記事を書かせたりした。

デュカルージュの98Tは、決して悪い出来ではなかった。しかし1984年以来220ℓだったレース中の燃料制限が、この年は195ℓとさらに少なくなっていた。燃費に問題を抱えるルノー・エンジンは、この措置の前になすすべもなかった。セナはこの年、8つのポールポジションを獲得したが、レースではターボのブースト圧を下げざるをえず、2勝が精いっぱいだった。

ルノー・スポールの指揮をラルースから引き継いだトートは、ティレルにエンジン供給の話を持ちかけた。交渉はまとまったものの、トートはパリ軽罪裁判所で執行猶予付き懲役10カ月の判決を受けることになる。エンジン供給代金の振込先として、トートがティレルに指定したスイスの銀行口座は、ルノーではなく彼個人のものだったようなのだ。

ウィリアムズのドライバー、マンセルとピケは、この年のあらゆるレースで優勝争いに絡む強さを発揮した。しかし、フランクは二人に明確なチームオーダーを出さず、自由に戦わせた。マクラーレンのプロストはその間隙を突いて、最終戦オーストラリアGPを制し、2年連続のタイトル獲得に成功する。このレースでは、首位を走っていたマンセルがタイヤバーストで戦列を離れ、チームは安全のためにピケをピットに呼び、タイヤ交換を行なった。TAGポルシェの性能はホンダよりはるかに劣っていただけに、このどんでん返しにはずいぶん驚かされたものである。

モンツァでは、AGSという新たなフランス・チームが登場した。アルファ・ロメオ出身のカルロ・キティがデザインしたモトーリ・モデルニ・エンジンを搭載したこのマシーンは、実はルノーのRE60そのも

昔ながらの計時装置。エレクトロニクスがレースのあらゆる領域に入り込んでくる以前のことだ。

1986年のウィリアムズ・ホンダは無敵であった。二人のドライバーにはチームオーダーなど一切下されず、最後まで正面から戦った。しかし最終戦でプロストにタイトルをさらわれるといっ、まさかの結末を迎えてしまう。

のであった。

1987年
──ロータス＋セナにホンダが加わった

　セナが世界チャンピオンになることは、もはや時間の問題とみられていた。そのおかげでロータスには、新たなタイトルスポンサーとしてキャメルが付いた。しかし、ロータスがセナを引き止めるには、より戦闘力に優れるエンジンを搭載することが絶対条件になっていた。そしてウォアはウィリアムズと同じ、ホンダ・ターボの獲得に成功するのである。

　ホンダ・エンジンを射止めた決め手は、ふたつあった。ひとつはセナのチームメイトとして、日本人ドライバー中嶋悟を乗せるという、ホンダの要求を受け入れたこと。そしてもうひとつは、先端技術に敏感なホ

ンダに対し、アクティブ・サスペンション搭載のマシーンを投入すると言明したことである。

しかし、デュカルージュの開発した99Tは、この年2勝に終わる。ともに市街地コースのモナコとデトロイトでの勝利だが、そのコース特性ゆえにアクティブ・サスペンションが真価を発揮できたのだった。ホンダ・エンジンのパワーは依然として群を抜いていたものの、99Tは重く、かさばり過ぎるマシーンだった。セナと、ウィリアムズを駆るマンセルとのバトルは実に過激で、時に暴力に発展することもあった。マンセルはこの当時、体調管理と称して、怪しげな南米の医者を同行させていた。そこからさまざまな噂が乱れ飛んだものだが、ある日ウィリアムズのピット前に、「フラッシュ撮影禁止」という張り紙が出た時には、「一体なぜ？」と皆が訝しんだ。

一方で、マンセルとピケの、ウィリアムズ・ドライバー同士のタイトル争いも、容赦ないものだった。しかしその結末は、最終戦を待たずにあっけなく片が付いてしまった。日本GPでの練習走行中、マンセルはコースから飛び出し、スズカを含む残り2戦に出場できなくなってしまったのだ。しかし医師の診断によれば、それは負傷のせいというより、精神的にガックリ来てしまったからだったようだ。

ルノーを去ったラルースは、この年再びF1に戻ってきた。ディディエ・カルメルという共同オーナーを得て、ローラLC87で第2戦サンマリノGPから参戦を果たしたのだ。エンジンはフォード・コスワースのV8、ドライバーはフィリップ・アリヨーとヤニック・ダルマスという布陣だった。

1988年──セナ vs プロストの始まり

ホンダは2年前にタイトルを逃したことを、忘れられずにいた。そのためエンジン供給先を、ウィリアムズからマクラーレンへと変更する。プロストのチームメイトにはセナが加わり、これ以上はない体制が出来上がった。セナは財政状態が好転しないロータスにこれ以上いても、チャンピオンになれる可能性はないと、見切りをつけたのだった。ウォアはタイトルスポンサーのキャメルをつなぎ止めるため、世界チャンピオンのネルソン・ピケをウィリアムズから引き抜いた。そしてホンダが去り、ジャッドのV8自然吸気エンジンで戦わざるをえなかったこの年のウィリアムズには、

1988年にロン・デニスが獲得したセナは、プロストとともに文字どおりのドリームチームを形成した。しかしウィリアムズ同様に自由に戦わせたことが、マクラーレンでは裏目に出てしまう。あまりに性格の違う二人のチャンピオンは、長い反目の月日を送った。

パトレーゼが新たに加入した。

　ウォアはセナが出て行ってしまうことに、心底怒っていた。その腹いせに彼は、まず記者会見でピケの抜擢を発表してから、そのあとでようやくセナに告げた。もちろんセナは、それを快く思ったはずがない。

　1988年は何よりも、セナとプロストの一騎打ちの年だった。二人はチームメイトでありながら、ロン・デニスはフランク・ウィリアムズ以上に特別な指示を出さなかった。セナは開幕戦から連続6戦ポールポジションを獲得し続け、その圧倒的な速さをプロストに見せつけた。そして第3戦モナコGPでは2位のプロストを引き離して、首位を独走していた。デニスはそのまま1-2フィニッシュさせるべく、「スローダウン」の指示を与える。しかしアイルトンのこれまでの人生に、遅く走るという概念はなかった。集中力を失った彼は、ポルチエでガードレールにぶつかってしまう。我を失ったセナは、チームのガレージに戻ることなく、そのまま自宅に走り去った。その日は誰一人として、彼と連絡が取れなかった。のちにセナは、「あの事故は、私の人生を変えた」と述懐している。あのリタイアを、彼はそれほど深刻に受け止めたのだった。

　それからのセナは、ある種神秘的な言動をするようになる。そしてそのことを、マスコミから揶揄されもした。移動中の機内では聖書を読みふけり、そしてカナダ人のジャーナリスト、ジェリー・ドナルドソンに、こんな体験を話したりもした。

「あの1988年モナコGPの最終予選、僕のポールはすでに確定していた。それでも僕は、どんどん速さを増していた。次の周はコンマ5秒、その次には1秒タイムを縮めた。そして突然、他の誰よりも2秒以上速

L'ère du turbo

くなった。同じクルマに乗っているチームメイトも含めてね。その時の僕は、ほとんど無意識にマシーンを操ってる状態だった。一種の本能だけで運転しているというか、違う次元に行っていたんだと思う。まるでトンネルの中を走ってるようだったよ。モナコの実際のトンネルだけじゃなく、1周すべてがトンネルみたいだったんだ。そして突然僕は目覚め、気がつくとピットに止まっていた……」

　この年のマクラーレンは、全グランプリ制覇の偉業をあとわずかで逃した。終盤イタリアGPで首位を走っていたセナが、これがF1デビュー戦だった周回遅れのジャン・ルイ・シュレッサーと接触、リタイアを喫したのだ。これでゲルハルト・ベルガーが、フェラーリの地元での優勝を果たす。数週間前にエンツォ・フェラーリが亡くなったばかりだったこともあって、ティフォシたちはこの勝利に熱狂した。そしてセナとプロストの確執は、翌89年も続くことになる。

1989年──エスカレートする確執

　二人の関係は、第2戦サンマリノGPでいっそう悪化した。チームは前年のチームメイト同士の争いに懲りて、レーススタート直後はバトルを仕掛けないという取り決めを、両者に承諾させていた。そしてイモラでは先に1コーナーを制したセナの後ろに、プロストが言いつけどおり従うという形になった。ところがその後、ベルガーがタンブレロで大事故を起こし、レースは赤旗中断となる。

　二度目のスタートで、今度はプロストが前に出た。するとセナは再開1周目にチームメイトを抜き、そのまま勝ってしまったのだ。怒り狂ったプロストは、レース後の記者会見出席も拒否した。ロン・デニスはようやく仲裁に入ることを決め、プライベートテストの機会にプロストに謝罪するようセナに指示した。しかし、プロストは親しい記者の一人に、アイルトンは泣きながら謝ってきたなどと、その時の情景をしゃべってしまう。セナはその後、彼らを決して許すことはなかった。

アラン・プロスト

　アラン・プロストは戦後のフランスが生んだ、最も偉大な世界チャンピオンである。カートで早くから頭角を現わしたアランは、FFSA（フランス・モータースポーツ連盟）の奨学金を得て、ポールリカールのウィンフィールド校で腕を磨く。そして1975年には、弱冠20歳でエルフ・ドライバーに選出される。翌76年にはフォーミュラ・ルノー国内チャンピオン、77年には欧州タイトル制覇、そしてその2年後にF3チャンピオンと、文字どおり破竹の勢いでスタードライバーへの道を駆け上がっていった。蛇足ながら、カート時代に若干の自腹を切ったことを除けば（その時期もチューナーの仕事で、すでにレース費用を稼いでいた）、プロストはF1の頂点を極めるまで、1サンチームも自分の財布から持ち出していないのである。

　彼の才能は群を抜いており、ネルソン・ピケ同様F2を経ずに、直接F1にやってきた。1980年、エ

1975年の最優秀エルフ・ドライバーに選出され、審査委員長のケン・ティレルから祝福される20歳のアラン・プロスト。その後、瞬く間に頂点まで駆け上がり、戦後のフランスが生んだもっとも偉大なチャンピオンとなった。

ルフの口利きでマクラーレンに加入。しかし、テディ・メイヤーが指揮を執っていたこの年のマクラーレンは低迷し、マシーンも信頼性に欠けていた。プロストもトラブルに見舞われ、何度もコースを飛び出すなど、本来の実力発揮とはいかなかった。そのため翌年のルノーへの移籍は、問題なく行なわれた。

ルノー時代のプロストは通算9勝を挙げ、1984年にマクラーレンに復帰。89年までの6年間に、35回の勝利と3つの世界タイトルを獲得した。「プロフェッサー」というニックネームが示すように、彼は速いだけでなく、非常に頭のいいドライバーだった。マシーンの熟成、レース展開を読む目、そしてマシーンをいたわりながらチェッカーまで持っていく能力は、非凡としか言いようがなかった。

しかし一方で、プロストは非常に被害者意識が強く、周囲の人間に対し異常なまでの警戒感を抱いていた。周りにはいつも少数のジャーナリストたちが取り巻いていて、他人がプロストを批判でもしようものなら、そして何よりセナを誉めたりしたら、代わって天誅を下す。私たちは彼らのことを、「アランの廷臣」と呼んでいたものだ。

私自身、1988年のイギリスGPでは、廷臣たちの被害に遭っている。激しい雨に見舞われたこのレースを、プロストは自分からさっさとリタイアしてしまった。その直後には、「これで今夜は自宅のベッドでゆっくり眠れる」などとコメントしたものだから、激しい批判にさらされた。

その2週間後のドイツGPの折り、プロストは自分を批判した者、尊重しなかったジャーナリストに対しては、いっさいインタビューに応じなかった。そして私は、まさか自分がその中の一人だとは、実際に話を拒絶されるまで想像もしていなかった。確かに私はスポール・オート誌に、例のイギリスGPについてこんな記事を書いている。「前戦フランスGPで、セナ相手に素晴らしいバトルを繰り広げ、勝利をもぎ取った直後だっただけに、プロストはエネルギーを使い果たしていたのかもしれない」

この程度の表現が、プロストの怒りを買ったことが本当に驚きだった。その後は、彼とはほとんど話をすることはなかった。そして現役引退間近の年、FIAの授賞パーティの席上で、私はアランに、「君は本当に、あの記事を自分で読んだのかね」と訊いてみた。彼は正直に、そうではなかったと答えた。廷臣の一人であるジャーナリストが大げさに語って聞かせ、「王」はそれをもとに私を断罪したわけだったのである。

ピケは1987年のイモラで事故に遭い、ワトキンス博士がその後のグランプリ参戦を禁じたほどの重傷を負った。しかし彼は次戦ベルギーには復帰し、最終的にタイトルを獲得する。だがこの時の事故が、精神的にかなりのダメージを与えていたことは間違いない。89年末でロータスを去ったあとのピケのロッカーには、ある教祖のカセットテープが残されていた。それを聴きながら、彼は自分を鼓舞していたのだ。それでもこの年のロータス・ホンダ100Tでの走りは、全盛時と比べるべくもなかった。ピケはその責任をデュカルージュに負わせたことでチームは彼を放出し、フランク・ダーニーを開発責任者に据えたのだった。

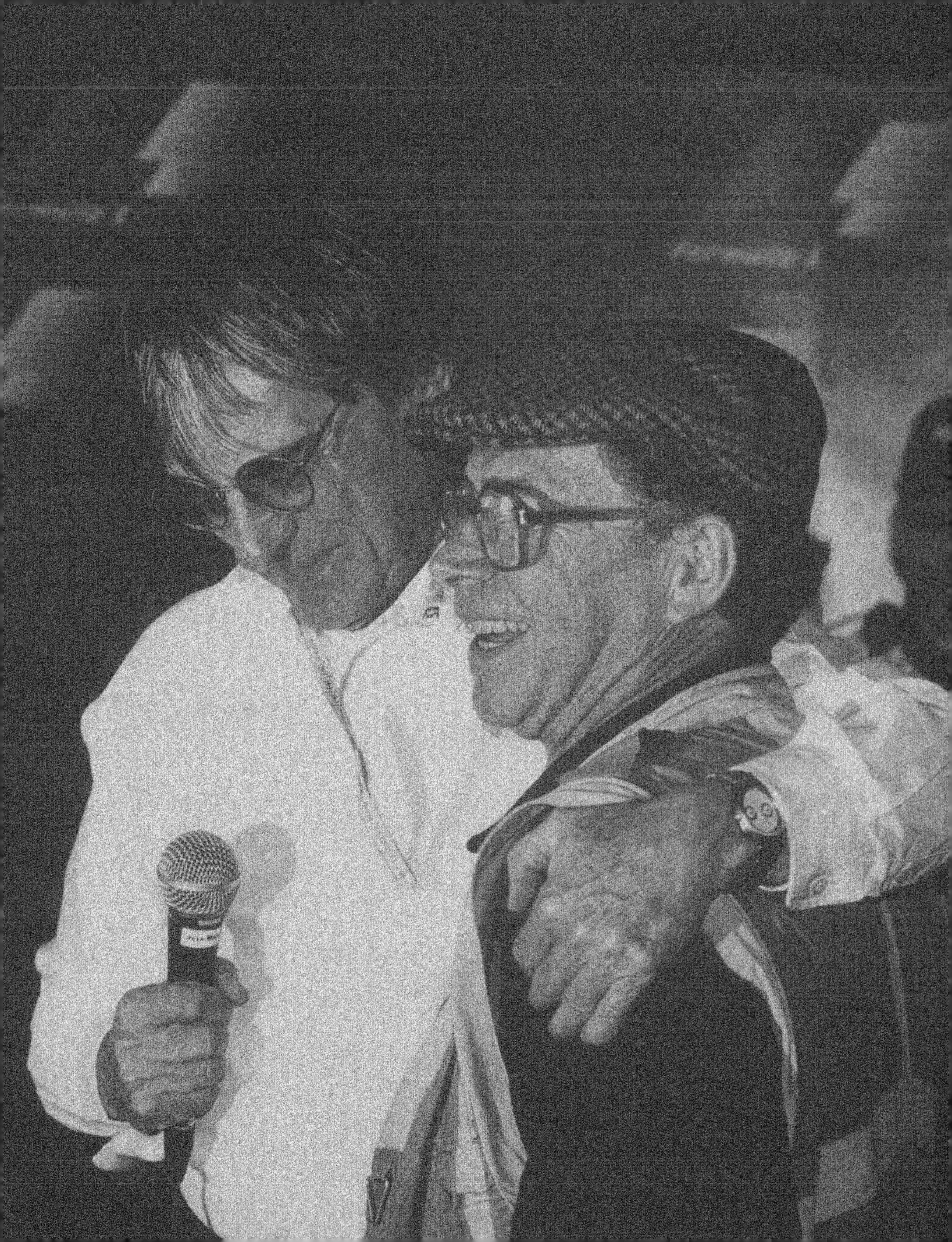

chapitre 4

Retour au moteur « atmo »
自然吸気エンジンへの回帰

1989年、F1はノン・ターボエンジンへと戻った。

全盛を誇ったターボエンジンには重大な安全性の問題があることは明らかだった。

なにしろ燃費制限のない予選では、

最高出力は1250～1300馬力に達していたのである。

3.5ℓF1

　ただし正確な数字は誰にもわからない。1000馬力を超えるパワーを測定できるテストベンチを備えたメーカーなどなかったからである。あくまで出力上昇曲線から推定したに過ぎなかった。ドライバーたちがこのあり余るパワーを喜んだのに対し、FIAならびにサーキットオーナーたちは戦々恐々としていた。彼らはまず燃料の搭載量規制を試みた。220ℓから始まって、195ℓ、最後は150ℓまで。もちろんレース中の給油は禁止である。同時にターボ圧も1987年には4バール、翌年には2.5バールまで下げた。

　しかしメーカー各社はその攻撃を巧みにかわした。搭載量規制に対しては、ガソリンを冷やして密度を増す対抗措置に出た。さらに吸気集合管を特殊な形状にしてベンチュリー効果を発生させるようにした。その結果、ブースト圧はウェイストバルブ付近では規定値まで下がったものの、シリンダーヘッドに達するまでに急激に上昇した。残されているのは、排気量をさらに小さくすることだった。1000cc、もっと縮小して500ccか。これに関して、私はホンダの開発責任者で、のちに社長となる川本信彦と話したことがある。彼によれば、500ccのターボエンジンは技術的には面白いチャレンジになるという。確かにそうだろう。しかし、オートバイ並みの排気量しかないF1を、誰が見たいと思うだろう。そこで金の掛かるターボを全廃して3.5ℓまで排気量を拡大することにしたのだ。

　ほとんどのメーカーがこれに素早く対応した。ルノーはV型10気筒を開発してウィリアムズに搭載し、ホンダもV10を採用。フォード・コスワースは既存のV8を若返らせた。ヤマハも同じV8でこの年からF1に参入。ジャッドV8はブラバムなどに供給され

Retour au moteur « atmo »

た。一方、フェラーリは伝統のＶ12に回帰し、元フェラーリのマウロ・フォルギエーリ率いるランボルギーニはＶ12を造り、ラルース・カルメルのローラに搭載した。

同チームはこの年、デュカルージュを擁して飛躍を期していた。ところが共同オーナーだったディディエ・カルメルが妻を射殺する事件を起こし、ラルースは有力な後ろ盾を失ってしまった。これが結果的にチームを衰弱させる大きな要因となった。

ロータスの状況も良好とはいいかねた。新たに就任したフランク・ダーニーがリジエからなかなか解放されず、マシーン設計自体が大きく遅れたのだ。エンジン規定が大きく変わったことを理由に、ホンダからのエンジン供給も打ち切られた。彼らの本音はアイルトン・セナといっしょに戦うことだけに興味があった。セナは1988年にマクラーレンに移籍し、ロータスに来たピケにすでに全盛期の力はない。メインスポンサーであるキャメルとの契約も更新される可能性は低かった。

そこでピーター・ウォアは、必死になって代わりのスポンサーを探した。その結果、コカコーラを獲得できるメドがほぼついた。デュカルージュは、ロータスを去る直前にコカコーラのカラーリングを施されたマシーンを見たと述懐している。交渉は順調に進んでいるかに思われた。しかしまさにその時、英国政府がデローリアン事件を蒸し返し、フレッド・ブシェルはそこに関与していたかのような汚名を着せられた。ロータス会長のそんなスキャンダルを目の当たりにしたコカコーラは、すぐに話を白紙に戻してしまう。これはロータスにとってかなりの打撃となった。

一方、ウォア自身もジャッド・エンジンを選択するという戦略的ミスを犯していた。そしてパワー不足を解消するため、当時の流行であった5バルブへの変更を決め、実際の改良作業をティックフォードに発注したのだ。技術部門のチーフは、ヘイゼル・チャプマンに近いトニー・ラッドだったが、ウォアは彼と決してうまくいってはおらず、この一件が二人の関係を致命的に悪化させた。ロータスはこの年15ポイントしか取れず、スパではピケと中嶋悟がそろって予選落ちするという惨状を呈した。

こうしてチャプマン家が運営に乗り出すことになり、ピーター・ウォアは更迭された。当初は、トニー・ラッドが後を継ぐかと思われたが、本命はコリーン・チャプマンの末息子のクライヴであった。ただし、残念ながら彼は技術畑ではない。最初は父親同様、エンジニアの道を進むつもりだったのだが、工学部に入れず、そのため経理の道に進んでいたのだ。経理については優秀だったが、なにぶん若い時からずっと誰かに庇護されて育ってきた彼が、Ｆ1というジャングルを一人で切り開いていくには早すぎた。ウォーレン・ストリートのガラクタ車に囲まれ、徒手空拳で戦ってきた父親とは違うのだ。

この年、セナとプロストの対立はさらに深刻になり、前年にタイトルを取れなかったプロストは、いっそうセナに敵対心を燃やしていた。そして一方では、ジョン・バーナードを得たフェラーリも着々と力を付けつつあった。ただし、バーナードはイタリアへの移住を拒み、イギリスの自宅近くに研究開発センターを建設させていた。

シーズン終盤にはマクラーレンの雰囲気は相当にひどくなっていた。プロストはセナに対して16ポイントのリードを築いて、第15戦の行なわれる鈴鹿へと向かった。そして、ここで起きた事件がセナのタイトル連覇の夢を打ち砕き、バレストル会長の独裁的地位をいっそう堅固にしたのである。

予選でポールポジションを獲得したセナは、好スタートを切ったプロストに遅れてしまう。しかしすぐに追い付き、テール・トゥ・ノーズの戦いが繰り広げられた。ペースに優るセナだが、プロを抜きあぐねる状態が数周にわたって続いた。そしてついにシケインでインを刺すのだが、プロストが無造作にマシーンをかぶせてきた。2台のマクラーレンは接触し、プロストはエンジンをストールさせてしまう。一方、セナはマーシャルの助けを借りて、シケインをショートカットしピットロードを通ってレースに復帰した。

この行為に対し、当初は「危険きわまりない」という批判が大勢を占めた。しかし、その時点ではまだ流されていなかったヘリコプターからの空撮映像を見ると、プロストに非があることは明らかだった。すると今度は、「ピットで止まるべきだった」と非難の矛先を変えた。他の章でも述べているように、すべてはバレストルの策略であり、彼のやり口はＦ1という素晴らしいスポーツを台無しにするものだった。

こうしてプロストはこの年のチャンピオンとなり、

セナとプロスト。
二人の"とげとげしい"までの
ライバル関係は、鈴鹿での
接触事故でさらに悪化した。

予想されていたようにマクラーレンを去って1990年にはフェラーリに加入した。交換の形で新たにセナのチームメイトとなったベルガーは恐れるに足る相手ではない。そして、フェラーリはプロストとともにマンセルを迎えた。

私はシーズン初めにスポール・オート誌の編集長を辞任していた。その後も同誌には関わり続けたが、F1だけを担当することになったのだ。サーキットに行っても吹きさらしのチームのピットに陣取るのではなく、快適なプレスルームでモニターを眺める身分になった。私はいつも友人のジェフ・ハッチンソンといっしょだった。二人は直接の競合誌に原稿を書いていたわけではないので、よく情報を交換し合ったものだ。ジェフはジャーナリストの肩書きのほかに飛行機のパイロットでもあった。シーズンオフには、パリ・ダカールのスポンサーを乗せてアフリカを飛んだりしていた。F1から引退する頃には、ハインツ-ハラルド・フレンツェンの自家用ジェット機のパイロットも務めた。

ジェフは、グランプリの移動にはいつも愛機のパイパー・コマンチを使っていた。私もそれに何度か同乗させてもらっているうちに、いつしか飛行機への情熱が蘇ってきた。幸い、編集長の職を辞するに際して望外の退職金をもらっている。私はその金でジョデル・シシルFBMGKという小型飛行機を購入した。これはイヴォン・レオンが勧めてくれたもので、木骨帆布張りの機体と昔ながらの着陸脚を備えていた。アンリ・ペスカローロは、「素晴らしい！本物の飛行機を買ったね」と祝福してくれた。

操縦を教えてくれたギ・ダニエルの熱心さと忍耐力のおかげで、私は65歳の誕生日についに飛行免許を取得した。だが、まもなく網膜剥離に見舞われて泣く泣く手放すことになってしまった。

Retour au moteur « atmo »

1990年——
彗星、ジャン・アレージのデビュー

1960年代初頭にBRMを率いていたトニー・ラッドは、コリーン・チャプマンと互角に渡り合う偉大なチームマネジャーであった。その後は違う方面に進んだものの、F1から完全に離れてしまったわけではない。精鋭のエンジニアたちとともにグラウンド・エフェクトの熟成に没頭していたほか、チャプマンの没後にはターボチャージャーとスーパーチャージャーの両方を備えたF1エンジンの開発に従事していたこともある。"ツインチャージャーシステム"は、ターボチャージャーの致命的欠陥だったタイムラグを解消するための措置で、当時、ロータスの株主だったトヨタからの依頼だった。しかし、F1の規定が変わったことでこの計画は中断された。

ラッドは、その後も精力的にロータス開発部門を引っ張り、多くの自動車メーカー指導者たちと親交を深めた。自動車技術関係の国際会議やシンポジウムの席では、その業績が頻繁に称賛された。一方で、彼は現代のF1にはさほど魅力は感じていなかったようだ。彼がV12エンジンにこだわったのはBRM時代の思い出があったからだろうか。チーム・ロータスのトップに立ってからは、長年の友人でライバルでもあったフォルギエーリ設計のランボルギーニ・エンジンを発注した。キャメルは契約延長に同意し、ドライバーはデレック・ウォリックとマーティン・ドネリーという布陣であった。

しかし、フランク・ダーニー設計のロータス102はひどい代物だった。この年は合計3ポイントしか取れなかったばかりか、終盤スペインGPの予選ではサスペンション・アームが破損してマシーンが大破し、ドネリーは二度とF1に戻れないほどの重傷を負った。ロータスの状態がいかに悪かったかは、まったく同じエンジンを搭載しながら、ずっと少ない予算でチームを運営していたラルースのほうが、はるかによい成績を挙げたことからも明らかだった。

アリゾナ州フェニックスで行なわれた開幕戦で、私たちは新たなヒーローの誕生に立ち会った。前年の国際F3000の覇者で、同年のフランスGPからF1デビューしていたジャン・アレージが4位入賞を果たしたのだ。

> Jean ALESI
> Vice champion de France 1986 de Formule 3
> découvrira la nouvelle MARTINI MK 52
> dont ce sera la première sortie officielle
> dans une décoration originale réalisée par le
> Maître VICTOR VASARELY
>
> "COMPÉTITION INDUSTRIE"
> Comité d'honneur
> Victor VASARELY - Gérard CROMBAC
> Comité de sélection
> Maurice TRINTIGNANT - Jean RAGNOTTI - Patrick LANDON
> Membres associés
> SNPE - TECHNIRAMA - MEDTRANS-MEDIACO - GIP-UNION - INTERPLAN
>
> Avec la participation de Hugues de CHAUNAC, directeur de l'Ecurie ORECA

ジャン・アレージ

アレージは私が個人的に興味を抱いた最後のドライバーだった。彼を初めて見たのはエルフ・ドライバー選考会の場で、私も審査員の一人だった。ジャンは最終選考まで残ったが、エリック・ベルナールに惜しくも敗れた。シシリア移民の息子として生まれたアレージは、私にはジャン・ベーラを彷彿とさせた。エルフ・ドライバーには選ばれなかったものの、マールボロが支援の手を差し伸べ、次にSNPEというフランスの企業が引き継いだ。SNPEは、火薬や爆薬の製造会社だが、なぜ同社がF3ドライバーのスポンサーになったかといえば、アレージ一家の住む南仏アヴィニョンに本社を構えていたからだ。この手の会社は、隣人から嫌われないことが最も重要だったのだ。

1960年代初頭から、トニー・ラッドはF1を代表する人物であった。その後、すでに現場を離れて長かったにもかかわらず、ロータスの開発部門を率いることになる。だが、ロータス102にランボルギーニV12エンジンを搭載するというアイデアは、まったくひどい結果をもたらすことになる。

すぐに熱くなる南仏人気質、衝動的で派手な性格は、ジャン・ベーラを充分に彷彿させた。

しかし、モータースポーツへの支援が予想以上に金がかかることを知って、SNPEは翌年には撤退を考え始めた。そこで同じアヴィニョン在のモーリス・トランティニヤンが音頭を取り、私もメンバーとなった支援組織ができ上がった。そしてスポンサーになってくれそうな企業や個人を集めたパーティを開くことになり、私は主催者から誰か業界の重要人物をゲストに呼んでほしいと頼まれた。

決して良好な関係ではなかったものの、FIAのジャン‐マリー・バレストル会長に打診したところ、彼は招待を受け、当日は存分にジャンを讃えてくれた。レースの参戦資金が集まったのはそのおかげだったといってもいいだろう。その後はマールボロ、そしてキャメルがジャンのレース活動を支えた。特にキャメルは、ジョーダンのメインスポンサーとして1989年の国際F3000制覇に貢献した。その同じ年、ティレルはアルボレートに代わってフランスGPからジャンをF1デビューさせるが、その最初のレースでジャンはいきなり4位に入った。

翌1990年、ハーヴェイ・ポスルズウェイトは空力専門家ジャン‐クロード・ミジョーの助けを得て、今もすべてのF1が採用するアイデアを実現した。ティレル019に搭載された「ハイノーズ」だが、それはマシーン下部の空気の流れを向上させる画期的な空力的アイデアだった。開幕戦アリゾナでのアレージはその性能を存分に引き出し、2列目スタートから一気に首位に躍り出たのだ。その後レースの半分近くをトップのまま快走し、最後にはセナに抜かれたものの、一時は抜き返すなど、サーキットを大いに湧かせた。

ジャンはモナコでも大暴れした。優勝こそ再びセナに譲ったが、プロストから2位を奪ってチェッカーを受けたのだ。

この年のフェラーリは一触即発の雰囲気だった。ポルトガルGPのスタートの際、コンクリートの壁すれすれまで幅寄せしてきたチームメイトのマンセルを、プロストは決して許そうとしなかったのだ。

一方で、セナとプロストのタイトル争いは破滅的な結末を迎える。日本GPに臨んだセナは、前年の同じ鈴鹿でプロストとバレストル会長から受けた仕打ちを決して忘れていなかった。グリッド最前列はセナ、プロストが占めた。それまではポールシッターがスタートの際のイン・アウトを選べることになっていたが、手続きが煩雑なために直前の変更はできなくなった。鈴鹿でのポールポジションは右側とされたが、明らかに路面が汚れている。そこでセナはグリッド位置の再考をFIAに求めた。その週末、バレストル会長は来日しておらず、担当したのは彼の腹心であるレースディレクターのジョン・コースミットだった。しかし彼はセナの意見を一顧だにせず、レースはそのまま始められた。

予想したとおり、2番グリッドのプロストがスタートで前に出た。そしてセナは第1コーナーでフェラーリにそのまま突っ込んで行った。前年の復讐を果たしたわけである。「正義が勝った」とロン・デニスは興奮していた。二人の状況は1年前と逆で、セナが選手権をリードしていたので、両者がリタイアした結果、セナのタイトルが確定した。

ちなみにこのレースでは、ローラLCを駆る鈴木亜久里が日本人F1ドライバーとして初めて3位表彰台に上がった。しかしその快挙にもかかわらず、デュカルージュはその年限りでリジエへと去ったのだった。

1991年──もしもアレージがウィリアムズに行っていたら

チャップマンの遺族は、もはや小規模チームに将来はないとチームを手放すことを決断。この決定を受けて、ロータスのチームマネジャーだったピーター・コリンズとテクニカル・ディレクターを務めたピーター・ライト、そしてドイツのヘルメット・メーカーであるホル

Retour au moteur « atmo »

スト・シューベルの三者が資金を出し合い、チーム・ロータスを買収することになった。シューベルはすぐに手を引いてしまうが、残った二人のイギリス人は本当によくがんばったと思う。彼らは資金を捻出するために、自宅を抵当に掛けることも辞さなかった。

そのシーズンを戦った102Bは、フランク・コパックが旧型マシーンに改良を加えたものだった。フランクはマクラーレンやスピリットのエンジニアを務めたゴードンの弟である。エンジンは高価なランボルギーニに代わってV8ジャッドを搭載。若手の発掘に優れるコリンズは、ドライバーにジョニー・ハーバートと、将来の世界チャンピオンとなるミカ・ハッキネンを抜擢した。

この当時のアレージは間違いなくスタードライバー候補だった。チームオーナーの誰もが彼を獲得しようと目の色を変えていた。最初にアレージとの契約を勝ち取ったのはフランク・ウィリアムズだった。だが、フランクは同時にセナとの交渉も進めており、それを知ったアレージは我を忘れてフェラーリのチーム監督だったチェザーレ・フィオリオの誘いに乗ってしまう。もっとも、アレージ家は本来イタリア系であり、フェラーリに入ることが自然な流れだったのかもしれないが。

こうしてアレージはフェラーリでプロストと組むことになった。しかし彼の選んだタイミングは、これ以上ないほど悪かった。バーナードはすでにチームを去り、マシーンはまったく戦闘力を失っていた。この年優勝を争ったのはマクラーレンとウィリアムズだった。もしアレージがウィリアムズに背を向けていなか

1991年、ジャン・アレージはフェラーリに移籍して、プロストとコンビを組む。アレージがウィリアムズの誘いを蹴ってフェラーリに行ったのは、完全な誤りだった。

ったら、少なくともひとつやふたつのタイトルは獲っていたことだろう。

ホンダは最大パワーを稼ぎ出すためにV12へと型式変更した。しかし、そのエンジンを搭載したニール・オートレイ設計のMP4/6は、洗練度においてそれ以前のマクラーレン・マシーンに劣っていた。ティレルが先鞭をつけ、F1のトレンドとなっていたハイノーズもなぜか採用しなかった。それでもセナは前年に続いてチャンピオンとなる。マクラーレンのライバルは唯一ウィリアムズぐらいだったが、マンセルの復帰したこの年は、それでもかなりの差をつけられていた。

フェラーリの存在感はないも同然だった。フィオリオとプロストが憎しみ合い、チームは完全に分裂状態になっていた。シーズン途中にまずフィオリオが更迭され、マシーンを「トラックみたいだ」と批判したプロストも最終戦を待たずにフェラーリを去った。

すでに日本のスポンサーを失って資金難に陥っていたラルースに、新たな大問題が持ち上がった。彼らはこの年のエントリーリストにラルースとして登録していたのだが、実際にマシーンを製作しているコンストラクターは前年同様ローラだったのだ。FIAはこれを問題視し、1990年に獲得した11ポイントは剥奪されてしまう。これにより、予備予選を戦うことを義務づけられ、前年選手権上位10チームの特権であるヨーロッパ以外への移動費も自己負担と通告された。その後の交渉で予備予選だけは免除されたものの、移動費の特権はリジエへと移った。そしてこの一件はそもそもリジエのFIAへの密告が発端だったようなのだ。

ラルースはエンジンをコスワースに切り替え、それまで使っていたランボルギーニはリジエに移った。このふたつのフランス・チームは近親憎悪のようにいがみ合い、ともに散々なシーズンとなった。

F3000でチャンピオンチームとなったジョーダンは、コスワース・エンジンを搭載してこの年からF1への参戦を開始した。しかし、ドライバーのベルトラン・ガショーは地元ベルギーGPの直前、ロンドンでタクシー運転手といさかいを起こし、持っていた催涙ボンベを使用した。これはイギリスでは犯罪であり、彼は収監された。代替ドライバーには、メルセデスのジュニアチームで耐久レースを戦っていたミハエル・シューマッハーが抜擢された。そして週末のスパでいきなり4列目グリッドを獲得。同じエンジンを使う2台のベネトンの間に割って入るという、新人らしからぬ快挙だった。レースはクラッチトラブルで早々にリタイアを喫したものの、ベネトンのフラヴィオ・ブリアトーレがその才能に注目し、ジョーダンからあっさり引き抜いてしまった。

当時のベネトンは、フォードの支援を得て、トップへ登り詰めようという勢いがあった。フェラーリを去ったバーナードも移籍してきてB191を設計した。唯一の弱点はピレリ・タイヤであった。バーナードはチームとの契約の際、翌年にはV12を投入するようにフォードに要求している。しかし、バーナードの完璧主義は自身の首を絞めることになった。シーズン終了を待たずに彼が解雇された時、フォードのスポーティング・ディレクターの地位にあるミハエル・クラネフスはこう述懐していた。

「バーナードはひとつの考えに凝り固まっていた。常により良いマシーンを設計すること。しかしあくまで紙の上だ。だから、そのマシーンが実際に製作されることは決してないのだよ」

その後、クラネフスはベネトンが大飛躍するお膳立てを整えた。ジャガーをスポーツカー選手権に引っ張

イギリスでベルトラン・ガショーが留置場に入れられてしまい、エディ・ジョーダンは急遽代役を探すはめに陥った。そしてメルセデスの若手に目をつけ、ミハエル・シューマッハーを抜擢するのである。

Retour au moteur « atmo »

ジョーダンからF1デビューしたシューマッハーを、フラヴィオ・ブリアトーレは有無を言わさずベネトンに連れて行き、次戦からの契約を結んでしまった。

り込むなどの実行力に富むトム・ウォーキンショーをチームに迎え入れたのだ。ウォーキンショーは部下のロス・ブラウンも連れてきた。さらにレイナードがF1計画を白紙にしたため、そこにいたパット・シモンズ、ロリー・バーンもベネトンに加わった。

1992年──
マンセル＋ウィリアムズ、頂点に立つ

この年ロータスが投入した107は、ローラ・ラルース出身のクリス・マーフィが手がけた。コスワースV8のHBバージョンを搭載したこのマシーンは、素晴らしい戦闘力を発揮し、最終的には13ポイントを獲得して選手権5位になるが、私としては、もう少しいけるかと期待していた。

ラルースはフランスの自動車メーカーであるヴェンチュリの支援を得て、以降はマシーンもその名前で呼ばれることになる。ローラは完全に表記から消え、マシーン製作はマーチ創設者の一人であるロビン・ハードが担った。エンジンもコスワースからランボルギーニに変更して再出発を図ったが、その甲斐もなくベルトラン・ガショーのわずか1ポイントに終わった。そしてシーズン終了後、アメリカのカムストック社の資本提携を受けることになった。

ところがこれがとんでもない会社だった。社長のウォルドルフの本名はクラウス・ワルツといい、数件の殺人事件でインターポール（国際刑事機構）から指名手配を受けている人物だったのだ。ニース警察が居所を突き止めたが、逮捕寸前にドイツに逃亡。最後は警官隊に包囲されて自ら命を絶った。

ホンダのV12エンジンは、Vバンク角を60度から75度に広げて重心低下を図ったにもかかわらず、マクラーレンは5年連続のコンストラクターズ・タイトル獲得に失敗。ホンダは1992年末で活動を休止した。この年、圧倒的な強さを誇ったのはウィリアムズだった。ルノーが開発した67度V角のV10エンジンとFW14Bの組み合わせは無敵といってよかった。

V8コスワース・エンジンに回帰したロータスは、ミカ・ハッキネン、ジョニー・ハーバートという素晴らしい若手コンビを走らせた。

ミカ・ハッキネン（上）と
ジョニー・ハーバートの
ロータス107。
ホンダ・ターボ・エンジンを
失ってからのロータスは、
3.5ℓ自然吸気エンジンを
搭載したが、ジャッドCV V8、
ランボルギーニV12、
そしてジャッドEV V8を経て、
フォードHB V8とめまぐるしく
エンジンを交換した。

アクティブ・サスペンションとセミオートマチック・ギアボックスを武器に、マンセルはライバルたちを蹴散らして念願のタイトルを獲得した。

フェラーリは依然としてさまざまなトラブルを抱えていた。1970年代にチーム監督を務めたモンテゼーモロが会長に就任すると、かつてのフェラーリ・チャンピオンドライバーで友人でもあるニキ・ラウダを技術コンサルタントとして招聘した。開発部門からはスティーヴ・ニコルスが去り、後任にはハーヴェイ・ポスルズウェイトが就き、バーナードも呼び戻された。それもかつてと同じ条件、すなわちイギリスに自前の研究所を作り、英国とマラネロの二極体制での開発を許したのだ。当然うまく行くはずもなく、またもや悲惨なシーズンに終わった。

1993年──ルノー・エンジンを手にした者、できなかった者

ロータスは前年の改良型107Bでシーズンに臨んだ。クリス・マーフィ設計のこのマシーンにはアクティブ・サスペンションが搭載されていたが、トラブルが多発していた。ハッキネンは前年末にマクラーレンに去り、ハーバートのチームメイトにはイタリア人のアレックス・ザナルディが抜擢された。しかし、彼はベルギーGPの金曜フリー走行中、オールージュで直前にタイヤカスを拾ったことが原因でコントロール不能に陥り、バリアに激突するという大事故を起こした。ザナルディに目立った外傷はなかったものの、重度の脳震盪のためにシーズン終盤を欠場し、ポルトガル人のペドロ・ラミーが代役を務めた。この年のロータスは資金難ゆえにトラクション・コントロールの導入も遅れ、前年ほどの活躍はできずに、選手権5位を維持することができなかった。

ロータスの地位を奪ったのがリジエである。チームの所有権はこの年、大半が製糖事業と映画への投資で財を成した一族のシリル・ド・ルーヴルに移っていた。リジエの飛躍はルノー・エンジンによるところが大きかった。フランス政界に太いパイプを持つギ・リジエが、チームを売り渡す前に交渉を成功させていたのだった。さらにそこにはウィリアムズの暗躍もあった。マクラーレンがルノー・エンジン獲得に動いていることを察知し、それを阻止しようと全力を挙げたのだ。そのためフランク・ウィリアムズは、自製のセミオートマチック・ギアボックスをリジエに渡す条件すら呑んだ。この年のリジエ・ドライバーは、ともにイギリス人のマーティン・ブランドルとマーク・ブランデル

Retour au moteur « atmo »

という陣容だった。
　しかしシーズン終盤、ド・ルーヴルは公共財産濫用罪で収監されてしまう。そして新たなオーナーとなったのがベネトンである。この買収劇は、ルノー・エンジンを狙っていたフラヴィオ・ブリアトーレの深慮遠謀だったのである。
　ブリアトーレはパートナーのフォードが開発に熱心でないことを見抜き、まずルノーと非常に近いエルフに接近した。そして、エルフのモータースポーツ部門を統括するアラン・ギヨンとの間でパートナー契約を締結する。ギヨンはミハエル・シューマッハーを擁するチームと組むことに非常に満足していた。その成果を踏まえて、ブリアトーレはルノーへの接触を開始した。しかし、ルノー・スポールのパトリック・フォール会長は、すでにウィリアムズとリジエにエンジン供給しており、それ以上は不可能という返事を送ってきた。そのためブリアトーレはリジエを買収することでルノー・エンジンを奪ってしまおうとしたわけだ。
　マクラーレンは窮地に陥っていた。あらゆる手を尽くしたにもかかわらず、ロン・デニスはルノー・エンジン獲得に失敗。フォードHBで我慢せざるをえなく

なった。するとそれに落胆したセナが、その年はもう参戦しないと言い出した。そこでデニスはやむなくマリオ・アンドレッティの息子のマイケルと、ミカ・ハッキネンのラインナップで戦うことを決めた。ところがセナは開幕直前になって翻意。ただし1戦ごとの契約は譲らなかった。これでハッキネンはシートを失い、テストドライバーに降格した。
　一方のアンドレッティは最後までF1に馴染めずに終わった。マイケルは父親と違ってヨーロッパで暮らした経験がなく、本人以上に妻が異国の生活に順応できなかった。結局、シーズン終了を待たずにF1を去ってCARTに戻り、ハッキネンが終盤のポルトガルGPからセナのチームメイトとなった。エストリルの予選ではセナを差し置いていきなり3番グリッドを獲得。一躍、注目を集めた。
　とはいえ、セナもシーズン序盤のヨーロッパGPで新たな輝かしい歴史を作っている。大雨となったドニントンパークでの決勝レースで2列目からスタートしたセナは、シューマッハーに邪魔され、さらにヴェンドリンガーにも抜かれて大きく順位を落とす。しかしそこから信じられないような追い抜きを仕掛け、2周

ホンダの撤退によってエンジンを失ったマクラーレンは、翌年からフォード・エンジンを積んだが、明らかに戦闘力に欠けていた。しかし大雨のドニントンで、セナはライバルたちを次々に抜き去っていく。その最大の餌食がアラン・プロストであった。ウィリアムズ・ルノーは最強のマシーンだったが、プロストは雨のレースでは別人になってしまうからだ。

目にはトップに立つと、その後はタイヤ交換以外には首位を譲らず、そのままチェッカーを受けたのだ。レースでは大雨が続いたかと思うと、それが突然止んで路面が乾き出す。そして再び雨が降り出すということを繰り返したため、ピットは大混乱となった。この気まぐれな天候の一番の被害者はプロストだった。彼はフェラーリを解雇されてから1年間の「休暇」を過ごしたのち、ウィリアムズ・ルノーから復帰。最強マシーンを駆ってタイトル獲得の最右翼だった。しかしプロストは雨が大嫌いである。ドニントンの悪天候に完全に取り乱してしまい、セナより2回も多い7回ものタイヤ交換を繰り返した末に完敗した。

　レース後の記者会見で、プロストは例によってクルマへの不満を滔々と述べた。すると隣に座っていたセナが、笑いながらこんな痛烈な皮肉を放った。「だったら、アラン。僕のと交換しようよ」

　プロストはのちに、いつリタイアしようかと、それぱかり考えていたと述懐している。フランク・ウィリアムズは当然、そんなふがいなさに満足できるはずもなかった。フランクはセナ獲得を熱望し、その夢をついに叶えた。マクラーレンが翌年からプジョーと組むことが決まり、セナは移籍を決断したのだ。プロストはセナ加入を知ると自分の契約を解除してもらうよう申し入れ、ポルトガルGP前夜に現役引退を発表した。

「フェラーリ救出作戦」ふたたび

　プジョーF1参入のニュースはクライスラーに大きな衝撃を与えた。子会社であるランボルギーニのエンジンを、なんとかマクラーレンに供給しようと画策していたからだ。交渉が失敗に終わったことで、ランボルギーニはF1からの完全撤退を決めた。

　この年、ジャン・トッドがフェラーリに加入した。スポーツカーレースの分野で輝かしい実績を挙げたトッドは、プジョーからF1参入の言質を取っていた。彼としては当然、車体とエンジンの両方を開発するフル参戦のつもりだった。しかしその場合、年間予算は莫大な額になる。それを何よりも恐れたプジョーのカルヴェ会長が、トッドをフィアット社に紹介したという話すら囁かれたほどだ。ジャン‐ピエール・ジャブイーユがトッドの後を継ぎ、マクラーレンとの交渉をまとめた。エンジンはすでに元ルノーのエンジニア、ジャン‐ピエール・ブディが開発済みだった。

　フェラーリではトッドの指揮のもと、イギリスで開発を担当するバーナード、ファクトリー責任者のポス

Retour au moteur « atmo »

ルズウェイト、そしてアドバイザーのラウダがいた。しかしラウダが貢献したことといえば、同国人のベルガーを連れてきたことぐらいだった。そこでトッドは、バーナード、ポスルズウェイト、ラウダ、そしてベルガーと全員の更迭を決める。こうして大胆な機構改革に乗り出したトッドだが、その後われわれが知ることとなる大成功を収めるまでには、まだ数年の歳月が必要だった。

また、フェラーリは電子制御を主体とした新技術使用の点で、ライバルたちに大きな遅れを取っていた。そこでトッドはFIAに圧力をかけた。マックス・モズレイもバーニー・エクレストンも、フェラーリあってのF1ということは充分に承知していた。フェラーリがドライバー・タイトルを獲得したのは、はるか1979年のことだった。F1の象徴ともいうべき跳ね馬が不振であっては、観客減少とテレビ視聴率の低下を招く。そこでFIAは大々的、かつ相当に露骨な「フェラーリ救出作戦」を展開したのだった。この作戦は10年間近くも続き、モズレイ会長らはそれが効果を上げ過ぎたことに、つまりフェラーリだけが強くなってしまったことに、むしろ青くなったほどだ。

最初に打ち出した対策は「経費削減」だった。その目的遂行のために、トラクション・コントロール、セミオートマチック・トランスミッション、そしてアクティブ・サスペンションが禁止された。前述したように、この分野でフェラーリはイギリス系チームに大きく劣っていたのである。しかしいたずらな規則変更を避けるため、この種の重要な技術規定変更は、全チーム一致の賛成を原則としていた。その最初の標的となったのがウィリアムズだった。

この年、FIAに提出するべきプロストの参戦申請を秘書がうっかり忘れてしまい、締め切りの4日遅れになってしまった。FIAはここぞとばかりに、「プロストの参戦は認められない。ただし、全チームの承認を得れば話は別だが」と言ってきた。そしてブリアトーレは、フランクにこう言い放ったのだ。「サインしてやってもいいぜ。来年の技術規定変更にあんたも同意すればな」と。

「フェラーリ救出作戦」の第2章はカナダGPだった。技術委員のチャーリー・ホワイティングが、トラクション・コントロールとアクティブ・サスペンションは規則違反だという報告書を、競技委員に提出したのだ。前者に関しては「ドライバーは運転するマシーンを、常に自らの制御下に置くことから妨げている」という項目に触れ、後者は「空力パーツは可動してはいけない」というものだった。

仕上げはドイツGP開催前夜だった。ホッケンハイム近くのホテルで7時間近い激論が交された。すでにその前に開かれたFIAの世界評議会で行なわれた投票の結果、トラクション・コントロールとアクティブ・サスペンションは違法とされていた。チームオーナーたちはこの夜のミーティングで延々と意見を述べたものの、もはやこの結果に従うしかない。彼らにできたことといえば、禁止実施を翌シーズンからにすることぐらいであった。

私がスポール・オートの編集長を辞して以来、後任の者たちの仕事ぶりはパッとせず、同誌の発行部数は3分の1にまで減っていた。有名な出版王ロベール・エルサンの息子で、スポール・オートを含む雑誌グループを統括していたジャックが亡くなったことも痛かった。こうして雑誌は身売りされ、引き受け先が決まるまでは『オート・ジュルナル』誌が発行を引き受けてくれた。

1994年──法の網を縫って

このシーズンを評する形容詞として、「劇的な」という言葉以外、私には思い浮かばない。現在までのところ、F1ドライバーの死亡事故は1994年を最後に起きていない。そしてその犠牲者は、F1で最も人気があり、尊敬を一身に集めていたアイルトン・セナであった。その四半世紀前に亡くなったジム・クラーク

も、セナ同様のオーラを放っていた。クラークの死亡事故に接した人々は同じようにショックを受けて嘆き悲しんだが、このスポーツの存在そのものに疑義が出されることはなかった。ところがセナの時は違った。多くのメディアや一般のファンから「F1はこのままでいいのか」という批判が集中した。それは統括団体のFIAを大いに狼狽させることになる。

プロストが現役を引退すると、ウィリアムズはデイモン・ヒルをレギュラードライバーに昇格させた。この年のFW16は、規定変更によって戦闘力を殺がれたことで、前年のFW15Cのような圧倒的な強さは期待できそうにない。少なくともシーズン序盤におけるベネトンB194との比較では、そういう印象を持たざるをえなかった。

さらに事態を複雑にしていたのが、規制逃れの疑惑である。トラクション・コントロールに加え、この年から自動スタートシステムも禁止された。しかし、たとえばセナは開幕戦からシューマッハーの走りを間近に見て、疑いを持っていた。そして「ベネトンは規定に反している」と公言した。その声は無視できないほど大きくなり、FIAも調査に乗り出さざるをえなくなった。ただし、もし違反が実際にあったとして、それを調査で明らかにできるかどうか、関係者は半信半疑だった。

ところが、ドイツGPの際にチャーリー・ホワイティングによる調査報告書が公表された。それによれば、ベネトンには確かに禁じられていた自動スタートシステムがあり、それと対になるトラクション・コントロールも存在していたのである。ドライバーはステアリングホイール裏のパドルを複雑に操作することにより、そのシステムを作動できた。ただし、このシステムを含むソフトウェアを搭載すること自体は禁じられておらず、その使用が禁止されているにすぎない。だから、シューマッハーが実際にそれを使ったかどうかは、また別の話なのであった。

FIAは違う方向でシューマッハーを罰した。ドイツGPのフォーメーションラップの際、彼は一瞬ながらヒルを追い越した。すぐにストップ＆ゴーの罰則を課したのだが、なかなかピットに入って来ない。ただちにレース除外とされ、さらに2戦出場停止のペナルティが加わった。ちなみに、この時には競技委員にも不手際があったとして、その後は役を解かれた。

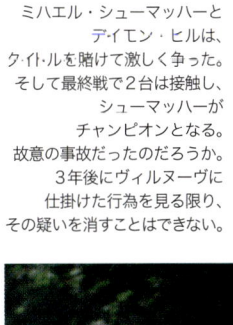

1994年、ミハエル・シューマッハーとデイモン・ヒルは、タイトルを賭けて激しく争った。そして最終戦で2台は接触し、シューマッハーがチャンピオンとなる。故意の事故だったのだろうか。3年後にヴィルヌーヴに仕掛けた行為を見る限り、その疑いを消すことはできない。

Retour au moteur « atmo »

　一方、シューマッハーはベルギーGPの優勝後、マシーン下部の木製スキッドパネルが異常に摩耗しているとして失格裁定を受けた。しかしそれらを乗り越えても、なおシューマッハーは最終戦オーストラリアGPを迎えた時点で、ヒルとは1ポイントの差で選手権のトップに立っていた。彼はレースでもヒルを従えてトップを走った。しかし終盤、コントロールを失ってコースを飛び出してバリアに衝突。後方にいたヒルは、コースに戻ってきたベネトンを抜き去ろうとしたものの、右コーナーでインを刺したヒルにシューマッハーが接触し、2台はともにリタイアを喫して、シューマッハーのタイトル獲得が自動的に決まった。

　その当時、シューマッハーの行為が意図的だと考えた者は少なかったはずである。しかし3年後の最終戦ヘレスで、同じようにヴィルヌーヴを押し出そうとした光景を見ると、その疑惑を拭い去ることはできない。シューマッハーがその後成し遂げたことが前人未踏のものであっただけに、この一点の曇りがいっそう目立つのである。

　話をドイツGPに戻そう。この年に加えられた規定変更の中には、レース中の給油の義務化があった。そしてまさにその給油中、ベネトンはフェルスタッペンを乗せたまま炎に包まれた。幸いドライバーは軽い火傷を負っただけだったが、事故後の調査で以下のような事実が判明した。この給油装置はフランスの「アンテルテクニック」社が全チームに一括供給しているものだが、ベネトンが給油速度を増すために装置内のフィルターを取り外していたことが判明した。こうしてブリアトーレは再び世界評議会に召喚され、有罪の評定が下された。ところが話はそれだけで終わり、具体的な罰則はいっさい課されなかった。

　フェラーリにも同様の恩恵があった。岡山県英田で行なわれたパシフィックGPのとき、フェラーリはコーナー立ち上がりで、明らかにトラクション・コントロールを使っている音を轟かせていたのだ。FIAはそれを取り外すよう指示した。しかしペナルティはなかった。「われわれだったら、これで済んだはずがない」と、パトリック・ヘッドは憤慨していたものだ。

セナの死がもたらしたもの

　そろそろ、イモラの事故の話をしなければならないだろう。すでに前日の予選で、オーストリア人ドライバーのロラント・ラッツェンバーガーの死亡事故が起きていた。彼の乗るシムテックはその直前にコースアウトしているが、その際にフロント部分に損傷を受けていた可能性が高い。しかしラッツェンバーガーはピットインせずにそのまま周回を続け、フロントウィングを失って、コンクリートウォールに激突した。初日にはルーベンス・バリケロもあわやという大事故を起こしているが、ケガを負っただけで済んでいる。

　あの日曜日、私は奇しくもウィリアムズのピットに陣取って取材していた。隣にはルノーのエンジン・エンジニアで、デイモン・ヒル担当のエリック・ファロンが座っていた。最初のスタートで追突事故が起き、続いてセイフティカーが導入された。しかしこのオペルの周回ペースが異常に遅かったため、後ろに付いたドライバーたちは充分にタイヤを温めることができないでいた。一番前にいたセナは、たまらずセイフティカーと並走し、運転手にもっと速く走るようサインを送った。しかし、オペルのドライバーにはこれが精いっぱいだったのだ。そして最悪なことに、レースディレクターからの命令を待たずに勝手にピットに戻って

セナの死亡事故に関して、ジャビーは二つの原因を挙げている。セナ以下を率いたセイフティカーの周回ペースがあまりに遅かったこと。そして事故現場のタンブレロ・コーナーは、入り口付近の路面がひどく荒れていたことだ。つまり、事故後に当局が明らかにしたステアリングコラムの破損は、事故の原因ではなく結果だったと主張する。いずれにしても、セナの死がジャビーのレースへの情熱をかなりかき消してしまったことは確かである。

しまった。

　こうして突然のレース再開となった。もちろん各車のタイヤ温度は使用可能域まで達しておらず、内圧が急激に低下した結果、車高は危険なほど落ちていた。一方、全面的に再舗装された路面には、タンブレロ・コーナーの進入に大きな窪みが残されたままだった。

　2周目。先頭のセナはこの窪みにもろに入り込み、コントロールを失ったウィリアムズはコースすぐ近くのコンクリート製の壁に激突した。コースの脇は川が流れており、充分なエスケープゾーンを作る空間がなかったのだ。右前輪が吹っ飛んでセナの頭を直撃し、サスペンションの一部がヘルメットを貫通。これが致命傷となって、セナは搬送先の病院で数時間後に亡くなった。

　その後の調査で、ステアリングコラムが折損していることが明らかになり、ウィリアムズを被告とする裁判ではその事実ばかりが論議された。しかし私にいわせれば、この事故はセイフティカーの速度不足と、路面の状態が原因であることは疑いのないところだ。だが、事故を刑事事件として立証したがっている検事は、このふたつの要素を重視しているふうではなかった。その後何年もしてからこの事件は不起訴となって幕を閉じた。

　事故が起きた際、ウィリアムズのスタッフはTV画面を注視しながら、リアルタイムで状況を追っていた。その時のガレージ内の雰囲気については改めて述べるまでもないだろう。私はスポール・オート誌に対してすら事故の詳述は拒否した。このような悲惨な出来事を商業的に利用することを、私は許せなかったからだ。

　セナは私にとって、他の多くのドライバーよりも親しい存在だった。たとえ、クラークやリントと紡いだような友情をアイルトンに対して持ちえなかったにしても、F1の熱狂的ファンが抱いた賞賛は共有できる。彼の死が、私の中のF1への情熱をある程度冷めさせたことは確かであった。

　当初、FIA会長は記者会見の場で、「事故原因が明らかになるまで、新たな対策を講じるつもりはない」と、しごく真っ当な見解を述べていた。ところが翌週のモナコで、今度はカール・ヴェンドリンガーが事故に遭う。トンネルを抜けた先のシケインでバリアに激

この写真を見て、グランプリ・ジャーナリストたちがFISA会長ジャン・マリー・バレストルに"手なずけられている"と思うかもしれない。もちろん誤解だ。FISAやチーム首脳に直接話を聞けない同僚たちのために、ジャビー以下が代表取材をしているのである。

突し、数日間意識不明の状態に陥ったのだ。

多くのメディア、特にイタリアのメディアが、1957年のミッレミリアでのポルターゴの死を引き合いに出して、一大キャンペーンを張った。こうしてモズレイは冷静に事態を見極めようとしていた態度を一転させ、矢継ぎ早の対策に追われることになる。しかしその際にチームに意見を求めなかったため、具体的な内容を聞いた彼らは「実行不可能な上に、危険だ」と、激しく反対した。実際、変更を加えたロータスを走らせたペドロ・ラミーは、リアウィングが外れてコースを飛び出して両足に大怪我を負い、F1のキャリアに終止符を打った。

モナコから2週間後のバルセロナではフラヴィオ・ブリアトーレが声明を発表した。FIAの要求するマシーンへの変更はさらなる混乱を招き、これ以上ドライバーを危険にさらすことはできない、という内容だった。チームオーナーたちはモズレイ会長を囲んで緊急ミーティングを開いた。そして彼らの強硬な要求に負けて、モズレイはチームのエンジニア、ドライバーを交えた委員会を設置し、そこで新たな規定を作ることを約束。こうして事態はようやく正常な方向に向かい、いくつかのサーキットに急いで設置された馬鹿げた臨時シケインも取り除かれた。

しかし、この委員会で決まった変更は、莫大な負担増をチームに強いた。そしてラルースとロータスはこれに耐えられずに消滅していった。

それでなくともラルースは資金不足で、財源確保のために、このシーズンだけで6人ものドライバーをLH94に乗せていた。ノンアルコール・ビールのトゥルテルがメインスポンサーに付いたりもしたが、2ポイントを取っただけで、彼らはF1から去って行った。

ラルースに比べればロータスの状況はずっといいように一時は見えた。クリス・マーフィがデザインした109には無限ホンダのV10エンジンが搭載されたが、これは重過ぎる上にパワー不足だった。だが、モンツァで投入された改良版が奇跡を起こし、ジョニー・ハーバートが予選で2列目グリッドを獲得する。さらにジョニーは、レースのスタートでヒルをかわして3番手に上がったが、ブレーキングを遅らせ過ぎたアーヴァインが追突し、すべてが終わった。

新たな規定が要求するパーツの製作が、ロータスの息の根を止めたといえる。倒産したチームをジェームス・ハントの兄が買収して一時は再建を目指したが、その計画も中断された。

ひたすらモータースポーツ一筋の男……。ジャッキー・スチュワートが紹介してくれたフィル・コリンズが誰なのか、ジャビーが知っていたはずがない。名前が覚えられなかったジャビーは、面と向かって「ジョージ」と呼び続けたのである。

ジャビーのグランプリ・レース取材500戦目を、F1で最も謎が多く、そして最も影響力のあるバーニー・エクレストン自らが祝ってくれた。偶然とはいえ、記念すべきそのグランプリはフランスGPであった。

私とスポール・オートの関係にも終わりが訪れていた。イギリスのエマップ社がエルサン・グループを買収したのだが、私はここの上層部と折り合いが悪く、ついに手を切ることになったのだ。だが、その後も6年間にわたり、私は全グランプリを取材した。主な媒体は、日本の親しい友人である『CAR GRAPHIC』で、他にインドネシアや韓国の雑誌からも頼まれて記事を書いた。しかし、残念ながら心臓のバイパス手術を受けたことで飛行機での長旅は不可能となり、それ以降は、私の好きな昔ながらのサーキットである、モナコやシルバーストーン、スパ、モンツァといったところで開催されるグランプリだけに出かけた。

それにもかかわらず、1994年シーズンを最後にこの章を閉じるのは、私が深く関わり続けてきたロータスが幕を閉じた今、他の誰でも書けるような事実を連ねても仕方がないと思うからである。

私は1999年まで『CAR GRAPHIC』のために全グランプリに立ち会った。さらに「プレス担当の女王」というべきアニエス・カルリエのもと、マールボロ広報チームの一員としてプレスリリースを執筆した。われわれ4人のジャーナリストは、各セッション終了後に英語や仏語など主要言語で、ドライバーやチームオーナーなどのコメントをまとめた。こうすれば個別取材を受ける煩雑さから彼らは少しでも解放される。しかしこの作業はのちにFIAが引き継ぎ、それも今はなくなってしまった。

4

175

PRACTICE ONLY
GRAND PRIX
OCTOBER 1974
1975
PRESS
21st BRITISH GRAND PRIX
PHOTOG
F1
44

chapitre 5

L'ambiance des circuits
サーキット点描

私の最も好きなサーキットであるポーでは、
世界選手権としてのグランプリが開催されたことは、かつて一度もなかった。
このサーキットでは1948年にフォーミュラ1と呼ばれた
最初のレースが行なわれ、1957年まで続いたのである。

ポー

　本来のF1世界選手権とは違うレースだったにもかかわらず、これらは特例としてグランプリという名称を許された。それはおそらくこの地で、世界初のグランプリと名乗るレースが開催された事実と無縁ではあるまい。残念ながら、現在ではヒストリックカーレースしか開けなくなっている。しかし、このポー・サーキットは、間違いなくモータースポーツにおける歴史遺産である。

　私がなぜここを愛するのか、それを説明するのは少々むずかしい。まず第一に、1933年以来、レイアウトがほとんど変わっていない唯一のサーキットであることが挙げられる。第二は、この市街地コースでは観客とマシーンがきわめて近い関係を保っていることだ。実際、いくつかのコーナーではほとんど触れられるほど近い。ポーという町自体も美しく、いつでも人々が歓待してくれる。素晴らしいホテルにも事欠かず、私の定宿はコンチネンタルだった。ポー・グランプリの開催に関わっていた頃は、毎年このホテルに泊まっていたものである。もちろん他にいくつもホテルはあるが、ここでのレースを何度も勝った男もここがお気に入りだった。なによりサーキットまで歩いて行けたのもいい。

　私は10年ほど前にポーを再訪した。フランスのモータースポーツ界の恩人ともいうべきロベール・サライ氏の推薦で、市長から名誉市民メダルを戴いたのだ。近年、これほどの喜びを得たことはなかった。

モナコ

　ポーとモナコには多くの共通点がある。疾走するマシーンを間近で見られること。サーキットに歩いて通

市街地サーキットは、観客とマシーンの距離の近さという点では圧倒的だ。その代表例がモナコである。1930年当時から比べれば、すっかり雰囲気は変わってしまったが、まだ充分に魅力はある。ただし、ヘアピン前の優美な駅舎は壊され、ラスヴェガスにあるような味気ないカジノ・ホテルに取って代わられた。

えること。ホテルはモナコの方が多いし、蒼々たる陣容だ。一方でポーにはるかに及ばない部分もある。コースは長年の間にすっかり変容してしまったのだ。仕方のない部分もあるとはいえ、決してサーキットとしての魅力が増したわけではない。モナコ公国のあの華やかな雰囲気は、依然としてどこもマネできないものではあるけれど。

　スポール・オート誌の創刊直後、私は毎年オテル・ド・パリに泊まっていた。世界で最も美しい"宮殿ホテル"のひとつである。エントランスホールの荘厳さといったら"素晴らしい"のひと言だが、部屋はジャーナリスト向けに特別料金で提供してくれていたのである。しかし、その値段は年々上がっていった。ある年、モナコから帰って会社の会計係に領収書を渡した際、週末の宿泊代で中古車が買えることを教えられた私は、長年の習慣を変えることにした。

　それから約30年、ホテル・バルモラルに泊まる私を、毎年フェレロール一家が温かく迎えてくれた。料金はモーター・ジャーナリスト風情でも支払えるものだし、なにより港を一望できる見晴らしが素晴らしい。それに、近くにあるエレベーターで直接コース脇まで

戦前、1937年のモンレリー。筆者も観戦した第1回グランプリ終了後のルイ・シロンとルネ・ドレイフュス。

降りて行けるのだ。近年のモナコで嘆かわしいのは、有名なヘアピンの近くにあったベル・エポック様式のなんとも優美な駅舎が取り壊され、おぞましいホテルに建て替わってしまったことだ。入り口にスロットマシーンが並んでいるのを見ると、ラスヴェガスのようで悲しくなる。

ランス

あとで述べるように、私は長年、ランスのグランプリ運営に関わってきた。そこに観客として初めて行ったのは1947年のことだ。次に何が起きるのか固唾を呑んで見守るような、そんな絶妙なコースレイアウトに私はすぐに魅せられた。観客席の彼方に走り去ったマシーン群は1分以上も姿が見えない。そして突然、遠くの茂みを抜けてチロワに向かう急坂を下るさまざまな色の点景として、姿を見せるのである。

モナコ同様、ランスも週の初めからレースが始まった。地元のレストランやホテルに、より多くの金を落とそうとしているためだ。当時のランスの雰囲気は実に忘れがたいものであった。マシーンの計量は、ドゥルエ・デルロン広場にあった地元紙『ニオン』の社屋を借りて行なわれた。オテル・リオン・ドールもその広場に面しており、ここでグランプリ関係者が一堂に会した。計量が終わったマシーンは、自走しながらそれぞれ割り振られた修理工場へと向かう。その轟音を聴いて、誰もが週末のレースに思いを馳せるというわけである。

レースは伝統的に7月の第1週に開催された。その時期は毎年ワイン祭りと重なり、有名シャンパンメーカーやスポンサーは、町に顧客を招待するのが習わしだった。グランプリはその中の核となるイベントだったのだ。サーキットには無数の売店が立ち並んだが、なぜか普通の飲み物はすぐに売り切れてしまい、買えるのはシャンパンだけという仕掛けである。夜になれば関係者はドゥルエ・デルロン広場のレストランに集い、テラスで再びシャンパンを傾ける。その後はオテル・ブライツのバーでさらに話し込むという具合で、何とも大変な週末であった。

残念ながらこのサーキットには、ピットストレートが狭過ぎるという致命的な欠陥があった。一般国道をコースとして利用していたため、容易にコース幅を広げるわけにはいかなかったのだ。12時間耐久レースの際には、深夜0時にその狭いストレートから何十台ものマシーンが発進。1周して戻ってきた時点でも、まだ集団を形成して疾走する光景には身の毛がよだったものである。

ルーアン

ランス同様、ルーアンも一般道を使用したコースだった。当然ながら主催者側は安全面で不安の種が尽きなかった。レイアウトは高速であったから危険だった。しかし、だからこそというべきか、私が長年のモータースポーツ取材で目撃した中で最も見ごたえのあったレースはルーアンを舞台にしたものだ。1957年の

ルーアン・レ・ゼサールで、「新世界」コーナーへと見事なドリフトで駆け降りていくファンジオ。ジャビーの長いグランプリ・レース人生の中でも、ハイライトのひとつであった。

L'ambiance des circuits

こと、マセラティ250Fを駆るファンジオが、グランドスタンドを過ぎた下り坂を、フルカウンターを当てながら疾走して行った。この光景は忘れられない。

このコースでは車群がなかなかバラバラにならないばかりに、スリップストリームをうまく使うドライバーが決定的に有利になることが多く、必ずしも最も速い者が勝てるわけではなかった。ルーアンのF3レースでもランスでも、2番手と目された人間があっさり勝つのを見て、私はこれらのサーキットに将来はないことを悟った。

クレルモンフェラン

フランス中部山地にあるクレルモンフェランは、「ミニ・ニュルブルクリング」と呼ぶべき、世界で最も美しいサーキットのひとつである。しかし地理的要因から、パドックを設置する充分なスペースがなく、そのため走行を終えたマシーンはわざわざ下まで降りて給油を済ませ、またガレージまで上がってくる必要があった。ここで最後にグランプリが開催されたのは1972年。路面は全面的に再舗装されていたが、細かい砂利に覆われていた。そのためマシーンは次々にパンクに見舞われ、ヘルムート・マルコは飛んできた小石がバイザーを貫通し、片目を失明している。このサーキットに戻って来なくていいことを、われわれは心底喜んだものである。

ポール・リカール

ここはフランス初となる常設のグランプリ・サーキットであった。食前酒メーカーであるポール・リカールの広大な敷地内にガラス瓶製造工場があったが、この工場長だったジャン‐ピエール・パオリが、同社の名前を冠したサーキットを建設すれば、広告効果で充分に元が取れると社主のリカール氏に持ちかけたのである。了解を取り付けたパオリは、知り合いのフランス人ドライバーたちに意見を求めた。彼らは当然のことながら安全面を重視し、それに基づいて完成したコースであったが、実際に走った外国人たちはつまらないと不平を言った。マシーンがどんどん高性能化しても状況は変わらず、観客も退屈に感じたので、ポール・リカールで開催されたフランスGPは最後まで人気が出ることはなかった。

サーキット周辺の雰囲気や、地中海沿いの町バンドールのホテルなど、魅力ある要素も多かっただけに残念であった。エルフがホテル・イル・ルースのプールサイドで開いたパーティは、忘れられない思い出である。コルシカ島フリアニのサッカースタジアムで起きた観客席崩落事故で多数の死者が出たことも大きな痛手となった。同じ構造のスタンドがポール・リカールでも使われていたからだ。新しい観客席を建設し直す資金を、彼らは捻出することができなかった。

ディジョン

ポール・リカールと同様に常設サーキットであった。

ミニ・ニュルブルクリングと称すべき、シャレードで行なわれた1965年のレースで、2番手を走るスチュワートのBRM。

1971年のポールリカールで最前列グリッドに並ぶベルトワーズ（マートラMS120B）、セヴェール（ティレル002）、そしてシフェール（BRM P160）。

レイアウトはこちらの方が面白かったが、より危険でもあった。そして、しばしば運営レベルの低さを露呈した。立地は申し分なく、パリから2時間、スイスからも近く、ホテルも多くて美食の町である。滞在するには最高だった。

ルマン

1967年にたった一度だけ開かれたルマンでのグランプリは、何より政治的な理由からだった。しかし、あのむやみに長いユノディエールでF1マシーンを走らせるなどもっての外であり、常設のブガッティ・サーキットが使用された。しかし、レースそのものも興行的にも大失敗であった。ルマンに根付いているのは24時間レースの文化であり、F1は馴染まないのだ。

マニクール

ここには、もともとジャン・ベーラの名を冠したF3レースやレーシングスクール用のサーキットが存在した。そしてフランソワ・ミッテランが大統領に就任した際、自らの選挙区の村おこしの意味で大プロジェクトを立ち上げたのである。

しかし今日、マニクールは財政スキャンダルの代名詞となってしまった。ポール・リカール一族が南仏のサーキットを見捨て、その後マニクールでのフランスGP開催が決まった時には、われわれフランス人プレスは素直に喜んだものだ。だが、過疎化の進むこの地方ではホテル事情も悪いため、外国人たちには評判が悪い。スポンサーなどは、大事な顧客をパリからヘリコプターで運ぶほどである。ジャーナリストたちも、農家の民宿で窮屈な思いをすることにほとほと疲れている。とはいえ、サーキットのすぐ近くに「ラ・ルネッサンス」という素晴らしいレストランがあることも、ここに記しておきたい。

スパ・フランコルシャン

スパ・フランコルシャンが、シーズン中最良のサーキットであることに異論を挟むF1関係者はいないはずだ。グランドスタンドから望むオールージュの迫力はまさに筆舌に尽くしがたい。

マシーン性能の向上にともなって、伝統的なサーキットは次々にレイアウト変更を迫られた。その結果、往年の魅力を失ってしまったところも少なくないが、そんななか、ベルギー人だけはスパの素晴らしさをしっかりと守り抜いている。人々もいつも温かく迎えてくれるし、食事も本当に美味しい。だからこのグランプリだけは是非とも訪れてほしい。1962年、私が

オールージュへと向かうマシーン。スパ・フランコルシャンのこの名物コーナーは、世界中のあらゆるサーキットの中で最も伝説的な存在であろう。度重なる改修やレイアウト変更にもかかわらず、このコーナーが生き残ったことは大いに喜びたい。

1965年ベルギーGPのスタート直後。チームメイトのスチュワートを抑えて、真っ先にライディオンを駆け上がるグレアム・ヒルのBRM P261。アルデンヌ山中のこのサーキットは、この年も雨に見舞われた。

チーム・ロータスとともに初めてここを訪れた際は、スタヴロという町のヴァル・ダンブレーヴというひなびた宿に泊まった。以来そこには毎年のように世話になり、ロクス・スポールダー一家のもてなしを受けている。

ゾルダー

ゾルダーには10回以上も通っただろうか。オランダ語圏のフランドル地方が主張して、ベルギーGPが交互開催されたからだ。サーキット自体は興奮するに足るものではなかったが、人々の温かさはフランコルシャンと同様であった。

ニヴェル

ブリュッセル近くのニヴェルには二度しか行ったことがない。ジャッキー・イクスはここについて以下のような評価を下し、ジャーナリストとしても一流であることを証明した。「ニヴェル捕虜収容所」と。これ以上、いうことはあるまい。

シルバーストーン

シルバーストーンには、1948年の最初のグランプリから訪れている。その後の変化には著しいものがある。それはこのサーキットにとって、幸運な処置だったといえるだろう、さびれた飛行場跡に造られた当時のコースには、何の魅力もなかったからである。その後、シルバーストーンはグランプリを代表するサーキットに生まれ変わる。BRDC（英国レーシングドライバー・クラブ）のメンバーである私としては、同クラブの所属するこのサーキットに来るたび、少しばかり自宅に戻ったような気持ちになる。会員限定のクラブハウスに足を踏み入れれば、伝説的な人々に出会うことができる。私が必ず立ち寄るポーラースパリーにあるワイン・ハウスは、おそらくこの地方で最高のレストランであろう。グランプリの週末にはロンドンからシルバーストーンまで、殺人的な渋滞が発生する。そのため私はヒースローではなく、郊外のルートン空港を利用してフランスから行き来したものだ。

ブランズハッチ

イギリスGPは時にブランズハッチで開催されたが、こちらはシルバーストーンほどF1に適したサーキットではなかった。セッションのたびにパドックから機材を運ぶということを繰り返し、それはレースの際も同じであった。ただし、ヨーロッパ大陸から来る

ブランズハッチがもはやF1に適さないことはジャビーも充分承知している。そんなジャビーも、僚友のジョン・ポルスターが所有する1904年製パナールでは全開で攻めていた！

1969年のドイツGPでは、まだニュルブルクリングの旧コースが使われていた。有名なフルーグプラッツのバンプで四輪を宙に浮かせる、ジャン・ピエール・ベルトワーズのマートラMS80。新コースは名前こそ同じながら、昔日の面影はまったくない。

人間にとっては、ドーヴァーのフェリー乗り場から100kmもないという利点もあった。このサーキットのオーナーだったニコラ・ファウルストンは、次回のイギリスGPもここで開催されるという噂を流した。実際にはそうではなかったのだが、人々が嘘に気づく前に所有権を売り飛ばしてしまうという、ひどい詐欺師であった。

ブランズハッチは確かにF1には向いていなかったかもしれないが、あのこぢんまりとした雰囲気は捨てがたかった。だから私は自宅をブランズハッチと名づけた。

エイントリー

エイントリーには一度しか行ったことがない。リヴァプール近くの有名な競馬場と対になっている施設であった。工場地帯の真っ只中にあり、煙と埃にまみれたサーキットだった。二度と行かないであろう。

ドニントン

戦前から有名であり、英国内で唯一の常設二輪サーキットだった。戦後、熱烈なレース愛好家だったトム・ウィートクラフトがここを買い取って蘇らせた。現在までに行なわれたグランプリは1993年のヨーロッパGPのみである。いずれにしても、シルバーストーンにはおよばず、ヨーロッパ大陸からは遠過ぎる。ホテルも近くには1カ所しかない。だが、博物館のコレクションは非常に充実しており、一見の価値がある。

ニュルブルクリング

ドイツの伝説のサーキットは、かつての輝きを完全に失ってしまった。今のコースは味も素っ気もない"ちっぽけな回転陳列台"に過ぎない。しかも、ホテルに行くには山を越え、はるばる移動しなければならない。旧コースのなんと素晴らしかったことか。ここを訪れると、私は必ず昔のパドックやガレージへと足を向ける。ここにはかつて、偉大なドライバーたちのマシーンが格納されていたのである。

ホッケンハイム

親友のジム・クラークがここで命を落として以来、私はホッケンハイムが好きになれない。ここ数年は行くこともなく、したがって大幅な改修後のコースを直接目にしたこともない。友人たちによれば、悲惨な出来らしい。

モンツァ

ニュルブルクリングと同様に古典と称すべきサーキットである。シケインでズタズタにされてしまったが、

1968年のF2レースで親友ジミー・クラークを失って以来、ジャビーはできるだけホッケンハイムへは行かないようになった。

183

L'ambiance des circuits

ほかに方法はなかったのだ。ここにも往年のパドックが残っている。このガレージでヌヴォラーリのメカニックたちがマシーン整備を行なっていたのである。悲しいかな、ここを取り壊すという話が出ているそうだ。

私にとってのモンツァは、サーキットの北、カノニカ・ランブロにあるホテル・フォサーティに尽きる。多くのチームがここを定宿とし、壁はドライバーたちの肖像写真で埋まっている。ここにいると、レースに携わる人間がみんな家族だという気がしてくる。そこから200m行ったところが、アンチコという有名なレストランである。15世紀の煉瓦造りの円天井が、荘重な雰囲気を添える。自家製ソーセージ、サルシッチャ入りのミラノ風リゾットが絶品であった。

バルセロナ

バルセロナでは、ふたつのグランプリ・サーキットに通った。最初のコースは、町外れの丘の上にあった。面白いレイアウトで難易度も高かったが、危険だった。1975年に起きたロルフ・シュトメレンの事故でマーシャルたちが亡くなり、さらに運営上の問題もあって、以降の開催は中止された。しかしカタルーニャ人たちは復活に情熱を傾け、素晴らしいサーキットを郊外に建設。1991年に再誘致に成功した。バルセロナの北20kmにあるこのコースまで高速道路で簡単に行けるし、周辺にもホテルやレストランには事欠かない好立地である。

ハラマ

マドリッド郊外のこのサーキットは、最後まで運営上の模範とはなりえなかった。レイアウトもドライバーたちは、「ミッキーマウス」と蔑んでいた。唯一の利点は、マドリッドという素晴らしい都市の近くにあったことぐらいだろうか。1980年に開催されたレースは選手権から除外され、以来グランプリがここに戻ってきたことはない。

ヘレス

ヘレスには合計6回通った。そのうちの一度はヨーロッパGPの名で開催された。スペイン南部に位置し、イギリス人たちは同国領のジブラルタルまで飛行機でやってきた。コース自体は小ぶりで、ここでのグランプリが、二輪のような大観衆を集めることは最後までなかった。ヘレスの町にはよいホテルより、よいレストランの方が多かったようだ。

ツェルトヴェク

エステルライヒリングが建設される前は、ツェルトヴェクの飛行場のコースが使われていた。路面はどうしようもなくデコボコで、レース・ディレクターはコース脇に古い2階建てバスを置いて使っていた。新サーキットの設計にはヨッヘン・リントが関わり、その

モンジュイックは、実に攻めがいのあるコースであったが、残念ながら、現代F1の安全基準に適合することができなかった。1975年のスペインGPでは、フェラーリ312Tを駆るラウダとレガッツォーニが、スタートから首位争いを繰り広げた。

それから2年後のエステルライヒリング。やはりラウダがフェラーリ312T2でトップに立ち、ハント(マクラーレン)、ロイテマン(フェラーリ)、アンドレッティ(ロータス)らを従える。山あいにありながら、非常に高速の面白いコースであった。しかし、改修後はすっかり色あせてしまった。

エステルライヒリングの当初のレイアウトには、ヨッヘン・リントの意向が色濃く反映されていた。「真の男とガキの違いがわかるサーキット」と、イギリス人たちは評していたものである。

結果、ここは「肝っ玉の坐ったドライバー」のコースになったのである。

リントといえば、ある年の授賞夕食会での出来事が忘れられない。彼は怒りもあらわにテーブルからテーブルへと回って、勘定書を回収していた。主催者が、夕食代をすべて私たちに支払わせようとしているのを、リントが阻止したのである。ここでは、私もマートラ・チームとともにスポーツカーレースに参戦した際、スターティングマネーのことで揉めたことがあった。

要するに、ここは善かれ悪しかれ田舎なのであろう。サーキット自体の美しさは喩えようがない。われわれフランス人は、チームがマートラからルノーに変わろうとも、ツェルトヴェクから少し離れた村が定宿だった。美しいエヴァが切り盛りするひなびた宿であった。

ザントフールトは今にいたるも、ジル・ヴィルヌーヴの素晴らしいドライビングで記憶されるサーキットである。1輪を失ったフェラーリを、ジルはまったく普通のマシーンのように走らせたのだ。

ここで食したザルツブルガー・ノッケール（ザルツブルグ風スフレ）の美味だったこと。

残念ながらサーキットは安全面の問題がクリアできず、グランプリの開催権を返上。その10年後には大改修して再誘致に成功するが、これはもはや今日のニュルブルクリング同様、冗談としかいえないものになっていた。

ザントフールト

ザントフールトの名前を聞くと、海岸沿いの豪華ホテルや、海の幸で有名なレストランが建ち並ぶ様が眼前に浮かんでくる。サーキット自体も実に過酷、かつ見ごたえのあるレースが展開された。ここへのアクセスは抜群で、実際多くの観客が鉄道で通ってきていた。不幸なことに、運営手腕は完璧とはいえず、何人ものドライバーがその犠牲になっている。

ハンガロリング

鉄のカーテンの向こう側でグランプリを開催することは、バーニー・エクレストンの悲願であった。その夢は1986年に実を結んだ。東側とはいえ、ハンガリー人はロシア人たちと共感を分かち合っていたわけではない。だからであろう、初開催の時にはもろ手を挙げて私たちを歓迎してくれた。初めて訪れたブダペストの美しさは言葉に尽くせないほどであった。西側に比べれば時の流れははるかにゆったりとしており、当時を知る人は戦前から変わっていないと言っていたほどだ。しかし、壁の崩壊後は目まぐるしい変化の波に洗われ、今はオーストリアやドイツの観光客に占領されている。サーキット自体は、ぞっとするような「ミッキーマウス」レイアウトだ。

エストリル

私自身は、1950年代にポルトガルで開催されていたグランプリを直接は知らない。エストリルの常設サーキットを目の当たりにしたのも、F2レースが初めてだった。フランスのジャーナリストたちがエルフの招待でここを訪れたのは、1974年のカーネーション革命勃発直前のこと。われわれは最後の便で、命からがらリスボンを後にした。

ここでのグランプリは1984年から始まった。サーキットが素晴らしいことはもちろん、周辺には質の

L'ambiance des circuits

高いホテルやレストランも揃っている。しかしアイルトン・セナが事故死したことをきっかけに、実に唐突にヘヤピンが設置され、それがエストリルの整ったレイアウトを目茶苦茶にしてしまった。その後コースは元通りになったものの、F1は戻ってきていない。

アンデルストープ

たった一度だけだったスウェーデン滞在を、私はあまり手放しで賞賛することができない。飛行場の敷地に造られたサーキットは退屈で、それ以上に行き帰りの渋滞がものすごかった。レースの晩、私とコーリン・チャップマンは同じ時刻にサーキットを後にし、彼は飛行機でイギリスの自宅へ向かった。しかし、私がさほど遠くないホテルに着いたのは、コーリンが自宅に着くするよりはるかに遅かったのだ。そのホテルはレース主催者が所有していたが、部屋にトイレも洗面所もない。巨大な一室が共同の浴場、そしてトイレだったのである。

ブレムガルテン

このベルン近くにあるスイスのサーキットで、私は初めて正式なパスを提示して堂々とピットに出入りした。1948年のことである。しかしその週末だけで、あのアキッレ・ヴァルツィを始めとする3人のドライバーが命を落とした。それほど危険なコースだったのである。1955年のルマンの大事故を契機に、スイスは国民投票で国内でのサーキットレースを全面的に禁止。ブレムガルテンも例外ではなかった。

ワトキンスグレン

アメリカで行なわれたグランプリのうち、20回以上はワトキンスグレンで開催されている。レイアウトはよくできていたのだが、コースの整備維持に問題があったことでF1は開催できなくなった。

このワトキンスグレンならではの場所が、ボグ（沼地）と呼ばれる巨大な溝であった。レースの週末、酔っぱらった観客たちが、ここを自家用車や二輪で走り回るのである。当然、泥に足を取られて身動きできなくなるクルマやバイクが続出した。すると他の者たちが、「くそでも食らえ！」と囃し立てた（訳注：bogに

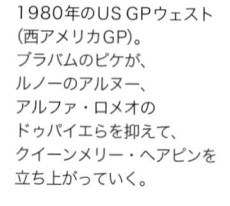

1980年のUS GPウェスト（西アメリカGP）。ブラバムのピケが、ルノーのアルヌー、アルファ・ロメオのドゥパイエらを抑えて、クイーンメリー・ヘアピンを立ち上がっていく。

1981年のUS GPはワトキンスグレン最後のF1であった。変化に富み、難易度の高いコースながら、今はほとんど使われていない。

は便所という意味もある)。ある年など、エマーソン・フィッティパルディを応援にきたブラジル人ファンの団体を乗せた大型バスが、ここへ突っ込んだりした。

市街地にはグレン・モーター・コートという素晴らしいホテルがあり、関係者のほとんどはここに泊まっていた。レースは例年10月に行なわれ、小春日和のなか、色づいた木々が目に沁みたものである。

ロングビーチ

ロングビーチでのグランプリ開催は、クリス・プークというイギリスの旅行代理店主の向こう見ず、かつ大胆な働きかけがなければ、実現しなかっただろう。当初、ここはトップレスバーの立ち並ぶ、みすぼらしい界隈だった。しかし、サーキットができたことで、周囲の雰囲気も徐々に変わっていった。後年、インディ取材で再訪した折りには、侮りがたい存在になって

US GPイーストはここデトロイトで、1982年から88年まで開催された。市街地コースとはいえ、まったく面白みに欠けるものであった。1982年にはタルボ・リジエJS17を駆るチーヴァーが2位入賞を果たした。

いた。湾内には、伝説的な豪華客船「クイーン・メリー」号が停泊していたのだが、中に入ってガッカリしたことを覚えている。ボールルームは派手に飾り付けられ、STPステッカーといっしょに「レースファン、ようこそ!」などという垂れ幕が下がっていた。岸沿いの駐車場に石油を掘る井戸が林立していたのも、"いかにも"という風景だった。

ラスヴェガス

なんとおぞましい場所だったことか。飛行機から降

L'ambiance des circuits

日陰でも35℃という猛暑は、
ダラスの特設コースには
致命的だった。
1984年のレースでは、
F1マシーンの下で
アスファルトが溶けていった。

り立つや、スロットマシーンが出迎え、町の雰囲気には優雅さのかけらもない。シーザース・ホテルの駐車場に特設されたサーキットは、そんなラスヴェガスを象徴するようなミッキーマウス・コースだった。

フェニックス

なんとしてもアメリカでグランプリを開催したかったバーニー・エクレストンは、アリゾナ州フェニックスと契約を結び、市街地サーキットを設置する。コースにこれといったところはなく、何より人々はF1がどんなものであるのか理解していなかった。同じ日に近くの砂漠でラクダレースが行なわれた際には、F1と同じくらいの観衆が集まったそうだ。そんなグランプリだったが、われわれはここに3度出かけて行った。

デトロイト

フォードがこのグランプリを主催し、市中心部のルネッサンス・センター地区を囲むようにコースを造った。われわれが投宿したのは、このセンター内のホテルだった。残念ながら舗装状態はきわめて悪く、いたるところに排水口もあった。さらに夜になると一帯は無法地帯と化した。麻薬ほしさに犯罪に走る者たちが、そこら中にたむろしていたのだ。

ダラス

ダラスはアメリカの中でも最悪のサーキットである。町もつまらなかった。ただし、人々はロングビーチやフェニックスと同様に実に親切だった。コースでは舗装がボロボロにちぎれ、予選もレースも台無しになった。完全に忘れ去りたいサーキットである。

ダラスでの悲喜劇。
動かなくなったロータスを
何とかゴールまで押そうとした
マンセルは、
あまりの熱さにコース上に
倒れ込んでしまった。

モスポート

トロント近郊に位置するモスポートは、非常に状態の悪いサーキットであった。レース運営も、その体を成していない。開催がなくなってわれわれは大喜びしたものだ。

モントリオール

モントリオールでのグランプリは、通常、アメリカのレースと連戦になっていた。しかし、ワトキンスグレンの小春日和が実に心地よかったのに対し、この時期のケベック州は時に震え上がるほど寒かった。いくつかのチームはガレージ内のあらゆる隙間をふさぎ、タイヤを温めるために、中を蒸し風呂のようにしていた。幸い1982年からは開催が6月に移り、この都市の最も美しい姿を堪能できるようになった。

コースはサン・ローラン川の人工島に造られ、オリンピックのボート競技に使用された池に沿っている。観客は市中心部から地下鉄が通えるなど、アクセスは非常によかった。ただし、開催初期には運営上の問題があった。というのも、当初は英語圏の自動車クラブが運営母体になっており、モスポートから移ったことを決して快く思っていなかったのだ。その後、バーニーが問題解決に乗り出し、フランス語圏の自動車クラブに運営を任せてからは、すっかりスムーズになった。モントリオール自体もF1関係者にはしごく評判がいい。人々は親切で街の雰囲気も明るい。なにより6月のレストランでは、ステーキよりオマール海老の方が安く食べられるのだ。

メキシコ

私はメキシコGPに対してあまりいい思い出を持っていない。メキシコシティは美しいが、とにかく大気汚染がひどい。街角の警官がやたらとクルマを止めては、架空の交通違反で金を請求してくるのも鬱陶しかった。すでにフランスでもメキシコ料理は流行っていたが、現地でそれに優るものを食べた記憶もない。ホテルは悪くなかったものの、最後の年は3日に一度し

ジャカレパグアはインテルラゴスに取って代わろうとした。リオデジャネイロの人たちは、サンパウロに嫉妬していたのだろうか。しかし、旅行者にしてみれば、リオデジャネイロの方がはるかに楽しかった。ただし、平坦なコースは面白みがなく、改修後のインテルラゴスに移ったのは正解であった。写真は1981年、雨で大混乱に陥ったスタート風景である。

L'ambiance des circuits

かシーツを替えてくれなかった。サーキット自体はかなり危険で、あるときなど、観客がコース上を占領していたのに、警官隊は何もしていないこともあった。

インテルラゴス

サンパウロの外れにあるこのサーキットが復活したのは、ブラジルの有力TV局グロボの後押しによるものだった。最初はF2レース、次にノンタイトル戦のF1、そして1973年にブラジルGPが開催された。敷地内に赤土が露出する独特の雰囲気を持つほか、レイアウト的にも実に攻めがいのあるコースだった。しかし、マシーン性能が飛躍的に向上したことで、いったん開催権を返上して改修工事を行なったが、新コースには以前ほどの面白さはなくなっていた。しかし何より、南米の大都市に共通する治安の悪さが、このグランプリ一番の問題点である。

ジャカレパグア

私が初めてリオデジャネイロを訪れたのは、1960年にスポーツカーとGTレースが行なわれたときだった。当時のこのコースに安全性は皆無だった。なにしろ観客席は、縄で囲まれていただけというありさまなのだ。インテルラゴスに問題が出たことを受けて、リオデジャネイロ市当局は町の南に小さなコースを建設。グランプリ関係者のほとんどは、町外れのインターコンチネンタルに滞在したので、誰かドライバーにインタビューしたければ、このホテルのプールサイドにあるレストランに行けば、必ず見つかったものである（このホテルはバーニーが買収したという噂もある）。

しかし、ここはスラム街にも近く、メカニックがナイフで刺されてフィアンセの真珠のネックレスを奪われる事件も起きた。そんな物騒さを除けば、リオは観光客の天国である。コパカバーナの海岸、民族音楽、そしてカイピリーニャ。カイピリーニャはブラジル伝統の最高のカクテルである。

ブエノスアイレス

ブエノスアイレスは南米のパリだという。確かにその佇まいには、ヨーロッパの大都市の美しさを思わせるものがあった。サーキットはファンジオの時代に建設されたもので、必要に応じて修繕してきたシロモノである。しかし、近隣のゴミ処理工場の悪臭はいつまでも消えなかった。ある年は、この国の政治状況が非常に緊迫している時だったから、ジャーナリストたちがまとめて拘束されたり、街角で兵士たちに銃を突きつけられたりした。サーキットの入り口では車内をくまなく検査され、全員がパドックから緊急立ち退きを命じられたこともあった。なんとサーキット内に爆弾

1953年1月。フェラーリのアスカリがマセラティのファンジオに先行した。アルゼンティンの独裁者ペロンは、祖国の英雄のためにブエノスアイレスにサーキット建設を考えていたという。その後、アルゼンティンGPが復活した1972年ごろからロイテマンが台頭しはじめた。

オーストラリアGPは最初にアデレイド、次にメルボルンで開催された。1989年のアデレイドはコースの排水が充分でなく、一歩間違えれば大惨事になるところであった。多くのドライバーの反対にもかかわらず、水浸しの状態でスタートを強行。そして視界不良やアクアプレーニングで次々に事故が起きた。セナはブランドルに追突し、プロストはレース続行をあきらめて、ともにゴールにたどり着けなかった。

が仕掛けられていたのである。一人の兵士が起爆装置を外した爆弾を得意げに振りかざし、その後は何事もなかったかのように、われわれは仕事に戻った。

キャラミ

ヨハネスブルグの南にあったキャラミ・サーキットは実に美しかった。ドライバー全員が宿泊していたキャラミ・ランチは、KLMオランダ航空の元パイロットの経営だったから、クルーたちがここにトランジットする際の定宿にもなっていた。そのため、ロビーでは美しいスチュワーデスたちに頻繁にお目にかかれた。

アパルトヘイトの時代に行なわれたグランプリでは、黒人たちは彼ら専用のトイレがないことからサーキットには入場できなかった。それが1992年にグランプリが復活した際には、まだアパルトヘイトが完全に廃止されていなかったものの、状況はずいぶん改善されていた。ホンダが地元ディーラーをサーキットでの昼食会に招いた際、招待客は全員黒人であった。

カサブランカ

私はカサブランカでのグランプリには一度しか行ってない。開催地は海沿いのアン・ディアブというサーキットであった。当時の私はケン・ティレルのチームのマネジメントを担当し、ここでは素晴らしい思い出が残っている。しかしコース自体は危険で、スチュワート・ルイス-エヴァンスが事故死した。それ以来、二度と行くことはなかった。

アデレイド

アデレイドほど鄙びた場所を私は他に知らない。ある時、空港の滑走路を拡張して747ジャンボジェットが着陸できるようになった。すると2万人もの人々が見物に来たという。交差点に初めて信号機を設置した際も同様だったらしい。そんな調子だから、第1回のグランプリは順調とはいえなかった。われわれジャーナリストの一団は、まとめてユースホステルの相部屋に押し込まれたので、ずいぶん険悪な雰囲気になった人たちもいたようだ。

サーキットは競馬場の観客席を流用していた。直線の舗装は水はけがきわめて悪く、大雨の際には深刻な事態となった。それもあって、バーニーはオーストラリアGPをメルボルンに移した。

メルボルン

アデレイドとは違って、メルボルンの住民はF1に対して完全に冷淡だった。ここでスポーツイベントといえば、競馬のメルボルンカップを置いてほかになかった。メルボルンでのグランプリ開催にあたっては、初期にはいろいろと問題が発生した。環境保護団体が開催を阻止しようと、公園内の樹木に自分の身体を縛りつけたりもした。バーニーを殺すと脅されたのも、この頃のことだ。それでも事態は少しずつ沈静化していった。

私は、個人的にはオーストラリアがあまり好きになれない。知性の空白地帯のような、そんなイメージがあるのだ。それに対して友人のイギリス人たちはこの国が大好きである。おそらくここでなら、すでに本国では滅亡してしまった温いビールが味わえるからだろう。

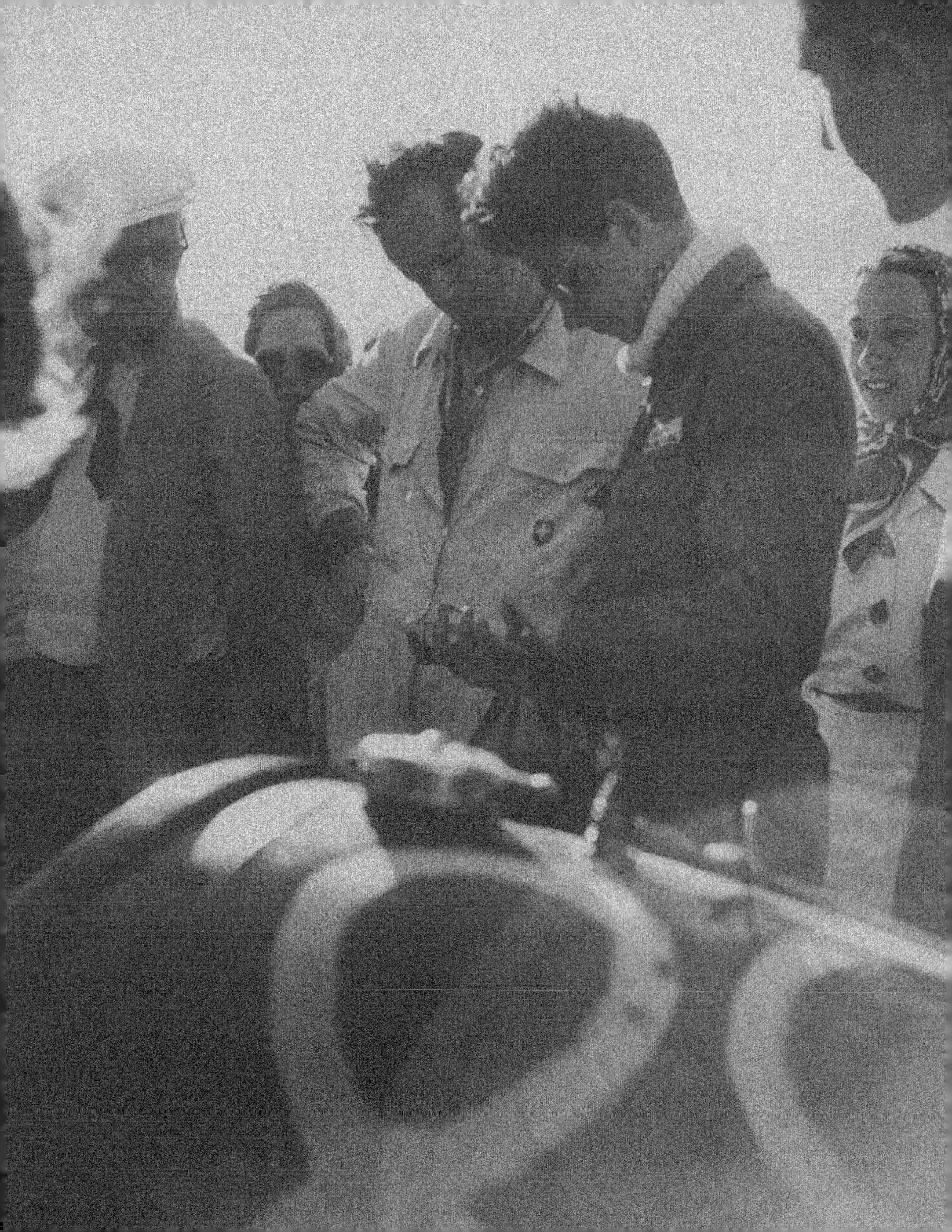

chapitre 6

La naissance d'une vocation
天職を掴むまで

私の一家はスイスの出身で1933年にパリに移り住んだ。4歳の時だ。

兄と私は、パリ郊外ブローニュ・ビヤンクールにあったデニーズ・スクールに通わされた。

この学校はイギリス流の教育を行ない、午後の時間はすべてスポーツに充てていた。

私の生い立ち

第二次大戦が勃発した時、私は依然として英語をしゃべれずにいた。その代わり、クリケットもグラスホッケーも興じることができた。とはいえ、私はスポーツが嫌いだった。

学校に通うために、私たち兄弟は路面電車ではなく(当時のパリには、まだ何線か残っていた)、バスを好んだ。後部にむき出しのデッキがあり、満員の乗客が車道に溢れんばかりに鈴なりになっていた。

この時代には、まだパリの各出口に一種の関所が設けられていた。粗末な小屋が建っていて、その前で自動車は停車しなければならず、税関吏がトランクを開け、ワインや他の酒類を積んでいないかどうかをチェックした。酒類の運搬には許可証が必要だったのだ。パリ市内を走るブガッティのオーナーたちは、カーボンが付かないように低熱価の点火プラグを常用していたが、この関所を越えて市外に出る際には高熱価のプラグに付け替えた。プラタナス並木の周回道路を、ぶっ飛ばすためであった。

父はこの頃、発売されたばかりのシトロエン・トラクシオン・アヴァンをすぐに購入し、それを大変自慢していた。当時は渋滞など滅多になかったが、ひとたび起きようものなら、皆がそれに慣れていないぶん悲惨な状況になった。1936年にACF（フランス自動車クラブ）主催のグランプリがモンレリーで行なわれた折り、父は私たちをシトロエンで連れて行ってくれた。しかし、サーキットに通じる国道20号線の大渋滞におびえ、毎晩父の愛車を洗ってくれていた駐車場の係員を運転手に雇ったほどである。

初めて見たレース

その頃のモンレリーは実に荘重なサーキットであった。まだピット前には巨大なグランドスタンドがそびえていた。2年前の1934年に行なわれたACFグランプリは大成功で、アルファ・ロメオP3を駆るルイ・

1940年代後半、ジャビーは土曜日になると仮病を使っては、サーキットに出かけた。メカニックの格好をして、ドライバーやマシーンに近づいていたのである。しかしある日、スイスの週刊誌にこの写真が載ってしまい、すべての秘密がバレてしまった。

Naissance d'une vocation

シロンが勝利を収めた。メルセデスやアウトウニオンといったドイツのニューマシーンは、まだこの時分には充分な戦闘力を備えていなかったが、その後は彼らが完全にレースを支配することになる。

アルファ・ロメオ、マセラティのイタリア勢は、それでも数周の間なら彼らに対抗する力は持っていた。一方、フランス製のマシーンはまったく太刀打ちできなかった。自尊心を傷つけられたACFは、自国グランプリにはスポーツカーだけが出場可能と決めてしまう。このカテゴリーなら、ルマン24時間レースでしのぎを削るブガッティ、タルボ、ドラエといったフランス勢が存在感を出せるからである。

このレースは総距離1000kmで争われ、その間に2回か3回の給油が必要だった。コースは1周12kmと長かったため、各チームは2カ所にピットを設け、それぞれに電話を引いて連絡を取り合うようにした。ひとつはグランドスタンド前、もうひとつはコースの反対側、ビコルヌの高速コーナーを越えた地点に置かれた。

出場台数は予想を上回る多さだった。39台ものマシーンが集まったが、その多くはフランス車だった。レースは、タンクと称されたブガッティ57G、ドラエ135CS、そしてタルボ150Cの三つ巴の展開となった。いずれも今に至るまで、私が賞賛してやまないクルマである。

当時7歳だった私は2ℓクラスのライレーに魅かれた。速さで優るBMW328がリタイアしたおかげで優勝したのは確かだが、私にはあの6気筒の音が心地よかったのである。さらに彼らの通過した後には、なんともいえぬ香りが残っていた。イギリス人たちは潤滑油としての「ひまし油」に、「ディスコル」というビターアーモンドの匂いがする燃料を混ぜて使っていた。F1では1958年から使われなくなったが、それからかなり経ってからインディアナポリスで再び巡り会った。今日ではもうそれを嗅ぐことはできない。

このサーキットはとにかくバンプがひどく、振動に耐えられずに多くのマシーンがリタイアを喫した。一方でこの年に多発したストライキのためにレースへの準備が遅れ、そのために完走できないケースも少なくなかった。この年はルマン24時間レースでさえ、労働争議のために中止されている。

モンレリーのグランプリでは、タンク・ブガッティに乗るウィミーユ/ソメール組が、最後の1時間でドラエに迫り、追い抜くという劇的な展開を見せた。まさかその13年後、そのソメールのマシーンのために働くことになろうとは、私は想像もしていなかった。

大戦が勃発したため、私たち一家はスイスに戻った。奇妙な戦争であった。まともな戦闘もなく、もう大丈夫だろうと1940年の春には再びフランスに舞い戻る。しかしこれは致命的な誤りだった。私たち兄弟は

1936年のACFグランプリのスタートで、誇らしげに並ぶブガッティ57Gタンクの一群。モンレリーで開催されたこのレースは、ジャビーが初めて観戦した主要レースだった。勝ったのはカーナンバー84に乗った、ウィミーユ/ソメール組であった。戦後間もない時期には、ウィミーユのブガッティが強さを誇ったが、それも長くは続かなかった。

ノルマンディ地方の学校エコール・デ・ロッシュの寄宿生だったのだが、そこで文字どおりの戦争を味わい、命からがら逃げ出した。牛の引く荷車が行列になって、フランス北部からやってきた被災者たちは、ありったけの家財道具をその上に積んでいた。ようやくパリにたどり着くと、母がコンバーチブルの202プジョーで迎えにきてくれた、そして私たちはボルドー行きの最後の列車に乗り込んだ。そしてさらにアルカションまで行き、そこに身を落ち着けた。

その後しばらくしてなんとかスイスに戻り、終戦まで滞在した。スイスにいれば身の危険はなかったが、それでも配給制は厳しいものだった。そんななか私はヨットに夢中になり、伝説的な「フルール・ブルー（青い花）」号に見習い水夫として乗り込んだりもした。湖上用モノタイプのヨットで、ソシエテ・ノーティック・ド・ジュネーヴの名で出場したレースでは連戦連勝だった。この会社は2003年にアメリカズカップも制している。

復活したモータースポーツ

1945年の夏、私たちはパリに戻った。食料不足は依然として深刻で、収容所から生還した元捕虜たちが縞模様の囚人服のまま街を歩いていたりした。食料は配給券で手に入れ、自家用車はめったに見なかった。その代わり、アメリカ兵たちの乗るジープが我が物顔に走り回り、上空は低い高度を飛ぶ輸送機で埋められていた。

そんな状況であったが、私は9月に戦後初めての自動車レースを観戦することができた。ブローニュの森で開催された「解放記念カップ」である。ゴール地点は現在、ポルト・マイヨのオレー・デュ・ボワというレストランがある場所だった。とにかく驚かされたのは、故障寸前の疲れ切ったエンジンが吐き出すものすごい白煙であった。もちろん私の大好きな「ひまし油」とメタノールも香っていた。

レースは過給器付き4.7ℓエンジンのブガッティに乗ったジャン-ピエール・ウィミーユが勝った。当時は対独協力者に対する粛正の最中だったが、ウィミーユは戦前に親ナチ組織のリーダーの片腕だったために、レース直前まで出走許可が下りなかった。だが、ナチスとの関係はあったものの、その後はブガッティのドライバーだったロベール・ブノワや、チャールズ・グローヴァー・ウィリアムズらと共に、チェストナット（栗の木）というレジスタンス組織に属した。ちなみに、ブノワやウィリアムズはナチスによって捕らえられ、収容所で命を落としている。

ウィミーユの前歴が問題になった時、弁護に立ったのがレイモン・ソメールだった。彼の戦中の身の処し方が完璧だったこともあって、ウィミーユは無事にレース界に復帰できた。ウィミーユは当時のフランスで最高のドライバーだっただけでなく、世界的にも無二の存在だっただろう。そしてこれがブガッティ・ワークスの最後の勝利であった。

「解放記念カップ」は大成功を収め、1946年からはさまざまなレースが開催されるようになった。私もパリや、ヴァカンス先のスイスで観戦した。ほかにもブローニュの森やパリ郊外のサンクルーなどで高速道路一部開通を記念したレースが行なわれたが、残念ながら私は行くことができなかった。ちょうどバカロレア（大学入学資格試験）と重なっていたからだ。

観戦に行った父は、観客席でアルファ・ロメオの重役陣と隣り合わせだったそうだ。アルフェッタ158の復帰レースだったのだが、整備状態はきわめて悪く、出場した2台はいずれも白煙を吐いてリタイアしてしまった。アルフェッタの復活は1951年まで待たなければならない。

アルフェッタ158の開発を指揮したのは、アルファ・ロメオのレース部門責任者だったエンツォ・フェ

Naissance d'une vocation

ラーリである。当時からエンツォはこの世界の権威を手玉に取ることに長けていたのだ。この頃はフランス同様イタリアのメーカーも、ドイツ車の圧倒的優位に辟易していた。そこでエンツォはイタリア自動車クラブを説得して、フォーミュラ1を放棄し、排気量1500ccの小型自動車（ヴォワチュレット）でのレースに主力を注がせたのである。そしてアルフェッタの開発に充分な時間が取れるよう、その発表をわざと遅らせることも忘れなかった。ところがメルセデスは直前になって知らされたにもかかわらず、1.5ℓのW165を完成させ、有名なトリポリGPでアルフェッタを圧倒してしまうのだ。

パリで見たクルマ

私たちの住むアパルトマンは、トイレの天窓がヴェルサイユ大通りに面していた。午前中、学校に通う前に、私は便座の上に立ってサーキットへと向かうクルマを飽きず眺めていたものだ。すぐ下にはガソリンスタンドがあり、6気筒1100cc過給器付きの古いアミルカーのタイヤに空気を入れるため、モーリス・メスチヴィエがよく立ち寄っていた。当時は新車など望むべくもなく、誰もがいろいろな工夫を凝らしていたのだ。のちに親友となるセルジュ・ポッゾーリは、ロンバールにジープのタイヤを履かせたりした。

通っていたジャンソン高校への途中の道では、修理工場の中にバルブレス・エンジンを搭載するギュイヨ・スペシャルを発見した。これはインディアナポリスに出場したこともあるクルマだ。さらにスフレン大通りには、まさにアリババの洞窟のようなガレージがあり、中にはあらゆるモデルのブガッティが置いてあったので、私は飽きずに何時間でも眺めていたものだ。

サンクルーへと駆け上がって行くトンネル出口で最高のドライビングを見せてくれたのは、タツィオ・ヌヴォラーリだった。私の"アイドル"は、いつも黄色いセーターと赤い革製の帽子を身に付けていた。ジュネーヴのナシオン・サーキットで見た彼は、しかめっ面のままマセラティを駆り、路面のバンプからバンプへと悪魔のように跳んで行った。私はあの時の走りを決して忘れることはないだろう。

戦前最高のドライバーは誰だっただろう。そんな質問に答えるのはもちろん不可能である。しかし後午、当時のチャンピオンだったルネ・ドレフュスと、彼が

ニューヨークで経営する有名なレストラン「シャントクレール」で夕食をともにした際、同じ質問をしたことがある。ルネは「われわれが皆、恐れていたのは、タツィオだったね」と答えた。

タツィオ・ヌヴォラーリ

ヌヴォラーリといえば、その生涯を通じての勇猛果敢さがあまりにも有名である。イタリアのマントヴァ地方の裕福な農家に生まれた彼のそんな性格は、ガリバルディの従者として戦火をくぐった祖父から受け継いだものに違いない。幼い頃からあらゆる機械に興味を持っていたヌヴォラーリは、1912年、20歳の時に、とあるガレージの中でバラバラに解体されていた小型飛行機のブレリオを見つけて購入。必死に組み立てたものの、ついに離陸させることはできなかったというエピソードがある。

第一次大戦のためにレースへのデビューは遅かったが、その後は二輪と四輪の両方で活躍することになる。最大のライバルは10歳年下のアキッレ・ヴァルツィであり、二人の戦いはアキッレが事故死するまで続いた。ヌヴォラーリの四輪での最初の活躍は、キリビリのワークスドライバー時代のものだったが、彼はすでにビアンキの専属ライダーとして世界的に有名だった。

1925年にモンレリー事故でアントニオ・アスカーリを失ったアルファ・ロメオは、後任を選ぶためのテストをモンツァで行なった。ヌヴォラーリも候補の一人だったが、コースから飛び出してP2を大破させ、自身も怪我を負ってしまった。だが、その翌週には、包帯でグルグル巻きにした身体でビアンキに乗り、ナシオン・グランプリを制してしまった。ヌヴォラーリはその後も数え切れないほど、病院を抜け出してはレースに参戦することを繰り返し、そんな行動が彼をいっそう人気者にした。

1927年には、友人たちの出資によってスクデリア・ヌヴォラーリを創設。ブガッティT35でレースに出場した。まもなく彼の活躍はアルファ・ロメオのレース責任者で、優れた設計家であったヴィットリオ・ヤーノの目に留まることになる。アルファ6C1750を託されたヌヴォラーリはミッレミリアで優勝。これが彼にとって四輪の大レースでの初勝利となった。

1930年にはエンツォ・フェラーリも彼を抜擢し

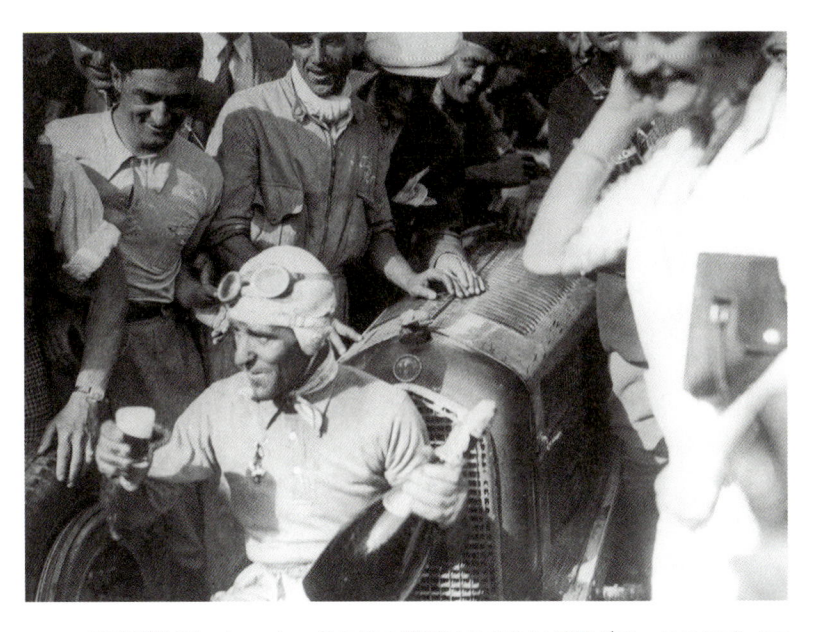

不屈の英雄タツィオ・ヌヴォラーリは、1930年代を代表する偉大なチャンピオンであった。

た。その後の勝歴はあまりに長過ぎて、ここにすべてを記すことはできない。しかし、その中で最高の勝利を挙げるとすれば、1935年のドイツGPであろう。ニュルブルクリングで行なわれたこのレースで、ヌヴォラーリは旧型P3を駆って、戦闘力でははるかに優るドイツ車を制したのである。しかし、同時にアルファ・ロメオの非力さに落胆し、戦争勃発直前にアウトウニオンに移籍する。

ヌヴォラーリはポルシェ博士と親交を結んでおり、博士が戦後フランスに幽閉されていた折りには、家族からヌヴォラーリの元に使者が送られた。戦前に設計した1500ccシングルシーター設計図の、買い手を探してくれないかという依頼だった。家族は、その設計図を売ることでフランス政府が要求していた「身代金」を払おうとしたのだ。ヌヴォラーリはチシタリアを発表したばかりのピエロ・ドゥジオを家族に紹介し、2台のマシーンが実際に製作された。しかしドゥジオは破産し、このクルマでの成功を目論んでいたヌヴォラーリの夢も砕かれてしまう。

戦後のヌヴォラーリはチシタリアやフェラーリ、そして何よりマセラティで数々のレースに出場した。しかしその間にも健康状態はかなり悪化していた。揮発したガソリンを長年吸い続けてきたために、肺が焼けてしまっていると伝えられたが、実際には結核の疑いの方が強かった。彼の二人の息子はすでにこの病気で世を去っていた。ヌヴォラーリは、決して栄光に包まれただけの人生ではなかったのだ。

私の人生を方向づけた2冊の雑誌

1946年から47年にかけての冬、私はひどい風邪をひいてしまった。その時に父が思いついた素晴らし

Naissance d'une vocation

いアイデアが、私のその後の人生を決めることになる。寝込んでいた私は、何か読むものがほしいと父に頼んだ。すると父はリヴォリ通りの英語書店「スミス親子商会」に出かけ、「ザ・モーター」と「モータースポーツ」を買ってきてくれた。そしてこの2冊の雑誌は私にとって、デニーズ・スクールでの英語の授業よりはるかに役に立った。

私のレース熱はますます高じ、スミスには定期的に英語の本を注文するようになった。その中で特に印象に残ったのが、ジョン・ワイアがレースチームの運営について著した一冊だった。ワイアは特別に1章を割いて、レースチャート作成の重要性を説いていた。通過するたびにマシーンを1台ずつチェックすることで、全周回での順位が瞬時に把握できるというのだ。当時の公式計時員は、レース中の順位をたまにしか発表せず、しかもリアルタイムではなかった。私はこの章を何度も何度も読み返し、実際に練習も重ねた。そしてこの特技が、私がピットに出入りできるようになるカギとなったのである。

1947年末に大学入学資格試験に合格してから、私はいったんスイスに戻った。父の友人がチューリッヒで室内装飾用布地の問屋を営んでおり、そこで働きながらドイツ語を学んだ。しかし、この暮らしは退屈で仕方がなかった。そこで週末になるとジュネーヴの祖母の元に飛んで帰った。幼なじみのジャック・ゴーチエが、地元のレーシングチーム"ラ・ムート"の会員だったからである。

ジャックは、ある晩に私を会合に連れて行ってくれた。そこでは"エルヴェ"と名乗る若いドライバーが、熱心にレースの講義をしていた。彼の義兄はパリでスイス大使を務める家系であったから、自動車レースをするなど許されるはずはなく、"エルヴェ"の偽名を使っていたのだ。彼は私がレースチャートを作ることができると知ると、すぐにチームに雇ってくれた。こうして私は1948年、ベルンで開催されたスイスGPのピットに、堂々とアクセスパスを持って入れることになったのだ。

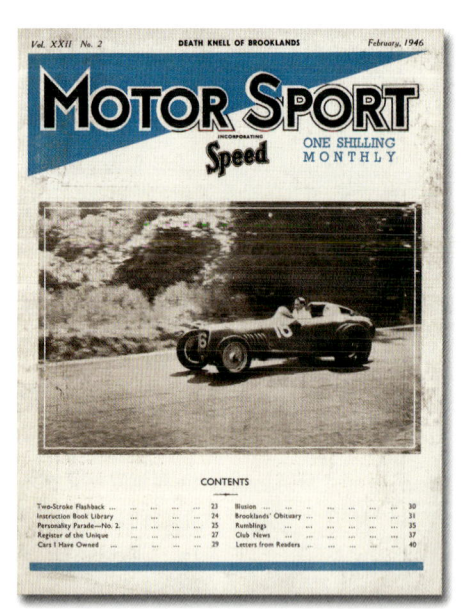

ジュネーヴからベルンまでの私の足は、原付自転車のヴェロ・ソレックスだったが、贅沢をして点火プラグには特別にブルー・クラウン製を奢っていた。インディアナポリス500マイルレースで同社のスペシャルプラグを装着したマシーンが優勝して以来、私はこれを使っていたのだ。

ベルン郊外にあるブレンガルテン・サーキットは、本来二輪専用コースである。しかし1934年からは四輪のスイスGPも開催されていた。レースは通常、一般道を閉鎖して行ない、サーキットの建物は木造の山小屋風で、重厚かつ巨大なものだった。1周7.3kmのコースは素晴らしいレイアウトだが、ひどく危険でもあった。路面は砂岩の細かい敷石で舗装されていたため、雨が降るとひどく滑りやすく、おまけに流れる雨水がコースのほぼ全域に落ち葉を運んでいた。

エルヴェは国内選手権にエントリーした。マシーンはミッレミリアを走ったこともあるMG K3マグネットだった。彼はこのMGをジョン・ワイアから譲り受けたのだが、届いたのがレース直前だったため、チューニングは何もできていなかった。エルヴェは1951年にHWMワークスチームの所有していたフォーミュラ2を購入する。アルタ製エンジンを搭載したこのマシーンは、フェンダーやヘッドライトを装着したスポーツカー仕様だった。

エルヴェはその後、これを「レーサーズ」という映画の製作者に売却する。映画の中ではカーク・ダグラスがモナコを走り、カジノ・コーナーで事故に遭うという設定だった。その後、このクルマはアメリカに渡ってシボレーV8が搭載される。そして最後はイギリスの出版大手であるヘイマーケットの会長だったサイモン・テイラーに引き取られた。

一方、ブレンガルテンを走ったMG K3は、エルヴェが造った博物館の中で、素晴らしいヴォワザンのコレクションとともに展示されている。

K3については忘れられないこんなエピソードがあ

ジャビーが最後まで書棚に保存していた、英国モータースポーツ誌。息子の英語習得のために父が与えたのだが、むしろレースへの情熱を呼び覚ます方に貢献したことになる。

1948年6月、ブレムガルテン・サーキット。エルヴェ・レーシングチームの2台のMG（TCとK3）の前にて。このチームのピットで、ジャビーは初めて計時係を務めた。

っ壊れてしまった。

レイモンド・メイズとBRM

メイズは実に魅力的な人物で、イギリスのモータースポーツ発展の上でも、大きな役割を果たした。メイズがレースデビューしたのは第一次大戦直後のことで、ケンブリッジの学生が運営する自動車クラブが主催するこのレースでデビューウィンを飾ったのだ。これに勢いを得て、メイズは次々と他のレースにも出場した。

しかし、当時のイギリス車は戦闘力の点でかなり劣っていた。そこで彼は、周囲に若いエンジニアたちを集めて改良を加えさせた。彼らは、やがてイギリスのモータースポーツを技術面で支える中心人物に育っていく。たとえば1959〜60年のタイトルを制した、コヴェントリー・クライマックスのエンジンを設計したハリー・マンディ。コヴェントリー・クライマックスでマンディの上司を務め、ジャガー6気筒ツインカムを生んだウォリー・ハッサン。後年、ジャガーのチ

る。このスーパーチャージャー付きエンジンは特殊ガソリンを使っていた。ある日、エルヴェは親友でイギリスの偉大なチャンピオンでもあったレイモンド・メイズのERAを試乗する際、この燃料を入れた。するとエグゾーストは真っ赤に発熱し、すぐに過給器がぶ

レイモンド・メイズは、ERA誕生のきっかけになったドライバーであった。さらにBRM創設にも深く関わっている。

6

199

Naissance d'une vocation

ーム監督を務めることになる"ロフティ"・イングランド。トライアンフのスポーティングディレクターのケン・リチャードソンなどだ。そして当時、彼ら全員を束ねていたのが、メイズの母の愛人であったピーター・バーソンという謎の人物だった。

ピーター・バーソンは、ライバルたちをはるかに凌ぐマシーンをメイズに提供し続けた。同時にバーソン自身も一流のレーシングドライバーで、当時のイギリスで盛んに行なわれた海岸沿いのレースで真価を発揮した。1943年、バーソンは大金持ちのアマチュア・ドライバーのハンフリー・クックを説得して、ライレーのエンジンをチューンして搭載したシングルシーターを製作した。これがERAと呼ばれるマシーンで総計17台が製作された。メイズは、"ヴォワチュレット"のカテゴリーにこのマシーンで出場して数々の勝利を収めた。ちなみに、メイズと同じように勝ちまくった顧客に、タイのプリンス・ビラがいた。だが、この優れたマシーンを設計したトム・マレイ・ジャミーソンは、ブルックランズのレースに立ち会った際に事故死し、クックはそれを機にこの事業から手を引いた。

ERAは戦後になっても多くのレースに出場した。メイズがベルンで運転したのも、黒いカラーリングのR4Dという、そのうちの1台だった。このころメイズは50代にさしかかり、現役ドライバーとしてのキャリアは終わりが近づいていた。しかし彼には、英国製のグランプリマシーンを造るという野心があった。そしてこの夢は、のちにBRMとなって結実する。

英国製のグランプリマシーンを造るため、メイズはイギリスの大企業首脳らに、片っ端から面会を申し込んだ。そして魅力的な人柄と巧みな話術で多くの賛同者を得ることに成功した。中でも、巨大企業グループのルバリー・オーウェン総帥であったアルフレッド・オーウェンと、ベアリング製造で財を成したトニー・ヴァンダーヴェルの助力が大きかった。この頃がメイズの絶頂期だったといえるだろう。このマシーンには、スーパーチャージャー付き135度V型16気筒エンジンが搭載されることになっていた。しかし完成は遅れに遅れ、いつレースに出場できるのかメドも立たない状態だった。イギリスのマスコミは連日のようにメイズらを激しく責め立てた。共同オーナーで開発にも携わっていたピーター・バーソンが、頻繁にヨットでクルージングに出かけていたことも遅れの大きな原因だった。

F1は1952年に規約を大きく変更するが、その理由のひとつは、このままではBRMがまともにレースに出場できそうもないからであった。こうして16気筒エンジンは、フォーミュラ・リブレのレースに走っただけでキャリアを終えた。この体たらくに怒ったヴァンダーヴェルは、自らのチームであるヴァンウォールを立ち上げる。1952年10月、アルフレッド・オーウェンはわずか2万3500ポンドでBRMを買い取り、ただ一人のオーナーとなった。もっとも同時に相当の負債を背負い込んだのは想像に難くない。

ジョージ・アベカシスとジョン・ヒース

BRMがまだ登場していなかった1948年のベルンで、英国製の近代マシーンといえば、ジョージ・アベカシスの乗るアルタのみであった。ギリシャ系英国人のアベカシスは、戦前からアルタで活躍していた。戦中は英国空軍中佐として爆撃機に乗り込み、その後ラゴンダの若きエンジニアのジョン・ヒースと組んで、スポーツカーと高級乗用車専門のHWMという修理工場を開く。さらにレーシングチームの立ち上げも計画し、発表されたばかりのアルタ製F1マシーン、そして2ℓのスポーツカーを購入する。このアルタF1はサスペンションにゴムの塊を使うという、実に変わ

過給器付きアルタ1500ccを駆るジョージ・アベカシス。ゴムの塊をサスペンションに使うユニークなマシーンで、1948年のスイスGPでは唯一の英国製近代レーシングカーだった。

アルタ・エンジン搭載のHWM製F2マシーンに乗るジョン・ヒース。彼は1949年コマンジュでのACFグランプリで2位入賞を果たした。

ったクルマであった。

1948年は、ベルンとスパで2台揃ってコースアウトを喫するなど、散々なシーズンだった。翌年、アベカシスとヒースはアルタの車体を見捨てて2ℓエンジンを自製シャシーに搭載したHWアルタを完成させた。そして1949年に南仏コマンジュで行なわれたACF GPで優勝。これをきっかけに、HWMは英国モータースポーツに大きな役割を果たしていく。

当時のアルタはジェフリー・テイラーという人物が率いていた。アルタの特徴は、パーツのすべてをテイラー自身がトルワースにある小さな工房で自製してしまうことだった。

アベカシスは素晴らしい才能を持っていたが、活躍の場はほとんど英国内に限定されていた。彼は現役の最後をアストン・マーティンで終え、同社のオーナー、デイヴィッド・ブラウン卿の娘アンジェラと結婚した。

話を1948年のスイスGPに戻そう。この週末は次々に悲劇が起こった。

アルファ・ロメオのアキッレ・ヴァルツィは、練習走行終了後に新しいウィンドブレーカーを試し忘れたことに気づいた。そこでチームマネジャーのギドッティに、全開走行中に風ではらみ過ぎないか確認するため、もう1周走りたいと申し出た。しかし、その時点ではエンジンパワーをかなり上げた実験用のアルフェッタしか走れる状態になかった。そしてコース上には雨が落ち始めていた。そのような状況のなかでコースに出て行ったヴァルツィは、普段以上のパワーに不意を突かれたのだろうか、ヨルデン・コーナーを飛び出した彼はほぼ即死状態だった。

セッションが終わって道路が一般に開放されるや、私は愛車のソレックスに飛び乗って事故現場へ駆けつけた。それは悲惨な状況だった。コースの境界を示す木製バリアに赤いペイントの跡が残り、路上には血が

1948年スイスGPのスタート風景。偉大なるアキッレ・ヴァルツィが命を落とし、モーリス・トランティニヤンも危うく命を落としかけた、呪われたレースであった。

Naissance d'une vocation

流れていた。あらゆるドライバーが忘れたい忌まわしい出来事に、私も初めて遭遇したのであった。

事故はこれだけで終わらなかった。二輪レースのひとつで、イタリア人のオモボノ・テンニが予選中に、さらにグランプリではスイス人のクリスチャン・カウツが亡くなった。彼が前年のランスで勝利したのは私も目撃していた。ヴォワチュレット・レースではモーリス・トランティニヤンも一人から飛び出し、あわや犠牲者に加えられるところであった。

モーリス・トランティニヤン

この事故でトランティニヤンは一命をとりとめたものの、脾臓切除の大手術を受けた。しかし、その後のキャリアには手術の影響はほとんどなかったようで、モナコGPで2勝、ルマン24時間レースで1勝するなど、華々しく活躍した。モーリスとはのちに友人になったが、この当時はまだ直接の面識はなかった。とはいえ、彼の出場したレースには1945年のフランス解放記念レースを始め、何度も立ち会っている。

南仏ガール地方のヴェルジェズでワイン醸造を営んでいた兄のルイは、同時にフランスモータースポーツ界の期待の星でもあったが、1933年にペロンヌ・サーキットで事故死してしまう。その後、相次いで父も亡くなるのだが、モーリスは父の遺産で兄が乗っていたブガッティT35/51を買い戻すと、1938年のポーGPにレースデビューした。

モーリスは、戦時中にはレジスタンス活動で捕虜生活を送るが、終戦になるとすぐにレース活動を再開した。戦争中、ブガッティは家業のワイン醸造農家の納屋に隠しておいたのだった。モーリスはそのブガッティでブローニュの森で開催された解放記念レースに出場する。ところが長いこと放置していた間にネズミが燃料タンクに住み着いていたようで、その糞がキャブレターに詰まり、モーリスはわずか数周でリタイアを余儀なくされた。だが、その後の活躍がアメデ・ゴルディーニの目を引き、彼のチームに抜擢される。モーリスはベルンのレースで瀕死の事故を起こすが、その時に乗っていたのがゴルディーニだった。

解放記念レースのサイドカー部門を制したのは、イギリス人チャンピオン、エリック・オリヴァーで、隣にちょこんと座ったヒゲの小男は、『モータースポーツ』誌に「カロッツィーノ」（イタリア語でサイドカーの意）というペンネームで寄稿していた。彼がのちに伝説的なジャーナリストとして名を馳せることになるデニス・ジェンキンソンであった。

この時、エルヴェは私にフランス人ドライバーのレ

モナコGPで2勝、ルマンでもフロイラン・ゴンザレスと組んで優勝するなど、モーリス・トランティニヤンは1950年代に最も成功したフランス人ドライバーだった。

チシタリアの運転席に座るレイモン・ド・ソージェ。彼はこのマシーンに乗り、1948年にランスで開催されたACFグランプリの前座レースであるヴォワチュレット杯に出場した。この時ソージェの計時係を務めたジャビーは、永遠のアイドルであるヌヴォラーリを、ド・ソージェから紹介されたのだった。

イモン・ド・ソージェを紹介してくれていた。レイモンは1100ccのチシタリアで出場する予定だったのだが、マシーンはサーキットに届いてすらいなかった。それでもスターティングマネーがもらえたので喜んでいた。当時の彼は非常に困窮した中でレース活動を続けており、金はいくらでも必要だったのである。レイモンは魅力的な人柄に加え、金にはまったく無頓着だった。南米の大富豪の娘と結婚していたのだが、すぐに逃げられて、彼女の残していった金もすでに使い果たしていた。

レイモンは、翌月にランスで開催されるACFグランプリの前座として設けられたヴォワチュレット・レースに出場することになったので、私は計時係として雇ってくれないかと頼んでみた。経費は全部自分で払うと申し出たものだから、彼は二つ返事で引き受けてくれた。

こうして私は1948年7月、再びランスに戻ってきた。ただし、今度は堂々とピットに出入りできる身分である。フランス国内は、昔も今も横方向の移動はまったく不便にできている。この時もチューリッヒからランスまでのわずか400kmを旅するために、一晩中列車に揺られなければならなかった。

ほかの多くのドライバーと同様に、レイモンも市内のドゥルエ・デルロン広場に面したオテル・リオン・ドールに泊まっていた。そして、私はホテルの前に停まっていた3台のクルマを目の当たりにして息が止まるかと思った。著名ジャーナリストであるローレンス・

ポメロイの所有する1914年ヴォクスホール"プリンス・ヘンリー"だったからだ。設計者はローレンスの父親であった。そしてVSCC（ヴィンティッジ・スポーツカークラブ）のサム・クラットン会長が所有する1908年イターラ。このイターラは本来12ℓのグランプリマシーンだが、一般道走行用に改良を施したものだった。そして、フランシス・ハットン-スコットが所有する実に奇妙なランチェスターだった。モータースポーツ誌のとびきり熱心な読者だった私が、この伝説的な3台のクルマを知らないはずはなかった。しかし、まさかランスの街中で遭遇することになろうとは思いもよらなかった。私は、一気にグランプリの雰囲気に呑み込まれていくのを感じた。

私は早朝から、ホテルのロビーでレイモンが降りてくるのを待った。彼が現れたのは11時近かったが、私は少しも待ちくたびれはしなかった。次から次へと、名前や写真でしか知らなかった著名人が目の前を通り過ぎて行ったからである。

レイモンがサーキットで私のアイドルであるタツィオ・ヌヴォラーリを紹介してくれた時には、天にも昇る気持ちだった。彼と握手した手を、その後洗うのを躊躇したほどである。そのとき、ヌヴォラーリはすでにかなり健康を害しており、レースではヴィロレーシと交代してわずか数周走ったにすぎず、結果も7位だった。こうして巨星がゆっくりと消えようとしていたとき、私は新たな輝きをその週末に目撃することになる。モーリス・トランティニヤンの代わりを探していたゴルディーニが、オブザーバーとして来ていたファンジオにレース出場を持ちかけたのだ。もっとも、実際には前年の冬、ゴルディーニはアルゼンティンで彼をテスト済みだったのだが。

フアン・マヌエル・ファンジオ

ファンジオの祖父がイタリアからアルゼンティンに渡ったのは、20世紀になるずいぶん前のことだった。彼は辛苦の末、ブエノスアイレスから300km南のバルカルセに10ヘクタールの土地を購入し、家族を呼び寄せた。そのなかに、のちの世界チャンピオンの父となるロレートもいた。彼は重労働をいとわず、ほどなく痩せた土地を買って自宅を建て、本人は石工として生計を立て、1911年にフアン・マヌエルが生まれた。聖ヨハネ（スペイン語でサン・フアン）の日

Naissance d'une vocation

だったので、フアン。そしてマヌエルは、父がイタリア王ヴィットリオ・マヌエーレの崇拝者だったことにちなんでいた。

フアン・マヌエルは機械いじりが大好きで、父は息子を鋳物屋に見習いに出した。同時に学校にも通っていたために、彼の1日は実に長かった。12歳で卒業すると自動車修理工場で働きだした。彼が前もって選んでいたのは、自動車レースに関わりのある工場だった。ちなみに、当時のアルゼンティンには2種類のレースが存在した。最も権威があるのは、市販車の改造車による耐久レースだったが、これの開催数は非常に少なかったので、オーバルのダートトラックで行なわれるレースに参戦した。出場車両の大半はドライバーが自分で工夫して改造したものである。運転を覚えたばかりのファンジオの夢は、もちろん自分のクルマでこのレースを戦うことだった。

一方で彼はサッカーにも熱中し、これがのちにレーシングドライバーとしてのキャリアを大いに助けることになる。

兵役から戻ったファンジオは、マル・デル・プラタのクラブチームに入らないかと誘われる。しかし、彼を失うことを恐れたバルカルセのサッカー仲間たちは、金を出し合って修理工場を立ち上げる。こうしてファンジオは、レースに出るという自分の夢に大きく一歩近づいたのだった。もちろんそれまでにもコ・ド

ライバーとして、あるいは自らステアリングを握り、地元の非公式なレースを走ったことはあった。しかし、今後は思い切り自分の能力が発揮できるのだ。

ファンジオの本格的なレースデビューは1938年のことだ。マシーンは以前と同様に友人たちから借りるか、資金援助を受けて購入したものだった。ファンジオは生涯、自分のキャリアはすべてバルカルセの友人たちの助けによるものだと言い続けていた。そして、彼らの期待は充分に報われた。広く寄付を募って購入したシボレーを駆り、ファンジオは1939年10月のカッレテラスGPであわや優勝という活躍を見せる。それは、全長7500kmを10区間に分けて戦う長大なレースだった。さらに1940年には、今度は福引きで得たマシーンに乗り、ブエノスアイレス-リマ間の未舗装路を往復する全長9000kmのインテルナシオナル・デル・ノルテGPで見事に優勝を果たした。他にも数々の優勝を飾り、アルゼンティン国内チャンピオンとなる。彼はその後の3年間にわたってタイトルを持ち続けたものの、戦争の勃発によって物資統制となり、自動車レースはすべて廃止された。

栄光の頂点へと登り詰める前、ファンジオは1949年のマルセイユGPをゴルディーニで制している。ヨーロッパ人から初めて託されたワークス・マシーンであった。

しかし、ファンジオ自身はこの物資統制を逆手にとって、タイヤや交換パーツの商売を大々的に展開した。戦後はアメリカの余ったトラックを売って大もうけし、その資金をレース活動に充て、再び戦前のような成功を収めるのだった。

1947年には、アルゼンティン自動車クラブが、ヨーロッパで活躍する著名ドライバーを同国のレースに招待したが、ファンジオにとっては、これがヴァルツィやヴィロレーシらといっしょに走る初めての機会となった。"ネグリータ"という彼のマシーンは、自分の修理工場でT型フォードのシャシーをシングルシーターに改造し、シボレーのトラック用エンジンを搭載したものだった。

翌1948年にも、アルゼンティン自動車クラブはヨーロッパ人たちを招待した。ただし今回は、アルゼンティン人ドライバーが自国製マシーンで参戦することは禁じられ、その代わりにクラブからヨーロッパ製マシーンが貸し出された。ファンジオはマセラティを選択したが、まともにエンジンが回らないシロモノで、最初のレースですぐにこれを放棄する。そして次に、ジャン-ピエール・ウィミーユとともに、シムカ・ゴルディーニを運転する機会を得た。当時、ウィミーユは間違いなくヨーロッパ最高のドライバーだった。しかし、ファンジオはそんな評判にはまったく臆することなく、ウィミーユをしのぐ予選タイムを叩き出した。こうして彼はそれ以降、ゴルディーニとウィミーユという二人の熱狂的な支持者を得ることになる。この成功に力を得たアルゼンティン自動車クラブは、ファンジオを翌シーズンにヨーロッパで走らせるため、資金集めを開始。1948年春、ファンジオは初めてヨーロッパの土を踏んだ。

アルゼンティンでの走りを見ていたゴルディーニは、ランスGPでトランティニヤンの代わりにファンジオを抜擢しようと考えたわけだ。ずんぐりした上体、その体型は「エル・チュエコ」(訳注:スペイン語で"がに股"または"がに股男")というあだ名にふさわしかった。しかしそれよりも強烈な印象を与えたのが、彼の眼差しであった。まさに獲物を射すくめるヘビの目そのものだったのである。ところが実際のファンジオは、これ以上はないほど優しい男でもあった。ヨーロッパに来た時にはすでに37歳で、レースキャリアはもう長くないと誰もが思っていた。だが、デビュー戦こそ点火プラグのトラブルに見舞われたものの、1958年に引退するまで、実に5度にわたってタイトルを獲得するのである。

1948年ランスACFグランプリの顛末

話を1948年ランスの私たちのチームに戻そう。チシタリアの整備をしていたのは、カンヌ出身の小柄で愉快なロベール・デルペッシュという男だった。チシタリアは最強マシーンとはいいがたく、レイモン・ド・ソージェも同じレイモンとはいえ、2ℓのフェラーリ166でレースを制したソメールほどの腕はなかった。とはいえ、公式リザルトを見ると、コース上に止まってしまったはずのフェラーリのイゴール・トルベツコイ皇子は、ちゃんとチェッカーを受けたことになっている。チームマネジャーのゼッヘンダーがピットにマシーンを回収したのをゴールと勘違いしたのだろう。おかげで、われわれは9位完走のはずが10位になっていた。私はすぐに公式計時員に抗議に出向き、順位を直させた。初めての仕事でこれだけのことをやり遂げたことに、私は鼻高々であった。しかし結果的には9位でも10位でも同じであった。どちらにしても、賞金は与えられなかったからである。

チューリッヒに戻ると、私はすぐにマローヤの山岳レースを観戦に行った。お目当ては当時のスイス・チャンピオンで、ベルンで知り合ったトゥーロ・デ・グラッフェンリードであった。もちろん私は、トゥーロのメカニックたちに作業の手伝いを申し出た。青い作業着を着れば、パスなしでも自由にピットに出入りできたからだ。

私の職場は土曜日の午前中も営業していた。そこで私はその週末、病気で休むと電話を入れておいた。ところが何たることか、次の月曜日に発売された週刊誌『スポーツ』が、このレースの様子をトップページで写真付きで報じていたのである。写真説明には、こうあった。「グラッフェンリード男爵と、彼のメカニック」誰がどう見ても、そのメカニックは私であった。職場のボスは父に電話し、息子さんの将来は室内装飾用布地を扱うより、明らかにモータースポーツの方にあるようだと厳かに言い渡し、私はパリに戻ることになった。

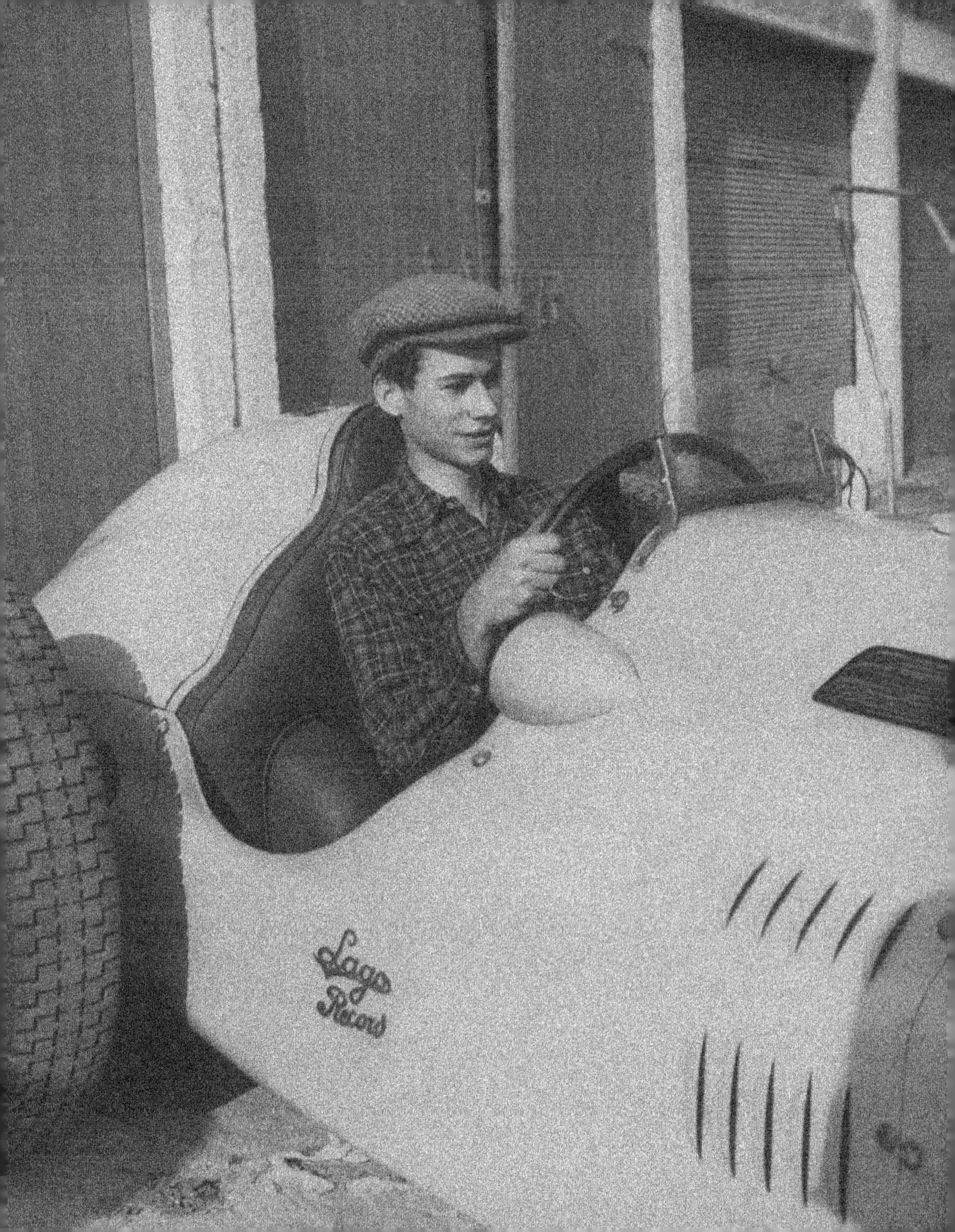
Lago
Record

chapitre 7

Apprenti mécanicien de course

レースメカニック見習い時代の出会い

私は、今度こそ自動車レースの世界で人生を送ろうと決めていた。それに対し父は、私に6カ月間の猶予を与えた。その間にモノになるかどうか見極めろというのだ。

　私はまずアメデ・ゴルディーニの元に就職活動に出かけた。しかし彼は最初から私など必要ではなかった。タルボを走らせていたチーム・フランスのポール・ヴァレーも同様だったので、頼みの綱ともいうべきレイモン・ド・ソージェに会いに行った。彼は当時、ブローニュ・ビヤンクールの住宅街のモリトールのプールの裏手に位置する、素晴らしい館に住んでいた。ただし、手入れをまったくしていなかったから家は荒れ放題で、雨漏りがひどかったので、1階の居間のいたるところに"たらい"が置いてあった。

　レイモンはある計画を温めており、その実現に必要な資金を得るため、忠実なメカニックのデルペッシュに自宅のガレージ内でシムカ5をレストアさせ、これを転売するつもりだった。レイモンは、ベルンやランスにもこのシムカ5で出かけていたが、最高速が80km/hではさぞかし長旅だったことだろう。

　レイモンの計画とはフォトスタジオを立ち上げることで、ちょうど秘書を探していて、私にクリスマスまで無給で働いてくれれば、必ずレイモン・ソメールのところに入れてやると請け合った。確かに彼はソメールとつながりが深いので、私は"ド・ソージェ"社の秘書になった。

　それにしても奇妙な仕事だった。まだスタジオは開いていなかったが、すでにモデル探しは始めていたから、われわれは夜な夜なサンジェルマン・デプレ界隈のル・クラブやタブー、モンタナなど、当時流行のナイトクラブに出かけていった。レイモンはこれはという美人を見つけると、すぐに交渉を始め、「あとは秘書と話してくれたまえ」と、私に連絡先を訊かせる。その方が、いかにも大手のスタジオらしいというわけだ。

タルボ・グランプリに乗るジャビー。オーナーは友人のパット・ガーランド。レーシング・ドライバーになることを夢見つつ、まずはレースメカニックの見習いを始めた頃の写真だ。

Apprenti mécanicien de course

パトリック・ガーランド

　私はランスGPの晩に、とあるバーでパトリック・ガーランドと知り合っていた。彼はシーズン中だけフランスに暮らしていて、ブローニュでの定宿はレイモンの自宅近くの小さなホテルであった。彼の正式な名前は3つあり、パトリック・アーリー・タルボといった。タルボは祖先の名字シュルースバリー＆タルボット卿を思い出させるためであり、そしてこのタルボット卿こそが、同名の自動車会社の創設者であった。

　彼自身は一介のエンジニアでありながら、生活のために働く必要などまったくなかった。1938年のツーリスト・トロフィーでルイ・ジェラールが乗って優勝した3ℓの素晴らしいドラージュを購入すると、それでヨーロッパ中を移動しつつ、あらゆるレースを荒らし回っていた。助手席には道具箱とともに、レース後の授賞式に出席するためのタキシードを入れたスーツケースを必ず置いていた。パトリックは偉大な口ひげの持ち主で、英国空軍時代からヴェルキンゲトリックス（ガリアの族長）というあだ名を奉られていた。

　タルボはグランプリTC26というシングルシーターを少量生産することを決め、パトリックも1台注文した。しかし、それが彼の手元に届いたのは1948年のシーズン最終戦、モンレリーでのサロン・カップが終わった後だった。翌年の開幕戦からすぐに走りたいパトリックは、飛行場へ慣らし運転に出かけた。だが彼がこのマシーンを英国に持ち帰ろうとすると、輸入税がかかってしまう。そこで彼は私の名前を使うことにし、こうして私は図らずも、F1マシーンのオーナーになってしまった。

　ところが、その冬にパトリックは胃潰瘍を発病。医者からは手術を勧められたものの、頑強に拒み、毎日何リットルもの牛乳を飲み続けた。そして3年後には完治してしまうのだが、その間にF1自体も大きく変わり、1952年には排気量が2ℓに制限され、4.5ℓのタルボはまったく規約に合わなくなっていたのだ。

　そこで彼はボアハムの、フォーミュラ・リブレのレースに出場しようとする。ところがイギリスの税関は、「所有者であるミスター・クロンバックに会いたい」と要求してきたので、パトリックは仕方なくマシーンをモンレリーのガレージに戻し、それから10年近くそこで眠り続けることになる。そして「所有者」の私はガレージの賃貸料を払い続け、その額はどんどん膨れ上がっていった。ある時どうしても金が必要になり、私はパトリックに何とかしてくれと泣き付いた。すると彼は、「もうあのクルマのことなど聞きたくもない。売り飛ばすなり、好きにしろ」と言った。そこで私は有名なコレクターだったプティエ男爵に譲り、その後シュルンプの手に渡り、フランス東部ミュールーズの自動車博物館に収まった。こうして一度もコースを走ったことのないF1マシーンは、今でもそこに展示されている。

1948年シルバーストーン・グランプリ

　自動車レースの分野では、イギリスは完全に後進国であった。そうなった大きな理由は、一般道でのレースを法律で禁じていたことである。一方、大陸では、一般道の通行を一時的に遮断して盛んにレースを開催した。恒常的なサーキットが、フランスのモンレリーやイタリアのモンツァぐらいしかなかったことも理由だった。イギリスにもブルックランズが存在したが、単なるバンク付きのオーバルコースであった。

　戦前には、個人がドニントンの自分の敷地にサーキットを造ろうとしたこともあった。しかし戦争中に資材置き場になってしまい、とても手のつけられる状態ではなかった。この頃のイギリス人たちが、ちゃんとレースをしようとすれば、上述の法律が適用されない、北アイルランドのジャージー島かマン島に行くしか方法はなかった。

　設備は劣っていたものの、イギリス人たちの自動車レースに対する潜在的な欲求は非常に大きかった。私の想像では、命をかけて戦ってきた彼らには、平和な現状が飽き足らなく感じていたのではなかったか。い

ずれにしても各地の自動車クラブは、恒久的なサーキットを造れるような土地を、借りるか取得するかの意志は持っていた。そんな彼らにとって格好な用地がイギリスのそこかしこにあった。もはや使われずに荒れ果てている軍用飛行場である。

こうして王立自動車クラブが借り上げた英国空軍の旧基地に建設されたのが、シルバーストーン・サーキットであった。そして1948年10月にはフォーミュラ1のレースが開催された。しかし、FIAはこれをイギリスGPと認定することには慎重で、「シルバーストーンGP」というタイトルで開催されることになった。『ザ・モーター』や『モータースポーツ』というミルクを飲んで育った私にしてみれば、このイベントを無視するなど問題外だった。

しかし、どうやってシルバーストーンまで行けばよいのだろう。私はキャプシーヌ大通りにあるイギリス国鉄のパリ事務所まで出かけ、「シルバーストーン行き往復切符1枚」と告げてみた。するとカウンターの女性は目を白黒させるばかりで、結局買えたのはダンケルク・ドーヴァー間の鉄道フェリーを含めた、ロンドン行きの切符だけだった。ところが、ダンケルクでフェリーに乗り換えようと列車から下りたところで、願ってもない幸運が舞い込んだ。フェリーに乗るトラックが並んでいる中に、「チーム・フランス」と描いてある1台を見つけたのだ。グランプリでルイ・シロンが運転する、まっさらなタルボT26Cを運んでいるトラックだった。3人のメカニックが乗り込んでいたが、英語など一言もしゃべれない。これなら私の方がまだマシだったから、彼らは私が合流することに大喜びしてくれた。

船がドーヴァーに着くと私は堂々と助手席に座った。トラックは、そこからRACのバイクに先導されてシルバーストーンへと向かった。しかし途中の旅はヒヤヒヤものであった。われらの運転手は、生まれて一度も左側通行をしたことがなかったので、走っていてすぐに右側に寄りたがるのは無論のこと、当時のフランスには存在しなかったロータリーでは、逆回りに走りたがって、私を往生させた。

途中、ポールモールのRAC本部に立ち寄った。そこではレース部門の若い秘書が応対に出てくれた。彼に次に会った時には、スターリング・モスのマネジャーを務めており、自身もレースに出場していた。これがケン・グレゴリーで、彼はのちにチームBRPのオーナーとなった。

Apprenti mécanicien de course

　私たちはようやく、サーキットから一番近いトースターという町にたどり着いた。とにかくここで宿を見つけなければならない。そこで私はハリー・シェルに遭遇した。彼はレースには出場しないものの、チーム・プラテに同行していたのだ。トゥーロ・ド・グラッフェンリードのメカニックたちもいっしょだったが、彼らはシルバーストーンで厄介な目に遭っていた。

　というのも、当時のイギリス人たちはイタリアのレーシングカーやドライバーたちを、素直に賞賛していた。しかし、イタリアという国そのものは、敵国ドイツと同盟を結んでいたということで毛嫌いしていたのだ。当時はマシーン整備をするトラックなどはなく、練習走行を終えると町の修理工場まで行かなければならない。しかし、チーム・プラテが頼んでいた工場の主は彼らに実に冷淡だった。そこでハリーは、私にコーンヒル・ホテルの部屋を提供するから、整備の間中メカニックたちといっしょにいて、雰囲気を和らげてくれないかと頼んだのだった。

　シルバーストーン・サーキットは、私の知る欧州大陸のそれとは似ても似つかないものであった。入り口に到着すると、いきなり「モーターレーシングは危険であり、観客は自己責任で対処すること」と書かれた看板に迎えられた。同じようなものは、スイスのベルンでも見たことがあった。X字形のコースは、1本が着陸用滑走路、もう1本が地上滑走用に使われたもので、それぞれの境界は麦わらの束で仕切られていた。設備は貧弱この上なく、スタンドも仮設だったし、トイレなどは、大きな穴の上にテントを架けたシロモノであった。それでも私にはここは天国だった。お気に入りの雑誌で活躍をむさぼり読んでいた英雄たちと、いたるところでその実物に出会えたからである。

　そして今でも忘れられないのが駐車場であった。当時、生産可能なあらゆるイギリス車は、ドル獲得のためにアメリカへ輸出されていたから、観客は皆、戦前のクルマで来ていたのである。いずれもかなりの自動車好きばかりだったから、メーカー別に並んだクルマの数々は、まさに圧巻というほかなかった。ベントレーやアルヴィス、アストン・マーティンなどが、それぞれひとまとめに固まっている。一番多かったのはMGで、数百台は駐車していただろう。そうやって憑かれたようにクルマを見て回っていた私は、ジャーナリストのグレガー・グラントと遭遇する。そしてこの出会いが私の人生を変えることになる。

グレガー・グラント

　骨の髄からスコットランド人だったグレガー・グラントは、訛りも相当にきつかった。グラスゴーの日刊紙で風刺画を担当し、同時に私生活では素晴らしいピアニストでもあり、ブギウギを得意としていた。おそらくパブで腕を磨いたのだろう。モータースポーツに情熱を傾け、MGを熱愛していたが、それが高じて『ライトカー』という小さな判型の月刊誌にレースコラムを連載するようになった。そしてこれが大評判となる。

　グレガーとは初対面からすぐに打ち解けた。彼は数え切れないほどの友人を持っていた。つまり、数え切れないほどの情報源を持っているということだ。そして、故郷の特産品であるスコッチウィスキーに目がなく、これもまた彼のジャーナリストとしての仕事に資すること大であった。というのも、当時のレーシングドライバーたちはほとんどがアマチュアで、自分のライフスタイルを犠牲にしてまでレースにのめり込んではいなかった。だから、走り終わるとみんなでサーキット内のバーに繰り出すことが普通だった。そして、そこには必ずグレガーが控えているというわけである。実際にレースを観ていたかどうかなど、彼にはさ

1949年12月発行のこの雑誌にジャビーの最初の記事が掲載された。ちなみにタイトルは、「この、おせっかい野郎！」というものだった。

ほど重要なことではない。たった今、走り終えたドライバーたちから、とっておきの話が聴けるのだから。

そんなグレガーにとって耐えられない悩みは、何か出来事が起きた際に、それを真っ先に知ることができないことだった。万一、知らなかったりした場合は、平気で事実をねつ造した。もちろん記事の中では、そんなことは絶対にしなかったが。

グレガーは私に、フランス通信員として記事を送ってくれないかと持ちかけた。こうして私は「スパイ・エルキュール」あるいは「スヌーパー・ブルヴァード」という筆名で、ささやかなジャーナリスト・デビューを果たしたのだった。

シルバーストーンでのレース当日、私はチーム・フランスのピットで、1周ごとの順位表をつける役目を与えられた。ベルンに始まり、ランスを経て、ついに頂点であるグランプリのピットに立った。私はそのことに大きな誇りを感じていた。ところがスタート直前のガレージでは、それどころではない大騒ぎが持ち上がっていた。コクピット内にドリンクボトルを固定し忘れているのを、ルイ・シロンが気づいたのである。さらに悪いことに固定用の針金自体がなかった。ちなみにシロンは、コクピット内に飲料を持ち込んだパイオニアの一人だ。ドライバーたちの体調管理に腐心する今のトレーナーたちが、シロンが何を飲んでいたかを知ったら卒倒するだろう。ドリンクの中味は長いあいだ極秘にされていたが、後年、彼自身が私に打ち明けてくれたところによると、ポルト酒とシャンパン、そして卵の黄身のカクテルだったのである。

チームメカニックは少しもあわてず、私にペンチを投げてよこすと、「針金を探してこい」と命じた。さほど遠くまで行く必要はなく、コースを挟んでピットの向かい側のグランドスタンド前に立っていた麦わらの束に使われていた長い針金をペンチで切り取るや、私は走ってピットに戻った。あとで聞いたところでは、一部始終を見ていた観客たちが「あんな不埒なことをするのは、外国人に違いない」と騒いでいたそうだ。

レースには大観衆が詰めかけ、後年までシルバーストーン名物となる大渋滞を、私は第1回目からしっかり味わった。

シロンがポールポジションからスタートしたレースは、序盤こそ順調だった。アスカーリとヴィロレーシが乗る2台のマセラティは明らかにシロンより速かった。だが、彼らはサーキット到着が遅れたために、最後尾からのスタートだったが、またたく間に順位を上げ、ほぼ同時にタルボを抜き去ってしまった。怒ったシロンはマシーンを停め、「路面が全然掴めない」と文句を言い出した。ダンロップの新しいタイプのタイヤを履いていたのだが、彼にはそれが柔らか過ぎる感じだったのだ。「ダンロップの畜生め！」と、ピット前に停まったままでシロンはわめいた。するとダンロップ・フランスのレース責任者であるアンリ・ラルマンが、シロンと同じぐらいの大声で「ダンパーだよ。下を引きずってるだろうが」と叫んだ。これを聞いてチーフメカニックがクルマに走り寄り、リアダンパーを調整し始めた。これがシロンにはいたく気に障ったようで、翌日彼はこっぴどく叱られた。「ラルマンじゃなく、オレの言うことを聞けばいいんだ」と。

結局、シロンはチェッカーを受けずにレースを終えた。リタイアの公式理由はギアボックスの故障だった。レース後、シロンはグレガー・グラントに、「どうしてクルマの下があんなにオイルの海になってるんだね」と訊ねている。

ルイ・シロン

今日ではよほどのレース通でない限り、ルイ・シロンの名前を知る人はいないだろう。しかし彼の戦績は、フランス人ドライバーとしてはアラン・プロストに次ぐほどであった。シロンは間違いなく、戦前のレース界を代表するスタードライバーの一人であった。

ルイ・シロンの父はモナコに住み、レストランで働いていた。彼も当然のようにオテル・ド・パリでボーイの職を得た。そしてこの仕事が彼にさまざまな可能性を開くことになる。というのも、当時は自動車レースに出場しようと思ったら、自分でレーシングカーを購入するしか方法がなかった。したがって戦前のドライバーは、ソメールやドレフュスのように裕福な人間か、自動車修理工場主か、あるいはジゴロ、すなわち年上の女に食わせてもらうヒモしかいなかったのである。

往年の名ドライバー、ルイ・シロン。かつてオテル・ド・パリでバーテンダーをしていたことを窺わせる手つきである。「戦前に自動車レースに出場しようと思ったら、自分でレーシングカーを購入するしか方法はなかった。したがってドライバーは裕福な人間か、自動車修理工場主、あるいはジゴロ（年上の女に食わせてもらうヒモ）しかいなかった。シロンはそうやって、デビューを果たしたのである」

　こうしてレースデビューを果たしたシロンは、その大胆さと独特のスタイル、そして器用さを武器に、すぐに頭角を現わしていった。そしてチーム・ブガッティに抜擢されて以降、華々しい活躍を続ける。サーキットを離れても実に魅力的な人間で、常に快活、愉快、そして雄弁だった。戦争が勃発すると、シロンはそれまでに稼いだ財産をスイスに移そうとした。しかし彼が信頼して輸送を託した人物は、不幸にもそのまま行方をくらましてしまった。

　戦時中、スイスに逃れていたシロンは財産を持った女性と結婚し、彼女からさまざまな援助を受けた。そして終戦後すぐにフランスに戻るとレース界への復帰を目論んだが、それは金を稼ぐためであった。1947年にはリヨンでのACFグランプリを戦前のタルボで制するなど、速さは衰えていないように見えた。そしてシルバーストーンではツインカムシャフトの最新型タルボを駆るが、すでに50歳を迎えており、翌年のフランスでも勝ったが、その全盛期は確実に過ぎていた。

　シルバーストーンGPの翌日、私はロンドンに向かい、有名なステアリングホイールクラブを訪問した。そこで会ったハリー・シェルは、のちにシボレー・コーヴェットの生みの親となるゾーラ・アーカス-ダントフといっしょだった。ゾーラはハリーにタルボT150を売ろうとしていたのだ。

　愛読していたザ・モーター誌のジャーナリスト、ロドニー・ウォーカレイの紹介で、私はBRDC (British Racing Drivers' Club) の夕食会にも招待された。そして、その場では愉快な出来事が起こった。ドライバーズクラブの数人の年配者たちが、私のところに寄ってきて「あの500ccレースは素晴らしかった」と口々に誉めるのである。どうも彼らは私をスターリング・モスと間違えていたのだ。共通点といえば、ほとんど同い年というぐらいしかなかったのだが。

スターリング・モス

　スターリング・モスは、実際には私より6カ月若いだけだった。しかし私たち二人の軌跡は、まだシルバーストーンでは交わっていない。スターリングはモータースポーツに馴染みの深い一家に生まれた。父のアルフレッドは歯学部に進んだのだが、世界最高の大学

はアメリカのインディアナ州にあると親を説得し、彼の地に渡るとすぐにフロンティーフォードを調達した。もちろん学業に使うわけでなく、インディ500マイルレースに出場するためであった。1924年のこのレースで16位完走を果たした。

一方、スターリングの母アイリーンは乗馬に夢中であった。しかし自動車レースの分野でも、英国女性トライアル選手権でチャンピオンになるなど、夫に負けない業績を残している。ちなみに、彼女の運転したのはマレンダス（Marendaz）というクルマだ。

商才のあったアルフレッドは、歯科医院のチェーンを全国に展開し、英国最大の規模にまで発展させる。その当時、息子のスターリングは、まだ自分がどの道に進むべきかまったく見えていなかった。母の勧めで乗馬を始め、かなりの成功を収めはした。しかし妹のパット（のちのラリーチャンピオン）と違い、彼はどうしてもこの競技が好きになれなかった。

一方でスターリングはクルマには大いに情熱を傾けていた。そして、3輪のモーガンが欲しくてならなかった。大金持ちになったとはいえ、アルフレッドはスターリングをただの大金持ちのバカ息子にはしたくなかったから、このモーガンを自分の金で買うように命じた。スターリングは集めていた切手を売り、自転車やそのほか自分の持っていたもの一切を処分した。もっとも買い手は父親で、アルフレッドがそれらすべてに値段をつけて引き取り、息子に現金を渡したのだ。スターリングはその後MGに乗り換え、さらに正真正銘のレース用スポーツカーというべきBMW328を購入。彼はこれでいくつかのローカルレースに出場した。

このBMWは父が買い与えたものだが、その条件として、息子にホテル業界での見習い修業を承知させており、スターリングはヴィクトリア駅近くのホテルで、今日はバーテンダー、明日はフロントとさまざまな職種を体験した。しかしある日、BMWに父を乗せてサービトンのクーパーの前を通りかかったとき、彼の人生は一変した。そこにはJAPのバイク用エンジンを搭載したF3シングルシーターが展示されていたのだ。二人はそのマシーンを仔細に点検し、父は息子

スターリング・モスは、父親にこのF3マシーンを買わせるために、ジョン・クーパーとひと芝居仕組んだ。そして1948年には、最も有望なイギリス人若手ドライバーと目されるまでになった。

Apprenti mécanicien de course

に購入許可を出した。しかしクーパーはその後、この時の訪問が実は偶然でも何でもないことを白状する。スターリングは前日に工場を訪れ、ほとんど注文を終えていたのである。あとは父親を説得するだけだったのだ。

1948年シーズンに間に合うように、クーパーF3はモス家に届けられた。そのマシーンでスターリングは目覚ましい活躍を披露し、これにはイギリスのマスコミが熱狂した。「BRMは遠からず、世界タイトルを獲得するであろう。そしてそのステアリングを握るのは、スターリング・モスである」と。当時、そんな記事を何度も読んだものだが、実に残念なことに歴史はそうならなかった。

レイモン・ソメール

話をこの章の文頭に記したレイモン・ド・ソージェに戻そう。私が彼のフォトスタジオで秘書をしていたときのことだ。実のところスタジオは開業もしていなかったから、もはや資金は底をつき、フォトスタジオは家賃を滞納していたほどだから、冬が訪れてもレイモンの家には暖房もなかった。父も私の今後について、そろそろしびれを切らし始めていた。

そうした状況に追い込まれ、ついにレイモンはレイモン・ソメールとの食事会をセットしてくれた。その頃のレイモンが、連日、サンドウィッチの食事ばかりでウンザリしていたことも心変わりの一因だったのかもしれない。私たちはボワシ・ダングラ通りのタント・ルイーズで食卓を囲み、すべてがうまく行った。ソメールは私をメカニック見習いとして最低賃金で雇うことに承諾してくれたし、食事は最高にうまかった（闇市のおかげだ）。そしてレイモンはコース料理のすべてを、二皿ずつお代わりしたのである。

ソメール家は、アルデンヌ地方のムーゾンに住む大富豪の一族であった。フェルト生産が主産業のこの町で、いくつかの工場を所有するレイモンの父は、飛行機のパイオニアの一人でもあった。兄のフランソワやピエール同様、レイモンも父の後を継ぐことを求められたが、工場経営にはまったく興味が湧かなかった。そこで生家から出奔し、さまざまな職業を経験しながら各地を転々とする。造船所で工具として働いたり、イギリスに渡ってプロボクサーになったりもした。しばらくして家に戻って学業を続けるが、すでにレースの世界に魅入られてしまっていたレイモンは、卒業してもムーゾンには戻らなかった。

父は仕方なくクライスラーを買い与え、ソメールはそのクルマでパリ-ニース間ラリーに勝利する。さらに1931年にはルマンとスパの24時間レースに参戦。翌年にはアルファ・ロメオ8Cを購入してルイジ・キネッティと組んでルマンを制覇。一躍、フランスの期待の星として注目されるようになった。

ソメールは財産にものをいわせて、当時最強のレーシングカーを買ったり、あるいは借りたりすることが自由にできた。こうして1937年と39年にフランス・チャンピオンとなる。戦時中は、機銃掃射で敵機を撃墜したとして軍から表彰を受けた。もっとも彼は通信兵だったのだが。

戦後はすぐに現役に復帰し、1945年の解放記念レースで勝った。翌1946年には、それまでの古いアルファ・ロメオ308からマセラティ4CLに乗り換

ソメールには、「アルデンヌの猪」というあだ名が奉られていた。どんなグリッドからスタートしようが、ゴールまでひたすら全開で攻め続ける。それが彼にとって唯一の戦略だったからだ。したがって、ジャビーが周回ごとのタイムや順位を記録しようと、そんなものはどうでもよかったのである。

えた。ソメールはそのクルマを、パリ市内ビクトル・ユーゴー通りの修理工場でメインテナンスさせては、数々の勝利をもぎ取っていった。さらに1947年にはゴルディーニのチームにも加わり、小排気量レースで活躍した。

当時はフェラーリがデビューしたばかりだったが、ソメールにとっては馴染みがあった。戦前、エンツォ・フェラーリのチームで何台も乗り継いでいたからで、彼はエンツォ・フェラーリと契約を結び、同年のトリノGPで2ℓV12マシーンを駆って優勝する。これはフェラーリにとって、最初の重要な勝利となった。この時の写真がエンツォ・フェラーリの自伝である『ピローティ、チェ・ジェンテ』の中に掲載されている。マシーンの横にはチーフメカニックで、まもなく私のボスになるジェルマン・バラシが立っている。ということは、ソメールはこのマシーンを買い取るつもりだったのだろう。

1948年、同じトリノで開催されたイタリアGPには、過給器付きV12エンジンを搭載したフェラーリで参戦。アルファ158を駆るウィミーユと、マセラティ4CLTのヴィロレーシとの間で、素晴らしいバトルを繰り広げた。その年のシーズン最終戦はモンツァ再開を祝うレースで、ソメールはジュゼッペ・ファリーナとともに過給器付きフェラーリ125で出場した。しかし3位走行中、喘息の発作でリタイアを余儀なくされた。

ジャクリーヌ夫人はかつて、ソメールが全レースについて克明に記した手帳のコピーを私に見せてくれたことがある。彼はこのモンツァGPに関してこのような記録を残していた。

「最高のスタート。アルファ3台を抜き去って、JP（ウィミーユ）の後ろに付く。突然の呼吸困難。コースが見えなくなった……」

その後この発作が起きることは二度となかったが、すでに42歳になっていたソメールのドライバー人生に致命傷を与えたことは確かである。ファリーナも同い年であり、当時は42歳のドライバーはそう珍しくなかった。とはいえ、その後もフェラーリでレースに出続けたのは、マシーンをレンタルしていたからに過ぎない。

もはやエンツォは、彼に最新鋭のマシーンを提供するようなリスクは決して冒さなかった。それを悟ったソメールは、1949年シーズンはタルボT26Cで参戦することになった。

ソメールは人間的にも素晴らしかったから、私たちは彼の崇拝者になっていた。仕事はしていなかったが（ジャクリーヌ夫人によれば、生涯定職に就いたことがないという）、アトリエには毎日のように通っていた。ソメールは身体を動かして働くことが大好きだったので、トラックにタルボを積む際には、車輪止めを手にして真っ先に荷台に乗り込んだ

私はワクワクしながら、ブローニュ市シリー通りにあるそのアトリエに愛車のソレックスに乗って向かった。そこはかつて、大きな洗濯工場で巨大な煙突が立っていた。修理工場としては必要以上に広かったが、片隅にはポンコツ自動車が山と積まれていて、普段の足にしているランチア・アプリリアとBMW335のために使えそうなパーツをそこから取ったりしていた。

ソメールのレースチームはジェルマン・バラシが率いていた。そして古手の彼に加えて、トリヨーから買ったタルボのために、さらに二人のメカニックが来ることになっていた。このほか、ブガッティに装着されて素晴らしい性能を発揮した、ラム製油圧ダンパーを管理するためのメカニックも、専従として一人付いていた。別のメカニックが整備中だったヴェリタスのシングルシーターは、アレクサンダー・オーレーというドイツ人の持ち物だった。彼はナチに追われてアメリカに逃れ、そこで大金持ちになったという。

BMWの2ℓエンジンを搭載したヴェリタスを整備していたのは、オットー・ケーニッヒというドイツ人だった。彼は戦前にBMWのレース部門で働いていたことがあり、その仕事ぶりはみるからに同僚たちを圧していた。そしてソメールは、何度かワークスマシーンでレースを戦ったことがあった。オットーとの出会いは偶然だった。それは、終戦間近の頃、ソメールが南仏サント・マキシム・シュル・メールの別荘に滞在していた時のことだ。ある日、別荘の前をドイツ人兵士の捕虜の一団が通り過ぎたが、その集団の中にBMWのメカニックの姿を見つけたソメールは、庭師をさせるからという理由を付けて、彼を引き取ることに成功した。それが縁で、オットーは解放後のパリに来て一緒に働くようになった。私は少しドイツ語がしゃべれたので、彼とはすぐに友だちになれた。

ここでの私の仕事は順調というわけにはいかなっ

Apprenti mécanicien de course

た。最初にランチアのエンジンを洗浄する仕事を与えられたのだが、私はうっかりして油まみれの布をボンネットの中に置き忘れ、走り出した途端に出火してしまった。それ以降、私の主な仕事は、夕方の作業終了後に道具類を壁に掛けること、アトリエ内を掃き清めること、そのほか、必要に応じて仲間たちを手伝うことになった。

サーキットにも連れて行ってもらった。当時のマシーン整備は実に大ざっぱなもので、測定するのは、タイヤの空気圧とダンパーの減衰力ぐらい。あとは厄介なバルブ調整だ。タルボのマグネシウム製シリンダーヘッドは発熱によって狂いが生じるので、この作業は毎朝する必要があった。コースで走らせる前には必ず後輪をジャッキアップしてからエンジンをかけ、そのまま空転させて4段ギアをシフトさせ、ウィルソン製のギアボックスを温めたのである。

タルボの弱点はブレーキにあった。ブレーキドラムは直径が40cmもあり、数周も走るとフェードしてブレーキライニングが燃え出した。そこでドライバーはギアボックスを酷使してマシーンを減速したのだ。当然のことながらギアは加熱し、沸騰したオイルがドライバーの両足を焦がした。タルボに乗っているかどうかは、火傷の跡を見ればすぐにわかったものだ。

セットアップ自体はさほどやるべきことはないものの、メインテナンスにはとにかく手がかかった。そしてワークスチーム以外、予備のエンジンやギアボックスなどは用意していなかった。そのため何か問題が起きた場合は、現場でなんとかするしかなかった。たとえばコンロッドのビッグエンド・ベアリングが摩耗するなど、日常的なことだった。そういう時にはホワイトメタルを溶かして、ベアリングを盛ったものだ。作業が徹夜に及ぶなど珍しいことではなく、レース前日にメカニックがホテルで寝ているところはほとんど見たことがない。

当時のレースメカニックには個性的な面々が揃っていた。メカニックとしての技量とともに、彼らには臨機応変な対応力も求められた。とにかくレース当日には、何が何でもマシーンを走れる状態にし、時間内にグリッド上に並べる必要があったのだ。時には輸送中のトラックからマシーンを降ろして、メカニックが一般道を自走することもあった。1950年には、ゴルディーニのパトロンでもあった、ベトナム最後の皇帝であるバオ・ダイが、自らステアリングを握ってベルンに向かったりした。

中でも有名なエピソードは、ブガッティのチーフメカニックから戦後はゴルディーニに移ったロベール・オメートルのものだろう。彼はある時、二輪ライダーのジョルジュ・モヌレのメカニックとして南仏ボル・ドールに参戦していが、レース中にピストンの1個がバラバラに破損してしまった。エンジンをすべて分解せずに破片を取り除くにはどうするか。ロベールは少しもあわてず観客を見渡し、小さな男の子に声をかけた。「坊や、こっちに来ていっしょに遊ぼう」と。彼はこの子の小さな手で、破片をすべて取り出したのだ。

同時に、メカニックたちは女遊びも半端ではなかった。アメデ・ゴルディーニはパンアメリカン選手権から帰ってから、チームの精算書を見て仰天した。
－ホテル代：○○ペソ
－レストラン：○○ペソ
－感じやすい男代：○○ペソ

有名なチーフメカニックの一人は、パリの歓楽街ピガール広場の裏で連れ込み宿を経営していたという。

ソメールの元で働くジェルマンはそれほどお盛んではなく、黙々と仕事をこなす男だった。

私はランスで行なわれたACFグランプリに同行した。そして自分の特技である周回チャートをつけたいとソメールに申し出た。ところがスタートするや、彼はただ必死に走るだけで、ライバルたちの順位などまったく意に介さない。仕方なく私はピットの場所を移り、プリンス・ビラの奥方を手伝うことにした。

こうしてレース当日は役立たずの私だったが、トラックがアトリエに戻った火曜の朝からは大忙しだった。ボディを外し、"ひまし油"でびっしり覆われた車体全体をメタノールできれいにするのだ。

ある日、マセラティで走っていたデイヴィッド・マレイが、ソメールに自分が大陸でレースしているあいだ、自分のメカニックたちを働かせてくれないかと頼んできた。ところがジェルマンはイギリス人が大嫌いだったから、私はシルバーストーンでやったように、英仏友好の外交活動に精を出すはめになった。マレイの有名なチーフメカニックであるウィルキー・ウィルキンソンが何か工具や資材が必要な際には、私がこっそり手渡した。

ハリー・シェルはソメールの親友で、アトリエにも

1949年コマンジュでの
ACFグランプリは、
レイモン・ソメールと
ハリー・シェルが運転を
分担した。マシーンは古い
2座式タルボだったものの、
エンジンだけは最新型の
DOHCであった。
二人は首位を快走したが、
オイルポンプが壊れて
リタイアを喫した。

頻繁に来ていた。そして二人は、ある協定を結んだ。ハリーがダントフから購入した古いタルボに、ソメールがシングルシーター用の最新型DOHCエンジンを搭載する。それで彼らは、1936年のようにスポーツカーで争われるACFグランプリに出場したのだ。二人はレースで首位を走っていたのだが、残念ながらオイルポンプが壊れてリタイアを喫した。

ハリー・シェルはチシタリアも所有していて、ローザンヌでのレースにエントリーし、彼は私たちをメカニックとして指名した。同僚のノノと私は日が暮れてからパリを出て、フォンテーヌブローの国道7号線沿い、グラン・ヴヌールというレストランで最初の休憩を取った。というのも、その店の前にジャーナリストのジョルジュ・フレシャールのフォードが停まっていて、ノノが中にソメールがいるのを見つけたからだ。ハリーのレース自体は上首尾とはいえなかったが、ソメールはゴルディーニのワークスで優勝した。パリまでの帰途は、チーム・フランスの友人たちのトラックに乗せてもらった。

ところが、ローザンヌを出てほどなくしてトラックは停まった。一行の一人が、この辺りの有名なワインの産地アルボワの造り手と仲が良く、醸造蔵を見せてくれるというのだ。その後午前4時頃、再びパリへと向かうわれわれを、ボスのポール・ヴァレーが抜いていった。そして私たちの前にクルマを停め、「お前たちは18時間も前に出発したのに、まだ100kmしか走ってない。もう少しスピードを上げられないものかね」と言った。

この頃のフランスでは、何人かの酔狂な人間が自力でシングルシーターを製作しようとしていた。イギリスで始まったそんな動きがフランスに伝染してきたのだった。レーサー500という名称も決まり、週に一度、ポルト・シャンペレにあったAGACIに何人かが集まって、深夜まで話し合いを重ねた。AGACIはモンレリーで多くのレースを主催してきた名門クラブで、イギリスに人脈があるということで私もその一員に加わっていた。

中心人物はジャーナリストのジャン・ベルナルデだった。彼は自らシングルシーターを造ったのだが、そ

Apprenti mécanicien de course

れは当時としては画期的なもので、ふたつの金属製の筒を組み合わせたモノコック・シャシー構造であった。それはロータス25が登場するずっと前のことだ。JAPエンジンを搭載したこのクルマを、ベルナルデはサン・トワンの修理工場でジャン・ダベールとアンリ・モリージの、二人の友人とともに造り上げた。のちにモリージはジャーナリストとして大成する。

この会合には、シャルル・ドゥッチもよく顔を出していた。彼の頭文字の"D"は、DBの"D"である。DBが少数生産したパナール・エンジン搭載車を設計した男であった。私たちは「レーサー500」という会報まで発行するほど活動に熱を入れた。会報の発行には私が関わった。

ベルナルデは、ふだんは『オートモービル』誌で働いていた。編集長のフェルナン・ビュキャネリは非常に個性的な男だった。自動車のことなど何も知らないに等しかったが、ジャーナリストとして抜群のセンスを持ち、当時のこの雑誌は実に精彩を放っていた。彼は毎晩、フォブール・モンマルトルのビストロに繰り出し、朝刊作業を終えて界隈の新聞社から出てきた記者たちと、遅くまで飲んでいたものである。

そして私は、ベルナルデの口利きでオートモービル誌に記事を書けることになった。初めは二輪のページを担当させてもらった。

数年後、ベルナルデはオートモービル誌を離れ、立て直しを図るライバルの『アンテル・オート』誌に移ることになり、私を含め、部下のほぼ全員が彼に従った。まもなく私は1本のスクープ記事をものにする。ブガッティF1の新車の詳細がオーナー向けの会報にだけ載っていたのを、私がすっぱ抜いたのだ。しかしそれぐらいではこの雑誌の凋落は止められず、ベルナルデは日刊紙へと去っていった。その後、リヨン近郊のソリュトレ市にホテル・レストランを開業したが、まだ高速道路の開通していなかった当時、南仏コートダジュールへとクルマで向かう旅行者たちの休憩地点として大いに繁盛したそうだ。

1949年のレースシーズンが終わると、私の仕事もなくなった。父はシュレーヌにあるタルボの工場で見習工の口を見つけてくれた。そこはガリエニ河岸の、かつてドディオン・ブートンの工場だったところで、すべてがひどく老朽化していた。1基の巨大なモーターからすべての動力を取っており、天井には動力伝達

JAPエンジンを搭載したレーサー500JBは、ジャーナリストのジャン・ベルナルデが製作した。ジャビーがオートモービル誌の記者として雇われたのは、彼のおかげであった。

のためのベルトが張り巡らされていて、ひっきりなしにガラガラと大きな音を立てているので、隣の人間としゃべるのにも大声を張り上げないといけなかった。

私はギアボックス部門に配属され、デル・アンジェロという職工長の下に配属された。彼からは、いきなり「工場内を見物してこい」と追い払われたので、ブラブラ歩いていると、工具が大鍋でホワイトメタルを加熱させ、周囲に溶けたメタルが飛び散っていた。すると工場長のトニー・ラーゴが「もったいないだろう。さっさと拾え！」と怒鳴るのだ。タルボに信頼性の問題がしょっちゅう出るのは、こういうことが原因なのだと、私は納得した。

その間もドライバーたちとは連絡を絶やさずにいたところ、ハリー・シェルから「1950年シーズンから、うちで働かないか」と連絡をもらった。もちろん私は大喜びだった。シェルは私に、「新年の仕事始めの月曜9時に、パチュール通りの俺のアパートに来い」と言ってきた。そこですぐにタルボの仕事を放り出してシェル宅を訪ねた。もちろん彼は前夜までどんちゃん騒ぎの毎日で、ろくに寝ていない風情だった。そして私に「金など全部使い果たして、1フランもない。だからもうお前は雇えない」と言うと、寝室に消えてしまった。

ハリー・シェル

しかしそんな仕打ちを受けたからといって、私にはハリーを恨む気持ちは起きなかった。私に限らず、誰だってそうだっただろう。彼はそれほど魅力にあふれた人間だったのだ。もっともハリーは1950年には

ほとんどレースに出られなかった。彼はクーパーF3を所有しており、それまでの単気筒500ccエンジンに代えて、ヴィンセントHRDのVツイン1100ccエンジンを載せ、モナコGPに出走したことがあった。つまり、歴史的にはハリー・シェルこそがクーパーでモナコGPに出た最初のドライバーということになる。ここで私が、「モナコGPに出た」としか書かなかったのには訳がある。なぜなら彼は、スタート直後にタバコ・コーナーで起きた衝突事故に巻き込まれ、あっけなくリタイアしてしまったからだ。

ハリーの父はローリー・シェル、母はリューシー・オーレリーといい、アイルランド人であるリューシーの父は無一文でアメリカに渡り、大成功を遂げた。その強面の性格は娘、つまりハリーの母にしっかり受け継がれた。フランスに移住したシェル夫妻はパリ近郊の豪邸に住み、モナコにヴィラを所有するなど、優雅な暮らしぶりだった。

そして、夫婦揃って自動車レースの虜になり、リューシー・シェルはそれが高じて自らのレーシングチームを立ち上げた。リューシーは「フェラーリのようね」とうそぶいていた。エンツォ・フェラーリはアルファ・ロメオを使っているからと、彼女はドラエを選ぶと、4.5ℓV12エンジン搭載のモンスターマシーン開発に惜しまず資金を注ぎ込み、ルネ・ドレフュスを第1ドライバーとしてレースに参戦した。彼女のエキュリー・ブルーは、1938年のポーGPでカラッツィオラ／ラング組のメルセデスを破り、優勝を果たした。当時、ハリーは17歳になっていたが、自動車レースにはあまり興味がないように見えた。これについてドレフュスは回顧録の中で、「女の尻を追いかけるのに忙し過ぎたから」と記している。

1940年、エキュリー・ブルーはインディ500マイルレースに2台の3ℓマセラティを出場させた。ドライバーはルネ・ドレフュスとルネ・ルベーグ、チーフメカニックはルイジ・キネッティで、ハリーも母の名代として参加した。リューシーの夫は自動車事故で亡くなっていたが、彼女はその傷からまだ癒えていなかったのだ。ハリーはアメリカのパスポートを持っていたが、英語は一言もしゃべれなかった。

滞在中に戦況が悪化し、チームは完全にアメリカで足止めを食らってしまった。そしてハリーはアメリカ軍に編入された。戦後、再びフランスに戻ってくるが、女の子を追いかける性癖はまったく治っていなかった。これは死ぬまで治らなかったのだが。

しかし戦後、ハリーはモータースポーツにも情熱を燃やすようになる。母はすでに破産しており、彼女の若い頃のような体制を敷くことはできなかった。だが、1949年にはタルボ・スポーツとチシタリアのシングルシーターを購入し、翌年にはクーパーも手に入れた。このチシタリアに関しては、ドライバーたちは税関通過に大苦労していた。彼らはなんとか関税を払わずに済まそうと、あらゆる手を使った。ローザンヌGP参戦のためにスイスの国境を越えたマシーンは、チシタリアの代わりにHS001と記されていた。

1951～52年シーズンのハリーはマセラティで何戦か走っただけだったが、翌53年にゴルディーニに加入してから、彼のキャリアは本格的に始まる。

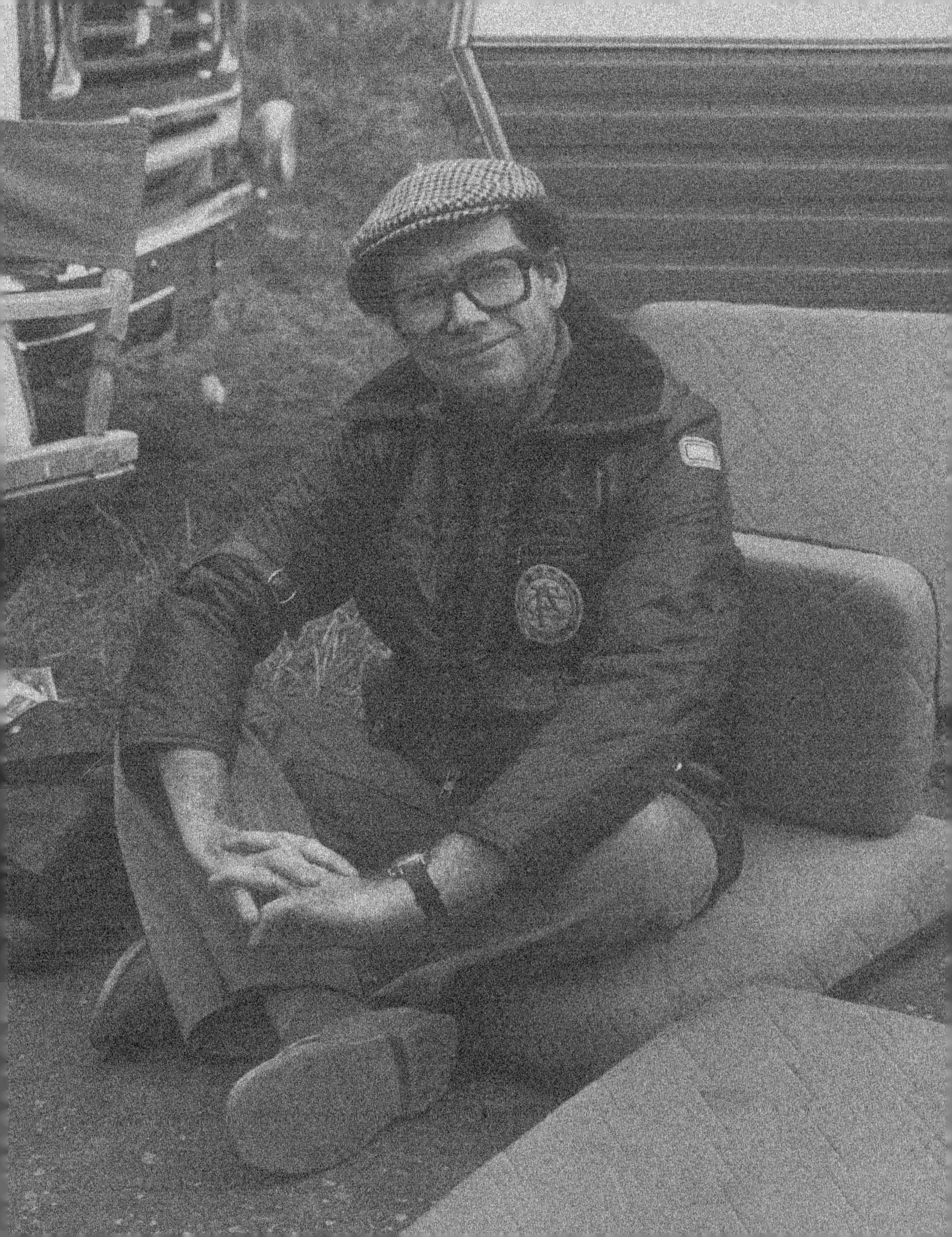

chapitre 8

Un travail plus sérieux ?
もっと真面目な仕事？

私も最初はレーシングドライバーになりたいと思っていた。
だが、この世界で経験を重ねるにつれ、そう簡単でないことが分かってきた。
ソメールがピットに飛び込んできて、私に向かって
「もう疲れた。運転を代わってくれ！」と言うことなど、決してないのだ。
どうしてもレースに出たければ、自分でマシーンを購入するしか方法はなかった。

レース資金を稼ぐ

　現実的な結論は、父が経営するスーパーマーケット・チェーンの「プリズニック」で働き、私の経済状況を好転させることだった。父は、見習いの私をいろいろな店に派遣し、修業を積ませた。

　ある春の日、オペラ座近くのイタリー大通りにある店で、外に面した"売り台"を見ていた時のことだ。ランスで初めて出会ってからすっかり見惚れた、あの3台のクルマに再び遭遇したのだ。ヴォクスホール、イターラ、ランチェスターの3台は、今度はミッレ・ミリアのためにブレシアへと向かっていた。パリからは1000km以上の長旅である。私は着ていた白い上着を脱ぎ捨て、ヒッチハイクでイタリアへ行ってしまおうという考えを、必死の思いで振り払った。

　ブローニュ・ビヤンクールの店で働いたときには、胸が衝かれるような光景を目にした。いつもは二輪で通っていたが、その日は雨降りだったので、ヴェルサイユ大通り経由のバスに乗っていた。カリフラワーを市場に荷卸ししていたトラックの1台に、消えかかった「レイモン・ソメール」という名前を見つけた。そのときすでにソメールはカドゥールで開催された小さなレースにクーパーで出場し、命を落としていたのだ。

　菓子売り場にデルアンジェロという名の女性がいた。タルボの工場で私のボスだった男と同じ名字だった。ある土曜日の晩、彼女の夫が迎えにきた。すると、やはりあのデルアンジェロだった。偶然の再会に驚く間もなく、彼はいきなり、「いったい、どこに消えていたんだ」と私を問い詰めた。「あのあと、ウィルソン製のギアボックスが、地方の顧客の間で問題になっ

Un travail plus sérieux ?

てな。それでディーラーを回って使い方をしっかり説明できる人間を探してたのさ。俺が知ってる見習いの中では、あんただけが仕組みに興味をもって、俺にいろいろ訊ねてただろ。だからあんたを推薦したんだ。それなのに、連絡先も告げずに出て行っちまったんだからなあ」

もし、タルボに残っていたら、私の人生はまったく違う方向に転がっていたのかも知れない。

レイモン・ソメールのところにいた頃、私の足はヴェロソレックスからポニー・モトベカーヌに変わっていた。もはや自転車のようなペダルはなく、排気量も増え、レース用のハンドルと、足でギア操作するセレクターを備えていた。

1950年のボルドールにバイクで出場

1950年のボルドールは、初めてモンレリーで開催されることになった。そこには75ccクラスもあったので、すぐに出場を決めた。もちろん両親は大反対だったので、「ジャビル」という偽名でエントリーすることにした。それはレマン湖に停泊している船の名前だが、イギリス人たちが私をジャビーと呼ぶのはそこに由来しているのだ。

当時のボルドールは、「自製改造車両のルマン24時間レース」といっても過言ではなかった。二輪は毎年、パントコート（聖霊降臨祭）前の土曜の15時にスタートし、四輪は翌日曜日に二輪がゴールしてから1時間後にスタートというスケジュールだった。ライダーもドライバーも一人で24時間走り続けなければならない過酷なスケジュールだが、戦前にはたった一人で両方のレースに出場する猛者もいた。しかも両方とも自製のマシーンだったという。

この年のレースには、自ら改良した古いサロレアで何年も参加し続けているフェルナン・ヴナンという、個性的な人物がいた。レースを一人で走り続けると食事を摂れないが、彼は首飾りのように、ヒモに何枚もの骨付き肉を通したものを首に巻き、それを走行中に食べるという奇策を実行していた。

私はといえば、絶対的な資金不足に陥っていた。レース前の週給でようやくシリンダーとピストンを買い、『モト・レヴュ』誌に掲載されていた解説書と首っ引きで、なんとか吸排気系の改良を敢行したのだ。

ジャビーは1950年のボル・ドールで二輪レースデビューを果たす。英雄的、いやむしろ滑稽きわまりないと、いった方がいいかもしれない。なにしろ75ccのポニー・モトベカーヌを自宅で悪戦苦闘しながら改造し、24時間耐久レースをたった一人で戦ったのだから。

こんなありさまだったから、事前に走行テストをする余裕などまったくなかった。エンジン調整もしておらず、キャブレターのジェットは細すぎ、点火プラグの熱値も合っていなかった。おまけに肝心のスタートでも出遅れた。というのも、スタートの土曜15時には、私は途中のロンジュモーの上り坂でギアボックスを直していたのだ。

コースにはキャブレター製造のガートナー社が店を出していた。そこで私は1時間ほど慣らし運転をしてから、もっと大きなジェットに交換した。一方、点火プラグの交換には、フェルム・コーナーで待っていて、誰か他のライダーが転倒し、鎖骨でも折ってくれる必要があった。怪我をしたのを見届けると、彼のメカニックのところまで走って行き、「君のライダーはもう走れない。僕に点火プラグをくれ」と言うのだ。それが当時のボルドールであった。

のちに英国を代表するレース雑誌となるオートスポーツの創刊号。ジャビーの名前が、かなり目立つところに記されている。

日が沈むと、私が自作したライトは使い物にならないことがわかった。そこでバッテリーメーカーのバロクレム社のスタンドの前に止まり、大型バイク用のバッテリーを借りた。それをレインコートのベルトで燃料タンクに縛りつけ、再び走り出した。しかし走行中に脱落する恐れがあるので、片手で支えなければならない。しかし右手だけでバイクを操り始めた途端に、派手な火花を散らしながらバッテリーは転げ落ちて行った。私は真っ暗な中を再びバロクレムのスタンドまで戻り、もうひとつバッテリーを貸してくれないかと頼んだ。しかし今度は、「キャンディでもなめながら、はいずり回ってろ」という拒絶の言葉を浴びせられた。

途方に暮れていると、思わぬ救いの手が差し伸べられた。観戦に来てくれたレイモン・ド・ソージェが、その一部始終を見て「私がそのバッテリーを買おう」と言ってくれた。もっとも、レイモンも私同様、一文無しだったが。

恥を忍んで告白すれば、エンジンへの改良を加えた際、私はとんでもない間違いを犯していた。エンジンは、せっかく吸い込んだガソリンをそのまま吐き出していたことになり、市販車にもおよばないスピードしか出なかったのだ。私は、このレースのために、当時のガールフレンドの兄の友人をメカニックとして雇っていた。彼はグラン・ダルメ大通りにあったメストル＆ブラジェというデパートの原付自転車売り場の店員だったが、機械のことなどまったく知らず、私の持ってきた食料を食べ尽くしたあげく、悪戦苦闘する私に軽蔑の眼差しを投げつつ、さっさと帰ってしまった。

こうして私は空腹を抱えてレースを続けたばかりか、ピットインのたびに自分で石油缶をつかんで給油し、自分でタイヤに空気を入れた。レース資金が限られていたので、私のタイヤは修理用のパッチだらけで、頻繁に空気が抜けたのだ。

私にとって人生最大の恥ずかしい話を、本書に記していいものかと躊躇した。一度この体験をジョン・クーパーに語ったことがあったが、彼はかなりの脚色を加えたあげく、あちこちに披露したようだ。その後、別のところで聞いた「私の」体験談は、実話より相当面白くなっていた。

実際、クーパーはこんな有名なエピソードをでっち上げてくれた。バイクから派手に落ちた私は、ズボンがズタズタに裂けてしまった。すると誰かが尻に黒い

Un travail plus sérieux ?

ペンキを塗りたくって、あたかもズボンを履いているかのようにしてくれたおかげで、レースを続けられたとか……。

それから何年もたって、マートラのレース部門でアドバイザーを務めていた時のこと。その時、チームは不調に沈んでおり、夕食の席で、クリス・エイモンは不機嫌な顔を隠さなかった。すると誰かが私に「ボルドールの話で盛り上げてくれよ」と叫んだ。こうしてデザートが終わるまで「ボルドールの夕べ」が続いたのだった。

オートスポーツ創刊

1950年、グレガー・グラントは、大金持ちのノートンの工場所有者で、アマチュアドライバーでもあったデニス・プーアから資金援助を受けることに成功すると、レース週刊誌オートスポーツを創刊した。これはイギリスのレースの歴史において画期的な出来事だった。

確かに、それまでにも複数の自動車雑誌は存在していたが、オートカーやモーターといった週刊誌は市販車専門で、月刊誌のモータースポーツは、古いマシーンへの傾斜が顕著だった。

グレガーは、創刊号から私の名前をスタッフに加え

モンレリーで行なわれたアストン・マーティンによる耐久走記録挑戦に参加したジャビー（右から3人目）。

た。パトロンを得たとはいえ台所事情は決して楽ではなかったから、大陸で行なわれるレースを取材しに行く余裕などなかった。当時からフランスにはエキップというスポーツ紙があり、その早版は午前0時前に発売された。そこで、私は重要なレースがあった時には、日曜の深夜にシャンゼリゼのドラッグストアにエキップを買いに走った。そして自宅に帰ると、レースリポートをひどい英語に意訳し、午前2時か3時に作業を終えると愛車のヴェスパに飛び乗り、終日開いていたルーヴル通りの郵便局本局へと急いだ。

私はいつの頃からか、イエナ通りにあったアクシオン・オートモビル紙のバーの常連になっていた。ここはパリのレース関係者のたまり場で、ちょうどロンドンのステアリングホイールクラブ、あるいはニューヨークのシャントクレールのような場所だったから、ここに来れば、フランスのレース界で何が起こっているのかをすべて把握できた。経営者はロベール・ブシャールといい、彼がルマンでドラエを走らせていたのは私も観たことがあった。

レース戦略に抜群の才能を発揮したジョン・ワイア。のちにはモータースポーツ史上屈指のチーム監督として活躍する。ジャビーには何度も助力を頼んできた。

ある日、ジョン・ワイアから「モンレリーでアストン・マーティンを使って、24時間の記録に挑戦しようとしている。手伝ってくれないか」と依頼があった。当時の私は、"自分の"タルボを保管するガレージを借りていたほどだったので、このサーキットとは顔なじみだったから、雨が降ろうが、雪だろうが嵐だろうが、私は毎日曜日には必ずモンレリーに向かい、サーキット主任のレイモン・コリベと会っていたのだ。当時は長距離耐久走の記録更新が頻繁にあり、オートスポーツの記事を書くために、毎回立ち寄る必要があったのである。

私はブシャールにサーキットを貸し切るための書類作成を頼み、代わりにこのチームに入れてやった。マシーンはDB2で、出だしは非常に好調だった。ところが夜になると細かい雨がサーキットを濡らし始めた。私は、ワイアから次に走行予定のドライバーがサーキット内のバー「ラ・ポチニエール」にいるはずだから、連れてきてくれと頼まれた。それはチャールズ・ブラッケンバリーという古参のドライバーで、私が呼びに行くとコニャックのダブルを注文し、それを一息で飲み干すとガレージへと向かった。

その数分後、アストン・マーティンはコースを飛び出し、記録への挑戦は頓挫し、チャールズはラ・ポチニエールに飲みに戻った。

ジョン・ワイア

1927年、見習いとしてサンビームに入ることからジョン・ワイアのキャリアは始まった。当時、見習いになるためには金を支払わなければならず、ジョンは父親を説得して金を出してもらった。サンビームは1923年のACFグランプリで勝利を飾り、これが結果的に戦前のグランプリで英国車が獲得した唯一の優勝となった。

サンビームが消滅してしまうと、ワイアはソレックスに移り、最初はフランスに、次にインドに赴任した。第二次大戦中はソレックスで働いていたが、終戦のころにはすでに重症のレース中毒になっており、1946年から47年にかけてレースに出場したが、大した成功は収められなかった。だが、本業のエンジニアとしての腕は広く認められていたので、1947年にはレーシングカーの販売とチューニングを専門とするガレージ・モナコに迎えられた。

Un travail plus sérieux ?

　1948年、同ガレージのオーナーであるダドリー・フォーランドは、2ℓのアストン・マーティンでスパ24時間レースに参戦することを決めると、ワイアをチーフメカニック兼チームマネジャーに抜擢した。そして翌年にはルマン24時間へと駒を進めた。どちらのレースでも、さしたる成功は収められなかったが、ワイアの仕事ぶりはアストン・マーティンの社長であったデイヴィッド・ブラウンの目に留まり、1950年にはワークスチームのレース監督となった。さらに実験車部門の責任者、そして本社重役へと上り詰める。1963年にフォードに移籍するまでに、ワイアはアストン・マーティンを1959年のルマン優勝と、メーカー選手権部門のタイトル獲得に導いた。

　私がジョンに初めて会ったのは、エルヴェが彼からMG K3マグネットを買ったときで、1950年のモンレリー以来、すっかり仲よくなって、頻繁に彼を手伝うようになっていた。しかしこれは、そうよくあることではなかったようだ。ジョンは陰で「死の眼差し」と呼ばれるほど、部下たちに仕事を命じる時、厳しく冷たい目つきをするらしいのだ。

　だが、マシーンの信頼性が今ほど高くなく、頻繁に手を入れなければならなかった当時の耐久レースにおいて、ジョンは最高のチームマネジャーであった。彼は前年の成績を参考にし、1周あたりのペースを割り出し、それをスタート時に各マシーンに守るよう指示した。そしてペースの見直しは、日曜朝まで決して行なわなかった。もちろん今のルマンでは、スタートからゴールまで全開で攻めっ放しなのだから戦略など存在しない。

　大陸のチームと同じようなアプローチでレースを戦おうとした最初の英国勢は、ジョン・ヒースとジョージ・アベカシスの所属するHWMであった。彼らは

ランス・マクリン。速いドライバーだったが、ややプロ意識に欠けていた。女性には絶大な人気を博した。オースティン・ヒーレーで出場した1955年のルマンでは、あの大事故の当事者の一人となった。

1950年シーズンに向けて3台のHWMを製作する。いずれも2座のマシーンで、フェンダーとライトを取り付ければスポーツカーになり、取り外せばF2に参戦できた。マシーンはさまざまな目的で作られたパーツの寄せ集めだったものの、プロ意識を持ってレースに臨んだ初の英国チームだったことは間違いない。彼らは各地のチームを転戦し、スターティングマネーを運営資金とした。花形ドライバーはスターリング・モスで、その補佐の役目を担っていたのがランス・マクリンであった。

ランス・マクリン

ランスの父であるノエル・マクリン卿は、戦前の名車の誉れ高いインヴィクタを製造していた人物だ。ランスは、第二次大戦中に魚雷発射艇の艦長として活躍し、戦争が終わると、直ちにモータースポーツの世界に飛び込んだ。おそらく彼はパスポートの職業欄にレーシングドライバーと記した初めての英国人だったはずである。非常に速い男だったが、レースを完全に職業とは捉えていなかった。彼のドライバーとしての頂点は、1950年のルマン24時間において、アストン・マーティンで性能指数賞部門の勝者となったことだろう。だが、1955年のルマンでは、レース史上最悪となった事故の当事者になってしまう。ピットに入ろうとしたマイク・ホーソーンに行く手を邪魔されたランスは、オースティン・ヒーレーを急減速させたが、当時のディスクブレーキは今ほどの完成度がなく、その瞬間マシーンは大きく横滑りしながら、ルヴェーのメルセデスに突っ込んでいった。そしてメルセデスは観客席に飛び込んで炎上。死者86人というモータースポーツ史上最多の死者を出す大事故となった。

美男子だった上に人当たりも良く、ランスの周囲に

1955年のルマン。大惨事の前に周回を重ねるマイク・ホーソーン。

Un travail plus sérieux ?

はいつも美女たちが取り巻いていた。同じように美しかった彼の妹はカラマン・シメイ公爵と結婚し、モンレリー近くのシャマランド城に暮らしていたので、私も何度か城でお茶を戴いたりしたものである。

アルフ・フランシス――
モスと歩んだ名メカニック

HWMチームの3台目のマシーンにはジョージ・アベカシスが乗ることもあったが、たいていは地元のドライバーにシートを貸し、スターティングマネーを稼いだ。

レースの合間にイギリスに帰る際にはわざわざフェリーに乗ったりして、時間も費用もかかった。そこでジョン・ヒースはDBのルネ・ボネと協定を交し、シャンピニーにあるDBの工場でメインテナンスやチューニングをさせてもらうことになり、その際の作業指揮は、HWMチームのチーフメカニックだったアルフ・フランシスが執ることになった。フランシスはダンティヒ出身のポーランド人で、第二次大戦中はイギリス人たちと戦っていたが、1948年に「レースチームを運営する紳士、GPマシーンのメカニックを求む。大陸の知識、言語に堪能であることを望む」という求人広告を見てHWMに入った。

アルフはレースについてはまったくの素人だったが、ヨーロッパ大陸出身で、いくつかの言葉もできた。こうしてHWMチームに採用された彼は、天職ともいうべきメカニックの才能を発揮することになる。

DBの工場で作業している間、アルフはよくアクシオン・オートモビル誌のバーに顔を出し、私たちは夜遅くまでレーシングカーの話をした。彼のクルマはドイツ製のヴァンダラーで、「どうして俺は、ドイツ車なんかを買ってしまったんだろうね」と、ひどいポーランド訛りでしゃべり、「でもああいうクルマにマレーネ・ディートリッヒが乗ってたんだよな」と一人で納得していた。

当時のイギリスでは、ほとんどのチームは国内レースに専念し、大陸まで遠征するHWMのような存在はごく少数派だった。しかしその命運も尽きようとしていた。というのも、1952年シーズンはF1としてのエントリー台数があまりに少なかったため、グランプリは2ℓのF2マシーンで戦われることになったのだ。それまでのF2を主な舞台としていたHWMは、素晴らしいパフォーマンスを発揮していた。それはスターリング・モスの才能によるところが大きかったのだが、さすがに世界選手権を戦う強豪チームを相手にするようになると、市販車のパーツを流用したマシーンで互角に勝負できるはずはなかった。早々にチームを見切ったモスは、アルフ・フランシスを連れてHWMを去り、ジョン・ヒースはミッレ・ミリアで事故死してしまう。こうしてHWMは単なる修理工場となり、そしてファセル・ヴェガを輸入するディーラーとなった。

ハンス・タナー

もはやこの名前を見てピンと来る人など、ほとんどいないだろう。ただ、もしあなたがフェラーリの大ファンであるなら、ハンス・タナーによる不朽の名著『フェラーリ』を読んだことがあるのではなかろうか。

彼との出会いは1951年まで遡る。スイス生まれのタナーは、イギリスのベッドフォードで実験室助手として働いていた。だが、自動車レースへの情熱は燃えさかるばかりで、仕事を放りだすと、同じスイス人のルディ・フィッシャーが主宰するチームに潜り込み、モンツァでのイタリアGPまで帯同することになった。しかし1951年シーズンはそこで終わってしまい、彼はイギリスまでヒッチハイクで帰るはめになった。もっとも、途中まではピーター・ホワイトヘッドのメカニックたちに乗せてもらったから愉快な旅路だったのだが、ダンケルクに着いてメカニックたちが有り金を数えてみると、イギリスまでのトラックと2人分のフェリー代しかないことがわかった。ハンスの旅はそこが終点になってしまった。

しかし地図をよく見ると、ヴァルキエ子爵夫人が住んでいるベルギーのモンスまでは100kmもないことがわかった。子爵夫人はモータースポーツ界の人々に魅せられ、スイス人ドライバー、アントン・ブランカに資金援助をしていたりした。ハンスともサーキットで面識があり、ラテン的な人柄のハンスを憎からず思っていたようだ。チームマネジャーにしようかという話まであったそうだから、単なる知り合いではなかったのだろう。

こうしてハンスは、ほとんど徒歩でモンスへと向かった。彼にはレモネード1杯分の所持金しかなく、ほぼ半分まで到達したところで使い果たし、ようやくモ

優雅な冒険家、そしてフェラーリ研究の第一人者であるハンス・タナー。彼はキューバの独裁者バチスタに取り入り、1957年キューバGPの主催者にまでなった。そしてその週末、ファンジオ誘拐事件が起きた。

ンスに着いた時には、彼はボロ切れのように疲れ果て、足はマメが破れて血まみれになっていた。こんな状態で子爵夫人にお目通りなど叶うはずがないので、とりあえず宿を取って一泊し、翌朝にお城へと出かけて行った。ところが執事は、「子爵夫人は昨晩コートダジュールにお発ちになり、秋はずっとあちらにご滞在です」と言い放った。

一文無しのハンスはホテルの部屋に軟禁されてしまい、電話で私に金を送ってくれと泣き付いてきたのである。しかし当時の私にそんな余裕はとてもなく、友人が宿泊代を用立ててくれた。とはいえ送金には数日かかり、その間、ハンスは連日、コレクトコールで私に催促の電話をしてきた。ホテルの主はハンスに対して、1日1回だけ監視付きで中庭を散歩することを許していたという。

ようやく解放されたハンスはパリにやってきた。そして、ここから彼のレース人生が本格的に始まった。

彼はパリのホテルからあちこちのチームに電話をかけまくり、ジャック・スワターの主催するスクデリア・フランコルシャンで、チームマネジャーの職を得た。スワターはちょうどフェラーリを購入したばかりで、レースでは彼とともに、謎のアメリカ人ドライバーのロバート・オブライエンがゴルディーニのステアリングを握った。ハンスは私によく、「ロバートは絶対にCIAの諜報員に違いない」と言っていた。

ハンスはオートスポーツ誌にも記事を送っていた。モデナのホテル、アルベルゴ・レアーレに長期滞在した彼は、さながらそこの主のようだった。ホテルのバーは彼のレース界の友人たちの写真で飾られ、宿泊客の夕食まで仕切っていたのである。エンツォ・フェラーリとの関係も特別といってよかった。自著のためにエンツォからとっておきの思い出話を聞くことなど、彼には造作もないことだった。

ところが、しばらくしてハンスはマラネロへの出入

りを禁じられてしまう。デザイナーを買収してディーノのリアアクスルの設計図を盗み、マセラティに売り渡そうとしたというのだ。しかし、その真偽はどうあれ、ハンスはその後もモデナで優雅に暮らし続けた。イタリア人のようにイタリア語を話し、当時は自動車レースの中心地であったこの町の関係者とは全員知り合いでもあった。

モデナの名は、世界中の自動車好きとレースファンに知られていた。フェラーリやマセラティを注文した一握りの幸運な者たちは、自分のクルマを工場まで直接取りに来ることを望み、モデナではアルベルゴ・レアーレに投宿するのが常だった。そしてハンスが待ってましたとばかり、彼らを仕切るのである。顧客たちは滞在中にレース関係のあらゆる名所を巡り、フェラーリやマセラティのテストドライバーたちと話し、時にはレースドライバーを紹介してもらうこともあるという、夢のような時間を過ごすことができた。そしてモデナから発つ日にホテル代を払おうとすると、そこにはハンスの部屋の分も含まれているという寸法なのだった。

ハンスはパリにも定期的に来ていた。私は彼がそうやってレースの世界で生きていることが、うらやましくてならなかった。

数年後、ハンスはアメリカに渡り、今度はキューバの有名な葉巻メーカー、パルタガスの跡取りでもあったシフエンテスのレースマネジャーを務めた。さらに、時の独裁者であるバチスタの信望を得て、有名な1957年のキューバ・グランプリを主催した。このグランプリがなぜ有名だったかといえば、カストロの手下たちによってファンジオが誘拐されたからである。ドライバーには護衛も付けなかったくせに、自分は防弾装甲車に乗って白バイに警護させたとして、ハンスは散々非難されたものである。

彼にはもうひとつ武器収集の趣味があり、専門誌に記事を書くほど熱中していた。革命によってバチスタがフロリダに亡命した時には、ハンスはケネディ大統領を説得し、コシオン湾に上陸する許可を得た。そしてその数日前には、潜水艦に乗り込んだハンスが上陸予定地の下見に行った。バチスタはずいぶん前にそこに武器弾薬を隠していて、それが今も使用可能かどうか確かめる使命を、こともあろうにハンスに託したのである。その後、ハンスはカリフォルニアに移ってフ

HWMを駆るランス・マクリン。当時の観客は、誰がステアリングを握り、どんなアクションを起こしているか、まざまざと目撃できた。

ェラーリの権威となる。なにしろフェラーリ・クラブが主催するコンクール・デレガンスの一等賞は、「ハンス・タナー賞」と呼ばれていたのだ。

しかし、事態は少しずつ悪くなっていたようだ。何年かたってから私がハンスを訪ねると、彼はピーターソンという出版社の閑職に追いやられていた。昼食に招待されたのだが、私はハンバーガー、彼はウィスキーのダブルというメニューだった。その姿は痛ましいというほかなく、数週間後に自殺したという知らせを受けても、私は少しも驚かなかった。

イギリス人ドライバーはパリが前線基地

話は前後するが、マイク・ホーソーンがハンスといっしょにモデナから来たことがある。ハンスはイギリス人の友人が所有するフィアット・トポリーノを、スタンゲリーニで改造させ、それをイギリスまで運ぶ途中にパリに寄ったというわけだ。性能が向上したとはいえ、トポリーノがベースだから、最高速度はせいぜい120km/h程度だったので、マイクは相当いらだっていた。その夜はみんなで大酒を飲み、翌朝ぐっすり寝入っていた私は、ハンスの取り乱した電話でたたき起こされた。マイクが彼宛てのメッセージを残して、姿を消してしまったというのだ。そこには「ここから先は飛行機で行くことにした。クルマはアンヴァリッドの駐車場。カギはサンバイザーの裏」と書かれていた。

ハンスは、私にクルマを取りに行って、ちゃんとしたところに駐車し直してくれと頼むのだ。そんなことぐらい、どうして自分でしないのだろうと思ったが、言われたようにしてやった。そして翌日、イギリスに発ったはずのハンスからの電話でその疑問は氷解した。この自他共に認めるフェラーリ・スペシャリストは、クルマの運転ができなかったのである。なんとか発進はしたものの、どうしても2速に上げられず、パリ郊外のコンピエーニュまで1速で走り続けたあげく、エンジンを壊してしまったという。ハンスは私に、フェラーリのインポーターであるプリソンに連絡して、助けに来てくれるよう頼んでくれというのだ。

プリソンは当然のように、「なぜ私が行かないといけないのですか。自分でなんとかするしかないでしょう」と言った。そこで私はこう答えるほかなかった。「スクデリアのトラックがシルバーストーンに向けて走っている最中ですが、ドーヴァー海峡を渡る際にレーシングカーの通関手続きをしなければならない。その書類がすべて、ハンスの名前になっているからですよ」と。

パリを通過するレーシングドライバーで、アクシオン・オートモビル誌に立ち寄らない者はなかった。ハリー・シェルが経営に携わっていたのだから当然だ。当時は、ほとんど全員がクルマで各地を転戦しており、レースの間にイギリスに戻るのは無駄が多すぎたので、自然とパリが前線本部のようになり、グレガー・グラントは皆にアカシア通りのホテル・マイアミを勧めた。そして、われわれは向かいにあるロシアレストラン「プチ・エルミタージュ」の常連となった。

ほかにも友人のヒッチがピガール通りにあるフレッド・ペイン経営のバーを教えてくれた。ここは自動車レースとラグビー関係のイギリス人のたまり場であった。私もいつも潜り込んでいた。

1952年、HWMを飛び出したスターリング・モスは、ERAに引っかかっていた。当時無敵だったブリストル・エンジンを搭載したF2マシーンに乗せるという約束に乗ってしまったのである。このGタイプと呼ばれたERAのシングルシーターは、シャシーが2本の大口径軽量アルミパイプで構成されており、潜在的な能力は低くなかった。最終的にはベルリネッタのボディを被せられてスポーツカーに改装され、ルマン24時間レースにブリストル・ワークスから出場している。しかしERAはチーム運営自体が悪すぎた。それでもモスはなんとかF3ではキーフトに乗って活

ジャビーはピーター・コリンズがパリに立ち寄る機会を逃さず、ロヴィン500ccの試乗を頼んだのだった。

Un travail plus sérieux ?

躍し、さらにスポーツカーではジャガーのスタードライバーになった。

ところが翌年、モスはまた選択を誤ってしまう。クーパーのシャシーにアルタ・エンジンを乗せた自前のマシーンを作らせたのだ。かなり特殊な機構を持つサスペンションは、ジョン・クーパーと同姓同名の技術ジャーナリストが設計したが、できあがりは惨憺たるもので、エンジンだけを通常のクーパーに載せ替えて、レースに出ることになった。

モスは新世代の最初のイギリス人ドライバーということができる。すなわち1948年にクーパーF3の養成システムで育った初の例だったからで、モスのあとにはピーター・コリンズらが輩出する。パリのホテル・マイアミの常連には、1952年からF3を卒業したばかりで頻繁にパリに来ていたピーター・コリンズもいた。私はオートスポーツ誌の企画で、彼に500ccのミニカーであるロヴィンの試乗を頼んだりした。

コリンズは翌年、徴兵逃れのために正式にパリに住み始めた。ゲルサン通りの小さなアパートを借り、一応、アストン・マーティンの輸入代理店であるブロンドーの店員ということになっていた。ほかのドライバーと違って、皆の行きつけのバーで彼を見かけることは滅多になかった。女の子を追いかけることに忙しすぎたのである。コリンズは、モデナに住んで1953年からフェラーリドライバーとなったマイク・ホーソーンよりも、ずっと気楽なパリ暮らしを堪能していた。

マイク・ホーソーン

ホーソーンはスターリング・モスと歳はあまり変わらないが、注目を浴びたのはずっと遅い。しかもレースデビューはシングルシーターではなく、戦前車のレースに古いライレーで出場したときだ。

1948年、モスがすでにF3レースで戦っていたころ、ホーソーンはまだ二輪ライダーで、技術の勉強をしながらトライアルに参戦していたが、さしたる成功を得られずに終わる。父のレスリー・ホーソーンも、戦前は二輪、そして四輪のレースに出ていた。彼はブルックランズのサーキット近くのファーナムで修理工場を経営し、マイクはそこでモータースポーツの洗礼を受けた。

1950年、レスリーはレースへの復帰を決断すると、お気に入りのメーカーのライレーを2台購入した。

1500ccのマシーンは自分用に、そしてHWMから息子のマイク用に1100ccを買った。マイクはすぐに父親をしのぐ速さを見せ、結局2台とも彼が走らせることになり、1951年にはクラブマンレースの最高峰だったモータースポーツ杯を獲得した。

同年の秋、クーパーはブリストル・エンジンを搭載したF2マシーンの製造を発表した。このブリストルの実態は戦前の傑作車であるBMW328で、戦争補償のひとつとして送還されていたのだ。レース愛好家のボブ・チェイスがこれを1台買い取ってホーソーンに託し、チューニングは、父のレスリーが担当することになった。息子の今後のレース人生を考えれば、非常に重要なレースになるはずだった。レスリーは、むかしブルックランズで二輪ライダーたちを相手に、ニ

マイク・ホーソーンといえば蝶ネクタイであろう。レースの時ですら決して外すことはなかった。

1951年、V12自然吸気4.5ℓエンジン搭載のフェラーリが、過給器付き直列8気筒1.5ℓのアルファ・ロメオ・アルフェッタの無敗神話を破った。

トロメタンのテストに立ち会ったことを思い出し、このパワーアップに非常に効果があった酸化添加剤を使うことを思い立った。だが、当時のヨーロッパでも、ニトロメタンの添加など時代遅れになっていた。そこでレスリーは極秘のうちにエンジンに改良を加え、そこから最大限の性能を引き出そうとした。ほかにも長年の経験からいくつかの工夫を加え、マイクは1952年の復活祭の月曜日にグッドウッドでのレースに出場した。

このレースで彼は無敵であった。クーパーのプロトタイプを駆ったファンジオですら、マイクには敵わなかった。その後も素晴らしいシーズンを送ったマイクは、翌シーズンにフェラーリのドライバーに抜擢される。金髪と蝶ネクタイというトレードマークは、ことのほかカメラマンたちを喜ばせた。

マイクは魅力的な男で、私も個人的には大好きだった。ただ、ちょっと飲み過ぎたときには気をつけた方がいい。1953年のランスを制した晩のこと。彼はドゥルエ・デルロン広場のレストランをハシゴしては、テラス最前列のテーブルに敷かれたクロスを、すべて次々に引っ張って行ったのである。

今のF1ドライバーたちは、豪華クルーザーや自家用ジェットに興味を向けるが、彼らに比べればマイクは本当に自動車好きであった。

私は、1927年のルマンでロベール・ラリーが優勝寸前まで行ったアリエスを手に入れていた。セルジュ・ポッゾーリのおかげで入手できたのだが、くず鉄寸前の状態で、ついに私はレストアすることができないまま手放してしまい、このマシーンは現在、ロエアックのミシェル・オメル・コレクションに収められている。マイクはさかんに私のアリエスを見たがり、私に何度もガレージのあるパリ郊外のサン・カンタンまで連れて行ってくれとせがみ、ようやく実現すると1時間を費やしてクルマを熱心に点検しくいた。

1953年、マイクは徴兵よりもフェラーリで走り続けることを選んだ。そのことをイギリスのタブロイ

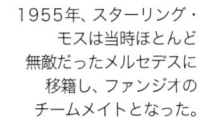

1955年、スターリング・モスは当時ほとんど無敵だったメルセデスに移籍し、ファンジオのチームメイトとなった。

Un travail plus sérieux ?

ド紙はこぞって非難したが、実際マイクには腎臓系の持病があって徴兵不適格であった。

　1950年まで優位にあったアルフェッタは、翌51年にはフェラーリによって完膚なきまでに叩きつぶされ、アルファ・ロメオは同年をもってF1からの撤退を決めた。だが、この決定に頭を抱えたのはFIAだった。BRMはまだ参戦の準備ができておらず、フェラーリのライバルがまったくいない状態になってしまうからだった。そこでFIAは、その後2年間、世界選手権を2ℓのF2マシーンで戦うことに決めた。だがF2にあっても、フェラーリの独壇場であることには変わらず、1952年と53年にフェラーリが落としたレースは53年の最終戦ただひとつだけという圧倒ぶりだった。翌54年から排気量は2.5ℓに拡大された。

　1953年のシーズン中から、すでに翌年にデビューが予定されていたメルセデスW196のことが話題になっていた。ドライバーにはファンジオが決まっていた。ファンジオは過給器付き1.5ℓ時代と違って、2ℓF2時代には1勝もできなかったが、それでもいささかも評価が落ちることはなかった。不振の理由は1952年に大事故に遭ったこと、マセラティA6GCMの戦闘力がフェラーリ500と比較にならぬほど劣っていたからである。

　ファンジオの能力とレースでの支配力は、ライバルと比べて圧倒的というほかなかった。そこには生来の才能だけでなく、年齢のせいもあっただろう。ヨーロッパで初めてフルシーズンを戦った1949年の時点で、彼はすでに38歳になっていた。ほかのドライバーたちにとっては、ほとんど父親といってもいい年齢だったのである。しかもスペイン語とイタリア語だけしか喋れなかったので、イギリス人やドイツ人のチームメイトたちとは、身振り手振りで意思を通じさせるしかなかった。つまり議論などは不可能だったのだ。なによりファンジオには、甲高い裏声に似合わない絶対的な存在感があった。引退して何年も経ったあとでも、彼が部屋に入ってくるだけで水を打ったように静かになった。それほどファンジオは偉大な人物であった。

　スターリング・モスは、イギリス製マシーンでしか走らないという愛国的な気持ちを持っていた。しかし、その信念をもってしても、ライバルたちとは比較にならぬほどの莫大な予算を持つメルセデス・チームに加わってファンジオのチームメイトになる、という魅力には勝てるはずもなかった。モスのマネジャーであるケン・グレゴリーは、さっそくメルセデスの名物監督であるアルフレッド・ノイバウアーに面会を申し込み、モスを売り込んだ。だが、"ドン・アルフレッド"は、まだ本物のF1マシーンの経験が少なすぎるとして、マセラティ250Fを購入し、1年間プライヴェティアとして参戦することをアドバイスした。

　ケン・グレゴリーからこの話を聞いたモス父子は、

モスがファンジオと争って勝てたのは生涯に一度しかなかった。それが偶然イギリスGPだったため、実はチームメイトが勝利を譲ってくれたのではないかという疑いを、モスは今も捨てられずにいる。

その勧めに従うことを決めた。当時アメリカにいたスターリングはさっそく、父が5500ポンドでマセラティ250Fを購入したことを知った。チーフメカニックにはアルフ・フランシスが抜擢された。モスはブリティッシュ・レーシング・グリーンに塗られたマセラティ250Fを駆って、スパのレースで3位に入賞し、世界選手権で初めてのポイントを獲得して才能の片鱗を見せた。

マセラティのワークスチーム内では、この若いイギリス人の存在が一気に大きくなった。そこで監督のオメール・オルシは、モスにエンジンのメインテナンスをワークスが負担することを提案した。つまり、モスは費用を気にせず、思う存分エンジンを回すことができるわけだ。マセラティのナンバーワン・ドライバーはファンジオに違いなかったが、それはメルセデスが参戦するまでのことで、ランスからファンジオを失った。

そこで、オルシはモスにワークスドライバーとして戦ってほしいとオファーし、モスは赤いマシーンに乗ることになった。しかしこの年、メルセデスは圧倒的な強さを見せ、失ったのはわずかに2戦だけだった。失ったのは、まだ雨に弱かったコンチネンタル・タイヤが足を引っ張ったシルバーストーンと、落ち葉がラジエターを詰まらせたバルセロナだけだった。

こうしてファンジオはタイトルを獲得した。メルセデスは、ファンジオなくしては栄冠を手にできないことを充分に承知していた。ノイバウアーは、1955年シーズンのためにもう一人ドライバーが必要と考えていたが、当時のドイツ人ドライバーたちは、とても一線で戦えるレベルではなかったので、スターリング・モスをファンジオと組ませることにした。この人選は大成功で、ディストリビューターのトラブルが発生したモナコGPを除く全戦を、この二人が制することになった。

モスがファンジオより先にチェッカーを受けたのは、自国グランプリのエイントリーのみだが、モスは今にいたるまで、チームメイトが勝利を譲ってくれたのではないかと考えている。「そうだとしても、彼は絶対に認めない。それだけの繊細さを持った男だ」と。

1955年末でメルセデスが撤退したあとも、ファンジオは56年にはフェラーリで、そして57年はマセラティでタイトルを獲得し、57年シーズンを終えると引退を表明した。だが、マセラティは58年のアルゼンティンGPとランスだけはファンジオに走ってもらった。アルゼンティンはファンジオの自国、ランスはその10年前、彼が初めてヨーロッパで出場した記念すべきレースである。だが、この年のマセラティにはまったく戦闘力がなく、その意味でも彼の引退表明は正解だったといえる。

ランスのグランプリではホーソーンが勝ったが、レース終盤にはペースを落として、ファンジオを周回遅れにさせない優雅な心遣いを見せた。今日では考えられないような行動だ。

モスは1956年をマセラティで、そして57年をヴァンウォールで戦った。そして58年にはタイトル獲得まであと一歩と迫っていたが、トニー・ヴァンダーヴェルがヴァンウォールの活動停止を決めたため、モスはロブ・ウォーカーが主宰するプライベート・チームへと移籍する。ここが当時、世界一という評価だったからだ。

コヴェントリー・クライマックス

この会社のエンブレムは、有名なレディ・ゴディヴァの逸話に基づくものである。彼女は夫であるコヴェントリーの領主に対し、もし貧しい者たちが助かるような治世を敷いてくれれば、全裸で馬にまたがって町を巡りましょうと約束した。夫はそれを受け入れ、彼女も約束を果たした。彼女に感謝した領民たちは、彼

ウォリー・ハッサン（写真右）は苦学して機械工学を身に付け、ジャガーの有名な6気筒XKエンジンを開発するなど、イギリス最高のエンジニアと評された。その後テクニカル・ディレクターとしてコヴェントリー・クライマックスに移ってからも、その名声は変わらなかった。

Un travail plus sérieux ?

女が町を走っている間、家々のよろい戸をすべて固く閉じ、その姿を見たものは誰もいなかったという……。

クライマックスはもともと工業用エンジンや、フォークリフトのメーカーであった。朝鮮戦争が勃発した際、英国政府は世界戦争へと拡大することをおそれ、国土を守るべく消火設備の近代化を決断する。第二次大戦中のロンドン大空襲の際には、コヴェントリー・クライマックス社製エンジンを備えた小型消防ポンプが活躍した実績があった。政府の厳しい要求に応えるため、技術責任者のウォリー・ハッサンは、ポンプ駆動用として小型軽量ながら高出力を誇る総アルミ製SOHC4気筒エンジンを開発した。そして、このエンジンの存在を知ったクーパーやロータス、キーフトなどは、レース仕様に改良して供給してくれるよう、熱烈なラブコールを送ったのである。

こうして1100ccの"フェザーウェイト（FW）"エンジンはルマンを含む、あらゆるカテゴリーのマシーンに搭載され、大成功を収めた。そのことがクライマックス社の社主であるレオナード卿を動かしたのだろう、1954年からF1の排気量が2.5ℓに拡大されるのを機に、F1専用エンジンを製作することを決断した。もちろん愛国的な心情も大きかったはずである。

ウォリー・ハッサンは"ゴディヴァ"と名づけられたV8エンジンを開発し、最初のテストでは264馬力を記録した。ところがメルセデスのデマをすっかり信用したジャーナリストたちが、メルセデスの8気筒エンジンのほうがパワフルだと言ってきた。実際にはまったくそんなことはなかったのだが、それを聞いたレオナード卿は失望落胆し、計画の中断を決める。

その後、1957年に1.5ℓF2が誕生したことで、再び多くのチームが、DOHC1.5ℓエンジンを造ってくれとクライマックス社の門を叩いた。ウォリーは白紙からそれを造る気は毛頭なく、埃を被っていたゴディヴァV8の片バンクを取り外して直列4気筒とし、1.5ℓに排気量を拡大した。このFPFと呼ばれるエンジンはすぐに大成功を収め、その拡大版はのちの2.5ℓF1で二度の世界タイトルを獲得。さらに拡大された2.7ℓエンジンは、インディ500マイルレースも戦った。

ウォリー・ハッサン

私はウォリー・ハッサンが大好きだったし、彼とはいつもうまくやってきた。私以外の周囲の人間にもいつも優しく、穏やかな人物だった。しかし一方で彼の生い立ちを見れば、不屈の精神の持ち主であることがわかる。

ハッサンは1919年、15歳の時にベントレー社に週給10シリングの見習工として入った。創業したばかりの同社は、まだ最初のモデルすら出していなかった。ここで自動車レースを知った彼は、終生その情熱を失わず、多くの成功を収めることとなる。昼はメカニックとして働き、夜間学校でエンジニアになるための勉強を続けた。

ある日、彼はモンレリーのオーバルコースで24時間走行記録を作る仕事に帯同した。夜になって雨が降り始めるとドライバーはスピンし、ガレージに戻ってくると、それ以上の走行を中止すると告げた。メカニックたちは帰ってしまい、クルマの横にはハッサンだけが残された。それまで彼は自動車を運転したことがなく、もちろんサーキットのことも知らない。しかし少しも躊躇することなく運転席に乗り込んだ。雨はまだやんでおらず、1周目でいきなりコースを飛び出し、マシーンは横転して彼は大ケガを負った。

しばらく入院生活を送ったのち仕事に復帰したハッサンは、二度とレーシングカーのステアリングは握らなかった。とはいえ、当時のマシーンは2座が普通だったから、助手席には頻繁に乗り込んだ。走行中のメカニックの主な仕事は、燃料タンクにポンプで空気を送って、キャブレターに燃料を供給することだったのである。

温厚な雰囲気に隠れてはいるが、ハッサンは不屈の闘志の持ち主だった。

パスポートの職業欄に、「ジェントルマン」と記載していたロブ・ウォーカー。彼はスターリング・モスやトランティニヤン、シフェールのレース人生に、決定的な役割を果たした。

の地位が上がっていくのに何年も待たなければならなかった。そんな時にコヴェントリー・クライマックスから誘いを受け、テクニカル・ディレクターの職に就いたのである。

ロブ・ウォーカー

　ロブ・ウォーカーもまた素晴らしい人物であった。同じ名前のウィスキー・メーカーの相続人であり、莫大な個人資産を有していた。自動車レースの世界には早くから身を置き、1939年のルマンにドラエで出場して8位入賞を果たしている。ロブは紳士（なにしろパスポートの職業欄にはジェントルマンと記していた）であったから、ルマンという重要イベントはそれなりの格好で戦うべきだと考えた。そこでスーツにネクタイという出で立ちで運転し、その後も運転する時間帯によって衣装を替えた。ディナーの頃にコクピットに座った際には、細かい縞のブラックスーツだったという。しかし結婚に際して、新妻に二度とレースには出場しないと誓い、その後はチーム運営の側に回った。

　1958年、ヴァンウォールは開幕戦のアルゼンティンGPの時点で、まだマシーンが完成していなかった。そこでモスはF2レースにクーパーを走らせていたウォーカーに頼み込み、2ℓのクライマックスFPFエンジンをミドシップに搭載したクーパーで出場できることになった。ちなみに、この仕様変更の費用を負担したのはウォーカー自身であった。

　モスのアルゼンティンGPでの勝利は、クーパーと、そしてミドシップの近代F1マシーンにとっても歴史的な初勝利でもあった。次戦は4カ月後のモナコGPで、ここでもクーパー・ウォーカーが勝った。しかしモスはヴァンウォールに乗っており、ウィニングマシーンを駆ったのはモーリス・トランティニヤンだった。

　この時期のチーム・ウォーカーの活躍に、アルフ・フランシスの貢献を欠かすわけにはいかない。彼は素晴らしいメカニックであったばかりでなく、実に優秀な心理学者でもあった。アルフはモスに対し、ライバルの誰よりも速いマシーンを運転していると信じ込ませ、最高の速さを引き出していたのだ。

　1959年のモスは3レースに勝ったものの、タイトルはジャック・ブラバムのクーパー・ワークスチームに奪われた。問題は、ワークスマシーンには強化型の

　ベントレーは経営に行きづまり、ロールス・ロイスに買収されると、レース部門も消滅した。しかしベントレーへの援助を惜しまなかった南アフリカ出身の富豪ドライバー、ウルフ・バルナートがハッサンを引き抜き、ベントレーをベースにしたバルナート・ハッサンを製作させ、ブルックランズのレースに出場した。しかし、そのうちの1台に乗っていたクライヴ・ダンフィーが事故死したため、バルナートはレースから手を引いてしまう。そこでハッサンはしばらく、ERAで働くことになった。その後トンプソン＆テイラーに移り、ネイピアー・レイルトンを製作。1938年にはジョン・コップの運転により、ソルトレイクで速度世界記録を樹立している。

　さらにジャガーに移籍するが、大戦勃発時にはブリストルの航空機用エンジン部門に席を置いた。そして再びジャガーに戻って有名なXKエンジンの開発の仕上げに携わる。ハッサンはジャガーでの仕事が気に入っていたが、ほとんどの上司は彼よりも年下で、社内

Un travail plus sérieux ?

自動車に関する膨大な知識と
情熱を備えた
セルジュ・ポッゾーリは、
フランスにおける
ヒストリックカー・ブームの
立役者であった。消えて行く
運命にあった多くの
クルマを救い、素晴らしい
コレクションとして蘇らせた。

シャーロック・ホームズ風の
帽子がトレードマークだった
ジョン・ボルスターほど、
運転技術と文才の両方に
恵まれたジャーナリストも
珍しい。彼はまた、
もっともパリジャンらしい
イギリス人でもあった。
「ブラッディ・マリー」と
名付けられた
モンスターマシーンをまともに
運転できるのは、ボルスターを
おいて他になかった。

ギアボックスが搭載されていたのに対し、モスのマシーンは強化型ではなかったことだ。クーパーを支援するエッソのレース責任者であるレグ・タナーが、ライバルのBPを喜ばせる必要はないと、このギアボックスをウォーカーに渡すことを禁じたからであった。BPのサポートを受けるウォーカーは、イタリアのコロッティに特製ギアボックスを作らせたのだが、まったく信頼性に欠けるしろものだった。

1960年にロータスもミドシップの18を投入すると、モスは、今後も勝ち続けようとするならこのマシーンを手に入れるしかないと悟った。そこでウォーカーが直ちにこれを購入し、モスはモナコを制し、ロータスに初のF1グランプリ勝利をもたらした。しかし、スパでモスは負傷し、またもタイトル獲得のチャンスを逃す。翌61年、モスは依然としてコヴェントリー・クライマックスの4気筒エンジンで戦ったのに対して、フェラーリはV6ディーノを投入、大差でタイトルを獲得する。モスはモナコとニュルブルクリンクに勝ったことで、わずかに気を吐いただけだった。

1962年、モスはグッドウッドで開催された復活

愛車ロンバールを駆り、
1946年の有名なサンクルーの
レースに出場した
セルジュ・ポッゾーリ。

祭月曜日のレースで重傷を負い、レースから引退した。その時の彼は、フェラーリの1台をロブ・ウォーカー・カラーに塗り替えて参戦できるように交渉している最中であった。生涯で16勝を挙げ、充分にその資格があったにもかかわらず、ついにタイトルとは無縁のまま終わった。

その理由を探るには、彼の青春時代まで立ち戻った方がいいかもしれない。父は常に若きスターリングに金銭的価値の重要さを説いていた。そしてモスはそのいいつけを忠実に守り、年俸に関して鷹揚だったBPの支援を受け続けた。しかしもしエッソを選んでいたら、彼は何度か世界チャンピオンになれていたはずである。

セルジュ・ポッゾーリ

自製レーシングカー、レーサー500の熱狂は、フランスではあっという間に冷めていった。しかし、会合の出席者で最も熱心な一人だったセルジュ・ポッゾーリとは、その後毎週会う仲となった。そしてそこには、ジャック・ルソーも多く顔を出した。こと自動車の歴史に関して、二人は素晴らしい知識の持ち主だっ

Un travail plus sérieux ?

た。そしてわれわれの議論のテーマも、いつもそこに落ち着いた。

当時のフランスでクラシックカーといえば、それがどんなに歴史的に意義のあるものだとしても、ただの古くさいクルマでしかなかった。そんなものが街中を走ってこようものなら、運転席には付け鼻の変人か、ピエロが乗っているに違いないと思われていた。そんな固定観念が劇的に変わったのは、ひとえにセルジュの尽力に依る。数え切れないほどのアイデアを繰り出して啓蒙活動に励んだ結果、今日の隆盛を築いたのである。中でも最初のヒストリックカーレースである「クープ・ド・ラージュ・ドール」（黄金時代杯）の開催実現に向けて、セルジュは信じられないほどの熱心さで取り組んだ。さらに『ファナティーク・オートモビル』という専門誌の創刊に対しても同様であった。

セルジュの父はイタリア製印刷機械の主要な輸入業者であり、彼はその遺産を注ぎ込んで稀少車のコレクションをいっそう充実させた。何でも一番、そして最良でなければ気が済まないセルジュの性格が、そのコレクションには端的に表れている。彼の情熱は孫のフラヴィアン・マルセに受け継がれ、彼はヒストリックカーの運転に関しては並ぶ者のない腕前を誇っている。

ジョン・ボルスター

セルジュのことをここで語ったからには、ジョン・ボルスターも外すわけにはいかないだろう。ともにレースを通じて親交を結んだ仲である。

ポッゾーリとボルスターを結びつけたのはシメイGPであった。サンクルーGPを戦い終えたセルジュは、自分の古いロンバールでは好成績を期待できないことを悟った。そこでドラエ135を購入してシメイGPに参戦した。ところがレース中に大事故に遭い、頭蓋骨骨折の重傷を負ってしまう。その後の入院加療中に見舞いにきてくれた唯一のライバルがジョン・ボルスターで、セルジュはそのことをはるか後年まで感謝し続けた。

ジョンは裕福な一族に生まれた典型的な田園紳士であった。なにしろ彼の大伯父はビルマで油田を発見し、BPを創設した人物なのである。その相続税は英国中で評判になるほどの莫大な額となり、それを避ける唯一の手段は生前贈与しかなかった。ただし実際の相続は、手続き後365日を経なければ有効とならなかっ

た。しかし不幸なことにジョンの母親は、364日後に亡くなってしまう。こうして生前贈与は取り消され、財産のほとんどが政府に没収されたのである。

残された小さな農場の収入だけでは足りず、ジョンは働き口を探すことにした。そのひとつが、グレガー・グラントの勧めで始めたオートスポーツ誌での技術記事の執筆であった。ジョンは、それ以前から自らレーシングカーを作って走らせるグループの一員で、機械のことは非常に詳しかったのだ。

「ブラッディ・マリー」と名づけられたそのマシーンは、気筒当たり1ℓのV型2気筒のJAP製エンジンを2基搭載したモンスターであった。誰も怖がって乗りたがらず、ジョンだけがコクピットに坐った。もともと運転の才能はあったようで、その後本物のシングルシーターを走らせる機会にも恵まれた。しかし、シルバーストーンでERAを運転中に大事故に遭い、以後は自ら走らせることはなかった。

その入院中にグレガーの訪問を受け、記事執筆を引き受けるのである。結果的にグレガーのこの提案は、彼の人生でも最良のひとつだった。ジョンは運転にも技術にも長け、そのうえ完璧な英語で文章を書き、さ

モンレリーでゴルディーニを試乗中のジョン・ボルスター（ヘルメット姿）。アメデ・ゴルディーニ本人と、オートスポーツ編集長のグレガー・グラント、そしてカメラマン役のジャビーが立ち会った。

シルバーストーンのオーバルコース下にあった、筆者のガレージ前にたたずむパット・ガーランドとアルフ・ヒッチングス。扉に、「チーム・ブル（雄牛）フロッグ（蛙）」のマークが見える。

らに類い稀なユーモアのセンスも持ち合わせていた。

私はシルバーストーンでは会う機会がなかったが、その後、オートスポーツ誌のスタッフ一行が1951年10月にパリを訪れた際にジョンと初対面した。彼はグレガーやカメラマンのジョージ・フィリップスとともに、オートサロンの取材に来たのである。私は彼らをAATやフレッド・ペインのバーに連れて行った。するとグレガーはお返しに、グラン・ゾーギュスタン通りのレストランの、ロジェ・ラ・グルヌイユに招待してくれた。その後、ジョンはパリに来るたびに、必ずこの3カ所に立ち寄るようになった。いつもシャーロック・ホームズのような出で立ちだったジョンは皆の注目の的だった。フランスのどこに出向こうとも、彼は優しく迎えられ、大のフランス好きになった。

グレガーはこの頃からヨーロッパ大陸でのレースも取材するようになっていたから、私も時折自腹で同行し、彼を手伝った。いずれにしても私のオートスポーツ誌への寄稿は次第に少なくなっていった。1本あたり数シリングの原稿料では、とても生活の足しにならなかったのだ。だから、私の雑誌関係の主な仕事は、ジョンのために試乗車の準備をすることぐらいであった。ただし、グレガーの知らないところでジョンは私に、「試乗は絶対に一度に1回にしてくれ。そうすれば、1回ずつパリに来れるだろ？」と、言い含めていた。もちろんそのたびに、私たちはセルジュ・ポッゾーリとも会った。彼はシメイで事故を起こしてからはレースへの出場はあきらめたが、かなり馬力が出るように改造したルノー4CVを街で乗り回していた。ある日、パリ市内でセルジュの助手席に乗ったジョンは、「まるでレースのようだったが、それよりもはるかに速かった」と記事に書いている。

1956年、イギリスでは印刷組合が大ストライキを打った。そして他のすべての新聞雑誌と同様にオートスポーツも大被害を蒙った。グレガーからはパリで印刷業者を見つけてくれと連絡があり、セルジュがすぐに手配してくれた。それからは毎週月曜日、グレガーとジョンが原稿を抱えてパリを訪れ、私たちはその晩ほとんど徹夜で版を組んでいった。当時は、印刷機が回り始めたら一杯やりに行くという習慣がまだ残っていたので、われわれはフレッド・ペインのバーへと繰り出した。そして夜が明けるころ、グレガーとジョンはホテルに帰り、私は店へと出勤するのだった。

1952年に父が亡くなったあと、母と兄と私はパッシー通りにあった「プリズニック」を相続し、協力して経営することになった。しかし商売のことなど何も知らない私は、ベルギー国境近くのベチューヌや南仏オーリヤックの各店へ経営者見習いとして出かけた。ベチューヌは人口2万5000人のちょっとした町ながら、レストランは中心部の広場に1軒しかなかった。ある日そこで昼食を摂っていると、入り口にレース用のトラックが停まっているのに気がついた。グッドウッドに出場するプリンス・ビラのマセラティを

241

Un travail plus sérieux ?

運んでいるのだった。しかも運転手は、レイモン・ド・ソージェのメカニックをやっていた旧友のロベール・デルペッシュではないか。「一緒に来いよ」彼のそんな誘いに私の心はまたも揺れに揺れたのだった。

ようやく人並みの給料がもらえるようになると、私はすぐにレーシングカーを購入した。友人のヒッチと金を出し合って買ったそのクルマが、第1章の冒頭で述べたロータス・マーク6だった。サイドバルブ式エンジン、3段ギアボックス、そしてワイヤーブレーキという仕様のマーク6を、私はモンレリーでテスト走行した。それを見たフランスの友人たちは思い切り嘲笑したものだ。その時、コース上にはロードホールディング性能では定評のあったDBもいっしょに走っていたのだが、私はそれをアウトから追い抜いてやった。その時の彼らの唖然とした顔といったらなかった。その後、何戦かのレースに出たのち、ヒッチの出資した分も買い取って、クルマは完全に私のものとなった。

1955年シーズンに備えて私はマーク6の改造に着手した。エンジンはフォード・コンサル用のOHVユニットをレイストールでチューニングしたものに換え、ギアボックスもMG製4段を奢った。さらにむき出しだったタイヤもフェンダーで覆うようにした。しかし、ルマンで大事故が起きたために、フランス国内のレースはすべて中止されてしまったので、私はイギリスのブランズハッチやスコットランドのチャーターホールまで遠征しなければならなかった。

ところが練習走行を終えてサーキットから戻る途中、ブレーキにフェード現象が起きた。しかしワイヤーブレーキではどうしようもなく、道から飛び出してクルマは大破してしまった。その残骸をなんとか工場まで運び込んでから、私はコーリンと交渉し、新品のロータス11との交換にこぎ着けた。しかも当時のロータスは、キットでしか売っていなかったにもかかわらず、私に工場で組み立てていいとまで言ってくれた。

翌1956年に始めた組み立て作業に、コーリンは一人のメカニックを付けてくれた。工場で見かけていた大柄で口ひげを生やしたこの男は、グレアム・ヒルといった。無事にクルマが完成すると、この未来の世界チャンピオンは私に、「ルマン24時間とかランス12時間とか、二人で出場するレースがあったら、ぜひ僕を加えてくれないかな」と頼んできた。

できあがったロータス11で工場を出ようとしたとき、それまで助手席の足下に置いていた引き出し付きの工具箱が今度のクルマにはまったく入らないことが判明した。するとグレアムが、車から放出された弾薬ケースに手を加えた自家製のものと交換してくれた。外側にはピンナップガールの写真がベタベタ貼られている。私は今でもそれを大切に保管している。もちろんピンナップを剥がさずにである。

工場で過ごした1週間は、愛車ができ上がっていく過程をつぶさに観察できる素晴らしい時間となった。ただし滞在中はひどい寒さで、夜になって宿に戻るときには財布に小銭が入っているか確認する必要があった。部屋のガス暖房がコイン式だったからだ。工場ももちろん寒く、夕方に作業が終わると溶接トーチの炎で凍り付いたブレーキワイヤを溶かすため、置いてあるクルマはすべて横倒しにされていた。ロータスで働いていた10人あまりのメカニックたちはみな貧しかったから、毎週木曜日には誰かが1冊だけオートスポーツを買い、それをみんなで回し読みするのが常だった。当時、彼らの間で流行っていたクルマは、戦前のオースティン・セヴンであった。

フランスへの帰路は、寒波によってたいへんな状態だった。普段は温暖な南仏ですら交通はほとんどマヒ状態であったから、ダンケルクからパリまでの道がいいはずはなかった。履いていた新品のダンロップ・レーシングタイヤは、凍結路でのグリップはなきに等し

ドライバーとしてのジャビーの最後の雄姿。1957年のモンツァで、750ccクラスの最高速記録に挑戦したときのもの。ロータスはこのために特性カウルで換装したワークス・マシーンを用意した。

1958年のルマンに向かうジャビーのロータス11。例によって巨大なイスパノ・スイザに牽引され、ドーヴァー発のフェリーボートから降りてきたところ。

ジャン・エシャールの運転中、メゾン・ブランシュでコースから飛び出し、レースに終止符が打たれた。

く、2速に上げた時にクルマが横を向かないようにするのは不可能だった。そこで私はアイドリングの回転数を高くして、スロットルペダルに足をかけずにパリまで戻ってきた。

ようやく運んできた愛車だったが、すぐに問題が発生した。夜になって国道20号線でテスト走行をしていると、突然クルマが横を向き、何回転もスピンした。調べてみると、リアアクスルを支えるバナールロッドが外れていた。連絡すると、コーリンはすぐに補強済みのバーを送ってくれ、私は週末に交換した。

うれしいことに、この作業には相棒がいた。当時ロータスのライバルメーカーのひとつだったエヴァのオーナーのフランク・ニコルズが鬱状態になって、パリに滞在していたのだ。私たちは毎晩のように町に繰り出し、最後は必ずフレッド・ペインの店で締めた。ある晩、彼は突然、「もう完全に治った」と言って、夜中にもかかわらずイギリスの秘書を電話で叩き起こし、留守中の会社の様子を訊ね始めた。そして翌朝には慌ただしくイギリスへと帰っていった。例のタルボ・グランプリが放置されたままの、モンレリーのガレージでの作業には、最後まで付き合ってくれた。

私は1954年から57年シーズンまでを、最初はマ

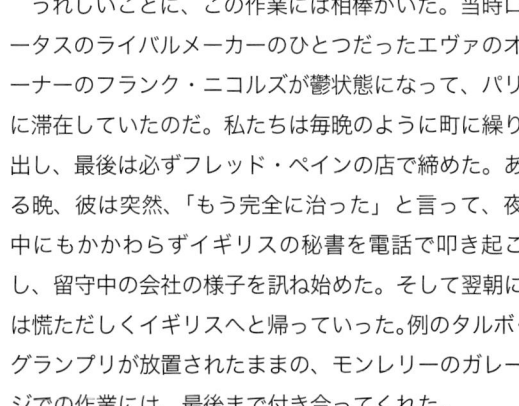

Un travail plus sérieux ?

ーク6で、次に11で戦った。モンレリーでのレースでは何度かクラス優勝も果たしたが、残念ながらそれ以上のカテゴリーに進むことは不可能だった。それらのレースはバカンス時期に引っかかってしまい、私はその間にできるだけ多くのグランプリと、そしてルマンに立ち会いたかったのだ。

　しかしそれ以上にもっと根元的な理由もあった。私がいくつか勝つことができたのは、ドライバーとしての才能よりもクルマのおかげだったことを悟り、1957年限りでレースから身を引くことにした。最後のレースとなったのが、10月にモンツァのオーバルコースで行なわれた最高速記録更新の試みだった。

　ワークス仕様のロータス11は、空力を考慮してプラスチック製のカウルをまとっていた。排気量750ccのエンジンは、その年のルマンで速度・性能指数でベストエンジンに選ばれたものだった。これほどのマシーンをなぜ私が運転したのか。この750ccカテゴリーはフランスにだけ存在した特殊なものだった。BPの支援を受けたシャンセルが、モンレリーでパナールを駆って、平均速度200km/hの記録を出していた。それに対して、エッソ・フランスのモータースポーツ部門の責任者であったピエール・ボダンが、「わが社の製品を用いてこの記録を破ったフランス人ドライバーには、多額の賞金を与える」と言明したのである。それを聞いて挑戦したのだが、残念ながら本番では混合気の調整がうまくいかず、ピストンを早々に壊してしまった。

　前日には悲惨な事故も起きていた。アーサー・オーウェンとビル・ナイト（のちにマニクールのウィンフィールド・レーシングスクールの校長となる）が、クーパーで12時間の速度記録を競っていた。そして3人目のドライバーとして、クーパー・レーシングスクールのセクレタリーであるロニー・サールズを抜擢した。ロニーはBRDCの会員になる野心を持っていたが、そのためには実績が足りなかった。しかしこの記録を達成すれば狭き門が開くはずだった。肉体的に過酷な試みであることも、本人は充分に承知していた。そこでロニーは、私に最後の交代を担当してくれないかと頼んできた。だがロータスにしてみれば、とうてい受け入れられるものではない。こうしてロニーは体力の限界を超え、精神集中が途切れた瞬間、標識灯に突っ込んでクーパーは炎上し、彼はコクピットの中で死亡した。

　1958年、コーリンは私のロータス11を新車と交換してくれた。750ccエンジンも新型だった。このマシーンでルマンの性能指数を狙おうというのだ。そのエンジンは、コヴェントリー・クライマックス製のFWMだった。これはもともとモーターボート用の船外機として開発されたが、アメリカのジョンソン＆エヴィンルード社製の市販2ストローク・エンジンに敵わないことが判明し、計画自体が中止されたのだった。その後改良が加えられ、ルマン出場マシーンに搭載されたり、1500ccV型8気筒のFWMVエンジンの片バンクにも応用された。ジム・クラークは、このエンジンで1963年と65年に世界チャンピオンになっている。

　そのプロトタイプが私のマシーンに搭載されたわけだが、テスト段階ですでにクランクシャフトが壊れ、不安の種は尽きなかった。クライマックスは同じエンジンをもう1基、

全損したロータスと引き換えにジャビーはレースボートを手に入れた。エンジンはコスワース・チューンのクーパー製。つまり彼がコスワースの栄えある顧客第1号だったのである。

エンジン全開状態の「レディ・ゴディヴァ」号は本当に速かった。

ルマン用に製作してレース前夜に積み替えている。土曜の朝、私はコヴェントリー・クライマックスのエンジニアであるピーター・ウィンザー-スミスを同乗させて、点火時期調整のために田舎道を走っていた。その際の点検で、シリンダーヘッド・ガスケットがほとんど抜けていることがわかった。そこで私たちは古典的な方法で対処することにした。「バーズ・リーク」を一瓶、冷却液に混ぜたのだ。この当時、液漏れ予防のバーズ・リークと、オイルサンプのひび割れなどを塞ぐ強力糊のアラルダイトは、レースメカニックに欠かせない万能薬だったのだ。

もはやレースには出ない私に代わって、ロジェ・マッソンとジャン・エシャールがそんなコンディションで出場した。そしてエシャールは雨の中、メゾンブランシュ・コーナーでコースから飛び出してしまった。ドライバーに怪我はなかったもののロータスは全損した。幸い保険に入っていたため、私はそれで得た金をレースボートに投資することにし、ウォリー・ハッサンの許可を得て、「レディ・ゴディヴァ」号と命名した。エンジンはロータス・エリートに搭載されることにな

っていた1300ccのクライマックスである。ただし船舶用にチューンを変更しなければならず、私はその作業を、ロータスを退社して自分の会社を設立したばかりのキース・ダックワースに託した。

その後、キャブレターに問題が出た時にもキースをパリに呼び寄せた。呼び寄せるにあたって、私は「申し訳ないが君に払う金はない。でも、パリでの素晴らしい週末は保証するよ」と提案した。

それから何年かして、当時は彼の秘書だったダックワース夫人を相手に雑談していた時のことだ。私は夫人に「君たちの最初の顧客は、実のところ誰だったんだろうね」と訊ねた。すると彼女は笑いながら、「最初はみんな現金で払ってくれたの。でも、あなたは送金の際に必要だからと請求書がほしいと言ってきたわ。それで私たちは会社のレターヘッドで初めて請求書を作ったのよ」

のちに伝説的なF1エンジンとなるフォードDFVを開発したコスワース・エンジニアリング社の最初の顧客は、公式には私だったのである。

残念ながら私のレディ・ゴディヴァは勝てなかった。ルネ・ミロンのルイッツィ・アルファ・ロメオの方がほんの少し速かったのである。私の最高位は、港内で開催されたモナコGPでの2位だった。一方、私同様にロータス11のドライバーだった友人のボブ・ヒックスと組んだパリ6時間耐久では、短い時間ながら首位に立った。ところがスクリューの軸受けが壊れ、回転するスクリューがボディに穴を開けてしまった。船内はまたたく間に水が満ちていったが、そのままクレーンの場所まで曳航され、沈没寸前になんとか引っぱり上げてもらった。私はその後、この船をジャン-クロード・チリエという男に売却したが、彼は最高速度の国際記録を樹立してみせた。

ヴァンウォール時代のハリー・シェル

第7章に登場したハリー・シェルのその後について記そう。ハリーは1953年にゴルディーニでレースに出ていたが、あまりに信頼性が低いためにマセラティに乗り換えた。まずA6GCM、続いて250Fを購入したのだが、この頃の彼は財政的に決して楽ではなかったようで、盛んにワークス・ドライバーになりたがっていた。1955年のシーズン序盤、アルゼンティンGPを終えた時に、彼は私にフェラーリへの口添

Un travail plus sérieux ?

えを頼んできた。ちょうどモデナにはハンス・タナーがいたので、彼の助力で、ハリーはヨーロッパ・ラウンドの緒戦であるモナコGPからスクデリアの一員として出場できることになった。しかしチームにうまく溶け込めず、すぐに解雇されてしまう。

一方、ヴァンウォールではホーソーンが去ったばかりだったので、チームオーナーのトニー・ヴァンダーヴェルは喜んでハリーを迎え入れ、オランダGPでデビューした。いつも陽気で賑やかなハリーの性格は、チームの全員、そしてとりわけヴァンダーヴェル自身に気に入られた。こうして翌年もヴァンウォールに残り、ACFグランプリで生涯最高の走りを披露することになる。

ハリーはスタート後すぐにマシーンを壊してしまう。チームメイトは一時的に和解して戻ってきていたホーソーンだった。彼はまだコース上に残ってはいたものの、ジャガーで12時間耐久を戦ったばかりで疲労の極みにあったから、喜んでハリーに自分のクルマを提供した。

レースを再開したハリーは、またたく間に中団グループから抜け出し、最速タイムも記録した。自らのチームのマシーン3台とともに首位を争うヴァンウォールを見たフェラーリは、最初は周回遅れが紛れ込んでいると思っていた。だが、ようやく事態を理解したチーム監督のタヴォーニはその状況をドライバーたちに知らせた。こうしてレース終盤は、首位を走るファンジオを守ろうと、コリンズとカステロッティが露骨なブロックを仕掛けてきた。それをものともせずハリーは猛然と戦いを挑み続けた。

結局最後はヴァンウォールの持病ともいうべき信頼性の問題が出て、ペースダウンを余儀なくされたが、グランプリに参戦して初めてフェラーリと首位を争ったという事実にヴァンダーヴェルは狂喜した。そして翌月曜日には、わざわざ自分のベントレーでハリーと私をパリまで送ってくれた。この時も秘書のミス・ムーアが影のように寄り添っていた。その後、死の床についたヴァンダーヴェルは彼女と結婚した。私たちはハリーの行きつけであるAATのバーに繰り出し、存分にシャンパンを空けた。

トニー・ヴァンダーヴェル

トニーは自動車電装部品の大手であるCAVを創立したチャールズ・アンソニー・ヴァンダーヴェルの息子であった。まだ16歳だったとき、トニーは軍に入隊するために自ら書類を偽造した。第一次大戦末期には、まず二輪に、次いで四輪レースに夢中になり、ブルックランズで多くの成功を収めると、1924年にレースからすっかり足を洗う。まだ26歳だった彼は、その後はプレイボーイとして名を馳せることになる。そんな息子を悲しんだ父は家業に就かせようとした。だが、彼に経営者としての資質がないと判断した父は、会社をライバルのルーカスに売ってしまう。だが、息子が無線やベアリングの事業を始めた際には援助を惜しまなかった。

トニーはアメリカの優秀なベアリングの権利を買うと、それをヨーロッパに導入した。この"シンウォール・ベアリング"は、欧州自動車業界に革命を起こし、トニー・ヴァンダーヴェルは富と権力を一気に手に入れた。そんな彼が、BRMの財政状態を改善させようとしていたレイモンド・メイズの依頼に好意的に応えたのも当然だったといえるだろう。こうしてBRMのマシーンが完成するのを辛抱強く待つのだが、開発は遅れに遅れ、そのため、最終的にはヴァンダーヴェルという自分のチームを立ち上げたわけである。

それ以前に彼はチームスタッフの訓練のためにフェ

トニー・ブルックスとトニー・ヴァンダーヴェル、そしてスターリング・モス。ヴァンウォールのこの勝利は、チャプマンの多大な協力なしには達成できなかった。

ラーリ375を購入すると、「シンウォール・スペシャル」と名づけてBRMに対抗させた。2台ともF1の規格には合致していなかったから、イギリスのフォーミュラ・リブレで相まみえることとなる。両チームのボスはあらゆる意味で対照的だった。BRMのアルフレッド・オーウェンは、スタッフとともに不機嫌そうにサンドイッチを齧っていたが、ヴァンダーヴェルは来客たちに愛想を振りまきながら、シャンパンとキャビアを振る舞っているといった具合だ。

ヴァンダーヴェルは、ある点では完全にエンツォ・フェラーリと同意見だった。エンジンは車体よりも重要だという主張である。ところが、彼のチームには完全にエンジンを設計できるエンジニアはいなかった。そこでロールス・ロイス社製の軍用4気筒エンジンの下半分だけを取り、上部には有名な、そして当時はまだ充分に戦闘力があったノートン製500cc単気筒エンジンのシリンダーヘッドをコピーしたものを4個被せた。

ヴァンダーヴェルはノートンを非常によく知っていた。なぜなら、戦前には父が同社の管財人を務めていたからである。一方、シャシーにはチャンピオン・マシーンということでクーパーを採用した。さらに手持ちのフェラーリからも少なからぬパーツを流用した。しかし完成したマシーンは大した結果を出せなかったから、ヴァンダーヴェルはコーリン・チャプマンに泣きついた。チャプマンは、1956年シーズンに向けてサスペンションを改良し、多くのロータスを手がけてきたフランク・コスティン設計のボディに換装した。

ランスGPにエントリーしたヴァンウォールは、3人目のドライバーが足りずにチャプマン自身が出走したが、練習走行中にブレーキが焼き付き、チームメイトのホーソーンに衝突してしまう混乱ぶりだった。チームには2台を修理できるような交換パーツなど用意されていなかった。

1957年、ヴァンダーヴェルはついにスターリング・モスを獲得する。押し出されたハリーは、ジャン・ベーラのチームメイトとしてマセラティに移籍した。ベーラはフランス西北部カンで開催されたグランプリにはBRMをレンタルして出場した。ハリーもレース後半からはBRMのレンタルができるようになり、ノンチャンピオン戦では二人そろって英国製マシーンで戦った。そしてそれが1958、59年からの本格スタートの下地となったのだった。

ベーラは1959年にBRMを去り、ハリーも1年後にチームを出た。そしてアルフレッド・モスとケン・グレゴリーのチームに移籍したが、シルバーストーンでの練習走行中に事故死した。

クーパー父子

チャールズ・クーパーは戦前にケイ・ダンのメカニ

ジョン・クーパーの父、そしてクーパーの創設者であるチャーリーは、ミドシップ型式の近代レーシングカーの誕生に大きな役割を果たした。しかしなにより、その類い稀なけちんぼぶりで人々の記憶に残っている。

アトリエから近所のパブへ行こうと、小川にかかる腐りかけた板にまさに乗ろうとしている、ジャーナリストのアラン・ベルトー。

Un travail plus sérieux ?

ックを務めていた。つまりブルックランズの中心的人物だったわけだ。チャールズはロンドン南部のサービトンに小さな修理工場を所有し、ヴォクスホールの看板も掲げていた。戦後、廉価なシングルシーターマシーンを造ろうと有志が集まった。エンジンは、二輪用の500ccを流用する計画だった。チャールズの息子であるジョンは、その噂を聞くや、ぜひ父親が作るべきだと強く主張した。

　実用主義者のチャールズの思想はクルマ造りにも一貫しており、超軽量で四輪独立サスペンションを2台のフィアット・トポリーノの廃車から取り出してきた。エンジンはJAP製のオフロード用単気筒だった。空冷で軽い上に充分な馬力を発生した。しかも燃料はアルコールだったのでそれ自体でも冷えたから、空冷にもかかわらずエンジンをドライバーの後方、すなわちミッドシップに置くことが可能だった。こうすればプロペラシャフトもいらず、チェーン駆動のリアアクスルはデフも省略した。このチェーン駆動システムを採用した理由は、単にその方が実用的だったからだ。こうしてクーパー家は、戦前のアウトウニオンがレースに投入したリアエンジンのレーシングカーを再び蘇らせた。そして結果は素晴らしいものだった。ジョン・クーパーの手で1946年7月にデビューしたクーパー500は、その2年後には出場マシーンの大部分を占めるようになったのである。

　この成功に自信を得て、クーパー父子は事業の拡大を決断。まずMGエンジンを搭載した小型スポーツカーを出すと、次にブリストル・エンジンを積んだF2を発表した。いずれもフロントエンジンであった。F2として設計されたとはいえ、1952年にレギュレーションが変わったために、これは実質的にはF1マシーンであった。ホーソーンが大活躍したこの年、グリッド上の半ダースのマシーンはクーパーで製作されたものだった。

　そして1953年には、クーパー・マーク2ブリストルが投入される。しかしホーソーンはフェラーリに移籍してしまい、1954年の2.5ℓへの排気量拡大にブリストルは対応できなかった。そこでクーパーはジャガー・エンジン搭載のスポーツカーに専念し、ヴァンウォールの最初のシャシーを製作した。

　私がクーパー父子と親しくなったのは、彼らがヨーロッパ大陸のレースを転戦し始めてからである。中でもジョンは実に気持ちのいい人間で、私は大好きだった。彼といっしょにいれば、決して退屈しなかった。チャーリーも同様だった。ただし彼はケチだった。あるひどく寒い冬の日のこと、従業員の一人がチャーリーに「これじゃ仕事ができないから、セントラルヒーティングを入れてくれ」と頼みにきた。すると彼はアトリエの中央にあるちっぽけなストーブを指して、「あれ以上、何が必要だ」と言ったそうだ。

　建物は小川のほとりにあり、近所のパブに行くには、そこに渡した板の上を歩いていった。ヒゲのエンジニア、オーウェン・マドックは趣味のサクソフォンをそのパブで演奏し、クーパー・マシーンの設計より多くの金をそれで稼いでいた。"クーパー・ファクトリー"は実に素朴だったのである。

　ある日、ジョン・クーパーから私に「ぜひ助けてほしい」と電話があった。ジョンが最初に作ったF2マシーンはブリストル・エンジンをフロントに搭載していた。F3のようにミッドシップに搭載しなかったのは、それに合うベルハウジングがなかったからである。その後、ジョンは、パリ郊外クールブヴォワにあるERSA社が、シトロエンのトラクシオン・アヴァンに標準の3段型に代えて、4段ギアボックスを装着す

フランスのERSA社で特別に製造されたオイルサンプを、誇らしげに掲げるジョン・クーパー。この改良パーツのおかげで、1958年からシトロエン製のトランスミッションが搭載可能となった。

るためのパーツを開発したことを知った。ジョンはさっそくそれを購入し、このギアボックスをコヴェントリー・クライマックス・エンジンとともに、スポーツカーのリアに組み込んだ。さらにクライマックスのDOHCエンジンを搭載した、開発したばかりのF2にも同様の措置を取った。

このマシーンにはかなりの戦闘力が期待された。そこでロブ・ウォーカーは自ら資金を出して、エンジンを2ℓに拡大させた。こうして1957年のモナコGPに、ジャック・ブラバムの手でレースデビューを果たしたのだった。いくつかのトラブルには見舞われたものの、クーパーは一時3位を走るなど大いに健闘した。

一番の問題は、やはりシトロエン／ERSAのトランスミッションであった。もともと、2ℓレーシングエンジンの強大なトルクを受け止めるようにはできていなかったのである。弱点はオイルサンプで、改造が必要だった。そこでジョンは、私にブラバムをフランスに送るから、彼の通訳をしてくれと頼んできた。ERSAに行って、改良箇所をジャック自ら指示するということだったのだ。

朝のうちにジャックと待ち合わせ、私たちはまずおもちゃ屋に出かけ粘土の板を買った。オイルサンプの強度を上げるフィンをさらに延ばした方がいいとジャックは考えていた。それを具体的に示すために、実際のパーツに粘土を貼り付けて形を造ろうというのだ。

新しいオイルサンプはシーズン終了前に何とか完成した。ジョンは自らフランスまで取りに来て、ロブ・ウォーカーのクーパーに取り付けた。それを駆ったスターリング・モスは1958年のアルゼンティンGPを制した。近代F1におけるミドシップマシーンの、これが初めての優勝であった。クーパーはその後、1959年と60年のチャンピオン・マシーンとなった。

オートスポーツ誌が用意した、レース仕様のミニ・クーパーの前でポーズを取るチャーリー一家。

8

249

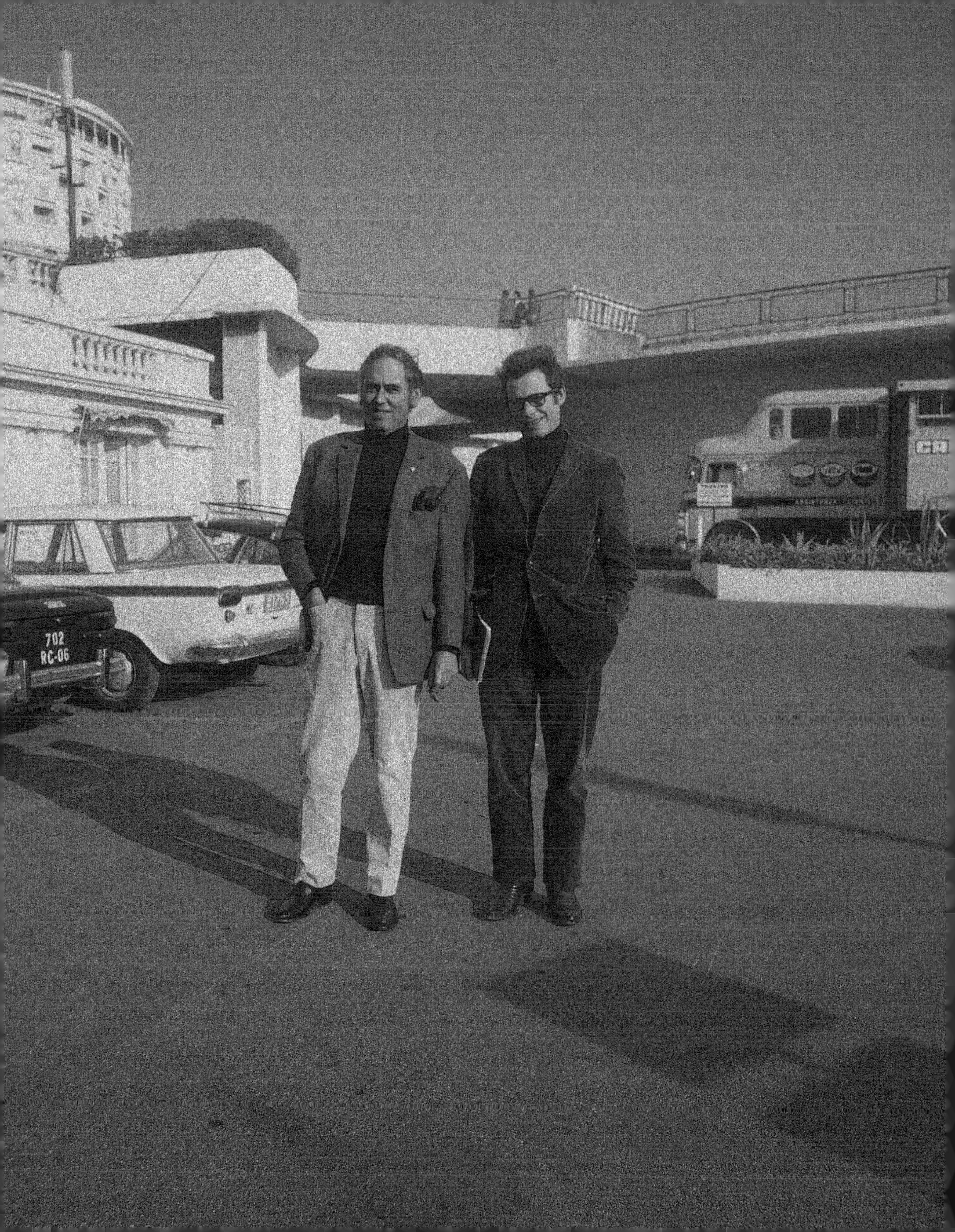
702
RC-06

chapitre 9

Manager : Inter-Auto-Course
マネジャーとして：アンテル・オート・クルスの時代

レース出場をあきらめた私は、友人のジャン・リュカに、
いっしょに事業を立ち上げないかと提案。
こうしてレーシングドライバーのマネージメントを目的とする
「アンテル・オート・クルス」が誕生した。

この会社の設立をきっかけに、私はレースの世界にいっそう深く入っていくことになる。一方リュカにとっては、1957年のカサブランカGPで大ケガを負い、現役を退いた矢先の転身となった。

ジャン・リュカ

ジャン・リュカは私の人生に決定的な影響を与えた人物だ。彼がいなければ、私は絶対に『スポール・オート』誌を創刊することができなかった。

ジャン・リュカはルマンのブルジョワ家庭に生まれ、当然のことながら、偉大なチャンピオンたちが24時間レースを戦うのを見ながら育った。彼自身、冒険心が旺盛だったようで、まだ15歳の時、ナイトクラブに出演していた蛇遣いの女性を追って出奔している。

連合軍上陸後は第2機甲師団に所属して各地を転戦。戦後はすっかり目的を失った日々が続いていた。そこで彼は一種の密輸人の仕事に就いた。仲間はジャン同様の旧軍人たちで、海軍放出の小型魚雷艇を買い取り、改造して密輸タバコを積み込めるようにした。商品は自由港だったモロッコのタンジェで買い、それをイタリア地中海沿岸の沖合で顧客に引き渡すというアブナイものだったが、当時は合法だったのだ。

ところがそれを本職とするマフィアが、シマを荒らして儲けている素人を放置しておけないと、いわゆる「コンビナチ事件」を勃発させた。自動小銃で武装した「コンビナチ」と呼ばれる小型艇で、荷物を積み込もうとする密輸人たちを急襲したのだ。

もとよりジャンたちはマフィアと戦う気などハナからなかったから、すぐにこの商売から手を引き、仲間たちの何人かは大西洋を渡ってサン・マルタン島に移

Manager : Inter-Auto-Course

住し、ジャンはモータースポーツの世界に戻った。彼はルイジ・キネッティのコ・ドライバーとしてレースに出場し、1949年にはスパの24時間レースを制している。さらにゴルディーニやDBのチームマネジャーも務めた。彼には人を惹きつけてやまないカリスマ性があり、誰からも愛された。

アンテル・オート・クルスは基本的にF2を担当していたが、新しくフォーミュラ・ジュニアが発足すると、そちらにも手を広げた。そのころ、私の友人でクーパーのワークスドライバーだったアラン・ブラウンが、F2マシーンを購入してジャンに貸与してくれ、おかげで彼は1957年のランスで2位入賞を果たす。翌年、ブラウンはケン・ティレル、セシル・リボウィッツという2人の友人と組んでレーシングチームを設立する。セシルはロンドン郊外のブラムレイに工作所を持っていて、3人ともその近辺に住んでいたので「ブラムレイ・ボーイズ」と呼ばれた。

ブラウンの考えは、彼とセシルが資金を提供して2台のレーシングカーを購入、1台を地元ドライバーに貸し、もう1台はケン・ティレルが無償でドライブするが、2台のチューニングとメインテナンスをケンが担当するというものだった。アンテル・オート・クルスというマネージメント組織のできたことを知ったブラウンは、ポーGPで走らせるドライバーを見つけてくれと依頼してきた。そこで私たちは、ブラジル出身の優秀なドライバーでリュカの親友でもあるナノ・ダ・シルヴァ・ラモスを推薦した。

スペイン国境に近いポーまでは皆で夜行列車を使って出かけた。コンパートメントを3個貸

「紳士的な密輸業者」のジャン・リュカは、きわめて優秀なレーシング・ドライバーに転身した。さらにその後、ジャビーとともにスポール・オート誌を創刊する。写真はジャガーDタイプを駆り、3位入賞を果たした1957年のルマン。

し切り、ジャンと私、そしてブラウン夫妻という顔ぶれでパリを発った。その晩は列車に揺られながら、次々とシャンパンを空け続けた。翌朝ポーに着いた時の私たちはしらふではなかったから、迎えにきたティレルは皆の顔を見てぼう然としていた。

ナノは2位入賞を果たしたが、ティレルはドライブシャフトを折って完走できなかった。イギリスのサーキットを走り慣れていたケンは、可哀そうにこのコースに相当苦労していたようだ。

この仕事を始めたばかりの私は、まだとても手数料を請求するような勇気はなかった。それでもレースが終わってから、恐る恐るその話を持ち出し、なんとか報酬を受け取った。それからしばらくして、私の元にゴルフ用の雨傘が届いた。その握りには「親愛なるミスター10％へ。ブラムレイ・ボーイズより」と刻んであった。

ケン・ティレル

当時のケンはダイヤの原石のような存在だった。いや、サナギの状態だったといった方がいいかもしれない。そして数年後、彼は見事な蝶となって羽ばたいていった。

ティレル家は決して裕福な家庭ではなかった。親しくなって彼の実家に遊びに行ったとき、窓の外に広がる森を眺めながら、ケンは「僕の父は、あそこで森番をしていたんだ」と言ったものだ。彼は機械工学の道に進みたかったが入学試験に失敗し、英国空軍に志願するのだが、ここでも不合格となった。だが、第二次大戦が勃発すると全員が入隊を許され、ケンはメカニックとしてランカスター爆撃機に乗り組んだ。フランス上空へも何度も出撃したという。「でも、もう戦争末期でね。大した戦闘はなかった」

わずか20ポンドの兵役給与を手に除隊すると、兄とともに材木関係の事業を立ち上げる。材木を購入し、製材して転売する仕事であった。ケンは当時からサッカーに情熱を燃やしており、あるとき彼の所属チームが、シルバーストーンでのレース観戦ツアーを主催、ケンも参加した。フォーミュラ3500ccというレースがあり、出場者の中にアラン・ブラウンという名前を見つける。近所の修理工場主であった。

若手ドライバーのケン・ティレル（写真右）は、マネジャー見習い業を始めたばかりのジャビーにとって、最初の顧客の一人だった（中央）。クーパーF2のコクピットに座るアンドレ・ゲルフィは、後年、政財界を巻き込んだエルフ事件の関係者として連日マスコミを賑わすことになる。

Manager : Inter-Auto-Course

　ツアーから帰るとケンはそのガレージを訪ねた。展示してあったクーパー500を近くで見たいというそれだけの理由だったが、気づかぬうちに、イギリス有数の自動車セールスマンの牙にかかり、そのクーパーを買うはめになった。

　その後のケンのドライバーとしての経歴は真っ当なもので、スウェーデンのカールスコーガで行なわれたレースでは、練習走行後にアストン・マーティンのレグ・パーネルから声がかかったほどだ。しかし、ちょうどその時、スターリング・モスも契約がない状態であったから、当然ながらモスにシートが与えられた。そこでブラウンがブラムレイ・ボーイズへと誘ったのである。

　私たちは1958年のランスに2台のマシーンをエントリーした。2台とも、リュカの友人でゴルディーニ時代に知り合ったモロッコ系フランス人、アンドレ・ゲルフィの所有だった。アンドレはクーパーF2とフェラーリ250GTを購入したばかりであった。私はクーパーを担当し、アンドレはゴルディーニでメカニックをしていたロリスにチューニングを頼んだ。一方、フェラーリは同社の顧客サポートチームに任せた。そしてこのマシーンを売ったルイジ・キネッティがコ・ドライバーとして抜擢したのが若きアメリカ人、ダン・ガーニーであった。

　ガーニーはルマン24時間レースに出場したばかりだったが、ランス12時間耐久の予選ではフィル・ヒルをしのぐ最速タイムを出す腕前を披露している。しかしレースでは、他のドライバーに進路妨害されたアンドレがコースから飛び出し、脊椎損傷の大ケガを負ってしまう。ようやく回復したのはシーズンがほぼ終わろうという時だった。

　1958年のF1最終戦となったモロッコGPは、マイク・ホーソーンとスターリング・モスによるタイトル争いの決着の場となった。主催者はF2マシーンの出場も認めた。F1よりスターティングマネーの安いF2を加えることでイベントを充実させたかったのと、なによりモロッコ人ドライバーにレース出場の機会を与えたかったからだった。モロッコ人のアンドレ・ゲルフィはもちろん参戦を決め、私たちはマシーンを借りるため、所有する2台をレンタルに出していたブラムレイ・ボーイズに連絡を取った。ケンはすでに現役を引退し、チーム運営に才を振るっていた。後年、ケンは私によくこう言っていた。

　「二人が知り合った頃、僕はドライバーで、君はマネジャーだった。お互いすぐに転職して本当によかったよ」

　こうしてアンドレは、ブラムレイ・ボーイズが2台持っていたクーパーの1台をレンタルし、もう1台は同じモロッコ人ドライバーのロベール・ラカーズが運転することになった。練習走行後、ケンが私を物陰まで連れていき、「実は燃費が予想以上に悪い。しかも1台は燃料タンクが小さいので、レースを最後まで走り切れそうにない」とささやいた。どちらのドライバーをそのマシーンに乗せるか。私たちは相談のすえにアンドレを選んだ。彼はまだ脊椎損傷の大怪我から完全には回復していなかったから、おそらく数周の周回遅れになるだろうと踏んだのだ。それなら完走はできる。

　ところがアンドレ・ゲルフィもロベール・ラカーズも、レースでは素晴らしい走りを披露した。ゲルフィにとってはこれが現役最後のレースだったはずだった。そして彼は、最終周にガス欠に見舞われた。それでもなんとか完走扱いにはなった。

　その後、ブラムレイ・ボーイズは解散した。そしてアランとケンはクーパーのワークスチームでF2マシーンを走らせる契約を締結した。つまり、彼らは私たちを必要としなくなり、私たちは、クーパーを購入したハリー・シェルの手助けをすることになった。

　1959年の初め、レンタカー会社を経営していた友人のジャン・パジェスが、オーストリアに行かないかと言ってきた。アメリカ人の顧客がザルツブルグに

1958年最終戦のモロッコGPで、ホーソーン（フェラーリ）はモス（ヴァンウォール）に敗れた。だが、この2位入賞によって、タイトル獲得が確定したのだった。

クルマを乗り捨てたので、回収してほしいというのだ。当時の私はオーストリア人の彼女がおり、会いに行けるというわけだ。

その帰り道、私はシュトゥットガルトに1泊することにした。知り合いのドライバーたちはいつも駅の2階にあるグラフ・ツェッペリンを定宿にしていたので、まずはそこに行ってみた。ところが満室だと断られ、がっかりして降りていくと、中2階のバーでジャン・ベーラが美人と一杯やっているのが見えた。ジャンは私を誘ってくれ、事情を聞くとボーイに合図をした。すると即座に部屋が用意された。それから、私たちは当時最高のドイツ人ドライバーだったハンス・ヘルマンの経営するナイトクラブに出かけ、素晴らしい一夜を過ごした。

その時、私はジャンに「どうしてファンジオは、君やその他のドライバーより速いのだろう」と尋ねた。すると彼は「速く走ろうと思ったら、マシーンを滑らせながらコーナーを抜けていくだろ。その時の僕の限界は200km/hだ。でも、ファンジオはそれ以上の速度でドリフトできるのさ」と答えた。

ジャン・ベーラ

ジャン・ベーラは南仏ニースのスラム街出身だった。子供のころに身に付いた習慣は生涯抜けず、なにかといえばすぐに相手に手を出したので、ずいぶん厄介なことに巻き込まれもした。だが、コース上で見せた気迫、そして勇敢な走りは、ジャンに多くの成功をもたらした。事故もたくさん起こしたが、それも含めて絶大な人気を博したドライバーだった。当時の熱狂的なフランス人ファンたちは彼を神と崇めたものである。

ジャンのレース人生は自転車から始まり、次にモーターサイクルへと進んだ。戦前から戦後にかけて、彼はフランス最高のライダーであり、1938年、そして1948年から51年まで、国内選手権のチャンピオンとして君臨した。

四輪デビューは1949年のことで、モン・ヴァントゥーの山岳レースにマセラティをレンタルして出場した。数週間後にはフランス・チームのタルボに乗ることになったが、その後シムカ・ゴルディーニに移った。彼には富豪夫人のパトロンがいて、彼女がゴルディーニに興味を示したのが理由だ。ジャンは翌1950年のモンテカルロ・ラリーに出場し、いきなりクラス優勝を果たす。しかし、このころはまだ二輪も続けており、51年はF2に2レース出ただけだった。

そして1952年、ようやくゴルディーニでの参戦に専念する。そうなると、これまでのように市販車用エンジンをチューンナップして使うわけにはいかず、しかもシムカはすでにレース活動を中止していた。するとヴィクトール大通りの「魔法使い」が、F1規約に合わせたDOHC6気筒エンジンを調達してきた。

ベーラの最初の成功は、1952年にランスで行なわれたフランスGPでの勝利だった。もっともこの年、選手権にカウントされたのはルーアンのほうで、ランスはノンチャンピオン・レースに過ぎなかった。とはいえ、ベーラとゴルディーニは、大本命と目されたフェラーリを打ち破って見せた。余力充分のエンジンに助けられたことも大きかったかもしれない。

残念ながら、ジャンはノンチャンピオン戦以外のグランプリでは1勝もできなかった。そのことに大きな不満を抱いたのが、ゴルディーニを去った理由だった。嘆き悲しむフランス人ファンにかまわず、1955年からマセラティに移籍する。とはいえ、ポーのノンチャンピオンシップレースでは、再びゴルディーニで勝利を飾っている。一方、移籍したばかりのマセラティとの関係はみるみる悪化し、カンGPの際には準備すらチームから拒否された。そのためジャンはBRMを

ふだんは寛大だが、時に火山のように噴火する、激しい性格の持ち主だったジャン・ベーラ。1950年代にはフランス人ファンに熱烈に愛されたものの、タイトル戦では結局1勝もできなかった。

Manager : Inter-Auto-Course

レンタルし、見事に優勝して見せた。この当時のBRMはどん底の状態で、ベーラは文字どおり彼らの救世主となった。1958年にはBRMのナンバーワン・ドライバーに抜擢される。チームメイトはハリー・シェルだった。しかし、翌年ベーラはフェラーリへと移籍する。

マイク・ホーソーンの引退後、フェラーリはベーラを中心に据えようと考えたのだ。ところがスチュワート・ルイス-エヴァンスがカサブランカで事故死したために、ヴァンウォールはF1撤退を決定。そのあおりでシートを失ったトニー・ブルックスと、フェラーリはすぐにナンバーワン・ドライバーの契約を結んだのだった。

トニー・ブルックス

この時代、最も過小評価されていたドライバーはトニー・ブルックスで間違いない。それは彼自身の控えめな性格に因るところが大きかった。しかしひとたびステアリングを握れば果敢な戦士に変身した。ファンジオが引退したあとのF1で、唯一スターリング・モスが恐れたのがブルックスであった。彼は特に高速コーナーを得意とし、スパは自分の庭のようなものだった。

歯科医学生だったトニーは、アマチュアレースで数々の成功を収めており、その活躍に注目したコノートが、シチリア島のシラクサで行なわれる1955年のF1開幕戦への出場を打診してきた。このレースはノンチャンピオン戦で、当時無敵だったメルセデスはエントリーしていなかったが、マセラティはシェル、ヴィロレージ、ムッソといったスタードライバーを揃えてきた。そしてレースではムッソが首位に立ったのだが、驚くべきことにブルックスが彼をかわして優勝してしまった。英国製シングルシーターの優勝は実に31年ぶりのことであった。

この活躍が認められ、ブルックスは1956年にはBRMに加入する。BRMではいやな思い出ばかりだったが、翌57年からはトップチームのヴァンウォールに移籍。1958年のコンストラクターズ・カップ制覇に貢献し、自身も4レースに勝利した。

1959年、フェラーリに移籍したブルックスは、チームメイトのベーラ以上のポイントを懐にランスGPに臨んだ。そして予選ではポールポジションを獲得。ベーラはその結果に納得できず、フェラーリは自分にブルックスよりひどいマシーンを与えたに違いないと決めつけた。そして主催者の"トト"ロッシュに、「オレのクルマは、蟹みたいに横向きにしか走らない。左右対称じゃないと思う」と言い放った。

"トト"ロッシュはすべてのドライバーに敬意を払っていたが、特にベーラに対しては崇拝に近い想いを抱いていた。そこで技術委員のポール・マソネを呼びつけ、ベーラのマシーンの左右ホイールベースを測るように命じた。これはフェラーリのチーム監督であるロモロ・タヴォーニにとっては、屈辱以外の何物でもない行為だった。

もちろん計測結果には何も異常がなかった。翌日のレースでは、ブルックスは独走の末に優勝を飾り、ベーラはマシーンを壊してリタイアした。この結果に怒り狂ったベーラは、ドゥルエーデルロン広場のレストランでの祝勝会の席上、タヴォーニに平手打ちを食わせた。すぐに解雇されたのはいうまでもない。

シーズンの最中にフェラーリと同じようなシートを見つけることは不可能だった。ベーラはモデナで、ポルシェ・スポーツの部品を流用して自らのF2マシーンを造らせていた。エンツォ・フェラーリはそのことをよく思っておらず、さらにランスのF2レースではフェラーリ・チームのマシーンがベーラ・ポルシェに完敗したことが悪感情に輪をかけ、フェラーリはベーラ自身がこのF2を運転することを禁じていた。

だが、解雇されてしまえば関係ない。多くのレース

「空飛ぶ歯医者」という異名を持つトニー・ブルックスは、スターリング・モスがおそれる唯一のドライバーだった。しかしひとたびコクピットを離れれば、実に控えめな男でもあった。その類い稀な才能が正当に評価されなかったのは、そんなところにも原因があったのだろう。生涯わずか36戦しかグランプリに出場しなかったが、うち6戦で優勝した。ヴァンウォールで4勝、1959年のフェラーリで2勝という内訳だった。

主催者たちは、たとえF2マシーンであろうとも、絶大な人気を誇るベーラに出場してほしかった。しかし、ジャンにはマネージメント能力が皆無だった。ある晩、彼は私を夕食に招待し、マネジャーになってくれと頼んできた。

私はこの申し出に喜び、「次のドイツGPのために、ベルリンまで打ち合わせに行かなければならない。そこから戻ったらパリに寄るから、残りのシーズンをどうするか打ち合わせよう」と答えた。しかしその1週間後、ジャン・ベーラはドイツGP前座のスポーツカーレースで事故死してしまった。

私たちが契約した数多くのドライバーの中にマイク・スパーケンという男がいた。裕福な家の出身で、自動車が大好きだった。ある日、彼がフェラーリをファクトリーで走らせているところを、マラネロを訪れたジャン・リュカが偶然見かけた。そのあまりの運転の巧みさに、リュカは思わず彼を呼びとめ、レースで走ってみないかと勧めた。リュカにしてみれば、うまくいけばフェラーリが1台売れるという期待もあったようだ。しかし、マイクが選んだのはアストン・マティンDB3であった。そして母親が心配しないよう、自分と同姓の"アメリカ人の友人"を作り出し、彼がレースに出るので、毎戦それに付き合わないといけないという口実をでっち上げたのだ。

マイクはマセラティやフェラーリでレースに出場し、グランプリではゴルディーニを駆ったりもした。そして引退後はヴィンティッジカーの収集家となった。1台しか現存しないアルファ・ロメオ・アルフェッタのレストアに信じられないほどの手間をかけ、見事に完成させたその陣頭指揮を執ったのもマイクであった。

アンテル・オート・クルスは、F1には滅多にマシーンをエントリーさせることはなかった。まれにブルース・ハルフォードのマセラティとか、テッド・ホワイタウェイのHWMを出す程度であった。一方でF2やフォーミュラ・ジュニアには多くの顧客を抱えていた。彼らの中にはBRMのチーム監督になったティム・パーネルや、フォードのヘンリー・テイラー、フォード・シェルビーで1966年から2年間にわたりチームマネージャーを務めたキャロル・スミスのように、その後に独自の道を歩む人間もたくさんいた。

1960年、私たちは南仏エクス・レ・バンで開催されたグランプリで、主催者のジャック・ポテルを手伝うことになった。FJレースに何台かを送り込んだのだ。ところがレースが始まって2周目、マシーンの隊列に歩道橋が落下するという不幸な事故が起きた。先頭を走っていたクリス・スレルフェルは避けきれずに即死してしまった。私たちは翌週行なわれるモナコGP、そして前座のFJレースにキャロル・スミスを走らせることになっていたが、このマシーンも事故に巻き込まれ、かなりの損傷を負ってしまった。

モナコに着くと、怒り狂っているケン・ティレルに出くわした。彼はすでにブラウンとの関係を解消し、ティレル・レーシング・オーガニゼーションという組織を立ち上げていた。FJレースにクーパーのワークスマシーンを走らせるのが主な仕事で、モナコにはヘンリー・テイラーをエントリーさせるつもりだった。ところがその手続きの確認を怠り、現地に行って初めてテイラーがリストに載っていないことを見つけたのだ。

私たちは主催者のクロード・ファンに会いに行き、「キャロル・スミスがレースに出られないので、その出場権をティレルに与えたい」と直談判した。ファンはそれを受け入れたものの、当時の規約では出場権のやり取りはできなかったから、アンテル・オート・クルスがテイラーを走らせることにした。そしてテイラーはめでたくレースに勝った。

私はいつものようにロータスのピットでレースを観戦していたが、そのロータスがクーパーに打ち負かされたとき、私に向けられた彼らの冷たい視線といったらなかった。一方ティレルは大喜びで、その晩オテル・ド・パリで行なわれた授賞式に、私をオーストリア人の女友達ヘルガとともに招待してくれ、葉巻を一箱もらった。

パリへの帰途はかなり面倒なものだった。モナコGPに勝ったばかりのスターリング・モスが、ヘルガにすっかり興味を持ってしまったのだ。私たちがドフィーヌ・ゴルディーニを走らせていると、モスのファセル・ヴェガがその前後を行ったり来たりし、モスとアメリカ人の友人がまるで獲物を狙う鷹のように離れなかった。

その3週間後、モスはスパのレースで大怪我を負い、イギリスの各紙は入院中のモスの様子を写真付きで伝えた。そこには美しい看護婦がつきっきりで看病している。いうまでもなく、ヘルガであった。スターリングとは、かなりの年月が経ってからも会うたびに当時

257

Manager : Inter-Auto-Course

の話で笑い合ったものである。

　BRMはシーズン最終戦となるセブリングでのグランプリには出場しなかった。しかしハリーはなんとかレースに出たかった。アメリカ国籍を持っているおかげで、いつも以上のスターティングマネーが手に入るからで、彼はその金を当てにして2.2ℓエンジンをレンタルし、クーパーF2に積み込み、F1マシーンをでっち上げた。

　ハリーといえば、1959年セブリングで彼がやらかしたことは今でも語りぐさになっている。このサーキットはコースを藁束やコーンで区切っていて、マーシャルたちは決して優秀とはいえなかったから、予選でのハリーは、彼らの目を盗んでコーナーをショートカットした。そしてタイトルを争っていたフェラーリのトニー・ブルックスをしのいで、3番グリッドを獲得してしまうのである。ところがレース当日、主催者側は当然のようにブルックスを最前列に置いた。ハリーはこれに猛抗議し、予選タイムをちゃんと見ろとわめいた。確かにタイムからすればブルックスは4番手である。こうしてハリーはフロントロウからスタートしたのだった。

　その数カ月後のブエノスアイレスのレースにも、ハリーはこのクーパーを持っていったが、ヨーロッパに戻るや、リュカに売ってほしいと頼んできた。彼はこの時すでに、ケン・グレゴリーのブリティッシュ・レーシング・パートナーシップに所属しており、チームは独自のクーパーでF1とF2に出ていた。残念なことに、ハリーはシルバーストーンでF2をテスト中にアビーコーナーで事故死してしまう。

　後始末のためイギリスに飛んだリュカが遺品を整理していると、生前の彼がいつも持ち歩いていた小箱を見つけた。リュカはその中味を誰にも見せたことがなかった。リュカが開けてみると、税関吏から彼の母親に宛てた召喚状の束が入っていた。彼は亡くなる前に全財産を使い果たしていたのだ。ほかには、ハリーが夕食の席で好んで破裂させていた爆竹も入っていた。

　1960年ごろ、ロータスはフランスの総代理店として、新たにボードワン・ジェルマンという会社を指名した。オーナーのエドゥアール・ジェルマンは、北アフリカ出身の裕福なワイン醸造家で、趣味としてレースの世界に乗り出そうとしていたのだ。そこでエドガーというチームを立ち上げて、ロータスを走らせた。

もちろん私たちもそこに関わり、ドライバーの一人にDBでレースに出ていたベルナール・ボワイエを推薦した。モトクロスのライダー経験もあったボワイエは、かつては自分のFJチームを持っていたほどで、技術的な造詣も非常に深かった。やがて彼はエドガーの技術責任者のような立場も兼ね、FJレースに2台のロータス18を出場させる。

　もう一人のドライバーはスタンゲリーニで走っていたヘンリー・グランサーだった。さらにイギリス人メカニックのマイク・ウェインを雇い、スポーティングディレクターにロビン・アンジェリを据えるなど、着々と陣容が整っていった。1961年、ボワイエはフランス国内選手権を制する。そして私は彼をアルピーヌに加入させたのだった。

ジョー・シュレッサー

　初めてジョー・シュレッサーに会ったのは、1954年のモンレリーだった。そのころ、ルネ・ボネはFJ用に、パナール・エンジンを搭載したDBシングルシーターを少数生産していた。しかしあまりに非力なため、850ccエンジンに載せ換え、同時に名の知れたドライバーを集めて、このマシーンによるワンメイクレースを開催することになった。「モノミル」と命名されたこの選手権の運営はジャン・リュカに任され、モンレリーでのレースでリュカからマシーンを借りたのがシュレッサーだった。

1954年、モンレリーで開催されたモノミルを制したのは、当時無名のジョー・シュレッサーだった（写真中央）。レース後、同僚のジェラール・ローロー（ジョーの左）、DB創始者のルネ・ボネ（右端）らから祝福を受けるジョー。

ポーのF2レースにて。シュレッサーの不安定な収入を承知していたジャビーは、マネジャーとしての報酬をあきらめた。

そのレンタル料を工面するために、ジョーは妻アニーの婚約指輪を質に入れたという。ナンシー郊外マルゼヴィル出身のシュレッサーは、裕福とはほど遠い経済状態だったが、自分の才能には強い自信を持っていた。それは決して彼の思い込みではなかった。この日のレースにはアルフォンソ・デ・ポルターゴなどの錚々たるドライバーたちが出場していたが、彼らを抑えて勝ってしまったのである。

しかし、才能だけでは上に上がっていけないこともシュレッサーは充分にわかっていたから、彼はマダガスカル島に渡ってレジスター会社に就職した。マダガスカルなら、フランス本国に比べて2倍の給料が期待できたので、それを貯めてレーシングカーを買うつもりだったのだ。1957年にはバカンスを利用してヨーロッパに戻り、メルセデス300SLでリエージュ・ローマ・リエージュ・ラリーに出場、59年にはフェラーリ250GTでツール・ド・フランスに出たが、橋のたもとでコースから飛び出してリタイアに終わった。この頃シュレッサーはリュカと出会い、シングルシーターを探してくれと頼んでいる。

1960年にはマダガスカルを去って、ヨーロッパでのレースに専念することになった。彼はハリーの遺品であるクーパーを購入し、これまでの成り行きからアンテル・オート・クルスがマネージメントを担当した。しかし、シュレッサーはこれで完全に一文無しになっており、私たちは手数料を請求する勇気などとてもなかった。

彼はシラクサ、そしてブリュッセルと転戦した。私はレースに帯同していなかったが、翌日、主催者のピエール・ストラスが電話してきた。他人に厳しいことで知られるストラスが、「シュレッサーなら、うちはいつもシートを空けておく」と言ったのには驚いた。

ポーのレースに出場したシュレッサーは、点火プラグのトラブルに悩まされていた。彼は、出場者の一人にどんな種類のプラグを使えばいいのかを聞くことにしたが、誰が競争相手に対して本当のことを言うものか。その日、私は彼の臨時メカニックを務めていたのだが、おかげで何度もプラグを交換し直すはめになった。最後に彼がピットから出ていく時、彼のマシーンは私の足の上を通過し、おかげで私はギプスで固められた格好でパリに帰ることになった。

1961年、シュレッサーはジャン-フランソワ・マルとともにラリーのルート・ド・ノールを制し、幸先のいいスタートを切った。しかしフェラーリで出場したルマンでは、予備予選でダンロップ・カーブから飛び出してマシーンを大破させ、それ以後のレースを棒に振ってしまう。幸いジョーには、有名な酵母メーカーのアルザの跡取り息子であるジャン・モエンシュと

アンリ・シュマン（左端）によってフランス・フォードに抜擢されたジョーは、ようやく活躍の場を見出した。健闘を讃えるスポンサーのBP代表ジャン・ペルチエ。ジョーの最大の理解者で支援者だった妻アニー（右端）は、スポール・オート誌の初代秘書でもあった。

Manager : Inter-Auto-Course

ボブ・ウォレク

　1970年、私はパリ郊外ラ・フェルテ・アレの自宅の庭で転んで足を骨折し、パリから70kmも離れたエタンプの病院に入院することになった。わざわざそこまで来てくれる見舞客はいなかったから、ボブ・ウォレクの来訪を告げられた時は本当に驚いた。ボブはアルピーヌやマートラに乗ってルマン24時間レースに出ていたので、彼のことはよく知っていた。彼はレースを始める前は、競技スキーヤーとしてもかなりの腕前であった。

　ボブは私に、F2のシートを探していると用件を切り出してきた。修理工場への製品推薦を条件に、モチュール社がスポンサーとして参戦に必要な資金を出してくれるという。あとは誰と組んだらいいのか、私の意見を聞きたいというのだ。すぐに頭に浮かんだのが、ヨッヘン・リントのメカニックをしていたロン・デニスだった。リントが彼をどれほど高く買っていたか、身近にいた私にはよくわかっていた。クーパーからブラバムに移籍した時も、いっしょに来ることに強くこだわったほどだ。

　デニスは非常に上昇志向が強く、一介のメカニックで終わるつもりはまったくなく、同僚のニール・トランデルと組んでロンデル・レーシングを設立した。彼らとすれば当然、持参金付きのドライバーに来てもらいたかったから、モータースポーツ誌に求人広告も出していた。

　私は病院のベッドからすぐにロンに電話し、ボブは翌日にはイギリスに飛んで、契約書にサインした。チームメイトはティム・シェンケンという男で、ボブは私に「あいつは英語ができるから、チームはきっと向こうをえこひいきするはずだ」と言うが、一方でボブ自身も相当に性格的な問題があった。英語ができるできない以前に、性格的な問題でチームの連中とはずいぶん諍いが起きたようだった。その後はGTに転身し、このカテゴリーでは最高のドライバーの一人という評価を得、ある時期に限れば、ウォレクは世界最高の耐久レースドライバーであったと、私は今でも思っている。ボブ・ウォレクはあらゆる耐久レースを制しながらも、同時にルマンだけは勝てなかった男として、記憶されることだろう。

　いずれにしても、デニスのチームを紹介したことがきっかけになって、ボブはかけがえのない友人になった。だから2001年のセブリングで、ばかげた自転車事故で死んだことには大いに嘆き悲しんだものだ。

ロン・デニス

　ロン・デニスとはヨッヘン・リントを介して知り合

1966年イタリアGP。輝かしい成功を収めたチーム代表のロン・デニスも、最初はヨッヘン・リントのレースメカニックだった。しかし、クーパーやブラバムで働いていた当時のことは決して語りたがらない。組織のリーダーとしての抜群の資質に、それがいささかも傷を付けるものではないと思うのだが。

ジャック・ブラバムに付き添う、若き日のロン・デニス。

った。そのころのデニスは、修理工場の見習い工から出発して、1966年にクーパーに移籍したリントの担当メカニックだった。まだ18歳だったがすでにメカニックとしては一流で、しかも類のない完璧主義者であったから、彼が担当したマシーンはいつも非の打ち所のない状態に仕上がっていた。1968年にヨッヘン・リントがブラバムに移籍した時も、デニスをいっしょに連れていった。ロン・トーラナックは即座に彼の才能を見抜き、チーフメカニックに抜擢した。

1971年、ジャック・ブラバムが現役引退を表明したことを受けてデニスは独立を決断、ロンデル・レーシングを設立するが、ロンに対してトーラナックが援助を惜しまず、資本金の2000ポンドを用立てた上に、2台のF2マシーンまで貸与した。一方、デニスの女友達の父親はレース好きの顧客を紹介してくれた。トニー・ヴラソプーロというこのギリシャ人が、さらに資力のあるケン・グロブという友人を紹介したことで、チームの財政基盤が築かれていった。そして1973年には、モチュールの援助で自前のF2マシーンを製作するまでになった。

このF2を設計者したレイ・ジェソップは、続いてモチュールF1もデザインしたが、ロンデルはついにこのマシーンを走らせることはなかった。石油危機が勃発し、モータースポーツの将来がまったく見えなくなってしまったからだ。デニスはチームの解散を決断し、マシーンはヴラソプーロとグロブが引き取り、TOKEN（トニー＆ケン）という名前でローカルレースに出たりした。

ロンデル・レーシングで広報担当のボランティアだったジョン・ホーガンの本業は、コカ・コーラの社員だった。その後ジョンはマールボロに転職、同社が支援する二人のエクアドル人ドライバーのレース出場をデニスに依頼した。デニスはその後、マールボロ・チームのF3、F2マシーンの公式チューナーになるが、これらのマシーンがマーチ製だったことから自然とBMWとの関係もできていった。

1980年、BMWはグランプリレースの前座として、M1コンペティションという選手権を立ち上げた。ただし、BMW自体はマシーンの組み立てやチューニングに関わる気はなかったから、デニスがそれを一手に引き受けた。レースではプロジェクト3から参戦したニキ・ラウダがチャンピオンになったが、このチームはデニスの会社そのものであり、これが頂点を目指す彼の3度目の試みであった。やがてデニスはF3やF2の選手権を制すると、もはや目標はF1、プロジェクト4しかなかった。

ロン・デニスはジョン・バーナードにF1マシーンの設計を打診した。ロンの当初の計画では5万ポンドあれば製作できると踏んでいたが、バーナードははるかに高価なカーボンファイバー製のマシーンを作りたがった。そこで8万ポンドに上方修正したのだが、実際はそれでも足りなかった。デニスとマールボロとの関係は続いていたので、その関係からジョン・ホーガンがF1を担当することになる。一方、ブルース・マクラーレンの死後、テディ・メイヤーが指揮を執っていたマクラーレンは徐々に衰退していた。マールボロはロン・デニスにマクラーレンを買収させた。

I Festival do Rio
Comissão Organizadora
Rua Uruguaiana, 38/40 - 2.º andar
Tel.: 42-1386 - Ramal 15
Rio de Janeiro - Estado da Guanabara

Rio, 5 de Novembro de 1960.

Ilmo. Sr.
Gerard Crombac
Hotel Luxor
Nesta

Estimado Senhor.

Servimo-nos da presente para confirmar os n/ entendimentos para a participação dos volantes:

1) - Jean Fraçois Malle ou Jean Lucas
2) - Francis Francis
3) - Annie Soisbault
4) - David Piper
5) - Hermano da Silva Ramos

na corrida que se realizará no autodromo da Barra da Tijuca, no proximo dia 6 do corrente, nas condições seguintes:

1) - Ao proprietario dos carros PORSCHE SPYDER e PORSCHE CARRERA - Sr. August Veuillet será dada a garantia de DOIS MIL DOLLARES correpondendo em cruzeiros ao câmbio do dia, sendo MIL DOLLARES para cada carro; em caso de acidente, para efeito de reparo ou perda total.

2) - Ao proprietario do carro LOTUS ELITE - sr. Francis Francis será dada a garantia de OITOCENTOS DOLLARES no equivalente em cruzeiros, ao câmbio do dia, em caso de acidente, para reparos ou perda total.

3) - Ao proprietario do carro LOTUS 15 - sr. William Bradshaw será dada a mesma garantia conferida no paragrafo nº 2, supra.

4) - Ao proprietario do carro COOUPER MONACO - sr. Jean François Malle será dada a mesma garantia do capitulo acima, 2 e 3.

Ao sr. August Veuillet, proprietario dos carros enumerados na aline nº 1, supra, que serão pilotados, respetivamente, por Hermano da Silva Ramos e Annie Soisbault, estamos pagando a importancia de CENTO E TRINTA E OITO MIL CRUZEIROS SETECENTOS E CINCOENTA (Cr$.138.750,00) como prêmio de partida. Ao sr. Francis Francis, proprietario do carro descrito na alinea nº 2, supra, estamos pagando a quantia de TRINTA E SETE MIL CRUZEIROS (Cr$.37.000,00) como prêmio de partida. Ao sr. William Bradschaw, proprietario do carro mencionado na aline nº 3 que será pilotado pelo sr. David Piper estamos pagando a importância de TRINTA E SETE MIL CRUZEIROS (Cr$.37.000,00) como prêmio de partida. Ao sr. Jean François Malle proprietario do carro mencionado na alinea 4 que será pilotado pelo sr. Jean Lucas, estamos pagando a quantia de TRINTA E SETE MIL CRUZEIROS (Cr$.37.000,00) como prêmio de partida.

Fica convencionada que as condições supra tem validade para o treino e corrida podendo, em caso de fôrça maior, os pilôtos supra mencionados sêr substituidos pelos pilotos reservas.

Atenciosamente.

De acôrdo:
Gerard Crombac

Abraham Medina
Presidente

chapitre 10

Organisateur
レース主催者

1959年末、リオ・デ・ジャネイロで大々的に楽器とレコードのチェーン店を営む男から連絡があった。ブラジルの首都がリオからブラジリアに移ってしまうことに怒り、抗議のためのイベントを計画した。ヨットの世界選手権や、サッカー・トーナメント、料理フェスティバルなどとともに、自動車レースも開催したいということだった。

彼は交渉のために、パリにブラジルの著名なTV司会者であるムリーリョ・ネリを送り込んだ。ネリはまずFIA（国際自動車連盟）に行き、開催日を決めた。開催日が決まると、今度は秘書官のユベール・シュローデルに「出場マシーンはどこで探せばいいのか」と訊いた。ユベールは「それなら大丈夫。アンテル・オート・クルスの、リュカとクロンバックに頼みなさい」と言ったそうだ。これで私たちに出番が回ってきた。

ネリは、少なくとも6、7台のマシーンをエントリーさせたいが、予算に限りがあるので必ずしも名のあるドライバーでなくともいいが、可能な限り多種多様なマシーンを揃えてほしいという。出場してくれるなら、1台につき、マシーンの海上輸送費、リオまでの往復航空券を2枚と、2人分の1週間の滞在費を負担するという。

提示された条件で詰めていった結果、クルマを持たないドライバーを雇い、マシーン所有者がメカニックという名目で同行する形を取ることになった。基本的には、私たちの友人のクルマから優先的に決まっていった。たとえばジャン-フランソワ・マルがルイジ・キネッティから買ったクーパー・モナコ。ポルシェのフランス輸入代理店主トト・ヴィエはRSとGTを持ち込み、ナノ・ダ・シルヴァ・ラモスとアニー・ソワボーを乗せる。デイヴィッド・パイパーがロータス15、ロータス・エリートGTはフランキー・フランシスがステアリングを握るという具合だった。大金持ちの若者であるフランキーは私の親友で、銀行家になるためにフランスで数年間修業していた。

この旅行はさながら冒険というべき素晴らしいものだった。当時のリオは、まだ一般的な観光地ではなかったから、ボーイング707は途中、数カ所を経由し、パリから15時間以上かかった。そしてなにより運賃が非常に高かった。

サーキットはリオの南に数kmのバラ・ディ・ティユカという町にあった。山のように集まった観客とコースとを区切っていたのはロープだけだったから、当然、恐れていた事故が起こった。大排気量マシーンのマセラティ450Sを駆ったエンリケ・カッシーニがヘアピンで飛び出し、群衆に突っ込んだのである。彼はすぐにリバースに入れてレースに復帰したが、再び

同じ場所でコースアウトした。

いったい何人の観客が被害に遭ったのか、私たちには知る由もなかった。しかし、その程度の事故は、彼らにとってはたいしたことはなかったようだ。かなり遅れてチェッカーを受けたエンリケが、授賞式で特別立派なトロフィーを受け取ったからだ。優勝したのは、チェントロ・スッドというチームからマセラティで出場したポルトガル人のマリオ・カブラルだった。

ランス

1958年、ランスで起こったゲルフィの事故は、ドライバーの経験不足が原因だった。ドライバー選定は、シャンパーニュ自動車クラブの総書記を務めるレイモン・"トト"・ロッシュの常識判断で行なわれていたので、この事故をきっかけに、ゲルフィの友人でもあったリュカがトトを非難した。するとトトは、自分は英語ができないので、往々にしてわけのわからないドライバーを選ぶこともあると正直に弁明した。そこでリュカは、ジャビーなら英語が堪能だし、ドライバー全員と知り合いだから、彼にドライバー選定を任せるべきだと進言した。こうして私は2年後の1960年、ジュニア・スピード・カップのドライバーを選ぶべく、ランスにやってきた。

当時、アンテル・オート・クルスは事実上活動停止状態だった。ランスでの10％の手数料収入はたかが知れていて、1959年末に収支決算をした時には、クリスマスカードの購入で儲けが消えてしまったくらいであった。

私は以前に技術委員のライセンスを取得していて、レースにはいつも4〜5人のメンバーで臨んでいた。技術委員が集まる食事どきはずいぶん盛り上がったものだった。なにしろ錚々たる顔ぶれなのだ。戦前のブガッティそしてゴルディーニでチーフメカニックを務めていたロベール・オーメートル。あるいはドラエの専門家でレースメカニック同好会（AMAC）会長のフェルナン・ラクール。そんな連中がとっておきの昔話を延々と語り続けるのである。

レイモン・ロッシュ

多くの場合、サーキットはひとりの人間の作品であ

リオ・フェスティバルに相棒のフランキー・フランシスのメカニックとして参加したジャビー。初めての南米への旅もロータスといっしょだった。

る。そして生みの親が亡くなれば、ともに姿を消すことが多い。残念ながらランスも例外ではなかった。

　このサーキットはレイモン・"トト"・ロッシュの尽力で誕生した。トトは1914年にリヨンで開催されたACFグランプリでマーシャルを務めたことをいつも誇らしげに語ってくれるベテランだった。そのとき22歳だったロッシュは、いつか出身地のランスでレースを開催することを固く誓ったという。

　そして1925年、アルデンヌ自動車クラブの理事を務めていた時代にマルヌGPを開催してその夢を実現させた。全長22kmのコースは未舗装路であった。出場したのはほとんどが地元のアマチュアで、ロッシュ自身がアミルカーのステアリングを握って模範を示したという。とはいえ、サーキット自体の不備は明らかで、ロッシュは専門の管理会社を設立すると、ギュー村を通る三角形のレースコースを整備した。このレイアウトは1972年のランス最後の二輪レースまで実に40年以上にわたって現役であった。

　ロッシュは、コース大改修の出資者を集めるために世界有数の安全性を謳った。しかし彼の本音は、これまでの人生でずっとライバル視してきた、スパ・フランコルシャンをしのぐ高速コースを造ることだったのだ。サーキットは少しずつ整備されていき、ロッシュはここで計4回のACFグランプリを開催した。戦前の2回のレースでは、フランス人の観客たちは、メルセデスとアウトウニオンの一騎打ちを初めて目の当たりにすることができたのだ。

　1950年にF1グランプリ選手権が発足してからも、ランスは計11回のACFグランプリを主催するという、名実ともにフランスにおけるスピードの殿堂となった。この時代、サーキットのメインスポンサーはずっと石油会社のBPであった。BPはシーズン中で最も高い賞金を現金で払ってくれるので、一流ドライバーたちが喜んで集まってきた。また、シャンパンを特産とするランスらしく、著名なシャンパンメーカーも大きな役割を果たした。優勝者は、一瓶のシャンパンと花の冠を受け取るのがこのレースの伝統だった。ただし、どのメーカーに対しても不公平にならないようにという配慮から、ボトルのラベルは真っ白になっていた。各社は連夜、ドライバーやレース関係者たちを招いて豪勢な晩餐会を催した。ランスがすべてのグランプリレースの中で最も人気があったのも、当然のことだった。

　主催者のロッシュは、さぞ人々から引っ張りだこだったと思うだろうが、実際にはそうではなかった。彼はとにかく怒りっぽかったので、機嫌を損ねることを恐れて誰も近寄らなかったのだ。それではあまりに寂しいと思ったのだろう、ロッシュの忠実な部下だったマリー-ルイーズ・ウィルベールが、コースマーシャルに至るまでサーキット関係者全員を招いては、食事を振る舞っていた。ここでもロッシュは大声でわめき、口喧嘩が絶えなかった。しかし、私にとってはかけがえのない友人である。彼がフランスのモータースポーツ発展に寄与した功績は計り知れない。

　私がロッシュと知り合った時には、すでにウエストが身長をしのいでいた。本業からはほとんど手を引き（帽子製造だったと思う）、クラブの運営に精力を注いでいた。彼の周りには、いつも国内の他のサーキット

Organisateur

の主催者たちが、まるで側近のように侍っていた。中でも最も忠実な部下だったのが、ポー出身のジョルジュ・シャロドーだった。他にもルーアンのジャン・サヴァル、クレルモン・フェランのジャン・オーシャトレール、アルビのアルマン・ブルーゼスなどが常連であった。

ランスでは、長い間、著名ジャーナリストのシャルル・ファルーがスタート・フィニッシュの旗を振っていた。そしてシャルルが亡くなったあとは、ロッシュ自身がその担当になったのだが、彼のやり方は実にユニークであった。ドライバーが誰もフライングをしないよう、事前にこう宣言したのである。

「スタート前にボードを掲げる。『5分前』、『1分前』、『30秒前』、そして『10秒前』だ。ただし最後のボードはスタート10秒前という意味じゃない。これが掲げられたら、いつでも私が合図をしていいということである」と。たとえばジャック・ブラバムのような反射神経に優れた一流ドライバーは、彼のやり方をこよなく愛したし、実際にスタートで優位に立ったりした。

私は1960年から"ロッシュ組"に加わった。マリー・ルイーズがフォーミュラ・ジュニアに参戦するドライバーを探してくれという依頼を私に送り、私が最高レベルの若者たちをリストアップするといった具合だ。彼女との連絡はもっぱら電話だった。ほとんどの場合、ランスでのレースはルマン24時間とかち合っていた。ルマンの予選にも帯同していた私は、出かける前に定宿のサン・ニコラ・ド・マイエから交換手を呼び出す。しかし、かなり長い間待たないとシャンパーニュの自動車クラブには繋いでくれなかった。当時のフランスの電話事情はそんなものだった。

この頃にはスターティングマネーの問題もなかった。予選を通過したドライバー全員に対して、クラブから一人あたり1000フランが支払われた。そして賞金を負担したのはタバコ会社のクラヴェンAで、その代わりにレース後上位3人のドライバーは、この会社のロゴのついた真っ白なロールス・ロイスに乗ってサーキットを1周しなければならなかった。

ランスの評判は年々高まるいっぽうで、ドライバーたちは競ってエントリーした。1960年の参加台数は50台だったが、2年後には60台まで膨れ上がっ

ランスで行なわれた
F2レースに立ち会う
伝説の人物、トト・ロッシュ。
ジャビーはその片腕として
トトに協力を惜しまなかった。
ヘルメット姿はドライバーの
アラン・リース。

ていた。誰もがこの盛況に満足しており、ロッシュは1963年からのグランプリも私に同じ仕事を任せてくれた。

スポーツカーレースも私の担当だった。しかし12時間耐久は、何度立ち会っても慣れることがなかった。深夜0時にスタートした40台ものマシーンがいっせいに第1コーナーへとなだれ込んでいく。その後も暗闇のなかで全速力の超接近戦が何周にもわたって続くのだ。ほんの少しのミスが大惨事を招く状況だった。

F1ではスターティングマネーの問題はなかった。フランクフルト協定で金額配分が決まっていたからだが、スポーツカーの場合は毎回交渉しなければならなかった。1963年のある日、私がロッシュの事務所にいた時、エンツォ・フェラーリから電話がかかってきた。マイク・パークスのスターティングマネーを増やしてほしいという要求で、ロッシュは私にもその会話を聞かせてくれた。ロッシュはエンツォから直々に電話があったことにかなり混乱しているようで、値上げに同意したあと、電話での会話だったにもかかわらず「抱き合いますか」と訊いてしまったほどだ。エンツォはフランス語が非常に堪能であったから、おもむろに「抱き合いましょう」と答えた。

ランスの超高速コースでは何度も大事故が起きた。なかでも私がよく覚えているのは、1962年のフォーミュラ・ジュニアのレースで、カナダ人のピーター・ライアンが死亡した事故だ。レース後、何人かのドライバーから、スタート前のピーターが真っ青な顔をしていたという証言を得た。そこで私が個人的に真相を究明したところ、ピーターは事故の前夜、ランスGPでのたまり場になっていたブリジッツ・バーでかなり遅くまで女性と過ごしていたことが判明した。

それからというもの、私は毎週土曜日の深夜にこのバーに赴き、まだ呑んでいるドライバーがいたら、彼らを宿舎まで送り返す役割を買って出た。たいていのドライバーはおとなしく従ったが、相当にてこずらされたのは、ジョニー・セルヴォツ - ギャバンとイギリス人のトニー・ランフランキの二人であった。

そしてレースが終わった日曜の晩ともなれば、ブリジッツ・バーは信じられないほど盛り上がった。特に1953年にマイク・ホーソーンがファンジオを破った時には、ホーソーンのメカニックだったブリット・ピアスが、泥酔した揚げ句に店内をめちゃめちゃに壊してしまった。もちろん翌日、ホーソーンが修理代を全額弁償させられた。また別の年には警察が突入し、F1を代表するキラ星たちをみんな連行する騒ぎになった。ところがいたずら者がタイヤのナットを全部緩めておいたものだから、最初の角を曲がったところで護送車は尻餅をついてしまった。

ロッシュは1962年にFFSA（フランス・モータースポーツ連盟）の会長に選出された。しかしその地位を利用して甘い汁を吸うどころか、逆にランス以外のサーキット建設にも非常に熱心に取り組んだ。そしてあまりに熱が入りすぎ、やがてフランス国内がサーキット飽和状態に陥ってしまった。ACFグランプリは年に1カ所でしか開催されないから、他のサーキットはどんなレースを主催したらいいのかわからない。観客を呼べるのはノンチャンピオン戦の開催であった。しかしこれは通常のグランプリよりも金がかかるのである。ドライバーたちはポイントが得られないので、純粋に賞金目当てで来るからだ。

1961年には1500ccのF2がF1に昇格した。そのためシングルシーターの選手権はF1とフォーミュラ・ジュニアだけになってしまった。この結果、1964年に1ℓのF2が誕生した。ロッシュは他の興業主たちを集め、「フランス・グランプリ選手権」というシリーズを立ち上げることにした。開催地はポー、ランス、ルーアン、クレルモン・フェラン、アルビ。そして時々は、モンレリーとルマンも加わった。

こうしてフランス国内のレース開催はすべて私が関わることになった。各サーキットの主催者たちが強くそれを望んだのである。なにしろ彼らの中でロッシュ以上に英語を話せる者はおらず、ドライバーたちはほとんどイギリス人だったのだ。しかも私はこの仕事を無償で請け負った。というのも、1962年にジャン・リュカとともに『スポール・オート誌』を創刊しており、この選手権が繁栄してくれれば、同時に読者も増えたからである。その後FIAの要請で、「フランス・グランプリ選手権」は「フランス・トロフィー」に改称された。主催者たちはその後、F1のフランスGP開催の際にも私に同じ仕事を頼むようになった。

1965年、クレルモン・フェランで開催されたACFグランプリは、まさにそんなレースだった。そしてジョルジュ・ポンピドゥー首相から観戦したいという要望が来た。当然、レース当日にはドライバーす

シャレードの
F2フランス・トロフィーにて。
当時のジョルジュ・
ポンピドゥー首相に、
ドライバーたちを
紹介するジャビー。
左はデニス・ハルム。

べてを首相に紹介しなければならないが、困ったことにオーヴェルニュ自動車クラブの面々は、グランプリドライバーにまったく面識がなく、私が紹介係を務めることになった。ところがポンピドゥー首相がガレージ前に姿を現わすと、グランドスタンドの観客たちから激しいヤジが飛び始めた。当時のポンピドゥーの政敵だったジスカール・デスタンは、まさにこの地方を地盤としていたからである。

私は次々とドライバーを紹介していき、ジム・クラークの時にはこう述べた。「首相閣下、今日のグランプリを勝つであろうジム・クラークです」その数メートル先には、ジャッキー・スチュワートがいた。「首相閣下、スチュワートはクラークの愛弟子です。そして今日は2位になるでしょう」と。すると、驚いたことにポンピドゥーは、「グランプリというのは、プロレスのようなものなのかね。勝者はスタート前に決まっているようだが」と言った。レース結果は私が言ったとおりの順番だった。

ロッシュがランスを代表する人物だったとすれば、ジャン・オーシャトレールはあの素晴らしいシャレード・サーキットの生みの親だった。この地方のフィアットのディーラーだったオーシャトレールは厄介な性格の持ち主で、約束を守らせるのはなかなか大変だった。そのため何度も、激しい口論をしたものだ。そし

てある晩、私はひょんなことから鬱憤晴らしをすることができた。

予選初日の前夜、ほとんど午前0時近かった。コーリン・チャップマンから電話がかかってきて、ホテルに戻る途中にレンタカーで事故を起こしたという。ジム・クラークと、当時のガールフレンドだったファッションモデルのサリー・ストークス嬢が同乗していたのだが、彼女が顔にケガを負ってしまった。そのことで本人以上にクラークがひどいショックを受けているという。このままでは、翌日からのグランプリでまともな走りなどできそうもない。そこでオーシャトレールに連絡して、町一番の外科医を病院に回してくれという依頼だった。ただし無名のモデルでは、その医者が来てくれるかどうかわからないので、私たちはクラーク自身がケガをしたというウソをつくことにした。私がオーシャトレールに電話すると、彼はちょうどブリッジゲームを終えたところだった。しかもその相手が町一番の外科医だったのである。彼はすぐに病院に急行してくれた。

スターティングマネーとFOCAの創設

私たちはF2に参戦する主要チームに対して、スターティングマネーの保証をすることにしていた。しかも、実現すれば全サーキットで有効になるはずだった。

ただし、私は雑誌の仕事に忙殺されており、とてもそれに関わる時間がない。そこでロータスのスポーティングディレクターだったアンドリュー・ファーガソンに取り決めの仕切りを依頼した。これがいわゆる「フォーミュラ2連盟」であった。

1964年の初め、全主催者がロンドンで一堂に会したが、ファーガソンはその場にチーム代表たちも集めておいた。会場となったカールトンタワーホテルでの会合では、午前中だけですべてが決まったしまった。その手際のあまりの鮮やかさに感銘を受けたチャプマンは、ファーガソンに同様の組織をF1でも立ち上げるように依頼する。これこそがFOCAの始まりだった。私はその顛末を後日、記事に書いた。するとBRMの監督だったトニー・ラッドから、「いや、チーム代表や主催者たちが集まったのは、もっと後だったよ」と指摘してきた。そこで私はすべてが理解できた。FOCAの初期メンバーたち(当初はF1CAという名称だった)は、BRMのオーナーであるルイス・スタンレイを完全に交渉の外に置いていたのである。

FIAは1968年シーズンからF2のフォーマットを大きく変えたがっていた。排気量を1.6ℓに増やすだけでなく、スターティングマネーを廃止して、賞金だけにすることが骨子だった。この報酬に関するシステム変更は独立系チームにとっては朗報だったが、ワークス勢には旨味がないため、ワークスはF2からの撤退を決めた。こうしてF2連盟と新たな取り決めの話し合いをしなければならなくなった。その際に私たちは、カタロニア自動車クラブ会長のサルヴァドール・ファブレガス-バスから招待の連絡をもらった。そこで私とロッシュ、そしてリュカがバルセロナへ向かった。

すでに数年前からバルセロナでもF2レースが開かれていたが、有力チームが集まらずに困っていた。そこで1968年のフランス・トロフィーにバルセロナGPを組み入れてほしいというのだ。ロッシュがレース・ディレクターで私が技術委員長という役割だった。

スペインでのレース開催は実に新鮮な経験だった。スケジュールは神聖なるシエスタを考慮して決められたので、日曜日の決勝レースは午前中の開催だった。それなら観客たちが午後の闘牛に行けるからである。

ランスでの最後のフランス・トロフィー開催は1969年だったが、その場にロッシュの姿はなかった。ランス自動車クラブの理事会のメンバーたちが、経営が悲惨な状態になっていることに気づいたからである。一流ドライバーたちの招聘にこだわるあまり、ロッシュが予算をはるかに超えるスターティングマネーや賞金を振る舞っていたためにクラブは完全に破産状態に陥り、彼は1969年のグランプリ直前に辞任を余儀なくされた。彼はこのレースの開催に最後までこだわったが、その姿をサーキットで見ることはなかった。ジョルジュ・シャロドーがロッシュの自宅を訪れ、呼び鈴を押した。いったん扉は開いたものの、彼の姿を認めるとすぐに閉まってしまった。

ロッシュが亡くなったのは、それからまもなくのことであった。私はアメデ・ゴルディーニとともに葬儀に出席した。イル・ド・フランス自動車クラブのメンバーと私たち以外に、パリから来た者は皆無であった。そして私もレース開催の仕事から手を引いた。コンサルタントとして、マートラに入ったからである。

賞金方式を話し合うため、F2フランス・トロフィーの主催者たちが初めて一堂に会した。左からジャン・オーシャトレール(シャレード)、ジャン・リュカ(モンレリー)、ジャン・サヴァル(ルーアン立ち姿)、アルマン・ブルーゼス(アルビ)、ジャビー、レイモン・ロッシュ(ランス)の面々。右端はBP代表のデニス・ドリュート。のちにCSIとFOCAも、ここで決まったシステムをF1に導入した。

訳注:FOCA創設以前のスターティングマネーのシステムとはどのようなものだったのか、フランス人とイギリス人の古老たちに聞いてみた。彼らの話を総合すると、「スターティングマネーの額はレース週末前に話し合って決めていたものの、予選やレースの結果次第で、主催者が払わなかったり、減額したりすることが多かった」そうだ。たとえば1周でリタイアしてしまったら、約束してあっても、支払いを拒否されることもあったという。おそらくジャビーもそんな痛い目に何度も遭ったのだろう。そこで主催者との事前交渉の際、レースがどんな経過になろうとも、事前に決めたスターティングマネーは保証してほしいと申し入れた。それが彼の言う、「スターティングマネーの保証」だ。

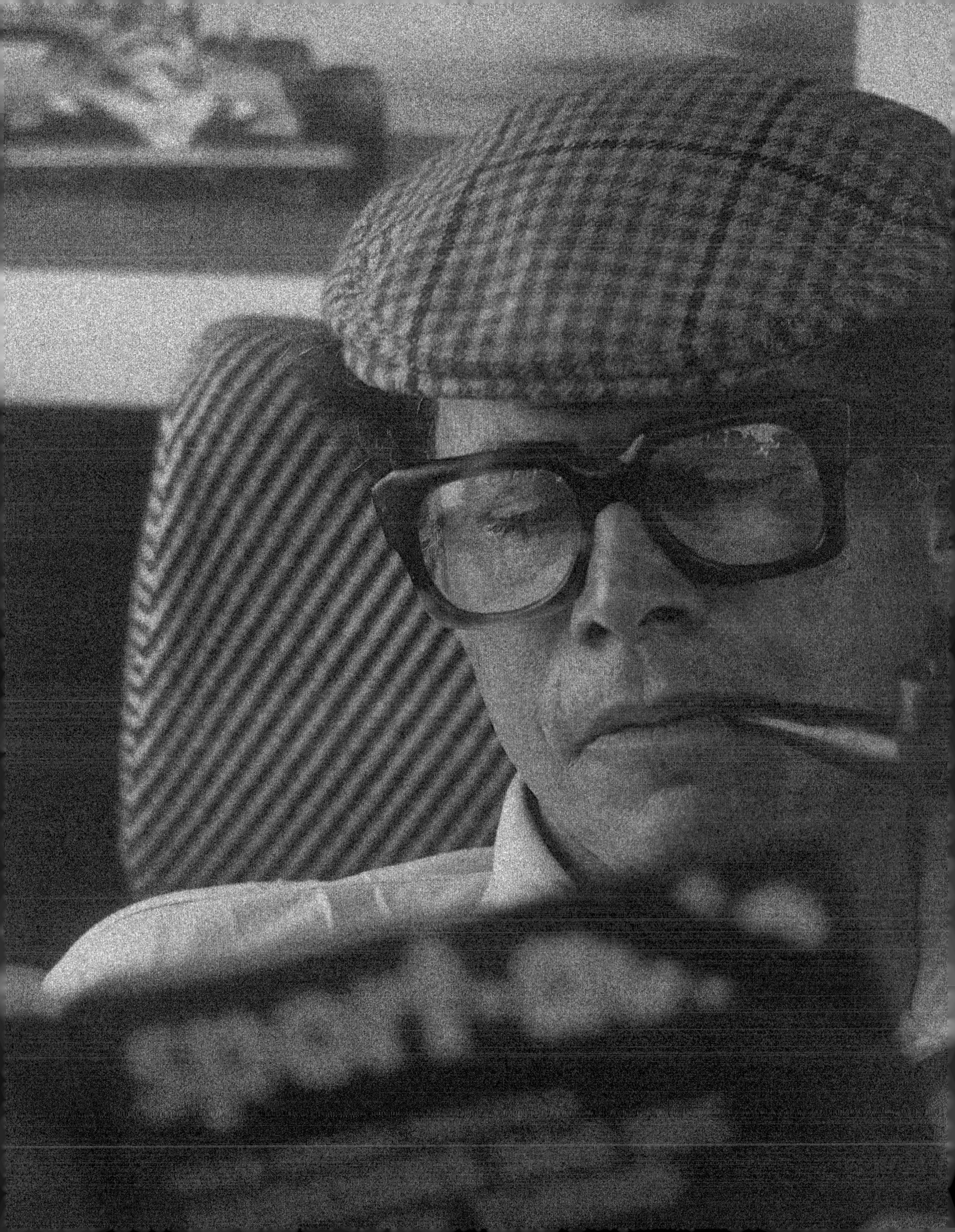

chapitre 11

Sport-Auto
スポール・オート誌を創刊する

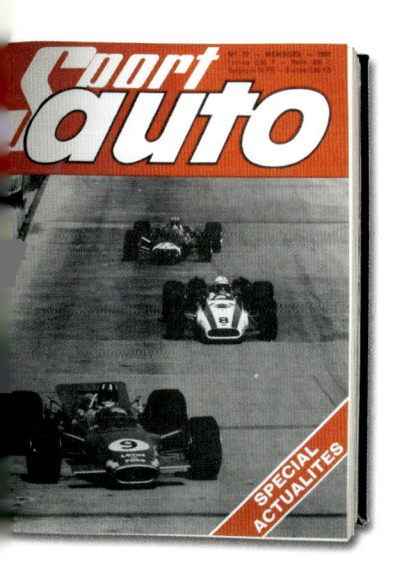

1961年、私は日々の仕事に飽き飽きしていた。
だが、モータースポーツの世界に浸っている時だけは、
そんなウサを晴らすことができた。
レース開催を手伝ったり、原稿を書いたり、
ドライバーのマネージメントをしたり……。
それらが私の天職なのだという確信は、ますます強くなっていった。

創刊の経緯

「アクシン・オートモビル」（AAT）社のバーに毎晩集まる常連に、ジョーとアニー・シュレッサーがいた。たいてい二人はナンシー時代からの友人であるジャン・モエンシュと一緒だった。ジャンはロータス18でフォーミュラ・ジュニア・レースに参戦しており、アンテル・オート・クルスがマネージメントを担当していた。彼の暮らしぶりは実に優雅で、モンマルトルのロシアン・キャバレー「シエラザード」には、専用のテーブルがしつらえてあったほどだ。

ある夜、彼から晩餐会に招待された私はウォッカを痛飲。すると突然、自分の選ぶべき道が見え、居並ぶ仲間たちにこう高らかに「明日からは二度と会社に出ない」と宣言した。ウォッカが私に人生最良の道を選択してくれたのであった。

翌日から私は、自動車関係のあらゆる雑誌社を回って、雇ってくれるよう頼んだ。しかしすべての会社で門前払いを食ってしまった。それなら自分で雑誌を創刊するほかあるまいと考えた私は、ジャン・リュカにそのアイデアを打ち明けると、彼は私以上に夢中になって計画を進め始めた。リュカは、アクシン・オートモビルの姉妹誌である、季刊誌の『モトゥール』を買収しようと考えた。だが、私たちにはそのための費用など1サンチームもない。そこでマネージメントをしていたジャン - フランソワ・マルにスポンサーになってくれと持ちかけ、快諾を得ることができた。

ジャンはさっそく、モトゥール誌のオーナーであるL.V.ルーセルに面会を申し込んだ。大貴族のルーセルはフランス・レース界のパトロンでもあった。だが、

Sport-Auto

モンマルトルの
ロシアン・キャバレー、
「シエラザード」での酒宴。
左のカップルが
ジョー・シュレッサーの
パトロンだったジャン・
モエンシュ夫妻。
ジャビーの隣でワイングラスを
傾ける女性は、その後
アルピーヌやマートラ、
マクラーレン、ルノーで、
名タイムキーパーとなった
ミシェル・デュボスク。

悪いことに、当時の彼は、出身地トゥーロンを見下ろすツール・ブランシュ山にロープウェイを建設する計画に関わり、大損害を被っていた。そのためアクシン・オートモビルまで、デュピュイ・グループに売却しなければならなくなっていた。ルーセルはリュカに対してこう言った。

「君がモトゥール誌を買い取るのは、きわめて自然なことだと思うよ。イギリスの『オートコース』という雑誌を見せて、そのフランス版を作るアイデアを出したのは、君だったからね。ただし今までのいきさつから、まずはデュピュイ・グループにこの話を持っていこうと思う」

そしてデュピュイはモトゥール誌も買収し、私たちは、『スポール・オート』の創刊を決めたのだった。

ハリー・シェルが亡くなったあと、AATバーの経営はリュカに任せられ、未亡人のモニックが女主人を務めていた。そのためスポール・オートの最初の編集オフィスは、バーの真上の中二階に置かれた。ここにいれば、バーに通ってくるフランスの名だたるレース関係者をすべて眺めることができた。まもなくアニー・シュレッサーがわが社にとっての最初の秘書になってくれた。

AATバーの常連中の常連といえばアメデ・ゴルディーニであった。文字どおり毎晩現れ、シュレッサーなどの仲間たちとカードゲームのブロットに興じていた。

創刊間もない
スポール・オート誌の
手書き原稿をタイプで
打ち直している
アニー・シュレッサー。

アメデ・ゴルディーニ

　アメデ・ゴルディーニはイタリアのエミリオ・ロマーニャ地方出身である。この地方からは、モデナのエンツォ・フェラーリを始め、錚々たるレース人が輩出している。ゴルディーニは1899年に、モデナからわずか数kmのバッツァーノで生まれた。農民だった父が若くして亡くなったため、母は4人の子供を抱えて困窮を極めたと、彼自身が語ってくれたことがある。「たまに卵が1個手に入ると、カチカチになるまでずっと茹で続けるんだ。そうしないと、きっちり5つに分けられなかったからね」

　その後、母が再婚したことで事態はやや改善した。家族はボローニャに移り住み、アメデも学校に通えるようになったが、すぐに鍛冶屋見習いの仕事に就く。第一次大戦では華々しい勲功を立て、除隊後は機械工作の工房に入る。そこで一人前の職人になったものの、彼の夢は、美女をはべらせて優雅に暮らし、毎夜パーティに明け暮れることだった。そのいずれもボローニャでは叶えられそうにない。彼の考えでは、それが実現できる都会はパリだけだった。

　こうして1925年、アメデはそれまでに貯めた金をすべて持って、花の都へと向かった。同胞たちに温かく迎えられ、毎夜のどんちゃん騒ぎをし、貯金が底を突くとパリから去っていった。もはやボローニャには戻れない。そんな一文無しの彼を、高級車ばかりを扱う修理工場を経営していたカッタネオが拾ってくれた。ここで必死に仕事を覚えたアメデは、2年後にはパリ郊外シュレーヌに自分の工場を開くまでになった。アトリエ・ゴルディーニは大いに繁盛してフィアット推奨工場にもなった。

　そしてパリ-ニース・ラリーの開催をきっかけに、自らのマシーンでのレース出場を夢見るようになる。もっとも自力参戦が時期尚早なのは明らかであったから、1935年のボル・ドールに向けて、顧客のフィアット・バリラ・スポーツをチューニングした。だが、その客が直前になってレースに出場できなくなり、クルマをゴルディーニに貸すことになった。ゴルディーニはレースに勝ち、賞金でそのマシーンを買い取ることもできた。ちなみにこの賞金は、フランス国内でのフィアット車のノックダウン生産を手がけていたシムカ社が拠出したものだった。

　このボル・ドールの勝利とシムカの支援とが、ゴルディーニの華々しい成功の始まりだった。彼のアトリエはまもなく、シムカ・フィアット車をベースとしたレーシングカーの開発に特化する。特に最新型であるシムカ8の評判は日を追って高くなり、著名なジャーナリスト、シャルル・ファルーは彼に、「魔法使い」という綽名まで献上した。

　シムカとの関係はいっそう緊密になり、ゴルディーニのレーシングチームはシムカ・ゴルディーニと名称を変えるまでになり、1952年まで小排気量レースで数々の勝利を重ねた。しかしこの年、F2がF1へと昇格し、市販車エンジンを流用してきたゴルディーニにとっては、危機的な状況となった。それでも彼は、シリンダーヘッドに手を加えたり、過給器を備えたりと、思いつく限りの改良を実行に移した。だが、2ℓフォーミュラで結果を出すには、6気筒DOHCのレース専用エンジンが必要なのは明らかだった。シムカには、そんなエンジンの開発意思はまったくなかったから、両者は関係を解消した。それ以降、ゴルディーニのマシーンはフェラーリやマセラティを相手にして、1勝もできなかった。結果的には、これがゴルディーニにとっての栄光の終焉となった。

　1954年にF1の排気量規定が2.5ℓに増やされると、直列8気筒エンジンを開発した。だが、完全な失敗作に終わり、ゴルディーニはF1から撤退し、ルノー公

1925年にイタリアから移住してきたアメデ・ゴルディーニは、戦後のフランスにおけるモータースポーツ界を代表する一人となった。マスコミは彼を「魔法使い」と呼んだ。

団の先行開発に専念するようになる。ここから生み出されたのが、有名なルノーR8ゴルディーニであった。

　私は個人的にはアメデのことが大好きで、彼がイギリスのカーアクセサリーを購入する際には、通訳として呼ばれたりした。しかし一度、かなり不仲になったこともある。私はキース・ダックワースから、かなり状態のいいコスワース・エンジンが入手できたので、それをジョー・シュレッサーのクルマに搭載するつもりだった。ところがジョーはそのエンジンを分解し、研究用にとアメデに渡してしまったのである。おまけに平素からイギリス人に容赦のなかったアメデが、「コスワースは出来の悪いエンジンだ」などと言ったのを聞いたものだから、私の怒りはなかなか収まらなかった。

　彼が最後に開発したエンジンは、アルピーヌ用の3ℓV8だった。しかし、これまた非常に期待外れのものだった。ところがアメデは「悪いのはシャシー」と主張して譲らない。そしてジョゼ・ロジンスキーを介して、エルヴァ製のシャシーを購入させようと画策したが、結局、話はそれで終わってしまった。

　私は以前に、オートスポーツ誌の連中にアメデを引き合わせており、その後も彼らはいい関係を続けていた。ゴルディーニの8気筒F1マシーンを他誌に先駆けてテストできたのも、そのおかげであった。さらにわれらが才能あふれるイラストレーターであるテオ・ページは、F2マシーンの設計図から、見事な内部構造図を描き上げたりもした。しかし残念なことに、実物が製作されることはなかった。

　今でも忘れられないアメデの才能は、信じられないような指先の感覚であった。パーツを指で触れただけで、コンマ1mm単位の長さを計測してしまうのである。ある日それを、彼にはほとんど馴染みのないイギリスの硬貨で実演して見せてくれた。それに加えて、設計図を見ただけで、パーツの寸法が充分かどうか判断できた。しかし一方で、彼は最高カテゴリーのレースとはどんどん縁がなくなっていった。戦後にゴルディーニが生み出したエンジンは、スプリントレースとしては失敗作だった。きっと長距離レースなら成功していたことだろう。

　フォーミュラ・ジュニア用のクーパーを購入したジョゼ・ロジンスキーは、私にマネージメントを頼んできた。彼もまたAATバーの常連だったのである。そして多くの場合、私が周回ごとの順位把握の技術を習

ったミシェル・デュボスク女史と一緒だった。ミシェルはその後、友人のアンヌ・ボワナールとマリー-アニック・デュフルニエにも技術を授けた。その後、彼女たちは、名だたるフランスのチームでタイムキーパーとして活躍することになる。

　ロジンスキーは、私たちに雑誌のテストドライバーも務めると売り込んできた。ただし報酬は、私たちの事業が軌道に乗ってからでいいという。もちろんその申し入れを断る理由などなかった。すぐに彼の才能に驚かされることになった。ベルナール・コンスタンのジャガーEタイプを走らせたのだが、その試乗記が運転と同じくらい巧みだったからである。

　当初は、編集部内もただ働きのスタッフばかりだった。ジャン・モエンシュを始めとする友人たちが夕方に集まってきては、私が昼間のうちに書き上げた原稿にあれこれ難癖をつけるのである。特にロータスがフェラーリを"こてんぱんに"やっつけたレースなどは大不評であった。

　"ブラムレイ・ボーイズ"時代に、私たちがマネージメントしていたドライバーの一人にアンドレ・ゲルフィがいた。アンドレはリュカと非常に仲がよく、雑誌社の"表向きの住所"として、シャンゼリゼにある自分のオフィスの住所を使わせてくれた。デュピュイ社がAATを買収した今、いくらなんでもその住所を雑誌に明記するのは憚られたものだが。

　ある日、ゲルフィからロンドンまで一緒に行ってくれないかと頼まれた。軍放出のトラックを買うのだが、売り主が今ひとつ信用できないから、秘書になりすまして様子を見てくれというのだ。私も英語がわからないふりをして、打ち合わせのときに彼ら同士の話を聞いて、あとで教えてくれというわけだ。ゲルフィの操縦するセスナ310でロンドンへ飛び、ついでにコーリン・チャプマン宅も訪問した。おかげで創刊号に掲載する長い独占インタビューもモノにできたのだった。

　私たちは、ジャン-マリー・バレストルにも会いに行った。当時の彼は『オート・ジュルナル』誌の発行人で、パリ郊外ボーヴィリエでの昼食会に誘ってくれたのだ。バレストルは私たちが雑誌を立ち上げるというアイデアを喜んでいた。それが結果的に彼のライバルであるAATの邪魔になるからである。そしてバレストルは、私たちにオート・ジュルナルでレースを担当しているジョルジュ・ミッシェルに記事を書かせな

スポール・オート創刊号のゲラ刷りを読み返す共同創始者のジャン・リュカ。1万部という控えめなスタートだったが、発行部数は爆発的に伸びていった。

いかと提案してきた。しかも原稿料はバレストルが負担するという。ジョルジュは有名なジャーナリストであるジョルジュ・フレシャールの甥であった。やがて彼が私たちの雑誌に書いた「レーシングドライバーになる方法」という連載記事は、フランスのモータースポーツ全体に想像を超えた大反響を巻き起こすことになる。それについては後述しよう。

雑誌を出すといいながら、リュカも私も印刷についてはまったく無知であった。そこで私は、セルジュ・ポッゾーリに会いに行った。セルジュは何から何まで教えてくれ、おまけに私が『プレイボーイ』誌から拝借した、ポスターを挟み込むアイデアの実現化も手伝ってくれた。

私はそれまで論説などというものを書いたことがない。こちらは別の友人であるフェルナン・ブッシアネリに頼んだ。フェルナンはある晩オフィスにやって来ると、ワイシャツの袖をまくり上げて、「内輪の話」という原稿を一気に書き上げた。そしてモーリス・トランティニヤンが喜んでその記事に署名してくれた。私は編集を担当し、リュカは事務経理兼広告販売の責任者となった。私たちはまず表紙と37ページの白紙の中味からなる、『創刊ゼロ号』を作った。広告を出してくれそうな人々へ見せるためだ。その多くは友人たちだったのだが、彼らからは予想をはるかに超える協力を得ることができた。

レイアウト担当は、ポンプニアックという名前の愉快な男だった。放浪癖があり、住所不定で、サンジェルマン・デプレ界隈を根城にしているということしか私たちにはわからなかった。だから毎晩、原稿ができあがると、バーのピアノ弾きにそれを託し、彼に手渡してもらうよう頼んだものだ。

そろそろ創刊号ができあがろうという頃、そのポンプニアックから「エタンプでラ・スムーズという印刷

Sport-Auto

所を見つけた」という連絡をもらった。しかしクルマを持っていない彼は、パリから50km以上離れたその印刷所には一度も行ったことがなかった。当然そこでは版組みもしていない。そこで私たちが2日間泊まり込みして、最後の仕上げをすることになった。

記念すべき第1号は1月15日に発売された。この日はちょうど、モンテカルロ・ラリーの車検がパリ市内ポルト・マイヨで行なわれていた。私たちは何人もの売り子をそこへ送り込んだところ、おかげで飛ぶように売れた。ルノーは、この年のモンテカルロに2台のR4をエントリーさせており、その1台を運転したシュレッサーは、なんとモナコGPのコースで行なわれた最終予選に勝ち残ってしまったのである。一方、2台目のR4に乗ったリュカは散々な成績で予選落ちを喫した。それも無理からぬことだった。チェックポイント通過のたびに配ろうと、R4のトランクルームに創刊号を満載していたのだ。

創刊号は1万部を印刷して予想以上に売れた。しかし第2号は失敗だった。表紙のデザインで私が重大なミスを犯してしまったのだ。真っ白の背景に赤いクルマという創刊号の表紙と、第2号はそっくりだったのである。さらに創刊号では、リュカの友人が原稿執筆などで無料奉仕をしてくれ、広告もたくさん入った。しかしそれ以降、リュカはむずかしい舵取りを強いられた。彼の信頼する二人の友人がいなければ、私たちの試みは早々に挫折していたことだろう。その一人は、BPのプロモーション担当だったジャン・ペルチエ、そしてアメリカでのフェラーリ・インポーターだったルイジ・キネッティだった。彼らは純粋に応援の気持ちで、ノースアメリカン・レーシングチーム（NART）の広告を毎号数ページ載せてくれたのだ。

リュカも私も余分な資金などはまったく持っていない。ただし広告料が60日後に入り、印刷経費は90日後に支払えばよい。そんな綱渡りを毎回繰り返していた。

幸い雑誌の売り上げは月を追って少しずつ増えていった。するとライバル関係にある他の自動車雑誌が私たちの成功に注目し、それまでモータースポーツに冷淡だった彼らがレース関係のページを充実させ始めたのである。その傾向は一般誌にまで広がった。そしてその恩恵を再び私たちの雑誌が受けた。なによりフランスのレース界が活気づいていくことが、はっきり感じられるようになった。

当時、モータースポーツ関係の代表的なメディアといえば、フランス唯一のスポーツ日刊紙である『レキップ』であった。同紙は自動車のツール・ド・フランスを主催していたから、宣伝も兼ねて盛んにツール・ド・フランスの記事を掲載していた。レキップの自動車担当記者だったピエール・アブーはラリーにしか興味がなかったから、グランプリレースに来ることなど

マニクールで行なわれた第1回「ヴォラン・シェル」の選考風景。スポール・オートの呼びかけで始まった試みだった。

滅多になく、通常はイタリア通信員だったフランコ・リーニに取材を任せていた。一方の私たちは、特にラリーを軽視していたわけではなかったが、純粋なスピードを追求するサーキットレースの方に多くのページを割いていた。また読者たちもその方針を支持してくれた。アブーはその傾向に大いに危機感を抱いていたようで、レキップにスポール・オートの紹介や引用記事が出ることは一度もなかった。

ジム・ラッセル・フランス校と新人発掘

ジョルジュ-ミッシェル・フレシャールのコラムに話を戻そう。彼はこのコラムでレーシングスクールについて書き、なかでもイギリス・スネッタートンにあるジム・ラッセルのことを詳しく紹介していた。ジム・クラークが現役ドライバーだった時は、私たちのアンテル・オート・クルスに所属していた。だから彼のことはよく知っていたし、この記事の反響も予想できた。そこで私はジム・ラッセルに、スポール・オートの読者のために、特別に走行会を開いてくれないかと打診した。彼は快諾してくれ、その募集を雑誌で募った時には応募の手紙が編集部に袋詰めで届いたほどだ。

その走行会の2回目が終わってすぐ、ビル・ナイトがパリにやって来た。ビルとはモンツァでの最高速走行会以来の知り合いであったが、彼がジム・ラッセルを買い取って、オーナーになっていたことはまったく知らなかった。私に会うなりビルは「もはや、スネッタートンまで来ていただく必要はない。充分な需要があることがわかったので、フランス校を開くことにした」と宣言した。そして私たちは、学校を受け入れてくれそうなサーキットとの交渉を引き受けた。私はまずモンレリーを考えたが、リュカがマニクールの所有者であるベルニゴー家と親しかったことから、最終的にマニクールに決まった。さらに親友でシェル・レース部門の責任者であるジャン・ノアイユに、スクールの後援も持ちかけた。せっかくの機会だから、学年末に優秀な生徒を集めて選抜試験を行なおうと思ったのだ。ノアイユはこれに賛同してくれ、1万フランの賞金を出すといってきた。しかし私は丁重にお断りし、「代わりに最優秀者にはフォーミュラ・ジュニアにフルシーズン乗せてやってくれ」と依頼した。

こうして、「ヴォラン・シェル」と呼ばれる奨学生制度が誕生した。これはその後、フランス国内の人材発掘に多大な貢献をすることになる。最初の選考会は1963年11月に行なわれ、無料で入場できるようにしたところ、レース当日のような混雑になり、パリからサーキットのあるヌヴェールへと向かう国道では十数台の車が速度違反で捕まったそうだ。

最優秀ドライバーにはジャン-ピエール・ジョッソーが選ばれた。故ジャン・ベーラの息子であるジャン-ポール・ベーラを破っての栄冠だった。ジョッソーは、結局F1にはたどり着けなかったが、ルマン24時間レースで2回優勝する活躍を見せた。その後も「ヴォラン・シェル」からは多くのドライバーが巣立っていった。たとえばジャック・ラフィット（ただし彼は優勝せず、のちに学校側がその才能を見出した）、フランソワ・セヴェール、ルネ・アルヌーらだが、彼らはいずれもグランプリレースで優勝を果たしている。

シェルが1974年限りでレースから撤退したあとはエルフがそのあとを継いだ。彼らはすでに南仏ポールリカールのレーシングスクールを再開させており、パトリック・タンベイを発掘していた。この学校はウィンフィールドが買い取り、以後は両校ともにエルフの支援を受けることになった。そしてここの奨学生は「エルフドライバー」と呼ばれることになる。

マニクールの最初の教師だったヘンリー・モローは、まもなくアメリカに渡ってしまい、後任にはティコ・マルティーニが就いたが、彼は生徒たちに多大な人気があった。ティコのおかげで、スクールはいっそうの評判を呼んだといっていい。マニクール校はビル・ナイツの息子たちであるマイクやリチャードが経営を担当した。一方のポールリカールは、シモン・ド・ロツールが指揮を執り、ディディエ・ピローニやアラン・プロストが卒業生である。

フォード・フランス、そしてシュレッサー

1962年、ジョー・シュレッサーは自ら所有するブラバムのフォーミュラ・ジュニアでレースに出ていた。そしてルーアンGPに出場した際、人生最大のチャンスを掴むことになる。フォードの広報担当で、自身も大のレース好きだったアンリ・シュマンが、何人かのジャーナリストを招待していた。そしてシュレッサーがブラバムにフォード・エンジンを搭載していることを知って大喜びしたのだ。シュマンは非常に仕事熱心なアイデアマンだったから、これをフォード・ブ

ランドの売り込みに使えないかと考え、上司のフォード・フランス社長ビル・リーバーにその考えを提案した。

当時のフォードはマスタングを発表したばかりで、リー・アイアコッカ社長はこのニューモデルをどう売り出そうかと腐心しているところだった。これまでのフォードの客層からすれば、はるかに若い人々をターゲットにしていたからである。そこでアイアコッカは、「トータル・パフォーマンス」というキャンペーンを打ち出し、世界中のレース界に大きな反響を呼びつつあった。リーバーもシュマンもこの計画のことはもちろん知っており、シュレッサーこそフランスでの推進役としてぴったりだという結論に達したのだ。ジョーは知り合ったばかりのシュマンをAATのバーに連れ出し、こうして彼はごく自然にスポール・オートの一派に加わったのである。

翌1963年にはフォード・フランスのレースチームが誕生した。私はシュマンをロータスに連れて行き、F3マシーンを2台購入させた。その年からフォーミュラ・ジュニアはF3に名称変更されたのである。2台目にはジャン・ヴィナシエが乗ったが、あくまでシュレッサーだけが、フォードのワークスドライバー待遇だった。おかげでジョーは同チームの一員としてルマン24時間レースにも参加し、自身も1967年のランス12時間レースでは、フォードGTマーク2に親友のギ・リジエと組んで出場し、優勝を果たした。

私が応援してきたことへの感謝の気持ちからか、ジョーとアニーのシュレッサー夫妻は、1964年から翌年の冬にかけて私をアンゴラに招待してくれた。ここで行なわれるルアンダGPにポルシェ904で参戦するので、メカニックの名目で来てくれということだった。もちろんジョーの方がはるかに器用だったから、私など必要だったはずはない。実際、レースの際にはギアボックスのオーバーホールなど、慎重を要する作業はジョーが全部自分でこなしていた。

レース前夜、私は遅くまでガレージにこもっていた。マシーン全体を点検し、その他にもエンジンのオイルや点火プラグ交換などの作業が残っていたからだ。これはかなり厄介な仕事になった。ポルシェ・エンジン用の特殊工具がなかったからで、私は深夜までクルマの下で格闘し続けた。夜になっても暑さはいっこう

アンゴラGPに出場したジョー・シュレッサーのメカニックを務めるジャビー。彼は異国情緒たっぷりのレースには特に喜んで出かけて行った。

しばしばジャーナリストは、その批判記事が物議を醸すこともある。ジャビーもポルシェ904GTSのホモロゲーションに異議を呈したため、「悪意かつ虚偽だらけの記事」と、同社のレース部門責任者の怒りを買った。あるいはFOCA-FISA紛争でフェラーリの姿勢を糺した際には、エンツォ本人から抗議の手紙が来た。

衰えず、おまけに無数の巨大なアブラムシが周りを這っていた。この苦労は決して無駄にはならなかった。

ようやく作業を終えた私は904に乗り込んでホテルへと戻った。人気のない午前3時のルアンダの町をぶっ飛ばし、ホテル正面の舗道脇にマシーンを停めた。朝になれば、ジョーはこのマシーンに乗るだけ。そのままピットまで行ける。なにしろサーキットはホテルの真ん前だったのだ。

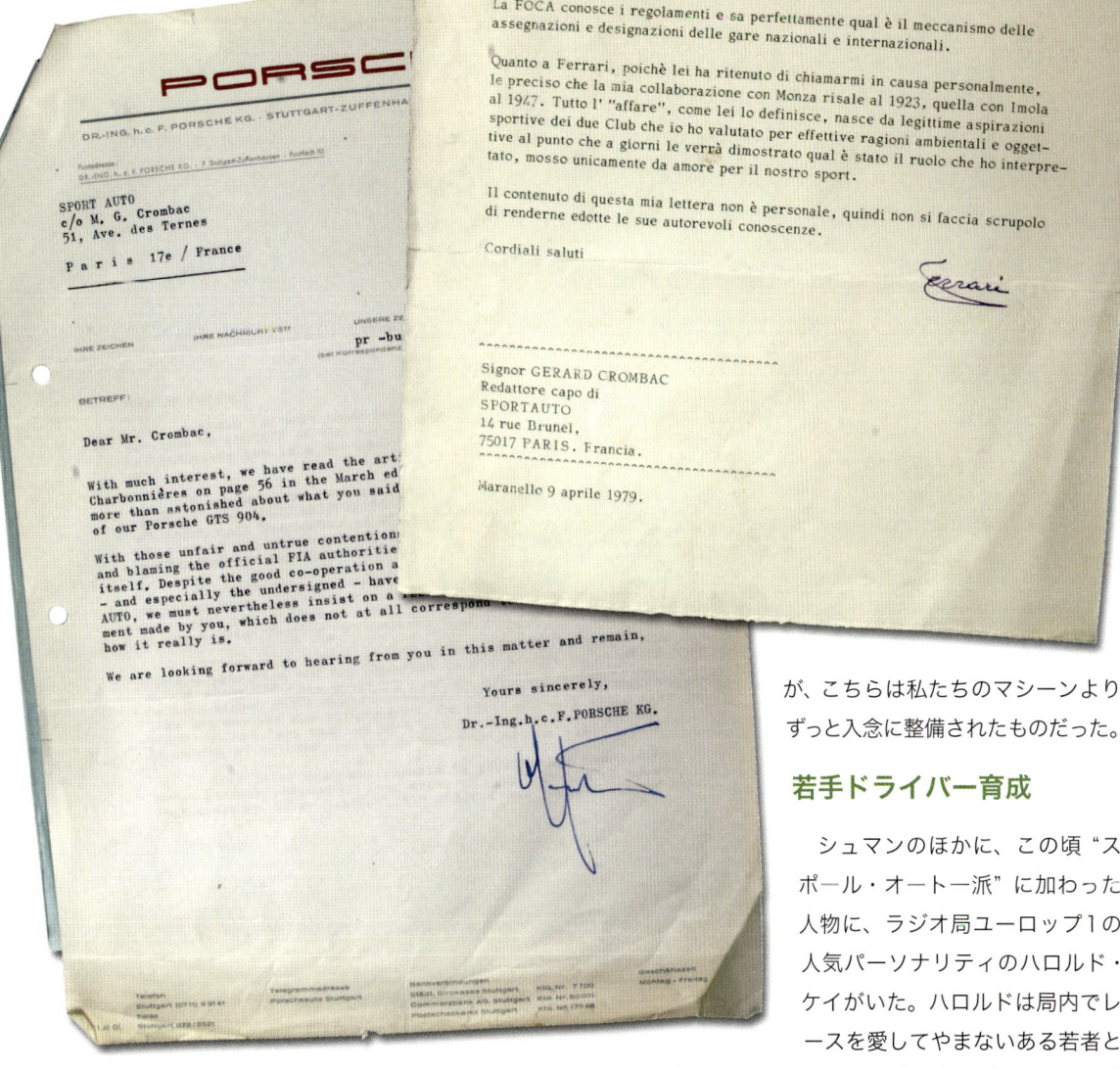

レースは途中までフェラーリLMが首位を独走したが、にわか雨が降ったおかげで一瞬とはいえポルシェ勢が優位に立つ場面もあった。結局、ジョーは4位入賞を果たした。すぐ前にもう1台のポルシェ904がいたが、こちらは私たちのマシーンよりずっと入念に整備されたものだった。

若手ドライバー育成

シュマンのほかに、この頃"スポール・オート一派"に加わった人物に、ラジオ局ユーロップ1の人気パーソナリティのハロルド・ケイがいた。ハロルドは局内でレースを愛してやまないある若者と知り合っていた。私たちは一度も会わずじまいで、残念ながら名前も聞いていなかったが、時おりハロルドの番組に「ムッシュ・ブランデュ」という芸名で出ているということしか知らなかった。しかしその彼が、ハロルドに貴重なアドバイスをしてくれたのだ。それはフォードが支援する、若手ドライバーを対象としたワンメイクレースを開催することであった。

私たちはそのアイデアをもとにフォードと話し合いを重ね、最終的に20台ほどのキット仕様のロータス・セヴンを購入することを受け入れてもらった。そして各地の自動車クラブが選抜したドライバーがこれを組み立て、整備し、レースに出場する。第1戦は1964年のモンレリーで、2年間継続された。ここからはアンリ・ペスカロロ、パトリック・ドゥパイエといった人材が輩出した。

"ムッシュ・ブランデュ"には別のアイデアもあった。ルノーはそのころR8ゴルディーニを投入していた。そのマシーンを使ってゴルディーニ・カップを開催しようというのだ。私はその計画を、ルノーの広報責任者であったボブ・シコに持ち込んだ。ボブは非常に面白いといってくれたが、よりにもよって、話をモーター誌に持って行ってしまったのである。この雑誌はデュピュイ・グループの傘下にあり、私たちのスポール・オートよりずっと強力だったのである。

だが、雑誌を創刊したおかげで、普通なら会えないような人々とも知り合うことができた。たとえば、「呪われた詩人」といわれたジャン・ジュネもその一人であった。ジュネは才能あふれた若手ドライバーであるジャッキー・マリアの庇護者だったのだ。ジャッキーがモンツァ警察といざこざを起こした時には、ジュネはスポール・オート誌上でJ.G.という署名で告発記事を書いたほどだ。さらにフランスの産業省に働き掛けて、自国製F1チームまで創設させようとした。もちろんドライバーにはジャッキーが抜擢される手はずだったのだ。しかし私は、まったく乗り気ではなかった。戦前のSEFAC、そしてCTAアルスナルの失敗を見ていたからである。

ジュネは有力なコネに事欠かなかった。政治活動を通じての知り合い、あるいは個人的な友人たちのおかげで、産業省の有力官僚に会えることになった。私はF1の専門家として、ジュネに同行することを了承した。呆れるほど広大なオフィスに通され（しかし最後まで、担当者の名前は聞かされずじまいだった）、計画について話し合った。

私はこう切り出した。「いい話だと思います。しかし私たちにはF1の経験など全然ありませんよ」と。すると相手はこんな反論をしてきた。「失礼ですが、経験など何の役にも立たないでしょう。重要なのは、才能です。その点は、美容師と同じではありませんか。才能さえあれば経験がなくても、勝てるマシーンをデザインできるはずです」と反論をしてきた。

幸いなことにこの計画は早々に挫折した。しかしマリアのレース人生にも同じように終止符が打たれた。事故に遭い、片腕の自由が利かなくなってしまったのだ。数年前にマリアの娘に会った時聞いた話では、父親はギリシャの島で彫刻家になったとのことだった。

読者からは、毎月多くの便りが届いた。愛車を改造したから、ぜひ私たちに試乗してほしいという手紙であった。その中で特に熱心だったのが、シムカのチューナーだったベルナール・タピという男からのものである。当時の彼は、まだサッカーには興味を持っていなかったようだ。（訳者註：ベルナール・タピはのちに実業家として財を成し、オランピック・マルセイユを買収。さらにミッテラン政権下で閣僚にまで上り詰めた人物だ）

この頃、実際の編集部員はごく少人数しかいなかった。原稿の半分以上は私一人がこなし、何種類ものペンネームで書き分けていたのである。しかしシーズンまっただ中の夏は特に、すべてのレースにはとても取材に行けない。私はグランプリを優先したので「アルプス・カップ」のような重要イベントも欠席せざるをえなかった。それでも現場を取材して原稿を送ってくれるフリーライターは、少しずつ増えていった。問題は編集部員の充実であった。リュカはスタッフの増員を認めてくれたものの、「安く上げろ」と条件を付けられた。

最初に雇った青年は、情熱を持って仕事に当たってくれ、しかもレースについての知識も十二分に備えていた。ところがある日、私は刑事の訪問を受け、彼は「私はスポール・オートの愛読者の一人です。今日ここに来たのは、新しい編集部員について報告するためです。実は、彼はおもちゃの拳銃を持って一人暮らしの老婦人宅に侵入し、金品を奪う常習犯なのです」と言った。

1964年のランスGPのことだ。トト・ロッシュは忠実な部下であるマリー-ルイーズを安心させるため、兵役を終えたばかりの青年を新たに雇った。彼はレースの1カ月前から働き始め、エントリーにまつわる山のような雑事を引き受けてくれた。一緒に作業をこなした私は、その鮮やかな仕事ぶりに感銘を受けた。

無事レースが終わった翌日、私がリュカとランスの

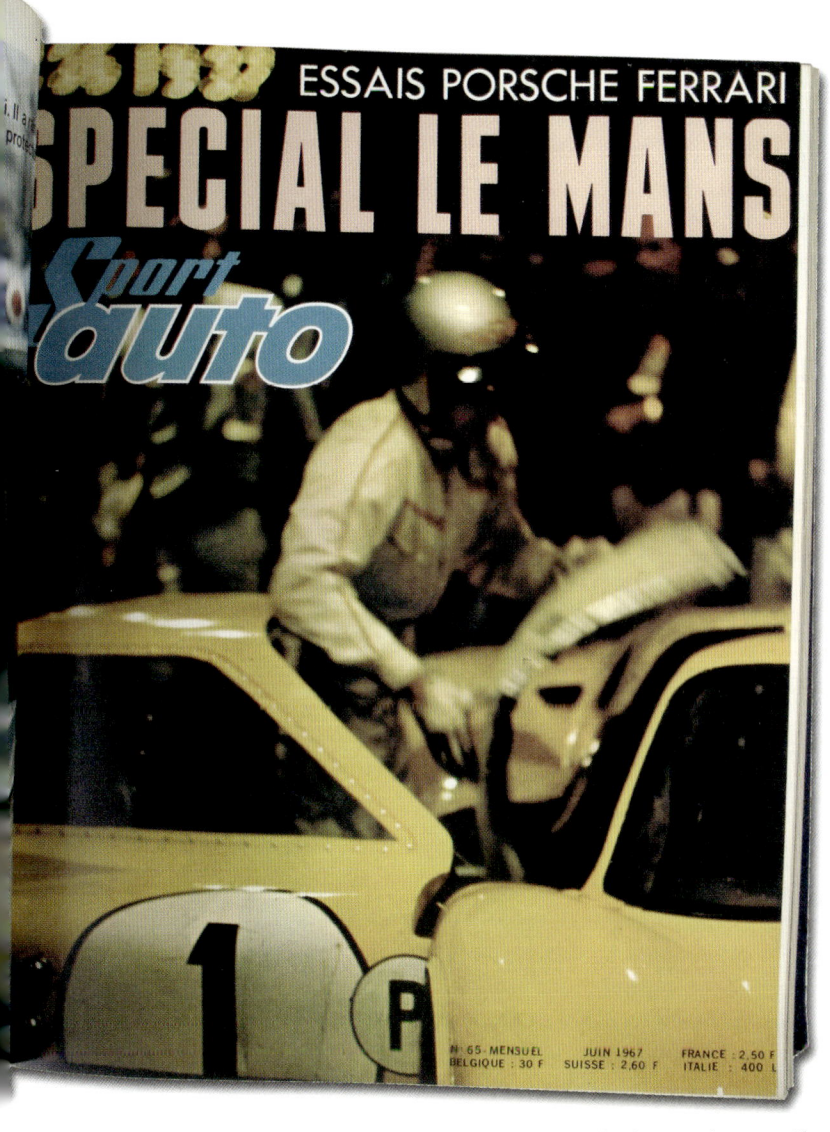

スポール・オートが創刊以来、最も売れた「ルマン特集号」。フォードとフェラーリの死闘を扱ったこの号は、16万7000部を印刷した。

クラブでくつろいでいると、彼がやって来て、スポール・オートで働きたいという。リュカが提示したのは気の毒なほど安い給料だったが、彼はそれを受け入れて編集部員となった。この青年、ジャン-フランソワ・ラジェイこそが、その後6年間にわたって編集部の中心となった男である。その後、私はマートラのコンサルタントになり、当然ながらフランス・トロフィーに関わっている時間はなくなった。そこでラジェイはスポール・オート編集部を退職し、ベルナール・コンスタンの資金援助を受けてプロモクルスというマネージメント会社を立ち上げた。それ以降、国内のラリー広報やサーキットレースの運営の多くはプロモクルスが担当した。つまり私が以前やっていたことを、ラジェイが肩代わりしたわけである。ただし私と違って無料奉仕ではなかった。

ピークは16万7000部

雑誌創刊から何年か経って、リュカはあることに気づいた。編集部自体はどんどん忙しさを増していたのだが、事務系や印刷、配送、営業部門は月の半分しか稼働していないのだ。私たちはもっと収益性を上げる方法を考え、雑誌をもう1冊出そうという結論に達した。発売日をスポール・オートから半月ずらせば、すべてがうまく回ると目論んだのである。これが『チャンピオン』という雑誌で、私がコンセプトを考えた。毎回、あらゆるカテゴリーのチャンピオンを扱うという内容だった。しかしその後は少しずつ、スポール・オートの別冊のような性格になっていった。もちろんこれでは期待したような発行部数は望めず、最後にはメイン雑誌の儲けを全部注ぎ込むようなことになってしまった。

スポール・オートが最大の売り上げを記録したのは、1967年の「ルマン特集」だった。フォードとフェラーリが死闘を繰り広げた年で、16万7000部を完売した。翌68年6月の「シーズン中間号」もよく売れた。当時は新聞やラジオ、TVでのモータースポーツの扱いは今ほど大きくなく、レースファンは情報飢餓状態に置かれていた。そこで私たちは、モナコ、スペインのF1グランプリ、ポーでのフランス・トロフィー、スパ、モンツァの1000km耐久レース、そしてタルガ・フローリオなどレース満載の特別号を作ることにしたのだ。

そう決めた時には、すでに通常号のレイアウトを作ったあとだったが、急遽すべて編集し直した。あとは無理を聞いて、超特急でやってくれる印刷所を探すだけだった。そしてベルギー人のカメラマン、エリック・デラ・ファイユが、フランス国境近くのトゥルネイという町で対応してくれる印刷所を見つけてきた。再び何日も印刷所に泊まり込むわけだ。私たちを乗せたリュカの自家用車ルノーR16はガス欠寸前でなんとか国境にたどり着き、そこでガソリンを満タンにした。そして帰路には、何缶ものジェリカンにガソリンを入れて、次の往復の際に補給するようにした。理由は、ベルギーの方がフランスよりガソリンが安かったのだ。そんな苦労の末に出した特別号は、文字どおり飛ぶように売れた。

こうして雑誌の評判は上がっていったのだが、事業

Sport-Auto

1970年代に計画されたヒストリックカー専門誌『ヴィンテージ』のパイロット版。時代を先取りしすぎたのか、創刊されずに終わった。

た。その中に料理と編み物雑誌があり、ともにドイツ語版も発行されていた。そしてスポール・オートが傘下に入ると、このドイツ語版も出そうということになった。当時は、まだグラビア印刷が一般的ではなく、1色1枚ずつのフィルム作成は非常に高価だったが、その複製はほとんど無料に等しい。そこでできるだけ多くのカラーグラビアを奢る代わりに、仏独両雑誌で経費を二等分するというアイデアが出た。

私たちはドイツ側の技術顧問として、古い友人のヘルベルト・シュミットを迎えた。当時は、ドイツGPを主催しているAVDのレース責任者だった。そしてシュミットは、ディーター・デルベルグという素晴らしい記者を見つけてきてくれた。

毎月、完成した記事の一部はパリの編集部でシシーという美人がドイツ語に翻訳する。そしてドイツ側で

スポール・オート誌ドイツ語版の初期のスタッフたち。

が拡大するにつれ、現金も必要になった。しかし私もリュカもそんな余裕はなかったから、ロベール・エルサンに資金を用立ててもらった（訳注：ロベール・エルサンはフランスの出版王と呼ばれる伝説的な人物）。その後エルサンはリュカを呼びつけ「私は共同事業という形は好まない。だから貸した金をすぐに返すか、あるいは私が君たちの会社を買収するか、どちらかにしたい」と宣言した。

そこで私たちは売却の方を選択した。この決定自体を私は少しも後悔していない。エルサンは、理想的なボスだったからだ。金だけを出し、編集部にはいっさい口出ししなかった。だから息子のジャックに代替わりしてから、事態が少しばかり変わってしまったのは残念だった。

エルサン・グループはさまざまな出版物を出してい

はデルベルグが国内レースのリポートを書き、双方を合体させてドイツ語版を完成させた。このやり方で雑誌は大成功するはずだった。しかし広告が思うように入らず、おまけに事務員の一人が金を使い込んで逮捕される事件まで起こった。資金難に陥ったドイツ側に送金する必要が生じたが、1968年の5月革命以降、為替管理がいっそう厳しくなってしまった。そこでエルサンは、ドイツ語版の売却もやむなしという結論に達する。買い取ったのは、往年のグランプリドライバーであるポール・ピーシュの経営するモーター・プレス・ヴェルラーグで、今もドイツ国内では人気の雑誌である。

その後はブラジルの出版社からも話があり、ポルトガル語版も出た。だが、支払いは現金ではなく、ブラジルGP観戦用の往復航空券であった。

海賊版も少なくなかった。中東のある出版社は、パリの友人にスポール・オートを送らせ、アラビア語に訳して同じ名前で出版していた。そしてある日、その編集者が私たちに会いにパリまでやって来た。彼は私に少しばかりの金を握らせると、「発売になってからでは遅いので、本ができた時点でそちらから直接送ってくれませんかね」と言ったのには驚いた。

古いクルマが大好きだった私は、イギリスで刊行されたばかりの『クラシックカーズ』という雑誌の成り行きに注目していた。そしてなんとかフランスでも、同様の雑誌を作りたかった。『ヴィンテージ』という雑誌名まで決めていた。私たちはビューリーの自動車博物館に行き、モンタギュー卿のド・ディオンや、アンドレ・シュルマンのドラージュD8-120を試乗させてもらった。このドラージュは素晴らしいとしかいいようがなく、パイロット版の表紙に使うことにした。ただしありきたりの写真ではなく、有名なカーデザイナーのポール・ブラックにデッサンを描いてもらった。リュカはできあがったパイロット版をエルサンに見せに行ったが、彼の興味を引くにはほど遠く、計画は頓挫した。今日のフランスで、この種の雑誌が隆盛しているのを見るにつけ、そのパイオニアとなれなかったのは残念である。

1974年、自動車業界を石油危機が襲った。自動車雑誌業界にも波及し、紙や印刷経費は高騰し、逆に広告は一気に落ち込んだ。私たちはすぐに『チャンピオン』を休刊した。その前にエルサンが買収していたベルギーの『ヴィラージュ』というレース雑誌は、スポール・オートに吸収されていた。そしてリュカが引退を宣言する。もはや彼はモータースポーツに興味を失っていたのだ。もともと大西洋岸の小島イル・ド・レに別荘を持っていた。そこに厩舎を建て、競走馬の飼育に新たな情熱を注ぐことになった。

こうしてリュカは、週に2、3日しかパリに来なくなった。彼には、不景気まっただ中にあって、自分のような存在は編集部には迷惑なだけだという思いもあったようだ。そこで彼はエルサンに、イル・ド・レ近くの地方都市のナントで就職口を依頼した。日刊紙『エクレール』の編集長に抜擢された彼は、完全にパリを引き払った。そしてリュカの後任にはジョルジュ・ブルテルが就いた。もともとは『パリ・ノルマンディ』という新聞の社主だった男だ。そこへエルサンが攻撃的買収を仕掛け、両者の攻防は熾烈を極めたという。そしてエルサンの勝利で決着がついた時、彼は鷹揚にもかつての敵をスポール・オートに迎えたのである。

ブルテル自身、非常にまっすぐな性格で、私たちはすぐに信頼関係を築くことができた。ただし彼にも欠点があった。かつて『オート・ジュルナル』誌の編集長まで務めながら、クルマのことはまったくの素人だったのだ。おまけに政治的な寝技も好まず、自動車連盟との交渉事もいつも正攻法だった。こうしてスポール・オートがフランス国内のレースで何かを仕掛けるといった時代は完全に過去のものとなったのである。

CAR GRAPHIC

1981年、ロータス88に関する私の態度に怒り狂ったバレストルが編集部まで乗り込んできた。そして彼はエルサンの息子にすぐさまこの男をクビにしろと息巻いた。それをブルテルが何とか収め、私は辞職せずに済んだ。しかしバレストルは代わりに昇給を凍結しろと要求し、最終的にそういうことになってしまった。当時のフランス国内のインフレ率は年間15%ほどで、私はたちまち窮乏してしまった。するとブルテルは「増額はできないが、他の雑誌に書いてもいいよ」と言ってくれたのである。おかげで私は日本の『CAR GRAPHIC』に、毎月コラムを掲載することになった。1963年に鈴鹿サーキットで開催された第1回日本グランプリ以来、編集長の小林彰太郎氏とは懇意だったのだ。その後、私のコラムは、韓国の『モータースポ

Sport-Auto

ーツ』、インドネシアの『オートモチーフ』誌にも転載された。

　同じ頃、私はイタリアの雑誌でバレストルの天敵のような存在だった『アウトスプリント』にも寄稿した。容易に想像できることと思うが、アウトスプリントに書く記事と、スポール・オートのそれとでは、論調をずいぶん変えざるをえなかったものである。

テレビ放映で
大きく変わったF1の雰囲気

　スポール・オートを創刊して間もないころのF1の雰囲気は、私が『オートスポーツ』で取材していたころと同じような、のんびりしたものだった。しかしTVが生中継するようになり、大口スポンサーが入ってきたことで雰囲気は一変した。

　その頃のもうひとつの大きな変化といえば、飛行機代が劇的に安くなったことが挙げられる。ボーイング747が就航され、大量輸送が始まったことが大きな要因だっただろう。一方で原稿の送り方は基本的には同じだった。手書きかタイプライターで原稿を仕上げると、電話口で読み上げるか、余裕があれば編集部まで直接持ち込んでいた。メールはおろか、まだテレックスやファックスも使っていなかったのである。

　1960年代初頭には、グランプリを定期的に取材している人間はジャーナリスト、カメラマンを合わせても、せいぜい50人ほどしかいなかった。そしてそんな彼らにしても（私もそうだったが）、大部分はヨーロッパ以外のレースに行けるほどの財力はなかった。だから稀にそうした機会に恵まれたジャーナリストは、何種類ものペンネームを駆使して、あらゆる雑誌や新聞に記事を書きまくったものである。

　当時のサーキットにはプレスルームなどはなく、グランドスタンドに記者席が用意されていた。たいていはピット作業が見られるような場所だった。そして各席には特別に小さな机も設置されていた。そこから奥に入ったところに電話がずらりと並ぶ小部屋があった。新聞記者たちはそこで、原稿を読み上げるのである。多くの場合、電話の数よりもジャーナリストの方が多かったから、争奪戦は熾烈だった。ある年、私はルマン24時間レースで、友人のジョルジュ・フレシャールの手伝いをした。すると観戦中、目の前のメインストレートで衝突事故が起きた。すっくと立ち上がったフレシャールは、耳を聾するような大声で「交換手、パリ・プレス紙を呼べ!」と叫び、私は回線確保のために電話室へと走った。そして彼の読み上げる原稿を、電話口で繰り返したのだった。

　当時のサーキット側の広報といえば、10周ごとの順位を発表し、あとは終了後の総合成績が出る。それだけだった。予選も各セッションの結果とグリッド順のみだった。ランスでのレースのことだ。トト・ロッシュは私にスターティングリストの公表を禁じた。地元紙『ユニオン』がこの資料を使って、レース当日の朝に無許可のプログラムを売り出すからだ。公式プログラムは当時のレース主催者にとって重要な財源のひとつだったのだ。

　取材者の数が絶対的に少なかった分、ドライバーたちとは今では想像もできないほど近しく、親しいものだった。インタビューをするのに必死で頼み込む必要もなかった。レース終了後の晩、昼間のうちに話を聞かなかったドライバーに出会ったりすると、「どうしてインタビューしてくれなかったんだ」と逆に問われたものだ。いずれにしても、授賞式の場で関係者はみんな顔を合わせることになっていた。そこでの雰囲気も実に和気あいあいとしており、そのあとは近場のカフェやバーに繰り出すのが恒例だった。ランスのバー「ブリジット」でのどんちゃん騒ぎが、本当に懐かし

1960年代のレース専門記者たちは、ユニークな人物ぞろいだった。たとえばこのトミー・フランクリンはパリのキャバレー「クレイジーホース」で、踊り子たちを紹介する司会の仕事をしていた。

く思い出される。

　この時代、レース取材専門のジャーナリストは、個性豊かな強者ぞろいだった。たとえばラジオ・リュクセンブルグの記者にミオマンドルという男がいた。月給日前にはいつも金がなく、モーリス・トランティニャン所有のワイナリーのトラックに同乗して、サーキットに行ったりしていた。ある日、グランドスタンドで実況中継をしていた時のこと。優勝者がゴールしたのに、彼はまったく気づかなかった。隣にいた同僚にそれを指摘されるや、彼は真っ赤になって、「何てこった、この××野郎。オレのチェッカーを返しやがれ」と大声で叫んだ。もちろん中継の真っ最中である。

　あるいはフランス・アンテールというライバル局に雇われていたトミー・フランクリンは、ロシア出身の元オペラ歌手だった。今の仕事に就く前には、パリの有名キャバレー「クレイジーホース」で司会をやっていたという変わり種だ。だから記者たちの集まる席では得意の美声で、「皆さ〜ん、次は惚れ惚れするような脚線美のレディ・ドドですよ〜」などと皆を湧かせていた。一方、イギリスの新聞記者たちはサーキット内のバーにたむろしていることがほとんどだった。大事故でも起きない限り、ほんの数行書いてしまえば仕事はオシマイだったのだ。

　その後TV中継が始まり、大企業のスポンサーたちがF1に集まってきた。そして少しでもメディアで露出してもらおうと、ジャーナリストたちにできるだけ便宜を図るようになった。その甲斐あって、F1取材者の数は年々増えていった。チームごとに記者会見が開かれるようになったのもこの頃のことだ。グランプリ前には事前リポート。そして週末に入れば各セッション後にプレスリリースが配られた。すべてが素晴らしいことに思えたが不都合も出てきた。今や報道関係者は200人以上を数え、簡単にはドライバーに近づけなくなってしまったのだ。インタビューしたければ広報担当に話を通す。すると担当者は、私の雑誌がどれほどの発行部数があるかを確認し、そうしてから初めて許可が出るのである。ただしすぐには話が聞けず、たいていは2、3戦後のことになる。そして多くの場合、広報担当がテープレコーダーと一緒に席に着く。ドライバーの一言一句を上司に報告するためである。幸いFIA（国際自動車連盟）はグランプリに先立つ木曜と金曜日に、その時点で注目を集めているドライバーや関係者を集めて、定例会見を開くようになった。

　レース結果に関しても、昔は1周ごとの順位変動や各ラップタイムは、自分で把握するしかなかった。それが今では、プレスルームに何十台も設置されたモニターに瞬時に表示される。同時に生中継や車載カメラの映像なども、いながらにして観ることができる。さらにレースが終われば全ドライバーのラップタイム、最高速、ピットインの時間、各区間タイムにいたるまで、あらゆるデータが配られる。レース後のトップ3ドライバーの記者会見ですら、文書にしてくれる。そ

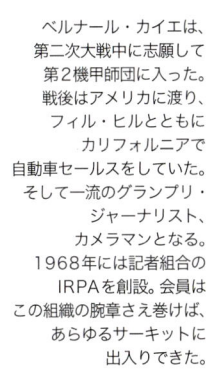

ベルナール・カイエは、第二次大戦中に志願して第2機甲師団に入った。戦後はアメリカに渡り、フィル・ヒルとともにカリフォルニアで自動車セールスをしていた。そして一流のグランプリ・ジャーナリスト、カメラマンとなる。1968年には記者組合のIRPAを創設。会員はこの組織の腕章さえ巻けば、あらゆるサーキットに出入りできた。

Sport-Auto

の後記者たちが原稿を書いている間、プレスルームでは繰り返しレースの映像が流される。そこに全チームが所属ドライバーや主要メンバーのコメントの入ったリリースを出してくれる。つまり私たちが昔やっていたような、いろんな関係者へのインタビューなどわざわざしなくても、それなりの原稿は書けてしまうということだ。いずれにしても今や、特定の時間帯の「ドライバーお立ち台」以外の場所でなりれば、彼らはほとんど話をしてくれない。

こうなると、全員が同じ情報をもとに同じコメントを引用するわけだ。その方が確かに、仕事のスピードは上がるだろう。私がスポル・オートの編集長だった頃は、編集部員志望者に対して、モータースポーツの知識について試験を課した。それが今はどんな原稿を書けるかの方を重視する。レースを知っているかどうかは大した問題ではないのだ。充分にかみ砕かれた情報が速やかに流されるのだから。

なによりレース取材に来ている記者たちの多くは、ここを単なる腰かけとしか考えていない。ある程度の成果を挙げて、最終的にはスポーツ部門の花形であるサッカー記者になりたいと考えているのだ。

技術的な部分でも、ずいぶん事情は変わってしまった。かつては新車が登場すると、何でも教えてくれた。車体のホイールベースやトレッド、シリンダーボアやストロークなどなどだ。しかし、チームは次第にそうする意味がないと思い始め、技術者たちはできるだけ情報を出さないようになった。あるいはわざと嘘の数字を流す。そして同じ頃からガレージへの出入りも禁止された。アラン・プロストが作ったチームなどは、入り口にガードマンを配置した。まるで彼らのマシーンを誰かがマネすることを恐れていたかのようだ。

新車発表会も忘れがたい思い出になった。たとえば1975年9月にヒースローの空港ホテルで行なわれた、コリーン・チャプマンによるロータス77の発表会は印象的だった。私たちは全員自前で集合場所にやって来た。チャプマンが出迎えてくれ、マシーンを披露し、それから1時間あまり、開発にいたるまでの技術哲学を語った。それが終わるとシェリー酒を1杯振る舞ってくれ、私たちは申し分のない内容の詰まった資料を抱えて帰路についたのである。

それとはあまりに対照的だったのが、数年前にシシリー島タオルミナで開かれたベネトンの新車発表会だった。私たちは前夜、チームが手配したチャーター便に乗って到着した。翌朝は、フラヴィオ・ブリアトーレ代表とドライバーたちが、ローマ時代の戦車に乗って街中を行進するのに立ち会った。マシーンは古代劇場のステージでヴェールを脱いだ。しかし周囲にはシシリー人たちが群がり、ジャーナリストは近寄ることもできなかった。おまけに開発責任者のロス・ブラウンには話を聞くこともできなかった。なぜなら、ブラウンはこの旅行に参加していなかったのだ。

取材許可に関しても問題だらけだった。最初は各グランプリの主催者に各自が数週間前に取材申請の手紙を出していた。そしてサーキットの入り口で長い列を造り、プレスパスが交付されるのを待った。ところが1965年のドイツGPはまったく勝手が違った。ニュルブルクリングに着くと、新しい広報担当者がいた。私が係の女性に記者証を提示すると、取材申請を探し始めた。しかしようやく見つかったその手紙には、「Nein（否）」の印が押されている。彼女に広報担当を呼んでもらうと、彼は私に「記事が掲載されている雑誌を送っていませんね。ですから取材許可は出せません」と言った。幸い、隣のオフィスにフランス語が堪能で親切な友人のヘルベルト・シュミットがいて、特別なパスを発給してくれた。この日曜日のレースではジム・クラークがタイトルを獲得した。

その夜の授賞式は、ホテル・クリストフォルスのレストランで開催され、全チームの関係者が晩餐会に出席した。トロフィー授与を終えると、ドイツ自動車クラブの主要メンバーがジミーにお祝いを述べに来た。その際、全員が踵をカッと鳴らして、深々とお辞儀をするのである。彼らの大部分は、名前の前にvonとかzuが付く、由緒正しい出自の人々であった。一方、私はといえば、この週末のガールフレンドとして、ボン駐在ウガンダ大使館の秘書を同伴していた。新チャンピオンは親切にも、セレモニーの間中ずっと彼女を隣の席に座らせてくれた。ヘルベルトは私にこう言ったものである。「ドイツGPでは必ずパスを発給するから、もうこんなマネはしないでくれ」

ベルナール・カイエ

取材申請の際のゴタゴタは、その後もずっと続いた。そしてある日、フォト・ジャーナリストのベルナール・カイエが素晴らしいアイデアを考え出した。将軍の息

材に必要なすべてが揃っていた。

　ベルナールはのちにエルフやルノーの広報も担当したが、何よりもグッドイヤーの仕事に愛着を持っていた。それだけに私たちがこの会社について何か悪口を書いたりすると、すぐに手紙を送り付けてきた。そこには必ず、「われわれの古い友情を鑑みるに……」という表現があったものだ。

　ベルナールのキャンピングカーには、ジャーナリストやカメラマンたちがひっきりなしに訪れた。ロングビーチで結婚したジョーンという実に魅惑的な奥さんが彼を手伝っていたものの、とても二人では対応しきれなくなっていた。そこで何戦かは、ジョーンの二人の兄弟がサンドウィッチ作りと皿洗いのためにわざわざアメリカから来てくれた。二人の乗ってきたクルマがキャンピングカーのすぐ後ろに停めてあったのだが、これがなんと2台のフェラーリGTB/4だったのである。彼らの父親は有名なキャンベルスープのオーナーなのだそうな。

　ベルナールは素晴らしいカメラマンであったばかりでなく、誰からも慕われる人柄の持ち主だった。彼がコースを歩いて回っていると、荷物を持ちましょうと必ず声をかけられた。スペインGPの時にも、ある若者がベルナールの荷物持ちをした。実はこの青年、のちのホアンカルロス国王だった。

　ベルナールのアイデアとは、IRPA（国際レース報道連盟）を設立することで、1968年のことである。会員は皆、写真付きの腕章を巻き、これをプレスパスの代わりとした。当初はいろいろ揉めたりしたものの、最終的にはすべてのレース主催者がこの制度を認めてくれた。しかしF1を牛耳っていたバレストルとバーニー・エクレストンがメディアの支配にも乗り出した。ベルナール率いるIRPAと、バレストル／バーニー組との戦いは実に過酷なものであった。ある年など、ベルナールはポールリカール・サーキットへの入場を拒否された。しかし、ジェーンの姉がミッテラン大統領の義理の妹であったために、事態は収まった。

　IRPAはその後消滅し、FIAは磁気カード式の取材パスを発行するようになった。これを機械にかざしてサーキットに入るのである。だからといって他人に貸してもいいわけではない。なにしろ、パスを持つ全員の顔を知っている人間が、TVカメラで秘かに監視しているという噂である……。

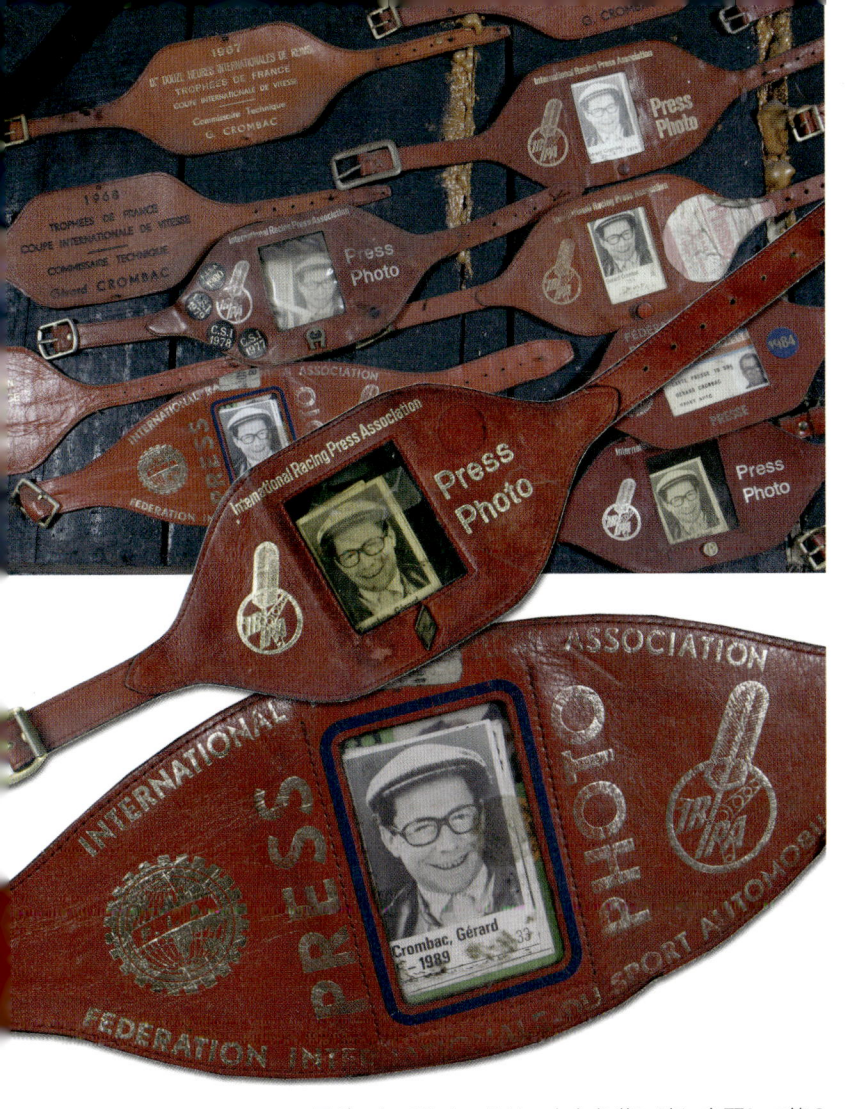

子だったベルナールは、かなり若い時に志願して第2機甲師団に入り、退役後はカリフォルニアで暮らしていた。ロジャー・バーロウのもとでスポーツカーを売っていたのだが、そこでの一番のセールスマンがフィル・ヒル、そしてチーフメカニックがリッチー・ギンサーであった。バーロウ自身もシムカでレースをしており、ある日、ベルナールはそのレース記事をフランスの『オートモビル・マガジン』に売り込んできた。当時の私はその編集部で働いており、そこでベルナールとの長い付き合いが始まった。その後、ベルナールはジャーナリストとして身を立てることにして、1952年にヨーロッパに戻ってきた。そしてL.V.ルーセルに引き立てられ、彼の側近として世界中のレースを見て回ったのだ。さらにアメリカでの知己を大切にしていたおかげで、欧州自動車産業全体とアメリカとの橋渡しのような役割も託された。レース界でも、たとえば表彰台でドライバーたちがタイヤメーカーの帽子を被るようになったことや、報道関係者用のモーターホームを導入したのは彼の功績である。最初はちっぽけなキャンピングカーから出発したが、中には取

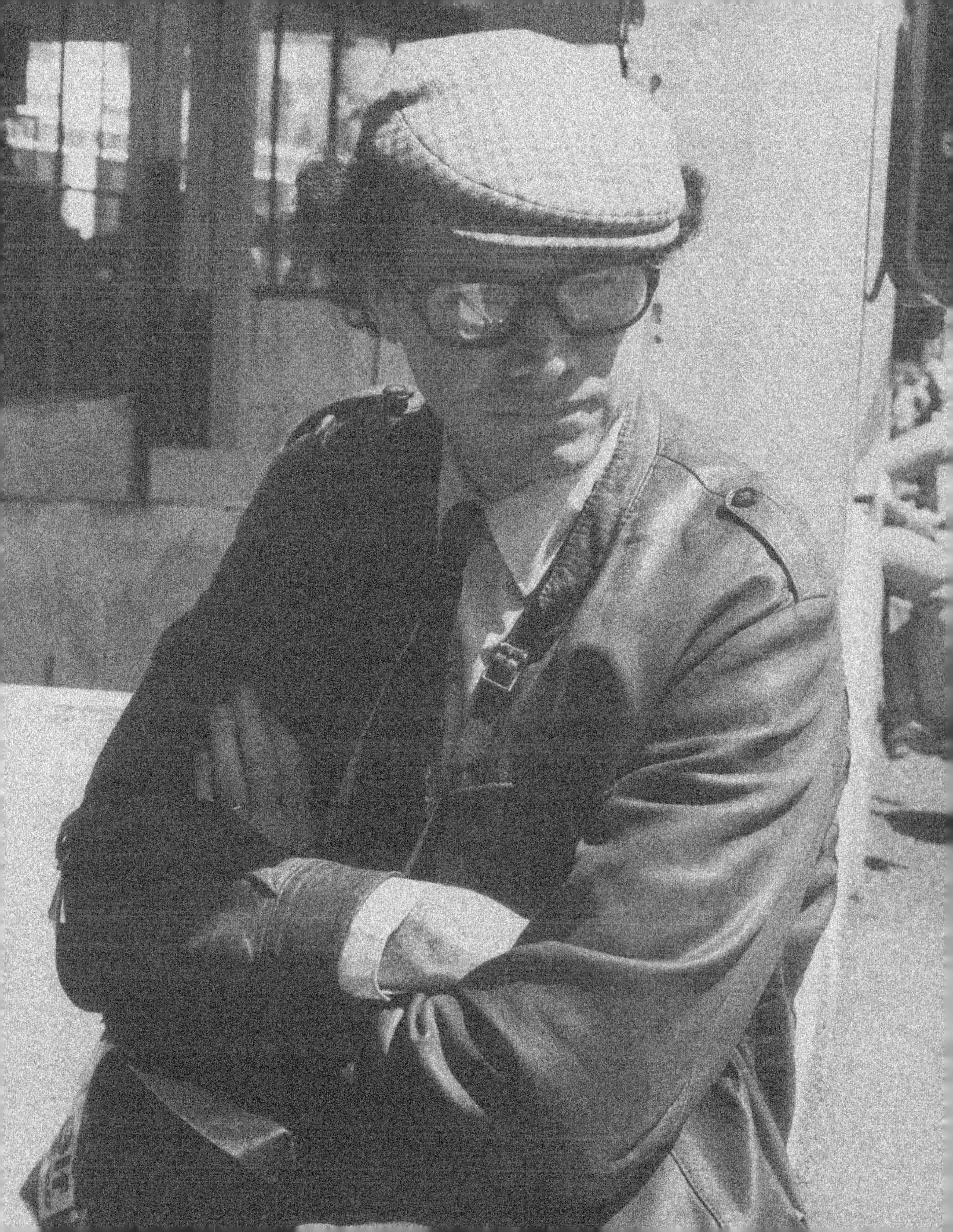

chapitre 12

Le Mans
ルマン

戦争が終わった1949年、ルマン24時間レースの再開を知った私は、
何をおいても観戦に行くことにした。その年、私はレイモン・ソメールのアトリエで働いており、
ルマンまでは鉄道で行き、帰りはチームのトラックに便乗させてもらうつもりだった。
ところが24時間戦い続けて疲労困憊した彼らは、翌日は宿舎で死んだように
眠りをむさぼっていた。私は月曜の朝には仕事場に戻らなければならなかったが、
もはや帰りの汽車賃など残っていなかった。

シャルル・ファルー

　途方に暮れる私を助けてくれたのは、ドライバーのピエール・フラオーだった。ドラエで出場していた彼は、素晴らしい走りを披露したものの、レース序盤にエンジンを壊して早々にリタイアしていたのだ。その頃の私は、警備の人間に賄賂代わりにタバコを渡しては、なんとかパドックに入り込んでいた。もちろん、オートスポーツやスポール・オートの記者証で堂々と出入りできるようになる前の話だ。

　ルマン24時間レースはフランスを代表する自動車レースで、世界的にもインディアナポリス500マイルやモナコGPと肩を並べる名声を誇っていた。その当時、1923年の創設メンバーの中では、ジャーナリストのシャルル・ファルーだけが存命だった。

　ファルーは文字どおり、フランスのレース界を牛耳る存在であった。なにしろ1906年以来、国内のレース規約はすべて彼が書き、レース自体も統率していたのである。金にルーズという批判もあったが、賞賛の声の方がはるかに多かった。

　私が彼を見たのは最晩年の時期だが、まだまだかくしゃくとしていた。ルマンでのレースディレクターの事務所は、各チームのピットが並ぶ真ん中にあった。当時は、まだピットロードとコースとがコンクリート壁で仕切られておらず、事務所の巨大なソファに座ったファルーは、24時間そこから微動だにせず、開け放った窓から疾走するマシーンを眺めていた。明け方、私がそこを通りかかると、忠実な執事が1ダースほどのエスカルゴと、よく冷えたシャブリをうやうやしくファルーに運んでいた。

　1955年。コーリン・チャプマンはマーク4でルマンに参戦した。コ・ドライバーは、ロン・フロックハートで、二人とも友人だったから、私は当然のようにロータスのガレージで観戦した。

ロン・フロックハート

　ロン・フロックハートといつ知り合ったのか、正確には覚えていない。しかし、会ってすぐに仲よくなったのは間違いない。ロンは二輪ライダーから四輪に転向してきた。レイモンド・メイズが所有していたERA R4Dを購入し、そのメイズの口利きでBRMのテストドライバーに抜擢されたのだ。ロンは同時に飛行機の操縦にも情熱を傾け、古いオースター機を持っていた。

　BRMが2.5ℓエンジンを開発中であった時には、フロックハートは完成までのつなぎで投入したマセラティ250Fでレースに出場していた。ある日、250Fのクランクシャフトが壊れ、ロンがマセラティ社まで新品を取りに行くことになった。しかし彼の飛行機は上限高度が低いことに、本人もさほど注意しなかったようだ。そのため、アルプス越えの際には、上昇気流に乗ろうと必死に操縦したと、帰途、パリ郊外の飛行場に寄った時に話してくれた。

　カサブランカGPでもロンは九死に一生を得ている。例によって愛機でモロッコまで飛んだのだが、この時は婚約者のギリアンもいっしょだった。幸い彼女は客室乗務員だったから、空の旅には慣れっこだった。そして帰りにはパリに立ち寄ることになっていた。ロンとは夜の街にいっしょに繰り出す約束をしていたのだが、そういう時の彼は必ず、故郷スコットランドのキルトを着てくることになっていた。ところが夜遅くになっても、到着したという知らせが来ない。彼らはランブイエ近くの畑に不時着していたのである。私は大急ぎで二人を迎えに行った。

　フロックハートはF1で12戦を戦ったのみで、1956年イタリアGPでの3位が最高の成績だった。しかしルマンでは活躍し、1956年と57年に2年連続で優勝を果たしている。一方で、ルーアンのレースでは二度も大事故に遭った。私はもちろん入院中の彼を見舞いに行ったのだが、看病していた彼の妹たちから大歓迎を受けた。というのも、ロンはある宗教を信じており、その教義はいっさいの輸血を禁じていたのだ。彼は腕に注射針を刺されることさえ頑強に拒否したほどで、私が説得役になったのだが、徒労に終わった。もっとも病院側の治療体制も充分でなく、ロンは事故から1週間後に退院してしまった。彼はルマンに出るつもりだったのだ。

　幸いにして、ロンの所属するチームの"エキューリ・エコッス"でボランティアの計測係をしていた一人に外科医がおり、彼が診察すると椎骨が折れていることがわかった。こうして彼はすぐに飛行機で本国に搬送された。

　ロンはその数年後に自動車レースから引退して飛行機の世界へと転身した。マスタングによるシドニー・ロンドン間の最速記録を打ち立てようとしたのだ。しかしオーストラリア国内で試験飛行中に雲海の中に突っ込み、山腹に激突して亡くなってしまった。

ルマンとロータスの顛末

　私は取材者としてルマンを知ったが、のちにはチームの一員として通うようになった。そしてこのレースを主催していたACO（西部自動車クラブ）の田舎者根性に散々こずらされることになる。ルマン人たちは、世界最大級のレースを開催することに大きな誇り

1956年からルマン2連覇を果たしたロン・フロックハート。現役引退後、彼の情熱は空へと移った。ロンの操縦する飛行機には、ルマンでのジャガー同様、祖国スコットランド国旗が描かれていた。

を抱いていた。毎年の成功は自分たちの運営が素晴らしいからであり、それをパリの連中に見せつけることが、この上ない快感だったのだ。

彼らのどうしようもない融通の利かなさは、車検からレース終了後まで続いた。コーリン・チャプマンはそのために何度も悲しい目に遭っている。1955年のレースの際、チャプマンの運転するロータスはアルナージュ・コーナーでブレーキングに失敗し、サンドトラップに捉えられてしまった。そこで彼はギアをリバースに入れ、なんとかコースに復帰することができた。ところがその行為が、アルナージュのマーシャルだったシャルル・ド・コルタンツの許可を得ないものだったとして問題になったのだ。競技委員が集まって話し合い、コーリンは失格裁定を下された。

この年のルマンは、ピエール・ルヴェーのメルセデス300SLRがグランドスタンドに突っ込み、100人以上の死者を出す大惨事が起きていた。そのために競技委員たちが集団ヒステリー状態になっていたと思うほかに、この決定に納得するすべはなかった。

ルマン24時間レースの際に、ロータスが定宿としていたマイエのホテル「サン・ニコラ」。のちにはアルピーヌもここの常連となった。

当時のロータスはまだシングルシーターを生産しておらず、スポーツカーの性能誇示の場としてルマンは最重要なレースだった。それでチャプマンは1956年、3台のロータス・イレヴンをエントリーし、そのうちの1台が1100cc部門で優勝を果たした。彼はさらに多くのマシーンを出場させたいと考え、私にACOとの交渉を託した。チーム・ロータスの監督はコーリンの父親のスタンレイで、私とは非常にウマが合ったのだ。彼はパリに来て、私と一緒にルマンのボスであるジャック・フィナンスに会いに行った。

フィナンスが大のパイプ党であり、フランス国内ではほとんど手に入れられなかった「フォー・ナンズ」という煙草の愛好者であることを私たちは知っていたから、スタンレイは何箱も携えてきた。それ以上の土産は、この地方出身のエシャール／マッソン組にロータスの1台を提供すると提案したことだった。ACOとしては、できるだけ多くの地元ドライバーが参加することを望んでいた。彼らは周辺からの観客増を招くはずと思っていたのだ。ただしロータスがエントリーしたうちの1台の排気量はコヴェントリー・クライマックス特製エンジン搭載の745ccだった。これはACOの少なからぬメンバーが熱烈支援するパナール・エンジン搭載のマシーンにとっては直接の脅威であった。

タルボとドラエが撤退して以来、ルマンを勝てる潜在能力のあるフランス車は、ゴルディーニぐらいしかなかった。しかし財政基盤の弱いゴルディーニは、なぜかいつも信頼性の問題を起こしていた。一方、フランスのファンを惹きつけることに腐心するACOは、性能指数賞での勝利を重視するようになっていた。パナール・エンジン搭載車が性能指数賞を獲得できるように、レギュレーションが仕組まれていたのだ。この目論見はかなり当たっていたが、決して安泰ではなかった。1953年には、750ccのOSCA750ccがDBを尻目にこのカテゴリーを攪乱、性能指数賞はフランス車が守ったものの、750～1100ccクラスの優勝は浚われてしまったし、55年にはポルシェ550が性能指数賞をもぎ取っていった。

自国車が活躍すべき場に、さらにもう1台の外国車が750ccエンジンで参入することは、ACOにとって面白いわけがない。それにもかかわらず、1957年、私たちはなんとか他の4台のロータス・イレヴンと

もに、750ccマシーンをエントリーするまでにこぎ着けた。しかし予選の際、そのうちの1台に搭載されたF2用DOHC1500ccエンジンが壊れてしまい、レースには出られなくなったが、決勝では残りの4台がすべてチェッカーを受けた。

　もっとも決して楽なレースではなかった。最も不運だったのはマッソンで、計時を担当した友人たちが周回数を1周数え間違えたために、インディアナポリス・コーナーで燃料切れを起こして止まってしまった。すると彼はシューズを脱ぎ捨て、車重450kgものロータスを一人で押し始めたのである。ピットまでは実に4km（訳注：ジャビーは4kmと記しているが、6kmという説もある）もあったが、ピットに帰り着いて再給油した彼は、他の3台とともに見事16位で完走を果たすことができた。

　1957年ルマンで、ロータスは総合9位（751〜1100ccクラス優勝）、総合14位（501〜750ccクラス優勝）を果たしたほか、750ccマシーンは性能指数賞で最高の成績を挙げ、200万フランの賞金を獲得した。

　1961年のルマンに、私はジャン-フランシス・マルのために再びエリートを用意、彼はアイルランドの貴族であるロビン・カーネギーと組んだ。マルは61年の初めには、ジョー・シュレッサーと組んでルート・ド・ノールラリーを制していた。今回のルマンでは、私はフランク・コスティンに助けを求めた。彼は、空力の専門家としてロータスとヴァンウォールで腕を奮ったエンジニアで、エリートのラジエターグリルを改良して、より空力効率が上がるように改良してくれた。一方で私は、オプション指定されていた2個の燃料タンクをマシーン後部に搭載した。ところがこのタンクが走行中に漏れ出し、ガス欠を起こして止まってしまった。

　ロータスがF1グランプリに出場するようになってから、チャプマンはルマンへの興味をいっさい失ってしまい、プライベートのエリートが細々と出場する程度だった。しかし1962年にはルマン復帰を決める。

　ロータスの新型2座スポーツカーの23は、ニュルブルクリング1000kmで、ジョン・オジエが率いるエセックスの手でレースデビューを果たしていた。23のエンジンは、費用のかかりすぎるエリート（コヴェントリー・クライマックス製エンジン）に代わり、将来投入される予定のエランに搭載されるフォード製ベースのものだった。ハリー・マンディが開発したこの新製エンジンは非常に特殊な構造を持ち、5ピンのクランクシャフトを採用していた。ニュルブルクリングを走ったのは1.5ℓ仕様のエンジンで、ステアリングを握ったジミー・クラークは、周囲を呆然とさせる走りを披露した。なにしろウェットコンディションで始まったレースにもかかわらず、1周目の終わりには2位以下に27秒もの差をつけたのである。ちっぽけな1500ccエンジンのクルマの後塵を拝したのは、ポルシェやフェラーリ軍団であった。

　さらに、その差は周回ごとにどんどん広がり、10周目にはついに2番手を走るフェラーリのメレスから55秒も先を走っていた。ところがエグゾーストパイプにひびが入り、漏れた排ガスがコクピットに侵入、ジミーは中毒症状を起こしてコースから飛び出してしまった。

　リタイアしたとはいえ、ロータス23の大健闘は、ニュルブルクリング24時間レース最大の話題となった。おかげで続くルマンに2台をエントリーすることができた。1台はエセックスのワークス仕様で、もう1台はUDTレイストールからの出場だった。ジミーがドライブするエセックス車は排気量を1ℓとしてあったから、性能指数賞の大本命であることは間違いなかった。私たちは大きな期待に胸を膨らませて車検に臨んだ。

　ところが、数ある耐久レースの中でもかなり特殊な部類に入るルマンの出場規定が私たちの前に立ちはだかった。ロータス23はいくつかの点で規定に反すると言われたのだ。

　曰く、最小回転半径が大きい。地上高が低すぎる。燃料タンクなど容量が大きすぎる。これらの指摘はすぐに直せるものだったからよかったが、技術委員長のポール・ラルジョは「ホイールの固定方法は、前後同じでなければならない」と主張して譲らなかった。

　ホイールはボルトで固定されていたが、ボルト数は前輪が4本、後輪が6本だった。ラルジョはこれを同数にしろと迫ったのだ。車検の締め切りは水曜正午に迫っていたから、それまでに2台の改造を終えなければならない。ファクトリーでは徹夜で後輪ハブの作業が続き、UDTのスタッフが完成した部品を飛行機で取りに行った。そして締め切り直前になんとか間に合

ったのである。

　ところが4個のボルトで固定された後輪を見て、ラルジョはこう言い放った。「むしろ前輪を6本のボルトで固定するべきだったな。駆動輪にボルトが4本しかないのは、充分とはいえない。危険なクルマに出走許可は出せない」

　それに対しマイク・コスティンが必死に説明した。本来、6ボルトはBRMのV型8気筒2ℓエンジン用であり、今回の1ℓならまったく問題はないと。そして計算尺を出して、「よければ一緒に荷重を計算してみようじゃないか」とラルジョに提案した。

　ところがラルジョはその手のことに無知であり、出走許可を下さなかった。急を聞いたチャプマンは、RACのスポーツ委員であるディーン・デラモントを伴って、自家用機でルマンまで駆けつけた。しかし、もはやどうしようもなかった。こうなったら、エリートだけでも出場させるしかなかった。

　一方で私たちは、フェラーリも問題を抱えていることを知っていた。ロドリゲス兄弟がフェラーリで出場することが、この年のルマンの目玉のひとつだった。ところが彼らのマシーンの地上高が低過ぎ、車検を通らなかったのだ。そのためレース当日の朝に、再度検査することになっていた。私たちはその現場に秘かにスパイを放ち、再度の車検も失敗したことを知った。

1961年のルマン予選。ロータスとヴァンウォールで空力専門家として活躍したフランク・コスティン（中央）が、エリートのフロントグリルに応急修理を施している、それを見守るオーナーのジャン-フランソワ・マゼ（左端）。

そこでスタンレイ・チャプマンは正式な異議申し立てを主催者に提出した。

　ジャック・フィナンスはフェラーリ・チーム監督のウージェニオ・ドラゴーニに対し、「10分以内に直せなければ出場させない」と通告した。するとドラゴーニは逆に、「規定違反ではないと10秒以内に言わなければ、すべてのマシーンを引き上げる」と言い放った。

　それからしばらくして、RACのルマン担当パーカーが、すっかり当惑した様子でこっちに向かってきた。そして異議申し立ての補償金を返しながら、「すべてOKになった」と言ったのだ。もちろん、私たちはフィナンスとドラゴーニのやり取りを知っていたので、こうなることはわかっていた。数週間後にはRACのスポーツ委員会で、この時の事情報告が行なわれた。その席でダンカン・ハミルトンは、パーカーに代わって私をRACのルマン代表に任命しようという提案までしてくれたのである。

　この頃、私は当時のフランスで最高のラリードライバーの一人だったベルナール・コンスタンから、何度も連絡をもらっていた。コンスタンはBPの支援を受けて、UDT所有のロータス23を購入し、フランス国内では非常に重要なレースである、オーヴェルニュ3時間耐久とパリ1000kmに出場する計画を立てていた。モンレリーで行なわれるパリ1000kmでは、ジョゼ・ロジンスキーがコ・ドライバーに選ばれた。コンスタンはロータス側と契約を結び、両方のレースともワークス体制で戦えることになった。ただしチャプマンは、前後輪ともに4ボルトのハブで出場することという条件を付けた。

　エンジンはコスワース・チューンで、ロータスから移ったばかりのコスティンが、わざわざパリまで作業に来てくれた。同行したボブ・ダンスは、イギリスのF1メカニックの中では最高の一人と評される人材だった。私たちは両方のレースに勝利した。どちらのコースも、ルマンに比べれば路面は比較にならないほど荒れており、4ボルトのハブでも充分な耐久性があることを証明したことになった。

　ACOのジャン-マリー・ルリエーヴル会長は、チャプマンをパリの事務所に招待。私は通訳として同行した。会長はこう切り出してきた。「ロータスのハブの耐久性に関して、私たちは思い違いをしていた。お

Le Mans

詫びにある程度の補償をしたい。レースに出場できなかったことで、どれほどの損害を被ったのですかね」
　チャップマンは頭の中で素早く計算し、私でも高すぎると思うような金額を口にした。ルリエーヴルは予想どおり、「とてもそんな額は出せません」と返答した。するとチャップマンは、「ではロータスのワークスマシーンが今後ルマンに出場することは決してないでしょう」と言い捨ててその場を去った。実際、その後チーム・ロータスは完全にルマンから引き上げ、シングルシーターに専念することになった。

アルピーヌ

　この時期、ゴルディーニはルノー公団に買収されており、R8ゴルディーニに搭載予定のDOHCエンジンを開発中だった。一方DB創設者のシャルル・ドゥーシュとルネ・ボネは袂を分かち、ルネは自分の名前を付けたレーシングカーを製作し、ルマンに出場する計画を立てていた。このマシーンに搭載するために、ルノーからゴルディーニ・エンジンの供給を受けることになっていた。ところが、アルピーヌのボスであるジャン・レデレは、この件について怒り心頭に発していた。アルピーヌは何年も前からルノー・エンジンを積んだ小型クーペを生産しているのにもかかわらず、最新型のDOHCエンジンはライバルに持って行かれたのだ。そこでレデレはルノーにねじ込み、1963年シーズンに向けて、同じような供給契約を呑ませた。
　レデレは現実主義者であったから、いたずらに複雑な計画は立てず、シャシーはロータス23に倣うことを最初から決めていた。ルノー・エンジンを搭載し、なおかつルマンのような高速レースに有利なクローズドボディのマシーンを作ってくれるよう、私からチャップマンに頼んでほしいと言ってきた。設計担当は当初、シャルル・ドゥーシュの研究所から彼が引き抜いた空力専門家のマルセル・ユベールの予定だったが、その後は、ロータスにチーフエンジニアとして復帰することになったレン・テリーが手がけることになる。
　パリのモンソー公園を見下ろすレデレの豪壮なアパルトマンの一室で、テリーと私は床に座りながら作業に熱中した。レデレはルノーが設計した足回りの膨大なパーツ図面を私たちに見せ、これをマシーンに組み

1962年のルマンで車検を受けるロータス23。「ボルト戦争」がここから勃発した！

4カ月後のパリ1000kmで給油中のジャビー。このレースでは見事にクラス優勝を果たした。

RAC代議員の
パーカー（左端）は
ロータス23の違反裁定に
反論できず、あやうく
クビになるところだった。

込んでくれという。だが、それを一瞥したテリーは「本物のレーシングカーにこんなものは使えない」とすぐに捨ててしまった。

本格的な開発作業が始まり、スポール・オートに縁の深いスタッフが集まってきた。スポーティングディレクターにはジョゼ・ロジンスキー、技術部門の責任者にはチーム・エドガーの活動停止で身体の空いたベルナール・ボワイエが就任した。ボワイエは自らフォーミュラ・ジュニア用マシーンを製作したことがあり、その際に片腕となったリシャール・ブーローも加わった。

ところが1962年の秋、車両規約が大きく変わった。ACOはルマン用マシーンをより市販車に近いものにしたいと望み、ドアの高さを非常に低くしてしまった。これはテリーの設計とはまったく相容れないものとなった。そこでブーローは、チューブラーフレームに横置き燃料タンクを積むマシーンを造る決定を下した。しかし、レデレはこれにまったく乗り気でなく、ロンドン・レーシングカー・ショーの際、私にチャプマンに計画を一任したいと言ってきた。

チェスハントに出かけたブーローが、チャプマンの前で設計図を広げると「これでは無理だ。剛性が足りなさすぎる」とチャプマンは却下した。それを聞いたブーローは、「チャプマンは、まったくわかってない」

Le Mans

といきり立つばかりであった。
　チャプマンの助言にもかかわらず、レデレはブーロー設計のシャシーを作ることを決めた。ところが、完成したマシーンを転がしてファクトリーから一般道に出ようとしたところ、段差を越えた瞬間にカクンと音がして、ガソリンが漏れ始めた。こうしてM63は、市販のアルピーヌから着想された、ビーム（梁）構造の車体として作り直された。テリーの設計したようなマシーンが製作されたのは、その後しばらくしてレギュレーションが変わってからのことだった。
　ニュルブルクリング1000kmでは、ロジンスキー／ラッキー・カスナー組で幸先のいいスタートが切れた。しかし続くルマン24時間では悲惨な事故が発生する。ロジンスキーと組んでいたブラジル人のクリスチャン"ビーノ"ハインスが、ユノディエールでオイルに乗って制御不能に陥って電柱に激突炎上し、ビーノは焼死した。ジョゼはこの年、フランス選手権を制しようとしていたが、レデレはマウロ・ビアンキ、次いでジャック・シェニスをドライバーとして採用した。そのため私たちはアルピーヌとは距離を置くことにした。いずれにしてもこの時期は、アルピーヌに多くの勝利をもたらした、大成功の数年間だったといえるだろう。
　私は、ジャン・レデレがシングルシーターの世界に進む際にも橋渡しの役割を果たした。ブルジェ空港でロン・トーラナックに引き合わせ、次の便が出るまでのわずかな時間で、アルピーヌとブラバムの基本的な協力関係の同意にこぎ着けたのだ。こうしてフォーミュラ・フランスやF3には、ブラバム・マシーンをベ

シャレード・サーキットにて。ロータス23に実験的に搭載された、コスワース製1000ccDOHCエンジンのプラグを交換中のジャビー。このマシーンはベルナール・コンスタンの運転で、オーヴェルニュ3時間耐久に優勝した。

ロータスの戦闘力に感服したアルピーヌのジャン・レデレは、すぐにジャビーにチャプマンへの接触を依頼してきた。

空力専門家の
マルセル・ユベール（左）と、
エンジニアの
リシャール・ブーロー、
ベルナール・ボワイエ。
1963年当時のアルピーヌを
背負って立つ技術陣である。

ジャビーはレデレからの
依頼を受け、ロータス23に
ルノー・ゴルディーニ・
エンジンを搭載するための
改良をチャプマンに発注した。
実際にはレン・テリー
（写真下）が担当したが、
規約変史で日の目を
見ることはなかった。

ースにマルセル・ユベールの手でボディを換装したマシーンが、アルピーヌとして出場した。

ポーのF2レースでは、私たちはグレアム・ヒルに出てもらった。しかしこの時は、結果的に元世界チャンピオンにひどい仕打ちをしてしまった。グレアムがガレージに着いた時には、まだマシーンは完全に組み上がっておらず、グレアムは自ら袖をまくり上げて作業に取り掛かった。ところが、ようやく一人で組み立て終えた時、なんとスタッフは全員ホテルに帰っていたのである。ヒッチハイクでガレージからホテルに戻ってきたグレアムは、さすがに私に食ってかかり、翌日のレースへの出場を拒否したのだった。

マートラ・ドライバー

私がマートラでの仕事を始めた際、最初に手がけたのはスポーツカーレースのドライバーを充実させることだった。すでにマートラには、生え抜きというべきベルトワーズ、ペスカローロ、セルヴォズ-ギャバンがおり、ほどなくフランソワ・セヴェールも加わった。しかしラガルデールはそれでは満足せず、「君にはイギリス人ドライバーの友達がたくさんいるじゃないか。実績豊富なチャンピオンを連れて来てくれ」と注文をつけてきた。しかし、当時のF1ドライバーたちの多くは、すでに耐久レースにも出ていたから、これは実現困難な注文だった。私はラガルデールのオフィ

Le Mans

スから電話をかけまくり、なんとかジャック・ブラバムを口説き落とすのに成功した。1959、60、66年と三度もワールドチャンピオンになったブラバムなら、ラガルデールに不満があるはずはなかった。

1970年シーズン、ブラバムはセヴェールと組んでパリ1000kmを制した。次戦のセブリング12時間には出場できなかったが、グッドイヤーを介して有望な若手を紹介すると言ってきた。それがダン・ガーニーであった。しかしダンが乗れるようにするためには、マシーンのルーフに改造を施す必要があった。ヘルメットが天井につかえてしまうからである。

ブラバムはマシーン製作にも意欲的で、ある日、私とマートラのエンジニアであるジョルジュ・マルタンを、ギルトフォードの自分のアトリエに招待してくれた。アトリエの責任者は、今日エンジンチューナーとして有名なジョン・ジャッドだった。ブラバムは、マルタンにエンジンのパーツのいくつかを下請けとして作ってくれないだろうかと提案した。アトリエを出たあと、ブラバムは私に「今の話は、絶対にロン・トーラナックには内緒だぞ」と囁いた。ブラバムとトーラナックは、このころ完全に不仲になっていたのだ。

この年の終わりにジャックは現役引退を決意した。しかしそれ以前には、マルタンに対してマートラからのグランプリレース出場を持ちかけたりもしていた。モンレリーで勝ったその夜、ジャックは妻ベティとの食事に私を呼んでくれた。お互いに定宿にしていたトリアノン・パラスの付属レストランであった。わざわざ招待してくれた理由がさっぱりわからなかったのだが、デザートになってジャックは私に、「君にだけ言うが、今シーズン限りで引退する。誰にも他言無用だぞ」と打ち明けた。ところが、彼は同じことを通信社

アルピーヌM63にエンジンを搭載する作業を見守るアメデ・ゴルディーニ。

1963年のルマンで悲惨な事故が起きた。アルピーヌを駆るブラジル人のビーノ・ハインス（写真左）が電柱に激突し、焼死したのだ。

の記者にも話していたので、彼らはこの特ダネを報道してしまった。そのため最終戦メキシコGPでは、ジャックは最後のレースをゆっくり味わうどころではなくなってしまった。

引退したブラバムは、ファクトリーもトーラナックに譲った。しかし、トーラナックはすぐに、自分にはスポンサーとの交渉能力に欠けていることを悟り、すべてをバーニー・エクレストンに売り払った。

1971年の開幕早々、ベルトワーズはひどい事故に遭遇する。ブエノスアイレス1000kmに出場した彼は、走行中ガス欠に見舞われた。そこでピットに戻ろうとマシーンを押しているところにギュンティのフェラーリが突っ込み、不幸にもギュンティは事故死してしまった。

この事故処理が尾を引いたこともあって、マートラは71年のその後のコンストラクターズ選手権に参加しなかった。69年から施行された、3ℓのプロトタイプに加えて、ある一定以上の台数を生産すれば5ℓスポーツカーも参加できるというレギュレーションも3年目を迎え、もはやスポーツカーレースは、いくつかのサーキットを除けば、ポルシェ917やフェラーリ512の独壇場と化していたからだ。しかしその理不尽な規約も71年限り、翌年以降3ℓプロトタイプだけで戦われる新レギュレーションに照準を置いていたマートラは、1台だけを71年ルマンにエントリーした。ベルトワーズとエイモンが組み、かなりいい位置で周回を重ねていたのだが、燃料噴射装置のトラブルで完走できなかった。

1972年——マートラのルマン

1972年のスポーツカー世界選手権には、3時間の耐久レースとルマンが組み込まれた。マートラとしては、タイトル獲得には、ルマン用とそれ以外のレース用とで、2種類のマシーンが必要だろうという認識だった。しかしラガルデールは、世界選手権全体よりルマンで勝つことを重視した。ポルシェはスポーツカーレースから撤退。フェラーリはF1エンジンを転用した3ℓマシーンの312PBで全戦に出場することを選択し、ルマンまでは全勝する勢いであった（結果的にチャンピオンを射止めた）。フェラーリはスプリント用の312PBでルマンも勝てると思い込んでいたが、事前の耐久練習走行の段階で、耐久性の不足が露呈して本戦には参加しなかった。したがって、マートラにとって残るライバルはアルファ・ロメオとローラである。そして彼らのマシーン自体はかなりの戦闘力を持っていたが、総合的なチーム力ではマートラの方が上だった。

実際、ジョルジュ・マルタンは素晴らしい運営能力を発揮した。そのあたりの経緯を、私はのちに『ルマン：マートラの24時間』という本の中で詳述した。エントリーした4台のマシーン（670を3台、660を1台）をすべてスタートさせるべく、チームは臨戦態勢を敷いた。そしてルマンの現地に前線基地として、ファクトリーを借り切ることまでしたのだった。ドライバー選定は私の役割だった。ラガルデールは各組に必ずフランス人を一人乗せることを要求した。まずはベルトワーズ、ペスカロロ、そしてティレルでワトキンスグレンでのアメリカGPに勝ったばかりのセヴェール。ちなみにその数カ月後には、義理の兄であるベルトワーズもBRMでモナコGPを制した。

それ以外の4人は全員イギリス人だった。クリス・エイモン、そしてBRM時代にエイモンのメカニックだったハウデン・ガンレイ。最初はハウデンと組むこ

Le Mans

マートラでの外国人ドライバー
選抜はジャブイーの
仕事となっていた。
ボスであるラガルデールの
要求はただひとつ、
各組に必ず一人、フランス人を
入れることであった。

とを嫌がっていたセヴェールが最終的に承諾したのは、まさにこのメカニックという前歴ゆえだった。ベルトワーズはエイモンと組み、ではペスカローロとは誰が一緒に走るか。私はグレアム・ヒルがある夢の実現を温めていることを知っていた。史上初めて、F1世界選手権とインディ500マイル、そしてルマン24時間レースを制することである。そこでヒルに連絡を取って快諾を取り付けた。しかしペスカローロはヒルと組むことに、なかなか「ウイ」と言わなかった。マートラによってF1の道を閉ざされたことを、まだ恨んでいたのである。だからもう決まった話だと言ってからは、"ペスカ"は私と口も利いてくれなくなった。

4台目となる660には、フランス人はジャン-ピエール・ジャブイーユが、コ・ドライバーはデイヴィッド・ホッブスが抜擢された。ホッブスはジョン・ワイアのチームに所属した実績があり、その経験を活かしてくれるはずだった。

共和国大統領ジョルジュ・ポンピドゥーがスタートの合図をした。ポンピドゥーは、首相時代にラガルデールに対してエンジン開発費として600万フランを貸し付ける約束をし、それをしっかり果たしていた。ところがベルトワーズ車は、わずか2周目に大統領が見守るグランドスタンド前で、コネクティングロッドを壊してリタイア。ジャブイーユも燃料供給系トラブルで減速した。一方でアルファ勢もペースが伸びず、ローラのボニエはコースから飛び出し、事故死してしまった。こうして優勝は残った2台のマートラ勢で戦われることになった。

ヒル／ペスカローロ組はセヴェール／ガンレイ組よりブレーキングが激しく、パッド交換のために、より頻繁なピットインを余儀なくされた。その間にセヴェールたちが首位に立ったのだが、彼らも点火系に雨水が侵入してトラブルが発生していた。ラガルデールはジェラール・デュカルージュに、「うちのドライバー同士をこれ以上争わせるな」と言い渡した。

この時点のペスカローロは、セヴェールよりはるかに速いタイムで周回を重ねていた。しかしピットからは無情にもペースダウンの指示が出た。まもなく"ペスカ"は、ヒルに交代するためにピットに入ってきた。私はヒルに対して同様の指示を伝える役目を負わされていた。「ポジションキープだ」 そう言った時の彼の反応について、私は当時のリポートにこう記している。「……彼は氷のように冷たい視線を投げかけてきた。毒蛇が噛みついた直後の目つき、とでも形容した方が

1974年のルマンでマートラMS670を駆るジェラール・ラルース。ラルースはアンリ・ペスカロー口と組んで前年に続いて2連勝を遂げた。73年のレースでは他のMS670はタイヤ脱落で次々とリタイアを喫した。しかしラルース／ペスカロー口組はブレーキライニングが常にディスクに触れているトラブルに見舞われ、結果的に最高速が伸びず、タイヤ脱落を免れたのだった。

いいだろうか」

しかしコースに出て行ったヒルは、そんなチームオーダーに従う気などさらさらなかった。そして誰もが知るように、激しい嵐のなか、ペスカローロ／ヒル組は見事優勝を果たすのである。首位を争っていたガンレイは、マリー - クロード・ボーモンのコーヴェットに追突して大きくタイムロスを喫していたのだ。その事故がなかったとしても、ペスカローロ／ヒル組の勝利は動かなかっただろう。勝因のひとつには、ヒルが指示を無視して突っ走ったこと。さらにタイヤ選択が的中したことも大きかった。もちろんペスカローロの貢献も見逃せない。ベストラップでいえば、彼はヒルをしのぐ速さを披露した。勝負を決めた最後の給油直後、ペスカは私に歩み寄って、こういった。「あんたが俺とヒルを組ませた時には、ずいぶん恨んだものさ。でもそれは間違いだった。ヤツはまったく素晴らしい男だよ」

シーズン終了後、ラガルデールはF1からの撤退を決めた。しかし同時にスポーツカー選手権の制覇を宣言する。翌年からは6時間あるいは1000km耐久に戻されることも理由のひとつだった。決定に際して、彼は私の意見も訊いていた。スポーツカーとF1とどちらを取るべきかと。私は正直に、一般のファンに与えるインパクトとしては、ルマン24時間を除けば、スポーツカーよりF1の方がはるかに大きいと述べた。この意見はラガルデールを大いにがっかりさせたようで、すぐに自動車関係のジャーナリストたちを昼食会に呼び、同じ質問を繰り返した。もし彼らが、「そりゃあスポーツカーですよ」と答えていたら、私はすぐにクビを切られていたことだろう。しかし幸いなことに、全員がF1の影響力の大きさに言及した。そのためラガルデールはスポーツカーを選んだ理由として、予算の問題に言及した。しかし実際にはこの選手権の賞金は、F1よりはるかに少ないどころか、ほとんどないに等しかったのである。

1973年——マートラ、ルマンを連覇

1973年シーズンは、フェラーリとマートラの一騎打ちとなった。そして最終的には、マートラが9ポイント差で接戦を制した。しかしスパ1000kmの際には厄介な問題で悩まされた。F1ドライバーの組織GPDAは、もともとこのサーキットをボイコットしていた。そしてGPDA会員であるベルトワーズとセヴェールが、ここで行なわれる耐久レースにも出ない

301

と言い出したのである。

　では、エイモンを誰と組ませるか。私はラウダを提案した。BRMでベルトワーズのチームメイトであり、脚光を浴び始めたドライバーだった。しかしジャン-ピエールは「あんな男、問題外だね」とまったく低い評価だった。そこであらゆる伝手を頼って他のドライバーを探したのだが、このボイコット問題のせいで誰も承諾してくれない。そこで最後の手段とばかり、もはや引退同然のグレアムに声をかけた。彼にはレースに対する熱意など、とうの昔になくなっている。そしてスパほど情熱が必要なサーキットも少ない。ペスカローロは平均260km/hの最速タイムを記録し、その直後にタイヤ脱落のトラブルに見舞われた。

　ペスカローロはルマンで再び優勝を果たす。いっしょに組んだラルースは、その後マートラに欠かせないドライバーとなった。この時は4台をエントリーし、すべてフランス人ドライバーで固めた。ペスカローロ／ラルース、ベルトワーズ／セヴェール、ジャブイーユ／ジョッソー、そしてドゥパイエ／ウォレクだ。しかし、670は高速走行中にタイヤが外れるトラブルに見舞われて2台が脱落した。

　それに対し、ペスカローロ／ラルース組は辛くも無事だった。まったく思いがけない理由からであった。レース中、二人のマシーンはブレーキライニングの消耗が異常に激しかった。終了後に点検してみると、ブレーキペダルのピボットに出っ張りが生じて、完全に戻らなくなっていたことが判明した。つまりブレーキライニングが常にディスクに触れているような状態だったのだ。それゆえの異常摩耗だったのだが、その分最高速も伸びなかった。それが結果的に、タイヤを救ったわけである。

　このシーズン中、ジャン-ルイ・ラフォッスはフランスのタバコブランドである「ジターヌ」の支援を受けていた。彼は器用な男で、スポンサー獲得には見事な才能を発揮した。しかしコース上では、スポンサーの期待に応えることは少なかった。ラガルデールがレース経費を減らしたがっていたことを知っていた私は、ジターヌのことを話し、フランスタバコ公社との交渉を提案した。マーケティング担当のジャン-ピエール・オージュレに連絡すると、とんとん拍子に話が進み、ついには1974年からのマートラ・シムカ・ジターヌ体制までこぎ着けてしまった。スポンサーを失ったラフォッスが、私を絶対に許さなかったことは言うまでもない。

　このころフェラーリはF1に集中し、アルファ・ロメオはまったく戦闘力がなかった。まともなライバル不在の状態で、マートラは易々とタイトルを獲得。2位に入ったジョン・ワイア率いるガルフには、59ポイントもの大差をつけていた。ペスカローロとラルースは1974年のルマンも制した。しかしギアボックスの壊れたマシーンを、ペスカローロがなんとかピットまで運ぶなど、決して楽な勝利ではなかった。修理に45分以上かかっている間に、ヴァン・レネップ／ミュラー組のポルシェ・カレラ・ターボが、ほとんどすぐ後ろまで迫ってきた。ところが今度はポルシェのギアボックスにトラブルが出て後退を強いられたのは、皮肉というほかなかった。

　この年もマートラは4台体制だったが、ベルトワーズ／セヴェール組がドライブしたのは、空力を大きく変更した680であった。しかしその真価を発揮する前に、エンジントラブルでリタイアを喫した。

　スパ1000kmでは、それまでも時おり参加していたジャリエが出場を承諾した。さらにフェラーリが出場しなかったおかげで、私はジャッキー・イクスを口説き落とすこともできた。ただし彼は契約書にサインする際に、シーズン終了後に670を購入するという条件を付けた。彼はそれを、ほかにもフェラーリを飾ってある自宅のエントランスに置くつもりだったのだ。そしてジャッキーは、当然のようにこのレースを制した。

　ツェルトヴェクのレースで私は、主催者との間でかなり揉めることになった。この主催者は地元の材木業者だったのだが、とにかくまったく電話に出ないのである。ようやく連絡が取れたのは、エントリー締め切りの直前だった。私はまず「オファーの金額はいくらですか」と訊いた。すると彼はこともなげに、「ゼロだね。ポイントを取らない限り何も支払われない」と言い放った。

　こうしてチームは、他のレースでは当然だった宿泊費や移動費用の払い戻しもなしに、レースをすることになった。それもあって、私たちは翌年以降ツェルトヴェクが選手権のカレンダーから外れるように全力を注いだ。私はその頃にはWCSCA（スポーツカー世界選手権製造者連盟）の書記を務めていたから、それ

なりの影響力も行使できた。ここ以外にもタルガ・フローリオを葬り去ったりもした。このレースで勝つためには、ポルシェが908でやったように専用マシーンを作る必要があったのだ。

いずれにしても、私はシシリーでは招かれざる客だったのだと思う。1966年のことだ。ジョン・ワイアが私に計時係をやらないかと呼んでくれた。ギ・リジエと"チチ"グレデールも、フォード・フランスのチームからGT40で出場していた。そして入賞圏内を走っていたリジエは、最終周にエンジンが壊れてチェッカーを受けられなかった。その後、パレルモの豪華ホテルで発表されたレース結果を見ると、彼は完走扱いになっていなかった。これは明らかに国際規約に反するものだった。レース総距離の70％を走っていれば、完走扱いになるはずだったのである。

リジエにとっては、完走かどうかは死活問題でもあった。フランス選手権でこれまでに75ポイントを獲得しており、ここで入賞すればタイトルを獲得できたのである。そこで私は正式な異議申立書を作成した。ただしそれを主催者に渡せば、握りつぶされるのは目に見えている。幸い授賞式を仕切っていたのがCSIのモーリス・バウムガルトナー会長だったので、彼に直接手渡した。そうなっては主催者としても無視するわけにはいかず、最終結果を変更する間、授賞式は上位3人で止まってしまった。その夜遅く一人でホテルまで帰った私は、なるべく壁に沿って背後に注意しながら歩いたものである。

1974年──ルマンの危機

マートラに続いて私はルノーで仕事をするようになった。A441Tは投入直後こそ華々しい速さを見せた。ジャブイーユとラルースはムジェッロのレースを制したりもした。しかしその後は、チームがいくら努力しても結果が付いて来なくなった。私たちは時には2台をエントリーさせ、エルフ・ティレルのドライバーであるシェクターとドゥパイエを走らせたりもした。ルノーの最終目標はルマン出場であり、世界選手権で戦うのは、あくまでそのための準備という位置づけであった。

1974年はターボでのルマン参戦は問題外だった。石油危機直後のこの年、ACOはルマンを燃費競争の場にしようという、なんとも素晴らしいアイデアを思いついたからだ。個人的な意見をいえば、技術者たちにはやりがいのあることかもしれないが、観客の立場になれば、面白くないレースになるだろう。

この新規約が発表されたカクテルパーティの場では、私も一席ぶたせてもらった。

「今回の燃費規制の導入には喜びを禁じえない。私は

1966年のタルガ・フローリオ。ギ・リジエの隣でジャビーが仔細に規約を確認している。そしてレース結果に対する彼の異議申し立てによって授賞式は大混乱となった。仕返しを恐れたジャビーはその後なるべくシシリーには行かないようにしたという。

Le Mans

終戦直後にルマン24時間レースを初めて観て以来、2戦を除いてすべてを観戦してきた者である。そしてその都度、必ず徹夜をしなければならなかった。しかし燃費レースなど私にはまったく興味がないので、来年はようやくレース中に睡眠を取ることができるだろう」そうスピーチしてやった。

それだけではとても収まらなかった私は、レース前夜の金曜日、自動車報道記者会の主宰したセミナーに出席した。そしてジョルジュ・マルタン、ジャン・テラモルシ、ギテール、ジャン・ノアイユらとともに、この燃費規制の発案者だったアラン・ベルトーを完膚なきまでに論破した。その時の録音テープを改めて聴くと、ここまで攻撃しなくてもと思うほどであった。

そして翌日、ACOの面々は歴史的ともいうべき悲惨な状況に直面した。レース当日の観客数が、前年の半分にも満たなかったのである。そして彼らは、今後はこんな愚かなことはしないと誓った。

セミナーから帰った夜、デイトナのボスであるビル・フランスがホテルに電話してきた。そこで私は起きたばかりのことを説明し、ルマンの将来が心配だと打ち明けた。するとビルは私に、できるだけの援助をしたいとACOのレイモン・グルーメス会長に伝えてくれと言うではないか。グルーメスとベルトーは翌週にはデイトナに飛び、協力関係の基本部分の合意にこぎ着けた。その後、数年間続いたデイトナの助けなしには、ルマンが再び世界的なレースとして復活することは、ひょっとするとなかったかもしれない。

ルノーのルマン挑戦

ルノーは大きな不満を抱えつつ、2ℓ自然吸気エンジン搭載のA441を1台、この年のルマンにエントリーした。ドライバーはマリー-クロード・ボーモンとレラ・ロンバルディの女性コンビである。この人選はエルフの強い意向によるものだった。市場調査によれば、シェルに比べてエルフのガソリンスタンドは、女性が使いにくいという結果が出たのだそうだ。そこで女性ユーザーに訴えるべく、彼女たちを抜擢したのである。ところがなんという皮肉か、二人はガス欠でリタイアを喫してしまった。

当時のルノーにとって、ルマンは最優先すべきレースであった。そして主催者たちは賢明にも、「グループ6」車両を受け入れられるように規約を変更した。ところが世界選手権自体は、シルエットと呼ばれる「グループ5」で戦われることになった。CSIとの暗闘がもたらした捩れだったのだが、これについては後述しよう。

ルノーのドライバーにはジャブイーユ、シェクター、ドゥパイエのほかジャリエもいた。さらにアルファ・ロメオの撤退で、ペスカローロとラフィットを連れ戻すこともできた。まずは様子見の意味で、ルマンには1台だけを参戦させた。しかしこのジャブイーユ／タンベイ組はエンジントラブルで完走できなかった。ルマンに限らず、A442はこの年1勝もできなかった。さらに悪いことにニュルブルクリング1000kmでは、1周目でジャブイーユとドゥパイエが同士打ちを演じた。開発責任者のコルタンツは、カスタンが車体設計にまで不当に介入してくることにも、ひどく憤っていた。しかし結局彼は、リュエイユにある実験部門に左遷されてしまう。そして元リジエのミシェル・テチュが後任としてやってきた。

配下には、当時まだアルピーヌで空力開発を担当したマルセル・ユベールがいた。私は一度、彼と一緒にアメリカに出張したことがある。アトランタにあるロッキード社の風洞で、ルノー・マシーンの空力性能を解析したのだ。当時のヨーロッパには、ここ以上に高速の風洞施設は存在しなかった。そしてなんと高速域に達するとフロントグリルが変形したのである。

ルノーの組織再編は1977年には一定の成果が出るように思われた。この年7月のシルバーストーンからF1参戦も開始したものの、あくまで第一目標はルマンであった。そしてラルースは、3台のマシーンをエントリーする。名称はかつてのようなアルピーヌ・ルノーではなく、ルノー・アルピーヌに逆転していた。

ドライバーはジャブイーユ／ベル、ラフィット／ドゥパイエ、そしてタンベイ／ジョッソー組。さらにユー・ド・ショーナック率いるオレカが4台目をエントリーさせ、ピローニ／アルヌーを抜擢した。

私は前年、アリゾナ州フェニックスのハーレイ・クラックストンのところまで、ラルースに同行したことがある。元レーシングドライバーで、今はフェラーリ・ディーラーを営むクラックストンは、ジョン・ワイアのチーム・ミラージュを買収していた。ジョンは同じフェニックスで引退し、片腕のジョン・ホースマンが買収後のミラージュの指揮を執ることになった。そこ

で私たちは、ミラージュGR8にルノーV6ターボを積まないかという提案を持ちかけたのだ。

クラックストンはそのマシーン2台をルマンに参戦させた。ドライバーはシュッパン／ジャリエ、そしてポージー／ルクレールであった。彼らとの契約に際しては、サインにこぎ着けるまでかなりの交渉が必要だった。そして車検の場で法的な問題に直面してしまう。クラックストンは、スポンサーを連れてくるというラフォッスに、シートをひとつ提供する約束をしていたのだが、それが果たされなかったラフォッスは、執行吏を呼んで、マシーンを差し押さえにかかったのだ。最悪の事態は何とか免れたものの、ルノーとの関係もすっかり気まずくなってしまった。ところがレースでは、ルノー・ワークス勢は1台もチェッカーを受けることができなかった。一方でシュッパン／ジャリエ組のミラージュが2位入賞の大健闘を果たした。こうしてルノーとミラージュとの協力関係は、正当化されたのである。

ワークスが次々にリタイアを喫したのは、ピストンのトラブルが原因だった。これはチームにとっては大きな打撃だった。ルマンで成果を出さない限り、F1には充分な開発予算が付かないことがわかっていたからである。さらに悪いことに、スウェーデンGPでラフィットがリジエで勝ってしまった。これでチーム内の雰囲気はさらに険悪なものになった。

ルマンの市街地コースでは事前のテストは不可能だった。そこでルノーは、使われていない高速道路の一部でマシーンを走らせてテストを行なっていた。だが、その全長はユノディエールの直線よりわずかに短く、ピストンの破損は、テストしたときよりほんの数百メートル長いところで発生したのである。そこでラルースは1978年に向けて、イタリア・ナルドの超高速オーバルコースでエンジンテストをしようと決意した。しかし下見に行ったジャブイーユは、ガードレールがないことを理由にテストへの参加を拒んだ。困ったラルースは、私にアメリカで適当なテストコースを探してくれと頼んできた。そしてビル・フランスが、オハイオ州コロンバスのTRCオーバルを紹介してくれたのである。ここなら充分な距離とガードレールも完備していた。

ただし、経費は比較にならないほど高くつく。そのため、ルノーはここで速度記録に挑戦し、それを大々的に宣伝することで費用補填しようと考えた。当時はポルシェ917ターボがアメリカのクローズドサーキットにおける記録を保持していた。それを破ろうというのだ。しかし、誰を乗せればいいだろう。ジャブイーユは開発テストを担当する。宣伝という面ではアメリカ人ドライバーがいい。私たちはマリオ・アンドレッティに白羽の矢を立て、マリオ自身も乗り気になってくれた。ところがルノーはミシュランを履き、アンドレッティはグッドイヤーと契約がある。こうして記録挑戦は夢と消えたが、テストそのものは成功裏に終わった。

1978年マシーンはこうして、かなりの戦闘力が期待できた。そのうちのA443と呼ばれた1台は、排気量を2.2ℓに上げていた。そしてカーナンバー2のA442Bは、コクピットの一部を透明なキャノピーで覆う空力的なデザインだった。

ワークスチームはジャノイーユ／ドゥパイエ、ピローニ／ジョッソー、そしてジャリエ／ベルという構成だった。一方でカルバーソンが4台目をエントリーし、ラニョッティ／フレクラン／ドルヘムを乗せた。2台体制のミラージュは、シュッパン／ラフィット、ルクレール／ポージーという体制だった。そしてこの2台が車検に行くのを見て、ユベールは思わず笑い出した。ホースマンが前年のA442を忠実にコピーしていたからである。

車検も無事に終わったが、金曜日の朝になって大問題が持ち上がった。キャノピー付きのマシーンに対し、ベルトーが「これは『内部操縦マシーン（クローズドボディ）』と見なされるが、その場合の諸元に反している」と言い出したのだ。ベルトー本人がルノーの車検に立ち会い、チームとの議論は殺気立ってきた。彼がそこまでルノーいじめに走るのは、ルマンからの撤退発表が、あまりにそっけなさ過ぎたという思いがあるようだった。

私たちは、最終的にヘルメット上方の開口部をさらに広げることで妥協した。いずれにしても大部分のドライバーは、暑すぎるという理由でキャノピーを外すよう要求していたのである。そんななか、ピローニはキャノピーを付けたままドライブし、ジャン‐ピエール・ジョッソーとともに、この年のルマンを制したのだった。

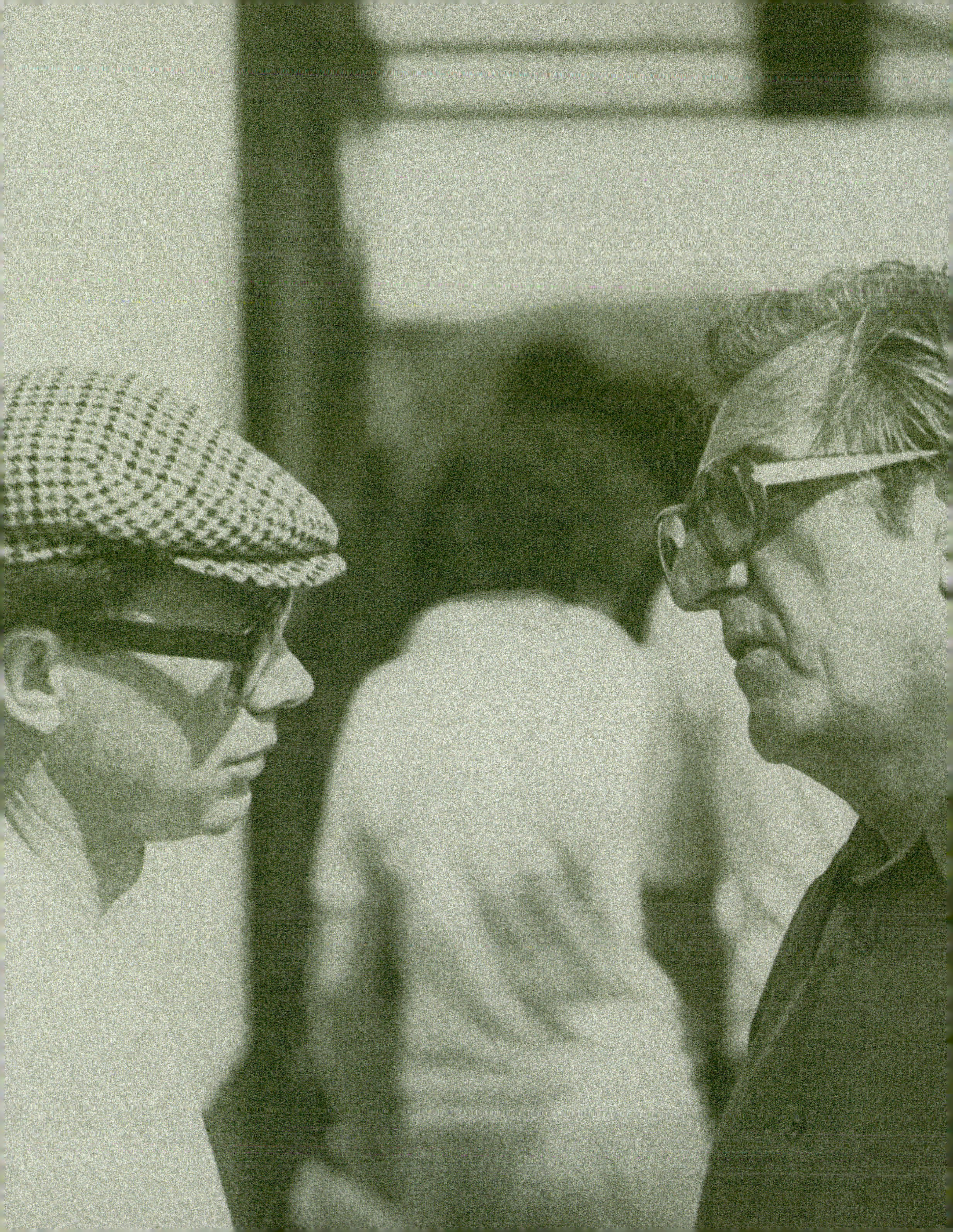

chapitre 13

Balestre, la politique sportive
バレストル、F1と政治

　何年もの間、私はジャン-マリー・バレストルといっしょに仕事をした。最後にはずいぶん疎遠になってしまったが、バレストルのモータースポーツへの多大な貢献に対し、私は決して賞賛を惜しむものではない。彼はレースのため、本当に有益な多くの行動を起こしてくれた。ところが、一般の人々や報道関係者にはバレストル嫌いが実に多い。彼が成し得たことが原因ではなく、人々は彼の尊大な口ぶりに拒否反応を起こしているのである。それが私には残念でならない。

モータースポーツを組織する団体

　バレストルについて述べる前に、まず、草創期から近代に至るモータースポーツ統括組織について記してみたい。

　起源となったのは、1895年にド・ディオン侯爵が創設したフランス自動車クラブ（ACF）である。その後、ヨーロッパの他の国々でも同様の組織が誕生していった。そして1904年、国際認定自動車クラブ連盟（AIACR）が発足。第二次大戦後には、これが国際自動車連盟（FIA）に拡大発展した。名前は変わっても所在地は一貫して、パリ・コンコルド広場のACF本部である。そしてACF会長がFIA会長も兼務していた。

　FIAが巨大組織に発展したのは戦後のことである。自家用車が普及し、自動車の信頼耐久性が飛躍的に高くなったこともあって、人々は少しでも遠くへ、つまり国境の向こうへと行きたがった。そこでFIAは「税関通過証（カルネ）」なるものを考え出した。これを国境で提示すれば、輸入関税を支払うことなく、自分の乗ってきたクルマを一時輸入できるというものだった。ただしこの通過証は、FIA加入の自動車クラブのみが発行できた。つまり外国へ自家用車で出かけたいと思ったら、否応なく各国自動車クラブの会員になる必要があったのだ。こうして国によっては、数十万人単位の会員を抱えるクラブすら出現した。

　一方、モータースポーツに関しては、FIA下部組織の国際スポーツ委員会（CSI）が統括していた。そし

Balestre, la politique sportive

てFIAの運営費捻出という役割まで担わされていた。当時のCSIは、自動車クラブの利益代表の側面が強く、メンバーもすべて統括組織の人間で構成されていた。実際のレース関係者の声はまったく反映されていなかったのである。

戦前はモータースポーツに限らず、あらゆるスポーツ組織で、そんな状況が一般的だった。フランスでは、ヴィシー政権がそれに終止符を打つべく、1940年にスポーツ憲章を発布する。しかしパリに凱旋したドゴール将軍は、1945年8月に即刻廃止させた。ところが翌年には新たな法令が提出され、すべての権限を各スポーツ組織に委譲することになった。1949年にはこの法令が発布され、実際の競技者も組織運営に関われることになった。

法令では「すべてのスポーツ」と謳っており、当時のスポーツ大臣アンドレ・モーリスはCSIに対しても体制変更を指示した。だが、モータースポーツという特殊な競技を、他の一般的なスポーツと同じ鋳型に入れ込むことはむずかしい。スポーツ省と協議を重ねた結果、フランス・モータースポーツ連盟（FFSA）を発足するという妥協案が生まれた。だが、その中味は旧態依然としたもので、これにジャン - マリー・バレストルが猛然と噛みついた。

ジャン - マリー・バレストル

バレストルは、南仏サンレミ・ド・プロヴァンスのメロン農家に生まれた。若い時は、新聞社の校正係として働く社会党員でもあった。ところが第二次世界大戦が勃発すると事態はやや複雑になった。

もう何年も前のことだが、歴史雑誌『ヒストリア』が、ナチ親衛隊員（SS）の制服を着たバレストルが東部戦線に向かう志願兵たちを駅で見送っている写真を掲載して、物議を醸したことがあった。ところが、1944年には、彼自身がドイツ兵によって収容所に送られたという事実もある。

確かな事実は、戦後ようやくフランスに帰還した彼は英雄としては迎えられず、フレーヌ刑務所に収監されたことだ。法廷に引き出されたバレストルは実は二重スパイだったと証言。イギリス人諜報部員が、バレストルに有利な証言をしたこともあって、最終的には無罪となった。これ以後も、その経歴に疑問を呈する記事などが出ると、バレストルはすぐに裁判に訴え、

ことごとく勝利している。

のちに出版王として名を馳せるロベール・エルサンはバレストルの友人であった。二人は1949年に『オート・ジュルナル』誌を発刊。既存の自動車雑誌にはない斬新な誌面作りで大成功を収め、瞬く間に業界最大の雑誌となった。なにかといえば論争を仕掛けるのが、バレストルの得意な誌面作りであった。そして頻繁に標的となって嘲笑されたのが、戦前からの著名ジャーナリストであるシャルル・ファルーだった。ファルーは、なにかといえばあちこちから金をせびるという悪い癖があったのだ。

当時のバレストルは、まだそれほどモータースポーツに興味があったとは思えない。しかしファルーを俎上に載せているうちに考えが変わってきたようだ。なにしろファルーは国内のあらゆるレースにかかわり、絶大な権力を振るっていたのである。その後、オート・ジュルナルは、FFSAに競技者の声を反映させようというキャンペーンを打ち出した。そして1963年には、ついにトト・ロッシュがFFSA会長に選出され、ACF会長が兼職するという長年の悪弊が断ち切られたのである。

以前にも述べたように、私はジャン・リュカによって、ロッシュのごく近しい協力者のような立場になっていた。しかしレース以外の政治活動にはいっさい関わらなかった。その分野はすべてリュカに任せていたからである。彼はその後、FFSAのスポーツ部門の

オスカでミッレミリアに出場したクロード・ブリヨ。現役引退後、FFSA会長まで上り詰めるが、改革を急ぎすぎて失脚してしまった。

責任者にもなった。

　1966年3月、新たな会長選挙が行なわれた。規定によってロッシュの再任は禁じられていたから、彼の後任にはルマン24時間レースを統括するジャック・フィナンスが選ばれた。同時に関係者代表には、ジャン・ギシェとクロード・ブリヨが選出された。

　二人はFFSAの変革にとことん情熱を傾ける決意だった。ところが最初は支持していたフィナンス会長も、彼らは過激すぎると心配になってきた。そしてFFSAが入門フォーミュラと位置づけ、のちにフォーミュラ・フランスと呼ばれる選手権を立ち上げる際に、両者の不協和音は頂点に達する。

　この技術規定はエチエンヌ・ヴィアーノが草案を作成したが、ヴィアーノはラリーの専門家で、シングルシーターについては知らないに等しかった。選手権にはフランス国内のいくつものメーカーが興味を示し、特にアルピーヌが乗り気であった。そして彼らの誰もが、「この技術規定はなってない」と、こき下ろしたのである。一例を挙げれば、マシーンの地上高は、一般の市販車とほぼ同じ寸法になっていた。そこでブリヨはこの計画が話し合われるはずのミーティングに出席しようとしたが、フィナンスに拒否されてしまい、1967年1月にはギシェとともに辞表を提出した。FFSAは混乱状態に陥り、かねく健康上の問題があったフィナンスは任期半ばで会長選挙を行なうことを決断。選挙の結果、ブリヨが大差で選ばれたのだった。

　クロード・ブリヨの会長就任は、レース関係者の誰もが喜んだ。特に私たちスポール・オートの面々も同様だ。なぜなら、新会長はなにか重大な決断を下す局面では、必ず事前に相談に来たからである。ほどなくブリヨは私を技術委員の一人に任命し、騒動の発端となったフォーミュラ・フランスの技術規定をやり直すよう命じた。

　私はもとより新奇なものを作り出す気はなかった。当時のイギリスでは、ブランズハッチのボスだったジョン・ウェッブの発案で、フォーミュラ・フォードが誕生したばかりだったから、その規定を基にルノー・エンジンを搭載した場合の変更だけ書けばよかったのである。こうして新規定は承認され発効した。その中のひとつにホイールベースの最低限の長さが定められていた。そんなものがわざわざ盛り込まれていたのは、フォーミュラ・フォードのレースに500ccエンジンを積んだカートで出場した知恵者がいたからである。彼はその改造マシーンでジャージー島でのレースを制してしまったのだ。男の名はティコ・マルティーニといい、その後フランス本土に戻ってマルティーニ・レーシングを設立。フォーミュラ・フランス、次いでフォーミュラ・ルノーを席巻することになる。

　一方で、フランス国内のこうしたモータースポーツの隆盛を喜ばない人々もいた。旧勢力というべきACFの幹部たちである。彼らはFFSAの理事会から二人の代表を引き上げると、独自にモータースポーツ推進協会（SECA）を設立してしまった。そして1968年以降、FIAがFFSAに委任した国内モータースポーツ統括の権利はSECAにあると主張したのだ。

　こうしてフランスのレース界は完全に混乱してしまった。FFSAのライセンス保持者は、SECAの主催するレースには出場できず、一方、外国からエントリーした者はFFSAの認定レースに出られない可能性があった。私はブリヨ率いる「戦時内閣」に属し、FFSA事務総長のジャック・ブランシェとともに、セーヌ川を見下ろすブリヨの豪壮なアパルトマンで善後策を協議した。余談ながら、ここでの打ち合わせは実に居心地のいいものであった。というのも、奥方のミシェル・メルシエは有名な女優で、彼女のもてなしは天にも上るような心地だったからである。

　先制攻撃を仕掛けてきたのはSECAの方だった。新たに彼ら側についた北部自動車クラブの主催で、アンデルナッハ・ニュルブルクリング〜サンタマン・レ・ゾー間のラリーを開催すると発表したのだ。しかしフランス政府から認められた団体はFFSAだけであったから、スポーツ省のマルソー・クレスパン大佐は北部自動車クラブに対し、警備の警官を派遣できないと通告した。こうしてラリーは中止された。緒戦はFFSAの勝利に終わったものの、根本的な解決策は見出せないままであった。そしてFIAは両者の争いを高所から見ているばかりだったのだ。

　FIA会長はその創設当時からACFのメンバーから選出される習わしだった。しかしこの年初めて、イギリス人のウィルフリード・アンドリューズが選ばれた。彼がいかにこのポストを射止めたのかについては、あえて語る価値があると思う。

　アンドリューズの前任者は、ACF会長でもあるア

Balestre, la politique sportive

ドラン・ド・リーデケルケ・ボーフォール伯爵であった。そして彼自身は1958年、ロアン子爵からこの職を引き継いでいた。1963年の年次総会のことである。居並ぶ代表者たちの前で演説を始めた伯爵は、実にへりくだった口調に終始した。自分のような恵まれた家系に生まれたこと自体、私は申し訳ない気持ちでいっぱいである。このような要職を務め上げることに対し、私の能力が不足していることも充分に自覚していると。そしてその前置きのあと、本人はこれまでの実績を誇らしげに並べ立てるつもりであった。

ところがそれを遮るように、英国王立自動車クラブ会長であるアンドリューズが立ち上がり、こう宣言した。「紳士諸君、われわれは今、現会長の辞任の意思を断腸の思いで聴きました。今後は名誉会長となられる伯爵に対し、満場の謝意を表明しようではありませんか」

こうして割れんばかりの拍手が彼に贈られた。しかし、アンドリューズが行なった反則すれすれのやり方を、評価したメンバーは少なかった。こうして会長には、カラッチオーロ皇太子が選出され、ACFの絶対優位はこれで崩れたのである。アンドリューズはさらに2年間待たなければならなかったが、ようやく会長になったおかげでナイトに叙せられた。

ブリヨは袋小路に入った状況を打破すべく、報道関係者を集めた昼食会を計画した。そして一人でも多くの記者に来てもらおうと、パリ・マドレーヌ寺院近くにある超高級レストラン「マキシム」で開くことにした。ちょうどその日、ロータスのチームマネジャーで、F1およびF2の製造者連盟で代表を務めるアンドリュー・ファーガソンと、ロータスのドライバーだったジョン・ウィットモアがパリに滞在していた。ブリヨは私に二人も招待するようにと指示した。

ファーガソンは、この問題を自分のことのように感じていた。早期に解決されない限り、F1とF2のフランスGPは開催できないからである。彼はブリヨにできる限りの協力を約束し、ウィットモアも同調した。そして二人はロンドンに戻ると、世界中の製造者、ドライバー、レース主催者を集めた会議を開くことを決めた。FIAに圧力をかけてACFを翻意させ、FFSAが唯一のモータースポーツ統率機関であることを広く知らしめようとしたのだ。

こうして1967年12月4日、いわゆる「ロンドン委員会」が開かれた。出席者は実に150人以上におよんだ。ブリヨが議長役で、私は通訳として隣に座った。壇上には、ほかに製造者連盟を代表してファーガソンが、F1ドライバー連盟（GPDA）からはジョー・ボニエがいた。会場内を見渡せば、FIA傘下のCSI代表としてモーリス・ボームガルトナー会長が出席していた。

会議は午前中いっぱい問題点の洗い出しを行ない、とりあえず散会した。しかし実際には、その日の午後にはいくつかの小部屋で白熱した議論が交わされたのである。夜になって、私たちは、翌日の会議に備えるため、ブリヨのスイートルームにこもっていた。そこへジャック・ブラバムとブルース・マクラーレンが、「ボニエが裏切った！」と言いながら飛び込んできた。彼は午前中の会議後にCSIの会合に呼ばれ、理事にならないかと打診されたらしい。その交換条件は、翌日の会議でGPDA代表として壇上に上らないことだった。

二人はグレアム・ヒルの部屋まで出かけて就寝中の彼を叩き起こした。ボニエと仲の良かったヒルに説得してもらおうというのだ。私たちは夜中の1時にハイドパークで落ち合った。そしてボニエに電話をかけ、

310

Premier Déjeuner International Annuel
de la
Fédération Française du Sport Automobile

もしCSIに従う気なら、われわれ3人は全員GPDAを脱退する。そして明日の会議で壇上からすべてをぶちまけるとまくし立てた。電話が終わった時には、午前3時を回っていた。翌朝のボニエはしかめっ面のまま、私たちの隣に座っていた。

ロンドン委員会は、会長にブリヨ、ドライバー代表にボニエ、製造者にコーリン・チャプマン、サーキットオーナーとしてジョン・ウェッブ、レース主催者にニック・シレット、そして独立系チーム代表にロブ・ウォーカーをそれぞれ選出した。それぞれが各分野を代表する人物であり、ボームガルトナーとしては彼らの存在を無視できなくなった。そこでこの面々に対して、今後はCSIが決定を下すことになる重大案件については、事前に彼らと話し合うことを明言した。

歴史的に見ればロンドン委員会は、FIAという岩盤に開けた最初の小さな風穴であった。依然として彼らに投票権はなかったものの、一歩前進したことは確かである。FIAは風向きが変わったことを察知し、FFSAに権力を委譲するようACFに圧力をかけ始めたのである。ブリヨの試みは成功し、すべてが正常化へと向かい始めたのである。

ロンドン委員会の第1回総会は、68年の春にジュネーヴで開かれ、私もブリヨに同行した。しかし総会は結局、この1回しか開かれなかった。5月革命の嵐がフランスに吹き荒れたのである。

ここで改めて、バレストルについて述べなければならないだろう。この時点では、彼はまだモータースポーツの世界で重要な位置を占めようと、本格的な動きはしていなかった。ひとつには、エルサン・グループ内における責任がますます増していたからである。同グループは年々発展を続け、フランス最大の日刊紙フィガロまで傘下に収めていた。一方で、すべて自分一人のコントロール下に置きたがったエルサンは、共同事業者を好まず、バレストルの持ち株を買い取ることになった。その後もグループ内における、ある程度の地位は保証され、そしてなにより、かねての野望を実現するに充分な資産と時間的余裕を得たのである。

当時、フランス国内ではカートがブームになろうとしていた。そして常に財政上の問題を抱えていたCSIは、ライセンス発給事業を行なうことで、分け前にあずかろうと考えた。そこで、各国の連盟に対してカートも傘下に加えるよう指示した。バレストルはこの機会が来るのを待っていた。彼はカートという手段でFFSA内部に入り込むことを狙っていたのだ。そのために自身の『オート・ジュルナル』誌で、盛んにカート特集を組んだりした。そしてFFSAがフランス各地のカートクラブに対して連盟加入を働きかけた時には、当然のように代表者として応対した。カートはバレストルにとって「トロイの木馬」だったのである。

ブリヨは、バレストルがカートだけの支配で満足する男ではないと感づいた。そこでFFSAの規定を変更して彼の野望を阻止しようとした。しかし、ブリヨはバレストルがスポーツ省のクレスパン大佐と非常に親しいことを忘れていた。その上、外交的な手練手管はブリヨの得意とする分野でもなかった。大佐が規定変更に待ったをかけると、ブリヨは大臣に対し激烈な非難の手紙を書き送った。すぐに名誉棄損で訴えられたほどの激しい文章であった。

スポーツ大臣と裁判で争うような人間が、スポーツ統括組織の長でいられるはずもない。ブリヨは会長職を辞し、モータースポーツの世界からも完全に身を引いた。そして余生はハリウッドで、女優である妻のキャリアを支えることに捧げたのである。

新たに行なわれた選挙では、より協調性のある会長が選出された。すでにACFの合意も取り付けてあった。それがベルナール・コンスタンであった。私は、1962年にベルナールをロータス23でレースに出場させたことがあったが、友情に厚い彼は、私をFFSAの技術委員会に留め置いたばかりか、その委員長に抜擢したのである。当時の技術委員会は、実体はレース現場の技術コミッショナーの集団であった。その主な仕事は、技術規定がサーキットで正しく適応されているかどうかを確認することにあった。そして規定自体、目まぐるしく変わる時代だったのである。

そのため私は、言い知れぬ不安を抱えていた。フランスはレース開催数の多さでは世界屈指といえ、毎週のように各地で小さなラリーや山岳レースが開催されている。しかし、最新の規定を熟知した技術コミッショナーは一握りしかいなかった。そんな彼らだが、いわばセミプロであり、ある程度の報酬がなければ現場まで行きたがらなかった。一方で主催者の予算は非常に厳しく、無給で来てくれる地元の人間を使うことが多かった。彼らの多くは修理工場で働く者たちで、技術的な知識は申し分ないが、複雑な技術規定の解釈を

Balestre, la politique sportive

勉強する時間が充分にないことが問題だった。

　私はそんな状況を説明し、FFSAの各支部に必ず技術委員会を設置すること。そして年に一度、技術コミッショナー養成のための講習会を開くこと。この2点について合意を取り付けた。講習会の最後には参加者に試験を課し、成績によって階級を付けたこの試験で、最優秀の連盟技術コミッショナーに認定された者がいなければ、国際格式のレースは開催できないことにした。この措置が、その後の国内モータースポーツの隆盛に大きく寄与したと私は信じている。しかし同時に、技術コミッショナーを呼ぶ余裕のない地方の主催者からは、ずいぶん恨まれたことも確かだ。

　南仏セヴェンヌ地方もそんなひとつだった。ここで開催されたレースでの車検には、ずいぶん驚かされたものだ。当時最良の技術コミッショナーにシャルル・フォーコンがいた。私は立場上、盗難車リストに目を通すことが多いのだが、エントリー車両の中に該当するクルマが少なくないのである。極め付きはモンテカルロ・ラリーだった。この時もフォーコンが技術責任者を務めたのだが、優勝した車が実はスペイン王室から盗まれたものだと突き止めたのである。モナコのレーニエ王子は、従兄弟であるスペイン皇太子の同意を得て、事件をもみ消した。

　ベルナール・コンスタンの目指したのは、彼自身も活躍したツール・ド・フランスの再生であった。私としては、もはやFFSAはF2によるフランス・トロフィー（旧フランスGP）を支援する気はないと理解せざるをえなかった。一方マートラはF2から撤退し、F1に専念することになった。そこで私はFFSAの職を辞して、技術コンサルタントとしてマートラに入ることを決めた。

　その間もバレストルはせっせとクモの巣を張り続けていた。コンスタンはFFSAでは飽き足らず、CSIの会長を狙っていた。そして1972年7月にはFFSA会長選には出馬しないと表明する。それに対しバレストルは精力的な選挙キャンペーンを張った。ところがCSIの会長に選ばれるには、自国の代表になっていなければならない。コンスタンはFFSAの選挙で理事に選ばれなかったので、CSI会長への道は自然に閉ざされてしまった。ひょっとしてバレストルは最初からすっかり見通していたのかもしれない。

　FFSA会長選挙は1973年2月に行なわれた。バレストルはどんな些細な部分も疎かにせず、充分な準備の上で投票に臨んだ。票読みも実に慎重で、地方から代議員が来る時にはわざわざ部下を駅まで迎えに行かせたりした。政敵に連れ去られるのを防ぐためだったのだ。最終的にはジャン-マリー・バレストルと、シルヴァン・ギャランの二人の候補が残った。ギャランはそこにいるだけで周りが賑やかになるような明るい男で、代議員たちからの評判も良かったから、これだけの人気があれば当選間違いなしと高をくくっていた。ところが投票の結果、彼は理事にすらなれなかった。そして会長は理事の中から選出される。

　ギャランはこの結果にひどく傷ついた。彼は大西洋岸の小島イル・ド・レに別荘を構えており、偶然にもジャン・リュカの家と隣接していた。ところがリュカが自分を支持してくれなかったと恨み、この別荘を売り払い、そしてフランスを去ってサン・バルテレミー島に隠棲し、寂しい最期を迎えたという。

　圧勝の末に会長となったバレストルは、持ち前の精力的な仕事ぶりでFFSAの改革に乗り出した。しかし言うまでもなくこのポストは、さらに上に行くための腰かけに過ぎない。最終的な目標はCSIの会長職であった。とはいえFFSA会長として、片づけるべき大問題が目前に控えていた。1973年に世界中を襲った石油ショックへの対応である。

　11月30日、ピエール・メスメル首相は石油燃料節約のための緊急措置を発表した。その中には、「サーキットでのレース、ラリーはすべて中止とする」という宣言もあった。今から思えば噴飯物だが、レーシングカーが使用するガソリンの量など、たかが知れている。それよりも観客がクルマで現地に来るまでに使用する総量の方がはるかに多い。そのあたりのことが

首相はまったくわかっていなかった。噂では事前にスポーツ大臣と協議しようとしたのだが、彼はゴルフに興じていたらしい。バレストルはエルサン・グループの仕事でフランスにはいなかった。

　FFSAの理事会を統括していたジャン・リュカは、善後策を話し合うべく緊急会議を開いた。そして政府に対して、レース界がいかに多くの雇用を生み出しているか、などの報告書を提出することを決めた。そんな騒ぎの最中にバレストルが帰国した。そしてロベール・エルサンの口添えで、すぐにメスメル首相本人に面会できることになった。首相は事情を聴いてレース中止を撤回することにした。それでも最初は開催数を223に制限していたのだが、バレストルの説得で500まで増やすことに同意した。フランスのモータースポーツ界はこうして救われた。バレストル以外の人物がFFSAの会長だったら、ここまでの成果はとても無理だっただろう。

　1972年のルマンでジョー・ボニエが事故死したことを受け、GPDAは次期会長にジャッキー・スチュワートを選出した。スチュワートはGPDAに新しい風を送ろうと考え、事務総長にニック・シレットを抜擢した。ところがGPDAは財政難に苦しんでおり、シレットを終盤に北米で開催される2レースに送り出す資力はないため、彼に代わって仕事を引き受けてくれと私に頼んできた。具体的には、ドライバーたちの会議に立ち会って、議事録としてまとめることであった。しかし当時のGPDAは牧歌的という表現がぴったりで、会長のスチュワートは、よくわからない独り言をつぶやき、その間ドライバーたちは誰一人として議論に加わらず、カード遊びに興じる者さえいたのである。

　一方、アンドリュー・ファーガソンは、F1製造者連盟（F1CA）の代表職を辞し、スポーツカー世界選手権製造者連盟（WCSCA）という組織を、新たに立ち上げていた。しかし1974年にはパーネリ・ジョーンズに請われて、カリフォルニアへと去って行った。そして後任に抜擢されたのが私である。今思えば、実にむずかしい時期にこの仕事を引き受けてしまったものだ。なぜなら、1973年1月のモナコ自動車クラブ主催の円卓会議の際、CSIから新たな計画が発表されていたからだ。2年後の

1975年からスポーツカー世界選手権を廃し、代わりにGTカーをベースとした新選手権を立ち上げるという計画であった。フォン・コルフ男爵率いる国際自動車製造事務局（BPICA）に所属するドイツのメーカーが、背後にいることは間違いなかった。BPICAは当時のCSIにあって、製造者を代表する唯一の組織であった。

　マートラがこれに反対したのはいうまでもなく、フェラーリ、アルファ・ロメオ、ジョン・ワイア（ガルフ）も同調した。ところがジョルジュ・マルタンが、ポルシェ出身のフォン・ハンシュタイン男爵に対して決定について非難すると、男爵は薄笑いを浮かべて、「この提案はもともとフランスから来たのですよ」と答えた。

　またも、ツール・ド・フランス復興の亡霊であった。ルマン24時間レースに対抗しようという夢を捨てきれない人々が、まだたくさんいたのである。

　1973年2月に、コンスタンに代わってFFSA会長となったバレストルに、私たちは窮状を訴えた。こちら側の要求はただひとつ、WCSCAがBPICAと同様にCSIの認定を受け、理事会での会議へも出席できるようにしてくれということだ

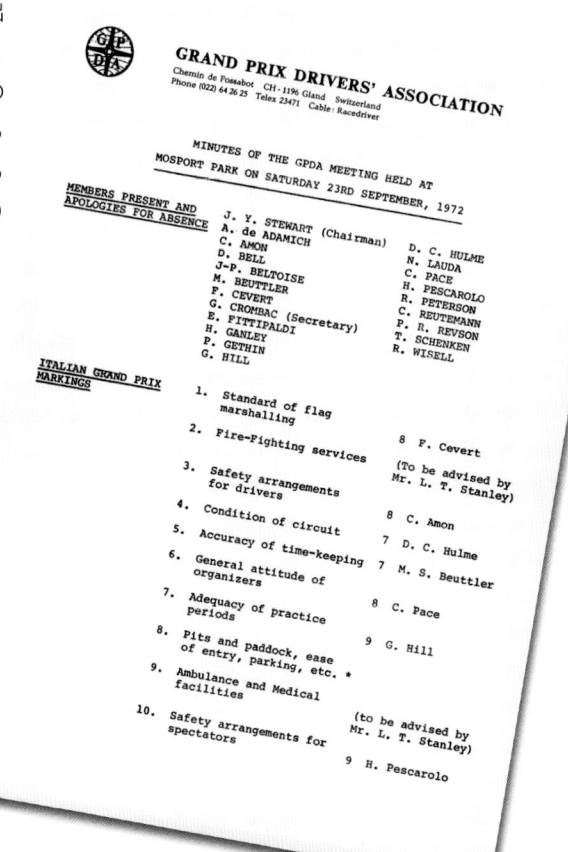

Balestre, la politique sportive

った。議論の末にバレストルが出してきた妥協案は、とうてい満足できるものではなかった。BPICAの例会に代表一人が出席できるようにする。もちろん議決権もある、というものだった。これではとても、スポーツカー選手権を廃止の危機から救い出すことはできそうにない。しかしほかに方法もなく、とにかく会議には出ることにした。もちろん私はいつも少数派であった。

ところが、ジュネーヴで開かれた例会に出席した時のことだ。ドイツ寄りの意見を持つ代表が軒並み欠席していたのである。そしてこの日は私たちのスポーツカー選手権に代えて、新たな選手権「グループ・シルエット」の導入時期を決める投票が行なわれることになっていた。出席者を数えてみると、スポーツカー存続派の方が多いのだ。しかし議長を務めていたフォン・コルフ男爵は、事態の重大さに気づき、そして一方的に投票を中止。私たちは戦いに敗れたことを自覚してWCSCAは解散した。

シルエット・フォーミュラ

石油ショックの影響もあって、シルエット・フォーミュラの発足は1976年まで延期され、その間スポーツカーレースは暫定的な選手権として存続することができた。

CSIでホモロゲーション・ミーティングが行なわれた時のこと、フランス代表のジャン・ユベールはFFSAの案を承認させることに失敗した。ギ・リジエから要望が出されていた案で、最低25台生産すればGT車両のホモロゲーションを得られるというものだった。だが、この案は拒絶された。一説によれば投票の際にユベールは席を外していたという。激怒したリジエはバレストル会長にユベール更迭を要求した。

後任に誰を据えるか。レース活動を停止したばかりのマートラにあってテクニカル・ディレクターを務めていたジョルジュ・マルタンは、FFSA製造者委員会の長を務めていた。技術規定を協議する小委員会のフランス代表として、彼以上の適任者はいない。そこでバレストルは、CSIの投票で彼を立てた。ところがフシュケ・フォン・ハンシュタインは、マルタン選出に強い難色を示した。自身も長年にわたりポルシェのレース活動に関わっていたにもかかわらず、マルタンはマートラ色が強すぎるというのだ。

モナコ自動車クラブは、バレストルにシャルル・ドゥーシュはどうかと示唆した。しかし彼はその時点でFFSAとは無関係の人間だった。バレストルは熟慮した末、FFSA技術委員長として私の名前を挙げたのである。

それからの数年間は確かに素晴らしい経験ができた。しかし多くの場合、欲求不満にも陥った。純粋な技術的議論より政治性が先行したからである。技術小委員会の委員長は、スイス自動車クラブの代表であるクルト・シルドだった。実に魅力的な男で、会合はい

モータースポーツ史上、これほど誰もが欲したトロフィーは、おそらく他になかったのではないだろうか。レース草創期に重要な役割をはたしたトロフィーの真下に、私は座っていたのである。1905年にフランスが獲得し、その後このイベントが再開されることはなかったので、フランスに置かれたままなのであった。

発足当時のシルエット・フォーミュラは、実にのどかなものであった。その体系構築に私が少しなりとも貢献できたことには、皮肉な喜びを感じている。私はディジョンの主催者フランソワ・シャンベランに呼ばれ、車検を統括することになった。開催初年度の最終戦で、すでにポルシェのタイトル獲得が決まっていた。ここにエントリーした21台の大部分がポルシェであった。1台ずつ念入りに検査した私は、疑いようのない事実を発見した。なんと規定に違反していないマシーンはたったの1台だったのである。つまりそのシーズンは、おそらくほとんどのレースが違反車両で戦われていたことになる。私はこの事実をすぐにスポーツ委員会に通告したが、もちろん彼らは無視した。唯一の合法車両であるポルシェ934を運転していたのは、シシリア人ドライバーだった。もし彼にこのことを話したら、ライバルたちを全員失格にすることもできただろう。

つも和やかな雰囲気だった。しかしある人から、朝食や昼食で水分を摂り過ぎないようにと注意されていた。会議中に席を立つと、その隙に重要案件の投票が行なわれるからというのだ。

会議は時に外国で、特にイタリアGP開催時に現地で行なわれることもあった。しかし大部分はパリ・コンコルド広場の、ACFからFIAが借りている豪奢なサロンで開かれた。ある日、出席者がさほどでなかったために、通常より小さな部屋で集まることになった。私はふと、家具の上に置かれている、あまり趣味のよろしくないブロンズ像に気づいた。近寄って台座の文字を読むと、「ゴードン・ベネット杯」と彫られている。

レース自体も散々なものだった。観客はたったの4500人しか集まらなかったのだ。翌週の水曜日、CSIの技術小委員会はパリのBPICA本部内で緊急会議を開いた。そこで私はあらゆる規定違反個所を列挙した。するとすべての該当車両が合法になるよう、すぐに技術規定が書き換えられた。

それよりも数年前、F1製造者連盟の設立された当時、当初この組織の略称は、F1CAだった。しかし誰もが"1"を"i"と間違え、"フィカ"と読んでしまう。ちなみにこれはイタリア語では、口にするのもはばかられる下品な単語であった。

マートラで働き始めた私は、このF1CAの会合に何度か出席した。特に記憶に残っているのが、1972

Balestre, la politique sportive

年初頭の集まりだった。ブラバムを買い取ったばかりのバーニー・エクレストンが、顔を出していたのである。

バーニー・エクレストン

トロール船の船長を父に持つバーニーは、かなり若い時から商才に長けていたようである。毎朝かなり早く起き、通学前にパン屋に立ち寄ると、そこで駄菓子を大量に購入し、学友たちに売りさばいて利益を上げていたそうだ。その後は、中古の万年筆を商ったりもした。1939年に一家はケント州に移り、バーニーは15歳で学業を終えると、研究所の実験助手になった。

もともと二輪が大好きで、家の台所を改造した修理工場でバイクの修理販売を始めた。さらにしばらくすると四輪に手を広げた。バイクレースにも出場したが、何度も事故に遭ったあげく、四輪の方が安全という結論に達する。当時のF3は、二輪用の500cc単気筒ノートン・エンジンを搭載していた。そのクーパー・ノートンを駆り、ブランズハッチでデビューを果たした。

その後はクーパー・ブリストルのプロトタイプF2マシーンを購入したりもした。しかし自分には才能以上に勇気があることを悟り、これではいつか死んでしまうと引退を決めた。もっとも諦めきれなかったのか、1961年のモナコにエルヴァ製フォーミュラ・ジュニアで出場している。

その後バーニーは、ブランズハッチのスタードライバーだったスチュワート・ルイス-エヴァンスのマネジャーになった。事業もうまく回り始め、自動車の修理販売のほか不動産業も手がけるようになった。

1957年、コノートがF1から撤退して資材一式を競売にかけると、バーニーは2台のマシーンを競り落とした。ルイス-エヴァンスを乗せようと考えたのだが、実際にタスマン・シリーズを走った彼は、ヴァンウィールに引き抜かれてしまった。しかしバーニーはあえて引き止めはせず、その後はブルース・ケスラーやポール・エメリーといった二流どころのドライバーを抜擢して、グランプリで走らせた。1958年のモナコGPでは二人とも予選落ちを喫してしまう。怒ったバーニーは、それなら俺がと自らステアリングを握ったが、彼ら以上の結果が出せるはずもなかった。そしてルイス-エヴァンスは、この年最終戦のカサブランカGPで事故死してしまった。

その後の数年間、バーニーをサーキットで見ることは稀であった。しかし1966年、ヨッヘン・リントがクーパーから颯爽とデビューすると、オーナーのロイ・サルヴァドーリは、旧友のバーニーにこの若者を引き合わせた。二人はすぐに意気投合し、バーニーはリントのマネジャーとなり、リントはバーニーの実業家としての才能に称賛を惜しまなかった。まもなく共同で「ヨッヘン・リント・レーシング」というF2チームを立ち上げた。マシーンはロータスであった。

しかしリントは1970年のモンツァで命を落とす。F2チームとともに残されたバーニーは、もはやレースの世界から引き上げるわけにはいかなくなっていた。100%レースに専念することを決意すると、事業をすべて売却してブラバムを買収した。具体的な金額は明らかになっていないが、わずか10万ポンド、現在の物価で150万ユーロほどだといわれている。

これを機にロン・トーラナックはチームを去り、バーニーは暫定的にコーリン・シーリーを据えた。しかし彼はもともと二輪の人間であり、すぐに更迭された。一方でバーニーは、ペドロ・ロドリゲスのマネジメントも引き受けた。しかし今回も運は味方せず、ペドロはドイツの地方レースで事故死してしまった。

F1CAの会合

前述したF1コンストラクターの会合は、外国からの会員も集まりやすいように、例会はヒースロー空港近くのホテル・エクセルシオールで行なわれることが多かった。とはいえ、当時の連盟は質素なもので、ス

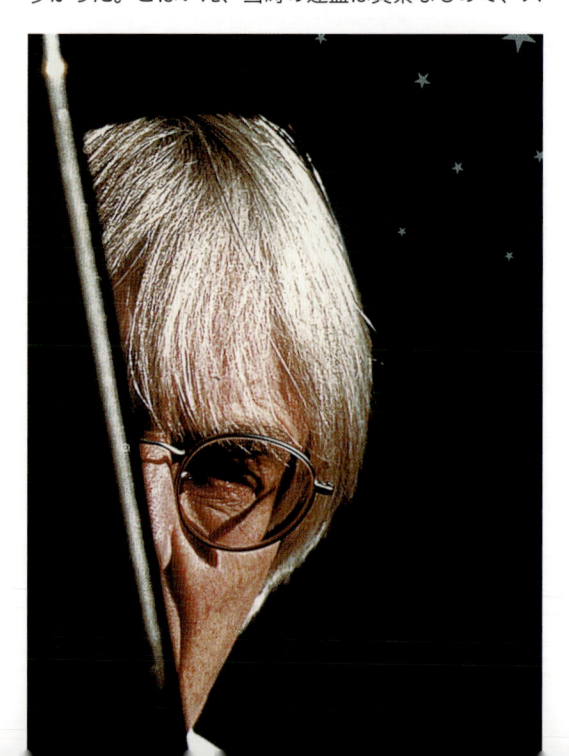

クーパー・ノートンで
F3レースに出場した
バーニー・エクレストン。
しかしバーニー自身は、
早くから自分には舞台裏が
向いていると悟っていた。

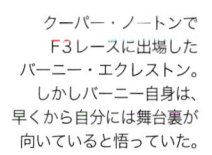

イートを借り切る余裕もなく、場所はいつも普通のダブルベッドルームだった。最初に到着した人間がまずソファを占領する。次は椅子、そしてベッドとなり、最後に来た人間は床に座るしかなかった。私とバーニーが、いっしょに床に座ったこともあった。

一応は、アンドリュー・ファーガソンが代表だったが、実際にはケン・ティレルが議論を仕切った。いつも威厳を持って出席者に接し、彼に反論しようものなら、徹底的にやっつけられる覚悟が必要だった。ケンは口角に泡を溜めながら、相手がマイッタというまで演説をやめなかった。それを指して私たちは、「また、ケンの泡の犠牲になった」と言ったものである。

バーニーは、会合ではいっさい発言しなかった。それどころか、率先して紅茶を出したりするのである。「あなた方は皆、私よりはるかに事情がわかっているから」と、謙虚に言うのみである。しかしF1の経験年数だけをいえば、すでに彼が一番であった。ところがバーニーは皆の意見に耳を傾けながら、黙って自分の計画を築いていたのである。

その計画が実行に移されたのは、まもなくであった。1972年の夏、バーニーはファーガソンを代表の座から降ろすと、配下のピーター・マッキントッシュを据えた。英国空軍の曲芸飛行チームである「レッドアロウズ」を運営していた経験を持つ男である。こうしてバーニーは少しずつF1CAの中での地歩を固めていった。次に、チーム代表たちにレース主催者たちと

の交渉を一括肩代わりしようと提案した。取るのはわずかな手数料のみで、スターティングマネーから移動費まですべて決めてくれるというのだ。その申し出に難色を示す者は誰もいなかった。皆、そんな雑事に時間を取られずに、自分のチームを強くすることに専念したかったし、なによりそういう交渉事に関しては、バーニーにかなう者はいないとわかっていたのだ。

この頃から、バーニーとCSIは公然と争うようになった。F1CAの力がどんどん強くなっていくことに、CSIも警戒し始めたのだ。

私の友人であるユベール・シュローデルは、CSI事務局をすでに辞していた。後任のオランダ人、ヘンリー・トゥルーは非常に仕事のできる男だったが、少々外交的能力に欠けていた。それがのちに彼の致命傷となる。FIAの会長も、ウィルフリード・アンドリューズからアモリー・ド・メロード皇子に交代していた。こちらは自動車全般の知識に関して心もとないところがあった。そしてトゥルーは、オーストラリア自動車クラブ主催の晩餐会の席上、そのことを公然とほのめかしたのである。形式主義者の多いオーストラリアでは、この発言は大変なスキャンダルとなった。すぐに電報がパリに送られ、哀れなトゥルーが空港に降り立った時には、すでに彼は解雇されていた。

一方で、CSI側はFIAのこの決定に感情を害した。事前の相談がいっさいなかったからだが、これはチーム側も同様だった。そんな騒ぎを目の当たりにした

13

317

Balestre, la politique sportive

CSIのオーストリア代表マルチン・フンドネールは、この状況を利用しようと考えた。そしてCSIとFIAを分離するという提案書を作成した。その際にCSIの本部はオーストリアのウィーンに移し、自分が会長を務めてもよいという、さりげないアピールであった。

この文書はCSIの全会員に配付され、悪知恵に長けたフンドネールはその表紙すべてに特別な印をつけた。こうすれば万一、FIAのメロード皇子の手に文書が渡った場合も、裏切り者が特定できるわけである。いずれにしてもこの計画はメロード会長が握りつぶして終わった。

この時点までのフンドネールは、FIAとCSIの両組織でかなりの影響力を持っていた。しかし彼のやり口を決して許さない人々も少なくなかった。そして各国代表の改選の際、オーストリアは別の人物を立ててきた。FIAの理事になるには自国代表の資格が要る。こうしてフンドネールは、あっという間に失脚した。

トゥルーは復活の機会を秘かに狙っていた。そしてF1CAとの交渉に際し、全主催者の窓口となることを謳って、グランプリ・インターナショナル（GPI）という組織を創設した。さらに「親善大使」として、グレアム・ヒルを抜擢。交換条件としてタバコ会社のエンバシーを、ヒルが設立したばかりのレーシングチームのスポンサーに付けてやった。ヒルはシャドウの車体を使うつもりだった。そこでF1CAはシャドウに対し、ヒル側の要望に応じないよう圧力をかけた。

F1CAとGPIとの緊張関係は一気に高まった。トゥルーは、もしチームがグランプリをボイコットするようなことがあれば、代わりにF2あるいはF5000でレースを強行することでCSIと合意を得ていると通告した。彼はなんとかして、自分の大義に主催者たちを従わせたかった。なによりグランプリを、さらに見ごたえのあるものにしようと考え、レース中の給油を提案。これがいっそうチーム側の怒りに火を注いだ。

そして結局は、トゥルーよりバーニーの方がはるかに上手であった。1973年度のグランプリは全戦バーニーと直接交渉することになった。トゥルーは完全に引退に追い込まれた。数年後、私は海洋見本市で彼を見かけた。ブルターニュ地方で、小さな造船所を経営しているとのことだった。

1975年、メッテルニッヒ皇子がメロード皇子に代わってFIA会長の座についた。彼は若い時には著名なレーシングドライバーで、ベルナール・カイエとともにタルガ・フローリオでクラス優勝したこともある。そしてCSI会長には、ベルギー人のピエール・ユジューが就任した。トゥルーの後任の事務総長には、ベルナール・コンスタンの親友で、マートラのスポーティングディレクターだったクロード・ルグゼックが抜擢された。

ユジューはベルギー電力公社の要職を務めた人物で、モータースポーツの経験は皆無だったが、なにより交渉能力に卓越していた。それがこの時期のCSI会長に、もっとも求められる資質でもあった。F1CA

の勢力はますます巨大化し、バーニーはついにいくつかのグランプリでは主催者側に回るという、一線を越えてしまった。

　1976年シーズンは平穏なうちに開幕した。前年末にバーニーとユジューの間で合意書が交されていたのだ。両者は11月にブリュッセルで会談し、1レースごとの値段を27万5000ドルと決めていた（海外での開催にはこれに遠征費用が加わる）。あれから30年が経ったとはいえ、今その額は1500万ドルまで急騰している。

　しかしユジューはその後、自らの地位を万全とするべく、GPIのアイデアを拝借した。マールボロのマーケティング責任者だったパット・ダフラーが退職してコンサルタント会社を開いたが、ユジューはダフラーに主催者代表の肩書きを持たせ、チーム側との交渉権を与えたのだ。ダフラーはワールドチャンピオンシップ・レーシング（WCR）という組織を立ち上げ、主催者はそこを通さなければ何もできないことになった。

　バーニーとしては当然受け入れられるはずもない。1977年に向けての交渉は泥沼化し、ようやく妥協案で両者が手を打った時には、開幕戦のアルゼンチンGPがあわや中止となる瀬戸際であった。WCRは完勝したかに見えた。GPIが果たせなかったバーニー攻略を軽々とやってのけたのだ。ところがF1がヨーロッパに戻ってくると、バーニーはこれ以降のレースについて、すべての契約を見直すと通告、再びすべてを掌握した。

　ユジューはその間、ただ手をこまねいていた。もはやWCRはかつてのGPIと同様、両手を縛られたも同然だった。バーニーの行く手を遮るものは何もなくなった。

　当然のことに、この状況はCSI内部に深刻な亀裂を走らせた。そしてその混乱に乗じて最大の収穫を得たのがバレストルであった。彼はCSIでの影響力を増し、もはや会長就任の野望を隠すこともなくなった。一方のバーニーもF1CA（ほどなくFOCAに改称）内の地位を強めていた。1978年1月にはマッキントッシュの辞任を発表。すべての活動は新会長となったバーニーが掌握した。一方マックス・モズレイも、創設メンバーの一人だったマーチを去って、技術コンサルタントとしてバーニー陣営に加わった。FOCAはその後、「ブラバム・ファンカー事件」で大きく揺れることになる。

ブラバム・ファンカー事件の顛末

　1976年、CSIの技術小委員会はF1関連のあらゆる規定を1冊にまとめ、より簡便にすることを決めた。私がその監修を託され、FOCAからはマクラーレンのボスであったテディ・メイヤーが派遣された。テディはいくつかの提案を携えてきており、それらの大部分が受け入れられた。その中に、私たちがほとんど注意を払わなかった、ある重大な条項が含まれていたのである。それは空力システムの定義に関するもので、「それは根源的機能が空力挙動に影響を及ぼす、マシーンのあらゆる部分」とされた。そして他の条項では、「空力システムはマシーンの懸架された部分（註：ほぼ車体と同義）に完全に固定されていること」とある。

　ブラバムの創造力あふれるデザイナーだったゴードン・マーレイは、すぐにこの規定の抜け穴を見抜いた。もしあるパーツが空力以外の「根源的機能」に用いられるものであれば、固定されていなくても違反にはならないと。こうしてギアボックスに連結し回転する巨大なファンによって、車体下面の空気を吸い込み、強大なダウンフォースを発生するマシーンを開発した。そしてこの空気は、水平に置かれたラジエターを通り抜けるために、「ファンの根源的機能は、エンジンの冷却にある。これを取り外せばエンジンが過熱して、すぐに止まってしまうことからも明らかだ」と、マーレイは強弁できた。

　ヴェールを脱いだニューマシーンは、1978年6月17日のスウェーデンGPに出走すると発表された。CSIの理事からは抗議の声が相次いだ。そしてハラマのスペインGPの折りに開かれた例会で、技術規定小委員会が説明を求められた。クルト・シルドが来られなかったため、私がその役割を担わされた。そして居並ぶお偉方に向かって、「ブラバム・マシーンは、完全に合法である」と言わざるをえなかった。なんとなれば、新規定を監修した小委員会も、それに賛成票を投じて発効させた理事会も、そこに仕掛けられた罠に気づいていなかったからである。どうしても禁止にしたいのなら、規定の安定性という精神に目をつぶって改変するほかない。

　こうしてブラバムはBT46Bを出走させ、轟々たる抗議のなかラウダが勝利を収めた。ユジューは例に

Balestre, la politique sportive

よって何も動かず、バレストルが翌週のパリで総会を開いて事態掌握に乗り出した。

　会議の前日、コーリン・チャプマンが電話をしてきた。会議に出る前に会場のホテル・クリヨンのロビーで会いたい。そしてその際に、小さな変圧器と電気機関車の模型、電気コードとコンセントを持って来てくれということだった。実はチャプマン自身、ファンカーの模型まで作っていたのである。そしてダウンフォースのあまりの強大さを、模型を使って告発するために、自身も同様のマシーンを開発していたことも明らかにするつもりだったのだ。

　ロビーでチャプマンを待っていると、なんと彼はバーニーといっしょに現れた。二人はいつの間にか、世界で一番親密な友人に戻ったようであった。私たちは揃って昼食に出かけ、3人で楽しく歓談した。もちろんコーリンには、もはや変圧器や模型は必要ではなくなっていた。

　その後、私は二人の和解のいきさつを知った。ブラバム問題はこれで解決したどころか、この会議の前に、FOCAメンバーが緊急会議招集の動議を出していたのである。相当に緊迫した雰囲気だったという。メンバーたちはバーニーに「BT46Bをレースから引き揚げるか、FOCA会長を辞任するか」と迫ったという。そこからも延々と議論が戦わされ、ティレルは例によって、怒りの泡攻撃を仕掛けたとのことだ。

　最終的に折れたのはバーニーだった。彼はCSI総会で、二度とファンカーを出場させないと言明した。

しかしただ一人、イギリス自動車クラブ代表のディーン・デラモントだけは、この結末にいたく失望した。彼は7月中旬にブランズハッチで開催されるイギリスGPの主催者だったのだ。新聞やTVで大きく取り上

1978年スウェーデンGPを制した、ブラバムの「ファンカー」。ゴードン・マーレイによる独創性あふれるマシーンだったが、あまりに短命であった。

げられたファンカーがイギリスでも走れば、レースは大成功間違いなしと期待していたのである。もちろんこのマシーンが二度とレースに出ることはなかった。フランスで実車が公の場に登場したのはそれから数年後、レーシングカーサロンのスポール・オートのブースに展示されたのが最後である。

バレストルが秘かに温めていた計画は、CSIに自立路線を歩ませ、それをFIAに承認させることであった。CSIはまもなく国際モータースポーツ連盟（FISA）と改称し、彼はその頂点の座につくことになる。

バレストルへの権力集中

1950〜60年代の頃と当時とでは、自動車を取り巻く状況も大きく変わっていた。国外に旅行する際の通過許可証が廃止されたことで、各自動車クラブの会員数は激減した。一方でモータースポーツが各国でブームとなり、そこからの収入が今やFIAの貴重な財源となっていた。ところが上層部はレースについて、何も知らない人々ばかりだったのである。

バレストルは世界中を飛び回り、CSI独立キャンペーンを展開した。同時に自分がこれまで成し遂げてきた実績のアピールも忘れなかった。そしてメルボルンでFIA総会が開かれた。バレストルの提出した、CSIに大幅な独立権限を与える案は、過半数をわずかに上回る票数で可決された。その最大の功労者であるバレストルが新たな組織のトップに立つことに、誰に異論があろう。

彼が次に取りかかったのは、CSIの上部に位置するFIAがモータースポーツ統括組織として復権することだった。実際、その当時のFIAは勢力を増すFOCAの前では影が薄かった。FIAはこのまま彼らが、配下の自動車クラブに代わってレース界を支配するのを座視するつもりなのか。バレストルはFFSA会長の座を射止めた時と同じアプローチで、今度はこの世界の頂点を狙った。

ただし彼にはひとつ大きなハンディキャップがあった。当時はまだ、英語がほとんどしゃべれなかったのである。そこで私にしばしば通訳としてお呼びがかかった。そんな機会に私は、友人たちを引き合わせたりもした。たとえば日本代表の高木義夫、あるいはアメリカのビル・フランスといった面々で、その後ビルは

バレストルの信奉者となる。ビルはあの威厳を持った仕事ぶりに敬服していたようだ。ビル自身はストックカーレースのボスだったのだが、やり方はバレストルそっくりだったという。

1978年10月に行なわれたFISA会長選では、旧CSI会長のユジューが対立候補として立つはずだった。しかし代議員の中には、バーニーとの争いの中でダフラーを見殺しにしたことを非難する者も少なくなかった。ほかにも、ユジューはCSI本部より地元のブリュッセルにいる時間の方が長いと言われたりもした。そして決定的だったのが、彼の数々の「過ち」を並べ立てた文書をバレストルが提示したことだった。

技術小委員会のメンバーの一人として、私はその過ちなるもののひとつに関わった。その独特の形状から「モビー・ディック（白鯨）」と呼ばれたポルシェ935/78にまつわる事件である。ポルシェは1978年のルマンに、935シルエットの発展型をエントリーさせようとした。その諸元はグループ5規定に合わせたままである。そして、その合法性を確認するため、技術規定小委員会の委員長と副委員長をファクトリーに招待した。クルト・シルドとポール・フレールであった。二人はマシーンを仔細に点検したのち、ゴーサインを出した。ポルシェはニューマシーンの写真を発表してルマン出場を大々的に宣伝した。

ところがその写真を基に討議されたFFSA製造者委員会の会議では、満場一致で規定違反という結論に達したのである。問題とされたのは流線型のドア付近で、ルマンでの車検の際に出場不可とするよう、彼らは私に言い渡した。私は技術規定小委員会の席上で改めて委員全員の投票を呼びかけた。そこでも大多数がFFSA側と同じ意見だった。

すぐに、ポルシェには3週間後のルマンまでに車両を改造するか、あるいは出場自体を取りやめるようにという通告が出された。フェリー・ポルシェは激怒し、ユジューに文書を送り付けた。もしこのマシーンのルマン出場が認められなければ、ポルシェは全カテゴリーのレースから撤退するという内容であった。恐怖に駆られたユジューは、マシーンの合法性を認めた返事を送ってしまう。

私はルマンでの車検にFFSA技術委員長として立ち会った。技術委員たちには、車両検査室からポルシェは規定違反であると伝えておいた。そして彼らは当

1978年のルマンに出場した
"モビー・ディック"ポルシェ。
FIA会長選の際、バレストルが
政敵の信用を失墜させようと、
これを政争の具に使った。

然、このクルマの車検を通さなかった。一方で、私たちはすでにユジュー書簡の存在を知っており、バレストルはそれを何とか手に入れてくれと私に頼んでいた。

ポルシェはこの手紙をスポーツ委員たちに託していた。そこで私は、彼らに車検を通してもいいが、交換条件としてユジュー書簡をこちらに渡してくれと持ちかけた。そして翌週の月曜日にはバレストルの書類棚に収まっていた。

バレストルは普段からFIAメンバーたちの懐柔を怠らなかった。私がいまだに忘れられないのは、ヴェルサイユ宮殿の離れで催されたバレストル主催による大晩餐会である。当時の超一流シェフであるポール・ボキューズやトロワグロ、エベルランらが、贅を尽くした料理を競った。私はスポーツ大臣だったジャン－ピエール・スワッソンの通訳として出席していた。深夜におよんだ食事が終わり、シェフたちが挨拶に登場した。するとメッテルニヒ皇子を先頭に、名だたる紳士淑女たちが争って彼らにサインを求めたのである。

ユジューは完全に失脚した。すると彼に代わって別の対立候補である、アメリカ人のトム・ビンフォードが登場した。ビンフォードは魅力的な男で、インディアナポリスで権勢を誇り、その仕事ぶりは誰もが賞賛を惜しまなかった。しかしビンフォードの決定的な過ちは、アングロサクソン系の票は無条件で自分に集まると信じたことだった。すでにバレストルによる切り崩しが相当に進んでいたのに。さらに彼は世界ツアー の際に、東欧、南米からの支持も取り付けていた。

投票結果は29対11でバレストルの圧勝であった。その後の彼は、矢継ぎ早に新政策を実行に移していく。そしてF1を含む3つの主要選手権に、ドライバーとコンストラクターの両選手権を置くなど、連盟が近代化していく上での基礎を築いたのだった。

バレストルの日常はとにかく組織立っていた。何か問題が起きると、すぐに書類を開き、太い黒のフェルトペンでぐいぐいと、問題点、対処法、指示すべき人間などをメモしていく。典型的な朝型人間で、毎日夜明け前からこの「バレストル・メモ」を作っていた。そして誰かのアドバイスが必要だと思い立つとすぐに電話をかけた。たいていの場合、朝6時から8時の間であった。しかし私だけは、妻のカトリーヌに厳命されたこともあって、午前7時前は遠慮してもらっていた。

彼にはまた非常に芝居がかったところもあった。同じ南仏出身の名優であるライミュを大いに参考にしていたようだ。ロングビーチGPでのことだ。私はFFSA副会長で当時はバレストルの後継者と目されていたアメデ・パヴェージと一緒だった。宿泊していたのは、バレストル同様にクィーンメリー号の船上である。

ある朝、会長自ら私たちを起こしにきて、たったいま成功したばかりの出来事を自慢気に語り出した。海上ホテルとなったクィーンメリー号は、豪華とはいえ通常のホテルのようなサービスは期待できず、たとえ

ばルームサービスは午前0時で終了していた。明け方5時に目が覚めたバレストルは、無性にコーヒーが飲みたくなった。さて、どうやって手に入れよう。室内には停電に備えて蝋燭が常備されていた。彼はそれに火を点けて、黒い煤を目の下に塗りたくった。そして死にそうな声でボーイを呼ぶと、「お願いじゃから、コーヒーを煎れてくれえ〜」とやったそうだ。

FISAでの勢力伸長に彼が採った戦略はFFSA時代と同じものだった。綿密な票読みと囲い込みである。誰が自分を支持してくれるかを的確に判断し、常任理事会の前夜には必ず彼ら全員を夕食に招待した。パリの場合はいつもエルサン・グループの所有するシャンゼリゼのサロンだった。食事の間、翌日の議題を徹底的に見直して想定問答すら行なった。もちろん支持者の中には、利害がからんで反対に回る可能性のある者もいた。そういう場合、バレストルは彼らに必ず、何らかの補償を約束していた。こうして政敵への寝返りを極力防いでいたのである。

その見事さを私も実際に目にしたことがある。クルト・シルドの代理で執行委員会に出席した時のことだ。バレストル会長支持派からは、ただのひとつも反対票が出なかったのである。ちなみにこの会議の途中、私はバレストルから眼鏡を取りに行ってくれと頼まれた。そっと部屋を出ようとすると、『アウトスプリント』誌のフランコ・リーニが扉に耳を押し付けて、室内の様子を聴き取ろうとしているではないか。しかし彼などまだ無邪気な方で、同じイタリアの『ロンボ』誌特派員は、テーブルの下に録音機を仕掛けたそうだ。

バレストルはルグゼックを解任し、ナンバー2だったイヴォン・レオンを事務総長に据えた。ルグゼックはコンスタンに近く、バレストルが彼からFFSA会長の座を奪ったことを快く思っていなかった。さらにもう一人の政敵で、バレストルの戦時中の所業を暴露した文書を作ったブリヨとも親しかった。FISA会長選の当日、ルグゼックは会場入り口に立ってこの文書をFIAのメンバーに配布したのである。

ホモロゲーションの怪

私は基本的にF1とスポーツカーを担当し、各メーカーでの検査は他の技術委員に任せていた。彼らの主な役目はツーリングカーレースのカテゴリーで、ホモロゲーション取得に必要な台数がちゃんと生産されたかどうかの確認だった。そして現地では、いろいろと驚くべきことに遭遇した。

アバルトに赴いた技術委員は、半分はすでに顧客に納車されたという説明を受けた。ただし工場出荷前に、全車揃ったところをちゃんと写真に撮ったという。しかしその写真は、実は半分の台数を巨大な鏡の前に置いて撮影したことが、あとで暴露された。

あるいはスペイン人の税関吏がこんな告発をしてくれたこともある。彼はラリーの根っからのファンで、ある日、フィアットが子会社のセアト（現在はVW傘下）に、大量のシリンダーヘッドを送ってきた。その数はちょうどホモロゲーション取得に必要な数字と一致していた。ところがその2週間後、今度はセアトからフィアットへ同数の同じパーツが送られた。調査の結果、これらのシリンダーヘッドはまったく同じもので、イタリアでのホモロゲーション検査終了後、直ちにスペインに送り、そこでも検査をパスさせたこと

バレストルは政治的駆け引きという点では、抜群の才能を発揮した。

が判明したのだった。

　もちろんアメリカでも同様な話は山ほどある。たとえば電解液にボディを漬けて軽量化を図ったとか。しかしNASCARの手口はそれよりはるかに洗練されていた。あるチームが発表したマシーンは、確かにオリジナル車両とまったく同じに見えた。ところが実際には10分の9の縮小版だったのである。

　東欧諸国の支持を取り付けていたバレストルは、ある日、私に「FSOのホモロゲーション確認のためにポーランドに行ってくれ」と言ってきた。当時の共産党第一書記ヤルゼルスキーの息子はラリーの熱狂的ファンだった。そしてフィアットの現地生産車であるFSOを自ら駆って、モンテカルロ・ラリーに出場すると言い出したのである。イタリアではすでにホモロゲーションを取得していたが、ポーランドではまだだったので、現地でチェックする必要があったのだ。

　冬の最中、私の乗ったエールフランス機に乗客はほとんどいなかった。時差もあって、ポーランドに到着した時にはすでに下界は真っ暗であった。しかも見渡す限り明かりが見えない。私は半ばパニック状態となって、スチュワーデスに「着陸したら、私にちゃんと迎えが来ていることを確認してから、再び飛び立って下さいね」と言ったほどだ。

　しかしそんな心配は無用だった。タラップから降りていくと、旧知のウォルター・ウルフが立っているではないか。私はウルフF1で計時係を務めていたことがある。ウルフはカナダでFSOインポーターを営んでいたのだ。そして、私が心細がるに違いないから必ず迎えに行くようにと頼まれていたのだ。

　ウルフの傍らには、ヤルゼルスキーの息子が大勢の取り巻きや護衛と一緒に立っていた。彼らは全員最敬礼したままだったので、私はパスポートを見せる必要すらないままに入国してしまった。空港から彼の自宅に向かう途中、警備中の警官に止められた。ところが彼は車内にいる人物が誰かわかると、蒼白になって固まってしまった。その様子を満足げに見ながら、将軍の息子はおもむろに発車を命じた。

　翌日、工場に着くと、50台必要なはずのFSO車は十数台しか揃っていなかった。理由を尋ねると、残りはすべて納車してしまったからと彼らは説明した。私が一応「顧客リストを見せてくれますか。確認する必要があるので」と言うと、彼らは「とんでもない。

実は、顧客は秘密警察なのですよ。公にできないのはわかってくれますよね」と答えた。もちろん私は、ホモロゲーション取得を認めるリポートを作成した。いずれにしてもFSOがラリーで活躍できるはずもないし、他のメーカーも完全に無視していたのである。

　その日の午後の便で帰るつもりだったのだが、雪がどんどん降ってきた。そして私が着いた直後に空港は閉鎖されてしまった。職員の説明では、この国には充分な数の除雪車がない。市街地の除雪を優先し、市民がすべて帰宅した夜にならなければ空港の除雪は始まらないとのことだった。つまり、「待つしかない」ということだ。ウルフとともに親切にも私を見送りに来てくれたヤルゼルスキーの息子は、空港所長の事務所を徴発させ、そこが私たちの臨時ラウンジとなった。

　さらに部下たちが気を利かせてウォッカを運んできた。空港所長は、第一書記の子息が自分のオフィスを使ってくれることで、天にも昇る気持ちのようだった。一方、息子の方はものすごい勢いでウォッカをあおり続け、酔いつぶれて倒れてしまった。部下たちはすぐさま両側から腕と足をかかえ、あっという間に運び出していった。その手際の迅速さを見る限り、酔いつぶれたのはその日が初めてではないようだった。

バレストル対エクレストンの熾烈な戦い

　バレストルとバーニーとの争いは熾烈さを増していたが、最初に得点を挙げたのはバレストルだった。開幕戦アルゼンティンGPのスタート直後、第1コーナーで衝突事故が発生した。しかしこのレースのスポーツ委員たちは、なんら裁定を下す気もないようだった。そのためバレストルは緊急会議を招集し、それは次戦ブラジルGPまで続けられた。そしてマクラーレンのジョン・ワトソンに1万スイスフランの罰金が科せられた。実際には出場停止の厳罰が下る寸前だった。これに対してチーム側は猛然と反発した。もはや宣戦布告といえる雰囲気であった。バーニーなどは公然と、「来年以降、F1全戦をFOCAが主催する」と宣言した。

　するとバレストルは追い討ちをかけるかのように、グラウンド・エフェクトカーをやり玉に挙げた。コーリン・チャプマンが導入したこのシステムは、コーナリング速度が異常に高く、危険すぎるという主張だった。そこで、マシーン下部に負圧をかけるのに必要なサイドスカートの全面禁止を決断したのである。しか

しイギリス系チームにしてみれば、サイドスカート禁止は破滅に等しかった。彼らはすべてコスワース・エンジン・ユーザーであり、巨額の開発費をかけて完成した自前のエンジンを載せているフェラーリやルノー、アルファ・ロメオなどに比べると、パワー面での非力さは明らかだった。

さらにこれらの大陸系チームは、ターボチャージャー付きエンジンの開発も着々と進めていた。一方でコスワースはターボへの移行を頑なに拒んだ（数年後に投入したが、失敗作だった）。つまり、彼らは出力上のハンディキャップを他のテクノロジーで埋める必要があったのだ。それがグラウンド・エフェクトカーだったのである。コーリン・チャプマンが開発したこのシステムは、瞬く間にイギリスのチームの間に広まっていった。大陸系チームが導入に苦労したのは、フェラーリやアルファ・ロメオが水平対向エンジンを採用していたからだ。その扁平な構造ゆえに、マシーン下部に充分な負圧がかからなかったのである。

こうして、それまで強固だったF1チームの結束に、サイドスカート禁止によって亀裂が走るおそれが出てきた。そしてその危惧は1981年シーズンを控えた冬に現実となった。

サイドスカート禁止は宣言されたものの、その発効にはFISA執行委員会の承認が必要だった。そして次回の会議はブラジルで開かれたが、過半数が反バレストル派で占められていた執行委員会はこれを否決。するとバレストルは、翌日のFISAの総会に改めてこの話を持っていった。そして事情に疎い代議員たちはすべてを会長に一任したのである。

チーム代表たちは、もちろんこのやり方に怒りを隠さなかった。ゾルダーでのベルギーGPが反撃の舞台となった。会長に恥をかかせようと、反対派チームのドライバーたちがミーティングを欠席したのである。出席したのはフェラーリ、アルファ・ロメオ、ルノー所属のドライバーだけだった。バレストルは直ちに各ドライバーに2000ドルの罰金を科した。それに対してバーニーは彼らに罰金の支払いを禁じた。次のモナコでも同じことが繰り返された。

2週間後のスペインGPは、マドリッド近郊のハラマで開催されることになっていた。しかしバレストルは、「罰金を払っていないドライバーはグランプリ出場を禁じる」と通告。主催者の自動車クラブは顔面蒼白となった。会長のクバス侯爵は、自腹で罰金を立て替えようとまでしたが、無駄であった。

まさにそれまでの数カ月間くすぶっていた火種が、ようやく炎を上げて燃え上がったところだった。困り果てたレースプロモーターは、こんな苦しまぎれの解釈をひねり出した。今回のスペインGPはFISA加盟の、つまりバレストルの息のかかったスペイン・モータースポーツ連盟ではなく、FIAに直接加盟しているスペイン王立自動車クラブが後援すると。

それに対してバレストルは、「ならばこのグランプリは選手権から除外する」と宣言した。そしてバレストル支持を鮮明にしたフェラーリ、アルファ・ロメオ、ルノーは不出場を決めた。

レースはこの3チーム不在のまま行なわれた。その直後、バーニーとマックス・モズレイはFIA春季総会に出席するためアテネへと飛んだ。その場でスペインGPが選手権から除外されないよう、訴えるつもりだった。しかしその目的は果たせずに終わった。

F1をめぐる争いは完全に袋小路に入ってしまった。FIAの控訴裁判所はドライバーたちに罰金の支払いを命じ、一方でバレストルの立場も盤石とは言いがたかった。目前にポールリカールでのフランスGPが迫っていたからである。もしこのレースをイギリス系チームがボイコットでもしようものなら、バレストルは面目丸つぶれとなる。そこで彼はバーニーに対し、サイドスカート禁止について改めて話し合おうと提案した。フランスGPに予定どおり出場してくれれば、その後の会議で禁止の件は考慮しようと。

そうこうする間にルマン24時間レースが開催された。エセックスはポルシェを後援しており、オーナーのデイヴィッド・シームはコーリン・チャプマンを招待していた。そしてシームと彼のコンサルタントであるフランソワ・マゼはバレストルと親しかった。バレストルはその機会を逃すまいと、チャプマンとの秘密会談を彼らに要請した。場所はエセックスのキャンピングカーの中だった。

話し合いは数時間におよんだ。バレストルはその場で、チャプマンにバーニーからFOCA会長の座を奪ってほしいと持ちかけた。そうしてくれればサイドスカート禁止は撤回する。もしあなたが新会長になれば、私からフェラーリやルノーを説得するのはむずかしくないだろうと。最後に、「ではコーナリング速度の上

Balestre, la politique sportive

昇はどう防ぐのか」と訊かれたバレストルは、スリックタイヤを廃止すると言明した。

チャップマンはその場では了承したような口ぶりだった。しかしそれは、あくまで大事なスポンサーの顔をつぶさない配慮だったのだろう。その証拠にバーニーはその後もFOCA会長にとどまり続けた。

両陣営の歩み寄りを図る会議がフランスGPの翌日に開かれた。FOCAからはバーニー、モズレイ、チャップマン。FISA理事会からはバレストルとフォン・ハンシュタイン。技術委員会代表として、クルト・シルド、エンリコ・ベンジン、ポール・フレールと私。そしてマルコ・ピッチニーニ（フェラーリ）、ジェラール・ラルース（ルノー）、ジェラール・デュカルージュ（リジエ）という顔ぶれであった。

FOCAからの提案は満場一致で受け入れられ、全員が安堵のため息をついた。サイドスカートは1984年末まで認められることになったのだ。一方タイヤに関しては、チームとFISA技術委員会がイギリスGP時のブランズハッチで会合を開き、話し合われることになった。同GPに帯同する技術委員は私だけだったので、クルト・シルドからは議長の役目も託された。

ところがこの会議は完全な失敗に終わった。チーム側は溝付きタイヤの導入に猛反対したのである。不正を働いてもチェックできないというのが理由だった。たとえばトレッドを2層にし、上側の柔らかいゴムに溝を切れば、すぐにすり減ってスリックタイヤにできるというのだ。余談だが、1998年から導入された溝付きタイヤに対しては、ほとんど異議申し立てが出なかった。これは検査が効力を発揮したというより、タイヤメーカー2社の合意に拠るところが大きいようだ。

これで話は振り出しに戻ってしまった。いや、争いはむしろいっそう激しくなった。そしてバレストルはコーナリング速度を下げることに、さらなる情熱を傾けることになる。

今後どこまで攻めるべきか。バレストルはそれを探ろうとして、メーカー代表を夕食会に招待した。セーヌ川を望むサンクルーの彼のアパルトマンにお忍びで来たのは、フェラーリのピッチニーニ、ルノーのラルース、アルファ・ロメオのピエロ・コルバーニ、そして私だった。

バレストルはエルサン・グループ傘下の通信社の社長らを引き連れて、アンチレス諸島を巡るクルージングを楽しんできたばかりだった。その際、招待客に渡されたウミガメのはく製の残りが、まだ何体か室内に置かれていた。彼はそれを私たちに1体ずつプレゼントしてくれた。

その夜のテーマは、「私はあなた方を守るためにも、エクレストンととことん戦う。しかしそれもあなた方が、私を最後まで支援してくれればこそだ」というものだった。そして出席者全員から同意の言葉を受けた。しかし、わずか数カ月後に裏切られることになろうとは、その時は想像もできなかったにちがいない。

サイドスカート廃止案の波紋

膠着状態のまま、FISAは1981年に向けての技術規定を発表した。当然ながらサイドスカートは禁止された。

それに対抗してFOCAはFISAの支配下を離れて、世界モータースポーツ連盟（FMSA）という新たな組織を立ち上げる、そしてF1グランプリと別の選手権を開催すると発表した。全18戦のカレンダーが公表され、その中にはディジョンでのレースも含まれていた。技術規定を策定したのはコーリン・チャップマンで、もちろんサイドスカートは合法だった。ターボ・エンジンも禁止されていない代わりに、毎秒50cm³以上の燃料が流れないよう、特殊なバルブを装着することとした。さらに燃料タンクも最大210ℓに制限され、レース中の給油も禁止された。このバルブは、もともとターボを毛嫌いするキース・ダックワースのアイデアで、かつてFISAに提出したものの採用を拒否された経緯があった。

バレストルは各界有名人の使い方を実に心得ていた。頻繁に開いた公式レセプションでは、この類いの人種を必ず招待していたものである。ジャビーの隣にいるのは、有名なTVキャスターのミシェル・ドゥリュッケール。

チーム・エセックスの
キャンピングカーの中で
行なわれた、チャプマンと
バレストルの秘密会談。
ロータスのサイドスカートを
めぐって、あらゆる駆け引きが
繰り広げられた。左の二人は
デイヴィッド・シームと
フランソワ・マゼ。

　F1の将来はかつてないほど不透明な状況だった。しかしFISAには強力な武器があった。フランスを含む多くの国では、レース開催に欠かせない交通整理や警備などへの警官派遣要請は、主催組織が政府の公認を受けていなければ不可能だった。たとえばフランスでゲリラ的にレースを開催することなど絶対に無理なのである。かつてSECAが涙を呑んだのも、同じ理由からだった。一方でアメリカには同様の規定は存在しない。自由競争を何よりも尊重する国だからである。そのためかFMSAのカレンダーにはアメリカだけで4戦、さらにカナダでも1戦が予定されていた。

　対する旧勢力側の弱みはチーム数が絶対的に少ないことだった。フェラーリ、ルノー、アルファ・ロメオ、そしてタルボ・リジエだけでは、たとえ各チーム3台体制にしたところで、バリエーションが少なさすぎた。そこへフェラーリのマルコ・ピッチニーニが、オゼッラとの合意話を持ってきた。オゼッラはF2とスポーツカーを製造するチームだった。

　一方、私はスポール・オート誌の取材と称して、ヨーロッパF2選手権を制したばかりのトールマンを引き抜きに出かけた。英国最大の新車配送業を営むテッド・トールマンは、F1進出の野望を隠さなかった。部下のスポーティングディレクターであるアレック・ホークリッジは、トールマン以上に熱心で、バーニー・エクレストンに計画を打ち明けたこともあった。しかしバーニーはその話を本気に取らず、門前払いを食わせてしまう。そこで私はホークリッジに会い、今こそバーニーに一泡吹かせるチャンスだと説得した。

　その翌々日、私はホークリッジとともにパリ・コンコルド広場を見下ろすフランス自動車クラブの広大な食堂で、バレストル会長から昼食に誘われた。ホークリッジはすっかり心服したように、F1マシーン開発の決断を会長に告げた。搭載するのはブライアン・ハート製のターボ・エンジン。ハートも私が英国に出かけた際に説得してきた一人だった。数年後、このチームはベネトンに名前を変え、さらに現在はルノーとなってF1に参戦し続けているわけである。

　非公認の連盟による選手権は、2月7日に南アフリカのキャラミが開幕戦というカレンダーだった。そして実際に予定どおりに開催された。ところが観客席からはブーイングの嵐が吹き荒れた。フェラーリの不在がその理由だった。第1ラウンドはバーニーの完敗であった。そして第2ラウンドが始まる前に、足下では重大な問題が持ち上がっていた。

　当時のF1チームは、今ほど工場設備が充実していなかった。そこでマシーンパーツの少なからぬ部分は下請けに製造を託していた。そのためイギリス国内には多くの零細な下請け工場が点在していた。ところが、この年は通常どおりシーズンが戦

13

327

Balestre, la politique sportive

われるかどうか誰も確信が持てず、チームとしてはマシーンの本格的な製造に踏み切れない状況だった。こうして下請け工場の多くは操業停止に追い込まれ、倒産寸前の状態に陥っていた。FOCAとしては、なんとしても3月15日のロングビーチでのレースを開催してほしかった。その思いは主催者であるアメリカのACCUSも同じであった。

　1981年の1月中旬、バレストルはニューヨークでのACCUSの会合に招待された。ベルギーのゾルダー・サーキットのオーナーであるモーリス・ベリアンも同行した。そして私も通訳として同行した。ベリアンはFISA内で勢力を伸ばしつつある人物で、会長の信頼も厚かった。会議は2日間続いたが、バレストルは初日の夜にパリに戻り、あとをベリアンに託した。議論すべきポイントを列挙した自筆のメモを彼に置いて行ったのである。

　一方、FOCAはイギリスの法廷において、チームと主催者の交渉に干渉することを禁じる決定を勝ち得ていた。そしてバレストルの出発後に再開された会議で、ロングビーチの主催者であるアメリカ・スポーツカー・クラブ（SCCA）の代表は、会長の手書きメモをベリアンからかすめ取ることに成功したのだ。あとで彼に会ったとき、私は例のメモがどうなったか問いただした。するとニヤリと笑って「SCCAの金庫に、厳重に保管してあるよ」と答えた。

　バレストルはシーズンの開催をできるだけ遅らせるつもりだったが、チームは下請け業者の倒産が心配でならなかった。最終的には、チームはFOCAとバーニーを見捨て、自分に対し謝罪してくるだろうと考えていた。彼はバーニーが表舞台から消える可能性を心の底から望んでいたのである。だから彼としてはロングビーチでのレース開催など論外であった。

　ところが、この戦いでの勝利を確信しつつあったまさにその時、バレストルはルノーに裏切られてしまう。ジェラール・ラルースがジャン・サージュを通して、「バレストルが何をしようと、ルノーはロングビーチに出場する」と明言したからだ。ルノーがそんな行動に出た最大の理由は、彼らがアメリカンモータース（AMC）を傘下に置いていたからで、ルノーにとって北米は非常に重要な市場だったのだ。

コンコルド協定

　バレストルは観念し、両陣営は終戦処理のために会議を開いた。そこでまとめられたのがF1の憲章とも言うべき「コンコルド協定」であった。しかしそれまでの抗争が長く激しかっただけに、交渉はすんなりとは進まなかった。大陸系代表のピッチニーニ、英国系のモズレイは、延々11日間も論議を続けたのである。両陣営が合意に達してから、文書はFISAに回された。しかし英国法廷の決定を取り消すことをFOCAが認めるまで、彼らは審議を始められなかった。こうして関係者がようやく協定にサインしたのは3月4日、ロングビーチGP開催のわずか11日前のことだった。

　この協定によってF1が大きく発展したことは間違いない。各チームがこれまで背負わされていた多くの重荷から解放されたからだ。サイドスカートは依然と

この文書がFISA対FOCA戦争の起爆剤となった。

して禁止されたままだったし、F1はFIAに属することも明記された。しかし一方で、各チームはFISAに自分たちの代表を送り込めるようになった。最初にそれを要求したロンドン委員会から、実に14年の歳月が経っていた。FOCA会長と有力チームの代表の計二人の執行委員会への出席が許され、議決権もあった。

さらにF1に関わる問題はすべて、F1委員会で討議されることも決まった。ここには両陣営に加えて、スポンサー、主催者の代表も出席できる。この委員会での結論は執行委員会に上げられ、承認か拒否かが判断される。ただしここでは改めて議論はされない。

そして、非常に重要な条項として、チーム側が十数年間も要求していた規定の継続性が加えられた。かなり短い間隔でレギュレーションを変更する際には、全チームの承認を必要とするというものだった。

テレビ放映権問題

コンコルド協定では画期的なことに、TVに関する取り決めもあった。チーム側はTV放映権がFIAに所属することを認めたのである。とはいえ、バレストルはバーニー以上にTV関係者とうまく交渉できる人間がFIA内部にいないことも充分承知していた。そこで交渉自体はFOCAが担当し、FIAは手数料として放映権料の7.5%を彼らに払うこととした。この比率はその後、1985年には10％に、そしてその2年後には一気に30％にまで上がった。バーニーがFISA副会長に就任し、全戦のプロモーションを一気に引き受けるようになった年である。

TV中継によってF1人気はいっそう高まり、スポンサーの数も増えていった。そしてコンコルド協定のおかげで、チームも潤うという図式が完成した。実のところ、バーニーはこの頃、FOCAメンバーであるチーム代表たちにTV局との交渉を一緒にやらないかと誘っていた。しかし彼らは一様に断わった。自分のチームを強くすることより、交渉事に駆けずり回っているバーニーのことを、内心では「バカな奴だ」と思っていたに違いない。だからバーニーは、彼らから「自分たちより金を儲けている」と非難されるたびに、当時誘ったことを思い出させているそうだ。

ロータス88事件

これで一件落着かと思いきや、1981年ロングビーチGPでまたもや揉め事が発生した。今度はブラバムのBT49と、ロータス88の合法性をめぐる問題だった。そのうちのロータスについては、私も少なからず関わっていた。というのも、このクルマの秘密をチャプマンから真っ先に打ち明けられた一人が、私だったのである。彼は88について詳細なリリースを作成し、意見を訊くとともに、フランス語への翻訳を頼んできた。

私は正直にこう答えた。「これだけ複雑な技術説明を完璧に理解できるジャーナリストは皆無だろう。なにより7ページもおよぶリリースを、最後まで読み通す人間などいない」と。そして、もっと噛み砕いた文章の要約を末尾に1枚付けたらどうかとアドバイスした。するとコーリンは、「わかった。じゃあ、君が書いてくれ」と言うのである。

そして私は、この件を担当したCSS広報部の罠にあっさり落ちることになる。私の作った要約は、7枚のリリースの最後にホチキスで留められた。そして要約の最後には、作成者として私のサインがあった。全8ページのうち名前が出ているのはそこだけである。あたかもリリースすべての作成者であるかのように見えた。

実際、これを手にしたジャーナリストたちは、FISA技術委員のサインがあるから合法であると判断したようだ。他のチームは怒り狂い、フランク・ウィリアムスは非難のテレックスを直接バレストルに送り付けた。

とはいえロータス88は、別の章で説明したようにロングビーチGPでの出走を拒否された。続くブラジル、アルゼンティンでも同様だった。ブエノスアイレスでのチャプマンは心底ウンザリしているように見えた。私たちはフランソワ・マゼを交えて夕食を摂っていた。その席でチャプマンは週末のレースに出ないことを決め、実に辛辣なプレスリリースを私に口述筆記させた。その後ホテルに帰った私は、かなりの時間をかけて文章をまとめた。

翌朝、私はそれをチームマネジャーのピーター・コリンズのところへ持って行き、読み直してもらった。実に痛恨なことに、この時のピーターは私の文章の文法的な間違いに気づかなかったのである。そしてリリースが発表されるや、バレストル直属の通訳が彼に「これはイギリス人の書いた文章じゃありません！」と言

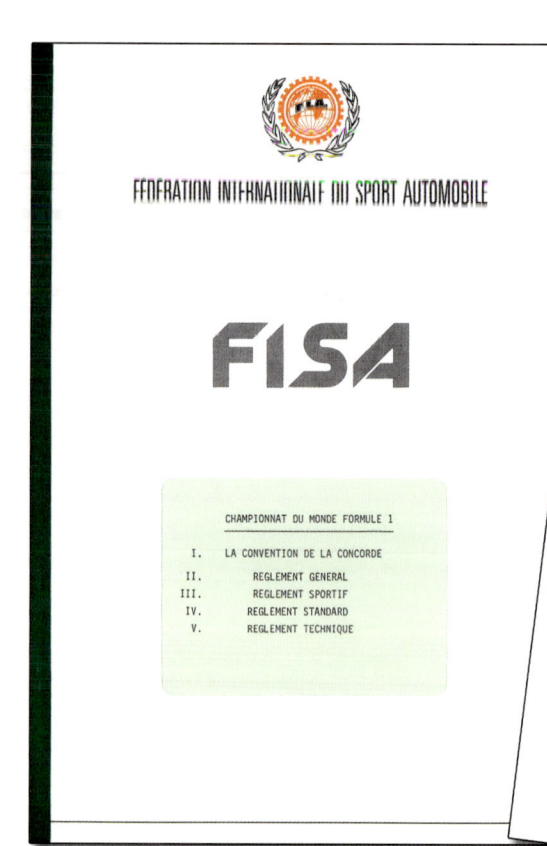

Balestre, la politique sportive

FISAとF1チーム間で調印されたコンコルド協定。F1が近代化する上で決定的な役割を果たした協定だったが、ここにこぎ着けるまでには大変な紆余曲折があった。

った。となれば、誰が書いたのか一目瞭然だった。バレストルはすぐに記者会見を開き、チャプマンに10万ドルの罰金を科すことを発表した。同時に発表したリリースで、彼は「この文章は、われわれが長年親しんできたチャプマン氏の話しぶりとは、明らかに違う。むしろ彼のアドバイザーたちのスタイルに近く、しかもこの数週間、完全に自己抑制を失ってしまったように見える」と記した。

バレストルは、チャプマンの去ったあとで私とマゼがこの文章をでっち上げたと確信していた。さらに罰金の支払いを回避するために、チャプマンは私たちを非難するに違いないと思っていたようだ。パリに戻った私は、バレストルからFISA技術委員の職を解くという内容の手紙を受け取った。

チャプマンがそれを知ったのは、モナコのランポルディでデイヴィッド・シームやマゼらと夕食を摂っている最中だった。彼は、「私のロータス・エクラを受け取ってくれ。それが君に対してできる、せめてもの償いだから」と言ってくれた。そしてポケットから鍵束を取り出すと、その中から鍵を手渡した。しかしそれは自家用セスナの方だったのだが。

シルバーストーンでエクラの贈呈式が行なわれた。チャプマンの秘書を務めるマーク・サッチャーが、今度は正しい鍵をくれた。マークは「鉄の女」として知られるサッチャー首相の子息である。私はこのクルマをジム・クラークのエランと並べて大切に保管した。

バレストル体制の継続

バレストルのFISA会長としての任期は、1981年の10月に切れることになっていた。王立自動車クラブのモータースポーツ担当だったバジル・タイはその跡を襲う野望を抱いた。そしてロータス88の一件を攻撃すればバレストルをやっつけられると考えた。折しもFISAの春季総会が近く行なわれることになっていた。しかしこの問題は当然ながら議題に上ってはいなかった。バジル・タイも出席していた会議は終盤に近づいた。するとバーニーが彼に「もうイギリスに帰ろうと思うが、いっしょに私の自家用機に乗って行かないか」と声をかけたのである。タイは喜んでバーニーに付いて行った。そして二人が議場を出たのを見極

めてから、バレストルは、「では、『その他の問題』を討議しよう」と口を開いた。そこでロータス88の話が出され、いうまでもなくレース除外で片づけられた。タイは千載一遇のチャンスを逃し、10月の選挙は17票対33票の惨敗で終わった。

グループCカーレース誕生の経緯

ここで時計の針を、私がバレストルによって遠ざけられる以前まで戻そう。会長は基本的にF1に専念していたが、耐久レースの方も大いに気にかけていた。ルマン24時間レースにはルノーが参戦していたからである。そしてフシュケ・フォン・ハンシュタインを首謀者とする、ドイツ人たちの周到なやり方に怒りを隠せずにいた。マートラやルノーといったフランス勢が強かったスポーツカーのカテゴリーを廃止し、代わりにポルシェ935が勝ちまくる素地を作ったからである。1976年と77年には、ルマン参戦マシーンの半分近くがポルシェ935だったのである。

一方でバレストルはビル・フランスの支持も得ていた。私はビルに対し、バレストルをデイトナ24時間レースに招待してはどうかと提案した。彼は二つ返事で了解し、現地で両者は耐久レースの将来について意見を交換した。当然の結論として出たのがグループ5の廃止であった。たったひとつのメーカーによるベース車両から、圧倒的な性能のレースカーが造り出される。そんなカテゴリーを存続させることは論外であった。

それではグループ5に代えて、どんなマシーンを走らせればいいのだろう。バレストルは耐久レースの新規定を作成する委員会設置を決断し、ビルに委員長就任を要請した。そして私も補佐役として関わることになった。主要レースの主催者たちも最初の会議に招集され、ドイツ勢は燃費競争のフォーミュラを主張した。しかし、ビル・フランスは「燃費レースではチケットは売れないよ」と、にべもなくはね付けた。ルマンのアラン・ベルトーも彼に同調した。1975年に燃料制限レースで大失敗した苦い経験を忘れられるはずがなかった。

両者の主張は平行線を辿り、次の会議で各自がさらに具体的な提案を持ち寄ることになった。しかしIMSAのジョン・ビショップ会長には、たったひとつのことしか念頭になかった。いかにGMを耐久レースに引っ張り込むかであった。GMには当時、レースに使えそうなエンジンといえばOHVのV8ユニットしかなかった。そこでビショップは新規定の中にDOHCとOHVとで異なる排気量規制を盛り込むことを目論んだ。そうすればGMのV8エンジンが、絶対的に有利になるからである。当然これがアメリカ側の提案となった。

ところがFFSAの製造者委員会でこれが発表されるや、ジョルジュ・マルタンがすぐに異議を申し立てた。「彼らが言っているのは、あくまで市販車のエンジンベースである。しかし、もしその規定のままOHV形式の純粋なレーシングエンジンを製作したら、他のどんなエンジンもかなわないものができてしまう」

マルタンの主張は正論だった。その数年後にイルモア・メルセデスが、同じような規定を導入したインディ500マイル用にOHVエンジンを開発し、圧倒的な速さを発揮したのである。次回の会議でこの提案が通る可能性はほぼない。そこで私たちは大急ぎで代案

ロータス88をレースから除外されたチャップマンは、辛辣なプレスリリースをジャビーに口述筆記させた。そしてこれがバレストルの怒りに触れ、ジャビーはFISAから追い出されてしまう。

Balestre, la politique sportive

をひねり出し、フランス案として提出した。

ところがビルが会議を欠席したため、議長役をドイツ人のヨアヒム・シュプリンガーに取られてしまう。彼は真っ先にドイツ案の紹介から始めた。例によって燃費レースのアイデアであった。ところが、この提案に会員たちは次々と賛意を表していったのである。あれほど燃費レースを毛嫌いしていたはずのベルトーですら言いくるめられていた。ポルシェのロビー活動は、実にたいしたものであった。

そこで私はFFSAによる代案を提案しようとした。するとFISA副会長として出席していたハンシュタインが立ち上がり、「この委員会のメンバー表に、クロンバック氏の名前は見当たらない。ビル・フランス氏はあるが今日は欠席している。彼の個人アシスタントが、代わりに出ているだけである。そこで私は、クロンバック氏が代案を提出することに反対する」と発言した。

こうしてグループC選手権が誕生した。これは正真正銘の燃費レースである。そしてこれまでと同様に、それ以降の10年間もポルシェの独壇場が続くのだった。1982年に始まったこの選手権は、76年のグループ5と同じくらい笑止な茶番であった。私が立ち会ったムジェロでのレースでは、ほぼ全車が終盤にガス欠で止まってしまうか、よろよろとチェッカーを受けるかの、どちらかだったのである。

スーパーライセンス発行の波紋

この頃のバレストルは大部分のマスコミを敵に回していた。そしてルノーの裏切りという手痛い目に遭ったあとは、バーニー・エクレストンと公然と共同戦線を張った。彼の後ろ盾があれば、この世界で不可能なことはないように思われた。

そして1982年の開幕が近づいた頃、バレストルはドライバーたちにスーパーライセンス申請用紙を配布した。そこには、「私は上記チームに所属し、そのチームのためにのみFIA・F1世界選手権に出場します」と明記されていた。

間違いなくサッカーチームのやり方に倣ったものだろう。彼らは所属プレイヤーを自由に売っていた。ドライバーたちもこれに署名すれば、雇用主に手足を縛られたのも同然となる。しかし大部分のドライバーは深く考えずにサインした。例外の一人がGPDA会長になったばかりのディディエ・ピローニで、彼は同僚たちにこの文書の危険性を説いて回った。そして、案の定、開幕戦でチームとドライバーの衝突が起こった。

シーズン緒戦は1月23日にキャラミで開催されることになっていた。フランスの報道関係者は全員、ルノーの招待で空港近くのホテルに滞在した。しかし、私はグランプリの初日前夜、全チームの宿泊先であるサーキット近くのキャラミ・ランチにACP通信の記者ジル・グレニョーを伴って赴いた。私たちは、サインを拒否したピローニに独占インタビューを試みたのだ。

FISAは、ピローニほか指示に従わなかったドライバーたちに対して、レースに出させないと脅していた。すると全ドライバーが結束し、初日の練習走行をボイコットすることを決めたのである。私たちがホテルに戻ると、同僚たちは買い物や散歩から満足そうに帰ってきたところだった。もちろん彼らには何も話さなかった。

それから少しして、本社からの緊急連絡を聞いて記者たちは全員が慌てふためくことになる。ACP発の特ダネの後追いをしろと言われ、夕食も食べかけのまま飛び出していった。ピローニは、「今ごろ何しに来た」という顔で、ずいぶん不機嫌だったらしい。それでも私たちにしたような説明を、彼らにも手短に話した。

翌朝、ドライバーたちはサーキットには行ったが、パドックには大型バスが待ち受けていて、彼らを乗せて市内のサニーサイドホテルに向かってしまった。ピローニが前日にそこの舞踏場を借りて、全員が泊まれるようにしておいたのだ。ただし、出発に際してはいくつかの小競り合いがあった。RAMのボスであるジョン・マクドナルドはバスの前に立ちはだかったし、アロウズのジャッキー・オリヴァーは警備員にドアをこじ開けさせようとした。

ドライバーたちは翌朝までホテルに待機し、ピローニとラウダによる交渉の結果を待った。とはいえ、その間ずいぶん楽しんだらしい。エリオ・デ・アンジェリスのピアノ演奏に酔いしれたりもしたという。二人だけ籠城していなかったドライバーがいた。ヨッヘン・マスはヨハネスブルグ出身である妻の実家に滞在していたし、トールマンのテオ・ファビは、夜中のうちに皆の前から姿を消していた。

話し合いは翌日の午前10時まで続いた。そしてGPDA側は、「スーパーライセンス問題に関しては翌

週改めて話しあう」というFISAの口頭での約束でとりあえず納得した。こうして公式予選はレース前日の金曜日に始まった。しかしバーニーは、自らのチームに所属するネルソン・ピケがこの反乱に参加したことが許せなかったようで、最初の予選を走らせないという懲罰を彼に加えた。

レースは通常どおり行なわれ、アラン・プロストが優勝した。ところが終了後、すぐにスポーツ委員会は用意していたリリースを配布し、マスとファビを除く全ドライバーにライセンス停止処分を下したのである。これには全員が怒り狂った。ピケなどは、バレストルの部屋の前にトランジスターラジオを据え付け、夜中じゅうずっと大音響を流し続けたそうだ。

この暴挙は間違いなくバレストルの大失敗であった。大衆のアイドルであるドライバーを表立って攻撃するなど不手際も甚だしかった。ファンたちの"手荒い歓迎"を恐れた彼は、主賓だったにもかかわらず、パリのレーシングカーサロンの開会式に参加できなかった。フランスでは『オートエブド』と日刊スポーツ紙の『エキップ』がバレストルを激しく非難した。特に『エキップ』の方は、FISAが名誉棄損の裁判を起こしたほど激しかった。イタリアの『ガゼッタ・デロ・スポルト』、『アウトスプリント』、『ロンボ』の各紙誌も負けずに攻撃した。バレストルは怒りを爆発させて「ルノーが、マスコミ全部を買収した」と吼えた。

1月28日に招集されたFISAの執行委員会はキャラミでの罰則を再確認した。1981年ゾルダーの事故（スペインGPボイコット事件につながったもの）で、すでにペナルティを受けたドライバーは5戦出場停止（執行猶予2年間）および1万ドルの罰金。それ以外は2戦出場停止（執行猶予2年間）および5000ドルの罰金というものだった。しかしこの裁定が出た際、バレストルはこれまでの多くの支持国を失った。イタリア、ドイツ、イギリス、モナコが反対票を投じたのである。

バレストルの容赦ない復讐

これに対するドライバーたちの答えは、新たな組織プロフェッショナル・レーシングドライバー連盟（PRDA）の設立だった。そして3月5日に予定されたFIAの控訴審に向けて、ポールソン弁護士を雇った。驚くべきことに、FIAの控訴審はFISAの態度を糾弾し、罰則を大幅に軽減し、全員に5000ドルの罰金、および1戦出場停止（執行猶予6カ月）を科した。

ドライバーたちはこの判決にも満足せず、パリ大法院での審理を望んだ。しかしPRDAは、それまでの勢いを失っていた。会長のピローニがドイツGPで大怪我を負い、現役続行ができなくなってしまったのだ。そして彼のような情熱を持って事に当たるドライバーは、他に誰もいなかった。それでも翌年1月に開かれた大法院は、ライセンス申請の強要は違法であるという判断を下した。しかし、もはやそんな裁定に意味はなかった。世論の反発を恐れたバレストルが、ライセンス関しては「ドライバーの権利を充分に考えて」与えると発言したからだ。さらにドライバーのうちの二人が、F1委員会のメンバーになることも決まった。

控訴審において、FIAは稀に見る公平さを発揮した。もっとも、この頃のバレストルには、判事たちに対する影響力はほとんどなくなっていたようで、彼自身、「法廷がどんな決定を下すか、いつもビクビクしている」と語ってもいる。

しかし、バレストルは、リオデジャネイロで新たな爆弾を破裂させた。FOCAに対して、F1世界選手権を廃止すると提案したのだ。彼にしてみれば、事前の通告なしに技術規定の変更を禁ずるコンコルド協定の存在が目障りでならず、いっそのことF1をやめてしまえという発想に飛躍したようだ。バレストルが描いた新選手権は、ターボを禁止し、燃料タンクは150ℓに制限し、レース中の給油は禁止というものだった。この提案にイギリスのチームは大喜びだったが、メーカー主導のチームはもちろん大反対だった。そして、同年のシーズン序盤はこの問題で大揺れに揺れたのである。

4月末にカサブランカで開催予定のFIA春季総会に、バレストルはこの案を提出するつもりだった。しかし、彼は致命的な戦略上の失敗を犯した。会議より3カ月も前に新選手権のアイデアを公表したために、大陸系チームに充分な反撃準備の時間を与えてしまったのである。実際、執行委員会へのロビー活動を仕掛けた彼らは、少なからぬ委員たちからターボ・エンジンへの支持を得ることに成功した。経費はいくらかかろうと、開発を進めるべきであると。

中でもイタリア人のカルピ・ディ・レスミニは、フェラーリを熱烈に支持した。ドイツのフォン・ハンシ

Balestre, la politique sportive

ュタイン、モナコのミシェル・ボエリも賛成に回った。バレストルは無様な失敗を避けるために、計画の過激な部分を和らげざるをえなくなった。特にコンコルド協定に関しては、いっさい手を加えないようにした。

しかし、バレストルはモナコGPから反撃に出た。まずはFISA名で、反対派のアメデ・パヴュージとジャン-クロード・ラミーに対して、F1およびF3のレースディレクターの解任を通告した。そして、再び新たな選手権設立のリリースを発表したのである。もちろんターボ・エンジンを禁じたままだ。それに対して、FISA内部から反乱の火の手が上がった。モナコ自動車クラブの名前で出たリリースは、「先の発表はあくまで会長個人の見解であり、FISA自体はいっさい関知しないものである」と、バレストルを糾弾していた。そこにはモナコ、ドイツ、イタリア、ベルギー、ポルトガルの各国代表とともに、技術委員長クルト・シルド、副委員長ポール・フレールの署名もあった。

怒ったバレストルはすぐに復讐に着手。まずは技術委員会を組織から抹消し、その機能をFISA職員のエンジニアであるガブリエーレ・カドリンガーだけに集中させた。次なる攻撃の矛先はドイツだ。フォン・ハンシュタインは、ずいぶん前から目障りな存在となっていた。そこで次のドイツ代表は彼の所属するドイツ自動車クラブ（AVD）ではなく、組織としてはるかに強大なADACから出させるように仕掛けた。そしてとどめの一撃がヨーロッパGPに関する策略であった。

フォン・ハンシュタインは、ニュルブルクリンクの大改修に多大な投資を行なっており、工事が終わると、彼はFISAに対して、このサーキットでの1984年ヨーロッパGP開催を申請した。バレストルはすぐに許可を出した。ところが日付は10月7日であった。ニュルブルクリンクのあるアイフェル山地は、この時期には凍えるような寒さである。しかも、このサーキットでのレースには例年、大量のキャンプ客が訪れる。開催を強行すれば、彼らがどんな目に遭うかは明らかだった。大赤字に陥ったAVDはADACに売却され、フォン・ハンシュタインはこの世界から引退した。

モナコに対する仕打ちはいっそう苛烈だった。まずはボエリが次の選挙でFISA副会長の座を失うと、次にバレストルはモナコGPを中止するという脅しをかけた。さらにモンテカルロ・ラリーではフランス国内を通行させないとまで言い出した。両イベントとも、最悪の事態はなんとか免れたものの、その間、連日にわたって、新聞やTVはその話で持ち切りだった。事態の収拾を図るため、最後はレーニエ皇太子が乗りだし、フランス政府への働き掛けまでしたのだ。

しかしボエリがFISAに最後まで対抗したのには充分な理由があった。コンコルド協定策定に際し、TV放映権はFIAに属し、実際の交渉はFOCAが行なうという結論に落ち着いた。しかし、モナコ自動車クラブは、その何年も前から独自にアメリカABCと生中継契約を結んでいたのである。それがコンコルド協定締結後は、バーニーが新たに交渉して、手数料を稼ぐことができるようになる。ボエリは、それだけは阻止したかった。すでにABCとは契約延長までしていたが、FIA執行委員会は、協定を盾にそれを禁じた。そこでボエリは、パリの裁判所に決定取り消しの訴えを出した。

一審ではモナコに有利な判決が出た。しかし控訴審ではFISAが勝ち、モナコはTV放映の権利を放棄した。そして、代わりにボエリは副会長に復帰したのだった。

1982年当時に戻ろう。その時点のバレストルは、ドライバーや大陸系チーム、そして世論を完全に敵に回していた。そこで彼は見事な変わり身の速さを見せる。10月の総会で、FIAは以下のような決定を下した。「不可抗力、およびドライバーや観客の安全が脅かされた場合に限り、チームがFISAに要請した場合、1983年1月あるいはヨーロッパ緒戦以降、以下の技術規定の変更を認めるものとする」

その変更とは、フラットボトムの義務づけと、サイドスカートの禁止であった。サイドスカートをめぐる問題は、もともとFISAと英国系チームの不和の源だった。バレストルは規定の継続性というコンコルド協定の精神を無視してまで、どうやって彼らにこの要求を呑ませるつもりなのだろうか。

結論からいえば、キャラミでの失敗から教訓を学んだのである。世論を味方に付け、非難を受けずに規定を思いどおりに変えるには、ドライバーの安全という錦の御旗を掲げるのが一番だと気づいたのだ。そして、それをドライバー自身が支持してくれる必要があるのは、いうまでもない。そこでバレストルは、ピローニに代わって新たにGPDA会長となったニキ・ラウダに事前の根回しを行なった。そしてラウダは、彼の期

待どおりに規定変更への支持を公言してくれた。チームとしては決定の違法性を裁判に訴える方法もあったが、そんなことをしたら、世論が許さないことは理解していた。こうして、長く続いたサイドスカート戦争に終止符が打たれた。

ターボ時代とその終焉

サイドスカート戦争が終結した一方で、イギリス系のチームもターボ・エンジンへと移行しつつあった。バーニー・エクレストン自身も、この年から率先してターボ勢に加わった。1984年には、ティレル以外の全チームのマシーンがターボ搭載車となった。

一気に戦闘力を失ったことで焦ったケン・ティレルは、2年前のリオでの一件を彷彿とさせるような、目くらまし戦法に走った。水を噴射してエンジンを冷却するためと称して、車体にタンクを取り付けたのである。確かに大戦中には戦闘機のエンジン冷却に広く使われた方法であった。だが、実際には冷却のためではなく、車重をごまかすためだった。レースのスタート時にはタンクは空で、レース後の車検で行なわれる最低重量規定をパスするために、ゴール数周前にマシーンを停めて、タンク内に鉛粉を混ぜた比重の高い液体をいっぱいに満たしたのだ。この手口は、他のチーム関係者も気づいていた。ティレルのガレージの床は金属粉にまみれていたからだが、そこまでやっても、とてもライバルたちのような速さを発揮することはできなかった。それで他のチームも無視していたのである。

FISAは、際限なく増大し続けるように見えるターボ性能に危惧を抱き始めた。技術規定の変更には全チームの合意が必要であったが、ティレルは不可解にも変更には反対を表明した。そのことで、すぐに手痛いしっぺ返しを食らうことになる。例の金属粉入り液体タンクの件が問題にされ、ケン・ティレルはFIAの技術委員会への出頭を命じられた。ただし、すでにタンク内から液体は抜き取られたあとで、鉛の残滓が出てきただけだった。そこで委員会は「燃料への不法添加物混入」という罪状によって、1984年の選手権からティレルを除外するという厳罰を科した。このことでFISAでの議決権も失い、ターボ問題は満場一致で可決された。その後、ようやくティレルはルノーからターボ・エンジンの供給を受けられるようになった。

ターボ勢と自然吸気派の対立は解消し、TV放映権料は予想をはるかに上回る金額が入ってきた。もはやFISAには頭を悩ませるような問題はなくなったはずであった。しかしバレストルという人物は、緊張した雰囲気に身を置き、周りを敵で囲まれ、それをやっつけることに快感を覚える性格だったとしか思えない。そしてそんな心労がたたったのか、立て続けに二度の心臓手術を受けるはめになった。

入院期間は執行委員会の開催時期と重なっていた。バレストルは自分が欠席すれば必ず誰かが、不利な決定を下すに違いないと信じ込んでいた（あるいは、そのとおりだったかも知れない）。そこでそのたびに病院を抜け出し、コンコルド広場のFISA本部に劇的に登場してみせた。最初は担架に乗せられて救急車で。1986年の二度目の手術後には、医師と看護師を引き連れていた。

バレストルは、一度は引退を宣言するが、その年のうちに懸案事項をすべて片づけ、そして改選選挙に立候補して悠々と再任されたのだった。

ターボ・エンジンの戦闘力はさらに増し、本格的なパワー制御の必要性が出てきた。しかしFISAは早々にそれをあきらめて、1987年には3.5ℓ自然吸気エンジンの導入を決める。このエンジンと1.5ℓターボとを共存させたのである。しかしグリッド後方で苦戦を続ける3.5ℓ勢は存在しないも同然で、バレストルを大いに嘆かせた。

一方この頃には、イヴォン・レオンが努力を続けてくれたおかげで、私とバレストルの関係はほぼ昔のように戻りつつあった。そこで私は会長に対し、3.5ℓ勢がマスコミの興味を引くよう、独自の賞を創設したらどうかと提案した。ドライバーとチームに、それぞれトロフィーを授与するのである。バレストルはすぐに乗ってきた。そこで私は「アイデアを採用してくれるなら、私に名前を付けさせてくれないだろうか。ドライバーの方はジム・クラーク杯、チームはコーリン・チャプマン杯としたいのだが」と付け加えた。

バレストルはその提案を快諾する優雅さを持ち合わせていた。記念すべき第1回は、ジョナサン・パーマーとケン・ティレルがそれぞれ授賞した。トロフィーを授けたのは、ジムのお姉さんとチャプマン未亡人であった。私はヘイゼルに対しては大きな恩義を感じていた。スポール・オート誌の後援で、ロータス7の子孫というべきケイターハムでのワンメイクレース開催

1989年の日本GP。ここで起きたプロストとセナの接触事故が、もうひとつの戦争を勃発させた。

を計画したところ、快く許可してくれたのである。

私がプエルトリコ代表臨時代理に！

デイトナでは、プエルトリコ自動車クラブの代表で、ポルシェ・ディーラーを営むアントン・フォン・ドリーと知り合った。アントンは実に魅力的な男で、フォン・ハンシュタインとも親しかった。プエルトリコでは、フォン・ドリーは実は旧ドイツ軍の軍人で、ナチ滅亡直後に潜水艦でここにやって来たと、まことしやかに言われていた。

プエルトリコはアメリカ領ながら自治権を持っており、たとえばオリンピックでも独自の代表をIOCに送っていた。自動車の分野でも、FIAに代議員を送りたいというのがフォン・ドリーの願いだった。彼はそのための文書作りに没頭し、ようやく完成したのはFIA総会の直前だった。ちょうどその時にプエルトリコを訪問中だった私は、それを直々にパリまで運んでくれと依頼された。そしてその甲斐あって、プエルトリコは正式にFIA会員と認められた。

フォン・ドリーは、その後もなにかと私を頼ってきた。ある時、FISAに連絡を取ってほしいと言ってきた。ペナルティの件で相談があるという。あるドライバーが、自分の妻とライバルのドライバーが不倫関係にあることに気づいた。そしてあるレースの練習走行で、夫が周回している間、妻はサーキット内の茂みにその愛人とこもっていた。彼はセッションの最中にマシーンを停めて現場に踏み込むと、相手の男を撃ち殺したという。フォン・ドリーの相談とは「そのドライバーに、どんなペナルティを科すべきか」であった。これには私も言葉がなかった。

プエルトリコ自動車クラブは、いつも資金不足に苦しんでいた。ある日、フォン・ドリーは、FISA総会の議題の中に面白そうなテーマを見つけた。しかし、パリまで行こうにも交通費が工面できないと、彼は私にプエルトリコ代表臨時代理になってくれないかと頼んできた。こうして総会に出席した私は、代議員たちから驚きの目で見られてしまった。私が発言を求め、プエルトリコの利益を擁護するようなスピーチを始めると、バレストル会長が傍らのレオン第一書記に、「こいつは一体、どうなってるんだ」と説明を求めたという。もちろんレオンは、私が正式な手続きを踏んで代理を務めていると弁護してくれたが。

ところがアメリカ代表のバーデット・マーティンが、「私こそが、プエルトリコを代表するべきだ」とねじ込んできた。バレストルはこれ以上の混乱を避けるために、フォン・ドリーを「中央アメリカFISA代表」に任命。今後はパリへの往復旅費と滞在費をすべてFISAが負担することとした。こうして、私のプエルトリコ臨時代理は短命で終わってしまったのである。

セナ失格事件とバレストルの思惑

1989年、バレストルはまたも大騒動を起こした。しかもこの重大な誤りによって、彼はFIA会長再任の道を自ら閉ざしたといえるだろう。

私がFISAではなくFIAと書いたのには理由がある。数年前から、FOCAからFIAに支払われるTV放映権料に関する手数料は増大の一途をたどっていた。この収入がFISAの大部分を占めるといっても過言ではなく、同時にFIA内におけるFISAの存在感は絶対的なものとなった。FIA全体が、少し前まで無名だったFISAに養ってもらうような状態になったからだ。そこでバレストルは両者を融合し、1986年に

はFIA会長に就任した。

彼は同時に依然としてFFSA会長でもあり、1989年にはFFSAの創立40周年を大々的に祝うことになった。パリ郊外デファンス地区に建設されたばかりの、第2凱旋門（グランド・アルシュ）を会場に、歴代大臣ら各界著名人を招待する計画だった。さらにそこに花を添えようと、フランス人の世界チャンピオンも呼ぼうということになった。しかし実態は、国際F3000のチャンピオンになったばかりのジャン・アレージと、ラリーのグループNでFIA杯を獲得した、ほぼ無名の二人のドライバーぐらいしかいなかったのだが。それにもかかわらず、FFSAのリリースの中では、無理やり世界チャンピオンということにされていた。

あとはF1のフランス人チャンピオンさえ揃えば完璧となる。その年の選手権は、余すところ10月の鈴鹿とアデレイドの2戦のみとなっており、フランス人のアラン・プロストが、同じマクラーレンのアイルトン・セナを抑えて暫定首位に立っていた。

鈴鹿でのセナは、ポールポジションを獲得したもののスタートに失敗し、プロストに先行されてしまう。終盤まで抜きあぐねたものの、ついにシケインで攻撃を仕掛けた。だが、プロストが彼に絡まり、2台のマシーンは絡まったまま止まってしまう。エンジンをストールさせたプロストに対し、セナはなんとか再発進でき、ピットロードをかすめてコースに復帰し、トップでチェッカーを受けた。

バレストルは、特にプロストと近しいわけではなかった。むしろ数年前には敵対関係にあった。だがFFSA会長としては、是が非でも大晩餐会の席に現役フランス人F1世界チャンピオンを列席させたかった。そこでバレストルは競技委員たちに介入し、セナのレース除外を決めさせた。それを通告した公式リリースは事実誤認と改ざんだらけの文章であった。

現場に居合わせた日本人たちはこの措置にとりわけ怒った。セナの行為のどこが致命的な誤りなのか理解できなかったからだ。逆にヘリコプターからの空撮映像は、明らかにプロストに非があることを示していた。

さらにバレストルは、その晩の夕食会を、疲れを理由に欠席するという非礼な行為に出た。招待した側からすれば許されざる侮辱であった。それに対してバレストルは、欧州への帰途に立ち寄った香港の宿泊先から実に辛辣なリリースを発表した。

その後開かれた控訴審でセナの失格は確定した。「危険行為により、レース除外」という裁定であった。加えて彼には、執行猶予付き6カ月間のレース出場停止、および10万ドルの罰金という厳罰が科された。セナは、最終戦のアデレイドの記者会見でバレストルへの怒りを隠そうともせず、プロストを不法に優遇したと非難した。「世界選手権は、策略によって汚された」との、セナの言葉は辛辣だった。同席したマクラーレンのロン・デニスも、控訴審に提出した彼の署名入り書類が改ざんされていたことを明らかにし、一般法廷で戦うことを示唆した。この騒動は延々と続き、翌年開幕戦が近づいても解決の道は見えなかった。

1989年12月の世界評議会で、FISAはセナがオーストラリアで行なった発言に対して公式に謝罪しない限り、翌年のスーパーライセンスを発給しないことを決議した。この会議では、ルマン24時間レースに関して、ユノディエールの直線に2カ所のシケインを設ける提案について討議される予定であった。ところがサルト地方議会の副議長が、FISAを名指しでマフィアとかチンピラ呼ばわりしたことで審議は中断していた。

とりあえずこちらはACOの謝罪で決着した。しかし、セナの方はそれほど単純な話ではなかった。FISAは当初、出場停止処分を取り消し、罰金も5000ドルまで軽減する妥協案を提示した。ただし、スーパーライセンス発給に関しては、あくまでセナの謝罪が前提だった。セナにしてみれば、そこは絶対に譲れない一線だった。それどころか、セナは祖国の大先輩であるエマーソン・フィッティパルディに連絡を

プロストに味方したバレストルに対し、セナは「世界選手権は、策略によって汚された」と激しく非難した。

そして両者の和解は、あいまいな妥協の上にようやく成立した。

取り、CARTのテスト走行まで打診した。この選手権ならスーパーライセンスの必要がないからである。

　セナ側の弁護士とFISAとの協議は延々と続き、最終的に折衷案がまとまった。セナは、以下のような英文の文書に署名した。「いかなる団体、そしてFISA会長も、世界選手権の結果に影響を及ぼすような圧力を加えていないという証明が、結論づけられた。私は、さまざまな人々によるそれに関する証言、宣言を了解するものである」

　ところがフランス語の文書では、「……圧力を加えていないという証明が、結論づけられた」の部分が、「……圧力を加えていないという証明を、私は結論づけた」と、セナの一人称になっていた。ともあれ、セナはこれでF1ドライバーとしてのキャリアを続けることができた。しかし、セナのバレストルに対する苦い思いは決して消えていたわけではないし、セナを無条件に称賛する無数の人々にとって、バレストルは敵以外の何者でもなかった。

　この騒動は、1991年10月に予定された次回の会長選挙にどのような影響をおよぼすだろう。いやそれ以前に、バレストルは選挙に関する重要なこと、すなわち前回、1987年の選挙は彼の突然の辞任表明に端を発する臨時のものであることを忘れていた。したがって、任期が91年まで2年間あるというのは、バレストルの完全な勘違いだったのである。

モズレイ体制が始まる

　バレストルは対立候補のモズレイに選挙で負けるはずがない。自分が会長から降ろされるはずはないと、盲信していた。だからその年の夏にモズレイが立候補表明した時も、「今回は予行演習のようなものだろう。いずれ手強い相手となるにしても、早くとも4年後のはずだ」と高をくくっていたのである。その時点のモズレイは、バーニーの提案でFOCAを離れてFIA内の製造者委員会の長を務めていた。

　バレストルはハンガリーGPの際に、ブダペスト市内随一の豪華レストランに、報道関係者を招待した。そして「2カ月後に選挙が迫っていることを、つい最近知ったところだ。そこで私は本日より選挙キャンペーンを開始する」と宣言した。

　しかしその時点でのバレストルは、モズレイがすでに何年も前から選挙活動をしていたことを知らなかった。しかも、彼が1975年に最初に会長に選ばれた時のやり方を、モズレイは忠実に踏襲した。すなわち世界中のFIA加盟クラブに対し、電話での接触や実際の訪問などを精力的にこなしたのである。その際にモズレイは、バレストルの犯した過ちに言及することを忘れなかった。特に日本訪問の際には、1989年日本GPでの事件を許していない関係者たちと念入りに接した。

　しかし一方で、モズレイも問題を抱えていた。以前も述べたように、FISA加盟国の代表でなければ立候補はできない。そして王立自動車クラブ（RAC）は、英国人がFISA会長に立つ場合、同クラブ会員以外の人間はありえないとしていた。しかしモズレイはそれまでのキャリアを、RACとはまったく別のところで

338

築いてきた。おまけに彼の姓は、戦争中の悪夢を呼び起こすものだった（訳註：父オズワルド・モズレイはヒトラーの友人で、英国極右政党の党首だった）。そのためモズレイの候補者擁立は拒絶されたのである。

しかし、バレストルは大きな過ちを犯してしまう。ボエリを返り咲かせる方を優先し、副会長だったロン・フロストを改選しなかったのである。さらにチームからの要求に応じて、ニュージーランド・ラリーを世界選手権から外してしまう。

長年、FISAで働いてきた私は、FISAの存在理由は加盟各国の利益を守ることにあると信じてきた。しかし、バレストルはそれに反することをやってしまった。FISA内に強い勢力を持つニュージーランド人のフロストは、古くからのバレストル支持派であった。1975年の最初の選挙活動では、彼は通訳として私を伴ってフロストとロンドンで会っている。そして、支持取り付けの交換条件に、ニュージーランド・ラリーの開催を約束したという経緯があった。今回それが選手権から外されると知ったフロストは、同ラリー継続を条件にモズレイ支持に回った。

そして、ニュージーランド・ラリーは今日も延々と続いている。ヨーロッパからは地球の裏側にあり、遠征費の負担は非常に重い。しかも自動車市場としても無視できるほど小さいのに、廃止の声が出ないのは、会長が支持しているからである。

1991年10月、モズレイは43票対29票の大差で新会長に選出された。敗れたバレストルはそれまで二つの肩書きを持っていた。メッテルニヒの辞任以来、FIAも統率していたからだ。モータースポーツからの収入が実質的にFIAを支えている現状からすれば、FISAを発展的に解消し、FIAの中に完全に組み込むことが自然な流れであった。バレストルは敗北をいさぎよく認め、モズレイの初仕事となるこの作業に協力することを約束した。1993年にはその提案が採決され、モズレイは新生FIAの会長となった。そしてバレストルはこの選挙への出馬を見合わせた見返りに、新たに設立された元老院の議長に選ばれた。

バレストルは、地元FFSAでも同じような運命をたどった。ただし、後継者と目されたギイ・グタールが政権交代を性急に行おうとしたことに猛反発し、彼をFFSAから追い出してしまう。その後しばらくバレストルはFFSAの座にとどまり、1996年の選挙でようやくジャック・レジスに移譲した。

ちなみに、モズレイの会長選出は決して容易なものではなかった。RAC会長のジェフリー・ローズが出馬表明したからである。しかし、モズレイにはフロストや日本代表などの強力な支持基盤があった。彼らはローズ会長を粘り強く説得し、まさに選挙当日に立候補取り止めを勝ち取った。こうしてモズレイ時代が幕を開けたのだった。

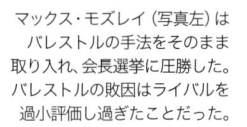

マックス・モズレイ（写真左）はバレストルの手法をそのまま取り入れ、会長選挙に圧勝した。バレストルの敗因はライバルを過小評価し過ぎたことだった。

クラル -- Lotus 22 (クリップとタのぼい)
クリス -- Lotus 22 (フランスのとけとりて)

as
Mech
at Sea
Goodwood

chapitre 14

Le Japon
日本との関係

1963年。私とジャン・リュカの元に、日本からレース開催の依頼がもたらされた。第1回の日本グランプリを開催したいという。そのための代表団がパリまでやって来て、ユベール・シュローダーを表敬訪問した。だが、当時の日本はまだFIAに加盟していなかったから、事はそう簡単ではなく、まずは日本にモータースポーツ連盟を創設することから始めなければならなかった。日本グランプリはホンダの発案であり、この機会に建設された鈴鹿サーキットにおいて、記念すべきレースが開催された。

第1回日本グランプリを取り持つ

こうしたレースの開催依頼は、私たちは以前にもブラジルからも受けたことがあった。FIAでの各種手続きが済むと、日本人たちはすぐに出場車両の手配をどうしたらいいかと、シュローダーに聞いた。そしてすでにブラジルで経験がある私たちに白羽の矢が立ったというわけだ。日本の場合も、一流ドライバーは求めていなかった。費用の点で車両の運搬は船便だったが、その他に二人分の往復航空券と宿泊費を負担してくれた。

こうして日本へ行くことになったのが、以下のようなマシーンとドライバーたちだった。まず、ピエール・デュメイのフェラーリ250GT SWB。メカニックはジャン・リュカが務めた。次にジャン・シャロン所有のアストン・マーティンDB4ザガート。ドライバーはジョゼ・ロジンスキー。そしてピーター・ウォアのロータス23。メカニックはコスワースのビル・ブラウンだった。フシュケ・フォン・ハンシュタインがポルシェ356カレラをドライブし、メカニックと称して同行したのは彼の年老いた母親であった。最後に、元エキューリ・フランコルシャン所有の古いジャガーDタイプ。フランキー・フランシスが自ら購入し、もちろんメカニックは私だった。

日本への旅は実り多い経験となった。私はここで、CAR GRAPHICを創刊した小林彰太郎と知り合った。レース翌日、彰太郎は日本に1台しかないイスパノ・スイザを見せようと、私を某所に連れていった。

1963年、日本のモータースポーツ黎明期における先駆者たち。(写真上)元エキューリ・フラン コルシャン所有のジャガーDタイプのステアリングを握るジャビー。(中左)日本にただ1台存在したイスパノ・スイザを調べるジャビー。(中右)レースとは別の日に、ホンダS500のプロトタイプに乗る機会を得たスポール・オート誌テスター(若き日のロジンスキー本人)。(下)第1回日本グランプリで表彰台に上がった面々。左からマイケル・ナイト、優勝したピーター・ウォア、ビル・オーウェン。

残念ながらほとんど廃車の状態であった。それから40年後、創刊40周年を祝うCAR GRAPHICは、私を日本に招待してくれた。あの時、廃車同然に見えたイスパノ・スイザは完璧にレストアされ、エンジンも快調に回った。今はツインリンクもてぎのホンダ・コレクションホールが所蔵しており、ときおり展示されているという。

日本グランプリのメインレースは、ピーター・ウォアが制した。授与された真珠のネックレスは、今も妻のイヴォンヌが愛用している。さらに帰国後、コカコーラのトラックが自宅前に停まり、何ケースも置いていった。賞金代わりの現物支給だったのである。

(写真上) 第1回日本グランプリの開催に助力したジャビーが、レース当日に付けていたクレデンシャルがこれだ。
(右) パリ郊外トゥシュー・ル・ノーブルの飛行場に、自家用機でホンダの中村良夫と筆者を迎えにきたジャック・ブラバム。ジャックはホンダ製12気筒エンジンを、ぜひとも手に入れたがっていた。

ホンダF1

　この仕事が縁で、ホンダのパリ駐在員だった高木良男とは何度も行き来する仲になっていた。そして7月のある日、F1参戦計画を担当するエンジニアが渡欧するという連絡が、本社から高木の元へ入った。やって来たのは中村良夫であった。ホンダはF1用の12気筒エンジンを開発しており、イギリスのF1チームに供給することを決めていた。ホンダ自体がシャシーまで自製するには、あまりに経験不足だと自覚していたからである。そこでイギリスの各チームと交渉しようと中村はやって来たのだ。

　高木は私にチームとの折衝を頼んできた。彼らは皆、面会を承諾してくれたが、予定していた東京発ロンドン行きの便が満席で、出発が何日か遅れることになってしまった。ジャック・ブラバムはコルシカの別荘で休暇を過ごす予定があり、それでは会えなくなってしまう。するとジャックから、「明日、トゥシュー・ル・ノーブル（訳注：パリ郊外の飛行場）に来い。自家用機で迎えに行くから」と連絡があった。中村と高木、そして私の3人は、ジャックが操縦するセスナ310に乗り込んだ。私と中村が後部座席に並ぶ形となった。

　その時はまだ知り合ったばかりなので、何を話していいかよくわからない。そこでとりあえず、「どうです、この飛行機は？」と訊ねた。すると驚くべき答えが返ってきた。「悪くないですね。しかしエンジンの前面投影面積が少し大きすぎるようだ」

　その時の私は、中村が戦時中に航空機エンジンの開発に従事していた技術者であったことは、知る由もなかったのだ（訳注：中村は過去に中島飛行機でジェットエンジンの開発に携わったことがある）。

　私たちはブラバム、ロータス、そしてコスワースを訪問した。この当時のコスワース社は、車体生産も視野に入れていたのである。しかしクーパーだけは面会できなかった。「研究所内は極秘開発中のものばかりだから」という理由だったが、ジョン・クーパーをよく知るジャック・ブラバムにその話をすると、大笑いしながら「ジョンは自分たちの技術水準があまりに低いのを知られるのがいやで、君たちに会わなかったんだよ」と言った。

　私たちはロンドン市内に宿を取り、翌朝には中村を自動車専門書店、セントマーティンズ・レーンに連れて行った。彼はそこでマイク・コスティンの「レーシング＆スポーツカー車体設計」という本を購入した。

　翌々日の朝、パリに戻った私にコーリン・チャプマンから電話があった。「本田宗一郎に会いに行くことにした。面会のアレンジをしてくれ」と言うではないか。私はすぐに高木に知らせ、直ちに日本に飛んだチャプマンは本田に迎えられた。そしてその場で、「ロータスは1965年シーズンにホンダ・エンジンを使用する」旨の契約を結んだのである。

　中村が帰国する前の話だった。私の印象では、中村はブラバムを最有力候補に決めたように見えた。まさにそれゆえに、チャプマンは先手を打とうとあそこまで急いだのではなかったか。しかしそれから何年も経って、友人となった中村にそのことを聞いたことがある。すると彼は「ホンダとしてはロータスが本命だったよ。ジム・クラークが欲しかったからね」と答えた。

英国チームとの交渉に失敗した中村良夫は、ホンダが独自で車体開発も行なうことを決断する。V12エンジンを横置きに搭載したこのマシーンは、1965年最終戦メキシコGPで優勝。1500ccF1最後のレースで、ホンダは初優勝を遂げた。

　しかし結果的に、ロータスは正しい選択肢ではなかった。老獪なチャプマンがこの契約を結んだのは、単にコヴェントリー・クライマックスに圧力を掛けたかったからなのだ。当時の彼らのV8エンジンはフェラーリやBRMよりはるかに劣っていた。そこでチャプマンは、「新エンジンを開発しなければ、ホンダを使うぞ」と脅したのである。
　クライマックスは水平対向16気筒エンジンに着手したが、エンジンベンチ上から進展しなかった。なぜなら、V8エンジンが気筒あたり4バルブに改良されたことで、充分な戦闘力を発揮し始めたからだ。1963年末、チャプマンはホンダに対して合意事項の遂行ができなくなった旨を伝えた。そしてホンダはあまりにも有名な、「電、見た。ホンダはホンダ自身の道を歩むであろう」との電報を送った。
　すでにロータスに送られていたV12エンジンのモックアップは、極秘のうちにブラバムに搬送された。しかしエンジニアのロン・トーラナックはこれに合わせたシャシー設計を見送った。トーラナックは、モノコック構造に精通していなかったこともあって、横置きエンジンでは車体幅が広くなりすぎると危惧したのだった。そこで中村はシャシーもホンダで造ることを決断した。あの時、ロンドンで買い求めたコスティンによるレーシングカー設計の本を、彼が熟読したであろうことは想像に難くない。
　クライマックス製16気筒エンジンは、エディンバラ公がクライマックスのファクトリーを訪れた際に、ベンチでの試運転を披露することになった。だが、あっという間にブローしてしまった。余分なパーツもな

く、このエンジンは永遠にお蔵入りとなった。
　私は1964年の第2回日本グランプリにも鈴鹿サーキットを訪れたが、目当てはレースではなかった。
　レース翌日、中村の勧めで本田宗一郎と昼食を共にすることができた。それが済むと、なんと開発真っ最中だったF1用V12エンジンの撮影まで許されたのである。シーツの上に並べられたパーツ類を夢中で撮影してパリに戻った。ところがなんたることか、現像に出すとフィルムはすべて感光して、ダメになっていた。
　その後も長い間、私とホンダとの関係は続いた。スズカからヨーロッパ人ドライバーを探してくれという依頼が高木の元に届くと、私はよく手伝ったものである。
　1977年、ホンダは再びF1参戦への道を探り始めていた。友人の中村良夫はすでに引退し、代わって川本信彦が責任者になっていた。1966年から2年間、

それから十数午後、ジャビーは中村良夫の後任、川本信彦のアドバイザーとなった。川本は無敵を誇ったブラバム・ホンダF2時代、メカニックとしてレースの洗礼を受けた。右端はロン・トーラナック。

ブラバム・ホンダF2時代、中村のもとでエンジン設計の傍らメカニックも務めていた技術者である。ホンダのレース活動には、若いエンジニアたちを育成する目的もあった。毎年、何人もヨーロッパに派遣され、修羅場の中で仕事を覚えていくわけである。しかし、ブラバムの"プロの"メカニックたちにしてみれば、彼らはあまりに未熟であった。チーフだったトニー・キルバーンなどは彼らに、「ホンコンメカニック」という綽名を付けたほどだ。ちなみにトニーはその後パリに住むようになり、私の秘蔵のロータスは彼がメインテナンスしていた。

ホンダの目的はいうまでもなく、F1への復帰であった。しかしそれは社内秘であり、対外的にはあくまでF2活動に専念すると言っていた。ルノーもその数年前、ほぼ同じ手続きを踏んでいる。まず2ℓのF2用自然吸気エンジンを開発し、のちに排気量を1.5ℓに縮小したものにターボを組み合わてF1用とした。

ホンダの代表団は川本と欧州での財政担当者である宇野、そしてスイスでホンダ・ディーラーを営むクロード・サージュで構成されていた。サージュは、アドバイザーとしてもホンダから頼りにされていた。彼らは、まずジュネーヴで写真家のベルナール・カイエと会った。グッドイヤーと長く仕事をしていたカイエは、ホンダとも密接な関係を結んでいたのだ。

当時、私はFISAの技術委員会に属しており、話題は自然とF2のことばかりになった。ホンダの真意など知る由もない私は、「F2はもうあきらめなさい。主催者たちもやめたがっている。まもなく違うカテゴリーに取って代わられるでしょう」とアドバイスした。実際しばらくして、F2は国際F3000に変わった。私の話を聴いた彼らは、さも秘密めいたふうにこう言ったのである。「それは残念です。私たちは心底、F2をやりたいのですよ」と。

14

345

UNITED STATES

AUTO CLUB®

chapitre 15

America
アメリカ

スポール・オートを創刊したころ、飛行機での移動は非常に高くついた。
当時、世界中を飛んでいた民間旅客機のボーイング707は座席数が少なく、
そのため、航空料金が今よりはるかに高価だった。大西洋を越えて取材に行くことなど、
自腹ではとても無理だったのである。私が初めてアメリカ大陸に渡ったのは
1960年のブラジルGPのことで、主催者の招待によるものだった。
同じく、1963年には日本にも先方の招待で旅行することができた。

1963年、ロータスがインディに初参戦

　ジャン・リュカがスポール・オートの取材として、初めて財布の紐を緩めてくれたのは、1963年のインディ500マイルレースであった。チーム・ロータスが出場することになったからである。

　ロータスのインディ参戦計画については、前年のエイントリーでのグランプリの際、チャプマンとの朝食の席で聞いていた。ザントフールトに登場したロータス25を見たダン・ガーニーが、「このクルマでインディ500を走ったらどんなに素晴らしいだろう」と、夢中になったのだ。そして、率先して計画実現に向けて動き出した。ガーニーは、1962年のインディには後述するミッキー・トンプソン設計のマシーンでエントリーしていたので、まずは現場を見てもらおうと、チャプマンに同行を頼み、航空券を手渡した。それでようやく彼も重い腰を上げたのだ。

　チャプマンが目にしたインディアナポリスで主流のロードスターは、前世紀の遺物とでも形容するしかないシロモノだった。足回りは前後ともリジッドアクスル、エンジンはフロントに搭載され、ホイール径は18インチもあった。だが、そんな異国のマシーン群にチャプマンは大いに興味をそそられたようだった。1961年には、ブラバムが2.7ℓに排気量を拡大したクーパーF1でインディに挑戦したが、失敗に終わっていた。

　チャプマンとガーニーは再びアメリカに飛び、フォードを巻き込んでの参戦を目論んだ。二人が提案した計画は、フォードのOHV V8エンジンをロータス25の改造マシーンに搭載するというものだった。たとえ市販車エンジンに近い仕様でも、ロードスターをはるかにしのぐ戦闘力を発揮できるという話で、フォードの担当者を説得してしまったのである。

　こうして2台のロータスが1963年のインディに

America

エントリーすることになった。1台はもちろんジム・クラークに委ねられ、2台目には計画の推進役を果たしてきたダン・ガーニーが抜擢された。こうなったら私も同行しないわけにはいかない。

だが、ロータスなどアメリカではただの新参者に過ぎなかった。現地での宿の手配などは、カメラマンでジャーナリストのデイヴィッド・フィップスに依頼したのだが、部屋がなかなか取れないのである。開会2日前に到着した私は、正面ゲートの真ん前のホリデイ・インに何とかチェックインできた。ところが部屋に行って見ると、チャプマンとクラークのツインベッドの間の床に、毛布にくるまって寝るしかないことが判明したのである。他にも補助ベッドが置かれていたが、そこはすでに計時係を務めるRACのシリル・オードレイが占領していた。

インディアナポリスの雰囲気は、これまで私たちが馴染んできたどんなレースとも違っていた。とはいえ、私はこの経験を大いに楽しんだ。確かに、出場車両はどれも古色蒼然たるもので、この当時のF1マシーンに比べれば、はるかに大型であった。すでに広告も自由に展開され、車体だけでなくメカニックたちのつなぎまで、まるで虹のように鮮やかだった。

会場に漂う匂いも独特だった。F1では1958年に禁止されたメタノールの陶然とする香りに再び出会えたのだ。"時代遅れのクルマ"は4.2ℓの大排気量エンジンを積み、直線ではとびきりの速さを見せた。4カ所あるコーナーに来ると、ドライバーたちは思い切りブレーキを踏む。しかしシフトダウンはしない。スロットルを戻した瞬間、両側のエグゾーストからものすごい炎が噴き出した。

何といっても一番驚いたのは、メインストレートと1コーナーに聳える巨大なグランドスタンドであった。レース当日には、ここだけで十数万人の観客を収容できる。それはF1グランプリで最も観客の集まるレースの3倍だった。

マシーンは、すべてガソリンアレイと名づけられた通路の2列に並んだ木造のガレージに収容され、そこは金網で一般の観客と隔てられていた。当時は女性も立ち入り禁止だった。

ロータスがエントリーした2台は29を改造したものだった。エンジンはフォード・フェアレーンに搭載されているOHVのV8ユニットながら、ブロックは軽量なアルミ製だった。燃料はライバルのようなメタノールでなくガソリンを使い、最高出力は350hpで

インディアナポリス上陸！
アメリカのモータースポーツの殿堂に集まったロータス首脳陣。左からコーリン・チャプマン、チーフメカニックのボブ・スパーショット、エンジニアのレン・テリー。

あった。これは、大部分の出場車両に搭載された、骨董品と呼ぶべき4気筒の「オッフィー」より50hp以上劣る数字であった。しかも予選仕様になれば、出力差はいっそう広がった。アメリカ勢は燃料に10％のニトロメタンを混入するからだ。一方でロータスの強みは、レース中に1回給油するだけでいいことだった。対するアメリカ勢は3回のピットストップを必要とした。

チャプマンはファイアストン社製タイヤを装着することを決め、彼らに15インチの特製タイヤを発注した。するとアメリカ人たちから非難の声が挙がり、同じようなタイヤを要求した。しかし充分な量の供給はとても無理であった。この騒動がきっかけとなって、グッドイヤーが翌年から本格的にシングルシーターレースに参入することになる。

私たちのようなアメリカ人のことをよく知らない人間には、この町の雰囲気は実に独特であった。彼らはいつも気さくで、毎晩のように私たちを招待してくれた。しかし本当のところは、私たちの存在に怒っていたようで、どんな卑劣な手段を用いてでも、レースで勝たせるつもりはなかったのである。

彼らを苛立たせていた大きな理由は、ロータスがアメリカの自動車メーカーから潤沢な資金援助を受けてインディ500にやって来たという事実だ。しかもアメリカ中西部という土地柄は、保守的な孤立主義者たちの牙城といってよかった。そんな彼らからすれば、長髪のメカニックたちなど唾棄すべき存在だった（当時はビートルズ絶頂の時代で、イギリス人にとって長髪は普通だったのだが）。さらに、クラークの乗るロータスのブリティッシュ・レーシンググリーンは、アメリカでは不吉な色とされていたのだ。あるアメリカ人は、チャプマンに「俺たちは緑色のクルマなど抜きたくない」と言ったそうだ。これに対して、チャプマンも負けずに「そんな機会は訪れないと思うがね」と言い返した。

ここの主催者たちにしても、ルマンを統括するACO顔負けのやりたい放題だった。自分たちの方法が絶対的に正しいと、信じて疑わなかったのである。

ジミーは最初からこのレースが気に入らなかった。特にF1でチャンピオン争いをしている自分に、ルーキーテストが課されたことに対して怒っていた。一方、チャプマンも人々の傍若無人な振る舞いに悩まされた。「私の国では、誰かに話し掛けようと思ったら、まずは紹介者を見つけるものだけどね」という彼の皮肉が通じるような相手ではなかった。

二度にわたる予選の結果、ジミーは2列目中央のグリッドを獲得した。そしてレース前日には、夜明け前から膨大な数の自家用車が各ゲート前に延々と行列を作った。彼らは車内でビールをガブ飲みし、窓から投げ捨てたおびただしい数の空き缶で道路は埋まってしまった。スタート前には、次から次へとセレモニーが繰り出された。バトンガールの行進、学生オーケストラ、無数の風船の乱舞、そして主への祈りに続いて、国歌斉唱などなどだ。最後にトニー・ハルマンが、「ジェントルマン、スタート・ユア・エンジンズ」と、あの有名な呼びかけを行なった。子供だましといえたが、非常に印象的だったことも確かである。

クラークはスタートから序盤にかけては慎重なレース運びに終始したが、圧倒的に燃費が良いおかげで、首位を走るパーネリ・ジョーンズを見失うことはなかった。そしてゴール25周前には、4.5秒差まで迫っていた。もはやジョーンズが抜かれるのは時間の問題だった。その時、ジョーンズのマシーン左側のオイルタンクに振動でヒビが入り、コース上にオイルを撒き散らし始めたのである。ジミーはたまらず後退した。

私はコントロールタワー向かいにある報道関係者用バルコニーから観戦していた。するとチャプマンが自

ら、「安全担当責任者」ハーラン・フェングラーの方へ向かって行くのが見えた。「オイルを撒いているマシーンは、直ちに停止させる」とレース前に定めた取り決めを、彼に思い出させるためだった。実際、ジム・ハーチュビーズのノーヴァイは、すぐにその措置を受けていた。ところがジョーンズの運転するマシーンのオーナー、"アギー"アガジャニアンは、インディ500を主催するUSACの中心人物、さらに理事会のメンバーでもあった。フェングラーはチャプマンに、アギーと二人だけで話させてくれと言ってきた。そしてとりあえず、双眼鏡を持ってきてくれとも。時間稼ぎをしようとしているのは明らかであった。

ジョーンズ車はさんざんオイルを撒き散らした末に、ひび割れ部分よりオイル面が低くなったことで、それも止まった。しかし、ザックスとマクラスキーは、その前にオイルに乗ってコースを飛び出した。そしてマクラスキーの事故の際に黄旗が出され、ジミーは2位のままチェッカーを受けた。

チャプマンは怒り狂ったが、どうしようもなかった。一方、ベンソン・フォードはフェングラーを「やるべきことを見事にやってのけた」と言って讃えた。新参者のロータスと組んだ上にいきなり勝ってしまったら、インディの既成勢力からどんな非難を受けるかわからない。フォードにしてみれば、それが正直な思いだったのだろう。

(左頁上)
コリーン・チャプマンは、首位を走るマシーンのオーナー、"アギー"アガジャニアンの汚い取引の犠牲になったと感じた。
(左頁下)
フィニッシュラインで、「安全担当責任者」と話しあうアガジャニアン（白い帽子姿）。

翌週開催のインディ500に向かうべく、ロータスのスポンサーであったSTPが差し向けたボートに乗り、急いでモナコを後にするチャプマン。

1964年のインディ500で不安げに話し合うチャプマンとダンロップのエンジニア、ヴィック・バーロウ、ジム・クラーク。ロータス34のタイヤは、とても最後までもちそうになかったのだ。

1964年のインディ

　ロータスは翌1964年、2台の34で再挑戦した。前年の29と同様に25を改造したマシーンだが、搭載されたのはフォードの新型V8エンジンだった。宿に関しては、前回のみすぼらしいホリデイ・インにはさすがに見切りをつけ、ハワード・ジョンソンへと引っ越した。1963年のインディ500についてのリポートが読者に大好評だったおかげで、リュカは今回もアメリカ取材の予算を割いてくれた。とはいえケチケチ旅行であることに変わりはなく、ロフトライダーという航空会社のターボプロップ機を予約した。まずリュクサンブルグの空港まで行って、ニューヨーク到着まで2回も乗り換えなければならなかった。これが一番安かったのである。

　ロータスのシャシー性能は際立っていたが、市販車用を改造したエンジンでは勝てないことは明らかで、フォードは独自のレーシングエンジンを作ることになった。そのやり方は実にアメリカ的で、オッフィー・エンジンを購入し、燃焼室や燃料供給系統などを忠実にコピーしたのである。ところがフューエルパイプの径まで4気筒用と同じ太さにしてしまった。これではV8エンジンには太すぎて、適切な量の燃料を送り込むことができない。特別なノズルを付けることで対処したが、期待した性能に達したのは翌年になってからだった。その際、フォードの広報担当は、「技術陣の卓越した発見が、多大な困難を乗り越えた」と高らかに宣言した。

　そんなエンジンだったにもかかわらず、クラークは1964年のインディでポールポジションを獲得。しかしチャプマンはこの年、新しくダンロップと組んでいた。性能ではファイアストンを上回っていたからである。しかしロータス34の完成が遅れ、ダンロップを履いての実走テストはほとんどできずに本番を迎えることになった。

15

351

America

1964年のインディ500スタート直後。オッフェンハウザー・エンジンを搭載した巨大マシーン群に囲まれるが、ロータスは見るからに華奢なマシーンであった。この年のクラークはタイヤトラブルに見舞われ、完走できなかった。

　レースは開始後2周目に発生したひどい事故のために中断された。巨大な炎が上がり、デイヴ・マクドナルドとエディー・ザックスが焼死してしまった。再開するには、空になった消火器の中味をすべて充填し直さなければならず、再スタートまでに2時間を要した。ジミーは再スタートでも首位を譲らなかったが、その5周後にメインストレートを全開走行中に左後輪のバーストに見舞われた。その衝撃でサスペンションが折れ、ジミーは必死でマシーンを立て直したことで事故は免れたが、もはやレース続行は不可能だった。
　もう1台のワークスマシーンもリタイアを余儀なくされ、この年もオッフィー搭載のロードスターがレースを制した。優勝したのはA.J.フォイトだった。ベンディックストロフィーを受け取ろうとヴィクトリーレーンに入ってきたフォイトは、そこにフォードのお偉方がいるのに気づいた。そして、エンジンを供給されなかった腹いせに卑猥な言葉を彼らに投げつけた。

1965年、ロータスがインディ初優勝

　1965年、ロータスはまったくの新車で雪辱を期した。タイプ38はロータス初のフルモノコックマシーンだった。そしてこの頃には、頑固なアメリカ人たちも、古代の恐竜のようなアメリカ車よりも、奇妙な形のヨーロッパ車の方が戦闘力に優ることに気づいていた。実際、予選を通過した"恐竜"は5台だけであった。ジミーは最前列真ん中に位置し、ダン・ガーニ

しかし翌年に雪辱を果たし、これが結果的にインディの超保守主義者たちの目を覚まさせることになった。クラークはジャビーの協力に感謝し、この歴史的勝利を描いたマイケル・ターナーの原画を贈った。

ーとポールシッターのフォイトが両側に並び、ロータス3台がフロントロウを独占した。

　クラークとガーニー、そして新しいチームメイトのボビー・ジョーンズが38をドライブし、パーネリ・ジョーンズが34、そしてアル・ミラーが古い29という布陣だった。

　この年のジミーはスタート早々に首位を奪い、その後もほとんど2番手以下を寄せ付けなかった。この圧勝にチームはもちろん歓喜の渦に巻き込まれた。その晩、私たちはイタリア・レストランに繰り出し、コーヒーカップに注いだワインで祝杯をあげた。というのも、レース当日は「アルコール消費禁止日」に当たっていたのである。

　翌朝は恒例の優勝者撮影会だった。私も愛用のカメラを手にコースに駆けつけた。しかし、アメリカ人の

America

1965年、ロータスの優勝祝賀会での寄せ書き。

カメラマンたちがわざと壁を作って、まったく写真を撮らせてくれなかった。彼らは散々撮影したあと、ジミーに「さあ、もう帰っていいぜ」と言葉を投げた。すると彼は、こう言ってくれたのである。「いや、今からはヨーロッパ用の撮影会だ」と。

インディのあと、私は直接ヨーロッパには戻らなかった。キャロル・シェルビーは、新型マスタング・シェルビー350GTをルマンで発表することを考えていて、その相談に乗っていたからだ。シェルビーからの記者会見はいつ開けばいいのかという問いに対し、いくつかアイデアを出しておいたところ、インディに来ていた同社のペイトン・クレイマーが私に航空券を手渡して、「直接ロサンゼルスに来て話した方がいいでしょう」と提案してきたからだ。

シェルビーはちょっと桁外れの人間だった。彼のファクトリーはロサンゼルス郊外の国際空港の近くにあった。会うなりキャロルは「今日はもう一人、フランス人が来てるんだ」と言った。なんとそのフランス人とはマートラの総帥、ジャン-リュック・ラガルデールであった。お互いに、まさかこんなところで出会う

とはと大いに驚いた。

その晩ペイトンは、私たちをチームの集合場所になっているらしいバー「ザ・ボール」に連れて行ってくれた。ウェイトレスはみなトップレスであった。そのうちの一人がフランス人だと紹介され、私が握手しようと手を差し伸べると「お客と触れてはいけないんです」と拒否されてしまった。彼女は、ロサンゼルスには大学教授になるために勉強中の夫といっしょにやって来たが、奨学金だけでは暮らしが大変なのでここで働いていると言った。

そのあと、私たちはシェルビーのアパートに夕食に呼ばれた。海岸を望む豪壮な住居で、頭上には空港から市内へと通じる高速道路が見えた。この道路は、もちろんいつもスチュワーデスたちが行き来している。そこで彼は、秘かに付き合いのある彼女たちのためにサインを出すことにしていた。一人で部屋にいる時は、窓際の明かりを灯すのである。

私はインディ500の取材ノートを、シェルビーのアパートに忘れて帰ってしまった。帰りの機中でようやくそれに気づいた私は、10ページにもおよぶレー

スリポートを、すべて記憶を頼りに、パリに着くまでの間に必死に書き上げたのだった。

1966年、真っ赤なロータス

1966年、チャプマンはアンディ・グラナテリが率いる米国のエンジンオイル添加剤メーカーのSTPから支援を取り付けることに成功した。アンディの"でっぷり太った"体型や、服装の好み、こわもての雰囲気は、まるでB級ギャング映画に出てくるイタリア系アメリカ人のようだった。実際、あの莫大な資産はどうやって築いたのかと、疑問に思う人も少なくなかったらしい。モータースポーツに情熱を燃やして自らもレースに出場していたが、今後は最高のマシーンに最高のドライバーを走らせる方向へ転換したようだった。

グラナテリは何年もの間、ノーヴァイの有名な遠心式スーパーチャージャー付きV8エンジンを復活させようと頑張っていた。最後にはその話にスターリング・モスも噛んできて、ハリー・ファーガソンの設計した四輪駆動シャシーに搭載することまで計画した。とにかく実に個性的な男で、私も彼に魅了された一人である。

本業のエンジンオイルでは、まさにレースの世界がSTPの名を有名にした。とはいえ、グラナテリにとって、インディアナポリスでは欲求不満の固まりであった。燃料に添加剤を入れることは禁じられていたからである。しかし1966年からそれも解禁となり、この年のロータスのワークスマシーンは、刺激的な赤のSTPカラーに彩られた。

ロータス42は本来、BRM製H型16気筒エンジンの搭載を念頭に開発されていたが、エンジンの開発が遅れたために見送られ、1966年には、前年の38を改良して新たな足回りなどを搭載した38Bを投入した。

今回の敵はアメリカ勢ばかりではなかった。マリオ・アンドレッティが駆るブラバムのほか、石油王ジョン・ミーカムの支援するローラが新たに参入してきた。ローラのドライバーは、ほかならぬジャッキー・スチュワートとグレアム・ヒルであった。予選では、ジミーはなすすべもなくアンドレッティにポールポジションを奪われた。是が非でもポールポジションを取りたかったブラバムのクリント・ブロウナーが、燃料の半分以上にニトロメタンを混入させたのだ。一方のローラ勢は、1回目の予選通過を重視して、上位グリッド獲得は二の次という作戦だった。もし、2週目の予選まで引っかかってしまうと、モナコGPに出場できなくなってしまうからである。

この年のレースもスタート直後に中断された。11台がリタイアするという多重事故が原因だった。幸いけが人は出なかったものの、最大の被害者はA.J.フォイトだった。身体ではなく、心の傷である。事故に巻き込まれたフォイトは、完全にパニック状態となり、まるで檻の中の猿のように、金網によじ登って逃げ惑うという醜態をさらしたのだ。その時、すでに事故車は動かなくなっており、彼は満場の失笑を買った。

すると、フォイトはやり場のない怒りをヨーロッパから来たドライバーたちに向けた。「ローリングスタートのやり方がわかってない、おまえたちが悪い」と。だが、この頃には他のアメリカ人ドライバーたちは、F1ドライバーたちに友情を感じており、誰もフォイトに同調しなかった。その中で、彼だけが日頃から嫌悪感を隠そうともしなかった。同胞のダン・ガーニーに対してすら、罵声を浴びせていたのである。

予選でニトロメタンを詰め込んだアンドレッティのクルマは、予想どおり無理がたたって消化不良を起こし、すぐにエンジンが壊れてしまった。ゴールまで35周となった終盤、優勝はスチュワート、クラーク、そしてヒルの3者で争われた。しかし、スチュワートもエンジントラブルでまもなく戦列を離れた。その後は、ヒルが激しくクラークを追う展開となった。ところがロータスのピットでは、シリル・オードレイが重大なミスを犯していた。クラークがヒルに対して1周先行していると勘違いして、クラークには無理せずに抜かせろという指示が与えられた。

ロータス陣営はもちろん勝ったつもりだった。主催者ですら、どちらが勝者か把握していなかったほどだ。順位を示す巨大な表示塔が真っ暗になっていたのである。混乱のうちにレースは終わり、クラークとヒルは揃ってヴィクトリーレーンの入り口へと向かった。しかし、最終的にヒルの勝利が発表された。ロータス側の落胆は言葉にできないほどであった。

コースを見渡せる記者席で観戦していた私は、自ら詳細なラップチャートを作成していた。それによれば、やはり勝ったのはヒルだった。私はロータスのガレージに降りて行き、暗く沈んでいる仲間たちに自分の意見を伝えた。これで一気に、私のチーム内の人気は地

America

に落ちてしまった。

　翌日、インディアナポリスに影響力を持つグラナテリの計らいで、私たちは公式計時とシリルのデータとの比較を許可してもらった。1時間ほど仔細に両方を点検していたシリルが、しょげ返って事態を説明した。レース序盤、クラークはスピンを喫してタイヤ交換のために緊急ピットインを敢行しているが、その間のどさくさで、シリルはヒルのピット前通過を記入し忘れたのであった。

1967年、グラナテリのタービンカーに翻弄

　1967年のロータスは惨憺たる成績に終わった。その一番の原因は、またもやBRM製H16エンジンの未完成だった。この年、チームは3台のマシーンをエントリーさせた。2台の38B、そして新車の42にフォード・エンジンを搭載できるよう、急いで改造したものだった。42のパーツはひとつとして38Bには使えなかったから、現場で作業するメカニックには悪夢であった。そして予選では、2年前にインディを制したクラークが6列目。新たにチームメイトとなったヒルは、なんと最後列グリッドからのスタートとなった。

　このレースで注目を浴びたのは、カリフォルニアのグラナテリの工場で製作されたガスタービンエンジン搭載マシーンだった。ドライバーには、すでに引退を表明していたパーネリ・ジョーンズが抜擢された。実

1967年、ジム・クラークはロータスの戦闘力不足に愕然としていた。その一方で、STPがカリフォルニアで開発したガスタービン・エンジン搭載車に、並々ならぬ興味を抱いた。クラークはプライベートテストに参加し、タービンカーの潜在能力の高さを実感する。そして翌年には、同形式のエンジンを搭載したロータス56で試走。しかし実戦で走らせる前に、ホッケンハイムの事故が起きたのだった。

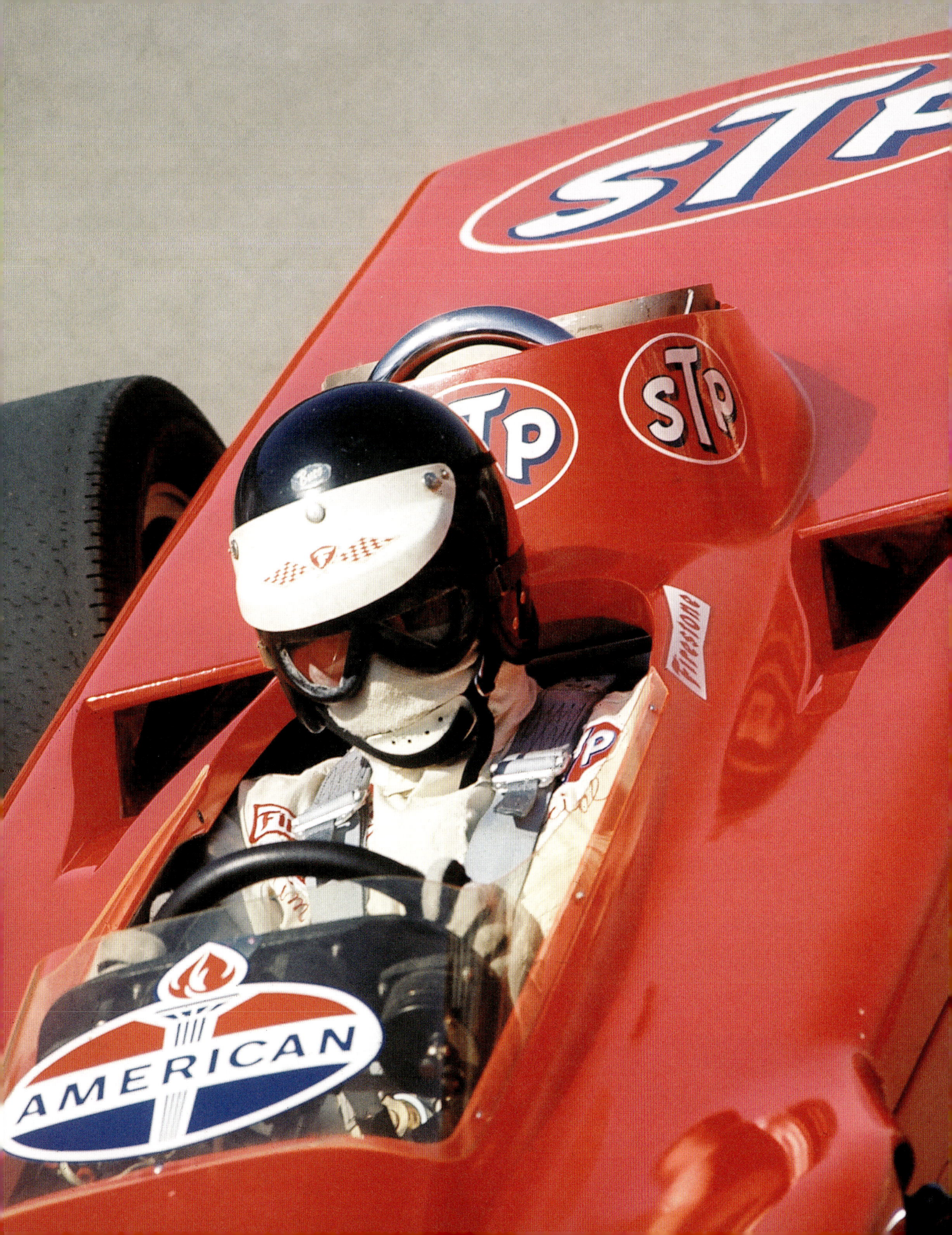
STP
STP
STP
Firestone
AMERICAN

| America

は3月末に実施されたプライベートテストでは、グラナテリの依頼でクラークがステアリングを握っていた。その翌々日、ポーGPの会場で会ったクラークは私に、「インディに勝てるクルマに乗ってきたよ」と語った。

レースは3年連続してスタート後に中断された。ただし今回は事故ではなく、降雨が原因だった。そのまま降り続くという予報だったため、レース再開は翌日となった。そのため観客たちには、「レインチケット」という再入場券が配られた。

この不測の事態の際、私たちはハルマン家とインディの底力を思い知らされることになる。芝生の駐車場は大雨で使い物にならなくなったので、急遽サーキット外部に臨時駐車場を設け、シャトルバスで観客たちをピストン輸送することになった。そして、彼らは100台以上ものバスをすぐに調達してしまったのである。インディアナ州知事に通達を出させ、州内の学校を臨時休校とし、すべての通学バスを動員したのだった。

ロータス勢が早々に全車リタイアした一方、パーネリは首位を独走した。しかしゴールまであと4周というところで、トランスミッションの破損で止まってしまった。優勝したのはコヨーテを駆るA.J.フォイトだった。このマシーンはロータス38Bを改造したものだが、フォイトの実の父でチーフメカニックを務めるヒレア自身が手がけたのだった。伝統主義者のフォイトはタービンカーの参戦に最初から反対していた。そして優勝会見では「インチキ野郎は、勝てるわけがない！」と気勢を上げていた。

1968年、ロータスもタービンカーで参戦

1968年。私はセブリング12時間のあとに、インディアナポリスに回った。今後に向けての情報収集のためであった。すると定宿にしていたハワード・ジョンソンで、ジミー・クラークにばったり出会った。タスマニア選手権から戻ったばかりで、タービンエンジンを搭載したロータス56のテストに来たのだった。エンジンにいくつか問題が出ていたが、当時、非常に普及していた小型飛行機のビーチ社製のターボプロップ機が同じエンジンであったから、燃料ポンプをひとつ拝借するなどして修理したりした。

しかし、ジミーはその1カ月後、ホッケンハイムのレースで事故死してしまう。インディでクラークの代役に抜擢されたマイク・スペンスもテスト中に死亡した。私自身もこの年のインディ500は欠席せざるをえなかった。5月革命の勃発したフランスは、それどころではなかったのである。私はその旨を有能なジャーナリストであるカール・ルドヴィクセンに打電し、代わりに素晴らしいレースリポートを執筆してもらった。

1969年、新投入のロータス64が不調に

この年のインディには再び出かけて行った。1968年も、ゴール間際で惜しくも優勝を逃したタービンエンジンだったが、69年には完全に禁止されていた。チャプマンは代わりに、ターボチャージャー付きフォードV8を搭載した四輪駆動マシーンのロータス64を投入した。これは、おそらくロータス史上もっとも複雑な機構のマシーンであった。

しかし予選で重大なトラブルが発生。マリオ・アンドレッティ自身は無傷だったものの、サスペンション破損でマシーンが大破したのだ。グラナテリとチャプマンは3台の64をすべて引き上げることに決め、アンドレッティは代わりにホークで出場することになった。STPカラーのマシーンで、中味はクリント・ブロウナーが組み立てたブラバムであった。

ところが練習走行で走らせた際、レース・スペックにすると冷却に問題が出てくることがわかった。そこでロータスのチーフエンジニアになったばかりのモーリス・フィリップは、ボディ内部に新たなラジエターを取り付けることにした。規約で禁じられているので、外から見えないようにする工夫が必要だった。

レース前日、私を含めたロータスのスタッフ4人が、マリオ・アンドレッティに夕食に招待された。場所は、彼がインディアナポリスのトレーラーパーク内に1年中置いてある、巨大なモーターホームである。翌日のレースで優勝の最有力候補と目されるドライバーが、本番前日にチームスタッフや友人たちを呼んでバーベキューパーティを催すのである。しかも、マリオが自ら肉を焼き、振る舞ってくれるのだ。

私たちは早々に失礼して、バーで飲み直していた。すると白バイの警官が入って来るのが見えた。1m80cm以上の長身で、腰に拳銃や手錠を下げた、映画やTVで馴染みの姿である。彼は私たちの英語のアクセントを聞きつけて、話しかけてきた。驚くべき

ことに、彼はインディ500などにはまったく興味がないという。米軍の兵隊としてドイツに数年間いる間にすっかりF1に魅せられてしまい、フェラーリのファンだという。帰国する前には自腹でイタリアに旅行し、マラネロまで行ったそうだ。すると彼らは親切にも工場内を案内してくれたという。

翌日のレースでは予想どおりマリオが優勝し、彼にとってインディ500初制覇を遂げた。一番大変だったのは、巨漢のグラナテリとレース後に抱き合う時だったとマリオは言っていた。グラナテリにとっても、今回が初の栄冠だったのである。

アメリカ人たちもようやくミドシップ・エンジンの技術を会得し、もはや欧州勢がインディで勝つ見込みはなくなった。これと同時に、私の雑誌の読者たちもインディへの興味を失っていった。私自身、スポンサーの招待で時々行く程度になった。そしてそのたびに、レースが単調になったといってはセイフティカーを出動させて隊列を組ませる、あのやり方におぞましい思いを抱くのだった。

広告の必要がないレース

1980年には、私とアメリカとのつながりに目をつけたフランソワ・マゼから、インディアナポリスまで同行してくれと頼まれた。エセックスのキャンペーンを大々的に繰り広げる準備をしたいというのだ。エセックスはすでにペンスキーを支援しており、F1ではマリオ・アンドレッティを走らせていた。インディのコースディレクターであるジョン・クーパーとは旧知の仲であり、すぐに私たちは迎え入れられた。しかし交渉はそう簡単には進まなかった。スピードウェイにはいっさい広告がない。入場料収入だけで充分なので、広告を取る必要がないのだ。さらに、オーナーのハルマン家は大富豪で、これ以上金儲けをする意思もなかった。それにもかかわらず、マゼは「コースに沿った4.5kmのコンクリート壁をエセックスのロゴで埋めたい」と言い出した。もちろんそんなことが認められるはずもない。しかしクーパーは、それでは気の毒だと思ったのだろう、入場ゲートにある時計塔の根

America

元にエセックスの広告を出してもいいと言ってくれた。さらにVIPを迎える特別室も借りることができた。エセックスは以前からモナコ王室に食い込んでおり、カロリーヌ王女と夫君のフィリップ・ジュノーをインディ500に招待することにした。

彼らを完璧に迎えるため、私たちは紅白の天蓋を特別室入り口に設置し、深紅の絨毯を敷き詰めた。入り口両側にはミモザの大鉢を、そして仕上げにモナコ公国の盛装に身を包んだ警護警官を2名配置する手配までした。ところが二人の関係は新婚旅行中に決裂し、あっという間に離婚してしまった。こうして、フィリップだけはなんとか来てくれたが、もちろんモナコの警官という装飾はなしになった。

ビュッフェ形式の夕食は、有名な「ムーラン・ド・ムージャン」のシェフ、ロジェ・ベルジェが腕を振るってくれた。報道関係者用の昼食も同様で、中でも素晴らしかったのがトリュフをふんだんに使ったビーフ・ウェリントン（牛肉のパイ包み）であった。ところが食事も終わろうとする頃、アメリカ人たちの皿の上はどれもトリュフだけが脇によられていた。ヨーロッパの、得体の知れないゲテモノなどとても食えないということだったのだろう。

この年のマリオはトラブルに見舞われ、シャパラルのジョニー・ラザフォードが優勝した。このマシーンをデザインしたのは、その後頭角を現わすことになるジョン・バーナードであった。

デイトナ・コネクション

1963年のある秋のこと。日曜日の明け方近くに帰宅した私は、朝7時の電話で叩き起こされた。寝ぼけたままの私の耳に、「ハイ！ ビル・フランスだよ。ワシのことは知っとるだろ？」と、強いアメリカ訛りの声が飛び込んできた。

確かに聞いた名前だ。そしてニューヨークから着いたばかりの彼を、オルリー空港に迎えに行かされたのである。パリに戻る車中の説明では、彼の主催するデイトナのスポーツカーレースを、CSIが世界選手権のひとつとして認定してくれることになっていた。ところがセブリング12時間のボスであるアレック・ウルマンは、以前からCSIの覚えめでたい男であった。ロシア出身で都会的な身のこなしの彼は、あのような集まりでは好かれたのである。そしてその立場を利用して、300km以内の距離で二つの世界選手権は開催できないという規則を可決させてしまったのである。つまりセブリングが存在する限り、デイトナはカレンダーから外されることになる。その決定を覆そうと、ビルはパリまで飛んできたというわけだ。CSIに知り合いは一人もいないが、とりあえず10月の年次総会に出席するつもりだという。

パリに来る前夜、ビルはニューヨークの「シャントクレール」で食

NASCARの大立者ビル・フランスと、デイトナビーチにたたずむ筆者。二人の友情は終生変わらなかった。

事を摂った。元チャンピオン、ルネ・ドレイヒュスの店である。そしてルネに「パリで私を助けてくれそうな人間はいないかね？」と訊ねて、私の電話番号を渡されたのだった。私はビルをホテル・クリヨンに連れて行った。スイートルームに落ち着いた彼はこれまでの人生を語り始めた。

ビル・フランスとデイトナのレース

私が出会ったころ、ビルはまだ54歳だった。銀行員として社会に出た彼は、すぐにモータースポーツの虜になり、レースに出場するために自分でレーシングカーを製作した。木と布製の、飛行機のようなクルマであった。

1929年に世界恐慌に見舞われると、ビルは南部で一旗揚げようと決める。家族を乗せ、家財道具を積んだキャンピングカーを引き、長い旅に出た。その途中、彼はオーモンド海岸でクルマを停めた。デイトナにつながる長い砂浜で、何十年も前からスピード記録樹立競争の舞台となっている場所だった。マルコム・キャンベルやヘンリー・シーグレイヴがここを疾走した。そう思うと矢も盾もたまらず、ビルはこの地に住み着くことにした。そして、キャディラックのディーラーでメカニックの職を見つける。この店はその後も存在し、ずいぶん経ってからだが、ビルは私をそこに連れて行ってくれた。

しばらくしてビルは、自分の修理工場を開くまでになった。そして再びレースに参加し始める。すでにスピード競争のメッカはユタ州に移っており、町としては観光客を惹きつける新たなイベントを興す必要に迫られていた。そこでビルは有力者たちを説得し、ツーリングカーによるレースの開催にこぎ着ける。コースは海岸線と平行に走る2本の直線を、2つのヘアピンでつないだものだった。レース開催は満潮の時間帯を避けるのが鉄則だったそうだ。

レースは大成功で、開催のたびにどんどん規模が大きくなっていった。そしてビルはいつの間にか、このイベントの総責任者になっていた。さらに彼は南部全体まで興業の範囲を広げ、ついにはNASCARを創設する。今日、自動車レースの世界でもっとも力のあるストックカー連盟である。

当時は、禁酒法真っただ中の時代であった。そしてバーボンを密造してはクルマで運ぶ、ムーンシャイナーと呼ばれる男たちが横行していた。彼らと警官とのカーチェイスは日常茶飯事であった。そして、その中で特に腕に覚えのある者たちは、ストックカーレースの花形ドライバーになった。しかし、警察はやがて前科者のレース出場を禁止してしまう。

ある日、一人のムーンシャイナーが逮捕覚悟でレースに出た。誰も見ていない反対側のストレートからスタートしたのだ。警察がすぐに彼を見つけ、その後はコース上で追いかけっこが演じられたそうだ。

いうまでもなく、ビル自身もレースに出ており、上位に食い込むことも少なくなかったという。さらに、ナッシュを駆って、当時のスタードライバーだったカーチス・ターナーと組んで、第1回のカレラ・パナメリカーナにも出場した。

ビルは海岸沿いのレースには限界があることを自覚しており、デイトナに正真正銘のサーキットを建設することを夢見ていた。その計画は1953年に着手され、6年後には最初のレースが開催された。当時の金額で200万ドルもの費用をかけた工事であった。自治体も積極的に補助金を出し、完成後は何百万人もの旅行者を集めた。しかしそれでも建設費用を返すには足りず、ビルは金の工面に走り回ることになった。

彼は自家用機を自ら操縦して各地に飛んでいたが、ある日、いざ離陸しようという時に一人の男が走り寄ってきた。自分の機が故障したので乗せて行ってくれという。ビルは快く了承し、機内の二人はすっかり話が弾んだ。そしてビルは、このサーキットの将来性に

デイトナに降り立ったトト・ロッシュ、ジャン・リュカ、ジャビーを出迎えるビル・フランスと部下たち。なんと全員がフランス憲兵警察の帽子で盛装していた！

America

ついて熱く語り、ついにこの男に協力者となることを約束させてしまう。この男がダラスの石油王であるマーチソンの弟であった（人気TVドラマ『ダラス』は、この家族がモデルといわれている）。その後はビルの事業の最大の投資家の一人となった。

ビルはアメリカでは誰からも尊敬され、「ツァー」(皇帝)と呼ばれていた。巨大な体軀ながらいつも笑顔を絶やさず、人好きのする男であった。とはいえ、今から40年前の南部といえば、まだかなり"田舎の風"が残っていた。パリでの定宿となったホテル・クリヨンでレストランに入ると、必ず「スープをお椀に一杯くれ」とやって、給仕長の目を白黒させていた。

一方で彼は、エディット・ピアフの歌を何よりも愛し、膨大なレコードをコレクションしていた。パリからデイトナに戻るビルの旅行かばんの中には、必ずリキュールが一瓶入っていた。奥さんに焼いてもらったクレープ・シュゼットとリキュールをやりながら、ピアフのレコードを聴くのを無上の喜びとしていた。

世界選手権への承認の件はあっけなく解決した。ビル・フランスをトト・ロッシュに紹介したところ、二人は完全に意気投合したのである。ビルをランスまで連れて行ったトトは、自分と同じほどの量のシャンパンを飲み干せる男に初めて出会って、大いに驚いた。

CSIのフランス代表を務めるトトにとって、300km以内で2戦開催を禁止するという規約の撤回など、造作もないことだった。ビル・フランスはこれに深く感謝し、翌年の3月にその気持ちを形にして表した。トトとジャン・リュカ、そして私の三人を名誉来賓としてデイトナに招待してくれたのである。私たちがパリからニューヨークに到着すると、大会スポンサーであるペプシ・コーラ差し回しの自家用機が空港で待っていた。デイトナの空港はサーキットに隣接している。パイロットは上空を旋回しながら着陸許可を待った。それにしても、何度も旋回を繰り返すのは理解できなかった。

その理由は地上に降りたってすぐに判明した。タラップを降りると、ビル以下関係者が勢ぞろいして私たちを出迎えてくれた。しかも全員が、おそろいのフランス憲兵警察の制帽を被っていたのだ。CSI総書記のシュローダーが前もって送っていたのである。それから私たちは盛大にシャンパンの栓を抜いた。

当時のデイトナでは外国人の存在は相当珍しかっ

フランスの友人たちからの頼みで、ビル・フランスはジョー・シュレッサーにストックカーを用意した。500マイルレースに出場したジョーは、期待にたがわぬ活躍を見せた。しかし関係者の誘いを断って、ヨーロッパでレースを続けることを選んだ。

た。銀行に両替に行った時など、こう言われたものである。「フランス・フランの紙幣などこれまで見たことがない。マイアミの本店に送って本物かどうか確かめるので、明日改めて来るように」これには驚いた。

レースを制したのは、NARTフェラーリを駆ったペドロ・ロドリゲスであった。そして1週間後には、同じサーキットでストックカーの500マイルレースが開催された。アメリカではインディ500に次ぐ重要イベントである。ビルはCSIの理事全員をこのレースに招待した。するとインディアナポリスも遅れを取るまいと思ったのだろう、旅客機をチャーターし、デイトナのレース前日に彼らをスピードウェイに招待した。

その際、私はトトの通訳という形で同行した。実は、ある計画の実現を託されていたのである。その頃、ランス・サーキットを支援するBPがマルセイユ近郊、ミラマにあるオーバル・サーキットを買い取っていた。テストコースにしかならないようなところだが、BP首脳陣の中には、インディ・マシーンによるレース開催を望む声があったのだ。そこで、トニー・ハルマンにトトと会ってもらおうと思ったのだ。

スピードウェイのオーナーは、同時に主催クラブであるUSACの有力メンバーでもあった。ハルマンからは、私たちの出発する当日午前7時に朝食を供にしようとの誘いがあった。場所はスピードウェイ・モーテルのカフェテリアであった。会談は無事に終わったものの、残念ながらハルマンからはその後、色よい返事をもらえなかった。問題は開催時期であった。彼からもらったスケジュールは真冬だったのである。

私たちはビルに、インディ500に出たがっているジョー・シュレッサーにマシーンを提供してくれないかと頼んでいた。ジョーとしては、速くて賞金を稼いでくれるクルマであれば何でも乗る気だった。手ごろな1台を探してきてくれたビルは、専門家からのアドバイスだと、こんなことを助言してきた。インディではドラフティングが鍵だ。いかに超高速走行中の風圧を避けるか。無理に抜こうとして、変なポジションにマシーンを置けば必ずスピンすることになると。ジョーは最初から実にうまく適応して13位という成績を挙げた。アメリカのレース関係者もこれには驚いたようで、このままこちらでストックカーのキャリアを積めば成功間違いなしとジョーに伝えてきた。しかし、

彼はヨーロッパで待っている仲間たちの元へ1日も早く帰りたがっていた。とはいえ、その後もアメリカには頻繁に来て、デイトナでもGTレースを制していたのだが。

7月のランスGPではトトがビルに返礼をした。マーシャルたち全員にレンジャーの格好をさせ、南部の旗を掲げたのである。

ビルは私の些細な手助けすら決して忘れなかった。その後長い間、私はデイトナのレースに招待され続けた。1966年からは24時間レースとなり、もはやセブリングをはるかにしのぐ人気を獲得していた。私にとってデイトナは、ルマン同様に、旧友のボブ・ウォレクと再会する場でもあった。ボブは耐久レースのスタードライバーとなり、ここで何度も優勝を果たした。

私は、いつの間にかビルのヨーロッパにおける非公式代理人のような立場になっていた。1976年に、デイトナとルマンは「24時間レース姉妹都市」提携を結んだ。この関係はその後数年続くことになるが、決して太い絆とはいえなかった。スポーツカーレースを主催するIMSAのボス、ジョン・ビショップとビルが、ともにGMを自分の選手権に取り込もうとして、争うようになったからである。フォードとGMが一騎打ちをすれば、さらに観客増が見込める。利害が正面から衝突してしまったのである。

レース当日のビルは、自分のオフィスにひっきりなしに人を招いた。いずれも錚々たる人物ばかりであった。政治家たちはもとより、GMの元会長、さらにデザイン部長を務めた伝説的なハリー・アールまで顔を出した。アールは、常に優雅な振る舞いを崩さず、デイトナには必ず自分がデザインしたドリームカーの1台を運転して来ていた。引退後は何をしてるんですかと訊ねられると、「鳥が飛んでるのを眺めてるのさ」と答えたものだ。もっとも、彼のいう鳥とは、羽根のない方だったようだが。

掃除機で有名なフーバーも引退後はデイトナに引っ越してきた。ビルのオフィスのすぐ後ろに、まばゆいばかりのアルミ製の巨大なモーターホームを設置したのである。ある年などは、西部劇映画からそのまま出てきたような人物が姿を見せた。実際、この男はアラバマ州の小さな町、タラデガの保安官で、ビルはそこに新しいサーキットを建設したのだった。

カレラ・パナメリカーナに、ビル自身が出場してい

愛艇から手を振る晩年の
ビル・フランス。

自らもレースに出たほどである。彼は私とロータスの関係を見込んで、私にコーティナ・ロータスで走ってくれとすら言ってきたほどだ。国際大会という面を誇示したかったのである。幸か不幸か適当なコーティナが見つからず、私の出場は幻となった。ともかくレースは大成功のうちに終了した。観客もたくさん集まった。そのチケットで、次回のデイトナも観戦できるようにしたからである。こうしてロー・パティンの目論見は失敗に終わったのだった。

晩年のビルは、不幸なことにアルツハイマー病に冒された。まだ辛うじて友人たちを認識できる最後の時期に、私はイギリス人のモーリス・ウィルソンと彼を見舞った。ビルは私たちを愛用のヨットまで自ら案内してくれ、そこで昼食を共にした。港の向かいの建物には、デイトナの彼のオフィスを再現した部屋も作られていた。

ミッキー・トンプソン

ミッキー・トンプソンの名は、ヨーロッパではまったく無名であった。まさにそれゆえに、私たちは友人になったのである。ミッキーは私も関わっていた1963年のランスGPに出場していた。レース前夜、私はいつものクセで各チームのガレージを、ぶらぶらと見回っていた。その際、BRMを動かしているミッキーに話しかけたのがきっかけだった。フランスで自分の名前を呼ばれたことに、本人はいたく驚いたようだった。

ミッキーはこの世界における巨人の一人といえるだろう。機械いじりが大好きで、運転免許が取得できる年齢に達するはるか以前に、すでに廃車を修理して動かしていたという。16歳でドラッグレースに出場し始めた。当時はカリフォルニアの砂漠が舞台だったが、すぐにトップ争いを演じるようになる。しかし本人は公道レースを望んでおり、やるなら頂点を目指そうと、いきなりカレラ・パナメリカーナにエントリーした。

まともな資金もないなかでフォード車をチューニングし、1953年と最終年の54年に出場を果たした。ここでミッキーは、同じフォードを駆るイタリアの偉大なチャンピオン、ピエロ・タルッフィの知遇を得た。彼はタルッフィのマシーン・セッティングに手を貸し、代わりに公道での操縦法を教えてもらった。しかし、54年でパナメリカーナは事故の多発を理由に幕を閉

たからだろうか、彼は中央アメリカの人々を大歓迎していた。その縁もあって、私はコロンビアを再訪した。ビルの友人がボゴタにサーキットを建設し、こけら落としにF2レースを開催したとき、技術委員として赴いたのである。

デイトナ以外のレースでも、私はよくビルと遭遇した。ワトキンスグレンでジム・クラークを紹介すると、ビルはすぐにジムをストックカーレースに招待出場させたのである。インディアナポリスで会ったときには、彼の部屋で、第二次大戦中にアメリカ空軍を統率していたアーノルド将軍といっしょに一杯やったことがあった。ビルの良き友人である将軍は、何年も前にガソリンアレイから叩き出された話を愉快そうに語ってくれた。インディを走るドライバーたちを、NASCARに引っ張り込もうとしたのが理由だったそうだ。

ビル・フランスほど親切な人間に私は今まで会ったことがなかったが、こと事業となると、実に厳しい一面も見せた。タラデガ・サーキットが開業する際、もう一人のプロモーターだったロー・パティンがNASCARでの支配権をビルから奪おうとしたことがあった。ローはドライバーたちを焚きつけて、安全性に問題があるという根拠のない理由でストライキを打たせたのである。花形ドライバーはほとんど全員出場を見合わせたが、ビルは残った者たちをかき集めてなんとかレースを開催した。数が足りないと見るや、

アメリカのレース界を代表するもう一人のカリスマ、ミッキー・トンプソン。1968年にこのチャレンジャー号で世界記録に挑んだ。ミッキーはコース上での死からは免れたが、自宅の庭で殺されてしまった。

じ、ミッキーは再びスピードレースに戻る。そして今度は世界記録樹立を狙った。

彼は昔から口八丁で、スポンサーを見つけてくるのが巧みであった。こうして、チャレンジャー号を完成させた。エンジンは市販のポンティアックV8をチューンナップしたものを4基搭載し、過給器も加えていた。ミッキーは、これらをすべて寄せ集めのパーツから自分で造ったのである。警察を引退した父が、木製の型枠づくりを手伝ってくれ、そこに樹脂を流し込んでボディを形成した。

1959年6月、ボンネヴィルの塩湖が干上がって造られた5kmのコースで、平均555km/hの記録を打ち立てた。しかし、戻ってくる際にエンジンが壊れて止まってしまい、公式記録としては認証されなかった。スポンサーの扱いを熟知しているミッキーは、壊れたのはエンジンではなくトランスミッションだと主張した。

翌年には、ポンティアック・エンジンを2基搭載したアソールト号を製作。1.5kmのスタンディングスタートで、戦前にベルント・ローゼマイヤーがアウトウニオンで樹立した記録を破った。ミッキーはまた、通称「スリングショット（ぱちんこ）」と呼ばれる、リアアクスル上にドライバーが腰かける形態のドラッグスターも開発した。

独学とはいえ、彼をいい加減なエンジニアと考えるのは誤りだ。インディ・マシーンも製作し、1963年にはそのうちの1台でダン・ガーニーが出場している。

1964年、私はデイトナを訪れる機会にアメリカ国内を周遊する計画を立てた。「ヴィジットUSA」というカードを購入すれば、1週間の期限内なら国内線が乗り放題だった。名前も聞いたことのない零細航空会社ばかりで、たとえばモーホークという会社では、まだDC3を飛ばしていた。私はノミのように頻繁に離着陸を繰り返しながら大陸を横断していった。巨大なハブ空港の間には無数の素朴な飛行場が存在した。原っぱのような滑走路脇に、吹き流しが屋根に付いた掘っ立て小屋があるだけだった。飛行機が着陸すると、ステーションワゴンが遠くからやって来て農夫が降りると、スチュワーデスが彼のスーツケースを格納スペースに押し込む。そして再び1時間ほどの飛行へと向かう。そんなことを何度も繰り返して、私はようやくLAに到着した。

ミッキーには事前に知らせてあったから、ちゃんと迎えに来てくれていた。ところがロサンゼルスの街など何も見ないで、そのまま郊外へ抜けてしまった。「これからボートレースに出る。いっしょに行こう」と、レース用ボートを牽引したモーターホームで2時間走り続け、私たちは砂漠のど真ん中にあるパーカーダムに到着した。途中、ミッキーは大砲を積んだクルマを何台も追い抜いた。それを見て驚く私にミッキーの方が逆に驚いて言った「ここでは誰だって大砲を所有できる。みんな砂漠に出かけて、ぶっ放すんだよ」

ロサンゼルスを発ってデイトナにはできるだけ早く着きたかったが、ニューオーリンズでトランジットした時には、すでに予選前日になっていた。しかもデイトナへの接続はないという。「こうなったら、（大陸横断の）グレイハウンドバスに乗るしかない」 それも面白い経験になるだろうと、その時はまだ呑気に構え

15

365

ていた。バス乗り場の窓口で訊くと、「大丈夫。デイトナには朝8時に着きますよ」とのことだった。よかった、間に合った。ところが続けて、「明後日ですけどね」と言われたのである。仕方なく私は、大枚をはたいてイースタン航空の航空券を購入した。

ミッキーとは毎年インディアナポリスで会ったし、ロングビーチやリバーサイドでも会った。カリフォルニアにも毎年出かけた。フロリダのフランス家も私の家のようなものだったが、カリフォルニアでミッキーの家族といっしょにいるときは、本当に自宅にいるかのようにくつろげた。彼の作業場を覗くと、チャレンジャー号が幌を被って眠っていた。

1964年のインディで、ミッキーのクルマに乗っていたデイヴ・マクドナルドが事故死し、これを機に彼はオフロードのレースに移った。その当時、最大のオフロードレースと評されていたのが、バハ・カルフォルニアだった。そのためにミッキーは信じられないようなマシーンを製作した。

ある年に私が見た2台のマシーンのうち、ミッキー用の1台は脊椎を傷めていた彼のために、ハーネスがパラシュートのロープのようなもので吊られていた。もう1台はハワイ出身の若いドライバーのものだった。彼は、このとき初めて自分の才能に見合ったマシーンにめぐり会えたのだった。このハワイ出身のドライバーの名はダニー・オンガイズといい、その後エンサインからF1にも参戦し、インディにもポルシェで出場した。

ミッキーはある日、私をドラッグカーレースに連れて行ってくれた。そのとき初めて気づいたのだが、この世界では、彼は神のように崇められているのである。ミッキーが革製のブルゾンに腕を通す時は、皆、息を詰めて見守ったものだ。ブルゾンには「ミッキー、時速350マイル」と記されていた。

速度記録に立ち会う

1968年、私はリバーサイドのレースを観戦するためにカリフォルニアに向かった。現地に着くと、知り合いのジャーナリストが、ミッキーが記録挑戦のためにニューマシーンを製作したことを教えてくれた。今度はフォード・エンジンを搭載し、ボンネヴィルの塩湖で記録に挑むという。すでに、主流マシーンはおしなべてジェットエンジンを搭載していた。しかし一方で、ミッキーは昔ながらのエンジン駆動方式での記録更新を狙った。これまでの最速記録は、ソマーズ兄弟がゴールデンロッドで樹立した654km/hだった。

朝一番の飛行機でソルトレイクシティに向かった私は、ミッキーの妹コリーンとその息子のダニーと乗り合わせており、おかげで、塩湖沿いのウェンドヴァーまで、彼らの車に同乗させてもらえた。フォードの資金援助を受けたマシーンは「オートライト・スペシャル」と名づけられていた。全長8.9m、幅は異常に狭く、後端は48cmしかなかった。排気量7ℓの過給器付きV8を前後に1基ずつ搭載し、前・後輪を1基ずつのエンジンで駆動するのである。ドライバーズシートは2基のエンジンの間にあった。乾燥重量は2200kgだ。

コースは厚い塩の層の上に廃油を敷いて作られていた。オイルを撒くトラックは、測量技師が10mおきに埋めておいた金属製の鋲を磁石で検知しながらコースを作っていた。走行の際には鋲をすべて撤去しなければならない。私とコリーン、ダニー、そしてもう一人のジャーナリストの4人とで、全長16kmのコースを歩きながら、ひとつひとつ抜いていったのである。

フォードはこのイベントに多くの報道関係者を招待し、アメリカを代表する2大通信社の記者たちも来ていた。彼らの関心は二つの結末しかなかった。ミッキーが新記録を打ち立てるか、大事故を起こすかである。いずれにしても1秒でも早く本社に電話する必要がある。しかし、電話ボックスは砂漠の中の会場から数km離れたところにしかなかった。そこで緊急連絡が必要になった際には、フォードの広報担当が彼らをクルマで送って行くことになった。電話ボックスの100mほど手前で彼らを降ろし、そこからは早い者勝ちということにしたのだ。

ついに記録挑戦が始まった。私たちははるか遠くに、

リジエのCART参戦はあっけなく幕を閉じた。

マシーン後部から巻き上がる塩の煙を見た。突然、その煙がさらに高く上がった。挙動を乱してスピンモードに陥ったのだ。操舵角はわずか5度しかない。それでもミッキーは実に巧みにマシーンを操って、なんとか立て直した。しかし、何らかのトラブルに見舞われていることは確かで、走行は中止となった。そして二度と再開されなかった。

それから数年後、ミッキーはオフロード用のタイヤ・ショップを開いて大成功を収めた。折りしもパリ・ダカール・ラリーがブームとなり、アメリカ国内では、ピックアップトラックによるレースがいたるところで開催されていたからである。しかし、トンプソン夫妻はある日、自宅の庭で射殺死体となって発見された。捜査は何年も続けられ、トラックレース時代の仲間が犯人として逮捕されたと聞いた。

アメリカでのリジエ

リジエが、プジョー・タルボと組んでいたときの話である。プジョーから出向していたダニー・ヒンデノックが、アメリカのCART選手権に出てみないかとギ・リジエに持ちかけた。リジエの右腕だったジャン-ピエール・パオリが最終的に決断を下し、1984年シーズンに向けてマシーンを開発することになった。

開発責任者には、ルノー・スポール出身のエンジニアであるジャン-クロード・ゲナールが抜擢された。一番の問題は、アメリカではまったく無名のリジエが現地でどうやってスポンサーを見つけるかであった。

先にロサンゼルスに入っていたヒンデノックは、広告代理店のマコーミックと接触していたが、意外なところから救いの手が差し伸べられた。いまだに理由は不明だが、アメリカで活躍していた歌手のリーヌ・レノーが、スポンサーを探してあげようと言ってきたのだ。

そして彼女が連れてきたのは、マイク・カーブという男だった。レコード会社のプロデューサー、そして雑誌編集者という触れ込みだった（エロ雑誌だったらしいが）。そして実際には、とんでもない詐欺師だったのである。ドライバーには、ケヴィン・コーガンという"見るからに速くなさそうな"男に決まった。チームはサンタ・アナにあるダン・ガーニーのファクトリーの一角に間借りさせてもらった。リジエが早々に撤退したあと、かわいそうなダンはマイク・カーブによって破産寸前にされたということだ。

1984年、ロングビーチのCARTレースに出場するリジエ・カーブに私も同行した。他のすべてのマシーン同様、彼らのLC02もコスワース製ターボエンジンを搭載していた。しかし完成したのは開催直前で、レース本番がテスト代わりというあり様だった。しかもドライバーはマシーン開発の才能もない上に、やる気にも欠けていた。

レースはサスペンション破損で早々にリタイアとなった。かつてこのコースをF1マシーンが疾走していた頃を知る私には、鈍重なCARTレースを見てもまったく感興が湧かなかった。リジエはカーブに次々と問題を起こされ、アメリカ挑戦は早々に幕を閉じた。

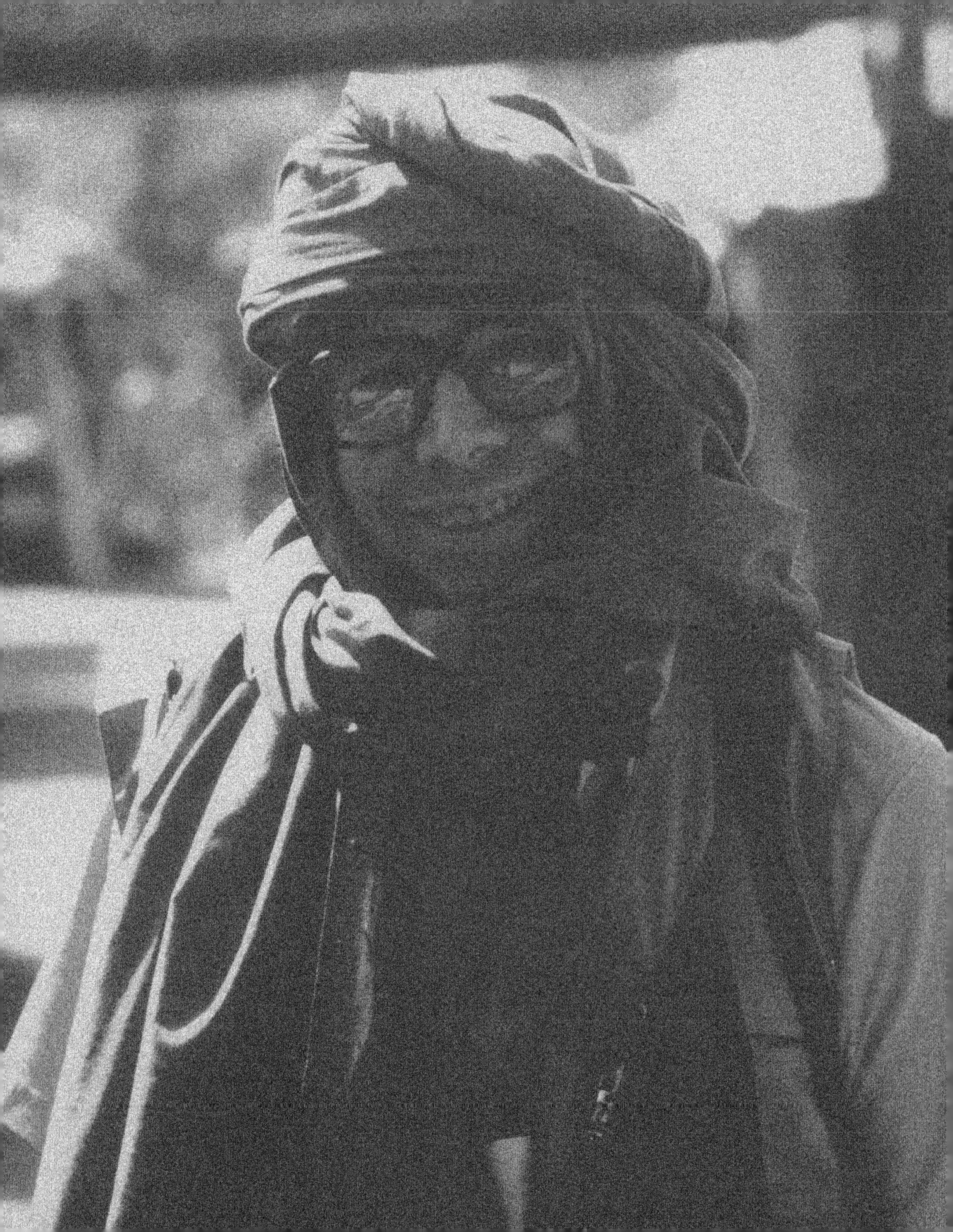

chapitre 16

Les rallyes et raids
ラリー、そしてラリー・レイド

以前からわかっていたことだが、私は心底サーキットレースが好きである。

これまでラリーにはほとんど触れてこなかったし、その気もなかった。

しかし、スポール・オートを発刊させると、そうも言っていられなくなった。

こうしてジャン‐フランソワ・ラジェイがラリー担当を務めるまで、

私がそちらもカバーするはめになった。初めて出かけたラリーは、1962年のモンテカルロ。

このイベントの人気の高さには、おおいに感銘を受けたものだった。

モンテカルロ・ラリー

　モンテカルロ・ラリーの参加車両は、アテネ、フランクフルト、グラスゴー、リスボン、モンテカルロ、オスロ、パリ、ワルシャワといった欧州各都市から参集した。4000km以上もの距離を踏破して、イタリア国境に近いシャンベリーに集まり、そこからラリーがスタートするのである。モナコまでに4つのステージが設けられ、そこでの上位120台がグランプリコースを4周してタイムを競った。

　1962年には全部で320台がエントリーし、サーブのエリック・カールソンが優勝した。残念なことに、名物の雪はほとんど降らずじまいであった。モンテカルロには2種類の出場者がいた。プロのドライバーとアマチュアである。後者の多くは、真冬のこの時期にモナコの陽光を浴びるのが目的で、イギリスや北欧など、日照時間の少ない国の人々である。しかし、彼らは年々減っていき、ついにはまったく来なくなった。観光産業が発達し、ラリーに参加するよりカリブ海のアンチグア島に1週間滞在する方が安くつくからだ。

　最初の年、私は愛車のルノー・ドーフィン1093で出かけたが、翌1963年は食堂車も寝台車も実に快適なブルートレインを利用した。この時には雪もたっぷりと降り、トレーズ・ヴァン（"13の風"の意）峠では、何台ものクルマが立ち往生してしまったほどである。優勝者はまたもサーブのカールソンであった。

　翌1964年から、ミニ・クーパーの上位独占が始まることになる。この頃、すでにラリー規定は多くの

Les Rallyes et Raids

批判を浴びていたが、モナコ自動車クラブはさらに厳しい規定変更を実施した。1966年にはヘッドランプに関する実にあいまいな裁定によって、マキネンのクーパーは優勝を取り消され、代わりにシトロエンDSを駆ったトイヴォネンが勝者となった。その後も、ときどき観戦に赴いたものの、私はモンテカルロへの興味をすっかり失い始めていた。

それから何年もたってからのことである。私はフランソワ・ショーシュのチームといっしょに、リエゾンを走っていた。そして最終日の夜、今度はアウディ・チームに帯同した。ラリー終了後、メカニックたちがマシーンを洗っている間、エンジニアたちは優勝したヴァルター・レアルとゼクト（ドイツの発泡酒）を呑み始めた。彼らの記念写真を撮り、その後、いっしょにモナコへと戻った。1kmほど走ったところで、ランチアの一行がマシーンを洗っているところに遭遇した。ドイツ人たちは「面白いものを見せてやろう」と言って、傍らにクルマを止めた。そして1台のランチアに近づくと、こっそりマフラーを取り外した。代わりに3人がかりで運んできた別のマフラーをそのマシーンに取り付けたのである。

当時は、その種のことは頻繁にラリーで行なわれていたというが、それもまた私がこのスポーツを嫌う理由のひとつだった。各ステージをスタートしてからゴールまで、チームはやりたい放題だった。時には近道をすることさえあったという。幸い今日ではそういうこともなく、マーシャルたちが常時彼らを監視している。しかし一方で、ラリーの性格そのものが、すっかり変わった。サポートの費用を大幅に減らすために、コースは1カ所から出て同じところに戻るという、いわゆる花びら型のレイアウトが多くなり、往時の魅力はなくなってしまったと言わざるをえない。

ロンドン・シドニー・ラリー

もはや冒険という側面は、ラリー・レイドにしか求められないのだろう。その最初の一つが、1968年に開催されたロンドン・シドニー・ラリーであった。シトロエンは大規模なエントリーを敢行し、パートナーの石油会社トータルはそれをマスコミに大々的に扱ってもらおうとした。そのためにミステール20という小型ジェット機にフランス人ジャーナリストたちを乗せ、ボンベイ（現：ムンバイ）までのステージを取材させたのだった。

パリでのチェックポイントはブルジェ空港に設定された。友人のピーター・リンゼイとキース・シェレンバーグは、1930年製の8ℓベントレーで参戦していた。私は、彼らをパリの大渋滞から南に向かう高速道路出口まで、誘導する役目を引き受けた。その後、彼らはトルコで交通事故に遭い、リンゼイは鎖骨を折った程度で済んだが、優美だったベントレーは地元の山賊たちの手で略奪されてしまった。

初めて訪れたイスタンブールは、魅力あふれる東洋の名所旧跡と、乱暴なタクシー運転手のあふれる町であった。そこからテヘランへと飛んだ。あのバザールの活気と猥雑さは、ちょっと他に比べようもないものだった。この時点で、フォード・ロータス・コーティナを駆るロジャー・クラークが首位で、シトロエンのルシアン・ビアンキが3番手にあった。私たちは、彼らの到着を次のカブールで待った。

サービスパークは街中の巨大な広場の真ん中に置かれていた。各車両はそこに長時間留め置かれることになる。すでに膨大な数の群衆が周囲を取り囲み始めていた。生まれて初めてレーシングカーを見ることに誰もが興奮していたのである。

最初の車両が近づいてきた。大群衆が押し寄せ、もはや収拾のつかない状態になった。すると兵隊たちがものすごく太い鞭を取り出し、唸りをあげながら人々を追っ払い始めた。私は大乱闘に発展するのではないかと恐れたが、群衆側はまったく従順だった。

私たちは、シトロエンの広報担当であるアラン・デュボワ-デュメイが探し出してくれたホテルに、各自分宿した。一方、メルセデスで参戦していた友人のイネス・アイルランドは、宿泊先が見つからずに困り果てていた。そこで私は自分の部屋を提供し、その夜はカブール・ヒルトンのロビーにあったソファで眠った。ただし、世界中にある他のヒルトンとは、似ても似つかないホテルであったのだが。そして翌朝、私たちはラタバンの峠越えを見るために、カブールを発った。

フランス大使の計らいで、私たちは特別手配のトラックの荷台に乗って出かけた。おまけに治安の悪い地方ということで、完全武装の警護兵を何人も付けてくれた。テヘランで食べたメロンが悪かったのか、私はひどい下痢に悩まされていた。そのため何度も一時停止を要求して、茂みに駆け込んだものである。その際

ラリーレイドの先駆的試みだった、1968年のロンドン・シドニー・ラリー。ジャビーが先導しているのは、イギリスの友人たちの乗る1930年型（！）ベントレー8ℓである。

84
KEITH SCHELLENBERG - NORMAN BARCLAY
- PATRICK LINDSAY -
GY 7850

Les Rallyes et Raids

にも、必ず3人の兵隊が守ってくれていた。
　その後、デリーを経由してボンベイに到着。そこからパリへの帰途についた。ただし、一気にパリまで飛べる機種ではなかったため、機長はベイルートに立ち寄ることを決めた。まだ中東のパリと呼ばれていた頃の美しい都会である。ただし、そのコースを取るとイラク上空を飛ばなければならない。すると、飛行中にイラクの管制塔から「無線航行の費用を支払え」と要求してきた。「パリに請求書を送ってくれ」と機長は抵抗したが、「バグダッドに降りて払え」と強制着陸を命じられてしまった。おまけにパイロットたちは1フライトの連続飛行時間をとっくに越えていたので、全員バグダッドに1泊することになった。街中は軍の車両が縦横に行き交い、少しも面白くない。ホテルのフロント係は完璧なフランス語を操ったが、向かいにある「千夜一夜」というキャバレーは行かなくてもよかった。
　目的地のオーストラリアでは、シトロエンのルシアン・ビアンキが圧倒的な差で首位を独走していた。しかしシドニーまでわずか数kmという地点で、突然、一般車両にぶつけられてしまった。事故の真相は決して明らかにされなかったものの、一般車の運転手は賭け屋から報酬を得ていたというもっぱらの噂であった。ビアンキが勝ってしまうと、彼らは大損したのだろう。優勝はヒルマン・ハンターで出場したアンドリュー・コーワンであった。アンドリューは、ジミー・クラークの隣人で、私の友人でもあった。

パリ・ダカールの様子を見にきたジャビー。砂塵を防ぐシェシアの巻き方を、教わっている。
F1サーキットとはなんという違いであろう。

パリ・ダカール・ラリー

それから数年後、パリ・ダカール・ラリーのブームが起きた。最初のうち、私はたいして興味を持てなかった。どちらかといえば、二輪のライダーたちを惹きつけていた。しかし、創設者のティエリー・サビーヌからは何度も熱心な誘いを受け、1986年に私もようやく重い腰を上げた。ただし、ダカールまでの全行程について行くことなどとてもできないので、最大の見どころであるテネレ砂漠だけで勘弁してもらった。

私は、まずニジェールのニアメまで旅客機で飛び、そこからはチャーター便に乗った。ニジェールの大統領が、パリ・ダカール用に自家用機を特別に提供してくれたのだった。アガデスという町に着いて少し途方に暮れていると、チーム・ラーダの美しい広報担当、ドミニック・ガベル嬢がホテルまで案内してくれた。彼女とは市場にいっしょに出かけ、砂漠の必需品である"シェシア"を買った。この布で顔を覆って、砂の侵入を防ぐのである。

それからメルセデスの四輪駆動車に乗り込んで砂漠へと出発した。案内してくれたのは、パリ・ダカールの顔ともいうべきマノ・ダヤックだった。トゥアレグ族の族長で、かつてはこのラリーで上位入賞を果たしてもいる。

テネレ砂漠の横断は唖然とすることの連続だった。同乗者たちは、ティエリー・サビーヌの操縦するヘリコプターの燃料を調達するため、同じようにディルクーに向かうスタッフだった。何時間も何時間も、ひたすら砂漠を走ったが、砂以外何も見えてこない。夜になってもぶっ通しで走り続けた。それにもかかわらず、運転手のモクタールは驚くべきことに磁石すら使わないのだ。どうやって方向がわかるのかという問いに、「砂漠の風は、永遠に同一方向に吹いている。そのため、細かいさざ波のような模様を砂の上に刻みつける。その無数の波を踏みしだくタイヤの音を聴きながら進んで行くのだ」と答えた。

食事に関しては、さすがにたいしたものにはありつけなかった。しかし私は葉巻を持ってきたことを思い出し、寝袋にくるまって満天の星を眺める時の、なによりの友となった。翌日、ディルクーに到着すると、あとから出発したサポート用の飛行機部隊もほぼ同時に着陸してきた。友人のジェフ・ハッチンソンも自らのパイパー・コマンチで来ていた。他のジャーナリストたちの輸送を引き受けていたのである。その晩、私はパイパーの翼の下に寝袋を広げた。ただし靴を寝袋に入れることも忘れなかった。外に放ったままにしておいて、夜の間に盗まれた仲間を何人も見ていたからである。

サポート隊に続いて競技車両も続々やってきた。ルネ・メッジとジャッキー・イクスの駆る2台のポルシェ959が他を圧倒的に引き離していた。サビーヌは私に、先遣隊のクルマにいっしょに乗って行きませんかと誘ってくれた。しかし早めにニアメに戻らないと、パリ行きの便に乗り遅れる恐れがあった。そう言って丁重に断ると、人気歌手のダニエル・バラボワーヌといっしょに救急飛行機に乗せてくれた。

しかしこの年のパリ・ダカールは、悲劇的な結末を迎えてしまう。数日後に、このバラボワーヌとティエリー・サビーヌが、ヘリコプター事故で即死したのである。

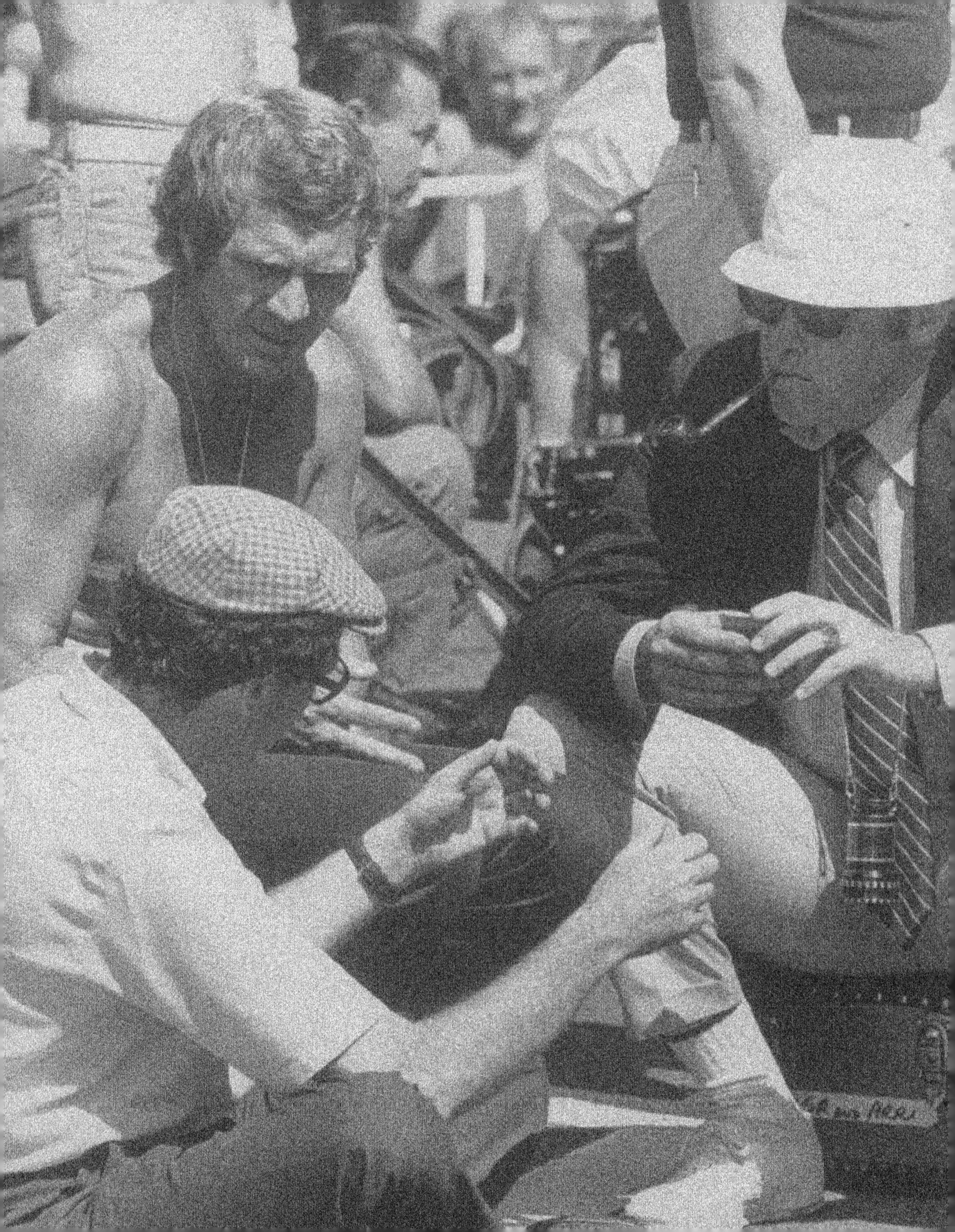

chapitre 17

Cinéma
映画

スポール・オートを創刊して間もない頃、
映画監督のアンリ・ヴェルヌイユから電話をもらった。
「冬の猿」という映画のために、優秀なドライバーを何人か紹介してほしいという。
それから私と映画との関わりが始まった

　私はその後、TVドラマシリーズ「ミシェル・ヴァイヤン」にも関係した。当時、大人気だった同名のコミックを、女性プロデューサーのニコル・オッソが実写ドラマにすることを思いついたのだ。そこで彼女は、編集部にアドバイスを求めにきたのである。特に若くてカメラ映りのいいドライバーがいたら、彼を主役のミシェル・ヴァイヤンに抜擢したいという。そうすれば、実際にレースに出場しているところを撮影し、そのまま使うという目論見であった。当時、最も美男ドライバーといえば、アンリ・グランシールをおいてほかにはおらず、彼はすぐに採用された。エキューリ・エドガーが消滅したあと、アンリはアルピーヌに移籍していたが、ボスのジャン・レデレは、自分たちのマシーンが「ヴァイヤン」号として登場することに、大喜びであった。

　ニコル・オッソは、お礼の意味もあったのかスポール・オートの編集部も何度か登場させてくれた。さらに私には実名の編集長役で出演してくれとも言ってきた。しかし、これは最悪の結果を招いた。行きつけのAATバーを使い、「スポール・オート・クラブ」という設定で撮影したのだが、カメラの前に立たされた私は、少しも自然な感じでセリフが言えないのだ。スタッフは、私にウィスキーを持ってきてリラックスさせようとしたが、1杯呑んでも2杯呑んでも、事態はまったく改善しなかった。こうしてジェラール編集長役は、名優ベルナール・デランが務めたのである。

　これを機会に、私はコミックの原作者ジャン・グラトンとすっかり親しくなり、その後、何年にもわたって私はミシェル・ヴァイヤンのコミックに頻繁に登場したものである。この本を携えたファンたちに、何度サインをねだられたか知れない。ある時、私はジャンにどうしてこんなに私を出演させるのかねと訊ねたことがある。すると彼はすましてこう言った。「君はものすごく漫画的で、描きやすいのだよ。いつもハンチングと眼鏡とパイプだろ。なにか物足りないシーンだなと思ったら、すぐに君を描き加えるんだ」と。

　思うに「ミシェル・ヴァイヤン」シリーズの大人気の秘密は、ジャンがどんなディテールもおろそかにしなかったからであろう。マシーンは精巧に描写され、実在と架空の人物とが実に巧みに混在していた。

Cinéma

スティーヴ・マックイーン

　1966年、私はアメリカの有名な映画監督であるジョン・スタージェスからの電話を受けた。「今、スティーヴ・マックイーンとパリに来ている。F1を題材にした映画を計画しているんだが、ついてはランスのサーキットを貸し切りたい。スターリング・モスに尋ねたら、君の連絡先を教えてくれたのだ」という。

　私はすぐにホテル・ラファエルに赴き、そこからトト・ロッシュに電話した。トトはすぐに翌日の面会を約束してくれた。彼らはキャデラックを借り、私に一緒に乗るよう言ってきた。ちょうどロータスの定期点検をする日だったので、パリ郊外ピュトーのガレージまで2台で行って、しばらく待ってもらうことにした。するとロータスが居並ぶ様子を見ていたマックイーンが、我慢できなくなってキャデラックから降りてきた。当時の私はTVなどまったく観ておらず、マックイーンがどれほど有名な俳優なのかまったく知らなかった。だが、横にいたメカニックのただならぬ様子を見て、その人気のほどを了解した。彼は口をぽかんと開けたまま、『『拳銃無宿』のジョシュ・ランドールが来やがった』と呟いたのである。

　私たちはランスでトトに会い、翌1967年のランスGPに合わせて撮影の準備をした。ところがインドシナ半島での「砲艦サンパブロ」の撮影中、マックイーンは高熱に冒され、数カ月間の療養を余儀なくされた。

「グラン・プリ」

　同じ頃、ジョン・フランケンハイマー監督が、「グラン・プリ」の撮影を始めた。この「グラン・プリ」で、私はクレルモンフェランでのレースシーンにジャーナリスト役で出演している。この映画に協力したベルナール・カイエが、監督に「記者やカメラマン役は、本人たちにやらせた方がリアルになる」と進言したからだった。実際、私たちのできばえに監督は満足した。おまけに出演料はたんまり出してくれたし、最上級のホテルに宿泊し、連日ご馳走を振る舞われた。これでは、完成した作品を悪く書く者などいるはずがない。

　撮影中の雰囲気も最高だった。ジョー・シュレッサーはドライバーとして出演し、イヴ・モンタンとの友情を築いた。しかしただ一人、イタリア人の俳優だけは本職のドライバーたちへの軽蔑を隠さなかった。そこで彼らはいつか痛い目に遭わせてやろうと思った。

　コクピットでのクローズアップ撮影は、一種のサイ

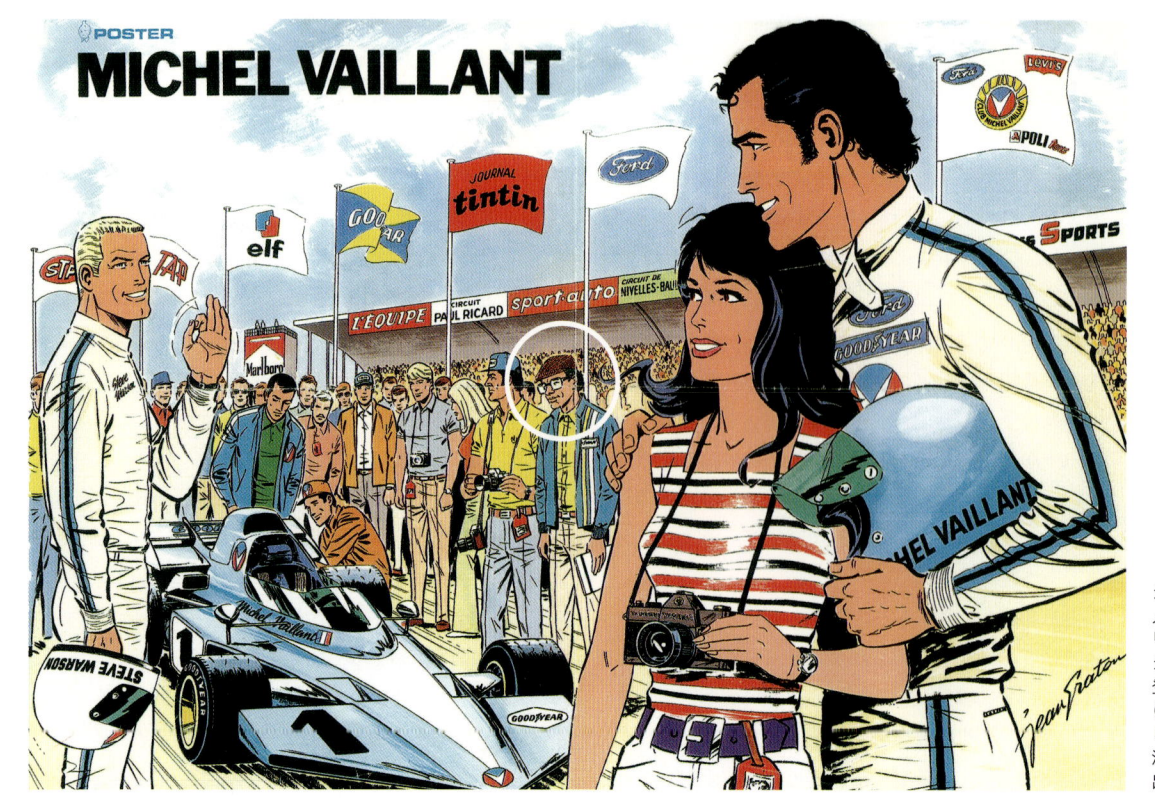

ジャビーは
人気フレンチコミック
「ミシェル・ヴァイヤン」
シリーズに、欠かせない
登場人物となった。
(註：白い円内がジャビー)
しかし実写のTVドラマでは、
演技力不足で
出演できなかった。

大スター、そして素晴らしいレーシング・ドライバーでもあったスティーヴ・マックイーン。

ドカーにF1のボディを換装したものを使った。それを、カメラを搭載したフォードGT40で牽引して撮影するのである。その日はクリス・エイモンがGT40を運転する番だった。すると彼は、あの起伏に富み、曲がりくねったシャレードのコースを、ほとんどF1と同じようなペースで疾走し始めたのだ。そしてコクピット内でパニック状態に陥ったイタリア人を見て、大いに溜飲を下げたのだった。

マックイーンがようやく回復した時には、すでに「グラン・プリ」の撮影はかなり進んでいた。そのため彼の計画した「Day of Champions」は、二度と日の目を見ることはなかった。

栄光のルマン

その2年後、私はルマンの車検会場でプロデューサーのボブ・レイラと再会した。ボブは「計画が復活したんだ。ただし今度はルマンが舞台だけどね。ぜひ、また協力をお願いしたい」という。私に異存はなく、技術アドバイザーという肩書でスタッフに加わった。具体的には、ACOと製作責任者のヒュバート・フロリックとの橋渡し役である。

それからは両者を交えて連日、延々と会議が続いた。ルマンの連中は一見愛想がよく協力的だったが、ハリウッド式の即断即決はまったくできなかった。今でも忘れられない出来事がある。ホテル・モデルヌで、ACO関係者を全員招いて夕食会を催した時のことだ。撮影班が「ユノディエールの直線を全域に照明を設置して、終日ずっと照らしたい」と言ったのだ。その時の彼らの、唖然とした顔といったらなかった。

幸いにして、この計画は早い段階で撤回された。すると今度は、私にマックイーンがセブリング12時間レースに出られるよう調整してほしいと頼んできた。すでにポルシェを調達済みだという。私は、チームマネジャーの仕事を、ロータスで同じ職に就いていた旧友のアンドリュー・ファーガソンに頼んだ。コ・ドライバーは誰にしよう。すでに引退同然だったが、ピーター・レヴソンが最適だというのが私の結論で、そしてピーターも快諾してくれた。

1973年3月にセブリングに赴いた私は、マックイーンの姿を見て仰天した。バイク事故で怪我をして、片足が石膏で固められていたのである。しかし、レースではそんなことを微塵も感じさせない素晴らしい走りを披露し、ピーターと二人でほとんど優勝寸前まで快走してしまった。マックイーンが出場したことで、マリオ・アンドレッティは相当にナーバスになっていたようで、マリオは終盤、必死になって彼に追いつき、なんとかゴールまでに抜き去ることに成功した。

そんな事態に真っ青になっていたのが、マックイーンの多額の保険を引き受けている連中だった。ルマンにも当然出場するつもりだったマックイーンに対し、完全拒否の姿勢で臨んだのだ。

私は脚本家たちの、シナリオの練り直し作業を手伝った。おそらく彼らは3度か4度、全面的に書き直したと思う。まさにこの映画の弱みはシナリオにあった。すでに撮影は始まっていたが、ある時はマックイーンが、ある時は監督がシナリオに文句をつけ、そのたびに中断し、プロデューサーが「予算オーバーだ」と怒り出すのだった。

脚本家の一人、ハリー・クライナーをデイトナとルマンに案内したのも、楽しい思い出である。ドライバーたちを紹介して、レースについて解説した。シナリオに関しても、実際にはありえないような記述を指摘した。かなり頻繁に直しを要求しても、なかなか思うような方向に行ってくれない。「詩的許容というやつさ」と、彼らはすまして答えたものである。

最終的には監督まで交代した。ジョン・スタージェスが現場を去ってしまい、撮影はすべて中断した。こ

Cinéma

のまま完成しないのではないかと不安になったが、代役のリー・H・カッツィンがアメリカから飛んできて、2週間ほどで再開できた。

撮影中のある日、私はクロード・ブリヨからの電話を受けた。FFSAの元会長で、美貌の女優ミシェル・メルシエの夫である。クロードはどこからか、まだ主演女優が決まっていないことを聞きつけ、私に「もし君がミシェルを抜擢してくれたら、出演料の半分を進呈しよう」と言ってきたのだ。残念ながら、私はキャスティングにはまったく関わっていなかったのだが。

撮影部隊は、サーキット近くの森の中に、ほとんど村と呼べるほどの規模の施設群を設営した。俳優たちの宿舎や事務棟、ラッシュをすぐに見るための試写室など、なんでも揃っていた。そしてこの村に入るには、"ソーラープロダクション" のロゴ入りジャケットを着用しなければならなかった。これを着ているだけで、ルマンの若い女性たちから羨望の眼差しを向けられた

ものである。撮影が終わる時間帯には、彼女たちはキャンプの出口にたむろしていたから、より取り見取り、選び放題だった。いや、私がそうしていたわけではない。私はカトリーヌといっしょに、ルマン市内に宿を取っていたからだ。彼女はフェラーリのピットで計時係を演じていた。そしてこの映画の撮影中、私たちは結婚式を挙げた。

ロケ中は、ルマンの若者たちを何人か雑用係として雇ったりもした。撮影が終わってから、警察署長にしみじみ言われたものである。この仕事がよほど刺激的だったのか、大部分の連中はちゃんとした "地道な職業" に就こうとしないんだと。彼らの多くは、その後、地中海クラブのパーティ係に就職したという。ほかにも、しばらくの間、性病がまん延したそうだ。

ルマンの実際のレースが終わってから、私はあらゆるスポンサーへの電話に忙殺された。彼らが観客に配ったキャップやTシャツ、傘などの余った分を撮影で使わせてほしいという依頼だった。当時の長距離電話はまだ自動交換ではなく、1回の通話に気の遠くなるほどの時間がかかった。

撮影の最中には、グランドスタンドやピット前のエキストラたちを、あちこちに配置させる作業も引き受けた。シーンによって10数人から、時には100人以上の手配が必要になる。私は応募してきた人々に役を振り分けたりもした。ある日、メカニックがピットで作業するシーンを撮影することになった。エキストラの中から私は2人の男に目をつけた。見るからにレースメカニックらしい風貌だったのである。2人を選んで役の説明を始めると、彼らは揃って笑い転げるではないか。なんとアルファ・ロメオに所属する、本職

1970年、ジャビーはマックイーンとレヴソンの、セブリング12時間への出場実現に尽力した。マックイーンのポルシェは2位入賞を果たしたが、大スターの事故をおそれた保険会社がルマンへの出場を禁止してしまった。

レース関係者といる時には、控えめで笑みを絶やさなかったマックイーン。しかし本業ではまさに大スターとして振る舞った。

撮影中に仕事を分担していたクロンバック夫妻。ジャビーはタイプライターから離れず、カトリーヌはタイムキーパーとして映画に出演した。

映画「栄光のルマン」で、マックイーンの技術アドバイザーを務めたジャビー。

のレースメカニックで、私たちが撮影に使用するマシーンのメインテナンスを請け負っていたのだ。そしてこの日は、エキストラの女の子たちを、引っかけに来ていたというわけである。アンドリュー・ファーガソンの監修のもと、撮影用に調達したマシーンは、ほとんど実際のルマンさながらの多彩さであった。

マックイーンは実に気さくないい男だったが、誰にも同じように接するわけではなかった。私たちレース界の人間には、本来の魅力を振りまき、同時に謙虚ですらあった。そしてできるだけ一緒の時間を過ごしたがった。ところが撮影スタッフに対しては、文字どおり大スターとして振る舞うのである。

ある朝、マックイーンとルマン市内に出かけた時のことだ。彼が、「腹が減った。どこかで朝食でも摂りませんか」という。そこでホテル・モデルヌのレストランに連れて行った。席に着くと、驚いたことに自分用のベーコンエッグを2人前注文したのである。いぶかる私に、彼は「若い時は、左官をしてましてね。い

つも空腹を満たせていたわけじゃなかった。だから今でもつい、自分が食べられる以上のものを頼んでしまうんですよ」と話してくれた。

もちろん映画の撮影中も、私はスポール・オートの業務を同時にこなしていた。週末にロケの仕事が入っていない時は、いくつかのレースの取材に出かけた。そしてルマンに戻ってくると、撮影の傍らリポートを仕上げた。カメラの後ろに折り畳み式のテーブルを据え付け、そこでタイプライターを叩いたのである。

撮影が終了すると、フィルムの編集もマックイーン自身が手がけた。レースへの人一倍の情熱を満足させたかったのだろう。自分が主役を演じたポルシェ917の運転を他の誰にも任せなかったのはもちろん、機会があればヘルメットを抱えてフェラーリ512Sにも乗り込んだ。不幸なことに、デイヴィッド・パイパーがこのポルシェ917を運転中に膝下を切断するという大怪我を負った。しかしその後デイヴィッドはレースに復帰し、ヒストリックカーレースのスターになっている。

私はこの「栄光のルマン」を、たとえば「グラン・プリ」など他のレース映画と比べて傑作とは思わない。仲間内で映画の話をする際、いつも同じ結論になる。すなわち「レーシングカーが出てくる映画で最高の出来なのは、クロード・ルルーシュの『男と女』だよ」。

「栄光のルマン」は興行的にも成功とはいえなかった。とはいえ、最終的には収支の釣り合いは取れたようである。その要因は、日本市場でヒットしたことだった。日本では、この映画によってルマン24時間レースの魅力に目覚め、レース全部を生中継するほどの流行を見るのである。

Le traducteur parle de Jabby

訳者後書きに代えて
「グランプリのすべてを、生きた人」
柴田久仁夫（モータースポーツ・ジャーナリスト）

　この本は、Gérard "Jabby" Crombac著、En Premiere Ligneの完訳である。原著は大判二段組の400頁近い大著で、日本語でも400字詰め原稿用紙1000枚以上の分量になった。原題のEn Premiere Ligneは、「最前線」、あるいはレース用語でいえば、最前列からスタートする「フロントロウ」を意味する。1950年代から半世紀以上、常にこの世界の最前線にいたジャビー・クロンバックにこそ、ふさわしいタイトルだと思う。

　この本で圧倒されるのは、まず何よりもこの中に封じ込められた情報量の膨大さである。そしてその多くは、少なくとも私にとっては、これまで見たことも聞いたこともないような事実、出来事の連続であった。そのような箇所に行き当たるたびに、私は感心したり嘆息したり、面白がったりして、しばし翻訳作業を中断することになった。

　私の本業はF1取材なのであるが、2008年シーズンにはこの原書を欠かさずサーキットに携え、暇を見つけては少しずつ訳を進めていった。しかしたとえばプレスルームで翻訳作業を始めると、ついつい同僚たちに声をかけたくなってしまうのである。

　「FIAのバレストル会長がかつて、どうしてあんなにプロストに肩入れしたか、知ってた？」「スティーヴ・マックイーンは、本当はルマンじゃなくて、F1の映画を撮りたかったらしいよ」などなど、そのたびに周囲の人たちと話に花が咲き、取材や翻訳が中断してしまうのである。

　それにしてもジャビーがそこに立ち合い、経験した歴史的な事象の豊富さには、驚くほかない。それは彼の旺盛な好奇心と正義感、使命感が、ジャーナリストという狭い枠に自身をとどめておかなかったからだろう。本書を読めば、彼がいかに多くのことに首を突っ込んでいたか、わかっていただけると思う。古風な表現しか思いつかずに恐縮だが、この人はF1を舞台に、まさに八面六臂の大活躍を繰り広げたのである。

　そしてその体験を、こうして文章にとどめ、後世に残してくれた。ただし、注意したいのは、ここに書かれたことは、そのホンの一部分に過ぎない事実ということである。もともとジャビーの文章は、背後に何倍もの事実が隠れていることを感じさせるものだった。公にできないことは山ほどあっただろうし、何よりジャビーは取材したことを全部吐き出さないと記事が成り立たないような、そんな安っぽい書き手ではなかったからである。

　さらに本書は、彼自身が序章で念を押しているように、モータスポーツの歴史書でもなければ、編年体の自叙伝でもない。ジャビーはただただ自分の稀有な体験を、読者と分かち合いたかったのである。だから彼の筆はよくいえば縦横無尽に時空を飛び交い、控えめに文句を言わせていただければ、時に自由に飛び過ぎて脈絡がなくなる、翻訳者泣かせの文章でもあった。しかしもし本文中に少しでもわかりにくい部分があったとすれば、それはひとえにジャビーの後ろを必死に着いて行こうとしながらも及ばなかった翻訳者の力不足に他ならない。

　この本の中には、私が生まれるはるか前、あるいはF1取材を始めた80年代後半以前の話もたくさん出てくる。ジャビーにとってはわかり切った事柄でも、私にはピンと来ない叙述がいくつもあった。そんな時には、F1のプレスルームにまだ何人もいる、ジャビーと何十年もいっしょにやってきた古参ジャーナリストたちが、大いに助けてくれた。わからないところが出てくるたびに、私は彼らのところに出向いて行っては、教えを請うた。するとたちどころに疑問を解いてくれ、ついでに「おお、ジャビーの本を訳しているのか」と、当時の思い出話が始まり、またもや仕事が中断してしまうのであった。

　ただしそんな彼らにしても、「う〜ん、これは何を言いたかったんだろうなあ」と、完全に意図を掴めない箇所もあった。しかしその真意を質そうにも、もはやグランプリの現場に本人が姿を見せることはないのである。

　私が初めてジャビーを知ったのは、1988年シーズンの初めだったと記憶する。ピーター・ウォア率いるロータス新体制の発表の場で、彼は司会を務めていた。英語が堪能で、やたらロータス関係者と親しいこのオジサンは一体何者なんだろうと、いくら新入りとはいえ、失礼きわまりなく、かつ噴飯ものの疑問を抱いたりした。

　F1GPは年間十数戦開催され、ほぼ同じ顔ぶれの

関係者が世界中を転戦する。そんな中で私も自然とジャビーと言葉を交すようになり、あれこれグランプリ取材の手ほどきを受けた。そうやって話を聴いた際にも、あの小柄な身体の背後に鬱蒼と控える途方もない蓄積に、恐れにも似た感じを抱いたものである。

残念ながら彼とは、ついにいっしょに仕事をする機会は得られなかった。ただ一度、当時私の関わっていた雑誌への寄稿を依頼したことがある。すると彼は、「日本との仕事は、CAR GRAPHICだけにしているから」と、丁重に断ってきた。当時は極端な円高で、欧米のライターたちは争って日本の新聞や雑誌に書きたがっていた。それだけにジャビーの態度からは、ある種の高潔さと義理堅さを感じた。

晩年には病のために、飛行機での移動は禁じられていた。それでもヨーロッパ内の比較的近場のグランプリには、務めて顔を出していた。亡くなる2年ほど前だったろうか。ホッケンハイムの報道関係者用の駐車場を歩いていた私は、鮮やかな黄色のロータス・エランが滑り込んでくるのを目撃した。パリから500km近い行程をこなしてきたジャビーは、運転席から降りるのも辛そうな風情だった。ジミー・クラークが命を落としたこのサーキットが大嫌いだと言っていたジャビー。友の終焉の地へと、亡くなる直前の彼から譲り受けたロータスで向かいながら、何を思っていたのだろう。それもまた、今となっては知る由もない。

この本の最大の魅力は、「グランプリの群像」を描き切ったところにあると思う。ここに登場する無数の人々は、皆限りなく人間くさく、個性的で魅力的な存在として描かれている。家族のように親しかったコーリン・チャップマン、ジム・クラーク、ヨッヘン・リントらはもとより、歴史の彼方に埋もれようとしている人々も、彼の筆によって生き生きと蘇った。タツィオ・ヌヴォラーリやレイモン・ソメールといった伝説上の人物が、体温や汗の匂いを感じるほどの存在感で迫ってくるのである。少年時代からのアイドルだったヌヴォラーリと、ジャビーがついに握手を交わす場面では、私もいっしょになって興奮してしまった。あるいはジャン‐マリー・バレストルやエンツォ・フェラーリなど、自身が少なからぬ被害を蒙った人間に対しても、務めて公平な筆致を貫いている。ただしそんな中にも、ユーモアの衣にくるんでいるとはいえ、辛辣な蜂のひと刺しを忘れていないところも、実にジャビーらしく、

読んでいてたまらない部分である。

ジャビーの生きた時代がそうだったと言えばそれまでであるが、彼は実に多くのドライバーたちと死に別れている。今日のようにインタビューもままならないようなF1ではなかったから、それはジャビーにとっては友人の死と同義であった。上述のクラーク、リントのほかにも、グレアム・ヒル、フランソワ・セヴェール、ジル・ヴィルヌーヴ……それこそ枚挙に暇がない。そんな中で、自身がマネージャーを務め、とりわけ親しかったジョー・シュレッサーについては、ついにその最期を本書で記述することはなかった。その死を悼むあまりに、記述できなかったと言うべきであろう。

そしてジャビーは最後に、アイルトン・セナの死に直面する。この若き友人の死以後、そしてこの事故がきっかけとなってロータスが消滅したために、彼が急速にグランプリへの興味と熱意を失っていくあたりは、深い感慨をもって読まされる。ミハエル・シューマッハー以降のドライバーたちは、もはやジャビーとは違う世界の住人であったのか。もとより極端に肥大化し、マーケティング主導となったF1に、彼は自分の居場所はないと感じたのか。このスポーツのその後の迷走ぶりを見るにつけ、ジャビーが世紀の変わり目とともにフェイドアウトして行ったのは、むしろ幸せだったのかもしれない。

この本の翻訳作業がほぼ終わりかけていた2008年12月初め、「ホンダF1撤退」のニュースが飛び込んできた。F1バブルがはじけた今、人々はヒステリックに経費削減や環境保護を叫ぶ。一方で中期的には、内燃機関を使わないグランプリも視野に入ってきた。そんな騒ぎに対して、ジャビーがいたらどんなキツイ一発をお見舞いしていたことか。本書が、「ジャビーズコラム最終章」であることが、本当に惜しまれる所以である。

最後になってしまったが、遅れがちな訳出作業を辛抱強く、かつ暖かく見守り、時には叱咤激励して下さった、二玄社別冊単行本編集室の伊東和彦氏ならびに尾沢英彦氏、そしてCAR GRAPHIC編集部の大谷達也氏に、深甚なる感謝を表したい。

古くからのジャビー・ファン、F1ファンだけでなく、これまで自動車レースに興味のなかった人々の一人でも多くに、この本が読まれますように。

(2009年早春)

l'auteur et le traducteur

著者紹介

　ジェラール・クロンバックは、1929年3月7日にスイス・チューリッヒで生まれた。わずか7歳の時、モンレリーで行なわれたACFグランプリを観戦している。その後、少年時代に英語のレース雑誌に親しんだことが、彼の人生を決定づけた。父が興した量販チェーン店の跡継ぎという、すでに敷かれていたレールとはまったく違う道を歩み始めたのである。1949年にはすでに英国『ライトカー』誌、続いて『オートスポーツ』誌の通信員として活躍。同時にレース関係の数多くの雑用にも手を染め、その中にはレイモン・ソメールのメカニックという仕事もあった。

　英国をこよなく愛し、英語を自在に操るクロンバックは、イギリスの友人たちからは"ジャビー"という名称で親しまれた。やがて1950年代以降には、モータースポーツの世界で欠かせぬ人材となる。1962年には友人のジャン・リュカとともに『スポール・オート』誌を創刊。その後40年以上にわたって、ジャーナリスト、カメラマン、技術アドバイザー、レース主催者、あるいはネゴシエイターとして活躍。世界中のレースシーンには必ずジャビーの姿があったといって過言ではない。

　そして2005年、76歳でこの世を去る直前に遺したのが、半世紀以上におよぶ貴重な体験と証言を記した本書である。

訳者紹介

柴田久仁夫（しばた・くにお）
1956年静岡生まれ。共同通信記者を経て、1982年渡仏する。現代史を学び直すつもりでパリ政治学院に入るも、1年で中退。日本のTV制作会社に拾われ、『世界まるごとHOWマッチ』など、当時はしりだった海外取材番組のディレクターとして、ヨーロッパやアフリカ各地を転々とする。F1グランプリとの関わりは、1987年から。以来、フランスを拠点としながらほぼ全レースを取材、『GPX』『AS-F』『オートスポーツ』『F1速報』などに寄稿する。中村良夫氏の最晩年、取材と称して欧州各地を2年間ほどいっしょに旅行したことが、F1にまつわる最良の体験となった。

Special Thanks

本書の写真は、ジェラール・クロンバックの所蔵になるもの以外は、DPPI、LAT、Archives & Collectionsおよびドミニク・パスカルから提供していただいた。ここに掲げられた写真機材は、亡くなる1年前にアントワーヌ・パスカルによって自宅で撮影されたものである。

この本の完成に惜しみない努力を注いでくれた多くの人々、中でもコーリン・クロンバック、ジェラール・ゲタ、ドミニク・パスカル、ジョゼ・ロゼンスキーに、多大なる感謝を表したい。

ポール・グリモー運河にて。妻カトリーヌと息子コーリンを
乗せたヨットを操る、最晩年のジャビー。
さようなら、ジャビー……